VITALIS

Alan Levy

Verlorener Frühling

Ein Amerikaner in Prag 1967–1971

Aus dem Amerikanischen
von Tanja Krombach und Maria Gaul

VITALIS

Die Deutsche Bibliothek – CIP-Einheitsaufnahme

Levy, Alan:
Verlorener Frühling: ein Amerikaner in Prag 1967–1971 /
Alan Levy. Übers. aus dem Amerikan. Tanja Krombach und Maria Gaul.
Praha: Vitalis, 1998
Einheitssacht.: So many heroes <dt.>
ISBN 80-85938-31-6

Die tschechische Übersetzung dieses Buches erschien unter dem Titel *Pražské peřeje* 1975 im Exilverlag 68 Publishers, Toronto und 1991 bei Primus, Prag.

Die Zitate aus den Texten von Franz Kafka sind folgender Ausgabe entnommen: Gesammelte Werke in zwölf Bänden. Frankfurt am Main 1994.

U Lužického semináře 19
CZ 118 00 Prag 1
Titel des amerikanischen Originals:
So many heroes, © 1980 Second Chance Press,
New York und Jay Landesman Limited, London
(vom Autor durchgesehene und überarbeitete
Neuausgabe von *Rowboat to Prague*,
© 1972 Grossman Publishers, New York)
Deutsche Erstausgabe
1. Auflage 1998
Umschlaggestaltung: Tanja Krombach
Satz: CADIS, Praha
Druck und Bindung: FINIDR, Český Těšín

ISBN 80-85938-31-6

Danksagung

Meinen tschechischen Informanten namentlich zu danken, würde ihnen nur noch mehr schaden, als es die Bekanntschaft mit mir bereits getan hat. Ich kann nicht mehr, als ihnen wünschen, daß sie eines Tages frei sein werden, damit sie dies lesen können – die Frucht ihrer und meiner Bemühungen – sowie alles andere, was sie dann freiwillig lesen werden wollen. Aus ähnlichen Gründen wurden bestimmte Personen, am wesentlichsten der Junge Václav und sein Vater, verändert oder verschleiert beschrieben, um ihre Identität zu schützen.

Zumindest kann ich den Herren Maurice Feldmann, Herbert Rosenberg, Theron Raines und Howard Greenfeld meine Anerkennung zum Ausdruck bringen, sowie den vielen Boten und Freunden von Freunden, die meine Aufzeichnungen im Laufe der Jahre 1968, 1969 und 1970 nach Prag und aus Prag hinaus brachten. Besonderen Dank möchte ich einer Zufallsbekanntschaft ausdrücken, Herrn Alden Todd, mit dem ich an einem Samstag im Jahre 1967 in Manhatten, in der 40. Straße West, zusammentraf. Todd wünschte mir „bon voyage“ und gab mir den besten Rat mit auf den Weg, den mir je jemand gegeben hat. Als alle sagten: „Mach's gut!“, sagte Todd: „Mach dir Notizen!“

Veröffentlichte Quellen sind grundsätzlich im Text oder durch Fußnoten gekennzeichnet.

Für Sadelle und Irwin Wladaver, die frühzeitig gingen,
und für Alexander Dubček, der blieb,
und für Jirka Šlitr, „Jó, to jsem ještě žil."

Da meine Erzählung immer von Kafkazitaten umgeben ist, möchte ich die Worte in Erinnerung rufen, mit dem er den *Prozeß* beginnt ... „Jemand mußte Josef K. verleumdet haben, denn ohne daß er etwas Böses getan hätte, wurde er eines Morgens verhaftet." ... und die vorliegende aktualisierte Version dem 1979 eingesperrten und wegen Volksverhetzung verurteilten Dramatiker Václav Havel widmen.

Als alle Menschen in der Tschechoslowakei gezwungen wurden, Havel und die Mitunterzeichner der Menschenrechtserklärung der Charta '77 anzuklagen, ohne daß sie diese überhaupt hatten lesen dürfen, hätte nicht einmal Kafka die offizielle Erklärung des Innenministers erdichten können: „Wenn wir diese Charta veröffentlichten, würden neunzig Prozent derer, die sie lesen, in die Falle tappen und dem Inhalt zustimmen."

Möge diese zum Schweigen gebrachte Mehrheit, deren Sprecher Václav Havel zu sein wagte, eines Tages dem neuen Titel dieses Buches gerecht werden.

Alan Levy, Wien 1980
(Widmung zur zweiten englischen
Ausgabe *So many heroes*)

Verlorener Frühling, die deutsche Erstausgabe von 1998,
ist folgenden Personen gewidmet:

PRÄSIDENT VÁCLAV HAVEL

LISA FRANKENBERG
P. KENT HAWRYLUK
und MONROE LUTHER
mit Dank für die Unterstützung
beim Verfassen des Epilogs
zu dieser Ausgabe

Mein weiterer Dank gilt SIEGFRIED MORTKOWITZ
für die Durchsicht
der deutschen Übersetzung dieses Buches.

Inhalt

ERSTER TEIL

Odyssee:
Ruderboot nach Prag

„Dieser Apparat", sagte er und faßte eine Kurbelstange, auf die er sich stützte, „ist eine Erfindung unseres früheren Kommandanten. Ich habe gleich bei den allerersten Versuchen mitgearbeitet und war auch bei allen Arbeiten bis zur Vollendung beteiligt. Das Verdienst der Erfindung allerdings gebührt ihm ganz allein. Haben Sie von unserem früheren Kommandanten gehört? Nicht? Nun, ich behaupte nicht zu viel, wenn ich sage, daß die Einrichtung der Kolonie so in sich geschlossen ist, daß sein Nachfolger, und habe er tausend neue Pläne im Kopf, wenigstens während vieler Jahre nichts von dem Alten wird ändern können."

aus: Franz Kafka, *In der Strafkolonie*

Kapitel 1

Donnerstag, 14. April 1966 – Freitag, 7. Juli 1967

Ich ging mit meiner Familie zum Rudern auf den See im Central Park, an dem Tag, an dem ich ihr die Neuigkeit eröffnete, daß wir in eine zauberhafte gelbe Stadt mit hundert goldenen Kirchtürmen und winzigen blauen Pflastersteinen, die Arbeiter jeden Morgen auf ihren Platz zurückklopfen, ziehen würden. Es war im Sommer 1967 und Erika, schon bald drei Jahre alt, wollte wissen: „Werden wir das Empire State Building bei Nacht sehen können?"

„Nicht einmal tagsüber", sagte ich. Aber ich fügte eilends hinzu, daß sie jeden Tag ein richtiges Schloß besichtigen und unter vier täglich spielenden Puppentheatern – zwei davon vielleicht die besten der Welt – auswählen könnten. Zu jeder Stunde könnten sie tatsächlich eine Rathausuhr sehen, deren zwölf mechanische Apostel auf einer Drehscheibe erscheinen und die Zeit verkünden, während ein Skelett einen kleinen Gong erklingen läßt, ein ältlicher Höfling weise nickt und ein Hahn kräht. Ich erzählte sogar die entsetzliche Legende aus dem 15. Jahrhundert (die eher wahr als unwahr ist), von dem Handwerksmeister, der die Uhr für einen böhmischen Herrscher angefertigt hatte. Der Herrscher bewunderte sie dann dermaßen, daß er den Uhrmacher blenden ließ, um dieses einzigartige Meisterwerk für immer vor Nachahmung zu schützen. Der Uhrmacher überlebte den Herrscher, und als sich sein eigener Tag der Abrechnung näherte, bat er den Sohn des Herrschers, ihn noch einmal vor dem Tod die Uhr berühren zu lassen. Der alte Mann wurde zu der Uhr geführt. Er strich mit der Hand ein einziges Mal darüber – und die Uhr blieb für zwei Jahrhunderte stehen.

„Aber jetzt geht sie wieder", versicherte ich meinen beiden Töchtern. Dann erzählte ich ihnen, daß man in tschechische Schulen nicht mit einem Schulbus gebracht wird. Man fährt mit einer Spezialtrambahn, die auch Kindertöpfchensitze hat.

Das war ein unverschämtes Lockmittel für Monica – die bald Vierjährige, die den Ton angab –, in der Hoffnung, daß Erika nachziehen würde. Unser Boot trieb mit eingezogenen Rudern ruhig dahin. Erika runzelte die Stirn beim Gedanken an die Ungeheuerlichkeit, daß die für eine Zweijährige so wertvolle morgendliche Routine derart auf den Kopf gestellt werden würde, aber Monica nagte am Köder.

„Ich möchte gerne mit dieser Straßenbahn fahren", verkündete sie. „Aber werden wir mit diesem Boot nach Prag fahren?"

Bevor ich noch antworten konnte, schrie meine Frau Valerie: „Paß auf deinen Kopf auf, Daddy! Wir sind in einem Tunnel und werden gegen die Felsen treiben!"

Ich duckte mich und griff nach den Rudern. Damals wußte ich es nicht, aber von diesem Moment an waren wir Tschechoslowaken, gegen den Strom rudernd, in einem zerbrechlichen Boot, inmitten stählerner Gletscher und Gezeiten, die den Träumenden in der Dunkelheit zu verschlingen scheinen.

Mit Monika, geboren Ende 1963, und Erika, geboren Ende 1964, begannen die Voraussetzungen für die Grundlage des Traumes zu keimen. Für mich gab es drei Anforderungen: *eine wunderschöne Stadt* (wir sind weder Vorstädter noch Inselbewohner), *in der mein Nachbar KEIN amerikanischer Schriftsteller ist* (ich wollte meine Muttersprache schon lange einmal nur auf ganz privater Ebene erleben, ohne den ewigen Small talk um einen herum) und *wo die Lebenshaltungskosten niedriger sein würden als in New York, Paris oder London.* (1962 hatten wir als kinderloses Paar in Manhatten ein Rentabilitätseinkommen von 6.000 Dollar; 1967, als vierköpfige Familie, lag es irgendwo zwischen 15.000 und 18.000 Dollar.)

Aber warum Prag? Warum wir?

Im Frühling 1966 war ich 34 Jahre alt und hatte meine Traumstadt noch nicht gefunden, als mir ein Flugticket von JFK nach PRG überreicht wurde. (Pan-Am und Air India boten bereits reguläre Flüge mit Zwischenlandung zwischen New York und Prag an.) Meine Wohltäter waren die „Friends of the Cincinnati Orchestra". Sie hatten mich aus Publicitygründen zu diesem Pauschalarrangement mit Charterflug und Kulturreise durch Osteuropa als ihren Gast eingeladen. Ich schloß meine Arbeiten ab, reichte meine Einkommenssteuererklärung ein, küßte meine Familie zum Abschied und flog, eine Woche vor meinen Wohltätern, das erste Ziel an – Prag. Ich sollte sie dort empfangen und dann mit ihnen nach Bratislava, Wien, Budapest, Moskau und Leningrad weiterreisen.

So landete ich eines Nachts auf dem Flughafen Ruzyně, dessen internationaler Passagierterminal aus einem Holzschuppen bestand. Ruzyně sah aus wie eines dieser gräßlichen Auftanklager in der Arktis aus der Zeit vor der Erfindung des Düsenjets. Aber man wußte, daß man sich nicht in Gander oder Goose Bay befand, da das Dach abwechselnd von einem roten Neonstern und Hammer und Sichel überstrahlt wurde. Ein Taxi brachte mich zum Hotel International, einem strengen, in den fünfziger Jahren errichteten Mausoleum in Stalingotik, am anderen Ende der Straßenbahnlinie 18, beinahe eine Stunde außerhalb des Zentrums gelegen. Das International war kein schlechter Übernachtungsort, sein einziger Glanz ging jedoch von einer ostdeutschen automatischen Schuhputzmaschine mit einer Gebrauchsanweisungen in sieben Sprachen aus. Die englische Anweisung begann so: „1. Werfen Sie die Münze ein 2. Heben ein wenig Sie Füße an."

Die Nachricht mit der Bitte, Miloš Forman anzurufen, klang da jedenfalls schon vielversprechender.

Ein gemeinsamer Freund aus New York hatte für mich ein Empfehlungsschreiben an Ján Kadár geschrieben. Aber Kadár, Ironie des Schicksals, befand sich in Santa Monica, wo er einige Tage später den Oskar für den besten fremdsprachigen Film[1] entgegennehmen sollte. Da die Nummer eins nicht greifbar war, hatte der „Tschechoslowakische Filmexport" den Brief einfach an die Nummer zwei weitergeleitet, an Forman, dessen Film *Die Lieben einer Blondine* (*Lásek jedné plavovlásky*) gerade auf dem Kontinent in die Kinos gekommen war. Er sollte für die Jugend Europas das werden, was *Der Fänger im Roggen* einst einer Generation junger Amerikaner bedeutet hatte.

Als ich Forman anzurufen versuchte, funktionierte sein Telefon nicht, aber früh am nächsten Morgen klopfte er an meine Hotelzimmertür und stellte sich vor. Er war fest entschlossen, mir zu zeigen, daß die Prager Filmindustrie zu westlichen Besuchern nicht ungastfreundlich ist.

[1] *Obchod na korze* („Das Geschäft auf der Hauptstraße")

„Ich stehe Ihnen die nächsten zwei Tage zur Verfügung", sagte er in fließendem Englisch. „Was möchten Sie sehen?"

„Einen Ihrer Filme", sagte ich.

„Unsinn", sagte er, „Filme können Sie überall und jederzeit in einem dunklen Raum sehen, und in Amerika beide mit englischen Untertiteln. Aber Prag können Sie nur jetzt sehen."

Ich zeigte ihm meinen Reiseführer, zu dem er nur sagte: „Standard. Ich werde Ihnen also Plätze zeigen, die nicht in Ihrem Reiseführer stehen."

Mein erster Eindruck von Miloš, vielleicht wegen der Art, wie er sich bewegte, war der eines glutäugigen, dunkelmähnigen jungen Löwen in einer schwarzen Lederjacke. Aber das kam vielleicht daher, weil um mich herum überall Löwen waren. Ein Löwe war das Symbol des böhmischen Königreiches und er blieb das Symbol der kommunistischen Tschechoslowakei – abgesehen von einem Wechsel des Kopfschmucks nach 1948. *Die Krone des Löwen wurde durch einen roten Stern ersetzt.* Da andere Spuren der königlichen Vergangenheit erhalten blieben (die Basis der Währungseinheit ist z. B. noch immer die Krone), war das eher eine Geschmacklosigkeit als eine Verbeugung vor der Ideologie. Sogar für Miloš, der über die meisten Absurditäten lacht, war der rotgesternte Löwe eine unverzeihliche Beleidigung, genau wie das Hotel in Stalingotik, wo wir uns trafen.

Aus dem Knistern, das er unter den weiblichen Angestellten dieser Beerdigungsanstaltsvorhalle auslöste, schloß ich, daß von meinem 34jährigen Gastgeber ein gewisser animalischer Magnetismus ausging. Deshalb fragte ich, als er mich zu seinem im Halteverbot abgestellten Hillman Minx brachte und wir mit einem scharfen Schwenk davonsausten: „Sind Sie verheiratet, Miloš?"

„Natürlich", antwortete er.

Wir rasten den Boulevard der jugoslawischen Partisanen hinunter und um den Platz der Oktoberrevolution. An der Allee der Helden des Friedens schaffte es Miloš, durch eine scharfe Linkswende zwei gebrechlichen alten Trams den Weg abzuschneiden. Darauf schüttelte er die linke Faust gegen die verwirrten Schaffner, die ihn anklingelten, und zeigte mit der rechten Hand in die entgegengesetzte Richtung: „Der Eingang zur Prager Burg ist einen Block weiter in dieser Straße. Aber das steht sowieso auf Ihrem Besichtigungsprogramm. Wenn ich Sie jetzt dahin bringe, möchten Sie dann nichts anderes mehr sehen. "

Ich sagte: „Bringen Sie mich, wohin Sie wollen, aber lassen Sie bitte eine Hand auf dem Lenkrad."

Der kleine Wagen kurvte einen steilen, gewundenen, kopfsteingepflasterten Hügel hinunter. Als wir wieder landeten, riß Miloš den Wagen nach links herum und zeigte auf achtzehn Marmortreppen, die einen anderen Hügel zu einem Marmorpodest hinaufführten. Jede Statue würde von hier aus eine perfekte Aussicht auf die sich krümmende Vltava (oder Moldau zu deutsch) und auf die Stadt zu beiden Seiten des Flusses gehabt haben. Aber der Sockel war leer.

„Hier hat Stalin gestanden", sagte Miloš. „Es war die größte Stalinstatue der Welt, und sie wurde 1955 enthüllt. Ich muß Ihnen einmal ein Foto zeigen. *Stalin*, wissen Sie, heißt ‚der stählerne Mann'. Er hatte eine Hand in seinem Mantel – in der Napoleonpose. Der tschechische Witz dazu war: ‚Warum greift er in seine Manteltasche?' Antwort: Weil ihm seine Statue so gut gefiel, daß er sie kaufen wollte. Er griff nach seiner Geldtasche und fragte, wieviel die Statue koste. Als man es ihm sagte, wurde der Mann aus Stahl zu Stein.

Im darauffolgenden Jahr hielt Chruščev auf dem XX. Parteitag seine Rede über den Persönlichkeitskult. Überall wurden die Stalinstatuen entfernt – aber Novotný wartete und hoffte weiter, vermutlich bis in die frühen sechziger Jahre hinein, um dann zu dem Schluß zu kommen, daß Stalin wohl nicht auferstehen würde. Zu diesem Zeitpunkt war Stalin bereits eine Peinlichkeit, so daß Präsident Novotný sie nachts gerne hätte verschwinden lassen. Er muß gedacht haben, daß wir, wenn wir aufwachen und Stalin weg wäre, das nicht bemerken oder uns vielleicht nicht erinnern würden."

Wir rasten über die Moldau und fegten über einen netten Platz mit dem *russischen* Namen „Platz der Roten Armee". (Prag kann sich zweier Rote-Armee-Plätze rühmen: des russisch benannten *náměstí Krasnoarmejců* und des anderen, tschechisch benannten *náměstí Rudé Armády*). Schwungvoll die philosophische Fakultät der Karlsuniversität hinter sich lassend, nickte Miloš zu dem unter drei Namen bekannten imposanten Konzertgebäude hinüber: Die Kommunisten nennen es das Haus der Künstler, die Tschechen nennen es Dvořáksaal und für die Deutschen ist es das Rudolfinum. In seiner „Ruhmeshalle“ auf dem Dachsims stehen die der Witterung trotzenden Statuen großer Komponisten.

Miloš erzählte mir, daß während der Nazibesatzung ein paar Handwerker beauftragt wurden, Felix Mendelssohn vom Dach zu holen. „Welcher ist es denn?“ fragten sie. Man sagte ihnen: „Der Jude mit der langen Nase und den semitischen Gesichtszügen.“ Und so kletterten sie hinauf und entfernten Richard Wagner.

Miloš beendete seine Geschichte mit einem tiefen Lachen. Dieses hatte ich noch im Ohr, nachdem er seinen Hillmann in einer Parklücke in der Nähe des Nationaltheaters geparkt hatte. Er führte mich in das am Fluß gelegene Café Slavia, bestellte mir eine Tasse des dicken, bitteren türkischen Kaffees, den die Tschechen trinken, und sprach eine Weile über Film und Familie. So war ich auf die Frage „Was möchten Sie noch von Prag sehen?“, auf die Miloš die Unterhaltung zurückbrachte, vorbereitet.

„Natürlich, was immer Sie mir von der tschechischen Filmindustrie zeigen wollen. Aber auch ein Konzentrationslager aus dem Zweiten Weltkrieg, wenn es hier in der Nähe eines gibt.“

Als amerikanischer Jude der zweiten Generation war ich nie bereit gewesen, diese Mission einem deutschen Führer anzuvertrauen. Ich habe dem Schicksal oft für den glücklichen Zufall meiner späten Geburt gedankt und überlegt, ob meine Eltern, falls wir in den dreißiger Jahren noch in Mitteleuropa gelebt hätten, rechtzeitig weggegangen wären. Oder wäre ich, sollte sich eine solch unvorstellbare Situation wieder ergeben, imstande, das Menetekel an der Wand zu entziffern? (1939 sandten einige meiner New Yorker Verwandten irgendeiner polnischen Verwandtschaft Geld für deren Auswanderung. Aber die hinterlistigen Verwandten nutzten das Reisegeld zweckentfremdet zur Geschäftsgründung in ihrer Heimatstadt. Sowohl sie selbst als auch ihr Geschäft wurden liquidiert.) Das beste mir bekannte Training, um klar über das Unvorstellbare nachdenken zu können, besteht darin, seiner Realität gegenüberzutreten oder zumindest dem, was von ihr übriggeblieben ist. Möglicherweise spürt man es so schon vorher, wenn die Geschichte sich zu wiederholen beginnt. Miloš' Wagner- und Mendelssohn-Geschichte hatte mich an meine bohrende Verpflichtung erinnert, einmal – nur einmal – die Hölle, die Hitler für mich reserviert hatte, zu inspizieren.

Am nächsten Morgen machten wir uns auf den Weg zum „Privilegiertenghetto" von Theresienstadt. Miloš erzählte mir davon, während er fuhr. 1941 zwangen die Nazis die Einwohner der alten Festungsstadt Maria Theresias (auf tschechisch Terezín) zur Räumung, und im darauffolgenden Jahr gestalteten sie es in ein Guckkasten-Ghetto um. Ausgestattet mit eigenen jüdischen Beamten und mit dem Anschein eines Gemeindelebens, wurde Theresienstadt dazu benutzt, die Inspektoren vom Roten Kreuz und andere Besucher, die der Auffassung waren, daß die Juden mißhandelt würden, zu beruhigen. Juden mit deutschen Kriegsauszeichnungen aus dem Ersten Weltkrieg waren zur Deportation nach Theresienstadt „berechtigt"; reiche Juden konnten sich den Weg in die „schützende Bewachung" erkaufen. Theresienstadt hatte eine derartige Reputation, daß zwei Flüchtlinge aus einem anderen Konzentrationslager dorthin flohen. Hier gab es tatsächlich ein Orchester, Familienleben und sogar einen jüdischen Bürgermeister. Der einzige Haken war, daß jeden Monat einige Familien „versandt" wurden, um für Neuankömmlinge Platz zu machen. Von ihnen hörte man dann nie wieder. Jedenfalls konnte 1944 der Mythos nicht länger aufrechterhalten werden. Das „Bedürfnis" des Dritten Reiches nach Ausrottung gewann Oberhand über seine Heuchelei.

Früher oder später führte der Weg aus Theresienstadt nur über ein Erschießungskommando, einen Transport nach Auschwitz oder in andere Todeslager. In Theresienstadt kamen 35.000 Menschen um, und für 84.500 war hier das Wartezimmer zur Vernichtung.

Wir waren schon fast da, als ich Miloš eine unvermeidliche Frage stellte: „Wie war es für Sie während des Krieges?"

Er legte beide Hände auf das Lenkrad und fuhr mit einer für ihn untypischen Zurückhaltung weiter. „Ich bin Halbjude", sagte er nach einer langen Minute. „Meine Mutter starb in Auschwitz. Mein Vater starb in Buchenwald."

Ich saß da, verlegen und wie betäubt. Dann entschuldigte ich mich für den taktlosen Vorschlag, den ich gemacht hatte. Miloš sagte: „Es ist in Ordnung, Alan." Ich drängte ihn, irgendwo anders hinzufahren – „zu einem Schloß oder sonstwohin." Miloš trat aufs Gaspedal und sagte nachdrücklich: „Es ist in Ordnung."

Theresienstadt ist heute ein staatlicher Friedhof und ein Museum: die Gedenkstätte der Nationalen Unterdrückung. Es ist als das erhalten worden, was es zur Zeit der Befreiung war, eine von Mauern umgebene Todesstadt. Nur die Museumsverwalter leben heute hier. Nachdem man den Graben überschritten hat und durch die steinernen Portale mit dem Symbol des Dritten Reiches hindurchgegangen ist, nachdem man an einem Schild vorbeigehastet ist, das auf deutsch verkündet „ARBEIT MACHT FREI“, hat man das Leben und die Moral schon weit hinter sich gelassen.

In einer der Baracken von der Größe meines Schlafzimmers befanden sich sechzehn dreigeschossige Betten, durchnumeriert von 1 bis 48. Ich konnte mir nur schwer vorstellen, wie 48 Menschen so eng zusammenleben konnten. Da sagte Miloš: „Dann versuchen Sie sich 480 vorzustellen. Es waren zehn Menschen für jedes Bett vorgesehen.“ In einer winzigen Zelle, in die Miloš mich einsperrte, verbrachte ich die längsten 60 Sekunden meines Lebens, in der Finsternis herumtappend und gegen Mauern stoßend. Als Miloš mich befreite, blinzelte ich und sagte, daß ich in vier weiteren Minuten verrückt geworden wäre. Miloš sagte: „Damals lebten 18 Menschen hier drinnen. Noch verrückter!“ Im Museumsgebäude, der ehemaligen Kaserne der deutschen Soldaten, sahen wir ein Paar Pantoffeln aus Frauenhaar, und Miloš verlor für einen Augenblick die Fassung. „Phantas-tisch“, murmelte er, „phantas-tisch.“

In einer verlassenen Straße, eingesäumt von Bäumen und geschottert, begann Miloš hinter mir zu marschieren. Als wir an einer Reihe von Offiziershäusern vorbeikamen, fühlte ich Steine gegen meine Knöchel schlagen. Miloš marschierte noch immer, aber in einem gemäßigten Stechschritt. Noch ehe ich sagen konnte: „Hören Sie auf damit!“, waren die Häuser zu Ende, und ich stand ausgerechnet vor einem Swimmingpool.

„Der SS-Kommandant Jöckl hatte ihn für seine beiden Töchter gebaut“, erklärte Miloš. „Diese beiden im Wasser spielenden kleinen Mädchen waren die letzten lebendigen Wesen, die man sah.“

Als wir um eine Ecke bogen, kamen wir in einen kleinen Park, der auf den ersten Blick schattig und grün war. Hier war aber nichts so, wie es den Anschein hatte. „Sie sind gerade durch das Todestor gegangen“, informierte mich Miloš. „Zwischen 1943 und 1945 ist kein Gefangener, der einmal hier durchgegangen war, wieder lebend hinausgekommen.“ Gleich im Eingangsbereich gab es einen Galgen. Miloš führte mich jedoch zu einem schmutzigen Streifen nahe dem Fundament einer Steinwand voller Einschußlöcher. Vor mir floß ein kleiner Bach, und ich war überrascht, in ihm klares Wasser zu sehen. Miloš ermahnte mich zu bleiben, wo ich war, während er über den Bach sprang und mit einigen Sätzen eine roh behauene Plattform erklomm, die von einem Bretterdach überschattet war. Es sah aus, als ob er auf einer Bühne stünde, bis er mir zurief: „Hier stand das Exekutionskommando."

Dann gackerte er. Es war ein Gackern, das erschreckender war als Gewehrfeuer, und sagte: „Haha, Sie stehen Habtacht!"

Miloš sagte da mehr als die Wahrheit. Mein Körper und meine Seele waren erstarrt. Dieses niederdrückende, spontan improvisierte Psychodrama war mein erster flüchtiger Eindruck von dem Instinkt eines guten Regisseurs, der Zuschauer, Schauspieler und jedermann um ihn herum zwingen kann, zu durchleben, was er fühlt.

In New York, im Winter 1966/67, während Valerie und ich die Durchführbarkeit einer Übersiedlung nach Prag abwogen, kam ein Empfehlungsschreiben von Miloš, in dem er uns einen seiner besten Freunde vorstellte und dessen Ankunft ankündigte. „Jirka Šlitr ist der begabteste Mensch, den ich kenne, ein wahrer Renaissancemensch", schrieb Miloš, der nicht gerade ein Ausbund an Bescheidenheit ist. Dann kam eine Einladung zu einer Zwei-Mann-Kunstausstellung in der Benevy Galerie in der First Avenue. Einer der beiden war Jiří Šlitr, dem für dieses Ereignis ein Ausreisevisum erteilt worden war.

Bei der Eröffnung konnten meine Frau und ich weder an die Kunst noch an die Künstler herankommen. Einige Tage später gingen wir mit den Kindern wieder hin und standen wie gefesselt vor einer Wand mit Šlitrs Strichzeichnungen: komplizierte Tintenlabyrinthe, die man ratlos umkreist, bis auf einmal, wenn man den perfekten Brennpunkt erreicht hat, die Prager Burg, in all ihrer Pracht, oder eine langweilige Party, mit all ihrer Ausbreitung von Verdrossenheit, entsteht.

Ich hinterließ eine Einladung für ihn im King Edward Hotel am Times Square. Als er einige Tage danach bei uns zu Hause zum Abendessen erschien, brachte er ein Geschenk mit: die Zeichnung von der langweiligen Party, die ich ganz besonders gepriesen hatte.

„Aber es stand doch ‚VERKAUFT' darauf, als wir da waren", bemerkte ich.

„Also habe ich eine neue gemacht", sagte er mild in einem sehr genauen Singsang-Englisch.

Jiří Šlitr war in der Tschechoslowakei nicht in erster Linie als Graphiker berühmt, sondern als Mitbegründer, Co-Autor und einer der Hauptdarsteller am Semafor, dem aufregendsten populären Musiktheater in Prag. Dort hatten er und sein Partner Jiří Suchý schon 1959 musikalische Komödien und Revuen aufgeführt, mit Jazzrhythmen und einem George-Abbott-Tempo, was an sich schon eine Kulturrevolution signalisierte. Bis dahin waren die Aufführungen in Prag (sowohl von Dramen als auch von Musicals) im Tempo sehr wienerisch gewesen: die Schauspieler standen auf der Bühne herum, führten dabei sehr höfliche und ziemlich müßige Unterhaltungen, manchmal von einem Lied unterbrochen. Šlitr komponierte die Musik. Suchý, der mit seinem Strohhut und seinem flotten Vortragsstil die Pariser Kritiker als „der tschechische Kavalier" zu Beifallsstürmen hingerissen hatte (während seines Engagements an Jean-Louis Barraults *Théâtre des Nations*-Festival), schrieb die Bücher und die Texte. Er veröffentlichte auch Gedichtbände und Essays. Ich hatte ihre Aufführungen nie gesehen, aber ich wußte, daß sie in Prag als „der Poet und der Maler" bekannt waren oder einfach nur als „S&Š".

Fast acht Jahre lang schrieben S&Š jährlich vierzig bis fünfzig Songs. Achtzehn von den dreihundertsechzig hatten bei Supraphon sechsstellige Verkaufszahlen erreicht – kein schlechtes Ergebnis in einem Land mit nur vierzehn Millionen Einwohnern. Die Einkommen von S&Š wurden veröffentlicht und setzten ganz Osteuropa in Erstaunen. Die Presse bezeichnete sie als „Kronenmillionäre".

Und Šlitr wenigstens war entschlossen, vielleicht zu entschlossen, auch eine „Dollarberühmtheit" zu werden. Das war einer der Gründe, warum Miloš ihn zu mir geschickt hatte.

Jiří Šlitr war ein weltgewandter Junggeselle mit graumeliertem Haar und einer schwarzen Melone (seinem Bühnenmarkenzeichen), unter der ein Paar umherhuschender, lüsterner Augen hervorschaute. Er lächelte oder lachte selten, aber er zeigte sein beständiges Vergnügen am Leben mit einem abwägendem Brummen, „umhmm-umhmm-umhmm", nach dem Motto „Laßt uns dranbleiben."

Jirka Šlitr und ich wurden in jenem Winter gute Freunde. Ich fragte ihn, was er gerne sehen würde, und seine Interessen führten uns in ein New York, das ich bis dahin nie richtig kennengelernt hatte. Wir standen in einem von Neonlichtern erleuchteten Schneetreiben auf der 125. Straße West zwei Stunden Schlange für die Mittwoch-Nacht-Amateure im Apollo. Wir quälten uns durch ein 78.-Straße-West-Psychodrama, als ein Mädchen namens Phoebe ihre Neigung zu kleinen Männern enträtselte. Wir mampften Süßkartoffeln, die wir bei einem Sonntagsbummel in der Lower East Side von einem fliegenden Händler gekauft hatten. Während der Gespräche auf unseren gemeinsamen Spaziergängen tauschten wir gegenseitig unsere Ideen aus, und oft summte er kleine Sequenzen aus seinen eigenen, mitreißenden Melodien. Manchmal, wenn ich Näheres über sie wissen wollte, sang er dazu einen faszinierenden Suchý-Text. „*Das Leben ist nur eine schäbige Weste, grau und langweilig, wie du genau weißt*", sang er zum Beispiel sanft in der U-Bahn. Oder: „Ein ziemlich aktueller Bluessong für ein Mädchen: ‚*Ich habe einen Pullover aus Stacheldraht und brenne wie eine Brennessel …*'" Šlitrs Musik erinnerte mich am ehesten an Irving Berlin und seine besten Stücke aus *Suppertime.*

Als Šlitr die Koffer für die Heimfahrt packte, hatten bereits einige Briefe und Telegramme den Atlantik überquert, und es war vorgesehen, daß ich in Prag mit S&Š für die amerikanische Version eines ihrer Stücke zusammenarbeiten würde. Es handelte sich um eine musikalische Fabel von Geld und Gier, die mir vorkam wie „Kafka zum Mitlachen". Miloš Forman, der in Prag Regie geführt hatte, wollte dies auch gleich bei der amerikanischen Version tun.

„Umhmm-umhmm-uhmm", war Šlitrs Antwort auf die guten Nachrichten von Formans Reaktion. „Wären wir mit einem der berühmten Broadway-Regisseure wie Joshua Logan nicht besser dran? Ich meine, ich möchte einen großen Hit daraus machen."

„Ich ja auch", antwortete ich rasch, „also bleiben wir bei Miloš."

Im darauffolgenden Sommer fuhr Šlitr wieder in den Westen, diesmal für ein längeres Engagement im tschechoslowakischen Pavillon auf der Expo '67 in Montreal. Ich flog zweimal in den Norden, um ihn zu besuchen, und ich lernte dort auch zwei seiner besten Freunde aus Prag kennen. Einer davon war einer seiner häufigen Begleiter beim Weintrinken: der Puppenspieler und Zeichentrickkünstler Jiří Trnka.

Šlitrs andere Begleitung hieß Sylva. Gerade dreißig geworden, befähigten sie ihre Sprachkenntnisse, auf englisch oder französisch zu spielen (beides tat sie in Montreal), aber auch auf deutsch, russisch, polnisch oder serbokroatisch so gut wie auf tschechisch. Auf der Expo war sie die Bühnenassistentin für den *Kinoautomat* des tschechoslowakischen Pavillons, auch „Computerisiertes Konsens-Kino" genannt.

Sie sagte zu den Leuten: „... drücken Sie den grünen Knopf auf der Armlehne, wenn Sie möchten, daß der Held die Dame in seine Wohnung läßt, und den roten, wenn Sie möchten, daß er sie draußen hält. Die Stimmenmehrheit wird entscheiden, wie der Film weitergeht. Sie haben dreißig Sekunden. In Ordnung, stoppen Sie den Computer!" Und in diesem Moment verwirklichte Sylva jedermanns momentane Phantasie – indem, siehe da! der Computer (nachdem er seine Schnellberechnungen gemacht hatte) stillstand.

Dann ging die Show weiter, aber in strikter Übereinstimmung mit den Wünschen der Zuschauer. Denn der Computer und der Film waren so programmiert, daß sie, egal wie die Zuschauer an den vorgesehenen sechs Wendepunkten, an denen Sylva das Drehbuch unterbrach, entscheiden würden, eine komplette und logische Geschichte weitererzählen konnten.

Sylva hatte nicht an eine Bühnenkarriere gedacht, als sie in den fünfziger Jahren Geschichte und Sprachen an der Karlsuniversität studierte. Sie hatte sich eine Karriere als Journalistin erwartet. „Aber es war schwer, für Zeitungen zu schreiben", sagte sie mir in Montreal, „wenn sich deine Gedanken und Gefühle von der offiziellen Linie unterschieden. So nahm ich ein Angebot an, mit der Laterna Magica bei der Brüsseler Weltausstellung 1958 aufzutreten. Später begleitete ich das Prager Schwarze Theater, wann immer es auf Auslandstournee ging.

Ich schreibe auch Kindergeschichten und ich schrieb – da ich eine der Glücklichen bin, die außer Landes reisen dürfen – früher gelegentlich Auslandsberichte für die tschechoslowakische Presse. Aber ich hörte damit auf, nachdem ich einen Bericht über die Mauer von unserem Engagement in Berlin aus geschickt hatte. Ich sagte darin, daß die Mauer häßlich sei, was ich nicht für eine besonders kontroverse Beobachtung hielt. Aber als mein Artikel erschien, bezeichnete ich sie da nicht nur als notwendig, sondern nannte sie auch noch schön.

Nachdem ich nach Prag zurückgekommen war, sagten meine Freunde zu mir: ‚Wie hast du so etwas schreiben können?' Ich beschloß, daß ich nie wieder jemandem die Chance geben würde, etwas Derartiges mit mir zu tun."

Sylvas Romanze mit Jirka Šlitr dauerte sieben Jahre. Doch obwohl sie sogar in jenem Sommer in Montreal endete, wußten wir damals nichts davon.

In Montreal trafen wir auch Sylvas, Šlitrs und Trnkas Boß, den 45jährigen Miroslav Galuška. Als schneidiger, silberhaariger, bärbeißiger Pfadfinderbursche von einem Slawen hatte Galuška eine verblüffende Ähnlichkeit mit unserem General William C. Westmoreland[2]. Galuška war ein ehemaliger Drehbuchautor, der Diplomat, Pressechef des Außenministeriums (1952–58) und dann Botschafter in London (1958–61) gewesen war, bevor er sich als stellvertretender Chefredakteur des offiziellen kommunistischen Parteiorganes *Rudé Právo* dem Journalismus zuwandte. Präsident Novotný betrachtete die *Rudé Právo* als sein eigenes Hausorgan, und Galuška wurde bereits als zukünftiger Chefredakteur gehandelt, bis sich seine eigenen unabhängigen Vorstellungen vom Marxismus-Leninismus durchsetzten. („Schließlich hat Lenin das Ende jeden administrativen Druckes auf die Presse und die Einführung der völligen Freiheit versprochen.") 1963 wurde Galuška auf den weniger einflußreichen Posten eines Chefredakteurs des neuen Wochenblattes *Kulturní Tvorba* (*Kulturschaffen*) abgeschoben. Mit dessen sechster Ausgabe war Galuška der politische (und vielleicht auch persönliche) eigene Todesstoß gelungen: eine Denunziation durch Präsident Novotný. Galuška hatte jedoch bereits so viele Bewunderer und Novotný soviel Unsicherheit, daß es Strafe genug schien, ihn 1964 außer Sichtweite zu schaffen und nach Kanada als Botschafter im Rang eines Generalbeauftragten für den tschechoslowakischen Pavillon auf der Expo '67 zu verbannen.

Dissidenten auf einflußreiche Posten im Ausland zu verbannen, war eine tschechoslowakische Taktik, die oft ins Auge ging. Galuška hatte sofort begonnen, seine Strafe den Verbrechen, die

[2]General Westmoreland war von 1964 bis 1968 Oberbefehlshaber der amerikanischen Streitkräfte in Vietnam (Anm. d. Übers.).

er begangen hatte, anzupassen. Er versammelte seine Künstlerfreunde um sich und machte aus dem Pavillon ein funkelndes Schatzkästchen, das der Hit der Ausstellung wurde.

Als Galuška Prag verließ, hatte man ihm deutlich zu verstehen gegeben, daß es sich um eine einfache Fahrkarte nach Montreal handelte. Eine Rückkehr in die Tschechoslowakei wäre gleichbedeutend mit Selbstmord gewesen. Zu der Zeit, als ich ihm in Montreal begegnete, sah er sich eher beiläufig nach einem Job irgendwo bei einer kanadischen Zeitung um. Aber er hatte so gute Leistungen vorweisen können, daß er ernsthaft an eine triumphale Heimkehr dachte, nachdem die Expo im Herbst 1967 beendet sein würde, um seinen Einfluß bei den Kräften geltend zu machen, die bereits dabei waren, den Monolithen Novotný zur Seite zu schieben.

Eine dieser Kräfte war Jiří Suchý, der – in Šlitrs Abwesenheit, aber mit seiner Zustimmung und Mitarbeit – begonnen hatte, ihr Theater Semafor mehr und mehr in das Reich der politischen Satire zu verlagern. Auf meiner nächsten Entdeckungsreise nach Prag traf ich Jirka Suchý das erste Mal. Statistisch betrachtet hatte er auf diesem Planeten das gleiche Alter wie Forman und ich. Aber es muß noch mehrere Äonen wer weiß wo gebraucht haben, um ein so irres Lächeln zu einem solch reinen Wahnsinn reifen zu lassen, um das schüchterne Mondgesicht so zum Glühen zu bringen und mit diesen verschlagenen Augen soviel innere Verrücktheit auszustrahlen.

An einem regnerischen Samstag nahm mich Suchý in seine Wohnung in Prag 6 mit, nur ein paar hundert Meter von den Formans entfernt. Es wurde ein Nachmittag mit kaltem Aufschnitt, belegten Brötchen, Pilsner Bier, Schallplatten, Gesprächen über Freunde, Bekannte, Kinder und unsere Zusammenarbeit. Die Wohnung der Suchýs war ein eklektisches Phantasiegebilde aus antik und modern. Ich wurde in ein Wohnzimmer geleitet, wo moderne Niedrigstmöbel, auf denen es sich kein erwachsener Mann gemütlich machen kann, mit einem weißen Pelz so verkleidet worden waren, daß das Sitzen darauf nicht nur erträglich, sondern sogar bequem war. Ich war umgeben von Alten Meistern und mittelalterlicher Kirchenkunst sowie einer schmucklosen Mahagoniwand, vor der man eine Filmleinwand, die an der Decke befestigt war, herunterziehen konnte. Das Leitmotiv in dieser Wohnung war das Unerwartete: In jedem Raum stellte man sich zuerst die Frage, *wohin* mit der eigenen Person. Wenn man aber einmal seine Ecke gefunden hatte, war alles bestens.

Dieses bewohnte Museum war in einer glücklichen Zusammenarbeit zwischen Jirka und seiner brünetten Frau Běla entstanden, die manchmal Theaterkostüme und Plattencovers entwarf, sich aber hauptsächlich dem entzückenden Söhnchen Kubik (Kurzform von Jan-Jakub, nach Rousseau und nicht nach Astor) widmete. Kubik war zwei Wochen jünger als unsere Erika, und die Zwillinge der Formans lagen altersmäßig zwischen Monica und Erika. Das versprach eine gute Versorgung mit Spielkameraden, falls wir in Prag leben konnten.

Um in Prag leben zu können, muß man sich anstrengen. Ein Ausländer ist völlig abhängig von irgendwelchen Ministerien oder Organisationen, die ihn sponsern oder ihm schließlich bestätigen, daß seine Anwesenheit von nationalem Vorteil ist. Als Freiberufler stellte das aber ein Problem für mich dar. Die Zusammenarbeit mit Suchý und Šlitr war noch im Verhandlungsstadium. So konnte die Dilia, die staatliche Literatur- und Theateragentur noch nicht in meiner Sache intervenieren. Miloš Forman hatte mit dem Hinweis, daß er mich als Mitarbeiter für sein Drehbuch brauche, den Filmexport eingeschaltet – jene Regierungseinrichtung, die mit dem ausländischen Filmverleih für tschechoslowakische Filme verhandelte –, um für mich Telefonate zu führen und Termine zu vereinbaren. Aber Filmexport verweigerte jegliche schriftliche Zusage. Forman und Filmexport waren übereingekommen, daß unter diesen Umständen meine beste Chance, einen Sponsor zu finden, die Presseabteilung des Außenministeriums sei. Meine Akkreditierung als Journalist werde mehr beeindrucken als der Status eines Stückeschreibers oder Drehbuchautors.

„Filmexport sagt, daß, auch wenn sie selbst oder die Dilia Sie sponsern würden, sie niemals eine preisgünstige und annehmbare Wohnung für Sie und ihre Familie auftreiben könnten", informierte mich Miloš. „Aber wenn das Außenministerium Sie erst einmal akkreditiert hat, dann haben Sie Anspruch darauf, daß der diplomatische Dienst für Sie eine Wohnung finden muß, ganz so, als ob Sie der neue Attaché in einer Botschaft hier wären. Sie werden vermutlich mit amerikanischen Dollars bezahlen müssen, aber es könnte schlechter stehen. Und haben

Sie erst einmal die Presseakkreditierung, wird Ihnen das Innenministerium praktisch automatisch eine Aufenthaltserlaubnis gewähren."

So machte ich Mitte 1967 meinen ersten Besuch im Außenministerium, im größten Palais Prags, dem Czernin-Palais. Im Hinterhof dieses ausgedehnten Gebäudes – zu dem der Zutritt noch immer nicht gestattet ist – wurde der Körper des Außenministers Jan Masaryk am Morgen des 10. März 1948 gefunden. Das Czernin-Palais wurde zwischen 1669 und 1720 für Humprecht Czernin, einen wohlhabenden Grundbesitzer und ehemaligen Botschafter in Venedig, erbaut. Wie viele Prager Adelige, wollte er in einflußreicher Nähe zur Burg sein, damals wie heute das Zentrum der Macht. Anders als seine kompliziertere, intriganteren Rivalen, überließ Graf Czernin, der Eigentümer von mehr als einem Dutzend Besitzungen in Mitteleuropa war, die Verwaltung seines Empires einer Gruppe von exakt fünf Beamten, die für seine Schlösser, Seen, Gehöfte, Bücher, Gemälde und Skulpturen verantwortlich waren. „Ich weiß", hat Czernin zustimmend geäußert, „daß diese Beamten mich bestehlen, aber sie sind ihre Arbeit wert und sind fleißig darin. Hätte ich hundert Beamte, hätte ich hundert Diebe, die bei mir klauten, und das könnte mein Ruin sein."

Meine Kontaktperson im Czernin-Palais war ein ebenso philosophischer jüngerer Mann namens Milan Glozar, dessen brauner Anzug, dunkle Hornbrille und dröhnende Stimme ihn in jedem aalglatten, grauen diplomatischen Korps als Einzelgänger abgestempelt hätten, im Osten wie im Westen.

Von Anfang an versicherte mir Herr Glozar, daß es keine Probleme gäbe, hierherzukommen, um zu arbeiten und zu leben. In einer Art, die eine beachtliche Kenntnis des westlichen Wirtschaftssystems erkennen ließ, teilte er mir auch mit, daß ich in ein Einkommenssteuerparadies gestolpert sei:

Die einzige Steuerabgabe, die ich in der Tschechoslowakei zu entrichten hätte, seien die zehn Prozent, die automatisch von jedem Einkommen, das aus einer tschechischen Quelle stammt, zurückbehalten würden. Abgesehen von gelegentlichen Veröffentlichungen meiner Arbeiten in tschechischer Übersetzung, hatte ich keine Aussichten, Kronen zu verdienen, aber falls doch, würden mich meine zehn Prozent Steuerabgaben möglicherweise berechtigen, in den Genuß des so gut wie kostenlosen Volksgesundheitswesens zu kommen.

Für jegliches Einkommen einer amerikanischen oder anderen westlichen Firma im Ausland würden die ersten 20.000 Dollar meines Verdienstes im Jahre 1968 steuerfrei sein, sofern ich nicht später als am Silvesterabend in Prag ankommen und „bona fide" meinen Wohnsitz für das Steuerjahr im Ausland beibehalten würde. Sollte 1968 mein Einkommen im Ausland zum Beispiel 28.000 Dollar erreichen, hätte ich lediglich eine Steuervorschreibung zu erwarten, die der einer vierköpfigen Familie entspricht, die sich mit 8.000 Dollar jährlich durchkämpft. Nach drei Jahren Auslandsaufenthalt würde mein jährlich steuerfreies Einkommen auf 25.000 Dollar angehoben.[3]

Herr Glozar verlangte von mir für sein Ministerium eine Art autobiographisches Schreiben, in dem ich zu erklären hatte, warum und wie ich in der Tschechoslowakei leben wollte, sowie die wichtigsten Angaben über meine Familie ... einen Brief einer Berufsvertretung, die für mich die Bürgschaft übernimmt (in meinem Fall würde die Society of Magazine Writers reichen) ... Auszüge aus fünf oder sechs meiner Artikel ... und ein halbes Dutzend Paßfotos von jedem von uns. (Es gab keine Formulare auszufüllen, was mich hätte stutzig machen sollen.) Herr Glozar schätzte, daß wir bis Ende September 1967 alle unsere Papiere in Ordnung hätten, einen Monat vor der geplanten Abreise aus Greenwich Village. Er erwartete sich „überhaupt keine Probleme".

Ich sah aber bereits die erste Wolke am Horizont auftauchen, als der liebenswürdige Herr Glozar erwähnte, daß er nicht da sein würde, um uns durch die diplomatischen Kanäle zu lotsen. Im Herbst werde er als Presseattaché nach England an die Botschaft in London gehen. Aber noch davor werde er all seine angesammelten Urlaubstage nehmen, um die sommerliche Pilzsammelsaison zu nutzen. In Mitteleuropa sind Pilze nicht nur ein Nahrungsmittel, sondern gehören zum Brauchtum und sind eine Passion. Wenn die Pilze reif sind, werden alle anderen Aktivitäten eingestellt.

„Mir wurde gesagt", bemerkte ich, „daß ich, kämen mir jemals Zweifel über einen Pilz, einen Tschechen fragen sollte, der würde immer richtig liegen." Herr Glozar lehnte sich skeptisch zurück und sagte: „Durchschnittlich sechzehn von unse-

[3] Dieser Freibetrag wurde 1978 leider abgeschafft.

ren Landsleuten liegen jeden Sommer falsch. Sie bekommen Pilzvergiftungen. Das hat, wenn Sie den richtigen oder besser den falschen Pilz essen, eine zehntägige Agonie zur Folge, deren einzige Aussicht auf Beendigung der sichere Tod ist. Die Pilze, die Sie hier in den Geschäften kaufen können, sind sicher. Aber jetzt will ich Ihnen den klügsten Rat erteilen, den Ihnen nur jemand für das Leben in der Tschechoslowakei geben kann: Kaufen Sie niemals, niemals Pilze von der netten alten Dame, die vorbeikommt und Sie Ihnen anbietet."

Er deutete auf einen Artikel in der *Rudé Právo* und sagte: „Sie hat schon drei Leute in einem Dorf umgebracht, und die Polizei sucht sie noch immer."

Mit dieser erfreulichen Nachricht endete mein Treffen mit Herrn Glozar. Ich war so ausgelassen über das scheinbare Fehlen bürokratischer Hürden, daß ich die fünf Kilometer zu meinem Hotel zu Fuß zurückging, wobei ich die Sehenswürdigkeiten „meiner Stadt" begutachtete.

Kaum hatte ich die Tür meines Zimmers im Hotel Alcron geöffnet, stellte ich fest, daß mein Gepäck durchsucht worden war.

Wenn man durchsucht oder bestohlen wird, ist die erste Sorge, daß sich der Täter noch im Raum befindet. Und hinter dem Eisernen Vorhang kann man auch noch nicht sicher sein, daß man allein ist, wenn man festgestellt hat, daß das nicht der Fall ist. Insbesondere im Alcron konnte das Zimmer abgehört oder mit Kameras überwacht werden.

Ich mußte ungestört sein, um meine Reaktionen zu überdenken. War mein Besucher ein Agent vom Zoll, von der Geheimpolizei oder nur ein neugieriges Zimmermädchen? Bei wem sollte ich mich beschweren? Oder sollte ich mich überhaupt beschweren, nur um mich dabei als Querulant zu erweisen, noch bevor ich nach Prag gekommen war, um hier zu leben?

Um zu einem einfachen Schluß zu kommen (hätte ich wem auch immer beweisen können, daß ich nichts zu verstecken hatte, hätte ich den Vorfall auch ignorieren können), verlegte ich diese Überlegungen in das angrenzende Klosett, das mir der sicherste Platz für einsame Meditationen schien. Völlig angekleidet setzte ich mich auf den Klodeckel aus grünem Kunststoff. Als ich einige Minuten später aufstand, sah ich, daß mein Gewicht den Deckel durch die Brille gedrückt hatte. Er baumelte ins Wasser.

So hätte ich das nicht lassen oder benutzen können. Aber wenn ich jemanden zur Reparatur gerufen hätte, hätten „sie“ – wer auch immer „sie“ waren – dieses sonderbare Ereignis mit „ihrer“ Durchsuchung in Verbindung gebracht. So entschloß ich mich, den Schaden selbst zu beheben.

Ich brauchte eine halbe Stunde, um den Deckel durch die Brille zurückzudrücken. Indem ich das tat, verbrauchte ich nicht nur all die nervöse Energie, die durch meine Entdeckung ausgelöst worden war, sondern klemmte mir auch den rechten Arm zwischen Klodeckel und Brille ein, wobei ich mir zwei lange Schnittwunden zuzog. Für den Rest des langen, heißen Sommers 1967 mußte ich langärmelige Hemden tragen, um zu vermeiden, für einen „Selbstmordpfuscher“ gehalten zu werden. Meine durch den Alcron-Toilettensitz verursachten Schrammen verheilten und verblaßten, obwohl unser Hausarzt sagte, daß sie nie gänzlich weggehen würden. „Aber“, tröstete er mich, „der Mensch ist nicht nur aus Formica gemacht.“

Zwischenspiel
Hotel ohne Namen

Schon bevor mein Zimmer durchsucht worden war, wohnte ich nicht gern im Alcron mit seinem höhlenartigen Foyer, auch „yellow submarine“ genannt, in der die ständig wechselnden Prager Presse-Korps westlicher Journalisten saßen und sich gegenseitig interviewten. Ein Atmosphäre offenkundiger Korruption hatte sich hier in guten wie in schlechten Zeiten und durch alle Renovierungen und Modernisierungen hindurch gehalten. Während jenes Aufenthaltes hatte ich das Gefühl, an jedem der ersten vier Tage mit dem linken Fuß zuerst aufgestanden zu sein, denn vom Portier erhielt ich täglich die Mitteilung: „Bitte melden Sie sich bei der Rezeption.“

Der Empfangschef war ein kahlköpfiger, geschlechtslos wirkender junger Mann. Während er sich schadenfroh die Hände rieb, begrüßte er mich jedesmal mit der gleichen korrupten Masche: „Ah, Herr Levy! Es tut mir schrecklich leid, und ich weiß, daß Sie eine bestätigte Reservierung haben. Aber wir brauchen Ihr Zimmer unbedingt. Sie müssen es bis heute Mittag geräumt haben, *wenn bis dahin nicht etwas geschieht.*“

Wenn mein schockierter Protest dann vergeblich war, war ich noch so naiv zu sagen: „Also gut, da Filmexport für meine Reservierung gesorgt hat, werde ich da hingehen und sehen, ob ich veranlassen kann, daß dort etwas geschieht.“

„Es wäre genauso leicht, es gleich hier geschehen zu lassen“, säuselte der Empfangschef salbungsvoll, aber ich war zu empört, um dem Wink mit dem Zaunpfahl nachzukommen. Ich marschierte hinüber zu Filmexport, der dann vermutlich Bestechung oder Druck anwendete, um etwas geschehen zu lassen. Mein Zimmer wurde mir gewährt, aber jeden Morgen wiederholte sich dasselbe Ritual.

Nach vier solchen Tagen ging ich so gefaßt auf meine morgendliche Konfrontation zu Bett, daß ich um Punkt sechs Uhr morgens hochfuhr. Hastig zog ich mich an und verließ das

Alcron, bevor mein Verfolger zur Arbeit kam. Er würde es doch nicht wagen, mein Zimmer räumen zu lassen, ohne mir vorher Bescheid zu sagen! Ich schlich mich am Portier vorbei auf die Straße. Ich umging den Wenzelsplatz, indem ich den Weg durch das Labyrinth von Arkaden in den Passagen Lucerna, Alfa und Schwarze Rose abkürzte, und wähnte mich hoffnungslos außer Sichtweite, als ein mir bekanntes Säuseln an mein Ohr drang: „Ah, Herr Levy! Wie ich mich freue, Sie hier auf meinem Weg zur Arbeit zu treffen. Es tut mir schrecklich leid, und ich weiß, Sie haben eine bestätigte ..."

„Aber wie können Sie wissen, daß Sie mein Zimmer brauchen, wenn Sie noch gar nicht an Ihrem Arbeitsplatz waren?"

„Man hat mich letzte Nacht zu Hause angerufen", sagte er, ohne mit der Wimper zu zucken, „und mir gesagt, daß man Ihr Zimmer heute unbedingt braucht. Aber ich entschloß mich, Sie nicht gleich anzurufen und Sie dadurch zu beunruhigen und um den Schlaf zu bringen."

Ich wohnte nie wieder im Alcron. Aber als ich das nächste Mal nach Prag kam, vermied ich es, daran vorbeizugehen, aus Angst, ich würde denselben Empfangschef sehen, wie er noch immer seine leeren Handflächen betrachtet.

Auf meiner vorletzten Erkundungsreise nach Prag kam ich am späten Nachmittag ohne Hotelreservierung an. Miloš Forman entführte mich direkt vom Flughafen zum Altstädter Ring in den „Goldenen Krug" zu einem Bankett mit belegten Brötchen und zuviel Wein. Erst nach dem Abendessen gingen wir auf Zimmersuche, und bald erkannten wir, daß jedes Hotel von Kategorie B-minus bis zu Kategorie A-plus De Luxe Spezial komplett ausgebucht war.

Wir gingen von einem zum anderen. Nachdem wir im Hotel Paris schroff abgewiesen worden waren, häten wir beinahe ein anderes Hotel übersehen, gelegen im Schatten des Pulverturmes, in dem früher Schießpulver gelagert wurde und der den Eingang zur Altstadt bildet. Aber als ich einen Blick durch das Fenster warf, sah ich ein Rezeptionspult, einen Portierstisch, Postfächer und Schlüssel, also alle Kennzeichen eines traditionellen Hotelfoyers. Bis auf einen diensthabenden Nachtportier war die Eingangshalle leer – ein gutes Zeichen für freie Zimmer.

„Wie wäre es damit?" fragte ich Miloš.

Er schien für einen Augenblick erschrocken zu sein, aber dann brachte der Wein sein Blut in Wallung, und er sagte: „Warum sollten wir es nicht versuchen?"

Wir gingen hinein und Miloš informierte den Empfangschef auf tschechisch, daß ich nur ein winziges Zimmer für eine Nacht bräuchte.

Zu meiner Überraschung antwortete der Empfangschef: „Dies ist kein Hotel. Und Sie müssen beide gehen."

„So geht man nicht mit einem vornehmen Gast aus Amerika um", entgegnete Miloš in liebenswürdiger Kampflust, „nur weil er kein kommunistischer Parteifunktionär ist."

Der Körper des Portiers spannte sich an, und er schaute sich nach allen Seiten um, während Miloš sanft meinen Lebenslauf vortrug und dabei reichlich übertrieb. Aber der Empfangschef unterbrach ihn immer wieder und bestand darauf, daß dies kein Hotel sei und wir auf der Stelle zu gehen hätten, bevor noch jemand käme. Wir waren nur ein paar Blocks von Kafkas Geburtshaus entfernt, aber ich hatte das Gefühl, daß wir hier seinen Dauerwohnsitz entdeckt hatten.

Ich bot dem Empfangschef ein kleines Geschenk an, und Miloš begann seine eigene Biographie aufzusagen, aber der Mann war nicht korrumpierbar und sehr ängstlich. Als wir jemanden in das Foyer herunterkommen hörten, wandte sich der Empfangschef verzweifelt an mich und sagte zu mir auf englisch: „So, jetzt weiß ich wer Sie sind. Außerdem habe ich Herrn Formans Foto oft gesehen. Ich habe auch alle seine Filme gesehen, weswegen ich Sie schon aus Bewunderung bitten muß zu gehen, oder Sie werden beide Schwierigkeiten bekommen. Ich muß unsere Gäste um jeden Preis schützen. Sie sind Ausländer, für Sie wird es nur ein kleines Problem werden. Aber Herr Forman ist Tscheche."

Dann, seine Stimme erhebend, damit der herannahende Gast es hören konnte, sagte der Portier sehr bestimmt und endgültig auf tschechisch: „Es tut mir leid, meine Herren, dies ist *kein* Hotel."

Ich konnte nicht ergründen, was geschah, aber die angespannte Eindringlichkeit des Empfangschefs erreichte mich. Ich wollte wirklich keinerlei Anstoß erregen, schon *bevor* ich dauerhaft in Prag leben würde. Deswegen trieb ich Miloš zurück auf die Straße, aber nicht ohne noch einen Blick auf einen großen Gast mit Adlerprofil geworfen zu haben. Mit scharfer Stimme, aber milden Worten beschwerte er sich, daß mit seinem Telefon scheinbar etwas nicht in Ordnung sei.

Nachdem unsere Köpfe klarer geworden waren und wir woanders ein Zimmer für mich gefunden hatten, sagte mir Miloš, daß wir das „Hotel ohne Namen“ besichtigt hatten. Einst als Hotel Praha bekannt, stehe es jetzt weder in Reiseführern noch im Telefonbuch. Es werde für den Besuch kommunistischer Würdenträger in blitzsauberer, aber karger Ordnung gehalten.

Erst 1968 jedoch konnten wir die Identität des sich höflich beschwerenden Gastes im Hotel ohne Namen feststellen. Alexander Dubček war 1967 Erster Sekretär der Kommunistischen Partei im slowakischen Teil der Tschechoslowakei. Auf seinen regelmäßigen Reisen nach Prag wohnte er gewöhnlich im Hotel ohne Namen, wo der Präsident (und landesweit Erste Sekretär) Novotný Dubčeks Handlungsspielraum einzuengen versuchte, indem er seine Telefonleitung stören ließ.

Kapitel 2

Mittwoch, 8. Juli –
Dienstag, 31. Oktober 1967

Für viele Angehörige der Außenwelt ist Prag Kafka-Territorium. Für eine überraschend große Anzahl von Tschechen jedoch wird Kafka, der 1883 in Prag geboren wurde und die meisten seiner Werke hier schuf, nicht als einer der ihren angesehen, weil er in deutscher Sprache schrieb. Sie werfen Kafka mit anderen deutsch sprechenden „Außenseitern" in einen Topf. Hierzu gehören die gebürtigen Prager Rainer Maria Rilke und Franz Werfel (*Das Lied von Bernadette*), Gustav Mahler, geboren in Böhmen, Sigmund Freud, geboren in Příbor/Nordmähren und Albert Einstein, der von 1910 bis 1912 in Prag lehrte und hier die Grundzüge seiner Relativitätstheorie entwickelte und publizierte. Trotzdem, Kafka ist Prag und Prag ist Kafka, und wer lange genug in Prag gelebt hat, denkt nicht mehr, daß es sich bei Kafkas Werken um reine Fiktion handelt.

Betrachten wir zum Beispiel die Meldebehörde der Fremdenpolizei, den Ort, den jeder Ausländer aufsuchen muß, um die Obrigkeit über seine hiesige Adresse zu informieren (wenn man in einem Hotel wohnt, übernimmt das Hotel diese Aufgabe), um die Verlängerung seines Visums, eine Aufenthaltserlaubnis oder, wenn man bereits hier lebt, ein Ausreisevisum zu beantragen. Das Gebäude grenzt an das Polizeihauptquartier in der Altstadt, nur ein paar Straßen von Kafkas Geburtshaus entfernt. Meine Freunde haben mir versichert, daß der Sitz der Fremdenpolizei niemals von der Gestapo benutzt worden war.

Als ich im Jahre 1967 zum ersten Mal dorthin kam, um mein Touristenvisum zu verlängern, betrat ich einen Warteraum, von dem vier Türen, versehen mit den Nummern 2 bis 5, abgingen. Diese vier Türen und zum Teil auch die Wände waren mit dikken, gelben Matratzen gepolstert, und der übrige Raum war in einem schrecklichen Gallengrün gestrichen. Dank dieser Polsterung konnte man, wenn man an eine der vier Türen klopfte, nicht gehört werden; vermutlich konnte ebenso kein Wort oder Schrei nach außen dringen. Für alle Fälle war der Warteraum von zwar sanfter, aber lauter Musik erfüllt.

Vor jeder der vier Türen lag eine Fußmatte. Und auf jeder dieser vier Fußmatten stand ein Ausländer, der wartete, bis er an die Reihe kam und solange sorgfältig seine Schuhe abputzte. Wenn jemand durch eine der gepolsterten Türen herausging, ging der von der Fußmatte hinein, und der erste Ausländer aus der Reihe der Wartenden, die auf einer langen Bank saßen, konnte seinen Platz einnehmen. Die anderen Leute auf der Bank rückten auf. Der erste Stehende setzte sich auf den freigewordenen letzten Platz. Briten und Amerikaner, Ungarn und Belgier, indische Geschäftsleute und senegalesische Studenten brachten Farbigkeit und Vielseitigkeit, aber sehr wenige Worte in diese einschüchternde Szene.

Zuerst stellte ich meine Willensstärke auf die Probe, als ich die Fußmatte erreichte. Da ich mir schon in der Eingangshalle die Schuhe abgeputzt hatte, fiel es mir nicht im Traum ein, mich diesem unmenschlichen System durch ihr nochmaliges Abputzen zu unterwerfen.

Bis hierhin erinnerte mich das Ganze etwa ebenso an Menottis Oper *Der Konsul* wie an Kafka. Aber als ich an der Reihe war, die Fußmatte zu verlassen und den Raum zu betreten, erwartete mich doch wieder der reinste Kafka: Hinter all diesen Polstern traf ich auf die freundlichsten, bemühtesten und wohlwollendsten Beamten, denen ich bis dahin in Prag begegnet war.

Meine erste und liebste „Vernehmungsbeamtin" war Frau Babecká, eine junge, englisch sprechende berufstätige Mutter, die mich mit einem Lächeln, einer angebotenen Zigarette und einem Kompliment für mein Paßfoto begrüßte, gefolgt von einem Aufschrei des Entzückens: „Sie heißen Alan? Mein Sohn heißt auch Alan!" Sie zückte den Schnappschuß eines Kleinkindes, erklärte: „Wir nennen ihn natürlich Alánek, das bedeutet ‚Alanchen'", und gurrte begeistert beim Anblick der Paßfotos meiner Töchter. Nachdem wir noch angenehm geplaudert hatten, wurde mein Visum routinemäßig durch einen Stempel verlängert. Natürlich, wenn die Antwort „nein" oder „noch nicht" lautete, konnte Frau Babecká kein „ja" daraus machen, aber sie schickte einen mit dem Gefühl weg, daß sie ihr Bestes für einen tat.

Die vier Männer und die Frau, mit denen sie arbeitete, zeigten sich genauso freundlich und verständnisvoll, sogar der ungeschlachte, finster dreinblickende Zivilbeamte, den ich heimlich den „Rohling“ nannte. Immer wenn ich hinging, dachte ich nicht nur an Kafka, sondern auch an das Dilemma eines Durchschnittsamerikaners in einem Polizeistaat: Wenn man die Schwelle überschreitet, ist man schon vollkommen bereit, alles zu gestehen – und ist sogar ein bißchen unglücklich darüber, daß man nichts zu gestehen hat.

Die politische Bedeutung Kafkas begriff ich in jenem Sommer zum ersten Mal, als ich nicht weit von der Ausländermeldebehörde mit einem Freund von Miloš Forman zum Mittagessen ging. Igor Hájek war ein junger Mann, mit matten, rosagerahmten Brillengläsern, einem Bürstenhaarschnitt und einem weichen, runden Gesicht. Als Redakteur der Wochenzeitung des Schriftstellerverbandes, *Literární Noviny* (*Literaturzeitung*), und als der tschechische Übersetzer von J. D. Salinger und John Updike war er sehr bekannt und weithin geschätzt; für seine Übersetzung von Updikes *Centaur* hatte er einen wichtigen Preis gewonnen.

Die Kunst der Übersetzung ist in Prag besonders anerkannt, da die Grundlage für die ganze tschechische Nation im 19. Jahrhundert von einer kämpferischen Gruppe von Linguisten geschaffen wurde. Sie bereicherten die unter den Habsburgern als staatsgefährdender Bauerndialekt bezeichnete Sprache, indem sie ihre Sagen kodifizierten und die klassische Weltliteratur, die bis dahin nur auf deutsch veröffentlicht worden war, ins Tschechische übersetzten.

„Kafka wurde nach der kommunistischen Machtübernahme im Land nicht oft erwähnt“, erzählte mir Igor, „aber vor vier oder fünf Jahren begann er wieder Geltung zu erlangen. Damals fand hier ein Kafkakongreß statt, bei dem es sich eigentlich um eine politische Diskussion unter dem Vorwand literaturwissenschaftlicher Gespräche handelte. Das zentrale Thema war die Entfremdung. Die ostdeutschen Teilnehmer beharrten darauf, daß Kafka nicht von Bedeutung sei, weil die Entfremdung durch den Sozialismus verschwindet. Eine Anzahl von Tschechen behauptete dagegen, daß ein Arbeiter in den Škodawerken genauso ein Gefühl der Entfremdung haben kann wie bei General Motors. Er sehnt sich nach dem Gefühl, etwas zu sagen zu haben, eine Rolle zu spielen. Und die Tschechen gaben zu verstehen, daß sich auch sozialistische Bürokraten selbstentfremdet fühlen können. Es ging eigentlich darum, ob die Sozialisten die Dinge so sehen wollten, wie sie waren, was der einzige Weg ist, um ihre Verbesserung in Angriff zu nehmen."

Die Kafkadiskussion wurde auch von Igors Wochenzeitung *Literární Noviny* aufgegriffen, wo sie noch lange nachdem die Kafkakonferenz die Stadt verlassen hatte, weitergeführt wurde. Und der Mann auf der Straße nahm sie auf und begann die *Literární Noviny* zu lesen, nicht weil er sich besonders für Kafka interessierte, sondern weil er erkannte, daß, im Unterschied zu dem, was man ihn sonst lesen lies, dies hier seine eigene Situation wirklich traf.

Von dieser Zeit an waren die *Literární Noviny* dazu bestimmt, ein ständiger und entscheidender Kampfschauplatz für die Wortschlachten zwischen Idealisten und Ideologen zu sein. Sie brachen gerade öffentlich aus, als ich Igor zum ersten Mal traf. Mit ihrer ganz eigenen Art des sachlichen literarischen Zugangs zur Realität waren die *Literární Noviny* zu einer Auflagenhöhe von 140.000 und einer Anzahl strenger Verwarnungen vom Zentralkomitee der Kommunistischen Partei gekommen. Bis schließlich der Chefredakteur auf einen weniger heiklen Posten (als Hauptgeschäftsführer in einem Buchverlag) befördert und durch einen von der Partei sorgsam ausgewählten Nachfolger ersetzt wurde.

„Aber sogar dann", sagte Igor, „dauerte es nicht lange, und der neue Mann kapitulierte vor der Beharrlichkeit seiner Redaktion."

In diesem Juni hielt der Schriftstellerverband einen Kongreß ab, auf dem die freimütigsten Reden, die sich gegen Novotnýs Zensoren, gegen seine Definition des „wahren Sozialismus" und gegen seine proarabische Haltung gegenüber dem Mittleren Osten richteten, von drei Redakteuren der *Literární Noviny* stammten.

In seinen Erwiderungen, deren Ghostwriter Kafka hätte sein können, bestand Präsident Novotný öffentlich darauf, daß der Schriftstellerkongreß Teil einer vom Ausland organisierten und finanzierten Kampagne sei, die sich gegen die Feierlichkeiten zum 50. Jahrestag der Großen Oktoberrevolution in Rußland richte.

Als wir in diesem Sommer später einmal zusammen essen gingen, war Igor Hájek überrascht, daß nichts Schlimmeres geschehen war als eine von der Partei befohlene Umbildung des Redaktionsvorstandes der *Literární Noviny* und die Streichung einiger der vorlauteren Dissidenten auf dem Kongreß von der Kandidatenliste zu den Wahlen des Schriftstellerverbandes, darunter die Dramatiker Pavel Kohout und Václav Havel.

Fast drei Monate nach unserem gemeinsamen Essen jedoch wurden die drei freimütigen Redakteure plötzlich wegen „mit der Mitgliedschaft unvereinbaren Betragens“ aus der Kommunistischen Partei ausgeschlossen. Kohout erhielt eine strenge offizielle „Rüge mit Verwarnung“. Das Schlimmste von allem war, daß die *Literární Noviny* nicht mehr als Organ des Schriftstellerverbandes fungieren durfte. Sie wurde dem Kultusminister Karel Hoffmann unterstellt, der sofort vierzehn der neunzehn Mitglieder des Redaktionsstabes feuerte (die anderen fünf, einschließlich Igor, traten aus Protest aus) und Mitarbeiter einstellte, die sich dazu geeignet zeigten, ihrer Tätigkeit als Kritiker und Journalisten „an der Partei orientierte ideologische und politische Maßstäbe“ zugrunde zu legen. Das geistlose Resultat ihrer Anstrengungen verspottete man als „Hoffmanns Erzählungen“.

Was der ganze Vorfall jedenfalls klarmachte, hatte wenig oder gar nichts mit Kultur zu tun: Die schwerfällige Reaktion des Zentralkomitees, das erst drei Monate nach der Provokation mit Vergeltungsmaßnahmen reagierte, war der erste deutliche Hinweis darauf, daß Antonín Novotný Schwierigkeiten hatte, sein eigenes Haus in Ordnung zu halten.

Zurück in New York, brachte ich dort unsere Angelegenheiten zum Abschluß. Valerie nahm bereits Tschechischstunden, und ich schloß mich an, wann immer ich konnte. Während dieser letzten Wochen in unserer Heimatstadt New York City, hatten wir allerdings eher Verständigungsschwierigkeiten mit ängstlichen Verwandten und besorgten Freunden, die unsere Entscheidung, nicht nur Amerika, sondern auch die *westliche* Zivilisation hinter uns zu lassen, nicht verstehen konnten. Sie bombardierten uns mit erschreckenden Presseberichten wie über:

... den Schauprozeß eines jungen Schriftstellers namens Jan Beneš wegen seiner Kontakte zu tschechischen Exilanten im Ausland. Er wurde zu fünf Jahren verurteilt.

... die Ausweisung eines Schweizer Journalisten nach einem neunundzwanzigstündigen Verhör. Er war bekannt für seine Kontakte zu Prager Intellektuellenkreisen, deren heißes Zentrum ich gerade durch Forman und S&Š kennenlernte.

... die aufsehenerregende Flucht des slowakischen Romanschriftstellers Ladislav Mňačko nach Israel aus Protest gegen Novotnýs Haltung gegenüber dem Mittleren Osten und gegen das Publikationsverbot für seine Novelle *Wie die Macht schmeckt* durch die tschechoslowakische Obrigkeit.

... die offizielle Entführung (und spätere Freilassung) eines aus der Tschechoslowakei stammenden, eingebürgerten Amerikaners während einer außerplanmäßigen Zwischenlandung einer russischen Maschine in Prag.

... den Mord an Charles H. Jordan, dem geschäftsführenden stellvertretenden Vorsitzenden einer amerikanischen jüdischen Organisation, dessen Körper man in jenem August in der Moldau treibend fand.[4]

Mein erstes Mittel der verbalen Verteidigung in diesen Diskussionen war es, Präsident Johnsons eigene wirtschaftlichen Bemühungen für einen „Brückenschlag" nach Europa zu zitieren. Aber sogar liberal Gesinnte geruhten, mir Henry J. Taylors Kolumne zuzusenden, in der der große alte Verfechter des kalten Krieges (als Eisenhowers Botschafter in der Schweiz bezeichnete er diese als linkes „internationales Zentrum kommunistischer Spionage") folgendes verbreitete:

> ... Kommt mit mir an das andere Ende der „Brücke" und denkt mit mir über einige Orte nach, die Touristen selten zu sehen bekommen.
>
> Der tschechische Präsident Antonín Novotný ... lebt auf der mittelalterlichen Burg Hradschin wie ein König und unnahbar. Ein Blick von ihm kann eine Gewehrkugel, einen Sarg und die Bestellung einer Beerdigung bedeuten ...

[4] Viele Thesen schreiben Jordans Tod verschiedenen Organisationen, angefangen beim CIA bis zum KGB zu. Meine eigenen Quellen in Prag geben die Schuld einem arabischen Besucher, der noch unter Israels Sieg im „Sechs-Tage-Krieg" in jenem Juni litt. Jordans Anwesenheit in Prag hatte offenbar einen ähnlichen Zorn ausgelöst wie den, der ein Jahr später Senator Robert F. Kennedy töten sollte.

> Im ganzen Land hat jeder Wohnblock und jede Häusergruppe einen kommunistischen Hauswart. Seine Berichte zeigen sogar, ob man als guter Kirchgänger bekannt ist. Oft steht ein Hauswart an der Kirchentür, um die Besucher zu kontrollieren.

Taylor endet damit, den Eisernen Vorhang als elektrischen Zaun zu beschreiben, „mit Kurven und Biegungen und verschiedenen Kontrollpunkten, der von Bratislava bis Hong Kong reicht“:

> Das ist die Grenze des Stacheldrahtes mit tödlicher Hochspannung, der Polizeihunde, der kommunistischen Wachposten, der Wachtürme, der Maschinengewehre und Minenfelder, die die Tschechen in ihrem Land hält.
>
> Die großen hölzernen Stellungen, drei Doppelreihen tief, haben zwischen jeder Reihe eine dicke Drahtmatte, die wie ein Korb geflochten ist. Aber zuerst stößt man auf eine falsche Grenze. Es handelt sich um ein Duplikat, aber wenn man es einmal geschafft hat, sie zu durchbrechen und sich schon frei wähnt, befindet man sich noch immer in der roten Tschechoslowakei. Sie verläuft eine Meile weiter im Inland, um einen reinzulegen.

Warum also wollte ich es meiner Familie zumuten, inmitten solcher Demütigungen wie dem Eisernen Vorhang und der Berliner Mauer zu leben? Ich konnte scherzen, daß sie nicht schlimmer seien als eine Zollkontrolle auf dem Kennedy-Flughafen. Oder ich konnte ganz aufrichtig antworten, daß ich uns den Gefahren Prags aussetzen wollte, weil ich die Leute dort gerne mochte und mich bei ihnen zu Hause fühlte. Oder daß ich mit einem amerikanischen Paß in Prag sicherer sei als in New York City. Aber all diese Antworten klangen sogar für mich trivial und unaufrichtig, wenn ich mich sprechen hörte.

Nach Prag gingen wir glaube ich hauptsächlich auf Grund meiner Annahme, daß in allen Systemen die Leute weit anständiger seien als die Regierungen, die vorgeben, sie zu vertreten. Leichter, als zu versuchen meine älteren Verwandten zu überzeugen, fand ich es, ihnen so niedergeschlagen, wie ich konnte, zu sagen, daß ich meiner Arbeit wegen nach Prag müsse.

Und dann nahte auch schon der Tag der Abreise! Am Montag, dem 30. Oktober 1967 holten Freunde unsere Waschmaschine und andere Trophäen, die wir verkauft oder verschenkt hatten. Am Dienstag, dem Halloweenmorgen, kamen die Möbelpakker und zerlegten unsere letzten sieben Jahre in New York in weniger als vier Stunden. Erika, die zusah, wie die ganze Welt, die sie gekannt hatte, in Kisten verpackt und weggefahren wurde, verfiel wieder aufs Daumenlutschen.

Um elf Uhr nachts, als wir gerade das Sofabett aufklappten, hörten wir von unten aus der Gartenwohnung unserer Vermieter ein schreckliches Klirren. Als ich die Türe öffnete, sah ich unseren Vermieter am Fuße der Treppe stehen. An seinem Kopf lief Blut herunter.

Er und seine Frau hatten in ihrem Wohnzimmer, das nach hinten in den Garten hinausging, ferngesehen. Sie waren von der Bildröhre hell beleuchtet gewesen. Jeder Einbrecher hätte wissen müssen, daß er nicht in eine Wohnung eindrang, deren Bewohner an diesem Abend ausgegangen waren. Als es den Lärm hörte, blickte unser Vermieterehepaar auf und sah zwei Männer einbrechen. Einer hatte eine Gartenschaufel genommen und zerschlug die Glastüre. Der andere hielt eine Pistole auf sie gerichtet.

Die Frau lief schreiend auf die Perry Street, von wo aus sie um Hilfe rufen und dennoch ihren beiden Kindern nahe sein konnte, die im vorderen Zimmer schliefen. Ihr Ehemann nahm den Stuhl, auf dem er gesessen hatte, und hielt ihn hoch wie einen Schild. Er hätte gegen den bewaffneten Mann wohl kaum geholfen, aber der schoß glücklicherweise nicht. Hingegen schlug der Mann mit der Schaufel unserem Vermieter auf den Kopf. Doch dann, als sie die Schreie der Vermieterin hörten, traten sie den Rückzug an, indem sie über die Gartenmauer kletterten und im nächtlichen New York verschwanden.

So spielte ich in unserer letzten Nacht im bisher so sicheren Greenwich Village den Babysitter bei den Töchtern unseres Vermieters, während er und seine Frau ins St.-Vincent-Hospital fuhren, um sich verarzten zu lassen. Und an diesem beklemmenden Halloween dachte ich, wenn Greenwich Village – dessen hell erleuchteten und belebten Straßen es zu einer der wenigen Gegenden New Yorks machten, in denen man auch nachts unterwegs sein konnte – solche Gefahren barg, was hatten wir dann in Prag zu befürchten, einer Stadt, durch deren Parkanlagen man auch noch um Mitternacht spazierengehen konnte?

Zwischenspiel
Es werde Licht

An eben diesem Halloweentag gab es aber auch in Prag einen ungewohnten und deshalb um so schockierenderen Gewaltausbruch.

Zwei Jahre lang waren die Studenten in den modernen Wohnheimen hinter dem aus dem 10. Jahrhundert stammenden Kloster Strahov nicht ausreichend mit Strom versorgt gewesen. In dieser Nacht unternahmen 1500 von ihnen eine Kerzenlichtprozession in Richtung Prager Stadtzentrum. „Wir brauchen Licht! Wir wollen studieren!" riefen sie in Sprechchören – und sowohl diese Worte als auch ihr Aufmarsch wurden als politische Herausforderung dem System gegenüber aufgefaßt. Sie kamen aus dem Park hinter Strahov heraus über den im Rokokostil gehaltenen Platz „Auf der Brandstätte" (*Pohořelec*), wo sie auf eine Polizeisperre trafen. Als sie durch die Nerudagasse (*Nerudova*) weiter in die Stadt hinunter wollten, wurden Tränengas und Schlagstöcke eingesetzt.

Die Studenten warfen mit Steinen, als die Polizei sie in den Park zurückjagte. Später räumte die Polizei die Straßen, wobei sie auch auf Studenten einschlug, die sich nicht an der Demonstration beteiligt hatten. Dreizehn Studenten und drei Polizisten wurden verletzt, zwei der Studenten ernsthaft.

Nicht ein Wort über den Aufstand in Strahov erschien in den tschechoslowakischen Massenmedien während der zwei noch verbleibenden Monate des Jahres 1967. Aber so wie der Aufstand selbst, drang die Neuigkeit aus dem Park hinaus, und die Welle von Abscheu, die sie auslöste, erreichte bald auch das Zentralkomitee der Kommunistischen Partei.

Zusammen mit dem Skandal auf dem Schriftstellerkongreß bedeutete der Aufstand in Strahov den Anfang vom Ende der Diktatur Novotnýs. Wie Ladislav Mňačko von seiner Zufluchtsstätte in Israel aus beobachtete: „Es war die Revolte der Jungen. Es war die Revolte der Generation, die unter dem Sozialismus aufgewachsen war und die deshalb weit mehr vom

Sozialismus erwartete als die, die dieses System in Gang gebracht hatten."

Und alles, was sie gewollt hatten, war ein bißchen Licht.

Kapitel 3

Dienstag, 7. November 1967 – Montag, 1. Januar 1968

Um den „Kulturschock" zu mildern und die Dimension unserer Übersiedlung hervorzuheben, hatte ich mich gegen einen Flug meiner Familie und mir von New York nach Prag entschieden. Sich auf dem Kennedy-Flughafen in ein fliegendes Restaurant zu setzen und neun Stunden später in Ruzyně zu landen, vermittelte nicht die Bedeutsamkeit, die ich suchte. Statt dessen sollte unser Ruderboot nach Prag ein Ozeanriese sein, der eine gemütliche zweiwöchige Seereise nach Piräus, dem Hafen von Athen machte. Nach weiteren zwei Wochen, in denen wir den guten griechischen Sonnenschein genießen würden, sollten wir mit der tschechoslowakischen Fluggesellschaft ČSA[5] nach einem zweieinhalbstündigen Nonstop-Flug in einem Tupolev-Jet einige Tage vor Weihnachten in Prag landen.

Während der Überquerung des Atlantiks und des Mittelmeeres schwelgte ich vor meiner Familie in Erinnerungen an Athen. Ich redete andauernd von der Garde in bestickten Röcken, die das Grab des unbekannten Soldaten auf dem Platz der Konstitution bewachen würden, gleich gegenüber von unserem Hotel. Auf dem Platz selbst würden wir unsere Mahlzeiten im Freien unter Orangenbäumen einnehmen.

„Orangen im Winter?" fragte Monica.

„Soldaten in Röcken!" wunderte sich Erika.

„Daddy macht Spaß", entschied Monika.

„Wartet nur ab", sagte Daddy.

Statt dessen liefen wir zu einem prophetischen Willkommen mit Panzern und Sandsäcken ein. Auf dem Platz der Konsti-

[5]Die ČSA ist auch unter ihrem auf den Tickets vermerkten Code OK bekannt, der so ungefähr ihre Arbeitsweise beschreibt. ČSA und die russische Aeroflot gelten jedoch als die besten osteuropäischen (oder „Salami-Service-")Luftlinien.

tution hatten die Wachleute im Rock einem Zug griechischer Marinesoldaten mit Helmen, Kampfanzügen und Gewehren im Anschlag Platz gemacht. Die Orangenbäume blühten, aber man konnte sie auf Grund der Flakgeschütze kaum sehen. Griechenland befand sich in einer Krise, da *kein* Putsch stattfand. König Konstantin hatte einen Aufruf an seine Nation gerichtet, sich gegen die Diktatur der rechten Obristen zu erheben, die die Macht acht Monate vorher ergriffen hatten. Dann waren der König und die königliche Familie nach Italien ins Exil geflohen.

Wir dachten in den nächsten Monaten noch oft an diese Szene, weil wir in jenem Winter keine Orangen mehr sahen. (Unser Flug, der aus Bagdad kam und in Prag endete, verließ Athen früh – beim Morgengrauen.) In Prag mangelte es an so vielem, daß das sterbende Novotný-Regime eine Standardantwort für alle Nachfragen nach Mangelwaren hatte. Egal, ob es sich um große Spiegel oder Büroklammern handelte, die Erklärung blieb gleich:

> Es gab Anfragen zum gegenwärtigen Mangel an GROSSEN SPIEGELN ODER BÜROKLAMMERN. Wir möchten Sie informieren, daß von unserer Seite keine grobe Fehlkalkulation hinsichtlich der Deckung der geschätzten Nachfrage vorliegt. Die verantwortliche Fabrik erreichte ihre Quote für GROSSE SPIEGEL ODER BÜROKLAMMERN und wurde dann für die Produktion eines anderen, dringend gebrauchten Artikels umgerüstet, der hier nicht näher identifiziert werden kann. Jedenfalls überschritt der allgemeine Verbrauch von GROSSEN SPIEGELN ODER BÜROKLAMMERN frühere Normen, was die momentane Knappheit verursacht hat. Sobald die gegenwärtige Produktionsquote anderer Güter erfüllt sein wird, wird die fragliche Fabrik wieder umgestellt auf GROSSE SPIEGEL ODER BÜROKLAMMERN, dies wird jedoch für einen nicht näher bestimmbaren Zeitraum nicht der Fall sein.

Man hatte immer den nicht zu beweisenden Verdacht, daß es sich bei diesen Rechtfertigungen um einen Vordruck mit vier oder fünf Lücken handelte, die irgendein Bürokrat ausfüllte. Aber die Offenbarung, auf die wir alle gewartet hatten, kam in jenem Winter, als alle Verbrauchermitteilungen glücklich verkündeten, daß es in den Obstlagern Orangen in ausreichender Menge gäbe. Trotzdem war in Prag keine Orange zu bekommen.

Die Presse machte die übliche höfliche Anfrage (nur einmal) und erntete eine Antwort, von der jeder Zyniker in Prag geträumt hatte:

> Es gab Anfragen zum gegenwärtigen Mangel an ORANGEN. Wir möchten Sie informieren, daß von unserer Seite keine grobe Fehlkalkulation hinsichtlich der Deckung der geschätzten Nachfrage vorliegt. Die verantwortliche Fabrik erreichte die Quote für ORANGEN und wurde dann auf die Produktion eines anderen, dringend gebrauchten Artikels umgerüstet, der hier nicht näher identifiziert werden kann. Jedenfalls überschritt der allgemeine Verbrauch von ORANGEN frühere Normen, was die momentane Knappheit ...

Wenige Tage danach kam eine „weitere Klarstellung“: Eine Zugladung Orangen aus Griechenland auf der Fahrt über Graz nach Prag hatte tatsächlich die tschechoslowakische Grenze passiert, aber der Zug war später fehlgeleitet worden. Der Durst der Öffentlichkeit nach Information war mehr als gestillt, während die Orangen auf irgendeinem Abstellgleis verrotteten.

So wie die Orangen stand auch die Wirtschaft in der Tschechoslowakei still. Die Russen hatten 1945 das Land zwar befreit, aber auch ausgebeutet; nachdem es drei Jahre später kommunistisch geworden war, bluteten die sowjetischen Herren systematisch seine natürlichen Ressourcen aus, insbesondere Uran. Sie erlangten eine solche Gewalt über die tschechische Wirtschaft, daß heute neun von zehn Autos mit russischem Treibstoff fahren und zwei von drei Brötchen aus russischem Mehl gebacken werden.

Weit schlimmer wirkten sich auf russische Veranlassung abgeschlossene, unvorteilhafte Handelsverträge aus. Sie verpaßten einer kleinen Nation, die für ihre leichtindustrielle Handwerkskunst (Porzellan, Glas, Radios und Konsumgüter) bekannt gewesen war, einen schwerindustriellen Buckel, der Maschinenparks und ganze Fabriken erzeugte. Sie wurden benötigt, um die Sowjetunion in das Leichtindustrieland umzuwandeln, das die Tschechoslowakei einst gewesen war. Diese Vision wurde von Rußland nie realisiert, aber der Versuch, sie zu erfüllen war für die Tschechoslowakei ruinös. Ihre schwerindustriellen Erzeugnisse erreichten nie die Standards für den Weltexport. Und in den ersten zehn Jahren, in denen Plunder herausgeschoben wurde, um künstliche Quoten zu erreichen, verloren die Konsumgüter der tschechoslowakischen Leichtindustrie an Qualität oder versanken in der Masse. Im Jahre 1964 entsprach nur ein Drittel von viertausend geprüften Produkten den internationalen Qualitätsstandards.

Auf Grund der Verstaatlichung, des Mißmanagements und der Abschaffung jeglichen Leistungsanreizes wurde eine Nation von kleinen Ladenbesitzern zu einer Masse gleichgültiger Angestellter, die leere Geschäfte bevölkern. Vor kurzem ging einer meiner Freunde in ein Papiergeschäft. Er hatte eine Einkaufsliste von acht Artikeln dabei, beginnend mit Briefumschlägen für Luftpost und endend mit Toilettenpapier, das hier als Papierprodukt in Papiergeschäften verkauft wird. Als er die Liste vorlas, ratterte die Frau, die ihn bediente, ihre acht Antworten herunter, ohne aufzusehen:

„Es *gibt* keine Briefumschläge für Luftpost ... Dies hatten wir vor zwei Jahren, aber im Moment nicht ... Wir sollten gestern eine Lieferung davon erhalten ... Von denen ist alles weg ... Das kann man nur in größeren Mengen bekommen ... Servietten erwarten wir für nächste Woche, aber rechnen Sie nicht damit ... Die stellen sie nicht mehr her ... Wir haben gestern all unser Toilettenpapier verkauft."

Mein Freund ging mit leeren Händen hinaus, aber vorher fragte er verärgert: „Gut, also was *haben* Sie überhaupt?"

„Wir öffnen um acht Uhr morgens den Verkauf und schließen um fünf Uhr nachmittags", antwortete die Frau, noch immer ohne aufzublicken. Und das ist heutzutage oft der ganze Umfang eines Ladenbetriebes.

Damals litt die tschechoslowakische Wirtschaft an Krämpfen, die das Regime eher zu erklären als zu heilen versuchte. „Negative Entwicklungen wurden gekonnt als Folge von Überschwemmungen im Frühling, Dürre im Sommer, Regenfällen im Herbst und Frösten im Winter dargestellt", bemerkte der brillante Ökonom Ota Šik einmal sardonisch. „Dabei wußte die alte politische Garde über den wahren Stand der Dinge Bescheid; dennoch war sie gegen jede notwendige Veränderung."

Trotz der dringend erforderlichen wissenschaftlichen und technologischen Erneuerungen war weniger als ein Prozent der jährlichen Investitionen in der Tschechoslowakei für die Wissenschaft bestimmt. Die Errichtung von Wohnhäusern dauert hier dreimal so lange wie im Westen. Ein Setzer in Prag fährt in einer malerischen, aber klapprigen Tram aus der Zeit vor dem Zweiten Weltkrieg zur Arbeit und arbeitet dann an einer Druckerpresse desselben Baujahres. Viel Zeit eines jeden Arbeiters ist dem erfindungsreichen Zusammenflicken der veralteten Anlagen, an denen er tätig ist, gewidmet. 1961 arbeitete mehr als ein Drittel der tschechoslowakischen Maschinenindustrie nach Entwürfen, die mehr als fünf Jahre alt waren; ein Zehntel dieser Entwürfe war fünfzehn und mehr Jahre alt.

Die Krisis wurde 1962 erreicht, als die jährliche wirtschaftliche Wachstumsrate, die bereits die langsamste ganz Europas und der kommunistischen Welt war, zum völligen Stillstand kam. Die Löhne sanken sogar, was eine Verschlechterung des Lebensstandards und einen Rückgang des Wohnungsbaus nach sich zog. Ein Jahr später war die Tschechoslowakei die einzige Nation in Europa, die weniger als im Vorjahr produzierte.

Rußland und die anderen kommunistischen Staaten gaben finanzielle Überbrückungshilfe, aber immer nur unter der Bedingung, daß sie für die Schwerindustrie verwendet werden würde, wodurch das Desaster ja ausgelöst worden war. Schließlich sah Novotný sich gezwungen, Ota Šik zu Rate zu ziehen, den halbjüdischen Wirtschaftsprofessor, der während des Krieges sein Mitinsasse im Konzentrationslager gewesen war. Nachdem Novotný 1953 als amtierender Erster Sekretär der Kommunistischen Partei an die Macht gekommen war, hatte Šik diese frühere Verbindung bei verschiedenen Gelegenheiten benutzt, um die Bildung eines wirtschaftlichen Beraterstabs zu fordern. „Aber“, erinnerte sich Šik bedauernd, „Herr Novotný mag es nicht, von anderen belehrt zu werden.“

Sogar nachdem man Šik herbeigerufen hatte, um die Wirtschaft zu retten, wurde ihm zuerst die Erlaubnis verweigert, seine Ziele beim nächsten Parteitag darzulegen. Dank der Interventionen einiger anderer Parteifunktionäre wurde er auf das Programm gesetzt, aber als letzter auf einer langen Rednerliste. Später verkündete Novotný, daß man es Šik niemals hätte gestatten dürfen, überhaupt zu sprechen.

Šiks Vergehen bestand im Vorschlag eines neuen Wirtschaftsplanes, dem zufolge Großhandelspreise von den Kräften des Marktes anstatt von Parteischreiberlingen bestimmt werden sollten ... Leistungsanreize sowohl für die Arbeiter als auch die Unternehmensführung sollten geschaffen werden ... Den Fabriken sollte es erlaubt sein, überflüssige Arbeiter zu entlassen, Profite zu reinvestieren oder sie sogar als Prämien an die Arbeiter zu verteilen. Šik deutete an, daß Anleihen und andere technische Unterstützungen durch den Westen erforderlich seien, wenn man jemals auf Modernisierung hoffen wollte. Und er griff den Mythos an, daß „sozialistisches Eigentum nur in Form von staatlichem Eigentum möglich ist". Šik behauptete, daß „persönliche Initiative, die auf selbständiger Arbeit und auf Unterstützung durch die Familie basiert, nicht im Gegensatz zum Sozialismus steht, weil es sich nicht um Ausbeutung des Menschen durch den Menschen handelt. Sie existiert auch in anderen sozialistischen Ländern." Genaugenommen in allen anderen und besonders in Ostdeutschland, dem wirtschaftlich fortschrittlichsten aller Satellitenstaaten. Šik fügte hinzu, daß „die Tschechoslowakei die einzige Nation ist, die aus dogmatischen Gründen auch den letzten Schuhmacher liquidiert hat."

Ungeachtet der Einwände Novotnýs traten Šiks Reformen Anfang 1967 in Kraft. Der erste kleine Erfolg zeigte sich fast sofort. Der Prager Taxiservice wurde neu organisiert, und eine begrenzte Anzahl privater Wagenbesitzer erhielt eine Arbeitslizenz als unabhängiger Taxifahrer. Die Umgestaltung brachte eine solche Vergeudung von Geldmitteln und menschlicher Energie zutage, daß schon wenige grundlegende Maßnahmen imstande waren, ein städtisches Unternehmen, das mit Verlusten arbeitete, in eines, das am Jahresende Gewinn aufwies, umzuwandeln, auch nachdem die Löhne angehoben und die Fahrtkosten gesenkt worden waren.

Überall jedoch stießen Šiks Wirtschaftsreformen auf Sabotage durch Bürokraten, die erkannten, daß die abzubauenden überflüssigen Arbeitsplätze sehr gut die ihren sein konnten. Um die Sache noch schlimmer zu machen, erschien Präsident Novotný höchstpersönlich in Fabriken, Kneipen und sogar auf Arbeiterhochzeiten, um gegen Šiks Reformen zu Felde zu ziehen, die, wie der Präsident immer wieder betonte, „Kürzungen und Schwierigkeiten auf Kosten der Arbeiter, Pensionäre und anderer sozial schwacher Schichten auslösten". Novotný verkündete unheilvoll, daß dies ein Zustand sei, den er „nicht dulden" werde.

Šiks hitzige Erwiderungen („reine Märchen auf Grund völliger Unkenntnis") wurden in der kontrollierten Presse meist nicht veröffentlicht. Aber Šik fand Gehör bei einigen einflußreichen Politikern, die seine Bedenken teilten. Die wirtschaftliche Lage spitzte sich gerade zu, als unser Jet aus Athen eine Woche vor Weihnachten 1967 in Prag landete.

Miloš Forman und Jiří Šlitr warteten, jeder mit einem Auto, um uns beim Transport unserer neun Koffer zu helfen. Suchý hatte nicht kommen können und seinen Cousin geschickt, um grüßen zu lassen.

Unsere Freunde brachten uns in das Palace Hotel in der Herrengasse (*Panská ulice*), die parallel zu einem Teil des Wenzelsplatzes verläuft. Die Herrengasse heißt so, weil sie, obgleich nur einen Häuserblock lang, ein halbes Dutzend ehemaliger Palais der Aristokratie, einschließlich der ersten Adresse der amerikanischen Familie Levy in Prag, beherbergt. Das Palace Hotel war alt und verblaßt, aber von angenehmer Eleganz – mit einem Minimum an Bücklingen und Kratzfüßen, Trinkgeldern und Spionage, die das Alcron zu einer Hölle für Kinder gemacht hätte. Der stellvertretende Manager, Milan Horák, zeigte uns unser Zimmer und sagte, wir könnten bleiben, so lange wir wollten, aber er hoffe um unseretwillen, daß das Hotelleben nicht zu lange dauern würde. Pan[6] Horák zeigte auf unsere zwei Doppelfenster und sagte: „Dies wird im Winter Ihr Kühlschrank sein." Dann erklärte er uns, wo wir Milch und andere leichtverderbliche Waren kaufen konnten, um sie auf unserem Fensterbrett zu lagern.

Nachdem wir eingezogen waren, ausgepackt und ein Nickerchen gemacht hatten, begann es dunkel zu werden. Die Geschäfte der Innenstadt waren für Weihnachtseinkäufe geöffnet, wenn uns auch die Auswahl an Waren begrenzt erschien. Monica und Erika waren entzückt, als sie am Anfang der Herrengasse das größte und beste Kaufhaus Prags entdeckten: das Haus der Kinder (*Dětský Dům*). Es ist vier Stockwerke hoch und ausschließlich auf die Bedürfnisse von Kindern ausgerichtet, von der Wiege bis zu Schiern, von Beißringen bis zur Teenagerkosmetik, von Spielzeug bis zu Büchern. Im Haus der Kinder gibt es auch eine spezielle Apotheke mit Kinderarzneimitteln, eine der besten Konditoreien der Stadt (mit einer

[6]pan = Herr, paní = Frau, slečna = Fräulein.

Kaffeetheke für Erwachsene) und das Kleine Sonnen-Puppentheater und ein Kinderkino im Kellergeschoß (hier können Kinder ab fünf Jahren zurückgelassen werden und sich unter Aufsicht einer Dame amüsieren, während ihre Mütter einkaufen; in der Nacht findet hier eine Diskothek statt, während der die Teenager in den Gängen tanzen).

Wir kauften ein Spielzeugboot, eine Spielzeugeisenbahn für die Forman-Zwillinge und noch eine Eisenbahn für Kubik Suchý. Den Rest unserer Weihnachtseinkäufe (Metaxa und Ouzo) hatten wir bereits in Athen erledigt.

An unserem ersten Morgen in Prag – eigentlich während unseres ganzen ersten Jahres – bot der Wenzelsplatz ein Bild der Verwüstung. Eine Fußgängerunterführung und zugleich die Metro wurden gebaut. Die Straßenbahnen ratterten über ein behelfsmäßiges Holzgestell hinauf und hinunter. Zu Fuß konnte man nicht ohne verschiedene größere Umwege von einem Ende des Platzes zum anderen gelangen. Der Wenzelsplatz ist, nebenbei gesagt, überhaupt kein Platz, sondern ein fünf Häuserblöcke langer, ansteigender Boulevard.

Gebremst von einem eisigen Regen, kämpften wir uns zum Altstädter Ring durch, um gerade die Apostel bei ihrer Zehn-Uhr-Verkündigung zu verpassen. Der Regen wurde zu einem Platzregen, als wir uns auf den Weg zur Karlsbrücke machten, einem gotischen Steinwunder, das zwischen 1357 und 1380 über die Moldau gebaut wurde. Drei Jahrhunderte später wurden dreißig barocke Heilige mit Steinmänteln und vergoldeten Glorienscheinen hinzugefügt, um ihre Heiligkeit zu schützen. Die Karlsbrücke ist diejenige Sehenswürdigkeit in Prag, die den Reisenden verstummen läßt und sein schreierisches Vergleichsspiel mit anderen Weltwundern beendet. Das heißt, wenn er sie zu sehen bekommt. Da sie nur für Fußgänger bestimmt ist, steht die Karlsbrücke nicht auf dem Programm der Čedok-Führungen; die Sightseeing-Busse können sie nicht überqueren. Aber wenn man einmal auf der Karlsbrücke steht, dann weiß man, daß man sich nirgendwo anders als in Prag befindet. „Die Brücke ist ein Gefühl“, schrieb die amerikanische Schriftstellerin Marcia Davenport, „nicht nur auf Grund ihrer einzigartigen Schönheit; sie ist sichtbar und fühlbar der Geist von Prag.“

Zu meiner größten Bestürzung konnte ich an diesem düsteren Morgen die Karlsbrücke nicht finden.

Sie sei noch da, beruhigte mich ein Fremder. Ihr Zugang vom rechten Ufer aus war hinter einem Gerüst versteckt, das sich beinahe über ein Viertel der Brücke erstreckte. Tourismus im Sommer, Restaurierung im Winter. Wir kletterten über wacklige Holztreppen und balancierten über einige tückische Stege, um schließlich auf die Karlsbrücke hinabzusteigen.

Mich rechts haltend, führte ich meine Familie zur Kreuzigungsdarstellung mit der *I.N.R.I.*-Inschrift zum Ruhme Jesu in goldenen hebräischen Buchstaben. „Das wurde von der Strafe bezahlt", erklärte ich, „die über einen Juden wegen Gotteslästerung verhängt worden war." „Oh", sagte meine Frau desinteressiert und gegen den Wind vorwärtsdrängend. An klaren Tagen konnte man hinter den romanischen Türmen am anderen Ende der Brücke die große grüne Kuppel der herrlichen barocken St.-Nikolaus-Kirche sehen, darüber die sich majestätisch erhebende Prager Burg und das Strahov-Kloster sowie Prags Eiffelturm auf dem Petřín-Hügel. Aber heute konnte man nicht einmal die Brückentürme von der Brücke aus sehen.

Ich hetzte meine Familie hinüber, denn ich mußte nicht das Eis von der Brille kratzen, um zu sehen, daß nur ihre blauen Lippen sie davon abhielten zu fragen, ob es *das* war, wofür sie den langen Weg hierher auf sich genommen hatten.

Glücklicherweise lag am anderen Ende eine Zufluchtsstätte – die fröhliche, ultramoderne Wohnung von Gene Deitch, einem amerikanischen Trickfilmer, und seiner tschechischen Frau Zdenka. Gene Deitch, der 1961 den mit einem Oskar ausgezeichneten Zeichentrickfilm *Munro* gedreht hatte, ist eines von Prags besser gehüteten Geheimnissen. Genauso wie die Herkunft seiner Trickfilme. *Munro*[7] und eine Anzahl anderer Filme, einschließlich dreizehn Folgen von *Tom und Jerry*, wurden in der Tschechoslowakei von amerikanischen Filmfirmen billig produziert. Sie ließen Gene durch einen Subunternehmer einen Vorschuß zukommen, der sogar in New York als ein ansehnliches Gehalt gegolten hätte.

Gene, ein Kalifornier, der nie zuvor in Europa gewesen war, flog 1959 von New York nach Prag und war seitdem hier. Die

[7] Munro basierte auf einem Comic-Strip von Jules Feiffer über einen irrtümlich in die US-Armee abkommandierten vierjährigen Jungen. Munro: „Aber ich bin erst vier!" Psychiater: „Wie lange fühlst du dich schon so, mein Sohn?"

zarte, blonde Zdenka – die wie eine von Trnka geschaffene, lebendig gewordene Puppe aussieht – nahm unsere tropfenden Regenmäntel und sagte sofort zu Valerie: „Gene möchte, daß Alan hier lebt. Wir lernten uns im letzten Sommer kennen und verstanden uns so gut. Und jetzt sehen wir, daß wir seine drei Damen auch mögen werden ... Die anderen hier lebenden Amerikaner sind entweder älter, politische Flüchtlinge oder Botschaftsangehörige, obwohl einige von ihnen recht nett sind."

Die Deitchs hatten freiwillig mit der Jagd nach einer Wohnung für uns begonnen – direkt nachdem sie selbst vier Jahre gewartet, gehandelt, gedeichselt, gedrängt, manövriert und schließlich diese Wohnung für sich gewonnen hatten. Sie bekamen sie im Sommer 1967, nachdem der Vormieter in den Westen übergelaufen war und der kommunistische Bürgermeister von Prag in ihrer Sache interveniert hatte. „Und schließlich", sagte Gene zu uns, „wozu wären unsere Erfahrungen und Fehler gut, wenn wir sie nicht einsetzen könnten, um euch zu helfen, Leute?"

Als wir unsere Schuhe und Stiefel abgelegt hatten, brachte uns Zdenka Flugzeugslipper, die sie für amerikanische Gäste aufbewahrte. (Die Tschechen haben, wenn sie auf Besuch gehen, ihre eigenen Pantoffeln bei sich, um den Fußboden ihrer Gastgeber zu schonen.) Dann reichte uns Zdenka heißen Tee, während Gene uns alle vier zum Weihnachtsessen und die beiden Erwachsenen für Silvester einlud.

„Wir werden zu beidem kommen", sagte ich.

„Weihnachten definitiv", korrigierte Val. „Silvester, wenn wir einen Babysitter finden können."

„Ihr müßt diese Nacht kommen", sagte Zdenka. „Wir haben eine Menge Leute eingeladen, worunter einige sind, die das Land verlassen wollen oder die etwas von einer freien Wohnung wissen könnten."

„Wir werden hier sein", sagte Val, „auch wenn wir uns abwechseln müßten."

Wir nahmen die Tram zurück zum Wenzelsplatz, um ein rotchinesisches Mittagessen mit Miloš Forman, Jiří Šlitr und seiner Freundin Sylva einzunehmen. Jedermann, der als Freund von Miloš nach Prag kam, wurde zu einem chinesischen Essen eingeladen. Miloš konnte nicht glauben, daß noch irgend jemand solche tschechische Alltagskost wie Ente mit Knödeln essen wollte.

Das Chinesische Restaurant ist eine Geschichte für sich. Zur Zeit der marxistischen Solidarität in den frühen fünfziger Jahren schenkten Maos Mandarine es der kommunistischen Tschechoslowakei als ein „Nationalrestaurant". Fein, aber modern, mit einem gedämpften Strahl Tageslicht zu jeder Stunde, wurde das Restaurant ein frühes Opfer der Abkühlung zwischen Rotchina und den sowjetischen Satellitenstaaten. Zuerst holte man den chinesischen Chef nach Hause und schickte keinen Ersatz nach Prag. Dann beendete Peking die Lieferung von Zutaten.

Der findige tschechische Chef, der die Küche übernahm, versuchte zuerst die Spezialitäten seines Vorgängers nachzuahmen, mit allem, was auch immer auf dem hiesigen Markt zur Verfügung stand. Später warf er das Mao-Kochbuch weg, behielt aber die Speisekarte bei und improvisierte einfach, indem er das, was in Prag zu bekommen war, in höchst würzige Gerichte verwandelte, mit solchen Bezeichnungen wie *Suei-ču-žou* oder „Buddhas Hand" oder „Glück". („Versuche etwas ‚Glück'", summte Miloš manchmal und häufte uns eine unwiderstehliche, scharf angebratene Kalbfleischwürfel-Mandel-Kreation auf unsere Teller.) Indem er die Lage so kreativ meisterte, machte der tschechische Chef sein chinesisches Restaurant nicht nur zu einem der besten im Abendland und vielleicht zum außergewöhnlichsten auf der ganzen Welt – zu einem Ort, wo es zum Essen Pilsner Bier gibt und es einer speziellen Bitte bedarf, um eine Tasse Tee zu bekommen –, sondern er gewann auch den tschechischen Jet-set für das Chinarestaurant.

Mit Stammgästen wie Forman und Šlitr und verschiedenen anderen Persönlichkeiten aus Kultur und Politik begann sich das Chinarestaurant auf etwas Zusätzliches zu spezialisieren, das nicht auf der Speisekarte stand: es wurde zur Prager Gerüchteküche. In Ermangelung einer freien Presse bestand die praktisch einzige zuverlässige Nachrichtenquelle (solange die Fakten noch aktuell waren) im nüchternen und gedämpften Informationsaustausch zwischen den Tischen, wie er im Chinarestaurant an diesem Dezembernachmittag (und auch in anderen Krisenzeiten) stattfand. Als wir unser letztes mit Anis gewürztes schwarzes Ei mit dem noch lange nicht letzten Bier hinuntergespült hatten, war die kursierende Frage „Geht oben auf der Burg etwas vor sich?" in Fragmenten beantwortet worden, die man zu folgendem Mosaik zusammensetzen konnte:

Die Rebellion des Schriftstellerverbandes im Juni und die verspätete Säuberungsaktion im September hatte einigen Politikern gezeigt, daß Novotný der Boden unter den Füßen schwankte. Aus Gründen, die vor allem mit dem slowakischen Nationalismus und der dringend notwendigen Umsetzung der wirtschaftlichen Reformen Ota Šiks in Zusammenhang standen, hatten verschiedene Mitglieder des Zehn-Mann-Präsidiums des Zentralkomitees bei ihrer Oktobersitzung Novotnýs „persönliches Machtmonopol" angeprangert. Niemand sollte zugleich Präsident der Tschechoslowakei und Erster Sekretär der Kommunistischen Partei sein, warnten sie, wobei sie versuchten, es unpersönlich klingen zu lassen.

Ein Redner jedoch war ausgesprochen schonungslos. In einem langen, emotionsgeladenen Vortrag hatte der bisher im Hintergrund stehende Erste Sekretär der Slowakischen Kommunistischen Partei, Alexander Dubček, Novotný beschuldigt, Versprechen gegenüber der Slowakei zu brechen und sie wirtschaftlich zu diskriminieren.

Das machte Novotný so wütend, daß er den unbekannten Slowaken auf der Stelle als „bourgeoisen Nationalisten" anprangerte, eine Beschuldigung, die bis dahin gleichbedeutend gewesen war mit Gefängnis oder Tod.

Die Oktobersitzung endete mit dieser nach wie vor ungelösten Streitfrage, aber die Intrigen begannen erst. Auf den ersten Blick schien es so, als ob Dubček in der Versenkung verschwinden würde, wenn nicht beseitigt. Er wurde von Novotnýs offiziellem Parteibesuch nach Moskau anläßlich des fünfzigsten Jahrestages der Oktoberrevolution (der im November begangen wird) ausgeschlossen.

Noch ehe Novotný und seine bevorzugten Freunde nach Moskau abreisten, fand der Studentenkrawall in Strahov statt. Novotný schenkte ihm wenig Beachtung, aber die Gerüchteküche erkannte seine Bedeutung. Ebenso Dubček. Als Novotný aus Moskau zurückkehrte, stellte er fest, daß Dubček seine Abwesenheit genutzt hatte, um die Slowaken, die Ökonomen, die überlebenden Intellektuellen und Universitätsangehörigen im hundertzehn Mann starken Zentralkomitee und verschiedene andere „Liberale"[8] zu einer Oppositionsgruppe zu vereinen,

[8]Nach heutigem kommunistischen Verständnis ist ein „Konservativer" jemand, der mehr zur stalinistischen Art der Regierung tendiert; ein

die nun Novotnýs völligen Rücktritt wenigstens von einem seiner beiden Posten verlangte. Währenddessen veranstalteten die Studenten immer mehr Protestaktionen, meist innerhalb der Karlsuniversität, wo die Fakultät der Polizei jetzt erklärte, sie hätte keine gesetzliche Grundlage, das Gelände zu betreten.
In einer verspäteten Anstrengung, Dubček den Boden unter den Füßen wegzuziehen, hatte Novotný ihn in der Slowakei zu untergraben versucht. Nachdem das nicht gelungen war, sandte er ein dringendes SOS an den russischen Botschafter S. V. Červonenko in der Tschechoslowakei. Červonenko kontaktierte Moskau. Niemand geringerer als Leonid Brežnev antwortete auf den Hilferuf. Auf einem Blitzbesuch in Prag besah sich Brežnev die Situation und sah sie anscheinend zum ersten und letzten Mal als das, was sie wirklich war – ein innerer Disput zwischen loyalen Kommunisten und keine Bedrohung der internationalen Bewegung. Seine Abschiedsworte waren: „Genossen, das ist nicht meine Angelegenheit. Es ist eine Angelegenheit der tschechoslowakischen Arbeiter. Das müßt ihr selbst entscheiden."

Dann, sagte die Prager Gerüchteküche, traf sich das Präsidium und dann das ganze Zentralkomitee. Novotný war als Erster Sekretär definitiv nicht mehr am Ruder. Sein Rücktritt sollte verkündet werden, sobald ein Nachfolger feststand, entweder ein (im Vergleich zu Ota Šik) verhältnismäßig konservativer Ökonom mit Namen Oldřich Černík oder der gegenwärtige Ministerpräsident und Kabinettschef, ein populärer Slowake namens Jozef Lenárt. Aber der freimütige Herr Dubček konnte noch nicht aus dem Rennen ausgeschlossen werden.

Noch ein neuestes Gemunkel elektrisierte die Gerüchteküche im Chinarestaurant an diesem Samstag vor Weihnachten 1967: „Man hat Präsident Novotný nun endgültig den Laufpaß gegeben. Die Leute, die ihn zum Rücktritt als Erster Sekretär genötigt haben, denken, er sollte auch das Präsidentenamt niederlegen, nach einem angemessenen Zeitraum, zum Beispiel Ende März."

„Liberaler" nimmt davon Abstand oder schreckt davor zurück. Um die Sache für die Westler noch verwirrender zu machen, wird das Wort „linksgerichtet" weiterhin für einen „Konservativen" und „rechtsgerichtet" für einen Liberalen verwendet. Seit der Invasion in der Tschechoslowakei werden noch die aus Amerika stammenden Bezeichnungen „Falke" und „Taube" gebraucht.

Ich notierte mir diese Fristen. Ich hatte davor Gerüchten noch nie Beachtung geschenkt und wollte die Genauigkeit derer testen, von denen Prag lebte.

Wir waren mit Touristenvisa für neunzig Tage in Prag eingetroffen. Nun erfuhr ich, warum unsere Akkreditierung nicht gekommen und Filmexport plötzlich so zugeknöpft war. Unsere verschiedenen Freunde in Prag hatten die Ämter regelmäßig angetrieben, bis sie eines Tages von einem Beamten angerufen wurden, der die folgende Frage stellte: „Wie können Sie sicher wissen, daß dieser Kerl Levy kein Spion ist?"

So sehr sie sich bemühten, es gab keine Möglichkeit für sie, eine solche Frage überzeugend zu beantworten. Wir diskutierten das über Weihnachten aus und kamen darin überein, daß mein bester Weg darin bestand, mich so zu verhalten, als ob dieser Verdacht nie geäußert worden sei, und auf eine möglichst offene, direkte und ehrliche Weise mein Ziel selbst zu verfolgen. Auf meinen Wegen von Pontius zu Pilatus sollte ich meine Familie mitnehmen. Dies würde mich sehr wahrscheinlich entlasten. Aber sogar wenn nicht, und Monica und Erika würden zufällig auf den Schreibtisch eines Bürokraten krabbeln und sein Tintenfaß umwerfen (wie sie es einmal taten), würde dies mich sicher als den ungeschicktesten Spion kennzeichnen, den SMERSH oder SPECTRE[9] jemals auf dieser Erde ausgesetzt hatten, so einen Agenten, den jedes Land gerne bei sich spionieren läßt, weil er so leicht zu überwachen ist.

Um uns in die geeignete geistige Verfassung für unsere erste Familienkonfrontation mit dem Außenministerium zu versetzen, kamen wir schon kurz nach neun Uhr morgens beim Loreto-Heiligtum an, das auf einem abschüssigen, gepflasterten großen Platz gegenüber dem Czernin-Palais liegt. Es ist eine ungewöhnliche Kombination, die ihre Wirkung hat – die strenge Erhabenheit des Czernin und die zarte Leidenschaft des Loreto.

Während des Dreißigjährigen Krieges von den Kapuzinern als Heiligtum erbaut, ist das Loreto das einladendst weibliche Kirchengebäude, das ich je betreten habe. Mit seinen Rundun-

[9]Bei SMERSH handelt es sich um eine sowjetische Agentenabwehrorganisation und bei SPECTRE um eine fiktive internationale Terroristenvereinigung. Beide spielen eine Rolle in James-Bond-Filmen (Anm. d. Übers.).

gen und Wirbeln und dem etwas drallen Glockenturm, seinen Cupidos und dem Kreuzgang ist es von großer Ruhe und einer Art friedvollen Erhöhung beseelt. Hier wird Grübeln zur Meditation. Der Anblick von Monica und Erika, die im frischen Schnee des Innenhofes herumtollten, brachte uns die ruhige Freude, die so einzigartig ist für das Loreto-Heiligtum.

Die Musik vom Loreto klingt über den Platz hin zum Czernin-Palais, wo sie die gleichgültigen Diplomaten veranlaßt, einen Blick auf ihre Uhren zu werfen und zu murmeln: „Elf Uhr. Zeit für das Mittagessen" oder „Drei Uhr. Zeit, nach Hause zu gehen." Drei Tage nach Weihnachten jedenfalls eilten wir, nachdem das Glockenspiel vorüber war und während die große Glocke noch zehn Uhr schlug, hinüber zum Czernin, zu unserer Verabredung mit Pan Fárek. Wie sein Vorgänger, Pan Glozar, trug Pan Fárek einen braunen Anzug und war genauso liebenswürdig, aber viel weniger beruhigend. Er war ein Mann, der in mehreren Sprachen seine Worte mit Bedacht wählte.

Er wußte nicht, wann und ob meine Akkredition gewährt werden würde. Oder wie wir um alles in der Welt eine Wohnung finden könnten.

„Ich habe 1300 Kilo Hausrat auf hoher See unterwegs hierher", bemerkte ich.

„Sehr gut!" rief Pan Fárek aus. „Nicht alles ist hier erhältlich, und auf jeden Fall wird es Ihnen eine Menge Einkäufe ersparen."

„Und wir haben nur noch vierundachtzig Tage, bis unsere Visa ablaufen."

„Das sollte mehr als genug Zeit für uns sein, um Sie zu akkreditieren, wenn Sie erst einmal einen Platz zum Leben haben. Sie sehen, das ist der einzige Haken. Wir sind hocherfreut über Ihre Qualifikationen und können Ihnen Ihre Beglaubigungsschreiben schon einige Stunden, nachdem Sie in Ihre Wohnung eingezogen sind, ausstellen. Aber wenn Sie und Ihre Familie in einem Hotel eingepfercht sind, vermuten wir, daß Sie traurige Geschichten über uns schreiben könnten."

„Meine Lebensumstände", versicherte ich ihm, „haben mit dem, was ich schreibe, nichts zu tun – es sei denn, ich schreibe über meine Lebensumstände."

„Oh, ich bewundere es, wie Sie ihre Worte wählen, Herr Levy. Und ich hoffe, Sie können eine Wohnung finden, weil Sie es wahrhaftig verdienen, hier glücklich zu sein."

„Aber wie finde ich diese Wohnung, die uns alle so glücklich machen wird und zu sofortiger Akkreditierung führt“, fragte ich, „wenn ich keine Aufenthaltsgenehmigung hier habe?“

„Oh, aber um eine Wohnung zu finden, müssen Sie hier ansässig sein.“

„Und wie werde ich hier ansässig?“

„Sie bringen ihre Akkreditierung auf die Polizeistation.“

„Also ist alles, was ich brauche, eine Akkreditierung“, sagte ich.

„Die Sie, sobald Sie eine Wohnung gefunden haben, bekommen werden.“

„Aber Pan Fárek!“ explodierte ich. „Das ist der reine Kafka!“

„Natürlich! Es gibt eine Situation in *Das Schloß*, die der Ihren fast entspricht. Wie Sie wissen, ist dies Kafkas Stadt. Man wird Ihnen viele Häuser mit Gedenktafeln zeigen, auf denen ‚Hier schlief Kafka‘ steht, aber anders als Ihr George Washington, schlief er wirklich überall, wo es steht. Er war sehr rastlos. Er muß die Adressen alle zwei Wochen gewechselt haben. Ist Ihnen seine humoristische Novelle *Amerika* bekannt?“

„Ja“, sagte ich beunruhigt, „die Freiheitsstatue schwingt ein Schwert.“

„Das tut sie!“ sagte Pan Fárek. „Aber ich denke nicht, daß Kafka das politisch gemeint hat.“

Monica unterbrach mit: „Daddy, ich würde gerne hier in Pan Fáreks Palast wohnen.“

„Ich arbeite hier nur, mein Schatz“, sagte Pan Fárek und nach einigen Minuten Small talk stand er auf und verabschiedete sich. Ich würde von ihm nur in dem unwahrscheinlichen Fall hören, daß er mir von irgendwelchen positiven Neuigkeiten zu berichten hätte.

Um den für uns unbedeutenden Gewinn dieser Sitzung festzuhalten, sagte ich: „Lassen Sie mich zusammenfassen, wie ich diese Unterhaltung verstanden habe: Wenn wir es unsererseits irgendwie fertigbringen sollten, eine Wohnung zu finden, können wir weitermachen und verhandeln, unter der Voraussetzung, daß ich, wenn ich erst einmal eine Wohnung habe, akkreditiert werde, um hier zu arbeiten und zu leben.“

„So würde ich das sagen“, pflichtete Pan Fárek bei. „Inoffiziell natürlich.“

„Was denkst du, bedeutet das alles?“ fragte mich Val. „Überhaupt irgend etwas?“

„Ich denke, es bedeutet Gene", sagte ich, „wenn wir jemals eine Chance erhalten wollen, aus diesem Teufelskreis auszubrechen."

Das Babysitter-Problem war am Silvesterabend um 22.15 Uhr gelöst, als sich das Nacht-Zimmermädchen des Hotels einverstanden erklärt hatte, viertelstündliche Kontrollen zu machen. Das Wohnungsproblem bestand noch fast bis Mitternacht.

Zum ersten: Pech. Einem Mann, der für ein Jahr ins Ausland eingeladen worden war, war es nicht gelungen, seine Familie mitnehmen zu dürfen, daher ging er nur für sechs Monate und seine Familie blieb natürlich in seiner Wohnung.

Zum zweiten: unsicher. Es sei gewiß eine entzückende Idee vom lieben Gene gewesen, ihn durch die Einladung zu dieser fröhlichen kleinen Party aufmuntern zu wollen, sagte der schwuchtelige Kostümdesigner. Seine Mutter war im letzten Sommer an Krebs gestorben, und, wie es öfter geschieht, als man darüber liest, sein Vater starb kurz darauf vor Kummer. Ja, es wäre nett, wenn jemand seine „großartige, große, leere Wohnung" mit ihm teilen würde. Das sei der Grund, fügte er mit einem winzigen Schauder hinzu, warum diese Geschiedene mit den drei Kindern buchstäblich hinter ihm herlief. Sie lebte noch bei ihrem Ex-Ehemann wegen des Wohnungsproblems. Sie hatte dem Designer die Heirat vorgeschlagen, und er begann ihren Vorschlag nicht nur berechtigt und geschäftstüchtig zu finden, sondern auch vorteilhaft für seine eigenen Public Relations ...

Zum dritten: Erfolg! Während des vormitternächtlichen Abendessens (russisches Krabbenfleisch, gegrilltes tschechisches Huhn aus Xaverov und Heidsieck Dry Monopol Champagner aus Reims, in Prag vier Dollar die Flasche), stellte uns Gene einer großen und seriös wirkenden Dame mittleren Alters vor, die beabsichtigte, Ende Januar zu ihrem Mann nach England zu gehen. Er war als Professor der Karlsuniversität im September für einen kurzen Lehrauftrag an eine englische Universität gegangen. Es hatte ihm dort so gut gefallen (und er selbst hatte dort auch so gut gefallen), daß er von beiden Seiten die Erlaubnis erhielt, für weitere zwei Jahre im Ausland zu bleiben und seine Frau und seine zwei Töchter zu sich kommen zu lassen.

„Wir haben eine lange Liste von Tschechen, die lautstark unsere Wohnung zu mieten wünschen", informierte uns die Frau, „aber als Gene Deitch mir von Ihrer Situation erzählte, entschloß ich mich, sie zuerst Ihnen anzubieten, weil es so ziemlich Ihre einzige Chance ist. Die Tschechen, die unsere Wohnung wollen, haben alle ein Dach über dem Kopf, vielleicht mit drei Generationen unter einem Dach, aber nichtsdestoweniger ein Dach."

„Das ist sehr nett von Ihnen ...", begann ich.

„Es hat auch für uns Vorteile", sagte sie. „Das Problem ist, daß es, wenn man einen Tschechen in seine Wohnung hineinläßt, äußerst schwer ist, ihn wieder hinauszubekommen, wenn er einmal drinnen ist. Hier gibt es sehr strenge Ersitzungsrechte."

„Sogar wenn dir eine Wohnung zugesprochen wird", bemerkte Zdenka, „besagt die Verordnung, daß sie nur deine ist, wenn der vorherige Mieter und seine Familie sie räumen."

Gene sagte: „Deswegen war ich so besorgt, auch als wir schon unseren Bescheid hatten. Sie ließen uns nicht in die Wohnung, weil das Gericht sie versiegelt hatte, nachdem der Vormieter geflohen war. Es gab immer noch die Möglichkeit, daß der Vormieter einen Neffen hinterlassen hatte, der einziehen und uns nicht hineinlassen würde."

Unsere Vermieterin in spe setzte fort: „Es könnte uns Monate oder Jahre vor Gericht kosten, einen Tschechen aus unserer Wohnung zu bringen, wenn wir zurückkommen und er nicht gehen will. Aber Sie sind Amerikaner, haben also überhaupt keine legalen Ansprüche in der Tschechoslowakei, nur die Rechte, die Ihre Pässe Ihnen gewähren. Sie werden kein Problem darstellen, wenn wir zurückkommen."

„Wann können wir Ihre Wohnung besichtigen?" fragte Valerie, die nie eine Katze im Sack kaufen wollte.

„Wir werden sie natürlich nehmen", sagte ich, „aber wir würden sie auch gerne ansehen, wenn wir dürfen ..." Meine Verzweiflung rührte daher, daß ich mir zunehmend über die Situation auf dem Prager Wohnungsmarkt bewußt wurde. Außerdem erinnerte ich mich an zahlreiche Vereinbarungen auf New Yorker Cocktailparties, die sich am Morgen danach in Luft aufgelöst hatten.

Valerie warf mir einen warnenden Blick zu, aber Gene Deitch vermittelte: „Warum schließen wir nicht einen Kompromiß? Sie werden sie nehmen, dann werden sie sie anschauen, und dann werden sie sie nochmals nehmen."

„Angenommen!" sagte unsere neue Vermieterin und lachte zum ersten Mal. „Möchten Sie morgen nachmittag mit den Kindern vorbeikommen?"

„Gern", sagte ich. „Wir haben den Kindern ein Mittagessen auf der Burg versprochen, also sobald wir ein Taxi oder eine Tram gefunden haben ..."

„Oh, ich wohne zwei Haltestellen hinter der Burg", sagte sie, „aber Sie können genauso gut von dort zu Fuß gehen." Und dann, als ich meinen Atem anzuhalten begann, beschrieb sie mir den Weg: „Sie gehen aus dem ersten Burghof auf den Hradschiner Platz. Bleiben Sie dann auf der linken Straßenseite und gehen Sie am Schwarzenberg-Palais vorbei. Kennen Sie das Loreto-Heiligtum? ... Sie gehen daran und am Czernin-Palais vorbei. Dann gleich nach dem Czernin kommen Sie auf einen Platz mit einer Statue und einem großen Spritzenhaus ..."

Sie fuhr mit ihrer Wegbeschreibung fort. Mir hatte es die Sprache verschlagen, aber aus weiter Ferne hörte ich Valerie mit sehr schwacher Stimme sagen: „Wir werden sie nehmen!"

ZWEITER TEIL

Höhepunkt: Frühling im Januar

Dann hast Du Wahrheit, Klarheit, Eingeständnis soviel Du nur willst. Das Dach dieses niedrigen Lebens, dem Du so Schlimmes nachsagst, wird sich öffnen und wir werden alle, Hund bei Hund, aufsteigen in die hohe Freiheit. Und sollte das Letzte nicht gelingen, sollte es schlimmer werden als bisher, sollte die ganze Wahrheit unerträglicher sein als die halbe, sollte sich bestätigen daß die Schweigenden als Erhalter des Lebens im Rechte sind, sollte aus der leisen Hoffnung, die wir jetzt noch haben, völlige Hoffnungslosigkeit werden, des Versuches ist das Wort doch wert, da Du, so wie Du leben darfst nicht leben willst.

aus: Franz Kafka, *Forschungen eines Hundes*

Kapitel 4

Montag, 22. Januar – Donnerstag, 1. Februar 1968

Als wir weniger als einen Monat später einzogen, waren die schrägen Dächer der Straße, in der wir wohnten, mit Schneestreifen überzogen und die kahlen Bäume mit Frost besetzt. Winter ist die einzige Zeit im Jahr, in der Prag eher wie eine fragile, zarte Tapisserie wirkt als wie eine gewaltige, überwältigende Stadt. Die Luft in unserer Straße war klar und der Schnee blieb rein, eine Seltenheit in Prag, wenn auch nicht in Hradčany (dem Burgviertel) auf unserem hohen Hügel weit oberhalb und jenseits der industriellen Täler.

Unsere Straße ist nur drei Häuserblocks lang, aber fast genauso breit wie die Park Avenue. In der Mitte verläuft ein Grünstreifen, wie der in der Park Avenue, aber mit einer „Golem"-Tankstelle mit vier Zapfsäulen und einem Zeitungskiosk an einem Ende. Beide Annehmlichkeiten sind sichtbar, ohne die Landschaft zu verschandeln, und man fragt sich, warum amerikanische Tankstellen immer solche himmelschreiende Schandflecke sein müssen.

An diesem Tag fuhren überall auf der Straße Kinder mit ihren Schlitten, wobei ein oder zwei ältere Jungen ihre Ohren gespitzt hielten, ob nicht ein Auto um die Ecke kam, was selten geschah. Unsere Vermieterin stand auf dem Schlafzimmerbalkon und beobachtete mit Vergnügen unsere Fahrt am Kindergarten und am Park vorbei, von denen die Einfahrt von der Burgseite her flankiert wird. Sie hatte uns erzählt, daß sie in einer netten Straße mit netten Nachbarn mit vielen Kindern wohne, und jetzt, wie auch bei jedem unserer vorherigen Besuche, stellte sich uns diese Nachbarschaft zur Schau.

Unsere Wohnung ist im ersten Stock. Sie gilt als „Dreizimmerwohnung". Die Tschechen zählen nur das große Wohnzimmer mit seinem Parkettfußboden, vier Doppelfenstern, einem Kronleuchter, einem Eßtisch für sechs (in ausgezogenem Zustand sechzehn) Personen, einem Kamin aus Marmor, der einen häßlichen, aber im Winter wegen seiner Wärme geschätzten Radiator beherbergt, hohen Decken mit Balken (als die Anstreicher kamen, fanden wir heraus, daß sie aus Plastik waren) und einer Geheimtür, die zu einer kleinen Speicherkammer, genannt „das Pfaffenloch", führt … das Kinderzimmer mit sechs Fenstern und drei Betten … und das dunkle Herrenschlafzimmer aus gebeizter Eiche mit seinen Doppelfenstern, getäfelten Türen und dem bescheidenen Balkon. Mit einer hölzernen Jalousie kann man nachts Geräusche und morgens das frühe Tageslicht aussperren und dann, nach dem Aufstehen, den wunderbaren Anblick der grünen Zwiebeltürme des Strahov-Klosters enthüllen.

Was die verschiedenen Räume betrifft, die nicht mitgezählt werden, liegt mein Stolz und meine Freude hinter der rückwärtigen Tür des Wohnzimmers – eine Sonnenterrasse, die der Mann unserer Vermieterin mit Glas verkleidet hat. Er benutzte sie als sein Sommer-Arbeitszimmer, aber ich machte daraus mein Ganzjahresbüro – den Rest des Winters schrieb ich in Pullovern eingepackt; der elektrische Radiator, den das Tuzex-Warenhaus aus Österreich bestellt hatte, sollte nicht vor dem ersten milden Maitag eintreffen. Aber wichtig war nur die Ruhe und die Aussicht. Mein Büro konnte vom Rest der Wohnung mit Rouleaus abgeschirmt werden, um mich vor den Tobereien und Flirts (keine Namen, bitte) im Kinderzimmer zu verstecken.

Die Sicht in die anderen drei Richtungen war unbehindert. Hier würde ich zu allen Jahreszeiten an meinem Schreibtisch sitzen, mit Blick auf die Gärten und zum Ořechovka-Hügel hinüber, wo die Suchýs und die Formans wohnen. Hinter mir erheben sich die Turmspitzen des St. Veitsdomes und die Prager Burg; ich habe es vorgezogen, ihnen meinen Rücken zuzuwenden, da ich sonst so inspiriert gewesen wäre, daß ich gar nicht mehr gearbeitet hätte.

Im Winter schaue ich auf erlegte Hasen, die auf der Terrasse eines Jägers von einer Wäscheleine baumeln. Im Frühling beobachte ich, wie die Blumen in der Pracht ihrer neuen Blüten aufgehen, und jeden Morgen, wenn mein Kaffeebecher und ich vom Frühstückstisch hier herüber wechseln, nehme ich mit all meinen Sinnen die Düfte und Farben des Tages neu auf. Im Sommer spielen immer Kinder im Garten unten. An einem Julitag in unserem ersten Sommer hier plärrte ein Radio auf einem Fensterbrett die letzten Neuigkeiten der bevorstehenden Krise heraus, während zwei Teenager seilsprangen. Die beiden jungen Mädchen waren die einzigen, die den Nachrichten Beachtung schenkten und besorgte Blicke tauschten. Und ich ertappte mich dabei, wie ich vor der Schreibmaschine in einer Mischung aus schlechtem Tschechisch und Englisch laut vor mich hin murmelte: „*Děti! Děti!* (Kinder! Kinder!) Ich wünsche euch eine Zukunft!"

Abgesehen von meinem Arbeitszimmer gehören zu den „ungezählten Zimmern" (in der Reihenfolge ihres Auftretens, wenn man unsere Wohnung betritt und sich nach links wendet) ein kleiner gekachelter Vorraum (mit einem Waschbecken), der zur Toilette führt ... eine geräumige Küche mit einem Balkon, ein weiterer ausziehbarer Eßtisch und ein kleiner mit Gas betriebener Kühlschrank (den wir sofort gegen den größten erhältlichen elektrischen Kühlschrank eintauschten) ... eine angenehm große Speisekammer, deren halb angelehntes Fenster acht Monate im Jahr für genau die richtige Kühlung sorgt ... ein Badezimmer mit Wanne, Waschbecken, drei Arzneischränkchen, Wandschränken, Handtuchhaltern, Wäscheständern, einer altertümlichen Waschmaschine (die bald durch ein modernes Siemensgerät für 280 Dollar ersetzt werden würde), einem Badezimmerstuhl und heißem Wasser, leider nur mittwochs und samstags. Diese Warmwasserrationierung herrschte im ganzen Gebäude, aber über unserer Küchenspüle gab es einen kleinen Gasboiler, der für ein Rinnsal sorgte, das zum Abwaschen ausreichte.

Für all das Obengenannte, Gezähltes und Ungezähltes, kam unsere Miete (umgerechnet nach dem Wechselkurs für Touristen, der damals für uns galt) auf 31,48 Dollar im Monat. Die Miete war nur ein Teil der Gesamtrechnung, die jeden Monat auf der Post zu zahlen war. Diese enthielt noch die Gebühren für Strom, Gas, Telefon, Radio und Fernsehen). Insgesamt waren es 41,59 Dollar.

Ich machte die morgendlichen Einkäufe in der Nachbarschaft, eine gute Methode, um europäische Sprachen zu erlernen; die Verkäufer können zuweilen sehr geduldig und dabei sehr genau beim Korrigieren von Grammatikfehlern sein. Ich gebrauchte den Genitiv und den Akkusativ im Tschechischen, ohne es zu wissen.

Valerie machte in diesem Winter die Großeinkäufe, und die Kinder liefen hinterher. Ich erinnere mich noch an den Tag, als beide Kindern krank waren und sie deswegen das Neue Wunder-Schnellthermometer kauften, hergestellt in der Tschechoslowakei. Während ich mit Stift und Schreibblock daneben stand, um die Anzeigen von Celsiusgraden in Fahrenheit umzurechnen, übersetzte Valerie die sehr klaren Instruktionen:

> Führen Sie das Thermometer in Ihr Rektum oder Ihren Mund ein, oder legen Sie es unter Ihren Arm für genau die Zeit, die Sie brauchen, um diesen Satz zu lesen. Dann ziehen Sie es heraus und Sie haben Ihre Anzeige.

Das Thermometer funktionierte, dachten wir. Aber genauso schnell, wie die Anzeigen erschienen, verschwanden sie auch wieder. Als wir gerade begannen, die Anzeigen zu entziffern, zog sich die dünne rote Linie schon wieder zurück. Wir mußten so heftig lachen, daß die Kinder munter wurden und kein Fieber mehr hatten, bis unsere anderthalb Tonnen Hausrat (einschließlich zweier Thermometer) aus Amerika eintrafen.

Zwischenspiel
„Ich habe Rußland immer geliebt“

Am fünften Tag des Jahres 1968 verkündete das Präsidium der Kommunistischen Partei in einer kurzen offiziellen Verlautbarung: „Im Interesse der Arbeitsteilung … und um die Bedeutung des Symbolcharakters des Präsidenten hervorzuheben … hat sich das Zentralkomitee dazu entschlossen, die Funktion des Präsidenten von derjenigen des Ersten Sekretärs des Zentralkomitees der Kommunistischen Partei der Tschechoslowakei zu trennen. Aus diesem Grunde“ habe Präsident Novotný „ersucht“, von seinem Posten als Erster Sekretär befreit zu werden. Dem „Gesuch“ sei stattgegeben und der unbekannte Slowake Alexander Dubček für den Posten „einstimmig gewählt“ worden.

Alle Wahlen östlich der Elbe sind einstimmig, aber einige sind einstimmiger als die anderen, und die Prager Gerüchteküche (der ich allmählich Glauben schenkte) behauptete, daß diese Wahl die vielleicht am wenigsten einstimmige überhaupt war.

Der neue Mann war noch nicht einmal drei Wochen an der Macht, als wir in unsere Wohnung einzogen, so daß ich wenig über ihn sagen konnte. Erst drei Monate später sollte ich ihn persönlich kennenlernen. Im Januar 1968 war es noch zu früh, um zu sagen, ob er, einmal an der Macht, seine liberalen und intellektuellen Verbündeten über Bord werfen würde. Aber von allen beschränkten Möglichkeiten innerhalb des Präsidiums stellte er noch die vielversprechendste dar, und wenn nur deswegen, weil alles, für das er stand, das am wenigsten Bekannte und damit das am wenigsten Verrufene war.

„Das ist meine persönliche Tragödie“, würde er sieben Monate später sagen, in einem Moment, der der Geschichte des zwanzigsten Jahrhunderts immer noch eine neue Richtung geben kann. „Ich habe Rußland immer geliebt. Ich habe mein ganzes Leben der Kooperation mit der Sowjetunion gewidmet, und nun haben sie mir das angetan!“ Und dann weinten die Augen, die einen „Sozialismus mit menschlichem Antlitz“ gesehen hatten, bittere Tränen.

Vielleicht sieht sein Ausbruch angesichts der nationalen Katastrophe egoistisch aus. Aber Alexander Dubčeks Lebensgeschichte würde seinen Ausspruch verständlich machen. Wobei er wohl in Chicago und nicht in der Tschechoslowakei gezeugt wurde.

Sein ruheloser Vater Štefan war ein junger Zimmermann, der zu Beginn des zwanzigsten Jahrhunderts in seinem Geburtsland, der Slowakei, einem unterentwickelten und unterdrückten Teil von Ungarn, keine Chancen für sich sah. Er ging nach Amerika und ließ sich 1911 in Chicago nieder, erst als Kunsttischler und dann als Monteur in einer Fabrik, die die gelben Taxis herstellte. 1916 wurde er amerikanischer Staatsbürger, war aber schnell ernüchtert, als er kaum ein Jahr später in die US-Armee einberufen wurde und erfuhr, daß er zurück nach Europa zum Kämpfen geschickt werden würde.

Štefan Dubček desertierte, aber er wurde erwischt, als er versuchte, die Grenze nach Mexiko zu überqueren. Man internierte ihn für die restliche Zeit des Krieges in ein Lager am Rio Grande.

Dort hörte er gegen Ende des Jahres 1917 von der russischen Revolution und Lenins Aufforderung an die Arbeiter der Welt, sich zu vereinigen und hinter die Sowjetunion zu stellen. Nach dem Waffenstillstand mit der Gefahr einer Deportation konfrontiert (die ganze Welt hatte sich verschworen, ihn nach Europa zurückzuschicken), beschloß Štefan Dubček, Lenin auf halbem Wege entgegenzukommen, wenn er schon zurückkehren müßte. Er wollte es noch einmal in der Slowakei versuchen, aber diesmal als Kommunist.

Als er wieder in Chicago war, wo die Verfahren gegen ihn bevorstanden, fand Štefan Dubček Arbeit in einer Klavierfabrik und heiratete eine Emigrantin, die auch aus der Slowakei stammte. Die beiden vereinbarten, kurz nach der Geburt ihres Sohnes Julius im Jahre 1920 in ihr Heimatland zurückzukehren. Pavlina war schon wieder schwanger, als sie im Frühling 1921 ausliefen, und Alexander wurde am 27. November in dem slowakischen Dorf Uhrovec geboren.

Die Slowakei, in die sie zurückkehrten, gehörte nicht mehr zu Ungarn. In seinem amerikanischen Exil während des Krieges hatte sich der tschechische Professor Thomas G. Masaryk mit einem anderen gelehrten Politiker befreundet, dem Präsidenten Woodrow Wilson. Er konnte die Alliierten dazu bringen, das Recht der beiden uralten slawischen Völker der Tschechen und der Slowaken, anzuerkennen, nach fast zehn Jahrhunderten der Trennung in einer Nation wiedervereinigt zu werden. Im Juni 1918 hatte Masaryk in Philadelphia die Verfassung der Tschechoslowakischen Republik entworfen, nach dem Vorbild der Verfassung der Vereinigten Staaten. Am 28. Oktober 1918 wurde die neue Republik geboren – und bald nach dem Waffenstillstand wurde T. G. Masaryk mit fast siebzig Jahren durch Akklamation zum Präsidenten gewählt.

Die Slowakei jedoch war immer noch unterernährt und benachteiligt, und Štefan Dubček erging es beim zweiten Mal nicht besser, besonders jetzt, als Kommunist. Unter der Schutzherrschaft einer Bewegung, die sich Interhelp nannte, begannen Vater Dubček und einige slowakische Genossen Gelder zu sammeln, um Traktoren und andere Maschinen zu kaufen. Sie sollten helfen, eine Landwirtschaftskooperative im ersten sozialistischen Staat der Welt aufzubauen. 1925 brach die Familie Dubček mit einer Interhelp-Gruppe von dreihundert Slowaken zu einer einmonatigen Reise in die mittelasiatische Stadt Pischpek (heute Frunse) auf. Später lebten sie in der Stadt Gorkij, wo Alexander Dubček seine Schulbildung erhielt.

Während der stalinistischen Säuberungen vor dem Krieg wurden die Dubčeks als unwillkommene Ausländer angesehen und kehrten deswegen 1938 in die westslowakische Stadt Trenčín zurück, desillusionierte, aber weiterhin pflichtbewußte Kommunisten. Für den in der Stadt frisch eingetroffenen sechzehnjährigen Jungen Alexander bestand das wichtigste Vorhaben darin, es mit den örtlichen Schwimmern aufzunehmen. Nach wiederholten Sprüngen von einer Brücke in den Fluß Váh konnte er bald tauchen „wie jeder andere Junge aus Trenčín“ (laut seiner Mutter). Und als er schließlich dazugehörte, nannten ihn seine Freunde damals (wie heute) „Saša“.

Die Kommunisten waren Verfolgte, als die Nazis die Slowakei nach dem Münchener Abkommen im September 1938 besetzten. (Durch seine Appeasement-Politik billigte Neville Chamberlain die Zerstückelung eines „weit entfernten Landes, von dem wir nur wenig wissen.“) Štefan Dubček arbeitete jedoch weiterhin für die Partei und investierte sein Geld in eine

Zeitkarte für die Bahn. So wurde er bei seinen Reisen nur kurz beachtet und mußte sich nicht unnötigerweise an den streng überwachten Fahrkartenschaltern zeigen. 1939, als Alexander in Trenčín eine Ausbildung zum Rohrleger machte, trat auch er der Kommunistischen Partei bei. Als die Gestapo ihren Druck verstärkte, mußte Alexanders Vater fliehen. Die Gestapo verhörte beide Söhne vergeblich, aber 1943 wurde der Vater schließlich geschnappt und in das Konzentrationslager Mauthausen abtransportiert.

Alexander arbeitete von 1942 bis 1944 als Maschinenschlosser in einer Škoda-Munitionsfabrik. Aber bald nachdem sein Bruder Julius verschwand und Mitglied einer Partisanenbrigade wurde, folgte ihm Alexander. Man wollte aus Štefan Dubček in Mauthausen durch Folterungen Informationen über den Verbleib seiner Söhne herauspressen, aber er blieb standhaft und überlebte. Julius und Alexander kämpften gemeinsam mit den Partisanen in den Bergen weiter. Julius fiel am ersten Tag des Jahres 1945. Alexander wurde zwei Wochen davor zweimal in den Oberschenkel geschossen. Er wurde von einem Priester zu einer slowakischen Näherin namens Anna Ondrisová gebracht, die ihm Zuflucht gewährte und ihn gesund pflegte. (Anna und Alexander hatten sich 1932 schon einmal als Teenager in Rußland getroffen, wohin auch ihre Eltern gegangen waren, um der Sowjetunion zu helfen.) Der Priester, der ihn zu ihr gebracht hatte, traute die beiden im November 1945 in einer katholischen Kirche.[10]

Als der Krieg zu Ende war, arbeitete Alexander in der Trenčíner Fabrik für Hefewaren. Aber seine wirkliche Karriere begann, damals noch ehrenamtlich, als Sekretär der kommunistischen Parteizelle in seiner Fabrik.

Anna Dubčeková arbeitete bis 1948 in einer Textilfabrik, bis der erste ihrer drei Söhne geboren wurde: Pavel, der 1968 als Medizinstudent in Bratislava lebte. Die anderen zwei Kinder, Peter, 18, und Milan, 15, waren zu diesem Zeitpunkt Schüler.

[10]Es gibt im Leben von Alexander Dubčeks Vater eine Parallele. Er konnte 1945 für kurze Zeit aus Mauthausen fliehen und wurde von den Nazis wieder eingefangen. Während seiner Zeit in der Freiheit war er eine Zeitlang bei einer slowakischen Bäuerin untergekommen. Nach dem Krieg ließ er sich von Alexanders Mutter Pavlina scheiden und heiratete diese Bäuerin. Štefan Dubček starb am 31. Mai 1969.

Als die Dubčeks Eltern wurden, war die Tschechoslowakei bereits kommunistisch, und als Mutter zu arbeiten, war praktisch unumgänglich. Aber Anna Dubčeková war ein häuslicher Mensch und lehnte es ab, nach dem sechsmonatigen bezahlten Mutterschaftsurlaub in die Fabrik zurückzukehren. Selbst älteste Tochter eines Arbeiters und einer berufstätigen Mutter, hatte Anna einen großen Teil ihrer Kindheit damit verbracht, ihr kleines Brüderchen und ihre Schwester zu beaufsichtigen. „Also hatte ich schon für meine eigenen Kinder geübt, und ich wußte, es würde ein Ganztagsjob werden", sagte sie einmal. Und dann vertraute sie einem mit dem Hinweis auf ihre angespannte Kindheit an, daß sie immer gehofft habe, daß ihre Kinder Jungen werden würden, damit sie nicht auf die Idee käme, diese frühzeitige Mutterrolle auch ihrer Tochter aufzubürden.

Erst 1949 wurde Alexander Dubček ein voll bezahlter „Apparatschik" der Kommunistischen Partei: zunächst als organisierender Sekretär und dann als Parteivorsitzender in Trenčín. Zwei Jahre später wechselte er zur Parteizentrale der slowakischen Kommunisten nach Bratislava. Nach weiteren zwei Jahren wurde er zum Leiter eines slowakischen regionalen Komitees ernannt. Da er einen gewissen Hang hatte zu glänzen, machte er Fernkurse in Jura und schrieb sich 1955 an der Moskauer Parteihochschule der KPdSU ein. Hier studierte er drei Jahre und promovierte 1958 *summa cum laude.* (Jeder Versuch, ihn „Dr." Dubček zu nennen, wird jedoch sofort mit den Worten „Solche Titel werden nur dazu benutzt, um sich in Verhandlungen mit den Deutschen zu behaupten" abgewehrt.)

Dubček hielt sich zu einer Zeit in Moskau auf, als in der kommunistischen Welt ein Umbruch stattfand. Der Einfluß von Nikita Chruščevs „Personenkult"-Rede, die folgende Herabsetzung Josef Stalins und die Aufstände in Polen und Ungarn im Jahre 1956, all das war an der Parteihochschule während Dubčeks Studienzeit zu spüren. Es gab Säuberungen und Neubewertungen: neue Theologien traten an die Stelle von alten, wenn auch nicht ganz über Nacht. War Stalins Weltsicht platt und schwarzweiß gewesen, war die Chruščevs rund und grauschattiert, und beide schwankten vor Alexander Dubčeks Augen hin und her, während er nahe am Strudel der Ereignisse lebte.

Seine Ansichten über diese Entwicklungen sind nicht zur Gänze bekannt, aber eine Beobachtung ist sicher: Er war schokkiert, als er heimkehrte und sehen mußte, daß sich in der kommunistischen Tschechoslowakei nichts durch die jüngsten geschichtlichen Ereignisse geändert hatte und daß der Stalinismus verwurzelter war denn je. Aber er wartete den rechten Augenblick ab.

„Ein in Moskau ausgebildeter Kommunist" ist eine Auszeichnung in Osteuropa, wo dies das gleiche Siegel darstellt wie in kapitalistischen Kreisen ein Abschluß an der Harvard Business School. Dubček hatte in Bratislava kaum seine Taschen ausgepackt, als er schon zum örtlichen und regionalen Parteichef ernannt wurde. Im selben Jahr wurde er in das Zentralkomitee sowohl der slowakischen KP in Bratislava als auch der gemeinsamen tschechoslowakischen Partei in Prag gewählt. 1962 landete er im Zehn-Mann-Parteipräsidium in Prag, und 1963 wurde er zum Ersten Sekretär der slowakischen KP berufen.

Sein Aufstieg war konventionell, sein Benehmen nie protzig. Die Leute, die ihn ein bißchen kannten, beschrieben ihn als „farblos", aber sogar seine Feinde gebrauchten widerwillig das Wort „anständig", wenn sie von ihm sprachen. Obgleich streng mit ehemaligen Fabrikbesitzern, war er niemals bösartig, nur sachlich. Im Rahmen seiner Parteifunktion riet er sogar einem dieser Parias, wieder an die Hochschule zu gehen, und ermöglichte es ihm auch; dieser Ex-Kapitalist ist heute ein berühmter Chemiker. Niemand in der Tschechoslowakei kann sagen „Ich war in den fünfziger Jahren ein Dubček-Opfer", und das ist für einen kommunistischen Politiker, der zu Stalins Zeiten an der Macht war, wirklich eine seltene Auszeichnung.

Zuerst in der Slowakei und später in Prag freundete sich Dubček unauffällig sowohl mit den literarischen Intellektuellen als auch mit den Wirtschaftsreformern an. Somit genoß er zum Zeitpunkt, als er bereit war, seinen Schritt zu wagen, wenn nicht ihr Vertrauen, so doch wenigstens ein wohlwollendes Geraune von ihrer Seite. Einer der wenigen Propheten, die voraussahen, daß seine Machtübernahme weit mehr als einen Kompromiß mit dem Novotnýismus bedeutete, war der slowakische Exilschriftsteller Ladislav Mňačko, der in Israel sagte: „Ich hätte nicht gedacht, daß er so hoch aufsteigen würde, ein Mann wie er, ein so guter Mann wie er."

Kapitel 5

Freitag, 2. Februar – Freitag, 22. März 1968

Unser Fernsehgerät wurde gegen Ende der zweiten Woche in unserer neuen Wohnung angeschlossen. Der Mechaniker drückte auf den Knopf und sprang dann wie elektrisiert zurück – denn er hatte den Beginn der tschechoslowakischen Revolution eingeschaltet.

Auf dem Bildschirm war ein gutaussehendes Gesicht zu sehen, das aussah wie das von Henry Fonda, wenn es einer Rasur bedurfte. Es war niemand anderes als Dr. Eduard Goldstücker, Vizerektor der Karlsuniversität, ehemaliger Botschafter in Israel und Veteran eines stalinistischen Gefängnisses. 1968 war er als Spion und Zionist noch offiziell zu lebenslänglicher Haft verurteilt; er wäre als Mitglied der „Rudolf-Slánský-Bande" in den frühen fünfziger Jahren beinahe mit den anderen gehängt worden. Fast ein Jahrzehnt später in aller Stille aus dem Gefängnis entlassen, hatte Goldstücker seinen Weg zurück in akademische Kreise gefunden und in der „Entfremdungskontroverse" für erstes Aufsehen gesorgt. Durch sie wurde er als „der Mann, der Kafka rehabilitierte" bekannt.

Jetzt, wo Alexander Dubček seinen ersten großen Schritt getan hatte, war Goldstücker mit dem stillschweigenden Segen des Zentralkomitees zum Vorsitzenden des kampflustigen Schriftstellerverbandes ernannt worden. Er verkündete sofort im Rundfunk und im Fernsehen, daß die *Literární Noviny* (*Literaturzeitung*), „die dem Verband letztes Jahr von höheren Organen genommen wurde", diesem zurückgegeben worden sei. In Zukunft würden sie unter dem Namen *Literární Listy* (*Literarische Blätter*) erscheinen.

Der Interviewer fragte, warum der Name geändert wurde. Goldstücker antwortete gedehnt und aufrichtig: „Wissen Sie, wenn ich meine Kinder anbrülle, und später finden wir heraus, daß ich mich geirrt habe, sind wir uns automatisch einig, daß wir einen Weg finden müssen, der Papi davor bewahrt, als Dummkopf dazustehen."

Das war wirklich alles, was er sagte. Aber ein solches Statement war für die hiesigen Massenmedien so neu, daß Goldstükker sich augenblicklich als die eindrucksvollste Persönlichkeit einprägte, die jemals im tschechoslowakischen Fernsehen aufgetreten war. Unser Fernsehmechaniker ging kurz darauf und schüttelte den Kopf über das, was er gesehen hatte. Man sagte mir, daß andere Leute noch ein oder zwei Stunden nach Sendeschluß vor ihren Fernsehgeräten sitzen geblieben waren. Sie warteten ab, ob nicht noch etwas anderes in diesem Zauberkasten explodieren würde.

Es dauerte noch drei oder vier Tage. Aber als es klar wurde, daß Goldstücker für das, was er gesagt hatte, nicht ins Gefängnis zurückgehen würde, löste er einen landesweiten Rausch freier Meinungsäußerung aus. Beginnend auf „Kanal Eins" und bei Radio Prag, breitete sich die Redefreiheit auf die Presse und auf die Provinz aus, auf die Fabriken und Landwirtschaftsbetriebe und schließlich auf die höchsten Gremien der KPČ.

Einige Zeit mußte die Presse im Dunkeln tappen. „Nach Dubčeks Wahl", sagte der Radiokommentator Milan Weiner, „waren das Zentralkomitee und der Parteiapparat total verwirrt. Auf einmal bemerkten wir, daß die alten Barrieren weg waren. Die Zensoren lasen noch immer unsere Artikel und Kommentare, aber sie wußten nicht mehr, was erlaubt war und was nicht. Früher bekamen wir gewöhnlich Anrufe von ihnen, Beschwerden über diesen oder jenen ideologischen Fehler in dem, was wir geschrieben oder gesagt hatten. Jetzt hatten die Telefonate aufgehört. So testeten wir weiter aus, ob da noch irgendwelche Limits für unsere neue Freiheit galten."

Ich begann mir jeden Abend die Sieben-Uhr-Nachrichten anzusehen, mit Simultanübersetzung durch Sylva oder unsere Babysitterin Lulka. Einige Tage nach Goldstücker war der abendliche Interviewpartner ein junger Wirtschaftsfachmann. Er konterte einige ziemlich technisch gehaltene Fragen über Angebot und Nachfrage, Import und Export. Er sagte, daß sich die Zahlen nur verbessern könnten, wenn Kontroversen zugelassen würden und die Arbeiter Interesse an ihrer Austragung hätten. Sogar an den Standards des amerikanischen Bildungsfernsehens gemessen, schien mir das Interview schwerfällig und langweilig. Aber nicht einem Tschechen, der sein ganzes Erwachsenendasein Kanal Eins gesehen hatte. Einer rief mich nach der Sendung an und nannte mir mindestens vier Anlässe zur Freude:

„Erstens war der Wirtschaftsfachmann jung. Bisher war der Gast immer Chef irgendeines involvierten Ministeriums gewesen: seinem Format entsprechend mit äußerstem Respekt zu behandeln und viel zu beschäftigt mit Politik, um irgendwelche Antworten geben zu können.

Zweitens waren die Fragen diesmal nicht leicht. Es klang nicht so, als ob sie schon einen Monat vorher mitgeteilt worden wären. Außerdem war das Interview live und nicht aufgezeichnet.

Drittens hat der junge Mann zugegeben, daß es Kontroversen gibt und nicht nur einhelligen Enthusiasmus. Bisher war im Fernsehen immer alles perfekt gewesen und konnte nur noch ein wenig perfekter gemacht werden.

Viertens hatte er die Kühnheit, darauf hinzuweisen, daß diese Dinge die Leute vielleicht noch nicht einmal kümmern. Das war das Interessante daran!"

Also erforderte Fernsehen in den frühen Tagen der tschechoslowakischen Revolution Kenntnis der jüngsten Geschichte. Die im Fernsehen übertragene Pressekonferenz eines stellvertretenden Ministers für Technologie kam mir zum Beispiel höchst spannungslos vor, bis ich erfuhr, daß es das erste Mal seit zwölf Jahren gewesen war, daß sich jemand von diesem Ministerium dazu herabgelassen hatte, mit der Presse zu sprechen.

Als einer der siebenundvierzig akkreditierten ausländischen Journalisten wurde ich eingeladen, am alljährlichen Presseausflug des Außenministeriums teilzunehmen. Er führte uns in die riesige Landwirtschaftliche Produktionsgenossenschaft in Bezno, ungefähr 50 Kilometer von Prag entfernt. „Wir sehen immer dieselbe LPG", murrte mir gegenüber ein weniger doktrinärer polnischer Journalist, „weil es die einzige ist, die funktioniert." Trotzdem waren die meisten der Geladenen erschienen – einige der Bewirtung wegen und einige, um mit eigenen Augen und Ohren die bemerkenswerte Neuigkeit bestätigt zu bekommen, daß endlich einmal ein Amerikaner akkreditiert worden war.

Die LPG von Bezno thront auf einem Hochplateau über der Stadt Mladá Boleslav, dem Geburtsort unserer Freundin Sylva. Als wir kurz vor zehn Uhr morgens am Verwaltungsgebäude, einem verfallenen Schloß, ankamen, wurden wir sofort mit einem „Frühstück", bestehend aus Schweineleber, Schweinezunge, Schweinebraten, Apfelmeerrettich, Schwarzbrot, Bier, Äpfeln und Slivovice gefüttert. Dann bekamen wir frisch gewaschene weiße Arbeitskittel, so daß wir wie drei Dutzend fidele Veterinäre aussahen, und wurden von einem Stall zum anderen getrieben, um 200 Kühe und Schweine zu inspizieren.

Für einen Stadtmenschen war der erste Glanzpunkt dieses landwirtschaftlichen Betriebes eine halbautomatische Entmistungsanlage, die ihre Arbeit erledigte, fast ehe die Kühe das ihre taten. Aber, nachdem wir genügend Kühe und Schweine besichtigt hatten, um uns den Magen zu verderben, wurden wir von einem leidenschaftlichen, frühzeitig kahl werdenden jungen Schulleiter unterbrochen, der uns durch „den Teil des Betriebes, wo junge Geister heranwachsen" führte. Das funkelnagelneue Schulgebäude war ebenso ultramodern und steril wie jedes andere überall auf der Welt. Aber seine blauen und gelben Pastelltöne verschmolzen hübsch mit dem Himmel und der Natur im Hintergrund. Von innen war es kein bloßes Vorzeigeobjekt. Es war ein Bienenstock, in dem Schüler und Lehrer dieselbe geschäftige, nervöse Energie wie ihr Direktor ausstrahlten. Die Klassenzimmer, die wir betraten, waren belebt von Ideen und sogar Auseinandersetzungen, die wegen unserer Exkursionsgruppe nur leicht gebremst wurden.

Ich fragte den Direktor, ob der Schwerpunkt auf den landwirtschaftlichen Fächern läge.

Er sagte: „Nein. Davon bekommen sie zu Hause genug mit. Hier lernen sie etwas über den Rest der Welt, und glauben Sie mir, es kommt ihrer landwirtschaftlichen Arbeit zugute. Ich selbst unterrichte Geographie, und dies ist mein Klassenzimmer."

Sein bester Schüler hielt die Stunde – über den amerikanischen Westen. An jeden Schüler war ein Exemplar der Dezember-Ausgabe des *Arizona Highways*-Magazins von 1962 ausgeteilt worden.

Ich fragte den Direktor, wie er sich ein Dutzend Ausgaben dieses Magazins, die Landkarten, Reiseplakate und Ansichtskarten an den Wänden verschafft hatte.

„Ich fordere alles an, was ich brauche", sagte er, „und in der Hälfte der Fälle bekomme ich alles, worum ich ersuche, manchmal viel mehr!"

Ein junger Bürokrat vom Außenministerium, der uns hütete, fragte: „An welches Amt in Arizona schreiben Sie zum Beispiel?"

„Natürlich an den Mann an der Spitze“, sagte der Direktor. „So machen es die Leute im Westen. Ich schrieb dem Gouverneur von Arizona, und der Mann, von dem ich Antwort bekam, war ein Beamter seiner Abteilung für Öffentlichkeitsarbeit.“

„Wie vielen anderen Gouverneuren haben Sie noch geschrieben?“ fragte ich.

„Normalerweise versuche ich, nur mit Staatsoberhäuptern zu verhandeln“, erwiderte er. „Ich korrespondiere mit Präsident Johnson, General de Gaulle, dem König von Norwegen ...“

Angestachelt durch unser Interesse, zog er ein Bündel Briefe hervor. Er war kein Größenwahnsinniger, auch wenn einige Antworten Formbriefe mit routinemäßigen Anschreiben waren. Einige waren von Untergebenen unterzeichnet, Indira Gandhi jedoch hatte mit einem herzlichen, persönlich unterschriebenen Briefchen geantwortet.

Zur Krönung all seiner Triumphe riß der Direktor einen Schrank auf, um der Weltpresse seinen Schatz zu zeigen: ein lebensgroßes, handsigniertes Poster des spanischen Generalissimo Francisco Franco, zu dem die Tschechoslowakei schon lange keine diplomatischen Beziehungen unterhielt.

„Ich korrespondiere auch mit dem Generalissimo Franco“, teilte uns der Direktor mit.

Bei dem jungen Mann vom Außenministerium, dessen Aufgabe es war, unseren Ausflug reibungslos, pünktlich und ohne Zwischenfälle zu halten, begannen sich kleine Schweißperlen auf der Stirn zu bilden. Deswegen machte ich ihm gegenüber die Bemerkung, daß es bezaubernd sei, daß ein Mann in einem kleinen Dorf in den Bergen Böhmens in Korrespondenz mit den Staatsmännern der Welt steht.

Der junge Mann entspannte sich ein bißchen und sagte: „Ich nehme an, für den Fall, daß die Tschechoslowakei jemals die diplomatischen Beziehungen mit Spanien wiederaufnehmen will, ist es gut, daß dieser Kanal offengehalten wurde.“

Nach unserem Rundgang kehrten wir in das Schloß zum Mittagessen zurück (Suppe, Schinken, kaltes geräuchertes Fleisch, kalter roher Speck und die üblichen Garnierungen), während uns eine kleine Blaskapelle ein Ständchen brachte. Dann wurden Willkommensreden gehalten und Berichte über die Jahresleistung vorgetragen. „Nach dem nächsten Essen“, wurde uns gesagt, „werden Sie die Möglichkeit haben, Fragen zu stellen." Dazu wurde uns eine „Brotzeit", bestehend aus Schweinekoteletts und Schnitzeln gereicht.

Ein Beamter aus Prag stand auf und kündigte in einem sehr strengen Ton an, daß er die Fragerunde „moderieren" würde. Dieses eigentümliche Individuum war die reinste Verkörperung der Stalingotik, die ich je bei einem gebürtigen Tschechen gesehen habe. Steif, ernst und unbeugsam, sah er aus wie Hammer und Sichel, gehauen aus demselben Stein wie das Prager Hotel International.

Nach einigen Routinefragen stand ein sehr eleganter junger Mann mit Hornbrille auf. Es war Helmut Jungwirth vom *Stern*, der erst wenige Wochen zuvor akkreditiert worden war – kurz nachdem die Tschechoslowakei die Handels-, jedoch nicht die diplomatischen Beziehungen zu Westdeutschland wiederaufgenommen hatte.

„Sie sind nur fünfzig Kilometer von Prag entfernt", begann Jungwirth, „zweifellos hören Sie vom politischen Gepolter, das von den Treffen des Zentralkomitees ausgeht. Wie reagieren die Arbeiter Ihrer LPG auf das, was dort geschieht? Hat es schon begonnen, ihr Leben zu beeinflussen?"

Jungwirth stellte die Frage auf deutsch. Der stalinistische „Moderator" sah Jungwirth finster an und sagte auf deutsch: „Unsere Genossen hier haben keine Möglichkeiten und auch nicht den Wunsch zu wissen, was ihre Leute *denken*. Es ist nicht ihre Aufgabe, Gedanken zu lesen. Nächste Frage, bitte."

Einer der Speichellecker des Pressekorps sprang auf und stellte die Art von Frage, die ablenken oder jegliche Debatte lähmen soll: „Sie sagen, ihre Milchproduktion ist von 1,9 Millionen Liter auf 3 Millionen Liter im Verlaufe eines Jahres angestiegen. Das ist alles sehr schön, aber können Sie mir erklären, warum Ihre anderen Erträge nicht proportional angestiegen sind?"

Einer der Beamten der Genossenschaft erhob sich. Obwohl er einen borstigen Schnurrbart zur Schau trug, war er ein geschniegelt aussehender Mann, der kaum den Anschein machte, irgendeine Überraschung zu bieten, bis er auf deutsch sagte:

„Ja, das kann ich erklären. Aber zuerst möchte ich die vorausgegangene Frage beantworten. Unsere regelmäßigen Versammlungen mit den Arbeitern der LPG dauern gewöhnlich nicht länger als eine Stunde. Die neulich abend dauerte dreieinhalb Stunden, und die gesamte zusätzliche Zeit war Fragen zu den Geschehnissen im Zentralkomitee gewidmet. Die Menschen hier brachten ihre große Zufriedenheit über das, was bis jetzt in Prag passiert ist, zum Ausdruck. Sie sind interessiert, und sie werden die Entwicklungen sorgfältig und hoffnungsvoll beobachten. Dann, um Ihre zweite Frage zu beantworten ...“

Für den Redner war es ein höflicher, aber rasch kalkulierter Akt eines Provinzbeamten, sich der Zentralgewalt zu widersetzen. Für mich war es ein Augenblick der Wahrheit, der kostbaren Art von Wahrheit, die für knapp ein halbes Jahr eher zur Regel als zur Ausnahme werden würde, in einem Land, dessen oft mißbrauchtes Motto heißt: „*Pravda vítězí*“ – „Die Wahrheit siegt“.

Ein paar Abende nach meiner Rückkehr aus der LPG in Bezno, begann mein Bildschirm zu Hause mit einer Reihe von Ereignissen zu explodieren, die alle die schonungslose Zwangsläufigkeit eines Historiendramas von Shakespeare hatten. In schwarzweißem Eiserner-Vorhang-Zivil (Farbfernsehen war hier vor der Mitte der siebziger Jahre nicht zu erwarten) entfaltete sich ein Schauspiel über die Einsetzung und Entthronung von Königen. Aber dies war ein modernes Stück, das sich stark auf das Leben jedes einzelnen Zuschauers auswirkte.

Zuerst erschien wieder Goldstücker im Fernsehen und sagte einer Studentengruppe geradeheraus: „Die Welt verfolgt, ob wir imstande sein werden, etwas zu tun, was die Geschichte bis jetzt noch nicht gesehen hat – Sozialismus mit Freiheit zu verbinden.“

Er hielt auch eine Reihe offizieller Fotografien früherer tschechoslowakischer kommunistischer Führungen in den „Vorher“- und „Nachher“-Varianten in die Höhe. Auf den „Nachher“-Fotografien waren verschiedene historische Persönlichkeiten (die aus der Partei ausgeschlossen und in einigen Fällen exekutiert worden waren, nachdem sie mit Goldstücker vor Gericht gestanden hatten) wegretuschiert worden.

Inzwischen hatte sich die neue Zeitung des Schriftstellerverbandes, *Literární Listy*, unter Goldstückers Ägide zu einem ernstzunehmenden sozialen, politischen und kulturellen Organ entwickelt. In der ersten Ausgabe griff Goldstücker den Faden seiner im Fernsehen gesendeten Äußerung auf:

> Ich wünschte mir, daß meine Worte in den Köpfen meiner Leser eine Vorstellung von der Einzigartigkeit dieses Augenblicks erwecken, von der Chance, die uns die Geschichte gibt – daß wir die Verbindung dessen, was untrennbar ist, in Angriff nehmen dürfen: Sozialismus und Freiheit. Ich glaube, daß keine Revolution in der Geschichte jemals eine derartige echte Chance hatte – unser Schicksal stellt uns auf eine sehr harte Probe.

Sein Stellvertreter, Jan Procházka, schlug einen skeptischeren Ton an, den des sardonischen, betont kämpferischen Liberalismus der *Literární Listy*. „Dieselbe Garnitur von Lenkern und Führern für die Hölle, das Fegefeuer und jetzt das Paradies!" wetterte Procházka in der Zeitung. „Das ist ein zu luxuriöses Wirtschaftssystem, gerade für so ein kleines Land wie unseres. Und wohin wollen sie uns führen?"

Auf den Seiten der *Literární Listy* kritisierten bekannte Schriftsteller das öffentliche Auftreten der neuen Parteiführung genauso wie das der alten. Bisher anonyme Quellen erzählten schreckliche Geschichten von Abhöraktionen, Unterdrückung und Folter aus erster Hand. Mehrere dieser Enthüllungen schlossen mit derselben Erklärung: „Nur für den Fall, daß ich tot aufgefunden werde: Ich möchte hiermit festhalten, daß ich vollkommen gesund, voll zurechnungsfähig und guter Stimmung bin, also nicht die Absicht habe, Selbstmord zu begehen."

Die Intellektuellen waren immer noch mißtrauisch gegenüber Dubček, aber Igor Hájek, der nach seiner viermonatigen Pause, „die ich als Chance begrüßte, etwas Eigenes zu verfassen, um dann nicht ein Wort zu schreiben", glücklich war, wieder bei *Literární Listy* arbeiten zu können, meinte voller Hoffnung:

„Dubček weiß, daß der Gewinn einer der beiden Hüte Novotnýs nicht das Ende seines Kampfes war, sondern der Anfang, und all die festgesessenen Veteranen werden sich um Novotný scharen und es auf Dubček absehen. Also braucht er unsere Unterstützung, weil wir die lautesten und gescheitesten Stimmen haben, und jetzt, da er uns freien Lauf läßt, sind wir dran zu heulen. Wir benutzen ihn, und er benutzt uns."

Als die Stimme des Intellektuellen im ganzen Land erklang, entdeckte das Volksfernsehen einen unsichtbaren Mann: den Proletarier. Umherstreifende mobile Einheiten kreisten den Mann auf der Straße ein, hielten Mikrofone vor sein Gesicht und befragten ihn nach seiner Meinung über Sozialismus und Demokratie. Manchmal antwortete er mit eigenen Fragen: „Machen Sie Witze? Glauben Sie, ich möchte mich wegen Ihnen einsperren lassen?“ Aber oft war er redefreudig. Wir sahen einen untergeordneten Staatsbeamten erwachen: „Gestern dachte ich nicht, daß ich sagen könnte, was ich denke. Heute denke ich, daß ich es vielleicht kann.“ ... ein alter Mann knurrte einen jungen Journalisten an: „Das ist gut für Sie, aber für mich ist es ein bißchen zu spät.“ ... oder ein Fabrikarbeiter, Ende zwanzig, dachte über die Zukunft nach: „Ich hoffe, unsere Kinder werden sich nicht mehr so wie wir fürchten müssen, die Wahrheit zu sagen.“

Eines Nachts analysierte eine Runde von Experten im Fernsehen – live! – Videobänder mit diesen Antworten. Sie stimmten darin überein, daß das, wovon sie gerade Zeugen geworden waren, die Notwendigkeit geheimer Wahlen zeige; klare Entscheidungsmöglichkeiten statt abgestempelte Bestätigungen bei der Stimmabgabe; nicht nur Informationsfreiheit, sondern auch ein größerer Informationsfluß.

Fasziniert verfolgte sich die Öffentlichkeit bei ihrer Selbstdarstellung. Aber sie sah sich auch diese Experten an, die ihre Auftritte auswertete, denn auch sie waren neue Gesichter im tschechischen Fernsehen. Die Zuschauer begannen zu begreifen, daß sie, falls alles gut gehen würde, die zukünftige Führung der Tschechoslowakei vor sich hatten. Der vielleicht Interessanteste von ihnen war Ota Šik, der dunkle und hitzige Wirtschaftsreformer. Šik nahm niemals ein Blatt vor den Mund, wenn er diese träge Nation aufrüttelte und ihr bewußt machte, wie düster es in ihrer Geldbörse aussah:

„Kürzungen anderer Konsumgüter und Dienstleistungen bringen die Leute dazu, mehr Lebensmittel einzukaufen, obwohl Lebensmittel relativ teuer sind. Zwischen 1963 und 1965 gaben Arbeiterfamilien in Westdeutschland und Österreich 38 Prozent ihres Einkommens für Essen aus; in der Tschechoslowakei waren es 51 Prozent ...

Einfache Tatsachen wie diese, die ich jetzt im Fernsehen präsentiere, konnten lange Zeit nicht veröffentlicht werden. Die Rückständigkeit im Produktions- und Dienstleistungsbereich muß durch fundamentale Veränderungen im System überwunden werden ... wenn wir je darauf hoffen wollen, vielleicht in vier Jahren das gegenwärtige Niveau Österreichs zu erreichen, eine der wirtschaftlich am wenigsten fortschrittlichen Nationen Westeuropas."

Eine populäre neue Radiosendung, „Karussell", wurde von einem ehemaligen politischen Häftling namens Čeněk Sovák geleitet. Er erzählte zwischen Musikeinspielungen und Kulturnachrichten von Leuten, die er aus dem Gefängnis kannte, und davon, wie es ihnen jetzt erging. Einmal brachte Sovák ein Tonbandgerät und eine Wagenladung ehemaliger Häftlinge zurück in das Gefängnis, in dem sie alle ihre Strafe abgebüßt hatten. Sie konfrontierten die Aufseher mit ihren bitteren Erinnerungen. Die Aufseher leugneten alles. Gleichgültig, wem der Hörer glaubte, er wußte, daß er eine Sendung verfolgte, die er nie vergessen würde.

Man traute seinen Augen und Ohren nicht, als der Direktor der Staatsbank von Bratislava, Eugen Löbl, der auch im Verlaufe des Slánský-Prozesses inhaftiert gewesen war, ins Fernsehen ging, um zu verkünden, daß das, was die tschechoslowakische Wirtschaft brauche, 200.000 bis 300.000 private Unternehmen seien. Für Ota Šik eintretend, sagte Löbl, daß die „Gefahr einer Wiederauferstehung des Kapitalismus vielleicht 1949 oder 1951 existiert hat, aber heutzutage ist Kapitalismus hier undenkbar. Wem sollten wir was zurückgeben?"

Der Mann auf der Straße glaubte nicht, daß 1968 tatsächlich ein „vollkommen neues Jahr" werden würde, bis er dem tschechoslowakischen Team zusah, wie es die Russen bei der Eishockey-Weltmeisterschaft schlug, was von Eurovision (West) und Intervision (Ost) live übertragen wurde. Dies verstanden mehrere Tschechen, die ich kannte, als Omen. Einer von ihnen sagte, daß er erst dann alles andere, was er gehört und gesehen hatte „richtig zu glauben begann": „Nach zwanzig Jahren kannst du nicht anders, als zu denken, daß sogar die Sportereignisse von den Russen gesteuert werden und Moskau zwischen den Spielzeiten unseren Trainer anruft und sagt, er soll es locker nehmen. Aber wenn die Russen sich selbst gegen uns im Hockey verlieren lassen, dann kann alles geschehen."

Einige Tage danach entschied das Präsidium des Zentralkomitees zum ersten Mal in der Geschichte einer kommunistischen Partei überhaupt, daß es offenlegen würde, *wer wie* auf seinen streng geheimen Sitzungen abstimmte.

Der Führer der Kommunistischen Partei in Prag, Martin Vaculík, beklagte sich, daß er von den Massenmedien mundtot gemacht worden sei. Sofort wurde er eingeladen, der Nation im Fernsehen gegenüberzutreten. Nach einigem Ansporn tauchte er auf, entschuldigte sich jedoch demütig für die „Ungenauigkeit" seiner Anschuldigung. Später äußerte er einmal, daß „die Kritik mich manchmal ins Schwitzen kommen ließ, aber innerlich war ich zufrieden."

Sogar der Minister für Landwirtschaft und Ernährung, ein Anhänger Dubčeks, kroch im Radio zu Kreuze. Nachdem er gesagt hatte, daß die Medien „die Umgangsformen der bourgeoisen Demokratie annehmen" und es ein Wunder sei, „daß sie nicht die Wiederbelebung der ... faschistischen Partei fordern", wurde er von einer Runde von Redakteuren in die Mangel genommen. Er gab ihnen gegenüber dann zu, daß seine Behauptungen unbegründet seien. Die Redakteure bezeichneten ihn daraufhin als Heuchler. Am Ende der Sendung „erinnerte" ihn einer von ihnen daran, daß er nur einige Monate vorher gesagt habe: „Wenn die Schriftsteller die Dinge nicht in Ruhe lassen, werden sie es mit der Regierung zu tun bekommen." Der Minister, der bald nach dieser bemerkenswerten Sendung ausgetauscht wurde, sagte, er könne sich nicht erinnern, eine solche Bemerkung gemacht zu haben.

Diese Darbietungen wurden von einem der Stellvertreter Goldstückers als „Eiertanz" beschrieben. Für den Wettbewerb um die öffentliche Aufmerksamkeit unterzogen sich die Tageszeitungen einem dringend notwendigen Facelifting. Als wir nach Prag kamen, standen Artikel über Exportverkäufe von Hockeypucks auf den Titelseiten. Aber schon nach einigen Wochen war die tschechische Presse lautstark wie ein Chor von *Village Voices*:

> KOMMUNISTENTREFFEN IN DEN PRAGER STÄDTISCHEN VERKEHRSBETRIEBEN
>
> ... Herr Ludvík Černý, der Bürgermeister von Prag, konnte die Aufmerksamkeit der Zuhörerschaft nicht gewinnen. Während er sich den Entscheidungen vom Januar anschloß und Herrn Novotnýs Fehler beklagte, versäumte er es, konkrete kritische oder selbstkritische Vorschläge zu machen. Er war oft unbestimmt, zum Beispiel, als er die Massenmedien warnte. Er sagte, daß unsere Beziehungen zur Sowjetunion und der internationalen Arbeiterbewegung nicht in Zweifel gezogen und daß die Fundamente des Sozialismus nicht ange-

> griffen werden dürften. Glücklicherweise wurde seiner „Kritik“ nicht viel Gewicht beigemessen. In der Tat zeichnete sich das ganze Treffen, bis auf wenige Ausnahmen, nicht gerade durch glänzende Ideen aus. Was hier gesagt wurde, lief auf nichts anderes als die anspruchslose wiederholte Nennung von Problemen hinaus, die aus Presse, Radio und Fernsehen hinlänglich bekannt sind. Ein Beobachter hätte den Eindruck gewinnen können, daß die Arbeiter der städtischen Verkehrsbetriebe in bezug auf ihre Arbeit nichts zu ändern und nichts zu verbessern haben.

Mit solchen Berichterstattungen stieg der tägliche Gesamtverkauf von Zeitungen zwischen Januar und März allein in Prag um 118.000 Stück zu einer neuen Höhe von 557.192 Exemplaren. Jeden Morgen bildeten sich Schlangen vor den Zeitungsständen, und in die dünnen, acht- bis zwölfseitigen Tageblätter (abgemagert durch den andauernden Mangel an Zeitungspapier) wurde nicht am selben Tag noch der Fisch eingewickelt, sondern sie wurden in der Tram gelesen und abends zu Hause weiter studiert. Jirka Šlitr, der meine abgelegten *International Herald Tribunes*[11] gesammelt hatte, kam sie nicht mehr holen. „Unsere Presse ist heutzutage interessanter“, erklärte er.

Auch den anderen Leuten gefiel diese Art. Eine vom tschechoslowakischen Radio durchgeführte Umfrage zeigte, daß „73 Prozent der Hörerschaft die Ansicht ablehnt, daß Presse, Radio und Fernsehen ‚sich nicht um Dinge kümmern sollen, die sie nichts angehen‘, und will, daß sie ihre eigene Sicht der Ereignisse zum Ausdruck bringen. Die Anzahl der Besitzer von Fernsehapparaten, die sich abends die Nachrichten ansehen, stieg im letzten Monat von 23 auf 52 Prozent. Die Zahl der Leser der Tagespresse stieg von 54 auf 69 Prozent und die der Radionachrichtenhörer von 43 auf volle 80 Prozent. Die Mehrheit der Hörer bedauert es nicht, daß der der Unterhaltung gewidmete Zeitanteil als Folge vermehrter Informationen über innenpolitische Fragen abgenommen hat. Gut 96 Prozent der Befragten waren der Meinung, daß die Öffent-

[11] Diese Zeitung erscheint von Montag bis Samstag in Verbindung mit der *New York Times* und der *Washington Post* in Paris

lichkeit sofort über alle wichtigen Ereignisse informiert werden sollte, unabhängig davon, ob diese erfreulich sind oder nicht."

In Brennpunkt des allgemeinen Interesses stand ein mächtiger, aber bisher unbekannter 41jähriger General namens Jan Šejna. Die Nation erfuhr, daß Šejna ein Landarbeiter gewesen war. Mit vierzehn Jahren ging er von der Schule ab und wurde 1951 als gewöhnlicher Soldat in die Armee eingezogen. Er machte den üblichen Aufstieg durch die Dienstgrade, bis er 1967 plötzlich auf „speziellen Wunsch der höchsten politischen und militärischen Autoritäten" zum Generalmajor befördert wurde. Laut *Literární Listy* hatte er seine Stimme in der Öffentlichkeit zum ersten Mal erhoben, um weitere und härtere Sanktionen gegen die Schriftsteller zu fordern. Erst jetzt allerdings machte die ungestüme Flut von unzensierten Neuigkeiten den Leuten klar, daß ihr Land um die Jahreswende von 1967 auf 1968 am Rande einer militärischen Machtergreifung oder eines Bürgerkrieges gestanden hatte. General Šejna hatte nichts weniger als einen Staatsstreich geplant, um Novotný sowohl als Ersten Sekretär als auch als Präsidenten an der Macht zu halten.

Im Dezember hatte er mindestens eine Panzerdivision mobilisiert und auch andere Vorbereitungen getroffen, um mit Hilfe militärischer Truppen die Macht im Zentralkomitee an sich zu reißen. Ein General namens Václav Prchlík hatte jedoch von Šejnas Plänen gehört und sie mit Unterstützung durch die liberalen Kräfte vereiteln können. Prchlík wurde dann aufgefordert, seinen Dienst zu quittieren, weil er das „politische Vertrauen des Genossen Novotný verloren" habe. Prchlíks Vorgesetzte standen ihm jedoch gegen Šejna und Novotný zur Seite, und der Machtergreifungsversuch war somit endgültig gescheitert.

Mit Dubčeks Amtsantritt wurden die meisten Funktionäre, die auf General Prchlík Druck ausgeübt hatten, entlassen, oder es wurde ihnen ermöglicht zurückzutreten. Šejna jedoch floh am 25. Februar aus dem Land und tauchte in Rom auf, in Begleitung seines achtzehnjährigen Sohnes und seiner 22jährigen Geliebten, die zuerst als die Verlobte des Sohnes bezeichnet wurde. Die verbitterte, zurückgelassene Gattin klärte die Öffentlichkeit umgehend über diesen Punkt auf: Sie gab ein Interview, in dem sie sich an den Besuch der jungen Dame erinnerte, die sich selbst als „ihre rechtmäßige Nachfolgerin" vorgestellt hatte.

Zu diesem Zeitpunkt war Šejna (noch immer in Begleitung seines Sohn und seiner Geliebten) unterwegs ins Asyl in die Vereinigten Staaten, als Gast des CIA. Prags offizielles kommunistisches Parteiblatt *Rudé Právo* schrieb im Leitartikel:

> Welcher Gattung Mensch gewähren die USA Asyl? Nach ihrem Jargon einem unnachgiebigen Stalinisten, der zu Hause ausgespielt hat. Aber die *New York Times* hat angedeutet, daß die amerikanischen Behörden wahrscheinlich bereit sein werden, die Tatsache zu ignorieren, daß Šejna zu Hause der Liberalisierung bis zuletzt ablehnend gegenüberstand. Man wird ihn als eine wertvolle Informationsquelle behandeln …

Einige Tage nachdem enthüllt worden war, daß Šejna übergelaufen war, setzte sich der Verteidigungsminister, General Bohumír Lomský, auf den heißen Stuhl vor die Kamera. Nervös las er von einer vorbereiteten Stellungnahme ab und erklärte, daß er mit Šejna (zugegebenermaßen ein enger Freund und Nachbar) nichts mehr zu tun haben wolle. Er sagte, daß er schockiert sei, „nicht nur von seinen Spekulationen, sondern auch von seiner Feigheit, als er, ein Kommunist, sein Land aus Angst vor Bestrafung verließ und verriet." Lomský fügte hinzu, daß „die Armee dem ganzen Volk" gehöre. Gewisse militärische Manöver seien rein zufällig gerade zur Zeit der kritischen Sitzungen des Zentralkomitees veranlaßt worden, wenn sie auch „Anlaß zu Spekulationen hätten geben können."

Am nächsten Tag bezeichneten die Zeitungen General Lomský als „nicht überzeugend" und „zu bedauern".

Als ein anderer General, der stellvertretende Verteidigungsminister, sich auf der Fahrt zu einem Untersuchungsausschuß eine Kugel durch den Kopf jagte und starb, war in Prags Kaffeehäusern ein böser Scherz zu hören: er habe sich gefürchtet, zu fünfzehn Minuten Fernsehauftritt verurteilt zu werden.

Der Witz wurde mit nur wenig Schadenfreude erzählt. Die neue Freiheit schwächte den Sinn für Makabres. Und wieder war es Goldstücker, der den Ton angab.

Eine Gruppe von Studenten traf sich mit ihm, um über den Studentenaufstand in Strahov vom letzten Herbst zu diskutieren. Einer von ihnen sagte zu Goldstücker: „Ich war nicht einmal *auf* der Demonstration. Ich kam aus einem Film, und da war ein Polizist, der zu mir sagte: ‚Ich werde dich in Stücke reißen.'"

Goldstücker schaute den Jungen mit väterlichem Mitgefühl an und sagte: „Meine größte Angst ist, daß Dir diese Strahov-Sache in Erinnerung bleibt. Aber das Leben geht weiter und bringt neue Probleme und Risiken ... Das Wichtige an Strahov ist, daß nicht nur die Studenten von dem, was dort geschah, schockiert waren, sondern alle Menschen in Prag. Schließlich sind die Studenten die Kinder dieser zwanzig Jahre alten sozialistischen Gesellschaft, und nun wurden *sie* behandelt wie Staatsfeinde."

Immer wiederkehrende Verweise auf die „Kinder des Kommunismus" waren es, die man hörte – und nicht nur im Radio oder im Fernsehen. Ein Junge namens Václav, der gerade neunzehn geworden war, besuchte uns mit seinen Eltern zufällig gerade an jenem Abend, als Goldstücker mit den Studenten im Fernsehen zu sehen war. Václav sagte: „Die Stalinisten der fünfziger Jahre haben unsere Eltern abgeschrieben, aber auf uns haben sie gezählt. Das hätten sie nicht tun sollen. Ich habe mein ganzes Leben lang unter einem einzigen System gelebt, also habe ich jedes Recht, es zu kritisieren."

Václavs Vater sagte: „Sie nannten sie ‚Kinder des Kommunismus', aber es waren auch unsere Kinder; und sie waren es, die zu sagen begannen, was wir noch nicht zu sagen wagten."

Auf dem Bildschirm knurrte ein junger Zyniker Goldstücker an: „Ich glaube, daß alles, was jetzt passiert, in einem Fiasko enden wird."

„Aber es gibt eine realistische Basis der Hoffnung", sagte Goldstücker zu ihm. „Du mußt Dir klarmachen, daß auf alles, was bereits geschehen ist, aufgebaut werden wird."

Wie um Goldstückers Äußerung zu bekräftigen, war der Star der „Mea-Culpa-Sendung" am nächsten Abend niemand anderes als der Polizeichef von Prag.

„Es tut mir leid, sagen zu müssen, daß die Ereignisse von Strahov nur aus der Sicht der Studenten dargestellt werden", begann er, wie vorherzusehen war. Aber dann drehte er sich um 180 Grad und sagte: „Ja, wir geben zu, daß die Bedingungen, unter denen die Studenten lebten, schlecht genug waren. Und ich muß gestehen, daß wir in den entscheidenden Momenten unsere Besonnenheit als Sicherheitsbeamte verloren haben. Es ist wahr, die meisten Studenten benahmen sich gut. Aber Sie dürfen nicht vergessen, daß die Polizei nervös war. Sie war an solche Situationen nicht gewöhnt." Dann schluckte er, und, direkt in die Kamera schauend, platzte er heraus: „Ich möchte nur all die Personen, die verletzt worden sind, um Verzeihung bitten."

Das war vermutlich ein Novum in der langen Geschichte der polizeilichen Repressionen auf der Welt. (Einige Stunden danach sprach der Chef des Chefs, der Innenminister, eine formelle Entschuldigung an die Studenten in Strahov aus; er wurde ein paar Tage später abgesetzt.) Aber der Interviewer im Fernsehen ließ den Polizeichef nicht vom Haken. Er wies ihn darauf hin, daß nachts immer noch nicht alle Straßen Prags für Frauen und Rentner sicher seien und die Polizei deswegen besser daran täte, sich darum zu kümmern, anstatt Studenten niederzuknüppeln.

Der dramatischste und größte Name in der „Mea-Culpa-Serie" stand noch bevor. Dubčeks neue Politik der totalen Enthüllung wurde nicht nur auf die Gegenwart bezogen, sondern auch auf die Vergangenheit. Das Abstimmungsergebnis während der entscheidenden Sitzung des Parteipräsidiums, bei der Dubček Novotný als Ersten Parteisekretär verdrängt hatte, wurde offiziell bekanntgegeben. Es hatte eine Stimmengleichheit von 5 zu 5 gegeben, die dann zu Dubčeks Vorteil entschieden wurde.

In dieser Nacht ging ein spürbares Beben durch das Land. Tschechen und Slowaken erkannten, wie nahe der unglaubliche Traum, in dem sie lebten, daran gewesen war zu scheitern, ehe sie es auch nur geahnt hätten.

In den frühen Tagen Dubčeks konnte man Novotný noch auf dem Bildschirm sehen, wie er harmlose zeremonielle Funktionen ausführte. Der Mann, dessen offizielles Foto in jedem Laden und jedem Büro hing und Kälte und Argwohn ausstrahlte, hielt der Nation Reden mit von einem Ghostwriter geschriebenen Worten, spürbar durchsetzt von seinem eigenen Unglauben an das, was er sagte. Er erinnerte mich an einen silberhaarigen Liftführer, der gegen die Automatisierung argumentiert.

Nach einer Weile sahen wir zwar, wie Novotný eine Frauendelegation anläßlich des Internationalen Frauentages begrüßte, die Frauen zogen sich dann aber in das Vorzimmer eines Schlosses zurück und verabschiedeten eine Resolution, in der sie Dubčeks Reformen unterstützen.

Eines Tages besuchte Novotný eine Fabrik, und wir sahen, wie die Arbeiter ihm zujubelten. Wenige Tage später sahen wir einen Vertreter dieser Arbeiter im Fernsehen: „Wir jubelten, weil der Präsident der Republik zu uns gekommen war. Aber als er unser Werk besuchte, zeigte er uns, daß er nicht mehr die Intelligenz besitzt, um unser Land zu führen."

Es gab einige solcher Episoden, und dann wurde Novotný zur grauesten aller Eminenzen auf dem schwarzweißen Bildschirm. Wir hörten viele Gruppen und Einzelpersonen, die seinen Rücktritt verlangten, aber ihn selbst sahen wir nicht mehr.

Zwei Zeitungen in Bratislava druckten offene Briefe ab, in denen der Präsident aufgefordert wurde zurückzutreten. „Wenn wir das Wirtschaftssystem nicht durch die neuen Ideen belebt hätten, die Sie abgelehnt haben, wäre unsere Wirtschaft zusammengebrochen", schrieb die slowakische *Pravda* (*Die Wahrheit*). Die andere Zeitung, das Jugendblatt *Smena* (*Der Wechsel*) schrieb:

> Wir wissen, daß es sehr schwer ist zu gehen. Es ist kompliziert, es ist eine Kunst, aber manchmal ist es dringend nötig. Sie können sich glücklich genug schätzen, daß Sie nicht den Weg gehen werden, den vor Ihnen so viele gegangen sind – Leute, die ehrlicher und gerechter waren – in dunkle Ecken, Einzimmerwohnungen, praktisch ohne Geld und ohne jegliche Hoffnung. Wir hoffen, daß die Jahre, in denen Menschen nur nach schwarz und weiß eingeteilt wurden, niemals wiederkehren. Wir sind überzeugt, daß Sie auch manches Gute getan haben, und allein aus diesem Grund werden Sie als menschliches Wesen weiterleben, auf eine würdevolle Art und ohne materielle Probleme.

Die tschechische Gewerkschaftszeitung *Práce* (*Arbeit*) überschrieb ihren Artikel: „Die Kunst des Abschiednehmens". Er endete mit den Worten: „Es ist keine Schande, zu gehen, wenn jemand anderes die Arbeit besser machen kann ... Wir müssen nicht nur die Kunst des Regierens lernen, sondern auch die Kunst des Abtretens, die genauso wichtig und oft noch wichtiger ist. Der Augenblick dafür ist gekommen."

Die *Zemědělské Noviny* (*Landwirtschaftszeitung*) schlug mit Hammer und Sichel um sich:

> In Antonín Novotný sahen die Leute lange vor dem Januar die Personifizierung des erstickenden, verzerren-

> den und verfälschenden Phänomens einer nicht wünschenswerten politischen Atmosphäre. Seine negative Einstellung gegenüber dem Volk, sein gleichgültiges Verhältnis zur Geschichte, sein fehlendes Interesse an den Wünschen und Gefühlen dieser Nation haben diesen Präsidenten an die äußerste Grenze der völligen Entfremdung gebracht.

Novotnýs Widersacher Dubček war eine ganz andere Art von Mensch, der bereits begonnen hatte, sowohl den intellektuellen Prager Tschechen als auch seinen slowakischen Landsleuten zu gefallen. Der neue Erste Sekretär, 46 Jahre alt, hatte im Januar ein unglückliches Fernsehdebüt gehabt. Er las eine vorbereitete Rede herunter, verlor ständig den Faden und sah dabei so unsicher aus wie die Brille, die von Zeit zu Zeit von seiner Pinocchionase hinunterrutschte. Er wirkte herzlich und hausbacken und schien wohl kaum eine begeisternde Persönlichkeit zu sein, nur ein freundlicher Herr mit einem eckigen Profil, das ein Traum für Karikaturisten war, und ein liebenswerter politischer Gewinn. Sylva, die für mich eines Abends die Fernsehsendung übersetzte, kicherte und sagte: „Zuerst kommt die Nase herein und dann Herr Dubček." Ich mußte auch lachen und zitierte den Satz in einem *Life*-Artikel, den Dubček (wie ich in unserem ersten persönlichen Gespräch erfuhr) gelesen hatte und an den er sich erinnerte.

Als erstes slowakisches Staatsoberhaupt der Tschechoslowakei agierte Dubček eine Weile, den Worten eines Diplomaten zufolge, „so behutsam, wie es der erste schwarze Präsident der Vereinigten Staaten während seines ersten Jahres im Weißen Haus vermutlich tun würde." Die Form der früheren Auftritte Dubčeks war ziemlich routinemäßig:

Zuerst hielt ein unbedeutenderer Funktionär eine feurige Rede, z.B.: „Alle Mitglieder der Kommunistischen Partei haben das Recht, in der Partei mitzuwirken und Kritik zu üben. Wenn das nicht der Fall ist, wenn wir Schmeichelei, Bürokratismus und Leute in leitenden Positionen zulassen, die unfähig sind, Kritik zu akzeptieren, *dann* sind wir in Gefahr."

Dubček schüttelte dann die Hand des Redners und gab eine milde, aber aufschlußreiche Antwort, z.B.: „Es gibt Befürchtungen, daß der Demokratisierungsprozeß zu weit geht ... Nun, wir haben das, was wir wollten und wollen ... Presse, Radio und Fernsehen haben einen großen Beitrag geleistet, um bei der Masse der Bevölkerung Interesse an den aktuellen Ereignissen zu wecken. So ein Interesse an unseren inneren politischen Angelegenheiten hat es schon lange nicht mehr gegeben. Das entspricht auch Lenins Forderungen, daß so viele Menschen wie möglich das politische Leben verstehen und daran ... und an der Regierung des Staates teilhaben sollen."

Jetzt mußten die Abendnachrichten immer eine halbe Stunde überziehen, um über unbedeutendere Rücktritte, Absetzungen, Mißtrauensvoten, Krankmeldungen oder Kündigungsgesuche zu berichten. Miroslav Mamula, Leiter der verrufenen Achten Abteilung (einer Spezialeinheit der Geheimpolizei), Mitglied des Zentralkomitees der Kommunistischen Partei und einer der wichtigen Zivilverbündeten General Šejnas, legte sein Amt nieder, um ein unbedeutender Fabrikarbeiter zu werden. Mamula wurde ausgerechnet durch den standfesten General Prchlík ersetzt, der Šejnas Staatsstreich vereitelt hatte.

Dennoch verstand Novotný den Wink nicht. Und seine intrigante Präsenz in der Abgeschiedenheit der Prager Burg beunruhigte uns alle. Als Dubček mit Grippe zu Hause lag, waren die Tschechen, die ich kannte, krank vor Sorge. Als er nach Moskau auf Staatsbesuch flog, hielten sie auf dem Weg zur oder von der Arbeit an der Kirche, um für ihn zu beten. „*Jetzt* wird Novotný etwas unternehmen", sagten sie ängstlich.

Sie hatten guten Grund zur Sorge. Nach seinem Amtsantritt im Januar war Dubček nach Moskau eingeladen worden, um den offiziellen Segen zu erhalten. Jetzt hatte die Prager Gerüchteküche (deren Zeitplan für die Enthebung Novotnýs vom Präsidentenamt Ende März bis jetzt von tödlicher Genauigkeit war) eine neue Geschichte zu erzählen:

Als Dubček im Kreml ankam, mußte er warten, bis sein sowjetischer Kollege Leonid Brežnev mit dem vorhergehenden Besucher fertig war. Schließlich öffnete sich Brežnevs Tür, und der Besucher, der bei ihm gewesen war, stellte sich als ein ziemlich jämmerlich aussehender Antonín Novotný heraus. Die Tatsache, daß Novotný durch das Vorzimmer, in dem Dubček wartete, entlassen wurde, war ebenfalls ein gutes Zeichen dafür, daß seine verzweifelte letzte Bitte um russische Intervention abgelehnt worden war. Dennoch muß es ein gewaltiger Schock für Dubček gewesen sein, dem die Risiken der Staatslenkung hinter dem Eisernen Vorhang nicht fremd sein konnten. Erst

1956 waren der ungarische Ministerpräsident Imre Nagy und seine Kabinettsmitglieder von der sowjetischen Miliz gewaltsam entführt und hingerichtet worden.

Weder Anfang 1968 noch Ende 1967 hatte Rußland interveniert, sondern hielt sich statt dessen an die neue Breżnev-Doktrin: „Genossen, das ist eure eigene Angelegenheit." Jetzt, wo das amerikanische Prestige langsam in den Sümpfen Vietnams versank, war Rußland nicht gewillt, seine Propagandavorteile auf der Bühne der internationalen öffentlichen Meinung durch häßliche Maßnahmen zu verlieren.

Dennoch gab es zwanzig russische Divisionen auf der anderen Seite der Grenze in Ostdeutschland, weitere sowjetische Truppen in Polen und Ungarn (um die dortigen Regime zu schützen) und natürlich in Rußland – alles Länder, die an die Tschechoslowakei angrenzen. Diese Tatsachen, in Verbindung mit den Erinnerungen an vergangene Zeiten der Unterdrückung in den Nachbarländern, ließen auch den optimistischsten Tschechen von Zeit zu Zeit einen Blick über die Schulter werfen.

Sogar während Novotný noch an der Macht festhielt, war die tschechoslowakische Revolution eine internationale Angelegenheit, die im Ausland unterschiedliche und lebhafte Reaktionen hervorrief. Als die Studenten im Winter durch die Straßen Warschaus und Krakaus zogen, riefen sie im Sprechchor: „Wir wollen einen Dubček!" Sie konnten das, was bei den Nachbarn geschah, nur durch (illegales) Abhören ausländischer Sendungen gewußt haben, da die polnische Presse die tschechoslowakische Revolution als dunkles Geheimnis behandelt hatte. Jetzt allerdings gab es offizielle polnische Erwähnungen des „Giftes aus Prag", und Ostdeutschland knurrte, daß sich die Tschechoslowakei vom Ostblock „loszusagen" scheine. Russische Intellektuelle, obwohl von der Wahrheit abgeschirmt, erklärten Besuchern, daß „auch wir auf unseren Dubček warten."

Die tschechoslowakische Revolution hatte auch Einfluß auf den Westen. Demonstrierende Studenten im Pariser Quartier Latin riefen und malten den Slogan: „Lang mögen die tschechoslowakischen Studenten leben! Lang mögen die tschechoslowakischen Arbeiter leben!"

Über all diese Reaktionen, positive wie negative, wurde in Prag genau berichtet, zum Beispiel über den Leitartikel einer Zeitung aus dem benachbarten kapitalistischen Österreich, der es am besten traf:

„Wenn das wagemutige Experiment in der Tschechoslowakei gelingt, wird der Westen mit einer Herausforderung konfrontiert sein, die für ihn gefährlicher ist als alle bisherigen Drohungen des Kommunismus, weil er es mit den Waffen des Geistes und nicht mit politischen Methoden aufnehmen müssen wird."

Unglücklicherweise konnten die ängstlichen alten Männer, die den Kommunismus in Moskau, Pankow, Warschau, Sofia und Budapest verkörperten, dies nie ganz begreifen. Und so waren schon im März auch in der Tschechoslowakei die ersten Reaktionen gegen die Reformen Dubčeks wahrzunehmen. Sowohl Konservative als auch Liberale fingen an, die Massenmedien gelegentlich zu ermahnen, sich zu beruhigen. Ein Dubčekverbündeter in Prag lobte die Arbeit von Fernsehen und Radio, aber fügte hinzu, daß „ein Dialog besser wäre als eine Serie von Monologen." In der Provinz wurden auf einer Reihe von Bezirkskonferenzen der Kommunistischen Partei Resolutionen verabschiedet, die sich gegen „die Art, wie verschiedene Autoren für die Presse, Radio und Fernsehen schreiben ... die nicht zu einer positiven Entwicklung beiträgt" richteten. Journalisten, die über einige dieser Treffen berichteten, wurden gepiesackt und hinausgeworfen.

Die Tageszeitung der Partei, *Rudé Právo*, unter der eisernen Leitung eines unnachgiebigen, konservativen Mitglieds des ZK-Präsidiums, klang noch immer wie Novotnýs Sprachrohr, wenn es hart auf hart ging. Sie veröffentlichte eine lange Auflistung von Bedenken, die Arbeiter des Tesla-Werkes für elektronische Geräte zum Ausdruck gebracht hatten. Lief die Meinungsfreiheit nicht ein wenig aus dem Ruder? Sollten nicht *gewisse* Freiheiten hier eingeschränkt oder dort beschnitten werden?

Der Radiokommentator Milan Weiner ging auf Sendung, um ihnen zu widersprechen:

„Genossen der Tesla und der *Rudé Právo*, ich flehe euch an ... könnt ihr mir einen einzigen Augenblick in der Geschichte dieses Landes nennen, in dem wir uns wegen *zuviel* Freiheit und Kritik zu schämen gehabt hätten? Oder hat all die Schande und Entstellung ... nicht mit Unfreiheit, Unterdrückung und Beschränkung der Kritik zu tun? Ich wundere mich immer wieder, wie es einige Leute zulassen können, sich für Zwecke mißbrauchen zu lassen, die ihnen selbst schaden."

Ein Hörer rief an, und Weiner spielte in seiner darauffolgenden Sendung eine Bandaufzeichnung dieses Gespräches ab:

„Herr Weiner, ich möchte Sie fragen, ob es in den letzten zwanzig Jahren irgend etwas Gutes in diesem Land gegeben hat?"

„Natürlich hat es das!"

„Ich heiße Josef Záruba, und ich will Ihnen sagen, daß Sie gerade eben wie ein imperialistischer Agent gesprochen haben."

„Na schön, kommen Sie uns hier beim Radio besuchen und sagen Sie uns Ihre Meinung."

„Ich werde ... aber ihr seid alle Schurken. Ihr spuckt auf die Republik. Ihr spuckt auf die Partei. Ihr spuckt auf alles. Seit wann sind *Sie* in der Partei?"

„Seit 1942", antwortete Weiner. „Ich trat der Partei in einem Konzentrationslager bei."

„Also, ich bin seit 1939 Parteimitglied ... aber ich werde wahrscheinlich nicht in einer Partei bleiben können, in der Sie Mitglied sind. Wahrscheinlich wird es *zwei* Parteien geben müssen, um sich gegenseitig zu bekämpfen ..."

„Ich bin dafür", sagte Weiner. „Das könnte interessant werden, wissen Sie."

„Interessant, sagen Sie?!!" sprudelte der Anrufer heraus. „Wenn Sie einen noch nicht mal ausreden lassen!"

Seine Sendung beendete Weiner so:

„Das haben Sie es, Herr Záruba, wir haben Sie schon ausreden lassen. Und ich bin Ihnen nicht böse, daß Sie mich einen imperialistischen Agenten genannt haben ... Ich möchte nicht am Galgen enden. Aber ich kann nicht vergessen, daß der Weg zum Galgen dort beginnt, wo Finger warnend erhoben werden. Es ist meine Erfahrung, daß das, was in der dunkelsten Periode der Tschechoslowakei endete, mit der Unterdrückung der Redefreiheit und der freien Kritik begonnen hatte."

Von jedermann hörte man etwas, außer von Präsident Novotný. Die kommunistische Jugendorganisation rief zu einer Versammlung im Slawischen Haus in der Innenstadt Prags auf. Zweitausend Studenten und Arbeiter füllten den Ballsaal, um Novotný der „Terrorregierung" anzuklagen und seinen Rücktritt zu verlangen. Das Fernsehen brachte davon eine zweistündige Übertragung.

Eine Woche später fand ein ähnliches Ereignis im Julius-Fučík-Park der Kultur statt.[12] Diesmal erschienen 16.000 Menschen. Die Kundgebung, die sehr einer altmodischen amerikanischen Stadtversammlung ähnelte, dauerte von sieben Uhr abends bis zwei Uhr morgens, und das Radio übertrug live und ungekürzt. Das Fernsehen zeichnete auf und zeigte das meiste davon in Fortsetzungen an aufeinanderfolgenden Abenden.

Der Star beider Kundgebungen war Josef Smrkovský, Minister für Forstwirtschaft und Gewässerschutz. Der Name Smrkovský bedeutet „aus Fichtenholz", und er wurde von den Tschechen „Mann der Wälder und Gewässer" genannt. So habe ich ihn zum ersten Mal wahrgenommen.

1911 geboren, wurde Smrkovský 1932 auf seinen ersten Posten in der Kommunistischen Partei berufen und war seitdem als Gewerkschafts- und Parteiführer tätig. Seine persönliche Popularität war den Tyrannen immer ein Dorn im Auge gewesen. 1940 erließ die Gestapo einen Haftbefehl und bot eine Belohnung von einer Million Kronen. Er wurde nicht gefaßt, war während des Krieges Befehlshaber im bewaffneten Untergrund und 1945 einer der Anführer des Prager Aufstandes gegen die Nazis.

Als die Kommunisten 1948 an die Macht kamen, wurde Smrkovský Generaldirektor der staatlichen Landwirtschaftsbetriebe und stellvertretender Landwirtschaftsminister. Wieder brachte ihn seine Popularität in Gefahr, diesmal durch seine verunsicherten „Vorgesetzten". Im März 1951 wurde er als „Verschwörer gegen den Staat" verhaftet und kam ohne Prozeß in das Gefängnis Ruzyně (in der Nähe des gleichnamigen Prager Flughafens). Dreieinhalb Jahre mußte er Folter, Verhöre und Einzelhaft über sich ergehen lassen. 1954 wurde er zu fünfzehn Jahren Gefängnis verurteilt, ein Jahr später jedoch entlassen, und das Urteil wurde für null und nichtig erklärt.

Solche Erfahrungen hätten das Vertrauen eines jeden anderen in den Kommunismus erschüttern können, aber nicht das Smrkovskýs. Er sah seine Verfolger nur als Entsteller des Ideals und war fest entschlossen, das System von innen zu säubern. Die Leute hörten auf ihn, denn wie bei Goldstücker war eine

[12]Julius Fučík (1903-43) war *der* Märtyrer des tschechischen kommunistischen Widerstandes gegen die Nazis. Er wurde als Journalist von der Gestapo gefangengenommen und dann hingerichtet. Vorher konnte er noch ein Buch mit dem Titel *Reportage unter dem Strang geschrieben* beenden, das 1945 publiziert wurde. Seine letzten Worte waren eine Warnung vor weiteren Kriegen: „Menschen, ich liebte euch, seid auf der Hut!"

Inhaftierung durch diese Schurken die einwandfreiste Empfehlung – sofern man überlebt hatte. (Dieser Status erreichte 1968 einen solchen Stellenwert, daß sich ein Tscheche, den ich einmal auf einer Party im Scherz fragte, warum er in den fünfziger Jahren nicht im Gefängnis gewesen sei, im vollen Ernst für seine reine Weste entschuldigte, wie ein Zivildienstleistender vor einer Versammlung von Kriegsveteranen.)

Smrkovský begann wieder die Leiter emporzuklettern, erst als Maschinist in einem staatlichen Landwirtschaftsbetrieb, dann als Landwirtschaftsingenieur in den Staatsforsten. Schließlich wurde er für sechs Jahre Vorsitzender einer LPG. 1963 endlich wurde er politisch und juristisch vollkommen rehabilitiert, und er fand schnell seinen Weg zurück in die Nationalversammlung, das Zentralkomitee und das Kabinett. Mehr denn je ein Held, wurde er als nächster Ministerpräsident, wenn nicht sogar Staatspräsident gehandelt, sollten Lenárt und Novotný fallen.

Rundschultrig und mit Bürstenschnitt, trug „der Mann der Wälder und Gewässer" noch immer deutlich sichtbare Spuren der Gefängnisblässe auf seinem runzeligen, großväterlichen Koboldgesicht. Als ich ihn im Fernsehen sah, war die typischste Geste an ihm, daß er seine Hornbrille wie eine Pilotenbrille hochschob. Das tat er bei der ersten Versammlung, während der er verkündete, daß sein einziger Kritikpunkt am Verhalten der Presse darin bestehe, daß sie nicht früher schon so gewesen sei: „Wenn es die Journalisten und all ihre Medien nicht gäbe, wäre die Partei als Ganzes und unsere Öffentlichkeit bis heute nicht richtig informiert."

Bei der zweiten Kundgebung sprach Smrkovský von der „gewaltigen Aufgabe, in diesem Land einen Sozialismus zu schaffen, der imstande ist, dem Leben einen neuen menschlichen Inhalt zu geben, der zu einer kulturellen Blüte und einem neuen Moralkodex führen wird. Wir sind uns bewußt, daß gerade unser Land fähig ist, einen neuen Typus von sozialistischem Staat zu schaffen, der auch den Leuten in den entwickelten westeuropäischen Ländern etwas zu sagen hat."

Der andere Star der zweiten Kundgebung war Goldstücker. Und trotz der ungeheuren Menschenmenge, die sie anfachte, schienen sich die beiden Männer an einen einzigen Mann zu wenden – an das brütende Rätsel auf dem Hradschin. Sie versicherten ihm, daß er sich mit Würde verabschieden könne und nicht auf die brutale Art und Weise abgesetzt werden würde wie sie selbst. Immer wieder wurde bei dieser Kundgebung auf die relativ zivilisierte Behandlung hingewiesen, die Nikita Chruščev 1964 erfahren hatte.

Am nächsten Abend brach Präsident Novotný sein Schweigen. Er rief beim Abendblatt an und erklärte dem verblüfften Redakteur, daß er mit Gallenblasenentzündung, die sich zu einer Grippe entwickelt habe, darnieder liege. Jetzt sei er auf dem Wege der Besserung, hätte aber noch Fieber. Sobald er wieder genesen sei, werde er mit einer Stellungnahme zu den aktuellen Ereignissen vor die Öffentlichkeit treten.

Fieber oder nicht Fieber, das kurze Telefonat war das warmherzigste Interview, das Novotný der Presse je gegeben hatte.

Am nächsten Morgen rief er das Abendblatt wieder an und fügte hinzu: „Ich werde gerne an die Öffentlichkeit gehen und hoffe, daß ich dazu eine Gelegenheit erhalte. Ich bin jetzt bereit und kann jederzeit auftreten. Ich wiederhole: Ich bin bereit. Gewisse Überlegungen führten mich dazu, nicht aufzutreten, und ich wollte die Situation nicht noch komplizierter machen. Ich hatte das den Genossen versprochen, und ich habe dieses Versprechen gehalten. Aber jetzt ist die Zeit für meinen Auftritt gekommen." Inzwischen trat sein Sohn als Direktor der ARTIA, der Import-Export-Gesellschaft für „Kulturgüter", zurück.

Eine Nation saß wie angewachsen vor ihren Bildschirmen, um den letzten Akt zu verfolgen. Aber wie der unzuverlässige Godot erschien Novotný niemals. Statt dessen schickte Novotný am Freitag, dem 22. März 1968 um 11.30 Uhr, als die Abgeordneten der Nationalversammlung zusammenkamen, um einen Mißtrauensantrag (zur Vorbereitung einer öffentlichen Anklage) gegen ihn zu stellen, einen Brief mit „sozialistischem Gruß". Darin legte er sein Amt nieder, „auf Grund der innenpolitischen Situation, wie sie sich jetzt entwickelt hat".

Seine Worte kamen rechtzeitig zu den Mittagsnachrichten im Fernsehen. Es gab einen allgemeinen Seufzer der Erleichterung, aber keine Freudentänze auf den Straßen. Der passendste Kommentar stammte von Eduard Goldstücker:

„Die friedliche und würdevolle Klärung der Situation war von größter Wichtigkeit. Alle Menschen, gleichgültig, was sie über Herrn Novotnýs Arbeit denken, werden jetzt bereitwillig und menschlich anerkennen, daß die Tradition des Schlammwerfens auf einen scheidenden Staatsmann für immer vergessen sein sollte."

Es wurde bekannt, daß Novotnýs letzte offizielle Handlung vor seinem Rücktritt darin bestanden hatte, einen Brief an Goldstücker (in seiner Funktion als Vorsitzender des Schriftstellerverbandes) zu schreiben, in dem er den inhaftierten Schriftsteller Jan Beneš begnadigte. Ein anderer Schriftsteller bemerkte in der Presse:

„Das war eine weise Art zu gehen. Nicht nur ein Schriftsteller, sondern manchmal auch ein Staatsmann braucht Vergebung, und obendrein viel Vergebung. Auch dieser scheidende Mann wird sie brauchen. Nach all dem hätte ihm das Volk auch eine lange Rechnung präsentieren können."

Zwischenspiel
Der einsame Heckenschütze

Es war eine Art Chaotenmodell von Stalinismus, unter dem die Menschen in der Tschechoslowakei lebten. Der Novotnýismus hatte keine Ideale, kein wirkliches Programm, nur einen blinden Instinkt, seine Macht zu festigen und um jeden Preis zu erhalten. Nachdem dieser Selbsterhaltungstrieb in Trägheit übergegangen war, war die Struktur der Regierungsministerien (laut *Rudé Právo* selbst) inzwischen mehr als hundert Mal reorganisiert worden, um eine Verbesserung nicht für die Massen, sondern für die Parteibonzen herbeizuführen.

Der Novotnýismus war das ideologische Erbe des vorangegangenen Regimes, des Gottwaldismus. Aber während der erste kommunistische Ministerpräsident (und spätere Staatspräsident) des Landes Klement Gottwald (1896–1953) ein ambitionierter, streitlustiger Trunkenbold war, der den größten Teil seines Lebens dafür verwendet hatte, die Tschechoslowakei aus Gründen zum Kommunismus zu führen, die anfangs sicher auf eigener Überzeugung basierten, war Antonín Novotný (geboren 1904) ein Karrierist, der sich seiner eigenen Sicherheit wegen für die Erhaltung des Kommunismus in der Tschechoslowakei einsetzte.

Eine Analyse des Ergebnisses dieser Kombination wurde zwei Tage vor Novotnýs Abdankung an der Karlsuniversität vorgenommen:

„Das Wesen der totalitären Diktatur, unter der wir die letzten zwanzig Jahre gelebt haben, hat gewisse nationale Eigenheiten. Ein großer Vorteil des Regimes bestand darin, daß es von Vollbluttschechen geführt wurde, durchdrungen von der österreichischen traditionellen Fröhlichkeit und unserem eigenen schlampigen Talent als Verwalter. Totalitäre Diktatur auf tschechoslowakische Art schien oft eher chaotisch, paradox und komisch als tyrannisch.

Abgesehen von einigen Morden, wußte die Regierung so wenig mit absoluter Macht anzufangen wie ein Kind mit Zahlen. Ein spontan spuckender Geysir improvisierten Stumpfsinns blubberte zwanzig Jahre lang unermüdlich vor sich hin, in der offiziellen Presse, der tolerierten Kultur und den Reden der Staatsmänner. Aber er erwies sich auch bei extremer Anstrengung als unfähig, die Basis für den sozialistischen Aufbau zu unterminieren. Die natürliche Intelligenz der gutmütigen Menschen in der Slowakei, Mähren und den böhmischen Ländern führte die wildesten Exzesse auf ein erträgliches Maß zurück.

Ein anderes charakteristisches Merkmal dieser totalitären Diktatur bestand darin, daß innenpolitische Krisen zwanzig Jahre hindurch vermieden wurden, solange es etwas gab, für das die Preise gesenkt werden konnten. Und es muß gesagt werden, daß das unsere Leute zufriedenstellte; es reichte ihnen.

Das Regime überlebte auf Kosten der wirtschaftlichen Effektivität. Es machte es einem möglich, für mehr Geld weniger und schlechter zu arbeiten. Es sicherte die gesetzliche und wirtschaftliche Gleichstellung eines Arbeiters mit einem Universitätsprofessor. Dank dieser Tatsachen entstand in der Tschechoslowakei keine nennenswerte Opposition, auch nicht während der letzten zehn Jahre, in denen unsere wirtschaftlichen Schwierigkeiten wuchsen. Der Staat wurde in den Bankrott geführt, unterstützt durch die schweigsame Disziplin der kontrollierten, aber sparsamen Staatsbürger ..."

Der Sprecher dieser ungeschminkten Wahrheiten war ein kahl werdender, brillentragender 42jähriger Historiker und Philosophiedozent namens Ivan Sviták. Er war ein Lehrer, dessen Ideen das Leben jedes einzelnen seiner Studenten, denen ich begegnet bin, beeinflußt hat, einschließlich das unserer guten Freundin Sylva.

Zu seinem Leidwesen wurde er in den sechziger Jahren zuerst aus der Partei und dann aus der Akademie der Wissenschaften als „Abweichler" hinausgeworfen. Er war erst kürzlich wieder eingesetzt worden, und jetzt konnte er das, was er schon immer gesagt hatte, von akademischen oder sogar offiziellen Podien aus kundtun.

„Ich bin das, was ihr einen einsamen Heckenschützen nennen würdet", bemerkte er nach seinem Vortrag über den Novotnýismus. „Ich glaube nicht, daß ich dafür ins Gefängnis gehen werde. Sie werden mich nicht verfolgen, zumindest jetzt noch nicht."

Nach Novotnýs Sturz war es für Sviták klar, daß er nicht durch eine bloße Wende zum Besseren zum Schweigen gebracht werden würde. Von seinem akademischen Hochsitz aus fuhr der einsame Heckenschütze fort, die neuen Männer mit seinen Meinungen anzugreifen. Er begann mit der Vorhersage, daß „sich die Harmonie zwischen den kritischen Intellektuellen und den Vertretern von Partei und Staat verlieren wird. Das wird geschehen, wenn die neue Führungsriege den Demokratisierungsprozeß als abgeschlossen betrachten wird, nämlich sobald sie an die Macht gekommen ist."

Und das, sagte Sviták, würde niemals genügen: „Wir wollen Demokratie, nicht Demokratisierung. Im Augenblick sind wir uns nicht ganz klar darüber, was Demokratisierung ist. Auf der anderen Seite wissen wir sehr genau, was Demokratie ist. Und abgesehen von der zeitweiligen, inoffiziellen und jederzeit widerrufbaren Abschaffung der Zensur, fehlen unserem Land alle Merkmale dieser Regierungsform."

Kapitel 6

Sonntag, 24. März –
Sonntag, 31. März 1968

Der Strudel der Ereignisse trieb uns in eine Zeit, in der wir uns nicht länger als Amerikaner fühlten, die im Ausland lebten. Wir kamen uns eher wie Amerikaner um 1784 im Hudson-Tal vor, der Feind zwar besiegt, die Revolution jedoch immer noch in Gefahr. Jetzt, da unsere eigene Nation von Aufruhr und Zerfall bedroht war, schienen wir am Beginn des amerikanischen Traumes teilzunehmen.

Der Regierungsausschuß für Tourismus hatte meiner Familie und mir eine kostenlose achttägige Besichtigungsfahrt durch Süd- und Westböhmen angeboten. Fünfundvierzig Stunden nachdem der Präsident abgedankt hatte, brachen wir zu unserer Reise durch die böhmischen Länder auf, die der gute Herzog (nicht König) Wenzel von 928 bis 935 nach Christus regiert hatte. Unser Transportmittel war eine Čajka-Limousine – daß in einem russischen Wagen mit Chauffeur, in den man einen leicht besorgten Blick wirft, eine freundliche amerikanische Familie sitzt, ist die Art von Paradoxon, die die unvergänglichen Nachkommen Wenzels stark erhält.

In dieser Woche gab es ein falsches Frühlingserwachen, als die ersten Knospen durch den Winterschnee stießen und die warme Sonne der Freiheit Novotnýs Eiszeit zu brechen begann. Wie Rip van Winkle schienen die tschechischen Provinzbewohner, denen wir begegneten, aus einem zwanzigjährigen Schlummer zu erwachen.

Nach dieser ersten warmen Frühlingswoche wurde es wieder kalt, die Knospen verdorrten und gingen ein. Wir hätten das als ein Omen auffassen können, hätten wir nicht gewußt, daß der Frühling schließlich triumphieren mußte. Was er am Ende auch tat.

Ob als Tscheche oder als Amerikaner, wenn man einmal so einen glorreichen Frühling und Teil des darauffolgenden

Sommers durchlebt hat, hat man etwas, wofür es sich zu leben und zu sterben lohnt, auch wenn im August ein grausamer, unbarmherziger Winter einbricht. In der darauffolgenden dunklen Zeit zieht man Vergleiche, und der Kontrast läßt einen erschauern. Aber man kann es nicht bereuen, diese guten Monate erlebt zu haben.

Oder sie jemals vergessen.

Oder sich mit weniger begnügen.

Unsere Reiseleiterin hieß Henrietta (Jindřiška), und es war vom ersten Augenblick an klar, daß es keine oberflächliche Pauschalreise werden würde. Sie sah verkniffen aus und wirkte gehemmt, war dreimal geschieden und beherrschte vier oder fünf Sprachen. Sie war Ende vierzig, ein Teil der „Generation, der dreißig Jahre ihres Lebens genommen wurden: zehn von den Nazis und zwanzig von den Kommunisten. Die Deutschen schlossen gerade die Schulen, als ich mich am Institut einschreiben wollte, also arbeitete ich in einer Bücherei und lernte dort, was immer ich konnte."

Was versprach sich Henrietta vom Aufbruch der Dubček-Ära?

„Nichts", sagte sie, als wir durch die Vorstädte Prags fuhren. „Und für meine beiden verheirateten Töchter sehr wenig. Für meinen dreizehnjährigen Sohn, gut, da kann ich hoffen. Aber es wird immer jemanden geben, der nichts zu sagen hat. Menschen, die in dunklen Ecken arbeiten, können es sich nicht leisten, das Licht zu sehen. Ich nehme zwei Bücher auf englisch mit, um sie in den Nächten während unserer Reise zu lesen. Eines ist von George Orwell ..."

„*1984*?" riet ich.

„Nein", sagte Henrietta. „Kennen Sie die *Farm der Tiere*?"

„Oh ja. Alle Geschöpfe sind gleich, nur einige sind gleicher als die anderen."

„Die Schweine natürlich. Und das andere ist von Robert Donovan, über die sechs Tage, die Israel benötigte, um unsere arabischen Brüder in ihre Schranken zu verweisen."

Donovan und Orwell, die ihr von einem kalifornischen Ehepaar, das sie einmal geführt hatte, geschickt worden waren, brachten uns zum „Spezialpostamt" auf dem Maxim-Gorkij-Platz.

„Natürlich können Sie die nicht haben", sagte die Dame hinter dem Schalter grimmig.

„Was meinen Sie damit?“ stieß Henrietta hervor. „Haben Sie es noch nicht gehört? Es gibt keine Zensur mehr.“

„Ich zensiere diese Bücher nicht. Ich kann Ihnen nur nichts geben, was nicht gut für Sie ist. Aber sie sind versichert, daher müssen Sie unterschreiben, daß sie unbeschädigt angekommen sind.“

„Warum sind diese beiden Bücher nicht gut für mich?“

„Weil sie feindliche Propaganda enthalten. Wenn Sie sie lesen könnten, würden Sie sie nicht in Ihrer Wohnung haben wollen.“

„Ich schlage vor“, sagte Henrietta, „Sie geben sie mir, ich werde sie mir im Park anschauen und selbst entscheiden, ob ich sie mit nach Hause nehmen soll.“ Die Frau schüttelte den Kopf, also fragte Henrietta: „Haben *Sie* die Bücher denn gelesen?“

„Natürlich nicht. Das kann keine von uns beiden, weder Sie noch ich.“

Nach einem halbstündigen Geheule von Henrietta (das einem das Blut in den Adern gefrieren lassen konnte) war der Wendepunkt erreicht, als sie das „Wünsche- und Beschwerdenbuch“ (*kniha přání a stížnosti*) verlangte. Das ist ein Buch mit numerierten Formularen, das jedes Büro, Geschäft oder Speiselokal in der Tschechoslowakei führen muß. Wenn man eine Beschwerde darin einträgt, erhält man eventuell von irgendeiner höheren Instanz, die das Buch inspiziert, eine Antwort. In den fünfziger Jahren bestand die Antwort manchmal in einem Besuch von der Geheimpolizei, aber 1968 war Henrietta entschlossen, darauf zu spekulieren, daß diese halsstarrige Konservative ängstlicher war als sie selbst.

„In Ordnung“, gab die Dame nach. „Sie dürfen die Bücher haben, wenn Sie versprechen, sie niemandem auszuleihen.“

„Oh, das kann ich Ihnen versprechen“, sagte Henrietta. „Wenn ich zwei Schätze für meine alten Tage bewahren möchte, dann sind das meine Bücher und meine Freunde. Und Bücher wie diese sind hier so wertvoll, daß ich, wenn ich eines davon verleihe und nicht zurückbekomme, nicht nur ein Buch sondern auch einen Freund verliere.“

Eine halbe Stunde von Prag entfernt, hielten wir dort, wo einst Lidice gewesen war. Heute kennt die Welt das Schicksal dieses ausgerotteten Dorfes, in dem am Morgen des 10. Juni 1942 mehr als 400 Leute lebten. Lidice ist jetzt ein Rosengarten und ein riesiges Blumenbeet mit einem von Kerzen und Kränzen umgebenen Massengrab. Wo sich früher das Schulhaus befand, steht nun die riesige Statue einer weinenden Mutter, die ein kleines Kind in den Falten ihres Kleides wiegt.

Wieder im Auto, bemerkte Henrietta: „Immer wenn wir mit Deutschen, egal ob aus dem Osten oder aus dem Westen, auf einer Tour hier vorbeikommen, legen wir einen außerplanmäßigen Halt ein."

„Beschweren sie sich darüber?" fragte Valerie.

„Nur bei mir", sagte sie. „Die Alten sagen: ‚Henrietta, wir haben das nicht getan! Warum sollen wir hierherkommen und leiden?' Ich gebe ihnen keine Antwort. Aber die Jungen sehen hin und hören zu."

Zwei oder drei Kilometer hinter Lidice erzählte uns Henrietta von der einzigen offiziellen Rüge, die sie in ihrer mehr als zehnjährigen Tätigkeit als Reiseführerin erhalten hatte: dafür, daß sie mit ihren Touristen einen Abstecher nach Lány gemacht hatte, in der die Familie Masaryk begraben liegt. Sie wurde für drei Monate von ihrer Tätigkeit suspendiert. Lány stand für mehr als fünfzehn Jahre nicht auf dem tschechoslowakischen Reiseplan für Touristen.

Ich stellte die Frage, auf die Henrietta hoffte: „Wie weit ist Lány von hier entfernt?"

Augenblicklich verlangsamte unser Chauffeur Jára das Tempo und sah sich nach einer Abzweigung um, während Henrietta antwortete: „Es liegt so zwischen Lidice und unserem heutigen Ziel, Karlsbad. Nur ein kleines Stück abseits der Hauptstraße. Eigentlich lag es früher an der Hauptstraße, aber nachdem die Masaryks zu Unpersonen erklärt wurden, ließ Novotný die Autobahn neu, von Lány entfernt, trassieren."

„Soviel zu Orwell!" rief ich aus.

„Kafka", korrigierte Henrietta.

„Wer auch immer, wir wollen nach Lány fahren. Sie können Ihrem Vorgesetzten sagen, daß ich darauf bestanden habe, daß Jára eine alte Straßenkarte benutzt."

Jára blinkte gerade für die Ausfahrt nach Lány.

Seit mehr als einer Generation waren Präsident Thomas Garrigue Masaryk (1850–1937), Gründer der Tschechoslowakischen Republik, und sein Sohn, Außenminister Jan Masaryk (1886–1948), in der offiziellen Presse nicht erwähnt worden.

In den Lehrbüchern wurden sie (wenn überhaupt) kurz als „bourgeoise Nationalisten" abgetan. 1968 hatte die Presse jedoch begonnen, sie vorsichtig für ihre Hingabe an die Nation zu loben. Dann war es den *Literární Listy* gelungen, mit einem tiefsinnigen Cartoon den Gipfel der Ignoranz darzustellen: Ein kleiner Junge und sein Vater stehen vor einer Statue, die Präsident T. G. Masaryk auf einem Pferd darstellt. Und der Junge ruft: „Sieh mal, Vati, eine Pferdestatue!"

Zwei Sonntage vor unserem Besuch in Lány, am 10. März, war es auf den Tag genau zwanzig Jahre her, daß man in einem Innenhof des Czernin-Palais den Körper des auf mysteriöse Weise umgekommenen Jan Masaryk gefunden hatte. Es war auch die Woche, in der T. G. Masaryk vor 118 Jahren in halber Leibeigenschaft, als Sohn eines slowakischen Kutschers und eines mährischen Hausmädchens geboren wurde. Und an jenem Sonntag zeigten die Tschechen, daß ihr Langzeitgedächtnis nicht durch den orwellschen Jargon des „großen Bruders" und die zwei Jahrzehnte seiner Wahrheits- und Angstminister hatte zerstört werden können.

An diesem Sonntag morgen, als Tausende von Autos und Bussen nach Lány strömten, weinten die Alten für diejenigen, die sie bewundert und verloren hatten, all die zurückgehaltenen Tränen, während die ganz Jungen hochgehalten wurden, um das Grab zu sehen und sich zu fragen, was der Name Masaryk bedeutet. Der 10. März war ein Sonntag mit Schneegestöber, trotzdem kamen immer mehr Tschechen und Slowaken. Gegen halb fünf Uhr nachmittags traf ein Sonderzug aus Prag ein, der einige tausend Studenten ausspuckte, die den ziemlich weiten Weg vom Bahnhof zum Friedhof marschierten und Transparente in die Höhe hielten, auf denen stand: „DIE WAHRHEIT WIRD SIEGEN – AUCH HIER?" und „JAN, WIR WERDEN DICH NIE VERGESSEN!" Ein Student von der philosophischen Fakultät hielt eine kurze Rede:

„Wir stehen am Grab eines Mannes, der vor zwanzig Jahren auf ungewöhnliche Weise umkam, eines großen Sohnes eines großen Vaters. Er war ein Kosmopolit im besten Sinne des Wortes. Im Februar 1948 sagte er: ‚Ich habe immer zum Volk gehört, und ich werde immer zum Volk gehören.' Laßt uns dieses Mannes in diesen kritischen Zeiten gedenken, in denen wir hoffen, daß Menschen von der Qualität eines Jan Masaryk unsere Nation führen werden."

An einem Ort, an dem jeder Besucher sonst von der Geheimpolizei fotografiert wurde, sangen die Studenten zwei Lieder, die die Masaryks besonders geliebt hatten, und gingen dann leise davon. Aber die gewöhnlichen Bürger kamen weiterhin. Am nächsten Sonntag, dem *St. Patrick's day* lag auf dem Grab von Tomáš Masaryk ein Kranz mit zwei weißen Schleifen, auf denen in englischer und in tschechischer Sprache stand: „VOM AMERIKANISCHEN VOLK".

Heute, am dritten Sonntag, war kein einziger Polizist oder Geheimpolizist zu sehen. Wir stellten uns an, um den drei Gräbern in der Ecke des kleinen Dorffriedhofes die Ehre zu erweisen: Thomas Garrigue Masaryk, seiner in Brooklyn geborenen Frau Charlotte Garrigue (deren Mädchennamen ihr Mann als ein Zeichen der Verehrung angenommen hatte) und ihrem Sohn Jan. Unser Chauffeur Jára stand auch mit uns in der Schlange, und während wir warteten, machte er uns auf das Grab von Masaryks Hausangestelltem Procházka aufmerksam, der gebeten hatte, nahe bei seiner Herrschaft beerdigt zu werden. An diesem Morgen hätte man niemals vorhersehen können, daß die Büchse der Pandora, die durch die Rehabilitierung der Masaryks und das erneute Aufrollen der Affäre um den geheimnisvollen Tod des Sohnes geöffnet wurde, die Anständigkeit der Tschechen noch beeinflussen würde.

Ein tschechischer Friedhof ist ein so friedvoller Ort. In Lány gab es, wie auf allen tschechischen Friedhöfen, gut erhaltene Grabsteine aus Marmor mit kleinen eingebauten Glaskästchen, in denen Blechbilder der Verstorbenen, Familienandenken, Zeitungsausschnitte, Urnen und bei einem Grab sogar ein kleiner Weihnachtsbaum aus Plastik ausgestellt waren. Ein tschechischer Friedhof ist weniger ein Ort, wo Tote vermodern, als einer, wo Erinnerungen bewahrt werden und die Lebenden zusammenkommen, um ihrer gemeinsam zu gedenken.

Viele Amerikaner wissen nicht, daß sowohl Karlsbad als auch sein Konkurrent Marienbad in der Tschechoslowakei liegen. Aber wenn man einmal, so wie wir, über den Böhmerwald gekommen ist und auf einmal Karlsbad vor sich hat, das unter einem schimmernd auf den Hügeln liegt, wird man nie wieder daran erinnert werden müssen. Alexander von Humboldt verglich diesen Anblick mit einem „Diamanten, der in einen Smaragd gefaßt ist", und Goethe schrieb einmal, daß Karlsbad eine der einzigen drei Städte sei, in denen er leben möchte; die anderen beiden waren Rom und seine Heimat Weimar.

Das Tal unten begann an diesem ersten Sonntag im Frühling schon grün zu werden. Als wir wieder zu Atem kamen, legte Henrietta ihre Platte auf:

„Die beiden großen Sanatorien, die Sie dort sehen, sind das Imperial und das Richmond, in dem Ihr Präsident Roosevelt versuchte, seine Polio zu kurieren. Auch heute noch ist eines der beiden nur für den Besuch russischer Würdenträger reserviert. Weiter unten, in der Nähe der heißen Quelle, kann man ein blauweißes Gebäude sehen, das Grand Hotel Pupp. Es wurde kurz nach 1948 in Grand Hotel Moskau-Pupp umbenannt. Ich werde erst wirklich an Dubček zu glauben beginnen, wenn er diese unpassende Benennung aufhebt. Das Pupp ist, wie Sie sehen werden, wie eine Hochzeitstorte gebaut, mit Engeln, Schnörkeln, Kronleuchtern und antiken Möbeln. Jetzt bauen sie für das Filmfestival dort drüben einen neuen Flügel, der den Architekten zufolge gut mit dem Stil des Pupp harmoniert. Die Tschechen nennen es allerdings das ‚Krematorium Modern' oder das ‚Pupp im Eisschrank'. Es wird bis zum Filmfestival im Juni fertig sein.

Das Karlsbader Filmfestival fand früher jedes Jahr statt. Aber als die Russen entschieden, daß sie ein Moskauer Filmfestival brauchen, und es keine günstigen freien Termine mehr auf den Festivalkalendern gab, nahmen sie Karlsbad einfach alle ungeraden Jahre weg und gaben sie Moskau. Vor zwei Jahren wurde Ihr amerikanischer Beitrag in Karlsbad nur auf Grund seines Titels *Die Russen kommen!* disqualifiziert."

Karlsbad ist ein Kurort für Patienten mit Gastritisbeschwerden. Die hiesige Kurleitung kann einen mit der 88seitigen englischsprachigen Anthologie *Karlsbader Medizinische Berichte* ausstatten, mit wissenschaftlichen Abhandlungen über „Die Karlsbader Mineralquellen als Stimulans auf die äußere Sekretion der Bauchspeicheldrüse", „Die Behandlung von Diabetes in Karlsbad" und „Balneologische Behandlung von Dyspepsie und Verstopfung".

Balneologie, die Wissenschaft der Wasser- und Badetherapie, nehmen Tschechen und andere Mitteleuropäer so ernst wie die Franzosen ihre Leber und Vichy-Wasser. (Unsere Tage in Karlsbad und Marienbad wurden tatsächlich nicht vom Regierungskomitee für Tourismus gesponsert, sondern von BALNEA, der nationalen Bäderadministration.) Als wir den Berg herunterkamen und den Kurort betraten, sahen wir Hunderte von erwachsenen Männer und Frauen (meist mittleren Alters), die in wollene Wintersachen verpackt waren. Sie spazierten gelassen vor sich hin und saugten an kleinen Porzellankrügen. Die Krüge reichten in der Qualität vom feinsten Rosenthal bis zu Souvenirkitsch.

„Sie nehmen das Wasser von der Quelle", erklärte Henrietta, „und dann müssen Sie es für die Verdauung vor jedem Essen langsam Schluck für Schluck trinken und dabei ein oder zwei Stunden umherwandern."

„Die sehen aus wie Opiumraucher!" rief Valerie aus.

„Man saugt das Wasser durch diese Schnauze", sagte Henrietta, „damit es nicht an die Zähne kommt. Sonst würde es die Zähne wegfaulen lassen." Später gab sie uns als Souvenir eine „rostige Karlsbader Rose" – eine echte Blume, die ins Heilwasser eingelegt wurde und dort versteinert war.

Monica und Erika haben unseren Fahrer Jára adoptiert, einen gütigen Opa, der sie täglich einige Male auf seinen stämmigen Knien schaukelt. Jeden Morgen erwachen sie in einem neuen Hotel und verlangen lautstark nach ihm. Ihre hellen Rufe „Jaro! Jaro!" sind Musik sowohl in tschechischen Ohren als auch in unseren, denn der Name *Jaro* heißt auch „Frühling".[13]

Und an einem Frühlingsmorgen macht Jára einen außerplanmäßigen Halt in der Nähe der mittelalterlichen Bergwerksstadt Kutná Hora, um das Vorhängeschloß seines Landhauses zu öffnen und uns einzuladen. Er entschuldigt sich dafür, daß er kein Feuer anmacht und serviert uns ungeachtet dessen um neun Uhr morgens Slivovice. Der Chauffeur ist von Kopf bis Fuß der Herr des Hauses. Besonders in diesem Teil der Welt geht Stolz einher mit Besitz.

An den folgenden Tagen führten uns Jára und Henrietta in ein Briefmarkenmuseum … „zum größten Fischteich Böhmens" … und in die südböhmische Brauereistadt České Budějovice, ausgesprochen klingt es praktisch wie englisch *Budweiser*. Der deutsche Name vor dem Ersten Weltkrieg war *Budweis*. Ursprünglich

[13] „Jaro", eigentlich „Járo" ist der Ruffall von Jára (Anm. d. Übers).

kamen die Bierbrauer und ihr Rezept von hier. Lange vor dem Kommunismus emigrierte die Bierbrauerfamilie nach Amerika, wo sie mit kaum mehr als ihrer europäischen Reputation ankam. Sie nutzte sie aus und gab ihrem neuen Produkt den Namen ihrer alten Heimatstadt: daher *Budweiser*! Das ausgezeichnete Bier, das man heute in České Budějovice braut, nennt sich *Budvar*, aber das Exportetikett wurde ohne Angst vor Widerspruch oder Konkurrenz mit „The Original Budweiser" beschriftet. In České Budějovice fand gerade ein Jahrmarkt statt, so daß wir unsere Besichtigung von einem Riesenrad aus machen konnten.

Am Freitag nachmittag kamen wir nach Mähren, wo wir in der Stadt Telč zu Abend aßen und übernachteten. Henrietta kaufte dort eine Zeitung, und als sie die Schlagzeile sah, küßte sie sie. Sie lautete: „SEIT 20 JAHREN DER ERSTE STREIK IN DER TSCHECHOSLOWAKEI!"

In der nahe gelegenen südböhmischen Stadt Písek hatten etwa achthundert Arbeiter in den Starkstromtechnik-Werken kommunistische Geschichte gemacht, indem sie in den Ausstand gingen, als ihr Werk die Produktion von Druckknopfschaltern auf etwas anderes umstellen sollte. Diese halbjährliche Umrüstung hatte die Arbeiter schon lange geärgert. Sie hatten erst kürzlich erfahren, daß immer, wenn sie *von* Druckknopfschaltern auf etwas anderes umstellten, eine andere Fabrik von etwas anderem *auf* Druckknopfschalter umrüstete.

Angeführt vom Gewerkschaftsvorsitzenden und Parteichef des Werkes, hatten die Männer sowohl die Fortsetzung der Produktion von Druckknopfschaltern als auch die Unabhängigkeit von der regionalen Zentrale, die all diese sinnlosen Umstellungen veranlaßte, gefordert. Ebenso stellten sie ein Mißtrauensvotum gegen die zwei Manager, die sie für diese absurden Praktiken verantwortlich hielten.

„Können wir dort morgen früh hinfahren und uns die Streikposten ansehen?" fragte ich.

Zum ersten und einzigen Mal sagte Henrietta nein: „Es tut mir schrecklich leid, aber unglücklicherweise dauerte der Streik nur fünfundsiebzig Minuten."

„Und dann wurde er unterdrückt?"

„Nein, die Manager lenkten ein. Sie waren damit einverstanden, das Werk weiter Druckknopfschalter herstellen zu lassen.

Man sagte, daß ‚die anderen beiden Forderungen zu einem passenderen Zeitpunkt behandelt werden' würden. Aber die Arbeiter waren zufriedengestellt und kehrten an ihre Arbeit zurück, also bestellen wir das Abendessen und trinken wir auf die tapferen Streikenden von Písek."

Während unserer ganzen Fahrt hatte Henrietta Zeitungen gekauft und gehortet, und dies waren die letzten politischen Neuigkeiten aus Prag:

Am vergangenen Samstag, dem Tag nach Novotnýs Amtsniederlegung, war Dubček nach Dresden zitiert worden, um in einem „Gespräch unter Genossen" über seine Pläne zu berichten. Anwesend waren Brežnev, Gastgeber Walter Ulbricht, Wladyslav Gomulka aus Polen, János Kádár aus Ungarn und Todor Živkov aus Bulgarien. Ein derartiges Treffen war in der Geschichte der kommunistischen Bewegung ohne Beispiel.

Obwohl wenig über das, was in Dresden passierte, an die Öffentlichkeit gelangte, wurde bekannt, daß Dubček angehalten wurde, eine sichtbare Zusicherung zu geben, daß die Tschechoslowakei nicht plane, aus dem Warschauer Pakt auszutreten.[14] Dubček sagte, daß sie sich auf sein Wort verlassen müßten. Brežnev schlug vor, daß Dubček in diesem Juni zu Warschauer-Pakt-Manövern auf tschechischem Territorium einladen sollte, aber Dubček war einer Antwort aus dem Weg gegangen und nach Prag zurückgeflogen.

Dort standen dem ZK-Präsidium der Kommunistischen Partei drei Kandidaten für das Amt des Staatspräsidenten zur Auswahl:

... JOSEF SMRKOVSKÝ, 57, Minister für Forstwirtschaft und Gewässerschutz (siehe Kapitel 5). „Der Mann der Wälder und Gewässer" stellte klar, daß er auf jeden Fall einen Posten mit mehr politischen Manövriermöglichkeiten, als sie das Präsidentenamt zuläßt, bevorzugen würde. Aber in der öffentlichen Meinung lag Smrkovský an der Spitze, und seine Quoten in den Umfragen der Tschechoslowakischen Akademie der Wissen-

[14]Der Warschauer Pakt war 1955 die Antwort auf die NATO gewesen. Zu den Gründungsmitgliedern zählten auch Albanien und Rumänien, aber 1968 war Albanien in die maoistische Einflußsphäre abgewandert. Rumänien wurde wegen seiner unabhängigen Außenpolitik gegenüber Israel, China und Westdeutschland nicht mehr vertraut, und es wurde zu solchen Einschüchterungssitzungen nicht mehr eingeladen.

schaften waren in der Woche nach der Gipfelkonferenz in Dresden in die Höhe geschnellt. Denn kurz nach Dubčeks Rückkehr nach Prag hatte einer von Walter Ulbrichts ideologischen Sprachrohren, Professor Kurt Hager, seine Bestürzung über die Entwicklungen in der Tschechoslowakei zum Ausdruck gebracht. Hager hatte sich Smrkovský als den Favoriten des „reaktionären Axel Springer Verlages“ in Westdeutschland herausgegriffen und verkündet: „Smrkovskýs Aktionen erfüllen die Kräfte des rechten Flügels in Bonn mit der Hoffnung, daß die Tschechoslowakei in ihren Einflußbereich hineingezogen werden wird.“ Smrkovskýs Vergangenheit als altgedienter, leidgeprüfter und unerschütterlich loyaler Kommunist und Antifaschist war selbst Antwort genug. Sogar die Russen fühlten sich verpflichtet, sich (in der Moskauer *Pravda*) von dieser ostdeutschen Verleumdung zu distanzieren. Und das wiederum überraschte Smrkovský, der an einer Stelle ganz objektiv bemerkte: „Wenn ich in der Haut der Sowjetunion steckte, würde ich mir über die Entwicklungen hier Sorgen machen.“

... ČESTMÍR CÍSAŘ, 48, sein Name bedeutet „Cäsar“ oder „Kaiser“. Er war der Favorit der Prager Studenten, die in dieser Woche mit wehenden abgerissenen Königsflaggen durch die Straßen marschierten und in ganz Prag den schockierenden, doppelsinnigen Spruch „WIR WOLLEN EINEN KAISER!“ mit Kreide an die Hauswände malten.

Císař, in Nordböhmen geboren, machte 1948, im Jahr der kommunistischen Machtübernahme, an der philosophischen Fakultät der Karlsuniversität seinen Abschluß. Der junge Dr. phil. war damals schon zwei Jahre in der Partei aktiv gewesen und begann nun, seine Karriere als Kommunist zu machen. Er arbeitete fast ein Jahrzehnt im Agitations- und Propagandabüro der Partei, stieg 1957 zum stellvertretenden Chefredakteur der *Rudé Právo* auf, wurde 1961 Chefredakteur einer Zeitschrift für Parteiintellektuelle und zwei Jahre später Bildungsminister.

Als Kabinettsmitglied war er fortschrittlich und bei Studenten und Professoren beliebt. Diese Beliebtheit wurde Liebe, als Císařs eigene Tochter während der Studentenunruhen im Mai 1966 unter denjenigen war, die von der Polizei wegen ihrer in Sprechchören gebrüllten frechen Slogans verhaftet wurden. Wegen der Sünden seiner Tochter wurde Císař nach Rumänien verbannt – als Botschafter! Als Dubček an die Macht kam und Císař in diesem März nach Prag zurückberufen wurde, „um neue Pflichten zu übernehmen", hatte er aus dem rumänischen Präsidenten Nicolaie Ceauşescu einen Freund der tschechoslowakischen Revolution gemacht.

... GENERAL LUDVÍK SVOBODA, 72, ein weißhaariger alter Soldat, dessen Familienname „Freiheit" bedeutet. Er war eine Eisenhowerfigur, die aussah wie Spencer Tracy, und symbolisierte die alten tschechischen Tugenden wie Hingabe und handwerkliches Können.

Als Bauernjunge, geboren auf den böhmisch-mährischen Höhen, wo meine Familie und ich gerade unterwegs waren, hatte sich Svoboda im Ersten Weltkrieg dem Wehrdienst in der österreichisch-ungarischen Armee entzogen. Statt dessen meldete er sich freiwillig zur tschechoslowakischen Legion, die auf russischer Seite gegen die Habsburger Monarchie kämpfte. Danach bewirtschaftete er den Bauernhof seines Vaters und ging 1922 in die tschechoslowakische Armee.

Als die Nazis die Tschechoslowakei nach dem Münchner Abkommen von 1938 besetzten, wurde er Widerstandsführer im Untergrund in Ostmähren. Von dort ging er nach Krakau und organisierte eine tschechische Militäreinheit, die Seite an Seite mit der polnischen Armee kämpfte, bis Polen 1939 fiel. Svoboda und seine Männer flohen nach Rußland, wo die Erste Unabhängige Tschechoslowakische Brigade unter sein Kommando gestellt wurde. Ihre Heldentaten wurden zur Legende. Im März 1943, während der Belagerung von Sokolovo in der Ukraine, konnte Svobodas Brigade und ein sowjetisches Bataillon eine Attacke durch eine deutsche Panzerdivision zehn Tage lang abwehren. Sechsundachtzig tschechoslowakische Soldaten verloren ihr Leben in Sokolovo. Und Svoboda wurde einer der wenigen Ausländer, die man zum Helden der Sowjetunion ernannte.

Svobodas Frau und seine beiden Kinder blieben in der Tschechoslowakei zurück und arbeiteten in der Widerstandsbewegung. Frau Svobodová hatte zu Hause einen Geheimsender. Sie half Flüchtlingen, ins Ausland zu gelangen, und versteckte Soldaten, die mit dem Fallschirm abgesprungen waren. Als die Verhaftung drohte, gingen sie und ihre Tochter Zoja in den Untergrund. Aber der Sohn der Svobodas, Mirek, wurde von der Gestapo gefaßt und im Konzentrationslager Mauthausen im Alter von siebzehn Jahren zu Tode gefoltert.

Als er 1945 in schweigendem Triumph mit der Vorhut der Sowjetarmee heimkehrte, war Svoboda noch immer kein

Kommunist. In der unsicheren Koalitionsregierung, die ab 1945 an der Macht war, bis sie 1948 auseinanderging, war Svoboda Verteidigungsminister, ein Posten, den er noch für zwei weitere Jahre innehatte, nachdem er 1948 der Kommunistischen Partei beigetreten war. Aber seine persönliche Popularität unter den ehemaligen Soldaten machte ihn für die anderen, sowohl tschechoslowakischen als auch russischen Führer gefährlich. 1950 bedurfte es nur einiger Worte Stalins – nämlich daß er kein Vertrauen in eine von Svoboda geführte tschechoslowakische Armee habe –, um zu veranlassen, daß der Verteidigungsminister von der öffentlichen Bildfläche verschwand.

Svoboda zählte noch zu den Glücklichen, da er fast sofort als Buchhalter in einer LPG in Mähren unterkam. Dort erinnert man sich an ihn nicht nur als an einen tapferen Ausgestoßenen, sondern auch als an einen „korrekten Buchhalter, der selten einen Fehler machte. Und wenn doch, war er derjenige, der den Irrtum entdeckte. Das ist ein Zeichen für einen großen Mann."

Er blieb fast zehn Jahre lang ein großer Fisch in einem kleinen Teich, bis Nikita Chruščev einem tschechoslowakischen Parteitag einen Besuch abstattete, sich umsah und sagte: „Aber ich sehe meinen alten Genossen General Svoboda nicht!" Man ließ den General nach Prag kommen, wo ihn Chruščev nicht nur mit einer traditionellen russischen Bärenumarmung begrüßte, sondern auch darauf bestand, daß er an seiner Seite auf der Tribüne saß. Das bedeutete für Svoboda eine augenblickliche Rehabilitierung. Er wurde zum Direktor der Militärakademie in Prag ernannt und in die Nationalversammlung (das Parlament) gewählt, wo er bis zu seinem Eintritt in den Ruhestand im Alter von siebzig Jahren tätig war.

Das letzte Mal, als ich Antonín Novotný im Fernsehen gesehen hatte, war zugleich, wie prophetisch, das erste Mal, daß ich Ludvík Svoboda sah. Der Anlaß war eine Zeremonie zum Gedenken des 25. Jahrestages der Schlacht von Sokolovo auf der Prager Burg. Präsident Novotný begann die offizielle Begrüßung von einhundert Sokolovo-Veteranen, einschließlich General Svoboda, mit seiner üblichen nüchternen Rede über den „Nachbarn im Westen, der nach den zwei großen Niederlagen für seine aggressiven Intentionen wieder militärische und revanchistische Kräfte formiert und die Stimme für neue Feldzüge im Namen der alten Ziele der deutschen imperialistischen Politik erhebt."

Der nächste Redner war General Svoboda, der so viele Medaillen trug, daß er vermutlich mit dem Gabelstapler auf das Podium hatte gehievt werden müssen. (Im Zweiten Weltkrieg hatte er vierundfünfzig Medaillen von den Alliierten erhalten, darunter die Verdienstmedaillen der US-Legion und der französischen Ehrenlegion, das Croix de Guerre und den britischen Bathorden.) Seine Stimme klang entschieden, als er erzählte, wie einige seiner Männer „in den Jahren nach der Befreiung zu jung gestorben waren, an den Folgen von Kriegsverletzungen und Leid. Viele lebten in Not, und einige starben als Opfer der ungesetzlichen Repressalien in den fünfziger Jahren ... Im Sinne der Umkehr, zu der der Weg durch die Tagungen des Zentralkomitees der Kommunistischen Partei im Dezember und Januar geebnet worden ist, muß alles korrigiert werden, was korrigiert werden kann ..."

Seine Reise nach Dresden mußte Dubček bewogen haben, zu Svobodas Gunsten zu entscheiden, denn wer konnte die nervösen Russen besser beschwichtigen als ein Held der Sowjetunion? Das vielsagende Signal war eine Flut von Titelseiteninterviews mit Svoboda, der in seinem Arbeitszimmer im Prager Institut für Armeegeschichte ein offenes Haus zu halten schien. Die Herausgeber schickten ihre Starreporter dorthin, und man mußte nicht zwischen den Zeilen lesen, um zu sehen, daß hier begonnen wurde, jemanden aufzubauen.

Im Gespräch mit Svoboda charakterisierte ein Interviewer den Übertritt General Šejnas als den größten Militärskandal im Land seit dem Ersten Weltkrieg, als Oberst Alfred Redl österreichisch-ungarische Geheimnisse an die Russen verkauft hatte und Selbstmord beging, nachdem sein Verrat entdeckt worden war.

Svoboda entgegnete: „Mein guter Junge, Redl war im Vergleich zu Šejna ein Mann von Charakter ... Redl hat einen reinen militärischen Verrat begangen, aber dieser hier ist nur schmutzig."

Ein anderer Reporter sprach über die Wiedergutmachung vergangenen Unrechts, und Svoboda sagte: „Lassen Sie uns zuerst eine Sache klarstellen: Wir werden keine Hexenjagd veranstalten. Wir wollen nur Gerechtigkeit. Es gibt schließlich einen Unterschied zwischen Demokratie und Demagogie, zwischen Demokratie und Hysterie. Wir müssen eine Regierungsform etablieren, in der sich Qualität immer gegenüber Quantität durchsetzen wird."

Der Besuch der *Rudé Právo* machte seine Ernennung fast offiziell. „Ich lese die ausländische Presse", informierte Svoboda die *Rudé Právo,* „und wir stehen im Mittelpunkt des Weltinteresses. Wir haben uns selbst eine große Aufgabe gestellt: ein Beispiel für wahre sozialistische Demokratie zu geben, dem andere folgen sollen. Es ist, als ob uns allen eine große Dosis Sauerstoff verabreicht worden sei."

Zugegeben, es waren Moralpredigten. Aber in einem Land, dessen Werte über zwei Jahrzehnte korrumpiert und verdreht worden waren, war Svobodas jeweilige Predigt des Tages gestern noch Ketzerei gewesen. Es lag mehr Wärme in diesen drei Interviews als in all dem leeren Wortgeklingel der fünfzehn Novotný-Jahre.

Als wir in Telč auf das Abendessen warteten, kam aus dem Radio die Meldung, daß das Zentralkomitee die Zurücknahme der Präsidentschaftskandidatur von Smrkovský und Císař einstimmig akzeptiert hatte und dann mit der Zustimmung von 105 von 107 anwesenden Mitgliedern der (von Alexander Dubček persönlich übermittelten) Empfehlung des Parteipräsidiums gefolgt war, die Ludvík Svoboda als den besten Kandidaten für das Präsidentenamt der Republik bestimmte.

Die eigentliche Wahl des Staatspräsidenten durch die Nationalversammlung würde am nächsten Morgen im Wladislaw-Saal der Prager Burg stattfinden. Aber in dieser Nacht war es Dubček, der in Prag den Ton angab.

Einige tausend Studenten, die Císař bevorzugten, zogen durch die Straßen, um gegen die Wahl zu protestieren. Sie waren nicht nur enttäuscht, sondern auch voll unbestimmter Sorge wegen der Achtung, die Svoboda bei den Russen genoß. Es war schon nach zehn Uhr abends, als sie am etwas entfernter gelegenen Sitz des Zentralkomitees am rechten Moldauufer ankamen. Aber Alexander Dubček war da, und er kam auf die Straße herunter, um mit ihnen zu reden.

„Warum nicht Císař?" fragten die Studenten.

„Er wird gerade hier im Zentralkomitee viel zu tun haben", antwortete Dubček ruhig. „Ich werde ihn hier unten brauchen. Oben auf der Burg werden sie ohne ihn zurechtkommen."

Einige Studenten aus der Slowakei fragten Dubček, warum er nicht ihren und seinen Landsmann Dr. Gustáv Husák ausgewählt habe. Husák war ein kettenrauchender Rechtsanwalt und Intellektueller aus Bratislava, der sechs Jahre seines Lebens

(1954–1960) als „bourgeoiser Nationalist“ im Gefängnis verbracht hatte. In den letzten acht Jahren nach seiner Freilassung plante er den Sturz Novotnýs und seine öffentlich Rache – wann immer die Zeit reif dafür sein würde.

„Vielleicht sollte ich das nicht sagen, sonst werde ich noch beschuldigt, ein Staatsgeheimnis preiszugeben“, sagte Dubček mit seinem breiten Lächeln, das fast seine lange Nase als Markenzeichen aus dem Rennen schlug, „aber wir rechnen mit Dr. Husák als stellvertretendem Ministerpräsidenten.“

„Was ist die Garantie dafür, daß die alten Zeiten nicht wiederkehren werden?“ fragte ein Student Dubček.

„Sie selbst sind die Garantie. Sie, die Jungen“, sagte Dubček zu den Versammelten. Dann sagte er nachdenklich, fast zu sich selbst: „Abgesehen davon, können die alten Zeiten überhaupt wiederkehren? Es gibt nur einen Weg, und der geht voran.“

Solche optimistischen Gewißheiten waren schon früher ausgesprochen und verraten worden, in dem Land, durch das wir jetzt reisten, dem Land, dessen zweifelhaftes Motto heißt: „Die Wahrheit siegt.“ Fünfeinhalb Jahrhunderte trennen die tragischen Parallelen und verbindenden Momente zwischen Alexander Dubček und Jan Hus, dem Rektor der Prager Universität (der heutigen Karlsuniversität), der lieber auf tschechisch als in der offiziellen Sprache, Deutsch, predigte. Im Jahre 1409 erklärte Hus die Universität zu einer tschechischen Institution, endlich befreit von der Leitung durch Ausländer. Die katholische Kirche rächte sich, indem sie Hus seine Kanzel in der Bethlehemskapelle in Prag verweigerte. 1412 wurde Hus wegen seiner Anprangerung des päpstlichen Ablaßhandels exkommuniziert und aus Prag verbannt.

In der südböhmischen Stadt, die heute Tábor heißt, predigte und schrieb er weiter. Für ein korruptes Kirchenimperium, das unter drei Päpsten aufgeteilt war, stellte die hartnäckige Moral dieses Mannes eine klare und allgegenwärtige Gefahr dar. 1414 wurde Hus von seiner Zufluchtsstätte in Tábor in die deutsche Stadt Konstanz zitiert, wo die Bischöfe zu einem Konzil zusammengekommen waren, angeblich, um sich seine Ansichten anzuhören. Gewappnet mit einer Garantie für sicheres Geleit, ging Hus nach Konstanz. Dort wurde er in Eisen gelegt und als Ketzer angeklagt.

Hus widerrief in Konstanz nicht. Das Konzil verurteilte ihn. Jan Hus von Prag und Tábor wurde am 6. Juli 1415 auf dem

Scheiterhaufen verbrannt, und seine Asche wurde in den Wind gestreut.

Der Mann starb, nicht jedoch seine Wahrheit, die sowohl die Kirche als auch ihr Heiliges Römisches Reich für den Rest des 15. Jahrhunderts erschütterte. In Tábor versammelten sich die Armen des Landes, um eine neue Gesellschaft aufzubauen, die Hus' Vorstellungen vom Königreich Gottes verkörpern sollte. Es wurde eine Art christlicher Kommunismus eingeführt, basierend auf dem biblischen Grundsatz „Liebe deinen Nächsten" (jedoch nicht deinen Unterdrücker, die Kirche). Privatbesitz wurde in Tábor abgeschafft. Eigentum, Geld und Wertgegenstände wurden zusammengelegt, für die Ausstattung einer Volksarmee unter Jan Žižka (1370–1424), einem verarmten, einäugigen Landadeligen, den Hus mit seinen Reden in seinen Bann geschlagen hatte.

Im Jahre 1968 war Alexander Dubček von Prag und der Slowakei nach Dresden gefahren, um seine Reformen den Theokraten des europäischen Kommunismus zu erklären. Anders als Hus wurde es Dubček gestattet, sicher heimzukehren, und der Kurs, den er fortsetzte, war dazu angetan, den Kommunismus in seinen Grundfesten zu erschüttern.

„Was glauben Sie, welche Art von Präsident Svoboda sein wird?" fragte ich.

„Ich glaube", sagte Henrietta, „daß Svoboda keine mächtige, sondern eine symbolische, feierliche Figur sein wird, zu alt, um mit Dubček zu konkurrieren."

„Und ist das gut?" wollte ich wissen.

„Na ja, bald werden wir die Wahrheit über Dubček wissen", sagte Henrietta. „Ob Dubček ein guter oder schlechter Mensch ist, was auch immer er ist, jetzt wird er imstande sein, seine Ziele weiter zu verfolgen. Es gibt keinen mächtigen Gegner mehr wie Novotný. Aber ich beginne zu glauben, daß Dubček unmöglich ein schlechter Mensch sein kann. Denn ein schlechter Mensch macht nicht den Fehler, unsere Leute die Freiheit kosten zu lassen, um sie ihnen dann wieder wegzunehmen. Ein schlechter Mensch kann nicht zulassen, daß die Wahrheit siegt."

Ich bemerkte, daß Henrietta fünf oder zehn Jahre jünger aussah als bei unserem Reiseantritt. „Letzten Sonntag haben Sie noch nicht so gesprochen", sagte ich.

„Ich habe mit offenen Augen gedacht", sagte sie, „und gesehen, was Sie gesehen haben. Und wissen Sie was?" Jetzt waren ihre Augen voller Tränen, und ich hörte ihre forsche Stimme zittern, als sie fortfuhr: „Zum ersten Mal in meinem Leben bin ich glücklich, eine Tschechin zu sein."

Zwischenspiel
Einige Wanderer im Garten

Dr. Ota Šik, 48, wurde zum stellvertretenden Ministerpräsidenten ernannt, und das begrüßten diejenigen, die spürten, daß seine längst fälligen Reformen nun eine Sache von wirtschaftlichem Leben oder Tod des Landes waren. Aber ihr Enthusiasmus wurde durch die eher konservative Wirtschaftspolitik des Mannes gedämpft, unter dem Šik und Husák (und drei andere Abgeordnete mit unterschiedlichem Prestige) arbeiten würden. Der neue Ministerpräsident, der Jozef Lenárt ersetzte, war der 46jährige Oldřich Černík. Er hatte Dubček in der entscheidenden Präsidiumswahl zum Ersten Parteisekretär unterstützt.

Černík hatte leicht hervorstehende Augen, war kahlköpfig und eine plumpe Erscheinung. Sein tatsächliches Auftreten jedoch war gewandt und glatt. Er war ein Selfmade-Kommunist, der sich während der Gottwald- und Novotnýjahre in der lokalen, regionalen und nationalen Parteihierarchie hinaufgearbeitet hatte. Die meisten seiner hohen Positionen hatte er im Wirtschaftsbereich besetzt: Energieminister von 1960 bis 1963, Vorsitzender der staatlichen Planungskommission (und stellvertretender Ministerpräsident) von 1963 bis Anfang 1968. Sogar Kritiker, die Černíks Einfallsreichtum, seine akademische Qualifikation und Kompromißbereitschaft in Frage stellten, äußerten sich immer anerkennend über sein Organisationstalent. Einige von ihnen deuteten an, daß Černík und der extravagantere, dynamische Šik ein gutes Team abgeben würden. Was sie auch einige Zeit taten, solange Šik der Gewinner war.

Bohuslav Laštovička trat als Parlamentspräsident zurück, „weil das tschechoslowakische Volk meine Haltung zum gegenwärtig ablaufenden Prozeß in Frage gestellt hat." Die Öffentlichkeit jubelte, als ihr Held, Josef Smrkovský, an seiner Stelle ernannt wurde. Es gab aber ein bestürztes Raunen, als ihn die Abgeordneten formell zu ihrem Oberhaupt wählen sollten: 188

stimmten für Smrkovský und 68 gegen ihn. Das war ein klares Signal dafür, daß die Novotnýanhänger, deren Würgegriff der Macht von Dubček gelöst worden war, nicht bereit waren, sich bloß mit einer kleinen Rolle oder weniger zufriedenzugeben.

Der nächste Parteitag sollte erst in ein paar Jahren stattfinden, aber nun wurde der Ruf nach einem Sonderkongreß laut, bei dem repräsentativere Kandidaten für die Ämter vorgeschlagen werden sollten, die das Volk dann in nicht manipulierten Wahlen hätte wählen können. (Früher waren die Wahlen routinemäßige Bestätigungen gewesen, bei denen der Wähler direkt vor den Augen der Parteifunktionäre einer Kandidatenliste zuzustimmen hatte. Jegliche Anfrage bezüglich geheimer oder schriftlicher Abstimmungen bewirkte ein verhängnisvolles Echo, sobald man das Wahllokal verlassen hatte.) Im Hinblick auf Ordnung und Kontinuität in der Regierung sträubte sich Dubček zunächst, eine solche Säuberungsaktion zu unternehmen.

Es war die Zeit des „Hurra, aber –". Jede mutige Neuernennung schien eine leichte Schattenseite aufzuweisen oder zu provozieren. Manchmal war es sofort ersichtlich, wie bei der Beförderung Šiks, den man zugleich unter Černíks Fuchtel stellte. Manchmal manifestierte es sich nur einige Tage später, wie bei der Abstimmung zu Smrkovský. Und manchmal, wie beim vernünftig erscheinenden Austausch von Václav David, zeigte sich der Haken erst viel später.

> „Ihr Außenminister? Unglaublich!" Mit diesen Worten wurden die tschechoslowakischen Diplomaten von ausländischen Kollegen, Journalisten und Politikern in den letzten vierzehn Jahren beglückwünscht. Herr Václav David war sicher der am längsten dienende Außenminister in diesem Jahrhundert. Herr Dean Rusk sagte zu ihm bei einer Gelegenheit: „Sie könnten gut Vorsitzender der Außenministerkonferenz werden."

So begannen die *Literární Listy* ihren Kreuzzug gegen diesen begriffsstutzigen Mann, der praktisch in all den Novotný-Jahren die Tschechoslowakei in der Welt vertreten hatte.

Einen Monat nachdem Novotný entmachtet worden war, aber Václav David immer noch auf seinem Stuhl im Czernin-Palais klebte, brachten die *Literární Listy* den folgenden Bericht von Karel Král, dem Korrespondenten der tschechoslowakischen Presseagentur ČTK (*Československá Tisková Kancelář*) bei den Vereinten Nationen:

> UN-Diplomaten und Journalisten waren es gewohnt zu glauben, daß es überhaupt nicht notwendig sei, der tschechoslowakischen Außenpolitik Beachtung zu schenken, solange Herr David Außenminister blieb. Die Politik des Herrn David wurde sogar für „antitschechoslowakisch" gehalten. Er bat immer, möglich kurz nach dem sowjetischen Delegierten sprechen zu dürfen. Einmal geschah es, daß versehentlich ein alter Text [einer Rede von David] verteilt wurde. Sie müssen uns keinen neuen geben, sagten die Journalisten, es steht sowieso nichts anderes darin.

In Prag hieß es: „Während ein guter Diplomat mehrere Sprachen sprechen sollte, spricht David nur eine einzige: Russisch!" Darum gab es einen landesweiten Seufzer der Erleichterung, als endlich der Rücktritt von Václav David angekündigt wurde. Er verwandelte sich in einen Freudenschrei, als der neue Außenminister ernannt wurde: Dr. Jiří Hájek, 54, ein ehemaliger Universitätsdozent, dann Botschafter in Großbritannien und bei den Vereinten Nationen und zuletzt Bildungsminister.

Hájek war ein schmächtiger, eulenhaft aussehender Mann mit schütterem blonden Haar, dicker, brauner Brille und einem fliehenden, spitzen Kinn. Er war ein ehemaliger Insasse von Hitlers Konzentrationslagern (obwohl nichtjüdisch) und unter dem Spitznamen „der einsame Langstreckenläufer" bekannt. Dies wegen des Ausmaßes seiner Ideen und Fähigkeiten, seines eloquenten Eintretens für unpopuläre Angelegenheiten in den höchsten Gremien und seines täglichen Zwölfkilometerlaufs. Seine Politik war beliebt, aber für die Tschechen war Jiří Hájeks größter Vorzug kultureller Natur: Endlich hatte das Land einen Außenminister, der sieben Sprachen fließend beherrschte (Englisch, Französisch, Deutsch, Spanisch, Norwegisch, Tschechisch und Slowakisch), ein würdiger Bewohner der Ministerwohnung im Czernin-Palais, die einst den Kosmopoliten Jan Masaryk beherbergt hatte.

Ich ging zu Hájeks erster Pressekonferenz im Czernin-Palais und hörte ihn offen über Jan Masaryk sprechen, dessen Name in diesem Gebäude, in dem das Geheimnis seines Todes umging, für mehr als ein Jahrzehnt nur geflüstert hatte werden können. Nachdem Hájek darauf hingewiesen hatte, daß ein Blick auf die Landkarte zeige, daß eine Fortsetzung der Allianz mit Rußland unvermeidlich sei, zitierte er Jan Masaryk, „der sagte, daß die Tschechoslowakei nicht zwischen Ost und West liegt, sondern zwischen Deutschland und der Sowjetunion."

Als ehemaliger Bildungsminister war Hájek bereit, offen festzustellen, daß vieles, was zum Sturz Novotnýs beigetragen hatte, vom Wunsch der Studenten und jungen Intellektuellen herrührte, sich einen riesigen Schritt von Moskau zu entfernen:

„Sie haben zu lange nur unkritische Lobreden auf die Sowjetunion gehört. Und das ist ziemlich langweilig. Jetzt rebellieren sie dagegen."

Der neue Außenminister sagte, er hoffe, daß eine freie Diskussion über die Haltung zu Rußland den Schaden beheben werde, den die tschechoslowakisch-sowjetische Freundschaft durch „zwanzig Jahre unkritischer Begeisterung für alles Russische" und „dumme prosowjetische Propaganda" verursacht habe. Sein Vorgänger Václav David jedoch wurde zum Botschafter in Bulgarien ernannt, ein sicherer Hafen, um ein Comeback zu planen.

Unser Freund von der Expo '67, Miroslav Galuška, 45, wurde zum Kultur- und Informationsminister ernannt. Er ersetzte den verhaßten Karel Hoffmann; aber Hoffmann selbst hatte weder seinen letzten Pfeil verschossen noch sein letztes Netz gesponnen. Er wurde auf den weniger wichtigen, aber höchst sensiblen Posten als Direktor des Fernmeldewesens abgeschoben. Dies verschaffte ihm eigentlich die Kontrolle über die Vermittlung von Telefongesprächen, Radio- und Fernsehübertragungen, Telegrammen und Fernschreiben. Außerdem hatte er damit einen Fuß in der Tür zur Post, die viele dieser Angelegenheiten durchführte.

In den Zeitungsredaktionen kamen die Zensoren weiterhin zur Arbeit, aber lasen keine Exemplare mehr durch. Gelangweilt vom Nichtstun, spielten einige Karten, brachten jedermann Kaffee oder machten Botengänge für diejenigen, die sich früher vor ihnen gefürchtet hatten. Einer bewarb sich sogar um eine Stelle als Redakteur. Die Zeitungsexemplare wurden noch einige Zeit pflichtgemäß im Zensurbüro in der Benediktská abgeliefert. Aber nun kamen die Pakete ungeöffnet zurück.

Mit Mehrheitsbeschluß verabschiedete der 300-Mann-Apparat der hauptberuflichen Zensoren eine Resolution für seine eigene Abschaffung. Aber die besorgte Minderheit meinte: „Seid nicht beunruhigt. Das ist nur eine vorübergehende Sache.“

Die letzte Bastion der inneren Sicherheit war ein gelbliches, weißgefliestes Gebäude, das wie eine riesige öffentliche Toilette aussieht. Es hockt an einem strategischen Platz, an einem Ende der Letná-Hochebene, nicht weit entfernt von dem Ort, wo Stalin stand. Auf der anderen Seite des Gebäudes liegt eine Tunneleinfahrt für Autos und Busse, die zwischen der Innenstadt und dem Flughafen Ruzyně verkehren.

Hier sitzt das Innenministerium – das bedeutet in diesem Teil der Welt: das Angstministerium. Polizei, Geheimpolizei, Spionageabwehr und andere Schatteninstitutionen schützen den Staat und seine Macht. Gut, schlecht oder mittelmäßig, der Innenminister ist per se der gefährlichste Mann im Lande.

Der mächtigste Kriminelle in der Geschichte des Kommunismus, Lavrentij Berija (1899–1953), war Innenminister im stalinistischen Rußland gewesen. Vier Monate nach Stalins Tod schafften es dessen nervöse Nachfolger, Berija zu verhaften und später zu erschießen.

In der kommunistischen Tschechoslowakei war der Posten mit derselben Macht und denselben Gefahren verbunden. Aber Svobodas und Dubčeks Wahl war reine ausgleichende Gerechtigkeit und eine erfrischende Abwechslung in der Ausstattung des Ministeriums. In einem Polizeistaat, der dabei war sich zu emanzipieren, erstreckte sich die einzeilige Nachricht über vier Spalten auf der ersten Seite der Zeitung, die sie druckte: „Innenminister Pavel geht jeden Morgen ohne Leibwächter zur Arbeit!“

General Josef Pavel, 59, wird in einer Biographie als „lebenslänglicher Wanderer im Garten des Kommunismus“ bezeichnet. Ausgebildet in Moskau, kämpfte er im spanischen Bürgerkrieg und im Zweiten Weltkrieg mit der tschechoslowakischen Armee im Westen. Er wurde von den Nazis gefaßt und überlebte ein Konzentrationslager in Frankreich. Nachdem er nach Hause zurückgekehrt war, wurde er der erste Kommandeur der Volksmiliz, einer blauuniformierten Arbeitertruppe, die eine Art Reserveeinheit der Polizei bildete. Sie spielte bei der kommunistischen Machtübernahme 1948 eine maßgebliche Rolle.

Die Arbeitermiliz wurde später ein Vollzugsorgan, um orthodoxes Denken in den Fabriken durchzusetzen. Aber zu diesem Zeitpunkt war Pavel schon aus ihren Reihen ausgeschieden. Er war zum stellvertretenden Innenminister ernannt worden und trug die Verantwortung für die öffentliche Sicherheit. Dieses Amt legte er 1950 aus Protest gegen die Einmischung seiner Behörde in das Leben unbescholtener Bürger nieder. Acht Monate später wurde er als „ein Agent des Westens" verhaftet. Er wurde eine Woche im Tresorraum einer Prager Bank festgehalten und dann zu 25 Jahren Gefängnis verurteilt, die ersten fünf Jahre davon zu Einzelhaft.

Pavel wollte sich zuerst mit einer Krawatte erhängen, die er ins Gefängnis hatte schmuggeln können. Er blieb aber am Leben, um das Vertrauen, das die Menschen in ihn setzten, nicht zu verlieren; Selbstmord hätte als Geständnis ausgelegt werden können. Abgesehen davon glaubte er, daß seine Verhaftung „ein schrecklicher Irrtum" sei, „wenn nicht das Werk eines westlichen Geheimdienstes, der Material gefälscht haben mußte, das mich kompromittieren sollte. Dennoch konnte ich nicht verstehen, warum mich irgend jemand auf diese Weise loswerden wollte."

Noch nicht zufrieden damit, ihn hinter Schloß und Riegel zu haben, versuchte das Gottwaldregime aus Pavel ein Geständnis herauszuholen. Er hatte nichts zu gestehen. Er sollte „einfach wiederholen, was der Vernehmungsbeamte ihm sagte", aber das tat er nicht. Als man ihm ein schriftliches Geständnis vorlegte, verweigerte er die Unterschrift. Er wurde gefoltert und bewußtlos geschlagen. „Als ich in meiner Zelle erwachte", erinnerte sich Pavel, „waren die Vernehmungsbeamten noch immer bei mir. Ich hörte sie flüstern, daß mein Geständnis benötigt würde, um Gottwald mit einem Thema für seine nächste Rede zu versorgen. Da wußte ich, wer meine Feinde waren! Ich wußte auch, daß sie Feinde der Partei waren."

Im Oktober 1955 wurde er nach fast fünf Jahren Einzelhaft entlassen. Er bekam einen unbedeutenden Posten bei der Tschechoslowakischen Union für Leibeserziehung und ging 1966 in Pension. Noch immer wartete er auf seine Rehabilitierung und war mit der Entschädigung und der Teilrehabilitierung, die ihm angeboten worden war, nicht zufrieden.

„Es gibt Ungerechtigkeiten, die nicht mit Geld beglichen werden können", sagte Pavel während der letzten Tage Novotnýs. „Man glaubt nach der Rückkehr aus dem Gefängnis, daß in der Partei alles so sein wird, wie es war. Man glaubt, daß man als ehemaliges Mitglied des Zentralkomitees dorthin gebeten werden wird, um eine Erklärung zu erhalten, wie das alles passieren konnte. Und man erwartet zu hören, welche Schritte unternommen werden sollen, damit so etwas nicht wieder geschieht. Und dann sieht man enttäuscht, wie der Fall auf opportunistische Art behandelt wird – wie die meisten Dinge in diesem Land ... Jetzt sind wir rehabilitiert worden, aber wir haben unsere menschliche Würde noch nicht zurückerhalten. Und das muß geschehen!"

Von dem Augenblick an, als man begann, über Pavels Ernennung zum Innenminister zu munkeln, bis einige Wochen nach seiner Amtsübernahme, gab es mehr als zwei Dutzend Selbstmorde unter den Beamten der Geheimpolizei. Ein Prager Polizeioberst, der die Vernehmungsabteilung geleitet hatte, erhängte sich in den Wäldern bei Marienbad und schrieb in seinem Abschiedsbrief, daß er einen „öffentlichen Skandal" gefürchtet habe. Ein Richter wurde im Böhmerwald an einem Baum hängend gefunden. Als Vizepräsident des Obersten Gerichtshofes der Tschechoslowakei war er mit dem Entwurf eines Gesetzes zur Rehabilitierung von Opfern der Verfolgung wie Pavel betraut gewesen, daher bestand der Verdacht eines politischen Mordes. Die Untersuchungen schafften mehr, als ein Verbrechen auszuschließen. Sie zeigten auch, daß dieser hohe Richter weder eine höhere Schul- noch eine Universitätsausbildung besessen hatte. Seine Karriere hatte er tatsächlich als Vorsitzender eines der erlogenen Sabotageprozesse in den fünfziger Jahren begonnen.

Die *Literární Listy* und Prags Abendblätter veröffentlichten Artikel, in denen sie ausführlich über die Folterung politischer Häftlinge im Gefängnis von Ruzyně in den fünfziger Jahren durch „einen gewissen Dr. Sommer" berichteten. Er hatte gefälschte Todeserklärungen unterzeichnet, um seine Taten zu verheimlichen. Drei Tage später erhängte sich Dr. Josef Sommer, immer noch Gefängnisarzt in Ruzyně, in seiner Prager Wohnung. Seine Tochter, die glaubte, er sei zur Arbeit gegangen, wollte sein Zimmer aufräumen und fand ihn an einer Rohrleitung baumeln.

Sommers Tod schien Pavel keine Ruhe zu lassen, denn das war ein Mann, von dem der Innenminister sagte, daß er ihn „nur allzu gut kannte. Ich war in den fünfziger Jahren als Gefangener unter seiner ‚Obhut'. Ich erinnere mich nicht gerne an diese Zeit. Er untersuchte an mir, wieviel ein Mann ertragen und dabei noch zwischen Leben und Tod gehalten werden kann."

Pavel war kein rachsüchtiger Mann und wollte keine drastischen Maßnahmen ergreifen:

„Ich möchte niemandem Schaden zufügen, und ich will nicht, daß weitere Ungerechtigkeiten passieren. Andererseits bin ich mir bewußt, daß es nicht ohne Personalwechsel im Polizeiapparat gehen wird ... Viele der Beamten, die an den illegalen Methoden der fünfziger Jahre beteiligt gewesen waren, haben den Sicherheitsdienst vor einiger Zeit verlassen. Die verbleibenden individuellen Fälle müssen einer sehr sensiblen Untersuchung unterzogen werden.

Der Selbstmord von Dr. Sommer steht damit in Zusammenhang ... Er hätte nicht Selbstmord begehen müssen, wenn die Durchsuchungen bei ihm und die Nachforschungen über seine Vergangenheit mit mehr Taktgefühl gehandhabt worden wären. In keinem Fall aber hat der Sicherheitsapparat irgend etwas mit seinem Tod zu tun."

Die meisten der untersuchten Vergehen waren vor mehr als zehn Jahren oder noch früher begangen worden, und verschiedene Verjährungsfristen waren bereits vergangen. Pavel sagte, daß er dort, wo es die Beweise rechtfertigten, die Leute entlassen, aber vielleicht niemals vor Gericht stellen werde.

„Ich glaube nicht, daß wir uns auf unendliche Vergeltungsmaßnahmen einlassen sollten", sagte General Pavel zu einem Besucher in seinem Büro. „Ich möchte, daß sich die Lage stabilisiert. Deswegen bin ich gegen eine Verlängerung der Verjährungsfrist. Ich selbst wurde von eben diesen Leuten verhaftet und gefoltert, und dennoch fühle ich keinen Haß gegen sie. Ich möchte nur meinen Apparat säubern und seine illegalen Methoden in Zukunft unmöglich machen. Und das ist gar nicht einfach."

Um das zu bestätigen, zeigte Pavel seinem Besucher eine Resolution, die er aus einer slowakischen Stadt direkt bei der russischen Grenze erhalten hatte:

> Die Ankunft von Josef Pavel im Innenministerium kennzeichnet den Beginn der Stagnation des Sicherheitsapparates ... Wir Kommunisten, die hier in Košice bei der Staatssicherheit vor dem Hintergrund der Situation im Innenministerium in Prag agieren, drücken gegenüber der bisherigen Arbeit von Minister Pavel unser Mißtrauen aus.

Pavel sprach über die Schwierigkeiten, die er beim Austausch vieler dieser Unterzeichner haben würde. Er fügte auch hinzu, daß nicht alle, die eine solche konservative Resolution unterschreiben, notwendigerweise schlechte Menschen sein müßten. Dann legte er den Brief an seine Stirn und fragte seinen Gast: „Können Sie sich vorstellen, wie schwierig meine Aufgabe ist?"

In dieser riesigen öffentlichen Bedürfnisanstalt, Innenministerium genannt, sah der Besucher vielleicht das edelste Profil des „Sozialismus mit menschlichem Antlitz". Leute wie Pavel waren die moralische Stärke von Dubčeks Frühling. Aber in einer öffentlichen Toilette auch die andere Wange hinzuhalten, kann eine riskante Praktik sein. Auch nachdem Pavel begonnen hatte, seinen Sicherheitsapparat zu säubern, behielten einige der Entlassenen im wahrsten Sinne des Wortes den Schlüssel für die Hintertür zur Macht.

Kapitel 7

Dienstag, 23. April –
Freitag mittag, 10. Mai 1968

Der Erste Sekretär des Zentralkomitees
der Kommunistischen Partei der Tschechoslowakei
ALEXANDER DUBČEK
& der Ministerpräsident
der Tschechoslowakischen Sozialistischen Republik
Ing. OLDŘICH ČERNÍK
geben sich die Ehre,
Herrn LEVY, Alan & Gemahlin
zu einem Empfang zu Ehren
der Partei und der Ministerdelegation
aus der
Bulgarischen Volksrepublik
am 23. April um 20 Uhr in das Czernin-Palais in Prag
einzuladen.

Diese Einladung wurde uns per Sonderzustellung einige Stunden vor Beginn des Empfanges überbracht. Da unser Babysitter Lulka nicht erreichbar war, blieb Valerie zu Hause und verpaßte meine erste persönliche Begegnung mit Dubček (sie sollte ihn später aber noch öfter treffen).

Ich zog meinen neuesten Brooks-Brothers-Anzug an und schlenderte in Richtung Außenministerium, das von unserem Haus aus gesehen auf der gegenüberliegenden Seite eines der erlesensten Plätze Prags liegt: dem *Pohořelec,* dem „Brandstättenplatz“. Sein Name steht mit einem klotzigen Steingebäude in Zusammenhang, in dem vom sechzehnten bis zum Beginn des zwanzigsten Jahrhunderts Rettungsmannschaften in ständiger Bereitschaft für den Einsatz in einem angrenzenden Rotlichtbezirk, genannt die „Neue Welt“, gewesen waren. In den pittoresken Gebäuden mit den liederlichen Mietern kam es öfters vor, daß die ganze Nachbarschaft abbrannte. Aber der Brandstättenplatz hat sein Flair weniger von seinem

Spritzenhaus (heute eine Kaserne) als von seinen Wohnhäusern mit den Rokokofassaden (teilweise mit sehr katholischen Miniaturmalereien in den oberen Nischen), seinen Pastelltönen und den Rundbogenarkaden aus der Spätrenaissance, die einem auch an Regentagen einen Einkaufsbummel im Trokkenen ermöglichen.

Ich stellte fest, daß niemand, aber auch wirklich niemand zu Fuß kam. Aber anstatt ein schwarzes Wolga-Taxi zu mieten (wie es bei den eingeladenen Fußgängern üblich war) und zum Verkehrschaos beizutragen, marschierte ich einfach die offizielle Einfahrt hinauf und tat so, als sei ich eine Limousine.

Überall standen Geheimpolizisten herum, einigen sah man es in ihren schwarzen oder braunen Lederjacken sofort an, während andere versuchten, mit Jirka-Šlitr-Melonen diplomatisch auszusehen. Auf dem Parkplatz glotzten zwei Dutzend Chauffeure und ein Dutzend Zivilisten die Ankommenden an.

Nachdem ich meinen Mantel im Erdgeschoß abgegeben hatte, folgte ich den anderen Gästen nach oben, in die Richtung, aus der der Lärm kam. Im Vestibül eines großen Ballsaales zählte ich an der Decke acht Kronleuchter. Als ich wieder um mich blickte, sah ich, daß die anderen Gäste nicht länger vor mir waren. Sie waren nach rechts abgedreht, um in einer kurzen Schlange anzustehen, die ich fast übersehen hätte. Sie führte nicht zum Buffet, sondern zum Gastgeber.

Ministerpräsident Černík hatte ich vorher schon einmal kennengelernt; sein Händedruck war schlaff und mechanisch.

Alexander Dubček überraschte mich. In der Regionalgeschichte nun bewandert, hatte ich einen slowakischen Jan Hus erwartet. Statt dessen löste sein erster Anblick bei mir eine gefühlsmäßige Reaktion in Form eines unhörbaren inneren Ausrufes aus: „Oh mein Gott! Ein jüdischer Adlai Stevenson!“

Dubček ist kein Jude und mit seinen fast zwei Metern viel größer, als es Stevenson war. Der Name *Dubček* bedeutet „kleine Eiche“, aber er überragte alle Leute um ihn herum.

Niemand stellte mich vor, also bot ich mein bestes Tschechisch auf und sagte: „Mein Name ist Levy. Ich habe für das amerikanische Magazin *Life* etwas über Ihr Land geschrieben.“

Bis dahin hatte Dubčeks Rechte meine Hand geschüttelt, aber als er meinen Namen hörte, zeigte er mit seiner Linken auf seine Nase, die tatsächlich so lang war, wie sie im Fernsehen ausgesehen hatte. Sein schüchternes Lächeln wurde zu einem breiten Grinsen, und ich wußte, daß er den Artikel im *Life*-Magazin mit Sylvas Zitat „Zuerst kommt die Nase herein und dann Herr Dubček“ zweifellos gelesen hatte.

Dubčeks ganzes Gesicht zwinkerte. Wieder deutete die linke Hand auf seine Nase, aber seine rechte Hand gebrauchte er nun zur Pantomime. Er zeigte auf die Tür und drückte seine Nase mit zwei Fingern, die anfingen, wie Füße zu marschieren, so daß es aussah, als ob eine Nase hereinkäme.

Dubček bäumte sich auf wie ein Hengst und lachte ein tiefes, kehliges Brummen. Eine Dolmetscherin war dezent hervorgetreten und sagte mir auf englisch, daß Herr Dubček mein Tschechisch zwar verstanden hätte, sie aber gerne meine Worte ins Slowakische übersetzen würde.

Ich dankte dem Ersten Sekretär dafür, daß er meinen Artikel gelesen hatte und sich an mich erinnerte.

Dubček antwortete, daß er dem *Life*-Magazin und mir dankbar sei, „für die Aufmerksamkeit die Sie der Tschechoslowakei und meiner Nase geschenkt haben.“

„Ich hoffe“, sagte ich kühn, „daß die Menschen in der Tschechoslowakei eines Tages werden lesen können, was amerikanische Zeitschriften über Sie schreiben.“

„Können sie das denn noch nicht?“ fragte Dubček.

„Das Geschäft am diesseitigen Ende der Karlsbrücke verkauft jetzt *Le Monde* und die Londoner *Times*“, antwortete ich, „aber noch nichts Amerikanisches.“

„Haben Sie es schon in dem neuen Laden in der Jungmannova neben der Komödie versucht?“ fragte mich Dubček. Als ich das verneinte, schlug er vor, dort einmal hineinzuschauen, dann könnte ich auch feststellen, ob man das *Life*-Magazin gegen Kronen verkaufe.

Ich sagte, daß man das wohl tun werde und begab mich in den Ballsaal.

„Zwei Minuten und fünfzig Sekunden!“ sagte einer der dogmatischeren polnischen Journalisten, der ein immerwährendes Lächeln zur Schau stellte. „Und was hatte Herr Dubček mit seinem amerikanischen Korrespondenten fast drei Minuten lang zu besprechen?“

Ich ignorierte das salbungsvolle Possessiv und antwortete höflich: „Wenn Sie wissen möchten, worüber wir gesprochen haben, sollten Sie besser Herrn Dubček selbst fragen.“

„Das werde ich", sagte er, und zu meiner Verblüffung stellte er sich zum zweiten Mal in der Schlange an.

Ich blieb nicht, um Herrn Dubček antworten zu sehen. Aber ich erfuhr, daß eine polnische Zeitschrift einige Tage später die Meldung brachte, daß Herr Dubček einem Korrespondenten der reaktionären amerikanischen Zeitschriften *Time* (!) und *Life* ein langes Interview gewährt hatte, während er die gleiche Bitte eines Journalisten aus einem sozialistischen Bruderstaat im Norden abschlug.

Im Ballsaal standen die Diplomaten und die Mitglieder des Prager Presse-Korps in steifen kleinen Runden beinahe in Verteidigungshaltung zusammen, während die am elegantesten gekleideten Leute dieser Party, die Kellner, sie mit tschechoslowakischen Weiß- und Rotweinen, polnischem und russischem Wodka, Orangensaft in Dosen aus Griechenland, Mineralwasser und Becherovka aus Karlsbad und gelegentlich mit Lachs- und Heringsschnittchen stärkten. Mehrere Dienstangestellte schwebten hektisch hin und her und verglichen alle ein oder zwei Minuten an einem Ende des Raumes ihre Uhrzeit. Um Punkt 20.30 Uhr rissen sie die Seitentüren auf.

Dahinter konnte man einen Korridor mit einigen Buffeträumen, die von ihm abgingen, sehen. Aber niemand wollte den ersten Schritt tun, am allerwenigsten die bulgarischen Ehrengäste, die dem Essen am nächsten standen. Es war nicht ihre Art, irgendwo als Pionier aufzutreten, und so scharte sich ihr kleiner Kreis noch enger um einen rundlichen Mann, der wie ein mürrischer Chruščev aussah. Es war Todor Živkov, ihr Ministerpräsident und Chef der Kommunistischen Partei, ein Mann, der seine freudlose Marionettennation als „Rußlands treuesten Verbündeten" bezeichnete.

Die Kellner winkten und flehten jedermann an, näherzutreten und zu essen. Einige Militärattachés gehorchten, aber die meisten Gäste wollten sich einfach nicht von der Stelle rühren. Dann kam Dubček, der gerade die Empfangsschlange entlassen hatte, hereingeschlendert. Er ging mit einer schweren, aber elastischen Art von Spazierschritt. Mehr noch als seine berühmte Nase würde es mir Dubčeks Gang ermöglichen, ihn in größeren Menschenansammlungen auszumachen.

Einer der betrübten Kellner warf Dubček einen flehenden Blick zu. Dubček nickte und ging geradewegs auf das Essen zu.

In der Tür blieb er stehen, lehnte sich zurück wie ein Baseballwerfer und machte eine große, freundliche einladende Bewegung. Viele Leute im Saal lachten. Die bulgarische Delegation löste sich auf, und Živkov watschelte an Dubčeks Seite. Es bestand ein komischer Kontrast zwischen diesen beiden kommunistischen Führungsstilen.

Die zwei Parteichefs waren drei Tage zusammengewesen, hatten Autofabriken, ein Chemiewerk und eine LPG besucht. Daher hatten sie nicht mehr viel miteinander zu plaudern. Nach ein paar Minuten widmete Dubček seine ganze Aufmerksamkeit einem Teller, der schwer mit ungarischer Salami und Fisch beladen war. Nun stand er allein mit seinem Abendessen, einem Glas Weißwein und seinen Gedanken im Mittelpunkt der Menschenmenge im Czernin-Palais. Obwohl ihn viele so wie ich beobachteten, näherten sich ihm nur wenige. Die, die es taten, wurden von seiner rauhen, fast krächzenden Stimme herzlich begrüßt und aufmerksam angehört.

Sein dunkler, dezent karierter Anzug hing ein bißchen schlaff an ihm herab, als ob er etwas an Gewicht verloren hätte. Sein dunkles Haar war von der hohen Stirn zum Hinterkopf zurückgestriegelt worden, wo es kurz geschnitten und am Ansatz blond war.

Ein schwerfälliger, finster vor sich hin blickender Mann, der Dubček auch beobachtete, stand neben mir, und ein Journalist stellte mich ihm vor. Es war Stepan V. Červonenko, der russische Botschafter in Prag. Červonenko sprach Russisch mit einem starken südlichen (georgischen) Akzent. Der Journalist fragte ihn, ob es wahr sei, daß die Tschechoslowakei ihn gebeten hatte, sich mit Antonín Novotný nicht weiter zu beraten, jetzt, da dieser schon einen Monat nicht mehr im Amt war.

Červonenko wehrte mit einer Gegenfrage ab: „Wer hat Ihnen das gesagt?“ Dann ging er, ohne uns die Hand zu geben.

Ein sowjetischer Diplomat niedrigeren Ranges bemerkte an diesem Abend: „Herr Dubček ist ein Mann, der höflich zuhört, wenn wir ihm sagen, was er zu tun hat, um dann das zu tun, was er will. Er ist ein Mann mit der besten oder überhaupt keiner Zukunft.“

Dubček wohnte nach wie vor im Hotel ohne Namen. Seine Frau Anna kam zu wichtigen Anlässen von Bratislava nach Prag. Sie war an diesem Abend anwesend, eine untersetzte, lehrerinnenhafte Matrone, deren Vorstellung, wie man sich für einen Staatsempfang zu kleiden hatte, folgerichtig darin bestand, ein schlichtes blaues Kleid mit einer Glasperlenkette aufzuputzen. Ich sah sie schüchtern mit ihrem Mann Händchen halten, während sie bei den Buffettischen anstanden. Offensichtlich vermißte sie ihn, da sie die meiste Zeit in Bratislava damit verbrachte, für ihre Söhne und ihre Schwiegermutter im Haus der Dubčeks in der Mausstraße (*Myšikova ulice*) zu sorgen.

Die Dubčeks verließen das Czernin-Palais gemeinsam gegen elf Uhr, und die Party war kurz darauf zu Ende. Ich trödelte noch herum und versuchte erfolglos einen Angestellten im Palais zu überreden, mir den Hof zu zeigen, wo Jan Masaryks Körper vor zwanzig Jahren gefunden worden war. Aber der Hof war für die Augen der Öffentlichkeit oder der Presse verschlossen.

Als ich wegging, war der *Pohořelec* verlassen, und ich betrachtete seine schwarz-goldene Barockstatue, an der der Verkehr vorbeiführt. Die Figur ist typisch für die böhmischen Länder: der heilige Jan von Nepomuk, auch Johannes der Beichtvater genannt. Es gibt kaum ein Dorf in Böhmen ohne irgendein Denkmal dieses Märtyrerpriesters, der 1393 starb, aber erst 1729 heiliggesprochen wurde. Man kann sagen, daß Johannes von Nepomuk dem guten Herzog Wenzel, was die Anzahl ihrer Statuen betrifft, zwei zu eins überlegen ist.

Böhmen hat auch einen bösen Wenzel – König Wenzel IV., der tödlich eifersüchtige und dem Trunke ergebene Sohn und Nachfolger Karls IV. Die offizielle Legende besagt, daß Johannes von Nepomuk, Erzbischof von Prag und Generalvikar von Böhmen, von Wenzel IV. den Befehl erhalten hatte, ihm die Beichte seiner Frau zu enthüllen. Als Johannes das verweigerte, ließ Wenzel ihn von der Karlsbrücke in die Moldau werfen – von genau dem Platz, wo heute noch eine weitere Statue des Johannes von Nepomuk steht. Von da an gibt es verschiedene Fortsetzungen der Legende: a) Der Fluß trocknete danach für einige Tage aus, und /oder b) als man den Leichnam fand, fehlte die Zunge, oder c) die sterblichen Reste waren vom Wasser aufgeschwemmt, nur die Zunge war unversehrt.

Das bemerkenswerteste Monument für Johannes von Nepomuk ist sein großer, silberner Sarkophag im St. Veitsdom. Aber keine Statue von ihm ist überzeugender als die barocke – mit einem Fisch zu ihren Füßen und dem sich dahinter erhebenden Strahovkloster –, die den Verkehr auf dem *Pohořelec* überragt. In dieser Aprilnacht, nachdem ich Alexander Dubček kennengelernt hatte, dachte ich nicht über Legende oder Wahrheit nach. Aber ich hatte ein ungewöhnliches religiöses Erlebnis. Denn ich ertappte mich dabei, wie ich zu Johannes von Nepomuk das tschechische Dankgebet sprach: „Es gibt noch gute Menschen."[15]

Zu dieser Zeit war das, was das bleibende Denkmal für Alexander Dubček zu sein schien, gerade der Öffentlichkeit präsentiert worden: das neunzigseitige Aktionsprogramm der Kommunistischen Partei der Tschechoslowakei; ein bemerkenswertes Dokument, das viele der im Radio und Fernsehen propagierten edlen Ketzereien kodifizierte. Daß man sie gedruckt sah, abgefaßt in der langweiligen Prosa einer beglaubigten Parteischrift, machte den Traum irgendwie offiziell. Jetzt gab es eine schriftliche Zusage, an der eine Nation ihre Bestrebungen und Leistungen messen konnte. Das Aktionsprogramm berührte alle Fragen (einschließlich die der Erziehungs- und Wirtschaftsreformen), aber das Wesentliche kann man so zusammenfassen:

... Obwohl der XIV. Parteitag eigentlich erst in über einem Jahr stattfinden sollte, würde er auf Anfang September 1968 vorverlegt werden, um die Verwirklichung des Aktionsprogrammes und die demokratischen Wahlen derjenigen, die seinen Zielen verpflichtet waren, voranzutreiben. (Derartige Wahlen bedeuteten den Untergang für die Novotnýanhänger, die sich immer noch an die Macht klammerten.)

... „Die Realisierung der konstitutionellen Versammlungs- und Vereinsfreiheit muß noch in *diesem* Jahr sichergestellt werden."

... „Gesetzliche Normen müssen die Redefreiheit für Interessensvertretungen und Meinungsäußerungen von Minderheiten sorgfältiger garantieren."

... „Die konstitutionelle Reisefreiheit, im besonderen die unserer Bürger ins Ausland, muß gesetzlich präzise garantiert werden."

[15] „Es gibt noch gute Menschen" ist die Übersetzung des tschechischen Titels von Romain Rollands 1923 erschienenem Roman *Colas Breugnon*, der in der Zwischenkriegszeit eine große Popularität erreichte.

... „Es wird nötig sein, möglichst umgehend das lange vorbereitete Gesetz über die Wiedergutmachung jeglichen Schadens, der Personen oder Organisationen durch den widerrechtlichen Beschluß eines staatlichen Organs zugefügt wurde, anzunehmen. Es ist eine schwerwiegende Tatsache, daß die Rehabilitierung derjenigen Menschen – Kommunisten oder Nichtkommunisten –, die durch legalisierte Gewalttaten in den vergangenen Jahren schikaniert wurden, nicht immer im vollsten politischen und zivilen Ausmaß durchgeführt wurde."

... Die Gleichstellung der Slowaken (die von einigen gebildeten Tschechen immer noch als rückständiger Stamm betrachtet wurden) sollte in der Verfassung zum Ausdruck kommen. Unterstützt werden sollte sie durch die Wiederaufnahme der Nachkriegspraktik (1945–1948), nach der für jedes Ministerium unter tschechischer Leitung ein slowakischer Stellvertreter ernannt wurde (und umgekehrt).

... Es wurde zugesagt, „das Streben nach freundschaftlichen Beziehungen mit unseren Verbündeten – den Ländern der sozialistischen Weltgemeinschaft – auch weiterhin auf der Grundlage gegenseitiger Achtung, Souveränität, Gleichberechtigung und internationaler Solidarität zu intensivieren." Aber mehr paßte sich die Ausdrucksweise nicht an. Und die Stellungnahme zur deutschen Politik reichte aus, um Walter Ulbricht Sterne sehen zu lassen, in allen Farben, nur nicht rot:

> Wir müssen beständig von der Existenz zweier deutscher Staaten ausgehen, von der Tatsache, daß die Deutsche Demokratische Republik als erster sozialistischer Staat auf deutschem Territorium ein wichtiges Friedenselement in Europa ist; wir müssen auch von der Notwendigkeit ausgehen, die realistischen Kräfte in der Bundesrepublik Deutschland zu unterstützen, wobei den neonazistischen und revanchistischen Tendenzen in diesem Land Widerstand entgegenzusetzen ist. Das tschechoslowakische Volk möchte mit allen Nationen in Frieden leben.

Östlich der Elbe waren solche aufrichtigen Erklärungen 1968 noch kämpferische Worte. Die Deutsche Demokratische Republik hatte schon in Dresden und kurz danach deutlich gemacht, daß sie die Demokratisierung ihres südlichen Nachbarn als eine Bedrohung ihrer eigenen Sicherheit betrachte. Nun sickerte durch, daß man an hochoffizieller Stelle in

Ostberlin der Meinung war, daß „die Partei in der Tschechoslowakei wie ein fauler Fisch ist, der am Kopf zu stinken beginnt." Und der Kopf war natürlich Dubček.

Aber die am süßesten duftende Zeit des Jahres war nach Prag gekommen. Es war eine Zeit, in der wir jeden Morgen nach dem Erwachen eine überall um uns herum glänzende und blühende Stadt vorfanden, eine andere und schönere als die, in der wir zu Bett gegangen waren. Das war eine Offenbarung; meine Familie hatte schon Vertrauen in die Stadt gefaßt und sich in sie verliebt. Sogar verschleiert von Winter und Innenstadtsmog, konnte Prag Valerie, Monica und Erika angenehm überraschen. Sie schauten umher, und vor ihnen tat sich ein unerwarteter Blick auf den über der Moldau aufragenden Hradschin auf, an einer Stelle, wo sie weder das eine noch das andere erwartet hatten. „Und egal, wie oft man die Burg oder den Fluß sieht", stellte meine Frau fest, „die Farben und Schatten lassen sie sogar von Stunde zu Stunde ganz verschieden erscheinen."

Drei- oder viermal im Jahr, als ich noch New York wohnte, wurde ich von einem Gefühl des Nicht-Weiterkommens gequält. Diese melancholischen Anfälle sind der Fluch einer Freiberufler-Seele, die versucht sich zu entwickeln oder auch nur über die Runden zu kommen, in einem kleingeistigen Milieu, das dich nur für so gut hält wie dein letztes (oder nächstes) Projekt. Immer wenn sie auftraten, jammerte ich unweigerlich: „Ich komme nirgendwohin!" Ich legte mich dann meistens hin und weinte einen Tag lang oder haute meinen Kopf gegen die Schlafzimmertapete. Oder ich konnte eine Bootsfahrt nach Staten Island machen, oder eine Fahrt mit der Metro zum anderen Ende der Canarsie-Linie auf der 14. Straße, wo ich mich in den Anblick des einzigen Bahnübergangs im gesamten Nahverkehrssystem New York Citys versenken konnte. Ich erinnere mich an einen Abend, an dem ich, warum, habe ich vergessen, durch den Central Park in seiner ganzen Länge lief, von der 59. bis zur 110. Straße, in der Hoffnung, daß irgendein Straßenräuber mich aus meiner Not befreien würde. Aber wer kann sich schon in einer Welt, in der man nie genug gute Absichten haben kann, auf die schlechten Absichten anderer verlassen? Schließlich fand ich dann zu mir selbst zurück und widmete mich wieder dem Leben und der Arbeit.

Auch in Kafkas Prag konnten diese melancholischen Anfälle zuschlagen. Aber alles, was ich dann zu tun hatte, war spazierenzugehen und mich umzuschauen. Auf dem Hradschin konnte ich auf Steinen wandeln, die zehn Jahrhunderte überdauert hatten, oder ich konnte über eine Brücke gehen, die schon sechshundert Jahre stand. Ich konnte über die Künstler nachsinnen, die sie schufen, und mich fragen, wie sehr sich ihr Leben vom heutigen stoischen, gleichmäßigen, beinahe routinemäßigen Ertragen unmöglicher Situationen unterschieden hatte. Und dann eilte ich nach Hause zu meiner Arbeit, weil es eine Lüge gewesen wäre, zu mir selbst zu sagen: „Ich komme nirgendwohin!" Wenn ich das getan hätte, hätte meine eigene Stimme zurückgeknurrt und von den Jahrhunderten aus Stein widergehallt: „Aber ich *bin* ja wo hingekommen!"

> Tschechoslowakische und rote [Hammer-und-Sichel]-Fahnen sind an allen staatlichen und öffentlichen Gebäuden vom 30. April, 18 Uhr bis zum 2. Mai, 8 Uhr anläßlich der Feiern zum 1. Mai zu hissen. Für den darauffolgenden Anlaß des Tages der Befreiung am 9. Mai werden staatliche und öffentliche Gebäude vom 8. Mai, 18 Uhr bis zum 12. Mai, 8 Uhr mit tschechoslowakischen und sowjetischen Flaggen geschmückt. Auch der Bevölkerung wird geraten, ihre Häuser auf ähnliche Weise auszustatten.
>
> – offizielle Bekanntmachung, Prag, April 1968.

> Das Zentralkomitee der Nationalen Front, der Veranstalter der diesjährigen Feierlichkeiten zum 1. Mai, hat eine Proklamation herausgegeben, die die historische Idee, die hinter diesem Anlaß steht, heraushebt: die internationale Solidarität der Arbeiter. Die Proklamation weist auch darauf hin, daß dieses Jahr der 1. Mai in der Atmosphäre eines politischen Frühlings begangen wird, der die Ideen des Sozialismus und der Demokratie verbindet. Es wird auch erwähnt, daß in diesem Jahr der 50. Jahrestag der Gründung der Tschechoslowakei begangen wird. *Die Teilnahme an den Feierlichkeiten zum 1. Mai ist freiwillig. Die Bürger dürfen ihn begehen, wo es ihnen am besten paßt.*
>
> – Zeitungsankündigung (Hervorhebungen d. Verf.), Prag, April 1968

Die Maiparade 1968 in Prag war ein noch nie dagewesenes anarchistisches Liebesfest, das vor der Haupttribüne in der Nähe des Pulverturms fröhlich zum Stillstand kam. Anstatt flott vorbeizuparadieren, hielten die Marschierenden einfach an, um auf Dubček und Svoboda zu glotzen, sich mit ihnen zu unterhalten und sie zu fotografieren.

Zuerst kam eine Gruppe sehr alter Legionäre in verschlissenen, fadenscheinigen, aber dennoch prächtigen Uniformen aus dem Ersten Weltkrieg. All die alten Käuze trugen Medaillen und einige Hörgeräte. In dem ganzen Zug waren keine Zähne zu sehen. Einer, der über mehr Auszeichnungen verfügte, als er anstecken konnte, trug ein Holzbrett, auf dem er seine überschüssigen Medaillen ausgestellt hatte. Mit der anderen Hand warf er General Svoboda (der in Zivilkleidung war) einen zittrigen Gruß zu, den dieser schneidig erwiderte. Es war schwer vorstellbar, daß der eine oder andere dieser alten Soldaten vielleicht sogar jünger war als der 72jährige Präsident.

Die alten Veteranen marschierten so forsch weiter, wie sie konnten, aber dann brach alle Ordnung zusammen. Über die Brücke des 1. Mai, über die Moldau und weiter durch die Nationalstraße zogen Fabrikdelegationen, Gewerkschaftsmitglieder, Nachbarschaftskomitees, „Bürger griechischer Herkunft", der tschechoslowakische Verband der Zigeuner, Studenten, Großfamilien in Gruppen, kleine Familien, junge Paare Hand in Hand, Straßenbahnschaffner und Kellnerinnen in Uniform, das alte und junge, das große und kleine Prag. Die Parade begann um Punkt 8 Uhr morgens, und als sie sich endlich um 15 Uhr auflöste (mindestens drei Stunden später als vorgesehen), hatten mehr als 400.000 Leute, also mehr als ein Drittel der Einwohner Prags, daran teilgenommen. 150.000 davon liefen noch immer um die Tribüne herum, um Alexander Dubček zu hören, der ihnen „für einen Tag des Lächelns" dankte und sie aufforderte, nach Hause zu gehen.

Es war nicht nur eine Rekordteilnehmerzahl, sondern etwas ganz anderes als vor einem Jahr, als 150.000 Menschen befohlen worden war zu marschieren, und 200.000 andere dazu verdonnert wurden, beim Marschieren zuzusehen, während die übrigen Prager zu Hause blieben und schlechte Laune hatten. (Am Maifeiertag als „Tag der Arbeit" übte die Obrigkeit eine strenge Kontrolle über individuelle Aktivitäten aus). In diesem Jahr hatte sich die Spontanität durchgesetzt und der gute Wille triumphiert. Sogar eine Handvoll Extremisten mit solchen Wahrzeichen wie einer amerikanischen Flagge, einem hebräischen Leuchter, einer Fahne mit dem Davidstern und den Worten „LASST ISRAEL LEBEN!" auf tschechisch und hebräisch und einem „NIEDER MIT DUBČEK"-Schild standen da, glotzten und winkten wie der Rest, als sie Dubček und Svoboda vor sich hatten.

KAN, der neu gegründete Klub der Engagierten Nichtparteimitglieder (*Klub Angažovaných Nestraníků*) marschierte und lief herum. Das gleiche tat die Gesellschaft politischer Exhäftlinge, bekannt als K231 (K für *Klub* und 231 für die Nummer des Paragraphen über den Schutz der Republik, ein obskures Gesetz, das in der österreichisch-ungarischen Monarchie 1848 von den Habsburgern erlassen und mehr als ein Jahrhundert später von den Kommunisten angewendet wurde, um 62.000 Tschechen und Slowaken einzusperren). Das gleiche taten 2.000 Pfadfinder in abgelegten, aber sehr schön erhaltenen Uniformen ihrer Eltern. (Das Pfadfindertum war als „exklusiv und daher unerwünscht" vor beinahe zwei Jahrzehnten abgeschafft worden; es wurde aber am 29. März 1968 rehabilitiert und wiederbelebt.) Und als eine uniformierte Sokol-Turnergruppe aus der Vorkriegszeit vorbeiparadierte, roch die Frühlingsluft nach Mottenkugeln.

Geschmückt mit Blumen und Lächeln, vermischten sich all diese Uniformträger und Kreuzritter, die Liebe und die Dankbarkeit vor der Tribüne zu einem fröhlichen Ball der Menschlichkeit, während sich oben die Fahnen mit den wachsamen Gesichtern von V. I. Lenin, Klement Gottwald, Karl Marx und Friedrich Engels bauschten. Die Masse unten begann einen Dialog:

„Dubček! Dubček! Laßt den Frost nicht wieder einbrechen!"

Worauf Dubček von oben rief: „Das können wir gar nicht. Ihr treibt uns ja an!"

Einige Studenten riefen im Chor: „Ihr dürft mit der Demokratisierung nicht aufhören!"

Lachend sagte Dubček: „Wir haben keine Zeit aufzuhören!"

Ein Mann hielt seinen kleinen Sohn in die Höhe. Das Kind gab Dubček einen Fotoapparat. Er schüttelte seine Hand, aber fragte perplex: „Ist das ein Geschenk?"

„Nein", sagte der Vater, „ich möchte, daß Sie für mich eine Nahaufnahme vom Präsidenten machen."

Also fotografierte Dubček Svoboda.

Einige amerikanische College-Studentinnen, die ihr *junior year* in Wien verbrachten, waren in die Stadt gekommen und nahmen an der Parade teil, um auf diese Art die beste Besichtigungstour zu machen. Zwei von ihnen in Miniröcken schafften es, zu Dubček und Svoboda hinaufzureichen. Sie schüttelten ihnen nach Bergsteigerart die Hände, wobei sie den beiden Staatsmännern fast die Arme ausrissen.

Studenten von der Fakultät für Kinderheilkunde marschierten vorbei und schwenkten erschreckende Statistiken über die rückgängige Geburtenrate und die steigende Zahl der Abtreibungen. In der Tschechoslowakei wurde in jenem Jahr jede dritte Schwangerschaft abgebrochen.

„Ihr habt recht", rief Dubček den jungen Kinderärzten zu. „Es sollten mehr Kinder in der Tschechoslowakei geboren werden."

„Sie müssen uns helfen", rief einer der Studenten.

„Ich habe schon drei", antwortete Dubček stolz.

Zum ersten Mal überhaupt durften ausländische Journalisten, die sonst innerhalb einer speziellen Absperrung streng bewacht worden waren, die Tribüne von hinten betreten. Dubček sprach sogar einige Worte mit dem amerikanischen Fernsehsender CBS, und der stellvertretende Ministerpräsident Ota Šik gab dem niederländischen Fernsehen ein Interview. Auf dem angrenzenden Pressestand stießen wir mit Sylva zusammen. Sie war mit einem Freund von Radio Brüssel da, der nach Prag gekommen war, um von der Parade zu berichten.

Inmitten des Wirbels, der Fröhlichkeit und des Durcheinanders sagte Sylva etwas, was sie in den Jahren, seitdem ihr Bericht über die Berliner Mauer gefälscht worden war, nicht einmal zu denken gewagt hätte: „Ich wünschte, ich könnte über das, was ich sehe, schreiben." Ein Redakteur der sozialistischen Tageszeitung *Das freie Wort* (*Svobodné Slovo*) stand neben Sylva. An Ort und Stelle bot er ihr eine Anstellung als Reporterin an, und sie biß vorsichtig an. Sie würde arbeiten, nicht für *Svobodné Slovo*, sondern für eine in Kürze erscheinende unabhängige Wochenzeitung für Kultur, Politik und Wissenschaft, für die das sozialistische Verlagshaus gerade Gelder und Zeitungspapier bewilligt bekommen hatte. Sie würde *Zítřek – Morgen* – heißen.

Am 1. Mai 1968 hielten das Morgen, *Zítřek* und Sylvas neue Karriere grenzenlose Versprechen bereit, und ich freute mich für sie. Eine wunderschöne Freundin in den Dreißigern, die hauptsächlich von ihrem Aussehen und ihren Sprachkenntnissen gelebt hatte, begann von neuem in einem Bereich, in dem auch ich Erfolg suchte.

Sylva blickte auf die Maiparade, aber die Berliner Mauer war in ihrem Hinterkopf, als sie noch eine Frage stellte: „Und meine Texte wird man nicht ideologisch frisieren?"

„Das versteht sich von selbst", antwortete der Redakteur, „aber ich sage es trotzdem." Und er bat die amerikanische Familie Levy, das zu bezeugen.

Die sieben Stunden auf der Maiparade gaben mir Zeit, um über einige der Marschierenden nachzudenken, deren bloße Anwesenheit in einer sozialistischen Gesellschaft von den nervösen Nachbarn der Tschechoslowakei schon als „Beweis für eine Konterrevolution" angeführt wurde.

„DIE, DIE ANGST VOR EINER OPPOSITION HABEN, FÜRCHTEN IN WIRKLICHKEIT DIE ÖFFENTLICHE MEINUNG" verkündete das Transparent, das der Klub der Engagierten Nichtparteimitglieder (KAN) schwenkte und das ein freundliches Winken von Dubček hervorrief. Die Russen beharrten darauf, daß KAN „breitgestreute und gut organisierte Verbindungen zu einigen ausländischen antikommunistischen Organisationen und Parteien, vor allem und am meisten in Westdeutschland unterhält ... die Agitations- und Propagandaaktivität des Klubs ist völlig darauf ausgerichtet, die Kommunistische Partei der Tschechoslowakei und das sozialistische System zu diskreditieren, indem sie diesen ‚andere Arten politischer Organisation', zum Beispiel eine bourgeoise Republik, gegenüberstellt."

KAN war das geistige Kind des Philosophen Ivan Sviták, des „einsamen Heckenschützen", der sich ziemlich offen „an eine Kraft mit einem phantastischen Potential" wandte: „Sechs Millionen Menschen im wahlberechtigten Alter, die in unserem Land politisch nicht organisiert sind ... Wir Nichtkommunisten möchten, daß die Liberalisierung über die von der neuen Parteiführung gesetzten Grenzen hinausgeht. Ich bin jetzt weniger pessimistisch, was die Chancen betrifft, eine echte sozialistische Demokratie zu erreichen, als zu der Zeit ... als Novotný noch Präsident war. Aber tiefgreifende Veränderungen müssen noch eintreten. Die kritischen Fragen sind: Werden die liberalen Kräfte in der Kommunistischen Partei stark genug sein, um die gesamte Struktur des politischen Lebens zu verändern? Und wie werden die Rechte für nichtkommunistische Parteien aussehen?"

Er wurde gefragt, ob KAN nicht die Basis „für eine neue politische Gruppe, eine neue Partei" sei, „die, wenn nicht heute, vielleicht morgen ihren Platz neben der Kommunistischen Partei einnehmen" könne.

„Ja", sagte Sviták. „Die Entwicklung geht in diese Richtung."

Das Ergebnis der Reden Svitáks war ein KAN-Manifest, unterzeichnet von 150 Prominenten, darunter einige Mitglieder der Kommunistischen Partei, die zu engagierten Ehrennichtmitgliedern von KAN gemacht wurden. Das Manifest erklärte die Menschen- und Bürgerrechte zu seinem Ausgangspunkt und höchsten Ziel. Die Sprache war eindeutig die Svitáks:

> KAN muß wie ein Mungo handeln, der mit einer ungeheuren Schlange kämpft, die zweimal stärker ist als er. Der Mungo manövriert die ganze Zeit. Er zieht sich oft zurück, dann greift er an und geht wieder in die Defensive. Er wartet auf den Augenblick, in dem man die Schlange an ihrer verwundbarsten Stelle packen kann, und dann holt er zum tödlichen Schlag aus.

Dreitausend Menschen kamen zum ersten KAN-Treffen, und die folgenden Sitzungen waren fast genauso gut besucht. Auf Grund des Säbelrasselns der Russen legte Dubčeks Bürokratie KAN jedoch Steine in den Weg, und der „Klub" erhielt niemals seine formale Existenzberechtigung. Das machte es wesentlich leichter, ihn einmal zu vernichten.

„LASST ES NIE WIEDER GESCHEHEN" stand auf einem anderen Transparent in der Maiparade. Das war das Motto des K231, den die Russen ständig mit KAN verwechselten. Aber das hätten sie nicht tun müssen. KAN war ein unerschrockener Versuch, die Zukunft zu gestalten, K231 hingegen eine leise Suche nach der Vergangenheit, für seine 40.000 Mitglieder, die in den fünfziger Jahren inhaftiert gewesen waren.[16]

[16]Den Statistiken von K231 nach waren insgesamt 35.000 Menschen in der Tschechoslowakei zwischen 1948 und 1956 zu Unrecht verurteilt worden; weitere 27.000 (wenn auch weniger streng) danach noch bis 1967.

Einige dieser gehetzt blickenden Männer und Frauen, die sich alle entweder aus den Verhörräumen in Ruzyně, den Folterzellen in Leopoldov oder den Uranminen in Jáchymov kannten, hatten sich in einer Halle auf einer Moldauinsel getroffen. „Wir haben kein anderes politisches Ziel, als die gegenwärtigen politischen Kräfte unserer Nation in ihrem Bemühen zu unterstützen, eine gerechte und demokratische soziale Ordnung zu schaffen", sagte der offizielle Sprecher von K231. „Wir möchten weder der Partei noch der Regierung irgendwelche Schwierigkeiten machen. Wir haben diese Organisation gegründet, um der Obrigkeit zu helfen. Unser Klub hat nichts mit einer politischen Organisation gemeinsam."

Das war an einem Dienstag abend. Sie schickten ein Telegramm an Dubček, in dem sie hervorhoben, daß ihre konkreten Ziele die gesetzliche Rehabilitierung und die feste Garantie der individuellen Freiheiten seien, und in dem sie „unsere Achtung für die Art, wie Sie unserem Volk die Menschenwürde zurückgeben" zum Ausdruck brachten. Und der neue Erste Sekretär, von dem bekannt war, daß er weinte, als er Einsicht in die Dokumente über die Ungerechtigkeiten in der Vergangenheit bekam, und gefragt hatte „Wie war es für Kommunisten möglich, sich so zu verhalten?", teilte sicher ihre Auffassung. Am Mittwoch morgen ersuchten sie die Behörden, K231 gründen und am Sonntag, während ihr Verfahren noch anhängig war, eine Versammlung abhalten zu dürfen. Am Mittwoch nachmittag erteilte ihnen ein stellvertretender Sekretär des ZKs der Kommunistischen Partei eine einstweilige Existenzerlaubnis, unter der Auflage, K231 nicht für „irgendwelche politischen Aktivitäten zu mißbrauchen". Ein Vertreter des Innenministeriums sicherte ihnen eine Versammlungserlaubnis zu. Die Behörden billigten ebenso Pläne zur Gründung von Regional- und Bezirksorganisationen von K231 im ganzen Land und die Abhaltung eines nationalen K231-Kongresses später in diesem Jahr. Aber so wie bei KAN wurde eine endgültige Zulassung für K231 in der Schwebe gehalten …

Von übermäßig harten Geldstrafen und Enteignungen waren zwischen 1951 und 1967 35.000 Bauern (im Verlaufe der Kollektivierung der Landwirtschaft) und 16.000 kleine Einzelhändler betroffen.

Ab März konnte man Hunderte kleine Zeitungsnotizen lesen, die bei einem das Bedürfnis, mehr über das Ausmaß der Verfolgung und des Terrors zu erfahren, noch verstärkten:

> Dr. František Tržický, ehemaliger Staatsanwalt und Abteilungschef im Amt des Ministerpräsidenten, der – zusammen mit anderen ehemaligen Führern der Sozialdemokratischen Partei – 1954 wegen angeblichen Hochverrates zu 25 Jahren Gefängnis verurteilt worden war, ist vollständig rehabilitiert worden. In den letzten zwei Jahren hatte Dr. Tržický als Straßenbahnschaffner gearbeitet.
>
> Professor Milan Hübl ist neuer Rektor der Politischen Schule des Zentralkomitees der Partei geworden. Der prominente Historiker kehrt damit an das Institut zurück, das er 1964 zwangsweise verlassen mußte.
>
> Von den 50 oder 60 verfolgten Mitgliedern ihres Kollegiums hat die philosophische Fakultät der Karlsuniversität in Prag bisher 28 rehabilitiert, vier davon posthum.

Manchmal wurde man unvermittelt Zeuge trauriger Lebensgeschichten, z. B. als eine rundgesichtige Oma, deren Kind mit meinem spielte, auf dem Spielplatz eine alte Freundin umarmte und mir erklärte: „Wir haben uns zehn Jahre lang nicht gesehen, und davor waren wir zehn Jahre lang jeden Tag im Gefängnis zusammen." Oder als ich in einer familiären Notlage einen Taxifahrer bat, eines meiner Kinder zu Hause abzuliefern, und er zu mir in kultiviertem Englisch sagte: „Sir, ich denke, ich sollte Sie warnen, daß Sie Ihr Kind einem Mann anvertrauen, der vorbestraft ist – fünfzehn Jahre Gefängnis wegen staatsfeindlicher Aktivitäten, und meine Bewährungsfrist läuft bis 1971." Oder als ich zwei alten Männern in einer Kneipe zuhörte, wie sie ihre Vergangenheit gegenüber ihren spottenden Kumpanen verteidigten.

„Ich werde meine dreiundachtzig Monate im Gefängnis nie bedauern", sagte einer der beiden, „denn es ist eine Schule, die draußen niemand zu schätzen weiß. Es ist der einzige Ort, an dem der menschliche Charakter in seinem wahren Licht erscheint."

Der andere sagte zu seinen Quälgeistern: „*Ihr* wart diejenigen, die nicht frei waren. Im Gefängnis konnten wir frei miteinander sprechen, und wir *wußten*, wie die Dinge wirklich standen."

Oder, wie es der freimütige und hervorragende Journalist Jiří Hochman formulierte: „Unter anderem sind es die Gefängnisse, die die kulturellen Standards einer Nation widerspiegeln."

Um die Zeit der Maifeierlichkeiten arrangierten gemeinsame Freunde für drei führende Persönlichkeiten von K231 eine Cocktaileinladung zu uns nach Hause. Es kamen der Präsident des Klubs, seine Frau und ein Arzt.

Der 64jährige Präsident von K231 war ein ehemaliger Professor. Er hatte in der Touristenabteilung der Außenhandelsgesellschaft gearbeitet, als er im Februar 1949 des Landesverrates angeklagt wurde. Er war Mitglied einer Splittergruppe der Sozialistischen Partei gewesen, die sich gegen ein Zusammengehen der Sozialisten mit den Kommunisten in der Nationalen Front stellte. Für diesen Landesverrat verbrachte er vierzehn Jahre im Gefängnis – acht davon in Einzelhaft –, bevor er Ende 1963 entlassen wurde. Zurückgekehrt ins bürgerliche Leben, arbeitete er zuerst mit der Schaufel und nun als Büroangestellter.

Er war ein rotgesichtiger, weißhaariger, ausgelassener kleiner Mann. Tatsächlich war er, wie seine Frau sagte, ein allseits beliebter, lustiger, rundlicher Familienvater gewesen, bevor er ins Gefängnis kam. Sein Doktor fügte hinzu, daß er an seinem Tiefpunkt in Leopoldov nur 43 kg gewogen hatte. Jetzt war er wieder auf gute 62 kg gekommen, aber der Doktor hätte gerne noch 7,5 bis 10 kg mehr gesehen.

„Als man in Leopoldov ankam", erinnerte sich der Präsident, „wurde einem gesagt: ‚Es ist ganz egal, wie dein Urteil lautet, da du hier sowieso nicht wieder herauskommst. Dies ist der Ort, an dem du sterben wirst.'"

„Ich war der Arzt in Leopoldov ", sagte der Doktor. „Sie sagten mir, daß sie mir alle erdenklichen Möglichkeiten bieten würden, um meine chirurgischen Fähigkeiten zu verbessern – und sie hielten ihr Versprechen. Aber sie gaben mir keine Medikamente und keine medizinischen Einrichtungen."

„Während meines Aufenthaltes dort", sagte der Präsident, „operierte er meinen Blinddarm und einen Bruch. Ohne Narkose."

„Sei froh", sagte der Doktor, „daß du dir auf dem hölzernen Operationstisch keine Splitter geholt hast."

„Und ich mußte bei beiden Operationen selbst die Lampe halten."

So erinnerten sie sich. Es war fast so, als ob sonst niemand dort gewesen wäre. Manchmal schraken sie auf, wenn ich sie mit einer Frage unterbrach.

„Was geschah mit Ihrer Familie, während Sie weg waren?"

Die Frau des Präsidenten antwortete: „Wir haben drei Kinder. Zuerst wurde mein Mann abgeholt. Und dann, einen Monat später, wurde ich abgeholt, weil ich seine Frau war und weil er nicht gestehen wollte. Unsere Töchter waren damals vierzehn und elf Jahre alt, aber unser kleiner Sohn erst zweieinhalb. Die beiden Mädchen kümmerten sich besser um ihn als ich. Sie kamen wiederholt vorbei, um ihn mitzunehmen. Aber die Mädchen logen. Sie sagten, er würde bei Verwandten leben. Lügen! Das war es, was die Familie zusammenhielt."

„Als ich herauskam", sagte seine Frau, „konnte ich wegen meiner zweimonatigen Vorstrafe nicht wieder unterrichten. Und meine Kinder durften auch nicht zur Schule gehen. Ich fand eine Arbeit als Nachtportier, und tagsüber hielt ich in einem einzigen Raum Schule ab. Wirklich nur in einem Raum, denn aus unserer Dreizimmerwohnung mußten wir ausziehen, da mein Mann uns ‚Schande' bereitet hatte."

„JEDER, DER EINEN UNTERSCHIED ZWISCHEN JUDEN UND NICHTJUDEN, CHRISTEN UND NICHTCHRISTEN, KOMMUNISTEN UND NICHTKOMMUNISTEN MACHT, IST IN MEINEN AUGEN EIN IDIOT" war auf einem etwas unklaren Transparent auf der Maiparade zu lesen. Die Worte waren von Jan Werich, dem Komiker, der jetzt Sonntag abends seinen eigenen Fernsehkommentar in „Was sagen Sie dazu, Herr Werich?" brachte.

Werich selbst ist kein Jude, aber seine Worte trugen Vertreter der jüdischen Gemeinde von Prag – die von gut 50.000 Mitgliedern vor dem Krieg auf 2.500 am 1. Mai 1968 geschrumpft war. Zwei Tage zuvor war Werich ins ehemalige Prager Ghetto in der Altstadt gegangen, um die Hauptrede bei der Eröffnungszeremonie zur jüdischen Tausendjahrfeier zu halten. Vor tausend Jahren hatten sich die ersten Juden in Böhmen und Mähren angesiedelt.

Obwohl ich kein frommer Jude bin, wird mir mit etwas größerem Respekt als zu Hause begegnet, wenn ich eine der sieben Synagogen betrete, die das Staatliche Jüdische Museum, wie das Prager Ghetto genannt wird, umfaßt. In der jüdischen

Tradition sind die Leviten (Lev oder Levý auf tschechisch, Löw oder Löwy auf deutsch – Kafkas Mutter war eine geborene Löwy) die niederen Priester des Tempels und immer willkommen; unser Symbol ist ein Krug und ein Tablett.

Prag selbst wird die „Mutterstadt Israels" genannt, und wenn dieser Ruf andauert, muß niemand anderem als Adolf Hitler dafür gedankt werden. Der Bestand des Staatlichen Jüdischen Museums wurde von Hitler aus dem ganzen böhmischen und mährischen „Protektorat" zusammengetragen. Er war von einigen schlauen tschechischen Freunden der Juden überredet worden, diese Schätze für ein „Nachkriegsmuseum einer untergegangenen Rasse" aufzuheben, als Ausstellung jüdischer Dekadenz. Die Eigentümer wurden zwar liquidiert, aber ihr Besitz und ihr Erbe besteht weiter.

Im Ghetto, auf der einen Seite des jüdischen Friedhofs, steht ein weiteres Monument: die spätgotische, in der Renaissance ausgebaute Pinkas-Synagoge, deren kahler Innenraum nur mit einigen Kerzenständern ausgestattet ist. Aber an ihren Wänden stehen die Namen, Städte, Geburts- und Sterbedaten von 77.297 böhmischen und mährischen jüdischen Opfern der Nazis. Sie sind genauestens recherchiert. Ausgerüstet mit nur wenigen Informationen, habe ich Miloš Formans Mutter und die Eltern einiger unserer Freunde hier gefunden. Man wird sich nie einsamer mit den Toten fühlen als mit diesen 77.297 Namen in ihrem Grab mit den vier Wänden, der Pinkas-Synagoge.

Auf der anderen Seite des Friedhofes steht eine Zeremonienhalle mit Türmchen, mit einer Ausstellung von „Kinderzeichnungen aus Theresienstadt". Ein Teil davon ist meistens in den USA und anderen westlichen Ländern unterwegs. Die Künstler starben alle 1943 und 1944. Ihre Themen sind hauptsächlich im Freien angesiedelt – mit Schmetterlingen, Blumen, Schiffen und Sonnenschein. In jenem Winter war es sehr kalt im Konzentrationslager, und viele der Zeichnungen zeigen Häuser mit rauchenden Schornsteinen. Welch unschuldige Zeiten, als ein Schornstein noch Wärme symbolisierte.

Wenn ich diese Gedenkstätte verlasse, gewinne ich immer erst nach ein oder zwei Minuten meine Fassung zurück. Denn eine Zeichnung, die mir lebhaft in Erinnerung bleibt, zeigt Sonnenstrahlen, die auf ein Haus mit lustig paffendem Schornstein scheinen, und Erdbeeren, die im Garten wachsen. Die Künstlerin ist auch eine Levy: Malvina Löwová wurde

1932, drei Tage vor mir, geboren. Am 19. Oktober 1944 war sie tot.

In dieser Gedenkstätte befindet sich auch eine Inschrift des tschechischen philosophischen Schriftstellers Karel Poláček, der in den Gaskammern von Auschwitz umkam. Sie beschreibt eine Bibelillustration:

> Der Antichrist schwingt einen Speer und will damit gerade einen der Heiligen durchbohren. Der Heilige sitzt gemütlich abwartend da und sieht aus, als ob ihn das nichts anginge. Ich dachte früher, die mittelalterlichen Künstler hätten es nicht verstanden, Gefühle wie Angst, Erstaunen, Schmerz usw. darzustellen, und daß das der Grund sei, warum die Heiligen niemals an ihrem eigenen Leiden interessiert zu sein scheinen. Jetzt weiß ich es besser. Was sonst hätten sie tun sollen?

Tatsachen, Legenden und Symbole sind in der grauen, düsteren Stimmung auf dem jüdischen Friedhof alle verflochten. Es ist der angebliche Entstehungsort der Protokolle der Ältesten von Zion, ein gefälschtes Dokument, das angeblich das jüdische Komplott für die Weltherrschaft beinhalten sollte. Hier hat auch ein anderer von uns Levys seine Grabstätte: Jehuda Leva ben Bezalel (1512–1609), auch der Maharal oder „Der Hohe Rabbi Löw" genannt. Der Hohe Rabbi Löw hat nachweislich gelebt und sich ein bißchen mit Mystizismus beschäftigt, aber es ist nicht sicher, ob er wirklich den Golem geschaffen hat, einen sechs Meter großen Automatenmenschen aus Lehm, der durch das Aussprechen der (im Judentum) unaussprechlichen Buchstaben des Wortes G-O-T-T zum Leben erweckt wurde. Einer Legende des 18. Jahrhunderts nach wurde Rabbi Löws Golem geschaffen, um das Ghetto zu schützen, lief dann Amok und mußte zerstört werden. Aber *Der Golem* lebt weiter – im 20. Jahrhundert verewigt in Gustav Meyrinks 1916 entstandener psychologischer Novelle, mehr eine Kafkaeske als Kafka, und in H. Leivicks poetischem Drama, das noch immer ein Standardstück im Repertoire des Habimah-Theaters in Israel ist.

Auch wenn einige Tschechen solche Schriftsteller wie Kafka, den späten Max Brod und Meyrink (der übrigens als Buddhist starb) nicht als Prager anerkennen, weil sie in Deutsch schrieben, akzeptieren sie den *Golem* als einen der ihren. Denn niemand ist von Automatenmenschen so fasziniert wie die Tschechen. Das Wort „Roboter", abgeleitet vom tschechischen Wort *robotník* („Fronarbeiter"), wurde durch das Theaterstück *R.U.R.* ["Rossum's Universal Robots"] des Prager Dramatikers Karel Čapek in die englische Sprache eingeführt.

Die letzte Religionszählung in der Tschechoslowakei wurde 1947 durchgeführt und ergab, daß sich 77 Prozent der Bevölkerung in der ČSSR als Katholiken bezeichneten. Dieses Ergebnis machte die Kirche zu einem natürlichen Autoritätsrivalen und zur Zielscheibe der Kommunisten, die ein Jahr später an die Macht kamen. Sie bildeten ein „Friedenskomitee des katholischen Klerus", angeführt vom „Friedenspriester" Josef Plojhar, der sofort vom Vatikan suspendiert wurde. Dennoch stand Pater Plojhar der einzigen „katholischen Kirche" vor, mit der die Regierung zwei Jahrzehnte lang regelmäßig verhandelte. Später wurde Pater Plojhar auch Novotnýs Gesundheitsminister und, noch immer sein Priester-Kollar tragend, eine vertraute Figur auf osteuropäischen Vortragspodien: ein Mann der Kirche, der das Licht des roten Sternes gesehen hatte.

Eine offene Konfrontation zwischen Kirche und Staat wurde unvermeidlich, als der Vatikan es ablehnte, der Partei ein Vetorecht bei der Bischofsernennung zu gewähren. In einer Kristallnacht des Terrors überfiel die Polizei im Frühling 1950 alle Klöster des Landes und schloß sie. Hunderte von Mönchen wurden eingesperrt. Andere wurden zwangsweise in die Armee eingezogen oder zur Arbeit in Minen oder Fabriken geschickt. Die Nonnenklöster wurden geschlossen. Die 10.000 Nonnen des Landes mußten in landwirtschaftlichen Betrieben arbeiten, kamen ins Gefängnis oder wurden in zwei „Arrestklöstern" ruhiggestellt. In einer Petition von 6.174 Nonnen an Kulturminister Galuška von Anfang 1968 stand, daß sie „seit 1949 in vollkommener rechtlicher Ungewißheit" lebten. Zusammen hatten sie 32.000 Jahre unter haftähnlichen Bedingungen oder im Gefängnis verbracht.

Im Frühjahr 1968 wurde dies alles fast über Nacht beendet. Einige Tage nachdem Novotný gestürzt worden war, legte der „Friedenspriester" Plojhar all seine Ämter nieder, einschließlich das des Vorsitzenden der Volks- (oder Katholischen) Partei. Bis dahin die gehorsamste Marionette in der Nationalen Front, lehnte es die Volkspartei ab, seinen Rücktritt anzuerkennen und enthob ihn statt dessen seines Amtes; seine „Friedensorganisation" wurde aufgelöst. Vom Vatikan anerkannte römisch-katholische Bischöfe erhielten die Erlaubnis, die Leitung von sechs der landesweit zwölf Diözesen wieder zu übernehmen. (Die meisten von ihnen waren in den fünfziger Jahren ohne offizielle Bekanntgabe ernannt worden, weil ihnen sonst die Verhaftung gedroht hätte. Das gleiche galt für ein paar von ihnen, die schon im Gefängnis waren; Ehrungen durch den Vatikan hätten ihre Situation nicht verbessert.) Es begannen Verhandlungen mit dem Vatikan über die Rückkehr des Kardinals Josef Beran, dem im Exil in Rom lebenden Erzbischof von Prag. Rehabilitierungsverfahren für 1.500 Priester wurden eingeleitet. Einige kehrten in ihre Pfarreien zurück (allein in Prag waren 150 Kirchen noch aktiv geblieben), während andere bei ihrer Arbeit als Arbeiterpriester blieben. Den Nonnen wurde wieder gestattet, als Pflegerinnen zu arbeiten.

Die evangelische Kirche (die Mährischen Brüder, die Böhmischen Brüder, die Kirche der Brüder, die Schlesischen und Slowakischen Lutheraner, die Calvinisten und die Methodisten) sowie die kleineren protestantischen Konfessionen waren weit weniger belästigt worden als die Katholiken. Trotzdem bekam auch sie im März neue Energie, als einer populären Soziologin die Leitung des Staatssekretariats für Religionsangelegenheiten übertragen wurde. Sie hob die 1949 vorgenommene Einfrierung der Priestergehälter auf. Eltern, die die Schulbehörde um Erlaubnis baten, ihre Kinder in den Religionsunterricht schicken zu dürfen, riskierten nicht länger Schikanen zu Hause und am Arbeitsplatz. Geistlichen wurde es gestattet, Kindern, die es wünschten, von der zweiten bis zur neunten Klasse Religionsunterricht zu erteilen; allein in Bratislava meldeten sich 7.000 Kinder. Taufen und kirchliche Trauungen wurden wieder Brauch und galten nicht länger als Ketzereien.

Die religiöse Wiederbelebung wurde von Dubček auf der Maiparade 1968 abgesegnet. Konfrontiert mit einem Transparent, das die Aufschrift „GLÄUBIGE HABEN DIE GLEICHEN RECHTE WIE ANDERE BÜRGER" trug, antwortete Dubček mit Inbrunst: „Wir müssen unsere Gläubigen schützen!"

„DUBČEK, HALTE DURCH FÜR UNS!" stand auf einem riesigen Schirm in psychedelischen Farben. Darunter marschierte eine bunt zusammengewürfelte Gruppe Prager Studenten: frischgewaschene Hippies und rasierte Langhaarige, Pfeifenraucher im Tweedanzug und Radikale in Rollkragenpullis, Honzas (Koseform für Jan) in Sandalen und Mařenkas (Koseform für Maria) in Miniröcken; und, sehr unglaubwürdig, ein apfelwangiges Bauernmädchen im Dirndl, geschmückt mit einem „Ich bin auf LSD"-Button. Am 1. Mai 1968 grassierte die Fröhlichkeit unter den Kindern des Kommunismus.

„STUDENTENPOWER" war auf einem anderen Schirm zu lesen – und die unter ihm Laufenden zeigten schon, daß sie die leidenschaftlichsten und kompromißlosesten Elemente der ganzen tschechoslowakischen Revolution waren.

Es gibt eigentlich keinen typischen Studentenführer, aber der Fall des 23jährigen Lubomír Holeček ist vielleicht am bezeichnendsten. 1965 versuchten er und sein Studienkollege von der ökonomischen Fakultät, Jiří Müller, den Jugendverband zu reformieren. Er stellte damals die einzige Organisation dar, die die Interessen junger Leute zwischen 15 und 26 Jahren repräsentierte, nachdem der Studentenverband 1948 aufgelöst worden war. Der Jugendverband war zu einem ideologischen Instrument der Kommunistischen Partei geworden, ein Sprungbrett für Parteikarrieristen und ein gut bezahlter Bombenjob für ältere Verwaltungsbeamte. Nur 26 Prozent der in Frage kommenden jungen Leute gehörten ihm wirklich an. Als sie nach besserer Vertretung der tatsächlichen Interessen der Jugend riefen, stellten Holeček und Müller nebenbei fest, daß kein reales Wirtschafts- oder Sozialwachstum zu erreichen war, ohne die Macht, die Novotný angehäuft hatte, zu demontieren.

Drei Tage vor Weihnachten 1966, während die Studenten in den Ferien waren, wurde Jiří Müller aus dem Jugendverband ausgeschlossen. Am nächsten Tag wurde er wegen einer Formsache exmatrikuliert. Zwischen Weihnachten und Neujahr zog man ihn plötzlich für seine zwei Jahre Wehrpflicht zur Armee ein.

Sein Freund Holeček führte den Kampf weiter. Da es ihm nicht gelang, auch nur ein Wort darüber in der Presse zu bringen, veröffentlichte und verteilte er eine Broschüre, die das Holeček-Müller-Reformprogramm und seine persönlichen Konsequenzen detailliert beschrieb. Er begann auch mit der regelmäßigen Herausgabe eines Mitteilungsblattes für die Prager Studenten. Ein Studentenkomitee für die Wiedereinsetzung Müllers formierte sich, und die Versammlungen wurden von Unbekannten in Lederjacken und mit Notizblöcken in der

Hand besucht. Jemand aus dem Komitee erinnerte sich später: „Jeder von uns mußte seine eigene Wahl treffen, entweder man zog sich auf seine Studien zurück oder man riskierte, der nächste auf der Liste zu sein. Jeder von uns traf die Entscheidung seinem Gewissen nach. Jeder von uns bezwang seine Furcht für den anderen."

Holeček war der nächste. Auf dem Nationalen Jugendkongreß 1967 wurden ihm die Darlegung seiner Reformvorschläge und seiner Beschwerde zum „Fall Müller" untersagt. Am 26. August, wieder während der Ferien, wurde er zum aktiven Dienst in der Armee einberufen. Im September, als an seiner Fakultät der Unterricht wiederaufgenommen wurde, war er bereits exmatrikuliert.

„Ich mußte auf einem einsamen Hügel Dienst tun", berichtete Holeček später, „damit ich in der Kaserne nicht agitieren konnte." Aber im März 1968 schaffte er es, Heimaturlaub in Prag zu bekommen. Er erzählte seine Geschichte vor 18.000 Studenten auf einem „Novotný muß gehen"-Teach in. Noch immer in Uniform, war er ein feuriger Redner. Seine Augen flammten hinter der dunklen Sonnenbrille auf, als er warnend verkündete, daß, falls die Kommunisten nicht bald die Probleme der Tschechoslowakei lösten, seine Generation nach Alternativen suchen werde.

Kaum eine Woche später, vierundzwanzig Stunden vor Novotnýs Abdankung, wurden beide, Holeček und Müller, aus der Armee entlassen.

Holeček hatte als prominente Gestalt noch nicht einmal seine Zivilkleidung anziehen können, als er auch schon eine Pressekonferenz abhalten mußte und gefragt wurde, was er als nächstes vorhabe.

„Ich weiß es nicht", antwortete er. „Ich möchte eigentlich kein Vollzeitredner werden. Aber es könnte sein, daß ich das werden muß, falls das Aktionsprogramm der Kommunistischen Partei nicht unseren minimalsten Forderungen entgegenkommen sollte."

Am 1. Mai hatte ich die Idee, einen befreundeten Studenten zu fragen, was aus Holeček geworden sei. Ich erfuhr: „Das Aktionsprogramm hat ihm so weit gefallen, daß er an die Universität zurückgekehrt ist und die Entwicklungen von da aus beobachten will." Er war jedoch nicht an die ökonomische Fakultät zurückgegangen, sondern an die philosophische Fakultät. Hier war er den Ketzereien Ivan Sviták s und der Dialektik Karel Kosiks, einem Lehrer und Mitglied des Zentralkomitees, der die marxistische Theorie auf der Grundlage der tschechischen Geschichte neu definierte, ausgesetzt. Die philosophische Fakultät war auch der Ort, an dem Luboš Holeček seine eigenen Ansichten predigen konnte. Einer seiner begeistertsten Zuhörer war ein stiller junger Mann von neunzehn Jahren – auch ein Überläufer von der ökonomischen Fakultät – sein Name war Jan Palach.

Als die Maiparade beendet wurde, setzten die Studenten ihren Marsch fort. Sie gingen nochmals die Strecke ab, auf der es am letzten Halloweenabend zu den Unruhen in Strahov gekommen war, und lösten sich im Park in der Nähe unserer Wohnung am Denkmal Karel Hynek Máchas (1810–1836) auf. Als launischer, byronesker romantischer Dichter und Staatsbeamter, der an der philosophischen Fakultät studiert hatte und mit 25 Jahren starb, genießt Mácha die gleiche Achtung in der modernen tschechischen Dichtung wie Rimbaud in der französischen. Mácha schuf das tschechische Jambenmaß, in dem das nach wie vor als schönstes Gedicht in dieser Sprache geltende Versepos *Mai* verfaßt ist („Lang ist meine Reise, vergebens ist alle Berufung"). Mácha beschreibt das Individuum, das durch den Widerstreit zwischen dem Leben und den äußeren Kräften zur Revolte getrieben wird, einer Revolte, die zum Scheitern durch Isolation verurteilt ist.

Am Abend des 1. Mai hätte selbst ein Pessimist wie Mácha über die Vorgänge unter seiner Statue erfreut sein können. Die Studenten, ein großer, glücklicher Haufen, sangen, redeten und liebten sich. Sie beschlossen, sich am übernächsten Tag auf dem Altstädter Ring zu treffen. Und irgendwo zwischen dem Mácha-Denkmal am 1. Mai und dem Jan-Hus-Denkmal am 3. Mai hielt ein neues Wort in die tschechische Sprache Einzug: „Kommt zum Altstädter Ring, wir haben einen *Hydepark*!"

Während der acht Tage zwischen dem 1. Mai und dem Tag der Befreiung löste der zunehmende Druck auf das Land im Herzen Europas ein unheilvolles Beben aus. Freitag nacht, zwei Tage nach der Parade, flogen der Erste Sekretär Dubček, Parlamentspräsident Smrkovský, Ministerpräsident Černík und Vasil Biľak, Dubčeks Nachfolger als Parteichef in der Slowakei, überstürzt zu dringenden Unterredungen nach Moskau. Nach ihrer Rückkehr am Sonntag morgen erließen sie eine nichtssagende offizielle Mitteilung über die Gespräche, die „in einer offenen, kameradschaftlichen Atmosphäre, [in der] beide Seiten auch über aktuelle Fragen diskutierten" geführt worden seien. Im offiziellen kommunistischen Sprachgebrauch erzählen die Adjektive, wie es wirklich war: „Offen" ohne irgendwelche Ausschmückungen bedeutet, daß böse Blicke und vielleicht sogar Beleidigungen ausgetauscht worden waren. Der Zusatz „kameradschaftlich" bedeutet, daß das Treffen zivilisiert, aber schroff ablief. Günstigere Verläufe zeigen sich an Adjektiven von „herzlich" über „freundlich" bis hin zum Gipfel des Wohlwollens: „eine Atmosphäre voller Offenheit, Aufrichtigkeit und gegenseitigem Verständnis", also wenn es jede Menge russischer Bärenumarmungen und Bruderküsse gab.

Auf dem Flughafen in Ruzyně sagte Černík selbstgefällig, daß „jedermann bestimmt mit den Resultaten zufrieden sein kann. Es gab nichts Sensationelles in den Gesprächen." Er fügte hinzu, daß Dubček die Details am Montag bekanntgeben werde. Aber das Interview, das Dubček am nächsten Tag der *Rudé Právo* gab, war ungewöhnlich verschwommen. Die katholische Zeitung bezeichnete es als „so enttäuschend, daß die Leute wieder einmal ausländische Radiosender einschalten mußten, um mehr Informationen zu erhalten." Die sozialistische Presse beklagte „eine gewisse Unklarheit".

Inzwischen waren Gomulka aus Polen, Ulbricht aus Ostdeutschland, Živkov aus Bulgarien und János Kádár aus Ungarn plötzlich zu einem erneuten Gipfeltreffen nach Moskau geflogen. Sein Gegenstand wurde nicht bekanntgegeben, aber es handelte sich zweifellos um die Tschechoslowakei. Die Gespräche wurden später offiziell als „Meinungsaustausch" bezeichnet, was auf gewisse Unstimmigkeiten schließen ließ. An den Positionen Gomulkas und Ulbrichts bestand kein Zweifel. Aber von Kádár, der 1956 nach der sowjetischen Panzerinvasion an die Macht gekommen war, wußte man, daß er besorgt war, daß die Geschichte sich gegen seinen Freund Dubček wiederholen könnte.

Trotz (oder vielleicht wegen) der Dinge, die Živkov während seines Aprilbesuches selbst gesehen hatte, brandmarkte der Bulgare den „Revisionismus, der bedauerlicherweise im sozialistischen Lager zu beobachten ist", und rief auf zum „erbarmungslosen Kampf, um dieses Übel auszurotten." Da Marionetten selten für sich selbst sprechen, wurde seine Reaktion von Kremlbeobachtern als Hinweis auf die Haltung Moskaus angesehen. Und da der militärische Geist dabei war, das Kommando zu übernehmen, wurde die Haltung Moskaus zweifellos härter.

Es wurde bekannt, daß das sowjetische Zentralkomitee im April das tschechoslowakische Experiment im geheimen als „revisionistisch" verurteilt hatte. Eine Kopie dieser Resolution, die man Dubček während des 1. Mais zugesandt hatte, war der Auslöser für seine plötzliche Moskaumission gewesen. *Le Monde* brachte sich mit einem zusätzlichen Bericht ein, dem zufolge ein mächtiger russischer General namens Alexej A. Jepišev ebenfalls im April gesagt hatte, daß die Rote Armee bereit sei, „ihre Pflicht zu erfüllen", sollte eine Gruppe „loyaler Kommunisten" in der Tschechoslowakei um Hilfe bei der „Sicherung des Sozialismus" ersuchen. Der Bericht wurde in Moskau und Prag dementiert, und es wurde ihm auch anderswo nicht viel Glauben geschenkt: General Jepišev, zwischen 1955 und 1962 sowjetischer Botschafter in Rumänien und Jugoslawien, hatte sich den Ruf einer „Taube" erworben. Aber die Wahrheit war, daß er jetzt, als Politkommissar der sowjetischen Armee und Flotte, sein Gewicht auf die Seite der „Falken" verlagert hatte.

Die ostdeutsche *Berliner Zeitung* brachte sich mit einem sehr „exklusiven" Bericht ein, nach dem bereits US-Truppen und acht Panzer in Prag angekommen waren; auch westdeutsche Truppen und Panzer wurden jeden Augenblick erwartet. Obwohl noch nicht einmal eine Halbwahrheit, entbehrte diese Bearbeitung einer PR-Mitteilung nicht jeglicher Grundlage: Ein amerikanischer Kriegsfilm, *Die Brücke bei Remagen*, wurde in der Tschechoslowakei gedreht. Zur Ausstattung gehörten acht US-Panzeroldtimer aus dem Zweiten Weltkrieg, die man bei der österreichischen Regierung ausgeborgt und mit einem Privattransporter in die Barrandov-Studios befördert hatte. Tschechoslowakische Armeemuseen stellten erbeutete deutsche Panzer zur Verfügung. Den Kampftruppen gehörten George Segal, Bradford Dillmann, Ben Gazzara und Robert Vaughn an.

Auf Grund solcher „Informationen" beschworen Walter Ulbrichts Grenzwachen eine neue „Berlinkrise" herauf, indem sie für ausgewählte Autos die Autobahn sperrten. Diese „erneuten Spannungen" veranlaßten Ulbricht, dringend um 11.000 (bevorzugt russische) Spezialtruppen des Warschauer Paktes anzusuchen, die entlang der tschechoslowakischen Westgrenze als „Verstärkungstruppen" für die „belagerte" tschechoslowakische Volksarmee stationiert werden sollten.

Einen Bonus gab es am Abend des Befreiungstages, als meine Frau und ich zum Feiertagsempfang von Präsident Svoboda auf die Burg eingeladen wurden. Wir stiegen die mit roten Teppichen ausgelegten Marmortreppen hinauf und wanderten, nachdem wir unsere Mäntel abgegeben hatten, durch eine Reihe von Salons, bis wir zu dem Raum kamen, in dem der Präsident und seine Gattin standen. Wir stellten uns vor, und Svoboda, dessen weiße Haare, rotes Gesicht und blauer Anzug ausgezeichnet zur tschechoslowakischen Flagge paßten, begrüßte uns herzlich. Seine Frau Irina erzählte Valerie, daß ihre Tochter Zoja mit einem Diplomaten bei den Vereinten Nationen verheiratet sei und in New York lebe. Als wir uns verabschiedeten, schüttelte Präsident Svoboda wieder unsere Hände, und als wir außer Hörweite waren, murmelte Valerie: „Spencer Tracy lebt!" Die Ähnlichkeit war tatsächlich erstaunlich.

Alle zog es in Richtung Mitte des Raumes, in dem sich Dubček befand. Während er sonst von nicht mehr als einem halben Dutzend Leuten umgeben war, stand er jetzt in einem Kreis von fünfzig Personen. Den innersten Ring bildeten Russen; tatsächlich wimmelte es auf der Party von ihnen. Der Oberbefehlshaber der Streitkräfte des Warschauer Paktes, Marschall I. I. Jakubovskij, war mit einer Delegation gekommen, angeblich, „um uns den neu gewählten Führern dieses Landes vorzustellen: dem Präsidenten der Republik, dem Parlamentspräsidenten und dem Ministerpräsidenten ... und um über die Verteidigung der Länder des Warschauer Paktes zu sprechen." Das bedeutete, daß er auf Manöver des Warschauer Paktes auf tschechoslowakischem Boden drängte. Während der Party hieß es jedoch, daß Dubček nicht zusagen werde.

Dubček war in eine Diskussion mit einem der russischen Besucher verwickelt. Es war ein jüngerer Mann, der sogar noch größer als er und in Zivilkleidung war. Sie sprachen russisch. Der Russe stach wie ein Kämpfer mit seinen Fingern, seinem Gesicht, seinen Worten und seinem Körper um sich. Man konnte ihn vor Ärger spucken sehen, wenn er sprach.

Dubček, der sich in überladenen Schlössern und Palästen nie wohl zu fühlen schien, stand ruhig, aber verärgert da. Einmal jedoch verfärbte sich sein Gesicht, und er antwortete ungehalten mit seiner rauhen Stimme. Dann, nach weiteren fünf Minuten Diskussion, machte er mit seiner Hand eine Zirkelbewegung in der Nähe seiner Hüfte, wie um zu sagen: „Wir bewegen uns im Kreis." Dubček machte Anstalten zu gehen, und die Runde öffnete sich, um ihn durchzulassen.

Der Russe aber drängte hinter ihm her. Die Diskussion begann von neuem. Nach einem weiteren kurzen Wortwechsel ging Dubček steifbeinig davon.

Wir und mehrere Tschechen fragten einige der anwesenden Russen, wer ihr kriegerischer junger Landsmann gewesen sei. Wir erhielten Antworten wie „Welcher Russe?", „Welche Diskussion?" und „Es war nur ein brüderliches Gespräch."

An diesem Mittwoch abend hatte ein langes freies Wochenende begonnen. Am Donnerstag nachmittag kam Sylva zu uns und blieb zum Abendessen. Wir erkundeten den Park auf dem Petřín und seinen dem Eiffelturm nachempfundenen Aussichtsgebäude, das 1891 für die Tschechen, die nicht nach Paris reisen konnten, erbaut worden war. Wir stiegen die 300 Stufen der hölzernen, außen entlangführenden Wendeltreppe hinauf, schneller und schneller wie in einem umgekehrten Abtrudeln, während wundervolle Blicke auf Prag schwindelerregend um uns herum tanzten.

Sylva aß mit uns zu Abend, und nachdem sie Val mit dem Geschirr und den Kindern geholfen hatte, setzten wir uns ins Wohnzimmer und sprachen über ihre erste Woche als Journalistin. Obwohl *Zítřek* nicht früher als in drei oder vier Monaten erscheinen würde, hatte Sylva am Tag nach der Maiparade zu arbeiten begonnen. „Ich habe so viel zu lernen", sagte sie uns. „Und es gibt ein Problem mit der Zensur."

„Oh nein, Sylva!" rief Valerie aus.

„Ein *Selbst*zensur-Problem" stellte Sylva lachend klar. „Leute, die dreißig Jahre unter der Zensur gelebt haben, müssen Demokratie erst *lernen.* Immer wenn ich eine Frage stelle, habe ich das Gefühl, daß ich dazu kein Recht habe. Gestern wollte ich ein Interview beenden, stand also auf und entschuldigte mich bei meinem Interviewpartner, einem Kabinettsmitglied, dafür, seine Zeit in Anspruch genommen zu haben. Aber dann stellte er mir eine Frage und begann mich in ein halbstündiges Gespräch zu verwickeln. Erst so bekam ich die besten Informationen. Danach dankte ich ihm, daß er mich dabehalten und gelehrt hatte, wie ich meine Arbeit zu tun habe."

Um neun Uhr an jenem Abend wurde unsere ganze Nachbarschaft von Explosionen erschüttert. Wir drei sprangen auf. Wir brauchten ungefähr zwei Sekunden, um uns daran zu erinnern, daß der Tag der Befreiung – wie bei uns der Unabhängigkeitstag – mit einem Feuerwerk auf dem Petřín gefeiert wird. Wir setzten uns wieder mit einem verlegenen Lachen, aber der Ausdruck der Bestürzung auf Sylvas Gesicht war noch nicht ganz verschwunden.

Um 22.15 Uhr wurde das erste Überseegespräch aus New York durchgestellt. Es war mein Agent, der gerade im Radio gehört hatte, daß westliche Touristen und Diplomaten, die auf der Reise von Warschau nach Prag oder Berlin waren, nach Warschau zurückgeschickt wurden. Als Grund dafür hatte man ihnen „Truppenbewegungen nahe der tschechoslowakischen Grenze" genannt.

Mein Agent schlug vor: „Schalten Sie doch Ihr Fernsehgerät ein, um die neuesten Nachrichten zu erfahren!"

„Es ist eingeschaltet", sagte ich. „Es gibt nur einen Kanal und der zeigt *Die verkaufte Braut.*" Ich hielt den Hörer in Richtung Fernsehapparat, damit er den Tenor singen hören konnte: „Nur wer verliebt ist, kann wissen, was Liebe wirklich bedeutet!"

„Sehen die Schauspieler nervös aus?" fragte mein Agent.

„Nein", sagte ich, „aber es ist wahrscheinlich eine Aufzeichnung."

Nach dieser wenig aufschlußreichen Bemerkung wurde mein Überseegespräch unterbrochen. Val machte Tee, während ich vergebens versuchte, aus dem Radio Kurznachrichten zu empfangen. Denn man darf es nicht auf die leichte Schulter nehmen, wenn ein kommunistisches Land in den Tourismus eingreift und damit harte Westwährung aufs Spiel setzt.

Meine Frau und ich wogen alle Möglichkeiten ab. Es erschien unwahrscheinlich, daß die Russen einmarschieren würden. Sicherlich gefiel ihnen nicht, was hier geschah, aber in dem launischen Nimmerland, bekannt als Gericht der öffentlichen Weltmeinung, hatten sie, dank der Verwicklung Amerikas in Vietnam, ohne ihr Zutun gewonnen. Und 1968 konnte sich Rußland gewiß keine Wiederholung der ungarischen Ereignisse von 1956 leisten!

Andererseits hatten Polen und Ostdeutschland absolut nichts an Prestige zu verlieren. Mit der Orientierung an ihren eigenen paranoiden Provokationen war es durchaus vorstellbar, daß sie einmarschieren würden, natürlich mit den Russen als Drahtziehern, die dabei harmlos sagen konnten: „Wir mischen uns in diesen Disput nicht ein, so wie wir uns nicht in die inneren Entwicklungen in der Tschechoslowakei eingemischt haben."

Somit mußte mit der Möglichkeit gerechnet werden, daß deutsche Truppen im Stechschritt durch Prag marschieren würden, und daher entwickelten meine Frau und ich in dieser Nacht einen Notplan: Im Falle einer wie auch immer gearteten Invasion würde die Prager Burg in der Nähe unserer Wohnung sicher ein entscheidendes Ziel sein. Sobald die Straßenkämpfe beendet wären, würden wir uns auf den Ořechovka-Hügel in das Haus der Suchýs zurückziehen, das einen weiteren halben Kilometer von der strategisch wichtigen Burg entfernt lag. Unsere zweite Rückzugsstation würde bei den Formans sein, noch einmal 400 Meter hinter den Suchýs – und in Richtung Flughafen – gelegen.

Weiter als bis hierhin wollten wir aber nicht denken. Denn wir glaubten, daß unsere amerikanischen Pässe die beste Versicherung für unsere physische Unversehrtheit darstellten. Auf sie zu vertrauen, war sicher besser als unsere Identität in irgendeinem wahnsinnigen Flüchtlingsstrom untergehen zu lassen. Und im Falle einer Okkupation wollte ich als Journalist hierbleiben, um die Ereignisse zu verfolgen und zu bewerten.

Einige Verwandte aus den Staaten riefen an, und das Bonner *Life*-Büro meldete sich mit dem Angebot, uns bei der Evakuierung zu helfen. Gleichzeitig richtete es die Bitte an mich, ihm vor der Flucht noch ein paar Hundert Worte zu übermitteln. Ich sagte, daß ich bleiben würde; sie könnten mich drei- oder viermal täglich anrufen, wenn sie wollten, aber ich würde ihnen keinen Text senden. Es gab nichts, worüber ich schreiben konnte, außer wenn *Life* sich ein Stimmungsbild wünschte. Die Leute gingen weiterhin spazieren, die Straßenbahnen fuhren immer noch, und der dritte Akt der *Verkauften Braut* war im Gange.

Dennoch machte ich einen mitternächtlichen Spaziergang, denn ich hatte mir einfache Zeichen überlegt, an denen man erkennen mußte, ob internationale Spannungen die Tschechoslowakei bewegten.

Einen Häuserblock von zu Hause entfernt stand ein zitronengelber Gebäudekomplex, in dem sich Kasernen der tschechoslowakischen Armee befanden – angebaut an das alte Spritzenhaus, das jetzt als Hauptquartier diente. In der Nacht zum 9. Mai war nur ein einsamer Wachposten zu sehen.

Vom *Pohořelec* hält man sich links und kommt zum Czernin-Palais, dem Außenministerium. Es standen keine Tatra-Dienstlimousinen auf dem kopfsteingepflasterten Parkplatz. Das war ein gutes Zeichen!

Ich ging noch vier Straßen weiter zu meinem letzten Kontrollpunkt: der Burg. Die Flagge des Präsidenten („DIE WAHRHEIT SIEGT") flatterte vergnügt und zeigte an, daß General Svoboda anwesend war. Die jungen Palastwachen mit ihren blauen Mützen, weißen Hemden und Karabinern standen mit der üblichen lässigen Aufmerksamkeit herum.

Nach Hause nahm ich einen anderen Weg. Ich ging durch die gewundenen, kopfsteingepflasterten Straßen der Neuen Welt, dem ehemaligen Rotlichtbezirk mit seinen engen grünen und gelben Häusern von schlechtem Ruf, die heute sorgfältig saniert sind und zu den besten Wohnadressen Prags gehören. Die Neue Welt (*Nový Svět*) hat immer noch Gasbeleuchtung, die von einem Laternenanzünder mit einer Bambusstange bedient wird.

Der alte Beleuchter hatte sich bis zum Morgen, wenn er seine Lichter ausmachen würde, zurückgezogen, aber die einzige überlebende Weinstube in der Neuen Welt, die Goldene Birne, hatte noch geöffnet. Ich meldete Valerie von dort telefonisch mein „Alles in Ordnung." Danach trank ich, um mich zu entspannen, ein Glas kühlen, trockenen mährischen Weißwein mit dem Namen *Poezie*. Der Koch war nach Hause gegangen, aber die beiden alten Kellner boten mir an, die Spezialität des Hauses, die ebenfalls *Goldene Birne* (*Zlatá Hruška*) hieß, herbeizuzaubern: gegrilltes Fleisch und Gemüse (was es gerade Bestes und Frischestes gab), immer von einer Birne gekrönt (frisch oder aus der Dose). Ich sagte, daß ich keinen Hunger hätte, und fragte, ob es ein ruhiger Abend an diesem Befreiungstag gewesen sei.

„Nach dem Feuerwerk, ja", sagte der ältere Kellner.

„Nur Händchen haltende Paare", fügte der jüngere Kellner hinzu.

Beide dieser höflichen, freundlichen Männer hatten das angeborene alte Neue-Welt-Aussehen, das so gut zu den Bänken,

Tischen und Wänden aus Nußholz in der Goldenen Birne paßte. Und beide stammten tatsächlich noch aus der kapitalistischen Zeit, als es noch ein Gasthaus in Privatbesitz war. Es hatte sich nicht viel für sie geändert, außer daß vielleicht ihr Arbeitgeber ein anderer war. Ihr Wein und ihre Gelassenheit entspannten mich, so daß ich nach Hause ging und neun Stunden schlief – während dieser Zeit hatte sich die Krise zerstreut wie die Funken über Strahov.

Die Zeitungen hatten während des verlängerten Wochenendes ihr Erscheinen unterbrochen. Die einzigen Tschechen, die von einer „Invasionsgefahr" wußten, waren die wenigen, die weiterhin westliche Radiosendungen hörten. Um die Kommunikation zu erschweren, waren die Telefonleitungen nach Moskau, Warschau und Ostberlin am Donnerstag mysteriöserweise tot gewesen, aber am Freitag wurden sie „repariert". New York und Washington schienen sich mehr Sorgen um die tschechoslowakische Grenze gemacht zu haben als die Leute in Prag. Die ersten Berichte aus Polen am Donnerstag nachmittag (Wall-Street-Zeit) hatten die Börsenkurse um sechs Punkte fallen lassen. Quellen des amerikanischen Außenministeriums sprachen inoffiziell von einem „zweiten Ungarn".

Gegen Mittag rief Gerda Endler, die Bonner Korrespondentin von *Life* an, um zu sagen, daß dies der letzte Anruf sei: „Es scheint so, als ob der Krieg vorüber ist, Alan. Die Polen dementieren, daß sie den Reiseverkehr eingeschränkt haben, und wenn die Touristen sagen: ‚Aber das haben Sie doch getan – und wir sind hier, um es zu beweisen!', sagen die Polen: ‚Das muß ein Irrtum gewesen sein, Sie können doch reisen, wohin Sie wollen.' Die Touristen haben Warschau ohne weitere Beeinträchtigungen verlassen. Dennoch gab es letzte Nacht Truppenbewegungen, aber das waren nur Einheiten des Oberkommandos, einige tausend Mann und keine Infanterie. Ich denke, das Ganze war nur als dramatische Mahnung für Dubček gedacht."

Das tschechoslowakische Außenministerium wahrte sein Gesicht in dieser Episode, indem es verlautbaren ließ, daß es vorher von den Manövern in Südpolen in Kenntnis gesetzt worden sei und daß „politische Kreise in der Tschechoslowakei die im Ausland zirkulierenden Gerüchte als Provokation betrachten."

Zu den Tschechen und Slowaken, die sich von den Schrekkensnachrichten und von der fröhlichen Unkenntnis ihres

Volkes darüber „provoziert“ fühlten, gehörten verschiedene Berater und Techniker der freien Presse und von Rundfunk und Fernsehen. Das Säbelrasseln vom Mai veranlaßte sie, Notstandskonzepte zu entwerfen, die die Kontinuität der Nachrichtenübermittlung sichern sollten. Oft mußten sie nur den Staub von alten Plänen entfernen. Sie waren in den fünfziger Jahren für den Fall einer „unvermeidbaren westdeutschen Invasion“ entwickelt worden.

Zwischenspiel
Wien, die Feh-Stadt

Die erste Reise in den Westen nach fünf Monaten hinter dem Eisernen Vorhang: Der Luxusexpreß Vindobona verläßt Ostberlin (Ostbahnhof) jeden Morgen, hält am Nachmittag in Prag und erreicht Wien (Franz-Josef-Bahnhof) um 21.02 Uhr. Der Fahrpreis für die erste Klasse beträgt bis zur österreichischen Grenze nach Gmünd umgerechnet $4,80 und von Gmünd nach Wien $5,30 in harter Währung. Der Vindobona-Expreß hat einen guten Speisewagen, wenn es einen nicht stört, gutes deutsches Bier und gutes deutsches Brot in einem Zug serviert zu bekommen, der gerade durch das Land des großartigen Pilsener Bieres und eines großartigen Schwarzbrotes fährt. Aber es gibt ein weiteres Problem: Beim Vindobona-Expreß handelt es sich um einen ostdeutschen Zug, und der Speisewagen bleibt bis zur österreichischen Grenze geschlossen. So gegen 20 Uhr kann einen der Ober dann durch das Menü hetzen und in harter Währung abkassieren. Heute hat der Zug eine Stunde Verspätung, so daß es fast 21 Uhr wird, bis wir uns mit zwei ausgehungerten Kindern zum Abendessen an den Tisch setzen dürfen. Und um das Ganze noch schlimmer zu machen: Die einzige harte Währung, die ich mitführe, ist ein Travellerscheck im Wert von $100, für den der Ober auch nicht annähernd genug Westgeld zum Wechseln hat. Ein Mitreisender (ein Amerikaner aus Paris) hat noch $5 übrig, also stelle ich ihm einen persönlichen Scheck für meine New Yorker Bank aus. Die Rechnung beträgt mit 10 Prozent Servicezuschlag $4,97. „Behalten Sie den Rest!" sage ich zum Ober großzügig. Er bringt eine Verbeugung zustande.

Gleich nach Tábor steigen die Grenz- und Zollbeamten ein, und als wir die Grenze erreichen, sind bereits alle Pässe, Aus- und Einreisevisa und Deklarationen über eingeführte Valuta kontrolliert. Die Beamten verlassen den Zug beim letzten Halt auf der tschechischen Seite. Es ist eine abgeriegelte Station, die von tschechischen Soldaten mit grünen Baretten bewacht wird.

Dort schreitet ein Mechaniker, der von zwei Soldaten mit Gewehren im Anschlag flankiert wird, den Zug ab. Er hält seine Taschenlampe unter jeden Wagen und springt ab und zu in die Höhe, um sich zu vergewissern, daß niemand auf dem Zugdach liegt. Diese Inspektion dauert eine halbe Stunde.

„Vielleicht suchen sie noch einen General Šejna", bemerkt einer der Tschechen in unserem Abteil. Tatsache ist jedenfalls, daß die tschechoslowakische Armee der Republikflucht tschechischer oder (was im Moment wahrscheinlicher ist) ostdeutscher Bürger nach wie vor durch einen Grenzschutz auf echt marxistisch-leninistische Art vorbeugt, während Walter Ulbricht und Leonid Brežnev die Tschechen dafür beschimpfen, daß sie ihre Westflanke nicht schützen.

Kulturschock! Das ist es, was wir von dem Augenblick unserer Ankunft in Wien am Freitag abend bis zu unserer Abfahrt am Dienstag morgen fühlen. Im Taxi vom Bahnhof zur Pension erschreckt uns die neondurchflutete Kärntnerstraße, und wir rücken ein wenig enger zusammen. Am Samstag morgen geben wir uns unserem ersten Kaufrausch hin. Wir stehen unter Zeitdruck, denn wir haben mit Gene und Zdenka Deitch, die für eine Woche mit dem Auto in Wien waren und heute zurückfahren, ausgemacht, daß wir uns mit ihnen um 14 Uhr nach Geschäftsschluß treffen, um Rücksitz und Kofferraum mit unseren Samstagseinkäufen zu beladen. Eine amerikanische Familie namens Levy rast die Kärntnerstraße entlang und schnappt nach allem, was in Prag nicht erhältlich oder knapp ist: amerikanische und italienische Gewürze und einen Gewürzständer im Wert von $40 … einen Einkaufswagen auf Rollen … Ritz-artige Salzcracker … Rollkragenpullover … einen Toilettenpapierhalter und sämtliches weiches Toilettenpapier, das in Sichtweite ist … Kleenextücher von Kleenex … Öl für meine tschechische Schreibmaschine … Hushpuppy-Schuhe … Johnson's Babycreme … Tesafilm, der klebt … Büroklammern Größe 1 (in den Prager Geschäften sind die kleinsten 7 cm lang; soll das ein Symptom für die Bürokratie sein?) … Papermate-Füllerpatronen … Bourbon Whisky und Roséwein (beide nicht von Tuzex abgefüllt) … Lassar's Paste für die Kinder (die in einer altmodischen Apotheke ihre Zubereitung mit Mörser und Stößel verfolgen können) … Dirndlkleider von Lanz … und ich bekomme meine Omega-Uhr repariert (die Garantie läuft noch, aber in Prag gibt es keine Omegahändler oder -ersatzteile).

Wie Bauern, die ein Warenhaus stürmen, schnappen wir uns einfach von den Regalen, was wir wollen, und sobald wir es haben, schauen wir uns nach dem Kassierer um. So macht man es in Prag, aber nicht in Wien. Im Kaufhaus Steffl machen wir durch unser Verhalten erst einige naserümpfende Verkäuferinnen, dann den Geschäftsführer und schließlich den Kaufhausdetektiv auf uns aufmerksam.

„Sie sehen nicht so aus, als ob Sie aus Osteuropa sind", beginnt er auf englisch, „aber Sie verhalten sich so, als ob Sie es wären ... Bei uns verlangen Sie, was Sie wollen, oder zeigen darauf. Die Verkäuferin bringt es Ihnen dann und verpackt es für Sie!"

„In eine Tüte?" fragt Valerie erstaunt. In Prag muß man selbst nach einer Papiertüte erst fragen, und die Antwort ist nicht immer positiv.

Ich bin erfreut, als ich sehe, daß wir nicht die einzigen Schurken im Steffl sind. Am Ende eines langen Ganges sehe ich den Geschäftsführer und den Detektiv auf jemand anderen Jagd machen, der sich genauso benimmt wie wir. Er kommt auf mich zu wie mein eigenes Spiegelbild, und ich erkenne Gene Deitch! Obwohl er fast jeden Monat nach Wien kommt, verhält er sich immer noch wie ein Waisenkind in einem Süßigkeitenladen. Ich versuche so zu tun, als ob ich ihn nicht kenne, sonst denkt das Steffl noch, daß es von einer Bande Ladendiebe heimgesucht wird.

Als Gene an mir vorbeikommt, befühle ich gerade sechs Doppelrollen eines streichelweichen Toilettenpapiers mit dem unvergeßlichen Markennamen FEH.

„Leg es zurück!" stößt Gene aus dem Mundwinkel hervor, „du bekommst FEH um 20 Prozent billiger bei Herzmansky in der Mariahilfer Straße."

„Ich werde es *nicht* zurücklegen!" rufe ich aus. „Hier gibt es FEH, und ich bin hier, und was ist, wenn ich zu Herzmansky komme, sehe, daß FEH total ausverkauft ist, wieder hierher zurückkomme und feststelle, daß auch im Steffl FEH inzwischen ausverkauft ist? Wie stehe ich dann da?"

„Hör mal, mein Junge, in diesem Teil der Welt läuft das nicht so", sagt Gene lachend. „Aber ich möchte nicht, daß unsere Freundschaft an einer Rolle FEH zerbricht, also vergiß, was ich gesagt habe."

„Außerdem", sage ich beschwichtigend, „kann es sein, daß Herzmansky schließt, ehe ich dort bin."

Valerie jedoch ist aufmüpfig. „Wollen Sie damit sagen", fragt sie den Geschäftsführer und den Kaufhausdetektiv, die Gene eingeholt haben, „daß der gleiche Artikel in derselben Stadt zwei verschiedene Preise hat?"

Gene und ich amüsieren uns darüber, wie schnell eine Hausfrau die westliche Zivilisation vergessen kann. Aber den Angestellten im Steffl hat es die Sprache verschlagen. Sicher, die Feinde des Kapitalismus lauern überall. Aber wie sollen sie aus diesem hier klug werden, der aus dem Osten kommt und amerikanisch spricht?

Meine Familie fuhr ohne mich mit dem Vindobonaexpreß nach Hause. Ich flog weiter zu den Filmfestspielen nach Cannes, um Miloš Forman wieder zu treffen, der seit Januar in Amerika war. Als ich ihn fragte, was es für ein Gefühl sei, vorübergehend in den USA zu leben, unterbrach mich Miloš: „Erzähl mir zuerst alles über den Prager Frühling, und ich werde dir den Gefallen tun und nichts über die Studios in Amerika erzählen. Dort sitzen die wahren Stalinisten, auf den Budgetkonferenzen. Eine Zeitlang gingen mir alle aus dem Weg – sogar mein eigener Anwalt – und ich brauchte drei Wochen, um den Grund herauszufinden: Der Film, den ich in New York drehte, blieb unter dem Budget. Ich ließ das ganze System schlecht aussehen."

In Cannes erwartete Miloš noch jemand anderen aus Prag: den Regisseur Jan Němec. Sein 1965 gedrehter Film *Bericht von der Party und den Gästen* (*O slavnosti a hostech*) zeigte Präsident Novotný als geschniegelten Gastgeber eines armseligen Festes, das niemand verlassen durfte. Nachdem Novotný ihn vor der Freigabe in seinem Vorführraum in der Burg gesehen hatte, verbot er ihn. Jetzt, knapp zwei Monate nach Novotnýs Abdankung, lief Němecs *Bericht* in Prag und sollte in Cannes dem Westen vorgestellt zu werden.

Ich hatte Němec in Prag immer nur flüchtig gesehen, meist im Chinarestaurant, doch viele unserer Freunde hatten mich mit Geschichten über Němecs geschiedene Ehe mit der Drehbuchautorin Ester Krumbachová unterhalten.[17] Sie hat-

[17]Ester Krumbachová hatte 1966 auch mit der Regisseurin Věra Chytilová für den Film *Tausendschönchen (Sedmikrásky)*, einer surrealistischen Erzählung über zwei ungebundene Mädchen, zusammengearbeitet. Die Musik stammte von Jiří Šlitr. Der Film durfte in der Tschechoslowakei

ten sich freundschaftlich getrennt, so freundschaftlich, daß sie weiter zusammenarbeiteten und sogar eine Party zur Feier ihrer Scheidungsbewilligung schmissen.

Ich stand gerade vor dem Carlton Hotel, als Němec, ein pummeliger, 33jähriger Barockengel mit rötlichen Haaren und Bürstenschnitt, in Cannes ankam. Er stellte seinen orangefarbenen Fiat-Sportwagen im Parkverbot auf dem Boulevard Croisette ab. Ich eilte hinüber, um ihn zu begrüßen und ihm zu sagen, wo er Forman finden konnte. Aber ein Polizist erreichte Němec zuerst und begann einen Strafzettel auszustellen.

Němec schrie „*Merde!*", und der Polizist verhaftete ihn.

Ich holte Forman und erzählte ihm, wie Němec, der Novotnýs Zorn überlebt hatte, in die Hände der französischen Polizei geraten war. Als wir die Polizeistation erreichten, um Němec herauszuholen, hatte er die Situation jedoch bereits gut im Griff. Alle lachten und stellten sich vor. Dann fragte der leitende Beamte Miloš: „Stimmt es wirklich, Monsieur Forman, daß im Tschechischen das Wort ‚Merde' ‚Gleich wird es regnen' bedeutet?"

Miloš gab die richtige Antwort, und Němec wurde mit nichts weiterem als einer Strafe wegen Falschparkens entlassen. Aber im weiteren Verlauf des Filmfestivals wurde er zu den dreimal täglich stattfindenden Dachparties von einem uniformierten Leibwächter begleitet, wann immer die Wetterlage bedrohlich erschien. Der Polizist erklärte, daß er hier sei, um Herrn Němec zu beschützen, „falls einer unserer Landsleute seine angenehme Unterhaltung über das Wetter für eine Unverschämtheit hält."

lange nicht öffentlich gezeigt werden, wegen der „abscheulichen Art, mit denen er die Errungenschaften des Sozialismus mit Füßen tritt."

Kapitel 8

Montag, 20. Mai – Dienstag, 25. Juni 1968

Miloš Forman wohnte in der Major-Schramm-Straße. Er zog gerade dorthin, als ich ihn 1966 kennenlernte. Ich habe Miloš ein- oder zweimal gefragt, wer Major Schramm gewesen sei. Denn warum sollte eine Straße nach einem gewöhnlichen Major benannt werden? Miloš antwortete: „Ich weiß es nicht. Aber er muß irgendein kommunistischer Kriegsheld gewesen sein, vielleicht ein Partisan."

Im Frühjahr 1968 konnten wir lesen, daß – sollte Außenminister Jan Masaryk tatsächlich in den frühen Morgenstunden des 10. März 1948 im Czernin-Palais ermordet worden sein – als Hauptverdächtiger niemand anderes als der geheimnisvolle Major Augustin Schramm in Frage kam.

Die Frage „Wer hat Masaryk umgebracht? Er sich selbst, eine oder mehrere unbekannte Personen?" wurde in der Tschechoslowakei zum ersten Mal durch einen offenen Brief des querköpfigen Philosophen Ivan Sviták an die Wochenzeitschrift *Student* wiederbelebt und ins öffentliche Bewußtsein gerückt. Zwanzig Jahre nach dem Ereignis deutete Sviták an, daß die offizielle Behauptung, es sei Selbstmord gewesen, nicht korrekt sein könnte. Er verlangte erneute Ermittlungen, die darüber Aufschluß geben sollten, ob Jan Masaryk „das erste Opfer auf dem Weg zur totalitären Diktatur war." Der Gründer von KAN fuhr fort, es existiere „ein begründeter Verdacht, daß Masaryk ermordet worden ist." Daher sollten die Behörden schon aus Prestigegründen alle Fakten dieses Falles offenlegen.

Jede Idee, die sich Sviták 1968 in den Kopf setzte, war eine Idee, für die die Zeit reif war. In Interviews erwähnte er den Namen von Major Schramm und fragte nicht nur, wer er gewesen war, sondern auch: Warum gibt es in Prag eine nach Major Schramm, aber keine nach Jan Masaryk benannte Straße? Warum wurde Schramm selbst kurz nach Masaryks Tod liquidiert? Warum schließlich starben oder verschwanden so viele unter mysteriösen Umständen, die in irgendeiner Verbindung zum Fall Masaryk gestanden hatten?

Kaum einen Monat, nachdem Sviták seine Zweifel zum Ausdruck gebracht hatte, erschien in der *Rudé Právo – dem offiziellen kommunistischen Parteiorgan!* – ein Leitartikel:

> Es ist eine sehr ernste Sache, jemanden des Mordes zu beschuldigen. Jedenfalls macht es das Verschwinden potentieller Zeugen – zusammen mit einer Reihe von anderen Umständen – unbedingt notwendig, keinen Aspekt dieses Falles zu vernachlässigen.
>
> Der Verdacht wurde geäußert und ist bis jetzt nicht widerlegt worden, daß Jan Masaryk nicht nur ermordet wurde, sondern daß es sich um einen politischen Mord handelte, in den sowohl Major Schramm, damals Offizier im Dienst der Staatssicherheit, als auch Berijas „Gorillas" involviert waren.
>
> Dieser Verdacht kann nicht leicht genommen werden, da es allgemein bekannt ist, was für eine skandalöse Rolle die Berija-Bande bei den Pogromen an führenden und angesehenen Funktionären der Kommunistischen Partei der Tschechoslowakei in den Jahren 1949–1952 gespielt hat. Schon aus diesem Grund ist die Theorie im Prinzip zulässig.
>
> Es ist von größtem Interesse, daß geklärt wird, ob Berijas „Gorillas" in diesem Fall irgendwie ihre Hände im Spiel hatten oder nicht ... und wir glauben, daß unsere sowjetischen Freunde uns dabei jede nur mögliche juristische Unterstützung geben werden. Schließlich hat Berijas kriminelle Clique solche schrecklichen Untaten in erster Linie gegen das sowjetische Volk selbst begangen, und sie ist vor zwölf Jahren auf die strengstmögliche Art verdientermaßen bestraft worden.

Prag machte sich auf Moskaus Antwort auf diese Herausforderung gefaßt. TASS bezeichnete Vermutungen über eine Verbindung zwischen Masaryks Tod und den Russen einfach als „durch und durch verlogen". Sie seien dazu gedacht, „unter politisch unbeständigen Leuten antisowjetische Gefühle zu schüren." Aber die offizielle Moskauer kommunistische Zeitschrift *Sovetskaja Rossija* entschloß sich zu einem übertriebenen

Ablenkungsmanöver nach dem Motto „Du mich auch". Jan Masaryk sei der Sohn eines bourgeoisen Nationalisten, der 1918 einen Plan zur Ermordung Lenins finanziert habe.

Die tschechische Presse war empört. „Eine grobe Verfälschung der Geschichte", schrieb die katholische Presse. „Ich bin verbittert", schrieb ein Gewerkschaftsjournalist. Die sozialistische Tageszeitung bekannte sich zu „unangenehmen Gefühlen" und äußerte die schwache Hoffnung, daß die gesamte sowjetische Antwort nur ein Scherz unter Brüdern gewesen sei. Radio Prag bezeichnete sie als „unter aller Würde".

Man interviewte den kleinen Mann auf der Straße. Ein Chauffeur sagte: „Alles, was die Masaryks taten, war von Menschlichkeit erfüllt. Jeder in diesem Land liebte sie." Eine Frau sagte: „Das hat gerade noch gefehlt!" Ein Mann mittleren Alters meinte: „Wenn die Russen eine Bombe auf die Prager Burg geworfen hätten, hätten sie die Tschechen nicht wütender machen können."

Ein Geschichtsprofessor namens Bohumil Černý sagte: „Wie konnten sie nur? Nach dreihundert Jahren österreichisch-ungarischer Unterdrückung war Thomas Masaryk der erste und einzige, der begriff, was zu tun war, um hier einen Staat aufzubauen. Er war eine bedeutende Persönlichkeit, ein Menschenfreund, ein Philosoph, der seinen Plato kannte ... Unsere Jugend verehrt ihn, auch wenn sie zu seinen Hauptwerken keinen Zugang gehabt hat."

Beide Masaryks hatten für zwei Jahrzehnte als Unpersonen gegolten, aber beginnend mit den Wallfahrten nach Lány im März, erlebte die Tschechoslowakei 1968 ein „Masaryk-Revival".

In Prag begannen Straßenbahn- und Zugschaffner den Bahnhof Prag-Mitte mit seinem alten Namen „Masaryk-Bahnhof" auszurufen, obwohl er offiziell nicht wieder umbenannt worden war. T. G. Masaryks Büste kehrte in das Pantheon des Nationalmuseums zurück. Miroslav Galuškas Kultur- und Informationsministerium ließ die Arbeiten zur Wiedereröffnung der ehemaligen Masaryk-Bibliothek in Prag aufnehmen. Der größte Teil des Bibliotheksinventars wurde in den Leihbeständen anderer Bibliotheken wiedergefunden. Aber einige der wertvolleren Exemplare, die von hohen kommunistischen Beamten in „persönliche Verwahrung" genommen worden waren, tauchten in Antiquariaten auf, bei denen ihre „Verwahrer" hausieren gegangen waren, um sich persönlich zu bereichern. Die Händler hatten diese Schätze mit liebevoller Sorgfalt gehortet und gaben sie 1968 in ausgezeichnetem Zustand *gratis* zurück.

Die würdigende Biographie *Tomáš G. Masaryk* des marxistischen Philosophen Dr. Milan Machovec wurde mit folgendem Zitat ihres Helden auf dem Frontispiz veröffentlicht: „Gleichgültig, welche Position du beziehst, ich werde dich nicht in Ruhe lassen." Die erste Auflage von 14.000 Exemplaren war innerhalb eines Morgens ausverkauft.

Das war das Masaryk-Revival von 1968. Für einige ältere Tschechen schienen zwei Spätzündungen in einem Menschenleben jedoch zuviel zu sein. Unter der Überschrift „UNGLAUBLICH!" berichtete *Zemědělské Noviny* (*Landwirtschaftszeitung*) von folgendem Vorfall in einer Grundschule in Hodkovice nad Mohelkou:

> Nach seinem Besuch in einer Familie, wo er die Büste von T. G. Masaryk gesehen hatte, sagte der Schulleiter Herr Oldřich Hyč zu seinem Lehrerkollegium: „Wir haben Masaryk rehabilitiert. Jetzt können wir genauso gut Hitler rehabilitieren."

Die Lehrer, fuhr der Artikel fort, distanzierten sich von dieser Aussage und stellten einen Mißtrauensantrag gegen den Direktor.

Die Rehabilitierung erfuhr ihre offizielle Bestätigung, als Ludvík Svoboda bei seinem ersten Besuch auf dem Präsidentenlandsitz in Lány auf T. G. Masaryks Grab einen Kranz niederlegte.

So beleidigte Mütterchen Rußland, als es im Frühling 1968 das Andenken Masaryks in den Schmutz zog, jeden Bürger der von ihm gegründeten Nation.

Sogar die amerikanische Familie Levy fühlte sich beleidigt, aber das war alles, was wir fühlten. Es kam uns damals nicht in den Sinn, daß die Wiederbelebung des Masarykfalles den Panslawismus der Russen und Tschechen endgültig begraben würde.

> DE-FEN-ES-TRA´-TION Substantiv. Der Akt des Aus-dem-Fenster-Werfens, das Resultat dieses Aktes oder die Behandlung durch solch einen Akt: hauptsächlich verwendet im Zusammenhang mit einer im Spätmittelalter

in Böhmen verbreiteten Art des Racheaktes (<lat. *de*, hinaus + *fenestra*, Fenster)

aus: Funk & Wagnalls

Es ist im Westen so viel darüber geschrieben worden, wie der zerschellte Körper von Außenminister Jan Masaryk in den Morgenstunden des 10. März 1948, zwei Wochen nach der kommunistischen Machtübernahme in der Tschechoslowakei, im Hof des Czernin-Palais aufgefunden wurde, daß es fast anmaßend erscheint, wenn jemand, der in der Tschechoslowakei lebt, jetzt noch einmal alles darlegt. Wenn man die beiden maßgeblichen Bücher zu diesem Thema liest[18], weiß man mehr, als man wissen möchte, über:

... den mysteriösen Abgesandten eines gewissen „Major Chlumský", der Jan Masaryk davor warnte oder auch nicht, an diesem Abend in seine Wohnung im Außenministerium zu gehen.

... den in dieser Nacht diensthabenden Wachmann des Czernin-Palais, der in seinem Büro eingesperrt war und dessen Telefon zwischen 23.15 Uhr und 2.10 Uhr tot war.

... die unnatürlichen Schicksale praktisch aller, die mit dem Fall zu tun gehabt hatten. Der Wachmann war wegen Landesverrates von 1949 bis 1960 inhaftiert. Vladomír Clementis, Masaryks kommunistischer Stellvertreter und Nachfolger, wurde 1952 zusammen mit dem Generalsekretär der Kommunistischen Partei Rudolf Slánský gehängt; als Clementis' Witwe nach der Asche ihres Mannes fragte, sagte man ihr, daß man sie im Gefängnis in Pankrác in einen Abfluß geschüttet habe. Der Fahrer des Polizeiwagens, der den ersten Anruf empfangen hatte (und den kommunistischen Innenminister bereits am Tatort

18 *Too Strong for Fantasy*, die 1967 erschienene Autobiographie der Romanschriftstellerin Marcia Davenport, die Jan Masaryk heiraten wollte und ihn in London erwartete, als er starb (New York: Chas. Scribner's Sons) und *The Masaryk Case* von Claire Sterling (New York: Harper & Row, 1970). Sterlings Theorie basiert auf den Exkrementen, die man auf dem Fensterbrett von Masaryks Badezimmer fand. „*Menschen, die Selbstmord begehen, verlieren nicht die Kontrolle über ihren Stuhlgang*", schreibt sie in Kursivschrift, „*während es im Endstadium gewaltsamen Erstickens passieren kann.*" Sie vermutet, daß, nachdem es nicht gelungen war, den sich sträubenden Masaryk aus dem Fenster zu werfen, seine Mörder ihn mit einem Kissen erstickten und dann aus dem Fenster stießen.

antraf), wurde für zwei Jahre eingesperrt; mit keiner anderen Begründung, als daß er „zur Warnung bestraft" worden sei. Der Kriminalbeamte, der den Fall untersucht hatte, wurde bald danach Lastwagenverlader; sein Bruder dagegen wurde verhaftet und hingerichtet, was wie eine Verwechslung erschien. Der Pathologe, der Masaryks Körper untersucht hatte, starb im Polizeihauptquartier, wo er sich, laut offizieller Stellungnahme, versehentlich eine Benzininjektion gespritzt hatte. Als seine Frau ihn noch einmal sehen wollte, wurde ihre Bitte abgelehnt. Sie bestand weiter darauf – und beging bald danach Selbstmord.

... das offizielle Kommuniqué, das am 10. März 1948 gegen Mittag verlautbart wurde. Darin wurde die Todeszeit mit 6.30 Uhr angegeben (mehrere Stunden, nachdem die Leiche gefunden worden war) und gesagt, daß Masaryk „Selbstmord begangen" habe, in einem Anfall „plötzlichen Wahnsinns", der durch „vorwurfsvolle Telegramme seiner früheren Freunde in England und Amerika" ausgebrochen sei. In ihnen hätten diese seine „männliche und patriotische Haltung" gegenüber der vorläufigen Weiterführung seines Amtes unter den Kommunisten verurteilt.

Dann, eines Tages im Frühling 1968, spazierte ein Mann namens Vítězslav Kadlčák in die Redaktion einer Prager Zeitung und stellte sich als „Major Chlumský" vor, Kriegskurier zwischen dem tschechischen Untergrund und Masaryk, als dieser im Londoner Exil lebte. Kadlčák brachte einen Ordner mit Dokumenten mit und gab an, noch im Besitz anderer Schriftstücke zu sein, darunter eines, das Major Schramm belastete, der, wie er sagte, ein Agent des sowjetischen Innenministeriums gewesen war. Kadlčák alias Chlumský trat auch im Fernsehen in einer dreiteiligen tschechoslowakischen Sondersendung zum Fall Masaryk auf: „Hilfe für die Strafjustiz" war ihr Titel. Er war ein klobiger, geschwätziger Proletarier, der, wann immer er etwas zur Sache sagen wollte, seinen Interviewer mit dem Finger anstieß und seine Äußerung mit einem nachdrücklichen „Richtig? Richtig!" unterstrich.

Das war noch lange nicht das letzte, was man von Major Chlumský hören sollte. Damals aber war alles, was ich feststellte, daß die vehementesten sowjetischen Ausbrüche (der zweite bestand in einem formellen diplomatischen Protest gegen die tschechische Presse) zeitlich mit der Einführung der Majore Schramm und Chlumský in die Prager Zeitungen zusammentraf, wenn die Sowjets es auch gewissenhaft vermieden, einen der beiden namentlich zu erwähnen. Es war wie bei einem amerikanischen Streik: Die entscheidenden Streitfragen werden gewöhnlich auf jeder offiziellen Beschwerdeliste weggelassen.

Ich bin kein Gewerkschaftsreporter, aber ich war früher Polizeireporter und bin immer ein Behaviorist gewesen. Da ich so viele „Beweise“ gesehen hatte, mit denen Polizisten und Geschworene irregeführt wurden, fiel mir schuldbewußtes Verhalten immer auf; der übereifrige Zeuge, das ausweichende Opfer oder das winzige Detail, das bei einer späteren Enthüllung oder bei einer unerwarteten Wendung eine große Rolle spielen kann. Und mein journalistisches Gespür sagte mir, daß ich für weitere Erwähnungen des intriganten Major Chlumský die Ohren gespitzt halten sollte.

Vielleicht kann man die Psychologie der Polizeistation nicht auf die Scheinheiligkeit großer Nationen ihren kleinen Nachbarn gegenüber anwenden. Oder vielleicht doch. 1968, zwanzig Jahre nach dem Tode Jan Masaryks, konnte nicht mehr viel passieren. Wie es auch nicht lange nach dem Tod von John F. Kennedy der Fall war, suchte man sich einfach seine Theorie aus und kochte sein eigenes Süppchen.

Nachdem ich aus Cannes nach Prag zurückgekehrt war, organisierte ich ausgerechnet für Miloš Forman eine Führung – eine große Bildungsreise durch den Prager Frühling, der gerade anzubrechen begonnen hatte, als er Ende Januar nach Amerika ging. Ich besuchte mit ihm einen *Hydepark*, wo er den Film *Der Feuerwehrball* (*Hoří, má panenko*) gegenüber einer Schar junger Cineasten verteidigte. Ich führte ihn zu dem Laden in der Nähe der Karlsbrücke, wo er die Londoner *Times* gegen Kronen kaufen konnte, ohne daß Fragen gestellt wurden. „Das ist die letzte für heute“, sagte die Dame und nahm die *Times* aus dem Schaufenster, „aber wir schließen jetzt sowieso, und morgen kommt ein neuer Stoß.“

„Behalten Sie das Geld“, sagte Miloš zu ihr, „und behalten Sie die *Times* in Ihrem Schaufenster. Das wird vielen Leuten Freude bereiten, wenn sie heute abend hier vorbeikommen.“

Und ich nahm Miloš mit zu Dubček, den er vorher nur einmal kurz gesehen hatte – verschwommen wie durch ein Weinglas, 1967, bei unserem angeheiterten Besuch im Hotel ohne Namen.

Das Zentralkomitee trat Ende Mai zusammen. Auf dem Programm standen: die Ratifizierung von Dubčeks Antrag, nach dem der XIV. Parteitag auf den 9. September 1968 vorverlegt werden sollte, was auch die Durchführung der ersten halbwegs freien Wahlen seit zwanzig Jahren bedeutete; die Umsetzung anderer Punkte des Aktionsprogrammes; die Erwägung einiger überfälliger Rehabilitierungen von Parteimitgliedern; die Diskussion über den Status verschiedener anderer Parteimitglieder, einschließlich Antonín Novotný.

Also gingen Miloš und ich am Morgen des ersten Sitzungstages des Zentralkomitees hinüber zur Prager Burg, um die Dienstwagen zu beobachten, die ihre Insassen ausspuckten. Als wir ankamen, standen schon vierzig oder fünfzig Schaulustige unter dem Torbogen.

Dubček tauchte früh auf, und alle applaudierten ihm. Ein Dutzend Fotografen, darunter auch ein Amerikaner vom *Look*-Magazin, hielt seine Kameras in die Höhe und fotografierte ihn auf dem Weg durch die kleine Schar. Miloš schüttelte ihm die Hand, ohne sich vorzustellen, aber Dubček wußte, wer er war, und sagte: „Wo sind Sie gewesen?"

„In Frankreich und Amerika", antwortete Miloš.

„Schön, daß Sie wieder bei uns sind. Werden Sie bleiben?"

„Wenn meine Arbeit dort beendet ist, werde ich zurückkehren und auf Dauer bleiben."

„Gut", sagte Dubček, „das ist wichtig."

(Einige Tage zuvor hatte Dubček von der Bühne des Nationaltheaters zu einer Ansammlung von tschechoslowakischen Künstlern und Kulturschaffenden gesprochen: „Wir Kommunisten sind für engagierte Kultur. Aber wir wollen keine Ratschläge erteilen, was getan werden soll und wie es getan werden soll ... Es müssen die Bedingungen für eine Atmosphäre geschaffen werden, die dazu beiträgt, daß sich sowohl kreatives Denken, Phantasie, künstlerische Vollendung und Genialität entfalten können, als auch das Tor zur Schönheit geöffnet wird ...

Heute, da wir über neue Wege für unsere Gesellschaft nachdenken, möchte ich Sie dafür gewinnen. Wir brauchen Sie, und wir wollen eine Politik auf so hohem Niveau betreiben, daß auch Sie sie wertschätzen und brauchen werden, genauso wie *wir* gute Kunst wertschätzen.")

Als Dubček weg war, teilte mir Miloš auf Grund ihrer kurzen Begegnung mit: „Mein Gefühl sagt mir, daß das ein sehr guter Mensch ist, ein sehr bescheidener Mensch."

„Ich weiß, was du meinst", sagte ich. „Einen Augenblick lang glaubte ich, er würde dich um ein Autogramm bitten."

Als Parlamentspräsident Josef Smrkovský und Ministerpräsident Oldřich Černík ankamen, wurden auch sie beklatscht und fotografiert.

General Lomský, der alte Freund Novotnýs und General Šejnas, war als Verteidigungsminister zurückgetreten, hatte aber seinen Sitz im Zentralkomitee beibehalten. Er wurde mit Buhrufen empfangen.

Dann kam Antonín Novotný, er sah gebräunt und silberhaarig aus. Keiner der anwesenden Tschechen, auch Miloš nicht, gab einen Laut von sich. Sie drehten ihrem ehemaligen Diktator einfach den Rücken zu.

Es gibt keine visuelle Dokumentation dieser spontanen Zeremonie der Verachtung, da sogar die Fotografen sich umgedreht hatten. Ich hatte es nicht getan, da ich nie zum Mob gehören möchte, auch dann nicht, wenn ich zufällig auf der Seite des Mobs stehe. Und ganz bestimmt nicht, wenn ich in einem Land beider Gast bin, der des Mobs und der seiner Zielscheibe.

Als Zeuge dieser Szene wollte ich mich gerne mit jemandem über sie austauschen, aber der amerikanische Fotograf vom *Look*-Magazin hatte sich auch weggedreht. Ich stieß ihn an und bedeutete ihm, daß das ein wunderbares Foto abgeben würde.

„Diese tschechischen Fotografen sind Profis", fuhr er mich an, „die werden schon wissen, was sie tun."

Ich zuckte mit den Achseln und beobachtete ganz allein die einsame, aber lebhafte Gestalt Antonín Novotnýs, sah, wie er das mit roten Teppichen ausgelegte Marmortreppenhaus hinauflief und in der riesigen Präsidentenwohnung verschwand, die einmal sein Zuhause gewesen war. Wenn er drei Viertel des Gebäudes durchschritten hatte, würde er den neobarocken Spanischen Saal, wo die Versammlung stattfand, betreten und vorher noch am Erfrischungsbuffet eine Pause einlegen.

Dort, so hörten wir später, gab es einen Zwischenfall, der einen Kontrapunkt zu der Verachtungsbekundung im Burghof darstellte. Während des Kaffeetrinkens wurde Novotný allein stehengelassen. Sogar die beinharten Novotnýisten vermieden es, sich zu ihm zu gesellen. Aber Josef Smrkovský, der einen großen Teil der Novotný-Ära im Gefängnis verbracht hatte, war der einzige, der sich hinüberwagte, um sich mit ihm zu unterhalten.

Smrkovský selbst sprach später über den Vorfall. Er fügte hinzu, daß diejenigen, die ihren Ex-Präsidenten so verächtlich behandelten, dieselben waren, die ihm sonst auf die Schulter geklopft und sich im Herbeiholen von Drinks für ihn gegenseitig überboten hatten. Smrkovský bezeichnete ihre Grobheit als „unkultiviertes Verhalten ... ein Überbleibsel der Fünfziger-Jahre-Moral."

Im Spanischen Saal war es Dubček, der kein Blatt vor den Mund nahm. „Wenn kein außerordentlicher XIV. Parteitag abgehalten wird", warnte er, „wird es keine Garantie dafür geben, daß die neue Politik verwirklicht wird ... Darüber hinaus wurde in regionalen Konferenzen beschlossen, daß Genossen, die ihre Glaubwürdigkeit verloren haben, das Zentralkomitee unverzüglich verlassen sollen. Herr Novotný wurde in diesem Zusammenhang ausdrücklich erwähnt."

Notvotný sträubte sich nicht nur gegen seine Amtsniederlegung, sondern auch gegen einen anderen Punkt auf der Tagesordnung: der völligen posthumen Rehabilitierung des hingerichteten Rudolf Slánský. Er äußerte sogar vage Zweifel an der völligen Unschuld von Slánský und Vlado Clementis, der mit diesem am Galgen gestorben war.

Da standen zwei slowakische Redner auf, um ihn zu widerlegen.

Eine Frau, die mit Clementis bekannt gewesen war, las den letzten Brief des ehemaligen Außenministers vor, in dem er schrieb, daß ihm als Schicksal eine „legalisierte Ermordung" bevorstehen würde. Clementis schrieb außerdem: „Ich bin Anwalt und Kommunist und ich hege keine Illusionen."

Ein untersetzter, graugesichtiger Mann – dessen geschürzte Lippen und halbgerahmte Brille ihn aussehen ließen wie einen Zahnarzt, der nicht an Novocain glaubt – versetzte ihm den Gnadenstoß. Es war der stellvertretende Ministerpräsident Gustáv Husák, ein Rechtsanwalt aus Bratislava, der die erste Hälfte der Novotný-Ära (1954–1960) als „bourgeoiser Nationalist" im Gefängnis verbracht hatte. Der slowakische Schriftsteller Ladislav Mňačko schrieb über ihn: „Husák verließ seine Zelle mit einem einzigen Wunsch: den Mann, der ihn dorthin gebracht hatte, zu vernichten."

Husák, der kaum seine Lippen zu bewegen scheint, aber stark mit den Armen gestikuliert, kann ein erschreckend beeindruckender Redner sein. Nachdem er über seine eigenen Erfahrungen fast monoton berichtet hatte, beendete er seine Rede mit einem Ausbruch: „Ich habe absolut keine Zweifel an der politischen Verantwortung Antonín Novotnýs für die brutalen Repressalien der fünfziger Jahre, für die Inhaftierung unschuldiger Kommunisten, für das Betrügen um Rehabilitierungen und für die Qualen Tausender von Menschen. Rechtschaffene Leute können der Partei jetzt nur unter der Voraussetzung beitreten, daß Leute wie Novotný sie verlassen."

Antonín Novotný bat ums Wort und bot seinen Austritt aus dem ZK an. Aber die beiden Reden hatten das Zentralkomitee so drastisch beeinflußt, daß es die Annahme des Austrittes verweigerte und ihn statt dessen ausschloß.

Anschließend wurde die Parteimitgliedschaft Novotnýs und sechs anderer Funktionäre der fünfziger Jahre bis zur vollständigen Klärung ihrer Rolle bei den Prozessen aufgehoben. Darauf wurde der ehemalige Präsident der Republik und Erste Sekretär der Kommunistischen Partei aufgefordert, den Spanischen Saal, in dem er geherrscht hatte, zu verlassen, aber bitte, nicht ohne zuerst seine Mitgliedskarte abzuliefern.

Der ambitionierte Politiker hat, wenn er zur Rache entschlossen ist, eine beneidenswerte Position, sobald er erst einmal seinen Fuß auf die Leiter gesetzt hat. Unbeeinflußt durch Ideologien, muß er nichts anderes tun als hinaufzuklettern, besonders dann, wenn alte Feinde zu wanken beginnen. Mit der Persönlichkeit des kettenrauchenden, populären und manchmal demagogischen 55jährigen Gustáv Husák hatte die tschechoslowakische Revolution einen uneingeschränkten „Realisten" hervorgebracht, der im Grunde jede Gelegenheit nutzen würde zuzuschlagen. Vieles davon würde er im Namen des „slowakischen Nationalismus" tun, der gewöhnlich zusammen mit seinem Haß auf Novotný als Gustáv Husáks zweite unstillbare Leidenschaft bezeichnet wird. An seiner Aufrichtigkeit als slowakischer Nationalist bestand bei Husák, Held und Chronist des slowakischen Aufstandes von 1944, kein Zweifel.

Von „strenger Erscheinung, mit Augen, so leer wie Schlaglöcher", war Husák von einem engen Mitarbeiter folgendermaßen beschrieben worden: „Er vermittelt den Eindruck, daß er keine Vorstellung davon hat, was Freude oder Spontanität bedeuten. Seine übliche Reaktion auf Leichtsinn ist es, die

Stirn zu runzeln und seine Brille geradezurücken, wie um damit seine Unfähigkeit, an sozialen Verhaltensweisen teilzuhaben, zu verstecken. Er ist so vorsichtig und skeptisch, [daß] es schwierig ist, mit ihm zu einer Übereinkunft zu gelangen, aber wenn das einmal erreicht ist, unternimmt er jede Anstrengung, um sein Wort zu halten."[19]

Ich habe Gustáv Husák nie kennengelernt, obwohl ich ihm oft im Fernsehen und an einem späteren 1. Mai zusehen mußte, wie er Dubčeks alten Platz auf der Tribüne einnahm. Daher habe ich kaum mehr Informationen über ihn als die Öffentlichkeit, bis auf zwei zusätzliche Leckerbissen: einer halb-exklusiv, der andere wenig bekannt.

... 1968 nahm ich an einer Pressefahrt des Außenministeriums zu einer der verschiedenen Handelsmessen teil, die jedes Jahr in der mährischen Stadt Brünn (Brno) abgehalten werden. Beim Frühstück teilten Thomas Hamilton, ein Mann von der *New York Times* mit Wohnort in Genf, und ich einen Pressetisch mit einem britischen Wirtschaftsjournalisten und im Ruhestand befindlichen Kommandeur der Royal Navy namens Edgar P. Young. Commander Young war Husák schon damals, als dieser noch als populärer tschechoslowakischer Liberaler und „Dubček-Mann" galt, seit zwei Jahrzehnten nicht geheuer: „Ich lernte den Burschen kurz nach dem Krieg kennen [in der Beneš-Ära, als Husák kommunistischer Vorsitzender des slowakischen Beauftragtenausschusses war], und ich wage zu sagen, daß es das antisemitischste Gespräch war, das ich jemals mit irgend jemandem geführt habe. Das Komische war: Ich glaube nicht, daß Dr. Husák irgendein eigenes, wie immer geartetes Gefühl für die Juden hatte. Aber er sagte, daß die Juden, die in die Slowakei zurückkehrten, ein ernsthaftes wirtschaftliches Problem hervorriefen. Er machte ihnen eigentlich *Vorwürfe*, daß sie *lebend* aus den Konzentrationslagern herausgekommen waren und sich slowakische Arbeitsplätze und Besitztümer unter den Nagel rissen.

[19]Zitat aus dem Artikel „Heute in der Tschechoslowakei" ("In Czechoslovakia Today") von Peter C. Newman, Chefredakteur des *Daily Star* in Toronto. Newman verbrachte seine Kindheit in der Tschechoslowakei. Veröffentlicht im *Bostoner Sunday Globe* vom 19. April 1970.

Natürlich deshalb, weil die Slowaken, in der Annahme, daß alle ihre Juden tot seien, sich bereits die jüdischen Besitztümer unter den Nagel gerissen hatten."

... Die andere Person, die ich 1968 kennenlernte und die unfreundliche Worte für Husák hatte, war niemand anderer als sein Verbündeter und Ratgeber Alexander Dubček. Nicht daß Dubček diese Worte zu mir gesagt hätte; er schrieb sie 1959 für eine slowakische Parteizeitschrift namens *Hlas Ludu* (*Stimme des Volkes*).[20] Dubček drückte in diesem Artikel slowakischen Parteimitgliedern, die von den Nazis inhaftiert oder exekutiert worden waren, seine Anerkennung aus und schrieb:

> Diese Verhaftungen ... gestatteten nationalistisch gesinnten Menschen wie Husák und Novomeský[21] in der Kommunistischen Partei der Slowakei die Führung zu übernehmen. Diese Männer waren 1943 daran interessiert, ihre Verbindungen zur Bourgeoisie beizubehalten und diese sogar um Hilfe zu bitten. Dies behinderte die Entwicklung der Partisanenbewegung.

Es war eine ungerechte Beschuldigung zur denkbar unpassendsten Zeit, kurz nachdem Husáks lebenslange Haftstrafe umgewandelt worden war und einige Monate vor seiner Entlassung aus dem Gefängnis. Es war auch zu einer Zeit, als sogar die gläubigsten Kommunisten die Inhaftierung Husáks als eine Schande für die Partei erkannten. Warum Dubček, der es 1953, als es angesagt war, abgelehnt hatte, eine solche Attacke zu führen, sich entschlossen hatte, es jetzt zu tun, bleibt ein Geheimnis. Die beste Erklärung, die ich dafür gehört habe, lautet, daß Dubček, der sich in Moskau aufhielt, als der Stalinismus in Verruf geriet, 1959 verstört war, da er nach seiner Rückkehr sehen mußte, daß dieser in der Tschechoslowakei noch immer zügellos herrschte.

Wann immer ich heutzutage lese oder höre, daß Husák Dubček „fertiggemacht" hat, neige ich dazu, dem zuzustimmen

20 Bd. 6, Nr. 34

21 Laco Novomeský, slowakischer Dichter und Kommunist, enger Freund Husáks, von 1969 bis 1971 Mitglied des Parteipräsidiums der Kommunistischen Partei der Slowakei.

– aber mein eigenes dramatisches Empfinden erinnert mich auch immer wieder daran, daß Dubček einmal (und wahrscheinlich wirklich nur einmal) einen Mann schlug, der bereits am Boden lag.

Jedoch als Miloš und ich im Mai 1968 während der Sitzung des Zentralkomitees draußen standen, hätte man Husák nicht als die größte Bedrohung Dubčeks angesehen. Dubčeks ranghöchster „konservativer" Gegner war der fünfzigjährige Vasil Biľak, der erst als Dubček an die Spitze der Partei gelangt war, Erster Parteisekretär in der Slowakei und Mitglied des Präsidiums wurde.

„NICHT JEDER KANN DUBČEK SEIN" war 1968 unter einer Karikatur zu lesen, die den untersetzten, dunkelhaarigen Biľak (der wie eine kurzbeinige, verschlagene Herblock-Version von Nixon aussieht) bei dem Versuch zeigte, die Garderobe seines Vorgängers nachzuahmen. Der Kontrast wurde noch deutlicher, als Biľak, ein ungeschickter Redner, während der Sitzung des Zentralkomitees Masaryk und Beneš für den Aufstieg Hitlers verantwortlich machte, darauf die sowjetischen Berater von jeglicher Verantwortung für die tschechoslowakische Zerreißprobe in den fünfziger Jahren freisprach, indem er ein Dementi von Stalin persönlich zitierte, und abschließend verkündete: „Wir sollten uns Zeit nehmen, um zu untersuchen, was in diesem Land passiert. Warum ist die Tschechoslowakei plötzlich das Idol weiter Personenkreise vom Vatikan bis Bonn geworden? Unsere Werktätigen sind zutiefst beunruhigt wegen des Anwachsens antisozialistischer Kräfte. Der Sozialismus kann nur nach den Prinzipien des Marxismus-Leninismus errichtet werden. Nur die Kommunistische Partei kann seine treibende Kraft sein."

Noch am 1. Juni legte Biľak Lippenbekenntnisse in bezug auf den außerordentlichen Parteitag ab, der für September anberaumt worden war. Er sagte, dieser könne „einer der Meilensteine der Konsolidierung" werden. Aber er warnte auch davor, daß er „der Partei und dem Staat großen Schaden zufügen" könne, wenn er in der zur Zeit herrschenden Atmosphäre vorbereitet" werde, einer Atmosphäre (und ein Parteitag), zu deren Beeinträchtigung Vasil Biľak nicht wenig beitragen sollte.

Die Konservativen betrieben eine Verzögerungstaktik. An dem Tag, als das Präsidiumsmitglied Oldřich Švestka, der dogmatische Chefredakteur der *Rudé Právo*, an der Reihe war, den Vorsitz bei der ZK-Sitzung zu übernehmen, kamen die Liberalen buchstäblich nicht zu Wort. Nur konservativen Rednern wurde vom Vorsitzenden das Wort erteilt. Aber Švestkas Abwesenheit an diesem Tag wurde dazu genutzt, einen Machtkampf in der *Rudé Právo* hochzuspielen, den er dabei war zu verlieren, nachdem ein „Vertrauensvotum" mit 67 zu 1 Stimmen gegen ihn ausgefallen war. Švestkas Weg führte bergab – sein Rauswurf wurde nur durch die Warnung Moskaus verzögert, nach der es diesen als internationalen Affront gewertet hätte.

Die Führung unter Dubček ging, wo immer es den Kreml betraf, behutsam vor. Sie wich jeder sich abzeichnenden Konfrontation aus, indem sie sich einfach einer anderen überfälligen Reform zuwandte oder Moskau einige unbedeutende Zugeständnisse machte, die Prag Zeit gewinnen ließen, um seine langfristigen Ziele zu verwirklichen.

Seit dem Warnschuß vom Abend des Befreiungstages sandte Rußland immer wieder Delegationen von Überredungskünstlern in die Tschechoslowakei. Marschall Grečko, der große, tolpatschige und humorlose sowjetische Verteidigungsminister, war auf dem Flughafen Ruzyně mit sieben anderen hohen Offizieren gelandet. Sie kamen, um die „neue Führung der tschechoslowakischen Armee zu begrüßen, um Erfahrungen auszutauschen und Fragen, die für beide Seiten von Interesse sind, zu erörtern."

Ein Mitglied der Delegation Grečkos war General Jepišev, der Politkommissar der Sowjetarmee. Nachdem *Le Monde* seine Worte zitiert hatte, nach denen die sowjetische Armee bereit sei, den loyalen tschechoslowakischen Kommunisten zur Hilfe zu kommen, stand General Jepišev im Brennpunkt des Prager Interesses. Er war kaum aus dem Flugzeug ausgestiegen, als er auch schon von Duňa Havlíčková, einer Journalistin des tschechoslowakischen Fernsehens abgefangen wurde. Sie hielt ihm ein Mikrofon unter die Nase und fragte ihn, ob dieses Zitat richtig wiedergegeben worden sei.

General Jepišev, ein pummeliger, kleiner, mit Medaillen beladener Mann, sah sich nach der Art von Hilfe um, die aufgetaucht wäre, hätte man ihm in Moskau eine solche Frage hingeknallt. Als ihn niemand vor der Journalistin retten wollte, versuchte er sie abzuwimmeln. Aber wohin General Jepišev auf dem Flughafen auch ging, Frau Havlíčková begleitete ihn mit ihrer hartnäckigen Frage. Kameras zeichneten diesen bemerkenswert komischen Pas de deux auf, und er wurde in den Sieben-Uhr-Nachrichten gezeigt. Frau Havlíčková hatte General Jepišev erfolgreich zu der beruhigenden, wenn nicht aufrichtigen Antwort gebracht: „Es ist eine dumme Sache."

Einige Stunden nachdem Grečkos Gruppe in Prag angekommen war, landete der sowjetische Ministerpräsident Alexej Kosygin – in Begleitung seiner Tochter Irina – um eine Kur in Karlsbad zu machen. Er unterzog sich einer „zehntägigen Magenkur", wobei er es schaffte, sie auf vier Tage zu komprimieren und dazwischen Konferenzen mit Dubček und Černík in Prag einzuschieben. Auch Dubček und Černík statteten Kosygin eine Stippvisite während seines Aufenthaltes in Karlsbad ab. Beide Seiten waren bemüht, den öffentlichen Anschein zu wahren, daß der Besuch Kosygins keinen politischen Hintergrund habe. Auf die Frage, warum er und Černík nach Karlsbad flögen, antwortete Dubček gequält: „Als gute Gastgeber kommen wir zu Besuch."

An jedem Morgen seiner vier Tage in Karlsbad sah man Kosygin, wie er seinen Krug an der heißen Quelle füllte und dann daran nippte, während er entlang des Teplá-Kanals spazierenging. Obwohl es schon Spätfrühling war, kühlte das Wetter wieder ab, und der freundlich aussehende sowjetische Ministerpräsident, der einen Bürstenhaarschnitt ähnlich wie Smrkovský hatte, trug gewöhnlich einen dunklen Mantel und einen perlgrauen Homburg mit einem gesprenkelten Seidenband. Kosygin, der erst vor kurzem Witwer geworden war, wurde scheinbar nur von seiner Tochter begleitet. Aber als ein amerikanischer Journalist auf ihn zukam und „Guten Morgen, Herr Kosygin!" sagte, trat ein anderer russischer Spaziergänger zwischen die beiden Männer und sagte auf englisch: „Keine Fragen an den Ministerpräsidenten."

Die einzige Journalistin, die Kosygin Fragen stellen durfte, war General Jepiševs Verfolgerin, Duňa Havlíčková. Kosygin gewährte ihr ein zehnminütiges Interview, unter einer Bedingung: keine Politik. Ihr Gespräch, das sie vor laufender Kamera führten, war ein sehr netter Plausch über das Wetter in der Tschechoslowakei und die Herrlichkeiten von Karlsbad, aber es erlitt einen kleinen Einbruch, als Havlíčková sich beklagte, daß Kosygin sie drei Tage hatte warten lassen.

„Also", sagte Ministerpräsident Kosygin, „ich fürchtete, daß das Interview meine Erholung stören würde."

„Aber Sie müssen verstehen", erklärte Havlíčková , „daß dies die einzige Möglichkeit für unser Volk ist, Sie während Ihres Aufenthaltes hier zu sehen."

Kosygin war ein verständnisvoller Mann, und das war der Eindruck, den er nicht nur beim tschechoslowakischen Fernsehpublikum, sondern auch bei dessen politischen Führern hinterließ. Das offizielle Kommuniqué beschrieb seine drei Treffen mit ihnen als „in einer herzlichen und kameradschaftlichen Atmosphäre abgehalten." In der noch immer aktiven Prager Gerüchteküche hieß es, daß die Tschechoslowaken dafür, daß der sympathische Kosygin ihnen versprochen hatte, ihre Sache im Kreml nicht nur vorzubringen, sondern auch zu diskutieren, zugesagt hatten

... nur Kommunisten zu erlauben, Schlüsselpositionen in den Regierungsbehörden zu besetzen, besonders in den Staatssicherheitsdiensten. (Damit konnte man bis auf weiteres leben, da alle ranghohen Reformer Kommunisten waren.)

... Oppositionsparteien und politische Gruppen zu verbieten. (Das war ein Schlag gegen die langfristigen Pläne von KAN, aber sie konnten weiter als Klub tätig sein, bis der richtige Moment kommen würde.)

... sich mit Moskau und anderen östlichen Verbündeten zu beraten, ehe man einen wesentlichen politischen Schritt Richtung Westen, insbesondere Richtung Westdeutschland, unternehmen würde. (Es wurden keine *politischen*, sondern nur *wirtschaftliche* Schritte in diese Richtung in Erwägung gezogen.)

... die Sicherheitsmaßnahmen an den westlichen Grenzen zu verschärfen, regelmäßige Inspektionen dieser Maßnahmen durch den Warschauer Pakt zu gewähren, im Verlaufe des Junis einwöchige „begrenzte Manöver des Warschauer Paktes" zuzulassen – mit einer Beteiligung von 10.000 bis 12.000 Mann Infanterie und Fernmeldetruppen, die unbewaffnet ins Land kommen würden.

Zur Bestürzung der Tschechen und Slowaken kamen die ersten russischen Truppen schon Ende Mai an, gerade an dem Tag, als das Zentralkomitee Novotnýs Ausschluß erwog. Die Männer dieser „Vorhut" waren unbewaffnet, aber das galt nicht für die Panzer und Kampfflugzeuge, die sie unerwartet mitführten. Und als die Kolonnen der Bodentruppen durch slowakische und böhmische Dörfer rollten, bemerkten Beobachter, daß auch die Anzahl der Soldaten höher zu sein schien als angegeben worden war.

Der tschechoslowakische Verteidigungsminister hüllte sich in Schweigen. Die tatsächliche Truppenstärke sei ein „militärisches Geheimnis", ebenso das Datum des Beginns der einwöchigen Manöver, das erst vierundzwanzig Stunden vorher bekanntgegeben werden sollte.

„Es ist nichts über die Teilnahme fremder Panzer an den Manövern gesagt worden", bemerkte ein Reporter beim Pressetermin im Ministerium.

„In einer modernen Armee gibt es keine motorisierten Infanterieeinheiten ohne Panzer", sagte der offizielle Pressesprecher, ein General. „Sie dienen als direkte Unterstützung der Infanterie. Abgesehen davon nehmen nur einige wenige an den laufenden Übungen teil."

Die gleiche Antwort verwendete er für den Luftbeistand. Die Reporter fragten, ob die Sowjettruppen einen längeren oder dauernden Aufenthalt in Erwägung zögen. Der General blaffte zurück: „Natürlich nicht."

„Aber warum bringen die sowjetischen Offiziere dann Frauen mit?"

„Die Frauen sind Zivilangestellte. Die gibt es in jeder Armee. Auch in der tschechoslowakischen. Bei den laufenden Truppenübungen sind nur wenige im Einsatz."

Ein russischer General namens Žadov besuchte eine Kaserne der tschechoslowakischen Truppen, um mit ihnen die bevorstehenden Manöver zu besprechen. Nach der Aussage eines Soldaten, der sich bei *Literární Listy* beschwerte, gebrauchte General Žadov fast die gleichen Worte, die General Jepišev zugeschrieben wurden, als er seinen nervösen Zuhörern versicherte, daß die ganze Rote Armee bereitstünde, um den guten tschechoslowakischen Kommunisten zur Hilfe zu kommen. Während einer Fragestunde sagte General Žadov, daß ihm die innenpolitische Situation hier nicht ganz klar sei. Aber er sähe, „daß negative Kräfte den Erneuerungsprozeß als Waffe gegen den Sozialismus mißbrauchen."

Mit einer unbekannten Anzahl russischer Soldaten auf ihrem Territorium, die ihnen alle Arten der Freundschaft bekundeten, boten die tschechoslowakischen Gastgeber eine gastfreundliche Front. Im Dorf Holice empfingen die Einwohner jeden durchziehenden Militärkonvoi mit Schokolade und einem Buch über Ostböhmen. In Trutnov, dem Tor zum Riesengebirge, stand dieselbe Delegation von Bürgern, die 1945 die russischen Befreier mit einem Fliederstrauß empfangen hatte, 1968 wieder mit frischem Flieder bereit. In der Nähe wurde ein Lastwagen der sowjetischen Armee, der eine Kurve übersehen hatte und mit den Rädern im Straßengraben gelandet war, mit Hilfe des Traktors eines Bauern und den vereinten Kräften der Dorfbewohner wieder auf die Straße gezogen.

Die Manöver begannen erst in der letzten Juniwoche. Dubček und Černík hießen den sowjetischen Oberbefehlshaber des Warschauer Paktes, Sowjetmarschall Jakubovskij, offiziell willkommen. General Svoboda zog zum ersten Mal seit seiner Wahl zum Präsidenten seine Uniform an und schritt die Ehrengarde Marschall Jakubovskijs ab.

Nach dem Mittagessen geleitete der Präsident den Marschall zur Inspektion einer Schutztruppeneinheit an der Grenze. Die Grenzschützer schenkten jedem ihrer Gäste einen Schäferhundwelpen. Svoboda dankte ihnen herzlich und nahm seinen Welpen mit nach Hause auf die Burg: „Ich werde ihn meinem Enkel schenken."

Jakubovskij ließ seinen Welpen in der Obhut der Grenzwache. „Ich werde mich nach ihm bei Gelegenheit erkundigen." Er sagte nicht, bei welcher.

Josef Smrkovský und neun Abgeordnete der Nationalversammlung machten einen zehntägigen Freundschaftsbesuch in Moskau, um „zu erfahren, was unsere Gastgeber denken und aus den guten Dingen etwas Gutes zu machen und die schlechten zu vermeiden." Doch ohne Kompromisse, denn Smrkovský betonte: „Wir dürfen nicht auf halbem Wege stehenbleiben oder die Hoffnungen, die wir geweckt haben, enttäuschen."

Im Kreml umriß Smrkovskýs Gruppe, wie es zu Hause weitergehen sollte. Wie die Gerüchteküche wußte (und wie es offen in Prag publiziert wurde) hörten die russischen Führer höflich zu und sagten Smrkovský dann, daß sie ihre eigenen Informationen über „einige negative Erscheinungen in den tschechoslowakischen Massenmedien" hätten. Die Begegnung schlug schnell in einen Streit um. Leonid Brežnev beteuerte weinerlich, daß Rußland nichts als Verständigungsbereitschaft gegenüber der Tschechoslowakei zeigen wolle. Aber der Vorsitzende des Staatspräsidiums der UdSSR, Nikolaj V. Podgornyj, warnte vor Elementen, die „einen Keil zwischen unsere Länder treiben möchten“ und hielt den Tschechen und Slowaken dann einen Vortrag darüber, was für undankbare arme Verwandte sie seien.

„Ihre Wirtschaftsfachleute sollten einmal ein paar Berechnungen anstellen“, sagte Podgornyj zu Smrkovský, „und in Ihrem Radio und Fernsehen erklären, daß ... die Sowjetunion Getreide in die Tschechoslowakei schickt, sogar in schlechten Erntezeiten, wenn wir es von den kapitalistischen Ländern mit unserem Gold kaufen müssen.“ Dann fügte Podgornyj ohne den leisesten Anflug von Ironie hinzu: „*Unser* Volk beklagt sich *nie*, weder beim Zentralkomitee noch beim Obersten Sowjet oder der Regierung.“

Nach seiner Heimkehr berichtete Smrkovský von diesen Gesprächen sehr ausführlich, sowohl privat als auch öffentlich. Und er gab einigen Freunden zu bedenken, daß „wir die Ängste der Sowjetunion nicht unterschätzen dürfen. Sie denkt dabei nicht nur an die Tschechoslowakei, sondern auch an die Sicherheit des ganzen sozialistischen Lagers. Ungeachtet dessen erklärten die sowjetischen Genossen, daß sie sich nicht in unsere inneren Angelegenheiten einmischen wollen.“ Dennoch, fügte er hinzu, würden „Aktivitäten nichtsozialistischer Gruppen“ von verschiedenen sozialistischen Diplomaten in Prag „sehr genau beobachtet“.

Ein Reporter bemerkte gegenüber dem Parlamentspräsidenten, daß er mehr Zeit mit hochrangigen Russen wie General Jepišev und Ministerpräsident Kosygin verbrächte, als es seiner tschechoslowakischen Wählerschaft vielleicht lieb sei.

„Hören Sie“, sagte Smrkovský, „meine Haltung gegenüber der Sowjetunion hat sich lange vor meiner Mitgliedschaft im Parteipräsidium herausgebildet. Sogar als ich in den fünfziger Jahren aus meiner fünfjährigen Haft zurückkehrte, blieb ich weiterhin Kommunist und Freund der Sowjetunion. Ob ich politisch überlebe, wird von Leuten, die für oder gegen mich stimmen, entschieden werden. Aber ich werde nicht um Popularität werben, indem ich auf die Sowjetunion einschlage. Ich werde der bleiben, der ich war, egal ob Ihnen das gefällt oder nicht.“

Svobodné slovo, die sozialistische Zeitung, ermittelte durch eine Umfrage unter ihren 38.000 Lesern, daß die Hälfte von ihnen Mitglieder der Kommunistischen Partei waren. Neun von zehn zogen die Bildung einer oder mehrerer starker Oppositionsparteien einer Fusion in der kommunistisch dominierten Nationalen Front vor. Aber Dubček, der wußte, das dies ein wunder Punkt für die Russen sein würde, hielt daran fest, daß eine Opposition nicht in Betracht kommen könne, bevor sich die Demokratie *innerhalb* der Kommunistischen Partei entwickelt hätte. Und Smrkovský, der gerade aus Moskau zurückgekommen war, stellte sich hinter Dubček: „Das Problem bei der Zulassung einer Oppositionspartei in diesem Land ist ein anderes als im Westen, wo ein Teil der politischen Struktur die existierende Ordnung unterstützt, während der andere für einen Wechsel plädiert. In diesem Land ist heute und in Zukunft nur eine Gesellschaftsform möglich: der Sozialismus. Wenn das irgend jemand als undemokratisch bezeichnen will, so ist ihm das freigestellt. Aber wir erklären offen, daß es anders nicht möglich ist."

Ein anderer Reporter wollte mit Smrkovský über die Wirtschaft reden: „Herr Parlamentspräsident, Eisenerz wird aus Krivoj Rog in der Sowjetunion über eine Distanz von fast 6.000 Kilometern hierher transportiert. Es enthält 23 Prozent Eisen. Die Vorkommen in Schweden z. B. liegen viel näher und enthalten 80 Prozent Eisen. Leidet unsere Wirtschaft nicht genau wegen solcher Details?"

„Ich weiß, wovon Sie reden", antwortete Smrkovský. „Und ich weiß, daß man die Dinge so einrichten kann, daß wir nicht Dreck, sondern konzentriertes Eisen importieren. Dennoch muß das, was in diesem Land geschieht, nicht bedeuten, daß wir Krivoj Rog umgehen. Wir haben unsere Erfahrungen, und wir wissen, daß die wirtschaftlichen Beziehungen zur Sowjetunion einen Sicherheitsfaktor darstellen, den wir nicht zu zerstören beabsichtigen. Aber wir möchten einen besseren Nutzen aus ihnen ziehen."

„Aber warum", fragte der Reporter, „sollte dann die Tschechoslowakei keine Kredite aus dem Westen annehmen?"

Darüber war verhandelt worden, aber die Unterhaltung hätte so heikel für die sowjetischen „Wohltäter" seines Landes werden können, daß Smrkovský das Thema wechselte: „Ich bin überzeugt, daß unser Fortschritt auch für andere Nationen von höchstem Interesse sein kann. Viele ihrer Angehörigen werden kommen, um ihn mit eigenen Augen zu sehen. Ich erwarte eine ungeheure Zunahme ausländischer Touristen in diesem Jahr."

„Hoffen wir, daß die Touristen keine Helme tragen werden", sagte der Interviewer.

„Oh nein! Ich glaube nicht, daß das geschehen könnte", antwortete Smrkovský. „Ich lese jeden Morgen, was die Welt über uns sagt … Und ich bin sehr erfreut, daß die [ausländischen] Journalisten aufgehört haben in unserem Land nach Sensationen zu suchen und beginnen zu verstehen, daß etwas Großes bei uns im Gange ist."

Sein Interviewer meinte: „Ein französischer Reporter hat mir gesagt daß, wenn der Westen – und besonders Frankreich – nicht das Äußerste unternimmt, um uns zu helfen, ohne Bedingungen zu stellen, wird er die Schuld an einem weiteren München tragen."

„Genau!" rief Smrkovský aus. „Ich sollte Ihrem Freund für diese Worte danken. Der große Einfluß unserer Nation auf die europäische Geschichte reicht bis in die Zeit der Hussiten zurück."

„Aber das Hussitentum wurde grausam unterdrückt."

„Ich weiß. Es ist ein Scherz, den wir manchmal unter uns machen. Wir sagen, daß wir nicht in Konstanz enden wollen" – wo Jan Hus auf dem Scheiterhaufen verbrannt wurde, nachdem er sicheres Geleit von seinen Unterdrückern, die ihn der Häresie angeklagt hatten, zugestanden bekommen hatte.

Als die ergiebigen und freimütigen Interviews mit Smrkovský fortgesetzt wurden, machten sich die *Literární Listy* über ihn lustig, indem sie eine Karikatur brachten, die ihn zeigte, wie er in Hunderte von Mikrofonen murmelte: „Das bleibt streng unter uns …" Smrkovský bat den Zeichner um eine signierte Kopie des Originals.

Ein anderer Renner, der die Prager Zeitungsseiten füllte, war der populäre Parteiideologe Čestmír Císař. Jungenhaft, mit Bürstenschnitt und einem runden Gesicht mit schwarzgerahmter Hornbrille, trat er als Arthur Schlesinger junior der Dubček-Ära auf. Er hatte für jeden Anlaß einen prägnanten, scharfsinnigen Ausspruch bereit. Als er die vollständige Entlastung des Redaktionsteams der *Literární Noviny*, das nach dem Schriftstellerkongreß von 1967 bestraft worden war, bekanntgab, sagte Císař, daß ihr einziges „Vergehen" darin bestanden hatte, „zu früh" für etwas einzutreten, was „wir uns jetzt alle wünschen." Während die Russen auf die offizielle Toleranz gegenüber der Presse schimpften, rügte Císař „gewisse führende Beamte" dafür, daß sie sich „in Presse, Radio und Fernsehen nicht häufig genug offen äußern. Das Parteipräsidium hat die kommunistischen Mitglieder der Regierung instruiert, ein Höchstmaß an Kontakten zu den Massenmedien zu unterhalten." Aber wie Smrkovský war auch Císař gegen die Idee einer Oppositionspartei.

„Eine neue Partei mit der Aufgabe, in der Opposition zu sein ... würde das Ende des tschechoslowakischen Experimentes zur Schaffung eines Modells für demokratischen Sozialismus bedeuten. Eine Vielzahl politischer Parteien, die um die Macht kämpfen, wäre gegen die Bedürfnisse und Interessen des Volkes. Sie würde den Weg zurück zum Kapitalismus ebnen und die Gefahr eines gewalttätigen Konfliktes sowie die Notwendigkeit einer Verteidigung des Sozialismus mit Waffengewalt heraufbeschwören."

Verschiedene Ängste steckten hinter Dubčeks, Smrkovskýs und Císařs Ablehnung einer Opposition. Mit fast völliger Einstimmigkeit hatte ihr Volk sie in die Arme geschlossen und so den Weg für dringende und drastische Reformen geebnet. Aber falls es irgendeine Gegenkraft gab, die den Einfluß dieser Männer aufwiegen konnte, war es die stille Antipathie der Öffentlichkeit gegen den Kommunismus. Eine absolute Wahlfreiheit hätte die Opfer in Versuchung führen können, diese Aversion um jeden Preis zum Ausdruck zu bringen. Wenn ein Ivan Sviták die Tschechen mit seinen Theorien entflammen und irgendein slowakischer Demagoge den Minderwertigkeitskomplex seines Landes ausspielen würde, hätte das Volk auf die Idee kommen können, Dubčeks Nase abzuschneiden und dem Sozialismus ins Antlitz zu lachen, nicht weil es menschlich, sondern weil es sozialistisch war.

Die Führung wußte allerdings, daß es niemals dazu kommen würde. Rußland würde es ganz einfach nicht zulassen. Und in einer entscheidenden Kraftprobe würde die Tschechoslowakei sicher allein dastehen. An den „Einflußsphären" wurde bereits gerüttelt, und es gab Gerüchte, daß Lyndon Johnson – erfüllt von dem Streben, sein Amt ehrenvoll zu verlassen, entweder mit einer Entscheidung in Vietnam oder einem triumphalen Gipfeltreffen oder mit beidem – bereits dabei war, mit dem Kreml „um die Einflußsphären zu spielen." Die italienische Zeitung *La Stampa* behauptete Mitte Mai, daß die USA und die UdSSR bereits mehrere Botschaften hinsichtlich der Tschechoslowakei ausgetauscht hätten. Laut *La Stampa* hatte Rußland Amerika versichert, daß die gegenwärtige sowjetische Politik jegliches bewaffnete Eingreifen in der Tschechoslowakei ausschließe. Und *La Stampa* schrieb auch, daß Amerika erklärt habe, es werde sich weder in die inneren Angelegenheiten der Tschechoslowakei einmischen noch ihr zureden, den Warschauer Pakt zu verlassen.

Dreißig Jahre vorher hatte der Verrat von München den Tschechen eine schmerzvolle Lektion darin erteilt, wie wenig ihre Souveränität den feindlichen oder befreundeten Großmächten bedeutete. Dennoch wählte 1968 der anonymste aller Tschechen – der Bürgersteig- oder Mauer-Graffitikünstler – seine Worte sorgfältig. Zu den gelegentlich zu sehenden, mit Kreide aufgemalten „U.S. GO HOME" – Sprüchen wurde jetzt „FROM VIETNAM – U.S.S.R. GO HOME FROM CZECHOSLOVAKIA" hinzugefügt. Eines Tages jedoch stieß meine Familie auf dem Heimweg vom Spielplatz in der Neuen Welt auf die letzte nicht abgeänderte „AMERICANS GO HOME"-Aufschrift in Prag.

„Aber Mami", sagte Monica, die gerade begonnen hatte lesen zu lernen, „wir *gehen* doch gerade nach Hause!"

Auf der anderen Seite steuerte Rußland gerade auf den Punkt zu, von dem es kein Zurück mehr gab. Am 150. Todestag von Karl Marx hielt Čestmír Císař eine routinemäßige Ansprache, während der er sagte: „Heutzutage herrschen in diesem Land derartige soziale Bedingungen, daß wir nicht fortfahren können, ein überholtes politisches System zu erhalten. Die Diktatur des Proletariates hat, ungeachtet ihrer richtigen Aspekte oder ihrer Verirrungen, ihre historischen Möglichkeiten und Funktionen erschöpft. Die Tschechoslowakei muß ein neues, alternatives politisches System suchen und finden. Und unverfälschtes marxistisches Denken wird uns dabei helfen."

Für seinen Beitrag wurde Císař in der Moskauer *Pravda* vom 14. Juni 1968 als „der letzte in einer langen Reihe von Revisionisten, Trotzkisten, rechtsorientierten Sozialdemokraten und Jesuiten" angeprangert. Císař ein Jesuit! In einem Land, in dem die Jesuiten drei Jahrhunderte lang die Kirche der habsburgischen Unterdrücker vertraten, hätten die Russen die Tschechen nicht mehr empören können, wenn sie T. G. Masaryk einen Terroristen genannt hätten – was sie ja bereits getan hatten. Aber diese Attacke hatte aus mehreren Gründen ein besonderes Gewicht. Es wurde ihr großzügig und an auffallender Stelle Platz in der *Pravda* eingeräumt. Ihr Verfasser war das Akademiemitglied F. Konstantinov, der langjährige offizielle Propagandist für Stalins Theologie; und es war das erste Mal, daß ein bestimmtes Mitglied der neuen tschechoslowakischen Führung direkt und persönlich von den Russen angegriffen wurde.

Císař antwortete kühl und unpersönlich, daß Konstantinov „einen Halbsatz und einen Viertelsatz aus der Rede zum Karl-Marx-Jubiläum nahm, sie verband und dem Verfasser Ansichten in den Mund legte, die dieser nie vertreten hat; dabei machte er sich die Tatsache zunutze, daß die sowjetischen Leser den Text der Originalrede nicht gesehen haben und nicht überprüfen konnten, wie die eigentlichen Aussagen lauteten." Für die Musik des Prager Frühlings hatte die russische Führung jetzt etwas Schlimmeres als ein taubes Ohr – ein verformtes Hörrohr, das nur die rauhesten Töne verstärkte.

Eines Abends gab es gegen 22 Uhr auf dem ehemaligen Masaryk-Bahnhof (jetzt Prag-Mitte) eine kleine Explosion, und dann fiel aus einem geplatzten Ballon ein Regen von Flugblättern, die vor „einer Rückkehr der Zeit der faschistischen Marionetten Masaryk und Hácha" warnten. Ähnliches Material wurde aus einem nicht gekennzeichneten, niedrigfliegenden Flugzeug auf die Hauptverkehrsstraße von unserem Haus zum Schlachtfeld Bílá Hora (Weißer Berg) abgeworfen; sie blockierten die Straße eine halbe Stunde, woraufhin eine spezielles Reinigungskommando erschien. Briefkästen wurden mit Angriffen gegen „Revisionisten, die sich in den Partei- und Staatsapparat eingeschlichen haben" vollgestopft.

Es gab andere Vorfälle im Hinterland in Böhmen, Mähren und der Slowakei, wo die demokratische Strömung noch nicht auf dem Prager Niveau war, doch rapide anstieg. Aber die ländlichen Verhaltensweisen, tief verwurzelt in zwanzig Jahren schlechter politischer Gewohnheiten, konnten nicht mit dem blitzschnellen Schwenk eines Stuhles in einem Prager Kaffeehaus weggefegt werden, wo die Intellektuellen sich seit einer Generation Wahrheiten und Ketzereien zuflüsterten. So wurden auf einigen Bezirks- und Regionalkonferenzen der Partei, Journalisten, die über die Sitzungen berichteten, weiterhin gelegentlich angezeigt, belästigt und – in einem Fall – aus dem Saal verwiesen.

Die Journalisten jedoch ritten auf einer unaufhaltsamen Welle der freien Meinungsäußerung. Neue Zeitschriften wurden von all den politischen Parteien gegründet, die bis dahin stille Mitglieder der einseitig ausgerichteten Nationalen Front gewesen waren. Diese Parteien hatten ihre eigenen Tageszeitungen, aber nun gründeten sie unabhängige Wochenzeitschriften, deren Herausgeber hoffnungsvoll von „derselben Unabhängigkeit von der täglichen Ausgabe, wie sie *The Sunday Times* von der Londoner *Times* hat“ sprachen.

Inzwischen hatte *Literární Listy* die Fortsetzungen der Memoiren der Witwe von Rudolf Slánský abgeschlossen und brachten jetzt die Trotzkibiographie von Isaac Deutscher. Und als ob das nicht aufreizend genug gewesen wäre, sagte A. J. Liehm, einer der freimütigsten Redakteure von *LL* (und ein Opfer der Säuberungen nach dem Schriftstellerkongreß von 1967) bei einer Tagung des Journalistenverbandes: „Ich bin nicht wirklich an den Äußerungen derer interessiert, die die Pressefreiheit nicht vertragen können. Das Dilemma mit ihnen ist einfach. Entweder gewinnen sie, dann wird mehr als die freie Presse aus dem Leben dieses Landes verschwinden. Oder sie verlieren.

Ich bin mehr an dem interessiert, was die sogenannten Progressiven sagen. Scheinbar meinen sie, daß die freie Presse notwendig sei, um dem Erneuerungsprozeß zu dienen und daß der Sozialismus die Pressefreiheit zu seiner eigenen Verbesserung brauche. Schön und gut, der Sozialismus braucht die Presse. Aber braucht die Presse den Sozialismus? Und wenn, wozu?

Die Presse ... wurde nicht zum Wohle des Sozialismus ins Leben gerufen. Die Industrie, die Landwirtschaft, die Justiz, nichts wurde zum Wohle des Sozialismus ins Leben gerufen. Der Sozialismus soll der industriellen, landwirtschaftlichen und rechtsstaatlichen Entwicklung dienen – nicht umgekehrt.

Der progressive Flügel ist unfähig, sich von den Fesseln alter Konzepte zu befreien. Er tendiert immer noch dazu, die Presse als ideologisches Instrument, als Werkzeug der Partei, der Regierung, des Systems anzusehen. Auf eine bestimmte Art ist die Presse all das – aber nicht in erster Linie.“

Liehm erklärte, daß die Presse den Sozialismus nur „insofern braucht, als der Sozialismus die Presse mit einem höheren Maß an Freiheit und Unabhängigkeit ausstatten kann als irgendeine andere soziale Ordnung", und er schloß: „Die Presse ist hier nicht in der Rolle eines Antragstellers, der um Freiheit und Toleranz bettelt. Die Presse und die Journalisten können dieser Gesellschaft nur einen Dienst anbieten: den Versuch, jedermann in diesem Land über alles zu informieren. Der tschechoslowakische Sozialismus kann diesen Dienst entweder akzeptieren und ein Klima für ihn schaffen oder ihn ablehnen; wenn er letzteres tut, wird er über sich selbst ein unwiderrufliches und endgültiges Urteil fällen.

Sollte das geschehen, müßten wir uns nach anderen Berufen umsehen. Wir möchten dienen, aber nicht unterwürfig sein."

Am 25. Juni wurde die Zensur, die bereits vorübergehend aufgehoben worden war, gänzlich verboten. Der Nationalversammlung wurde überraschend eine Gesetzesvorlage für die Abschaffung des gesamten Zensurapparates vorgelegt. Drahomír Kolder, 42, ein bulliges Präsidiumsmitglied, sprang empört auf und fragte, was „bestimmte Leute" davor schützen sollte, in den Massenmedien „fertiggemacht zu werden". Man erwiderte ihm, daß die bereits existierenden Gesetze zur Verleumdung und üblen Nachrede mehr als ausreichend seien.

Dann wurde abgestimmt: mit 197 Jastimmen, 30 Neinstimmen und 17 Enthaltungen wurde die Zensur an diesem Tag rechtskräftig abgeschafft. Wieder taten die Tschechoslowaken etwas, was kein anderes kommunistisches Volk je zu unternehmen gewagt hatte. Und damit überschritten sie nach Meinung ihrer orthodoxen Nachbarn und ihrer eigenen verbliebenen Konservativen die Grenzen des Kommunismus.

Die Zensoren waren schon Wochen zuvor im Unterholz der Gesellschaft, die sie terrorisiert hatten, verschwunden. Jetzt verwaltete der Innenminister, der den Zensurapparat in der Benediktská geleitet hatte, ein leeres Gebäude. Und da der Innenminister, General Pavel, ein Mann vollendeter Ironie war, bot er die Räumlichkeiten den Herausgebern von *Literární Listy* als Hauptquartier für ihre neue Tageszeitung an. Nicht nur die Symbolik war perfekt, auch die Einrichtungen. Die Redakteure von *Literární Listy* sandten General Pavel ein Telegramm: „GOTT SOLL ES IHNEN LOHNEN."

Zwischenspiel
Gegen die Mauer in Karlsbad und Berlin

Ich hatte sogar schon begonnen zu denken wie ein Tscheche. Als eine rätselhafte Vorladung vom Zollamt kam, in der mir mitgeteilt wurde, daß ich innerhalb einer Woche mit all meinen Dokumenten „einschließlich Trauschein" vorstellig zu werden hätte, wußte ich, worum es ging. Unser 1847er Roger-Brothers-Haushaltssilber – das meine Mutter kurz vor ihrem ersten Pragbesuch versandt hatte – mußte endlich angekommen sein. Jeder clevere Zollbeamte mußte sofort annehmen, daß es sich hier um einen schlauen Tschechen handelte, der den Einfuhrzoll umgehen wollte, indem er vorgab, ein unerwartetes Hochzeitsgeschenk aus den Staaten erhalten zu haben.

„Wir bitten tausendmal um Entschuldigung! Wir dachten, Sie seien ein Tscheche!" begann der diensthabende Beamte, als ich mich beim Hauptzollamt am Platz der Republik meldete. „Natürlich können Sie das zollfrei haben ... Nein, ich muß Ihren Trauschein nicht sehen; Ihnen vertrauen wir. Aber ich muß das Formular ausfüllen, ich werde einfach schreiben ‚zollfreies Hochzeitsgeschenk für Devisenausländer'. Und seien Sie nicht böse, aber sagen Sie mir noch, wie viele Tage Sie schon verheiratet sind, dann können Sie Ihr Eßbesteck haben."

„Na, da muß man aber etwas multiplizieren und subtrahieren", sagte ich. „Denn es werden im August zwölfmal 365 sein. Plus drei neunundzwanzigste Februare."

Er zwinkerte und sagte: „Zwölf Jahre! Ich gratuliere Ihnen!" Ich bemerkte, daß er auf das Formular einfach „12" schrieb, ohne Tage, Wochen, Monate oder Jahre anzuführen.

Ich beeilte mich, nach Hause zu kommen, deponierte das Silber in der Küche und entführte meine Familie und meine Mutter nach Karlsbad. Wir waren wieder einmal zu einem Filmfestival eingeladen worden. Die offizielle US-Delegation zeigte hier *In Cold Blood*, einen Tag nach Robert Kennedys Tod.[22]

[22] Ethel Skakel Kennedy, Roberts Witwe, ist übrigens tschechischer Abstammung. Der Name Skakel ist eine Amerikanisierung des Namens

Den Gästen des Karlsbader Festivals wurde ein kostenloses Einzelzimmer und volle Verpflegung im Grand Hotel Moskva Pupp gewährt. Aber da ich Frau, Töchter und Mutter mitbrachte, wurden wir statt dessen (kostenlos) im Sanatorium Volgograd auf der anderen Seite des Kanals untergebracht. Als wir dort am ersten Morgen ankamen, sah die Dame am Empfang nicht einmal auf. Sie fragte einfach gelangweilt: „Was haben Sie für Beschwerden?"

„Wir sind noch nicht lange genug hier, um uns zu beschweren", antwortete ich.

Das ließ sie aufblicken. „Wer ist Ihr Arzt?" fragte sie als nächstes.

Ich verstand jetzt, was sie meinte, und erklärte ihr, daß wir nicht zur Behandlung hier seien. Sie sagte, daß sie unsere Reservierung nicht finden könne, solange sie unsere Diagnose nicht wüßte, da die Klientel im Sanatorium Volgograd nicht namentlich geführt werde. Oder wie sie es ausdrückte: „Ohne Beschwerden kann ich Sie nicht finden." Aber wir konnten sie dazu bewegen, eine ausführliche Durchsuchung vorzunehmen, Buchstabe für Buchstabe. Fünfundvierzig Minuten später entdeckte sie uns unter Z wie *zdravý*, was „gesund" bedeutet.

Dann gingen wir zum Mittagessen hinauf, wo uns der einzige unappetitliche Schinken in der Tschechoslowakei serviert wurde. Ich bat die Kellnerin um etwas Senf, um ihn darin eintauchen zu können, aber sie sagte: „Nicht ohne eine schriftliche Bestätigung Ihres Arztes."

Die idealste Stunde jedoch, um im Sanatorium Volgograd aufzutauchen, war um 23 Uhr abends, als Valerie und ich von einem Festspielabend mit zwei Vorstellungen heimkehrten. (Meine Mutter und die Kinder, die sich ein Zimmer teilten, waren an diesem Abend schon zu Bett gegangen.) Das Gebäude war vollständig verriegelt. Unser fünfzehnminütiges Klingeln, Pochen und Rufen weckte eine Krankenschwester mit weißer Haube, die sich aus dem Fenster eines oberen Stockwerkes lehnte und damit drohte, die Polizei zu rufen: „Wir sperren um zehn Uhr ab. Wenn es Ihnen so gut geht, daß Sie nach zehn noch solchen Lärm machen können, dann gehören Sie nicht hierher!"

Skácel, unter dem ihre Vorfahren in der mährischen Stadt Újezd u Přerova lebten. Sie emigrierten im 19. Jahrhundert.

„Aber wir *gehören* hierher!“ jammerte Valerie. „Meine Kinder sind da drinnen.“

„Blödsinn!“ sagte die Dame in Weiß. „Wir nehmen niemanden unter achtzehn als Patienten hier auf.“

„Bitte“, flehte ich, „schauen Sie unter Z wie *zdravý* nach, und Sie werden sehen, daß wir hierher gehören.“

„Vorschrift ist Vorschrift. Kommen Sie morgen früh wieder und fragen Sie in der Registratur“, sagte man uns, ehe das Fenster für diese Nacht zugeschlagen wurde.

Wir mußten sie in einem Zimmer im Grand Hotel Moskva Pupp verbringen.

Ich unternahm nur noch eine Reise außer Landes – zu meinem letzten Filmfestival, nach West-Berlin. Ursprünglich sollte ich mit der *Country Beat*-Band des Semafor-Theaters und Sylva, die als deren deutschsprechende Zeremonienmeisterin während des kurzen Engagements an einem Westberliner Theater vorgesehen war, dorthin fahren. Aber dieser Plan war entstanden, bevor ein Westberliner Agitator, genannt „roter Rudi“ Dutschke, einen Studentenaufstand gegen den Vietnamkrieg und andere Ärgernisse anführte. Für seine Bemühungen erhielt der „rote Rudi“ einen Kopfschuß durch einen verwirrten Anstreicher, der behauptete, ein „guter Deutscher“ zu sein (und sich später in seiner Zelle erhängte). Dutschke verlor dreißig Prozent seines Sehvermögens; West-Berlin wurde in seine schlimmsten Nachkriegsaufstände gestürzt, und das Westberliner Theater schickte dem Semafor ein Telegramm, in dem es das Engagement von *Country Beat* aus der kommunistischen Tschechoslowakei „wegen antiamerikanischer Gefühle in West-Berlin“ absagte.

Auf das Geheiß von Šlitr und Suchý sollte ich versuchen, den enttäuschten Truppenmitgliedern, die ihr Gepäck jetzt wieder auspacken mußten, ohne ihre lang erwartete Reise unternommen zu haben, diese Absurdität zu „erklären“. Meine Zuhörer gaben dem „roten Rudi“ die Schuld an ihrer Lage, und als ich auf seinen „Gehirnschaden“ hinwies, sagte einer der Musiker: „Er war schon gehirngeschädigt, bevor ihn irgend jemand in den Kopf geschossen hat.“ Dutschke hatte sich schon zu Beginn des Prager Frühlings ihre Verachtung zugezogen, als er nach Prag kam und den Studenten riet, das System, unter dem sie lebten, nicht anzugreifen, weil es viele gute und fruchtbare Eigenschaften habe. Ein Pressebericht beschrieb die Reaktion so: „Die Prager Studenten, die diese Toleranz wahrer Revolutionäre als Schwindel darstellten, lachten ihn aus, bis er die Halle verließ."

Schließlich begleitete ich meine Mutter nach Kopenhagen zu ihrem Flug zurück in die Staaten und fuhr dann allein nach Berlin. Radikale Studenten aus München kamen in die geteilte Stadt, um das Filmfest zu stören. Westberliner radikale Studenten bezeichneten die Eröffnung des Filmfestes, während der rote Rudi noch verwundet darniederlag, als einen „Affront gegenüber der Solidarität". Die Münchner und Berliner Studenten trafen sich, um eine Strategie zur Störung des Filmfestivals zu koordinieren, und endeten damit, wegen Unstimmigkeiten in bezug auf die Taktik mit Eiern aufeinander zu werfen.

Daher lief das Berliner Filmfestival (für 1968) relativ reibungslos ab – beeinträchtigt nur durch die Explosion einer Stinkbombe (die viele für schlechten Käse hielten) und einen Raubüberfall auf die Gattin eines Kritikers in der Garage des Europa-Centers.

Der Erzfeind der Studenten, der Pressekönig Axel Springer, gab einen verschwenderischen Empfang für die Größen des Filmfestes. Man traf sich im Penthouse seines Wolkenkratzers, der direkt an der Berliner Mauer steht. „Er ist ein Symbol unserer Überzeugung", erklärte der Gastgeber, „daß eine freie Presse einmal konkrete Mauern überwinden wird." Ich applaudierte, aber mußte dabei denken, daß dieses Spektakel, auf dem sich die Spesenritter gierig am Buffet vollstopften, illuminiert vom Flutlicht, das Ulbrichts Volkspolizei auf die Mauer gerichtet hatte, um sie fluchtsicher zu machen, nur die Exzesse beider, des Ostens und des Westens, hervorhob.

Und als das Filmfestival zu Ende ging, war ich es, der die Mauer überschritt.

Prag hatte einen nagelneuen Terminal, als ich schließlich in Ruzyně landete. Er war ganz aus Glas und so unpersönlich wie in jeder Hauptstadt dieser Welt, aber doch ein erfreulicher Kontrast zu der alten Halle mit dem beleuchteten roten Stern und Hammer und Sichel, die früher die Eingangspforte für die Reisenden dargestellt hatte. Glastüren mit automatischer Türöffnung glitten leise auseinander, wenn man sich ihnen näherte. Die Angestellten der Wechselstuben saßen hinter offenen

Schaltern anstatt in Käfigen. Die Zollbeamten winkten das Gepäck zu sanfter Musik ins Land. Die praktisch einzige Spur der alten Strenge war ein finster blickender Mann hinter einem Schalter von Pragocar (eine Zweigorganisation von Avis), der durch ein schwarzes handgeschriebenes Schild verunstaltet war, auf dem in sieben Sprachen stand: „DIES IST KEIN INFORMATIONSSCHALTER."

Fast einen Monat vorher war ich bei der offiziellen Eröffnung des Flughafens gewesen, einem Sektempfang für Regierung, Luftfahrtsangestellte und die Presse. Jedes Land, dessen Fluglinie Prag anflog, hatte eine Delegation geschickt.

Angehörige von Fluggesellschaften sind überall auf der Welt ziemlich höflich, sogar hinter dem Eisernen Vorhang, und sie sprechen alle Englisch, da dies die offizielle Sprache der Luftfahrt ist. (Auch beim Anflug auf Prag findet die Kommunikation zwischen Piloten und Tower auf englisch statt.) Deswegen fielen die beiden Delegierten von Aeroflot in ihren schlecht sitzenden grauen Anzügen auf wie zwei bunte Hunde. Sie sprachen kein Englisch und wichen schroff allen Gesprächen aus, sogar denen auf russisch. Trotzdem waren sie neugierig, schnüffelten in jeder Ecke des neuen Gebäudes herum und machten sich häufig Notizen (einer schrieb, während der andere aufpaßte, daß ihm dabei niemand über die Schulter schaute). Sie rührten nicht einmal ihre Getränke an.

„Die müssen von der Luftfracht sein", bemerkte der Angestellte einer westlichen Fluglinie.

„Ich würde mich nicht wundern, wenn sie vom KGB wären", sagte ein anderer.

„Die können noch nie im Westen gewesen sein", sagte der erste. „Sie tragen immer noch russische Schuhe, und das ist das erste, was ein Russe kauft, wenn er herauskommt."

Die beiden russischen „Luftfahrtsdelegierten" würden auf dem neuen Prager Flughafen in einer Augustnacht wieder auftauchen. Aber diesmal nicht im Schafspelz.

DRITTER TEIL

Antithese:
Ein launischer Sommer

„‚Es ist ein Fremder', flüsterte es um den Reisenden herum, ‚er will das Grab ansehen.' Sie schoben einen der Tische beiseite, unter dem sich wirklich ein Grabstein befand. Es war ein einfacher Stein, niedrig genug, um unter einem Tisch verborgen werden zu können. Er trug eine Aufschrift mit sehr kleinen Buchstaben, der Reisende mußte, um sie zu lesen, niederknien. Sie lautete: ‚Hier ruht der alte Kommandant. Seine Anhänger, die jetzt keinen Namen tragen dürfen, haben ihm das Grab gegraben und den Stein gesetzt. Es besteht eine Prophezeiung, daß der Kommandant nach einer bestimmten Anzahl von Jahren auferstehen und aus diesem Hause seine Anhänger zur Wiedereroberung der Kolonie führen wird. Glaubet und wartet!'"

aus: Franz Kafka, *In der Strafkolonie*

Kapitel 9

Mittwoch, 3. Juli – Donnerstag, 1. August 1968

Prags neuer Flughafen war gerade zum richtigen Zeitpunkt eröffnet worden. Denn jedermann reiste in diesem Sommer ins Ausland. Nicht nur *fast* jeder, den wir kannten, noch nicht mal *so gut wie* jeder, den wir kannten, sondern jeder Tscheche, den wir kannten – außer unserer Putzfrau, Paní B., die gerade ein Ferienhaus erworben hatte –, unternahm in diesem Sommer eine „Ausreise". Šlitr fuhr nach Berlin und Hamburg, als er im Semafor und in Barrandov nicht gebraucht wurde. Die Suchýs würden im August nach England und Jugoslawien reisen. Formans Frau Věra und die Zwillinge unternahmen ihre erste Auslandsreise – nach Paris, wo Miloš einige Zeit zu tun hatte, und zu Freunden nach Belgien.

Unsere „Jet-set"-Freunde aus der Prager Kultur- und Journalismusszene hatten niemals behauptet, typisch zu sein, aber sie waren meist entweder eine Übertreibung oder ein Vorbote dessen, was vor sich ging. Laut Statistik besuchten 300.000 Tschechen – mehr als jeder fünfzigste – während ihres wunderbaren Frühlings und Sommers den Westen. Und das allein war schon ein Reiserekord für ein Land hinter dem Eisernen Vorhang.

Zu der Zeit, als Dubčeks Demokratie die Zensur abschaffte, verwirklichte sie eine andere im Aktionsprogramm vorgesehene Reform: die Reisefreiheit. Ausreisevisa, die sonst besondere, häufig erfolglose Anträge erfordert hatten, wurden nun zu „dauerhaften" gemacht – in der Bürokratensprache hieß das, sie waren für eine unbegrenzte Anzahl von Ausreisen während eines vorgegebenen Zeitraumes von 180 Tagen gültig und danach verlängerbar. Das war das gleiche Privileg, das meiner Familie und mir als im Land lebenden Ausländern gewährt wurde. Dubčeks stufenförmig aufgebauter Zeitplan sah eine Verlängerung der Gültigkeit der Ausreisevisa auf ein Jahr und schließlich die völlige Abschaffung der ganzen Visaprozedur vor. Das Recht eines jeden Bürgers, einen Paß zu besitzen, der ihm gestattete auszureisen, wohin es ihm gefiel, war nun gesetzlich garantiert.

Dem Ausmaß der Ausreisen der Tschechen entsprachen die Einreisen von Touristen, die aus der ganzen Welt kamen, um sowohl die „Demokratisierung" als auch die älteren Wunder von Prag zu sehen. Neue Hotels wuchsen aus dem Boden, allerdings nicht so schnell, wie die Nachfrage nach Zimmern stieg. (So entstanden einige Boothotels auf der Moldau und ein prachtvolles Intercontinental im ehemaligen jüdischen Ghetto.)

In riesigen Mengen kamen Sightseeing-Busse nach Strahov und Loreta und parkten in unserer Straße. Sonntag morgens hörte man durchdringende *Achtung*-Schreie deutscher Touristen, die, mit spitzen Spazierstöcken bewaffnet, beinahe unsere Kinder aufspießten. Sie gehörten nicht zur Reisegruppe und waren daher für sie so gut wie unsichtbar. Aber wer konnte sich beklagen? Prag bot zu viele Entdeckungsmöglichkeiten, um sie für sich zu behalten. Und der Tourismus war eine Wohltat für die Wirtschaft. Außerdem bot er nach den wirtschaftlichen Reformen die Möglichkeit, mit dem riesigen Berg von ČEDOK-Einnahmen durch ausländische Touristen die Devisenrationen für tschechische und slowakische Ausreisende zu erhöhen.

Nachdem all unsere Freunde das Land verlassen hatten, schien uns der exotischste und billigste Ort für einen Sommeraufenthalt die ländliche Tschechoslowakei.

Šlitr gab uns den Schlüssel zu seinem geräumigen Blockhaus bei Ledeč, wo die erste Hälfte von *Die Lieben einer Blondine* gedreht worden war. Šlitrs Landsitz war wie ein Wild-West-Saloon eingerichtet, mit einem alles beherrschenden Piano in einem in Mahagoni und Samt ertrinkenden Wohnzimmer. Vor und hinter dem Haus wuchsen Himbeeren und Johannisbeeren; ein fünfzehnminütiger Rundgang vor dem Frühstück würde genügen, um eine Familie von Himbeerfans für den Tag zu versorgen. Wenn man eine Wanderung durch den Wald unternahm, fand man Heidelbeeren, Pilze und das Gehäuse eines verlassenen Prager Straßenbahnwagens zum Herumtollen. Jirkas Eltern, *strýček* (Onkel) Pepa und *teta* (Tante) Pavla waren hier, und ihr Dackel Uli. An den Wochenenden kam Sylva heraus. Alle waren anspruchslos und locker; niemand erwartete etwas von einem. Wenn Teta Pavla, Sylva oder Valerie nach

Kochen war, dann kochten sie. Wenn nicht, gingen wir zu einem Gewerkschaftsferienlager auf der anderen Seite der Sázava. Wir nahmen drei Warmhaltebehälter mit und kauften bei der Essensausgabe des Lagers eine gekochte Mahlzeit.

Monica und Erika lernten auf einem unserer Landaufenthalte in diesem Sommer ihre erste tschechische „beste Freundin" kennen. Sie war ein rundgesichtiges, blondes dreijähriges Mädchen mit einer reizenden kleinen Quakstimme. Sie hieß Marianka und lebte in Prag. Aber wir trafen sie zum ersten Mal am Ufer der Sázava. Sie quakte gerade in ein Spielzeugtelefon: „Ist da jemand?"

Das sind die ersten Worte, die ein tschechisches Kind am Telefon zu sagen lernt: „Ist da jemand?" Denn die tschechischen Telefone funktionieren noch schlechter als die französischen, und die Umgangsformen der Tschechen am Telefon sind die schlechtesten überhaupt. Wenn man eine Frau anruft und ein Mann abhebt, legt man auf. Wenn die Person, die man sprechen möchte, nicht anwesend ist, legt derjenige, der abgenommen hat, auf. Wenn eine Sekretärin Probleme hat, dein Tschechisch zu verstehen, wirst du mit einem *„Ježíšmarjá!"*, gefolgt von einer unterbrochenen Verbindung oder dem Freizeichen stehengelassen. Ruft dich eine Sekretärin an, um dich mit ihrem Chef zu verbinden, wird sie dich bitten zu warten. Aber sie verrät dir nicht, wer anruft, und es kann sein, daß du von ihnen gar nichts mehr hörst. Ist da jemand?

Die Spiele, die Marianka unseren Kindern beibrachte, waren ein Spiegel der sozialen Verhältnisse. Sie spielten Kaufladen mit Körben voll Murmeln, wobei Marianka die Verkäuferin und Monica und Erika ihre Kunden waren. Hier ist der Dialog, den ich belauschte:

ERIKA: „Haben Sie Schlagsahne?"

MARIANKA: „Am Samstag."

MONICA: „Morgens oder abends?"

MARIANKA: „Wir haben samstags geschlossen."

MONICA: „Dann möchte ich zehn Eier."

MARIANKA: „Wir haben keine Eier."

ERIKA: „Und ich hätte gerne sechs Tomaten."

MARIANKA: „Sie können diese haben, meine Dame. Sie sehen nicht besonders gut aus, aber es sind die letzten zwei in der Stadt."

MONICA: „Haben Sie irgendeinen schönen Krautkopf?"

MARIANKA: „Nur was Sie hier sehen."
ERIKA: „Und Kopfsalat?"
MARIANKA: „Diese Woche haben wir Kraut."
ERIKA: „Einen Laib Schwarzbrot, bitte."
MARIANKA: „Wir hatten zu Beginn der Woche Brot. Kommen Sie Ende nächster Woche wieder, meine Dame."
MONICA: „Und Bier für meinen Daddy."
MARIANKA: „Bier ist für diesen Sommer komplett ausverkauft. Kommen Sie nächsten Winter wieder, meine Dame."

An dieser Stelle sah ich mich genötigt, das Spiel mit einem empörten Ausruf zu unterbrechen: „Aber in der Tschechoslowakei gibt es immer Bier!" Marianka war zu höflich, um einem Erwachsenen zu widersprechen, aber Ende Juli, zur Zeit der nächsten Hitzeperiode, ging den Läden in Prag das Bier, der Apfelwein und das Sodawasser aus.

Šlitr und Suchý hatten einen Film geschrieben, in dem sie auch mitwirkten und der in Barrandov unter der Regie von Menzel[23] entstand: *Das Verbrechen im Nachtklub* (*Zločin v šantánu*). Šlitr spielte einen unfähigen Rechtsanwalt, der den Fall für seinen unschuldigen Mandanten (Suchý) wider Erwarten so gut ausgehen läßt, daß beide, der Anwalt und sein Klient, zum Tode verurteilt werden müssen, damit das System überleben kann. Jedoch ab diesem Punkt, sagte mir Šlitr, „haben wir Probleme mit dem Ende. Legen wir es richtig politisch an, paßt es nicht zur Handlungsstruktur. Und umgekehrt. Politik ist eine dumme Sache!"

Eines Tages, während die sowjetischen Truppen noch immer ihre „Kriegsspiele" auf tschechoslowakischem Boden veranstalteten, brachte ein Mann eine Petition bei den Studios vorbei, die Suchý, Šlitr und Menzel unterzeichneten. Es handelte sich um die „Zweitausend Worte", die der Autodidakt und ehemalige Schuhmacher Ludvík Vaculík verfaßt hatte, der jetzt als Redakteur bei *Literární Listy* arbeitete. Es war eine Aufforderung an die neue Führung, standhaft zu bleiben; an die alte Garde abzutreten, da sie sonst Demonstrationen, Streiks und Boykotts riskieren würden; an die Öffentlichkeit, „unsere

[23] Jiří Menzels Film *Streng bewachte Züge* hatte 1967 den Oscar für den besten fremdsprachigen Beitrag gewonnen.

Regierung wissen zu lassen, daß wir sie unterstützen werden, wenn es sein muß, auch mit Waffengewalt, solange sie das tut, was wir fordern."

Die prophetischsten der „Zweitausend Worte" Vaculíks standen am Ende:

> Dieser Frühling ist gerade vorbei und wird niemals wiederkehren. Im Winter werden wir alles wissen.

Die „Zweitausend Worte" wurden gleichzeitig in der Wochenendausgabe von *Literární Listy* und in drei anderen Zeitschriften veröffentlicht. Sie trugen die Unterschriften von fast einhundert anderen angesehenen Persönlichkeiten, Künstlern, Wissenschaftlern, Gelehrten und den Sportlern Emil Zátopek und Věra Čáslavská.

Die Reaktion des Kreml war niederschmetternd. Die „Zweitausend Worte" ließen in Moskau Stimmen aufkommen, die von einer „Konterrevolution" sprachen. Östlich der Elbe bedeutete dieses Etikett „giftig" – und dies war das erste Mal, daß es Rußland offiziell für den Prager Frühling gebrauchte.

Auch verschiedene politische Führer der Tschechoslowakei (nicht alle von ihnen waren Überbleibsel des Novotnýismus) bezeichneten die „Zweitausend Worte" als „einen Aufruf zur Konterrevolution". Alexander Dubček nahm die Angelegenheit in seiner unbekümmerten Art zuerst leicht, aber einige Tage später flocht er in den Text einer vorbereiteten Rede den Ausdruck von „großer Besorgnis" über das Manifest ein und sprach von einer „eindeutigen Distanzierung" seiner Person und der Parteiführung von den in ihm vertretenen Standpunkten. Aber die offiziellen Moskauer Blätter beschäftigten sich weiter mit den „Zweitausend Worten", und zwar unter solch unheilvollen Schlagzeilen wie „ECHTE DEMOKRATEN GREIFEN NACH DER MACHT" und beschuldigten Dubček der „leisen" Konterrevolution.

In Dubčeks Präsidium hatte nur Smrkovský freundliche Sätze für die „Zweitausend Worte" übrig. Smrkovský, ein begeisterter und häufiger Besucher des Semafor-Theaters, bemerkte, daß die größte Bedrohung der Tschechoslowakei nicht die „politischen Romantiker" wie Šlitr, Suchý und Menzel seien, sondern „die zunehmenden Attacken der Befürworter der Vorjanuar-Bedingungen." Darum hatte Smrkovský das Gefühl, daß die Führung „übereilt“ und nicht sehr feinfühlig oder realistisch handelte, als sie die „Zweitausend Worte“ verurteilte.

Dubček hatte im Präsidium alle Hände voll zu tun. Von den elf Mitgliedern, waren jetzt drei – Kolder, Biľak und der Chefredakteur Švestka – offene Feinde. Von den vier sogenannten „Zentristen“ war František Barbírek zu Biľaks Flügel gewechselt und hatte sich mit dem ostdeutschen Botschafter getroffen; zwei andere, Jan Piller und Emil Rigo waren unschlüssig; nur Ministerpräsident Černík stand bis jetzt noch fest hinter Dubček. Daher konnte Dubček sich nur auf vier Präsidiumsmitglieder verlassen: auf sich selbst; Smrkovský; Josef Špaček, 40, einem Parteiführer aus Mähren, der unter Novotný politisch gesehen seinen Hals riskiert hatte, um ein liberales Brünner Magazin zu retten; und Dr. František Kriegel, 60, ein dickbäuchiger Herzspezialist, der, seit er 1937 in die spanische Republikanische Armee eingetreten war, immer für den Kommunismus gekämpft hatte. Kriegel war jetzt Vorsitzender der Nationalen Front, aber die Russen hatten ihn aus drei Gründen im Visier: erstens, weil er liberal war; zweitens, weil er in Galizien, jetzt Teil der sowjetischen Ukraine, geboren wurde; drittens, weil er Jude war.

Es wurde über eine mögliche Abstimmung mit 6 zu 5 gegen Dubček im Präsidium gemunkelt. Noch schlimmer war, daß der Administrationsapparat der Partei in den Händen eines höflichen, aber gesichtslosen ZK-Apparatschiks namens Alois Indra war. Der 45jährige Indra, ein ehemaliger Eisenbahnbeamter aus der Slowakei, war für fast fünf Jahre Novotnýs Verkehrsminister gewesen. Nachdem er die „Zweitausend Worte“ gelesen hatte, ließ er ein Ich-habe-es-euch-ja-gesagt-Telex an alle Bezirks- und Regionalkomitees los, in dem er im Namen des Zentralkomitees vor „konterrevolutionärer Aufhetzung“ warnte. In anderen Fernschreiben predigte Indra gegen die „Überbewertung der Rolle T. G. Masaryks durch das Fernsehen“ und beklagte das Verschwinden von „Genosse“ als Anredeform – und das sogar unter Parteimitgliedern.[24]

[24]Ausländern, die sich durch diese Andrede beleidigt fühlen, wird folgende taktvolle Standardantwort empfohlen: „Ich werde Ihr Freund sein, also warum muß ich Ihr Genosse sein?“

Die Manöver hatten am 30. Juni geendet. Eine Analyse durch den Kommandostab war planmäßig am 2. Juli in der ostböhmischen Garnisonsstadt Milovice unter dem Vorsitz des sowjetischen Marschalls Jakubovskij mit Dubček, Smrkovský, Černík und Svoboda als Ehrengästen abgehalten worden. Die russische Armee sollte sofort danach abziehen.

Bei der Besprechung in Milovice wurden die geladenen Journalisten aus Prag von einem russischen Offizier abgewiesen, während die russischen Journalisten zugelassen waren. Der Militärkorrespondent der *Rudé Právo,* selbst Offizier der tschechoslowakischen Armee, kam in Uniform, wurde aber auch abgewiesen.

Am Nachmittag überreichte die Bevölkerung der Stadt den Russen Abschiedsgeschenke und dankte ihnen dafür, daß sie ihre Gastfreundschaft nicht überstrapazierten. Ein russischer Leutnant, der Englisch sprach, sagte zu einem britischen Journalisten, daß er immer, wenn er eine „Ivan Go Home"-Aufschrift in Milovice gelesen hatte, derselben Meinung gewesen war: „Ich glaube, Sie haben dafür ein Sprichwort in Ihrer Sprache: ‚Osten oder Westen, daheim ist's doch am besten.' So denken wir alle."

Einige Russen verließen das Land. Eine Flugzeugladung von sechzig sowjetischen Generälen flog mit viel Tamtam und großer Berichterstattung von Prag nach Moskau ab. An einem Übergang in der östlichen Slowakei wurde ein sowjetischer Truppentransport von den Einheimischen auf beiden Seiten der Grenze mit Blasmusik begrüßt. Die Grenzbeamten öffneten die Schlagbäume. Die ukrainischen Dorfbewohner luden ihre slowakischen Nachbarn zu einem Fest ein, um die sichere Heimkehr ihrer Männer zu feiern. Das Fest dauerte drei Tage.

Es handelte sich jedoch nur um eine geringfügige Anzahl von Truppen. Es waren zwar sechs Sonderzüge nach Milovice geschickt worden, um Soldaten und Kriegsgerät abzuholen. Aber dort standen sie leer auf den Rangierbahnhöfen herum. Nicht mehr als zehn Prozent der unbekannten Anzahl russischer Truppen hatte tatsächlich tschechoslowakischen Boden verlassen. Die anderen waren entweder inner- oder außerhalb vieler wichtiger Militäranlagen stationiert.

Der tschechoslowakische Verteidigungsminister konnte nur müde sagen: „Ich erwarte, daß die verbliebenen Truppen bald abziehen werden. Wir stehen mit den Vertretern des Oberkommandos in Kontakt. Dafür sind sie schließlich verantwortlich, und wir glauben, daß sie Verständnis zeigen werden. Zuletzt habe ich am vergangenen Donnerstag mit Marschall Jakubovskij über diese Angelegenheit gesprochen."

Marschall Jakubovskij erklärte die Verzögerung mit dem „starken Wochenendverkehr" auf den tschechoslowakischen Straßen. Aber ein Stau auf einer Autobahn hat hier ungefähr die Dichte wie des Kaisers neue Kleider. Auf zwei Wochenendfahrten (zusammen 320 Kilometer) von den Šlitrs, die ich während dieses „starken Verkehrs" unternahm, begegnete ich insgesamt weniger als 100 Autos.

Inzwischen begannen in Ungarn, Polen und Ostdeutschland neue, bisher nicht angekündigte sowjetische „Manöver", meist in der Nähe der tschechoslowakischen Grenze. Ostdeutschland, wo der gemeine Mann 46 Jahre zum Militärdienst verpflichtet war (vom 14. bis zum 60. Lebensjahr), führte eine Teilmobilisierung und eine Einberufung von Reservisten für den Notfall durch. Russische Touristen wurden von Intourist auf dem Weg nach Prag abgefangen und „wegen der angespannten Situation" nach Hause geschickt. Weitere Reisen von russischen Urlaubern in die Tschechoslowakei wurden bis auf weiteres abgesagt.[25]

Bei einer Ansprache anläßlich eines „Freundschaftstreffens" im Kongreßpalast des Kreml machte Leonid Brežnev eine pointierte Anspielung auf die „Befreiung" Ungarns durch die Sowjets im Jahre 1956.

Aleksej Kosygin, der sich auf einem Freundschaftsbesuch in Schweden befand, hatte eindeutig die Tschechoslowakei im Kopf. Er hielt in Stockholm eine Pressekonferenz ab, um seine Eindrücke von Schweden zusammenzufassen, sagte aber viermal „Tschechoslowakei", wenn er „Schweden" meinte. Das kann in keiner Sprache ein einfacher Freudscher Versprecher sein. Als ihn Reporter darauf aufmerksam machten, ging Kosygin mit einer jovialen seichten Bemerkung darüber hinweg: „Der Lebensstandard in Schweden ist sehr hoch. Aber schließlich ist er auch in der Tschechoslowakei sehr hoch."

Von Stockholm flog Kosygin nach Warschau, um mit Breženv, Gomulka, Ulbricht, Kádár und Todor Živkov über die

[25]Später, als 650.000 sowjetische Besucher mit Helmen kamen, brachten sie als Taschengeld tschechoslowakische Kronen mit, die Intourist an die Reisenden verteilt hatte.

„tschechoslowakische Krise“ zu verhandeln. Die Sitzung fand am Sonntag, dem 14. Juli statt und zog sich über den ganzen Tag hin. Als sie vorüber war, zeigten alle Delegierten grimmige Gesichter. Ungarns János Kádár sah am grimmigsten aus. Es war kein Geheimnis, daß er als einziger im Raum für die Tschechoslowakei eingetreten war.[26]

Meine sechzehnjährige Nichte aus Marblehead, Massachusetts, landete am 15. Juli nach einem verlängerten Wochenende in London auf dem neuen Prager Flughafen. Nancy sollte bis Ende August bleiben, dann sollte ich sie als Anstandswauwau nach Paris begleiten und ihr die Stadt zeigen. Anschließend sollte ich sie in ein Flugzeug nach Boston setzen und eine Reportage für die Zeitschrift *Good Housekeeping* schreiben, ehe ich nach Prag zurückkehren würde.

Als Nancy zur Tür hereinkam, läutete das Telefon. Es war ihre Mutter (meine ältere Schwester), die aus den Staaten für $2,50 pro Minute anrief. Meine Schwester hatte immer innere Bedenken gegen unsere Entscheidung, nach Osteuropa zu gehen „und euer Leben dort vor die Hunde gehen zu lassen“, gehabt. Sie hatte gerade die Schlagzeilen über Warschau gelesen, und jetzt waren die Bedenken wiedergekehrt.

„Ich will, daß Nancy mit dem nächsten Flugzeug nach Hause kommt“, begann sie.

„Unsinn!“ sagte ich.

„Können wir reden? Ich vermute, dein Telefon wird abgehört.“

„Und wenn schon, wir können trotzdem reden“, sagte ich.

„Was wird mit euch passieren?“ wollte sie wissen.

„Nichts. Wir haben US-Pässe, also selbst wenn die Russen intervenieren, sollten wir sicher sein. Wahrscheinlich werden Dubček und Smrkovský fünf Minuten nach der russischen Machtübernahme gehängt werden. Vielleicht werden sie einen Tag später anfangen unsere Freunde, die das ‚Manifest der zweitausend Worte‘ unterzeichnet haben, einzusperren …“

[26] Laut Erwin Welt, dem Dolmetscher von Gomulka, der später nach Westdeutschland floh, warnte Ulbricht Kádár auf einem der „Fünfertreffen“ davor, daß, sollte die Tschechoslowakei dem roten Block verloren gehen, Ungarn als nächstes gehen würde. „Entweder verstehen Sie das nicht“, schrie Ulbricht Kádár an, „oder Sie wollen es nicht verstehen!“

Die Überseeverbindung war schlechter denn je, was auch für die Nerven meiner Schwester galt. Nach einer Sekunde Unterbrechung hörte ich meine Schwester gellend nach ihrem Mann schreien: „Joe! Joe! Alan sagt, daß sie Dubček gehängt haben!"

„Nein!" korrigierte ich. „Noch nicht. Vielleicht nie. Wir hoffen, niemals."

Es gab ein störendes Knacken in der Leitung, und dann kam der Kommentar aus Marblehead: „Ich höre Maschinengewehrfeuer!"

Als das Gespräch meine Schwester bereits $22,50 kostete, schlossen wir den Kompromiß, daß Nancy im Falle einer Invasion sofort mit der „nächsten hinausgehenden Maschine" in die Heimat geschickt werden sollte. Über die Wahrscheinlichkeit eines solchen Fluges außer Landes sprachen wir nicht ...

Als das Parteipräsidium der KPČ am nächsten Tag seine übliche Dienstagssitzung abhielt, bekam es das Resultat der Warschauer Gipfelkonferenz ausgehändigt: ein Ultimatum in Briefform, unterzeichnet von den Kommunistischen Parteien der Bulgarischen und Ungarischen Volksrepubliken, der Deutschen Demokratischen Republik, der Polnischen Volksrepublik und der Union der Sozialistischen Sowjetrepubliken (in slawischer alphabetischer Reihenfolge).

Der Brief attackierte KAN, K231 und die „Kräfte der Reaktion", die „eine Kampagne gegen die Kommunistische Partei der Tschechoslowakei entfesselt" hätten. Er verurteilte den „moralischen Terror" der Massenmedien. Er brandmarkte die „Zweitausend Worte" als eine „Plattform der Konterrevolution", die „nicht die gebührende Abfuhr" erhielt und „sogar willfährige Handlanger in den Reihen der Partei und ihrer Führung" fand. Und er wies warnend darauf hin, daß durch dies alles „eine für die sozialistischen Länder absolut unannehmbare Situation entstanden" sei. Deswegen wurde ein sofortiges Treffen mit der tschechoslowakischen Parteiführung gefordert.

Dubčeks Präsidium tagte die ganze Nacht von Dienstag auf Mittwoch hindurch, und am Mittwoch, dem 17. Juli, noch in den Nachmittag hinein, um über das „Schreiben der Fünf" nachzudenken und eine Antwort auszuarbeiten, die es Punkt für Punkt widerlegen, aber trotzdem versöhnlich sein sollte:

Die Stabsübungen der Streitkräfte des Warschauer Paktes auf dem Gebiet der ČSSR sind ein konkreter Beweis dafür, daß wir unsere Bündnisverpflichtungen treu erfüllen ...

Unser Volk und die Angehörigen der Armee haben die sowjetischen ... Truppen freundschaftlich ... empfangen. Die Präsenz unserer höchsten Partei- und Regierungsmitglieder demonstrierte die Bedeutung, die wir den Manövern beimaßen ...

Mißverständnisse und gewisse Zweifel wurden in der Öffentlichkeit erst zum Ausdruck gebracht, als der Termin des Abzuges der ... Truppen aus dem Gebiet der ČSSR nach Abschluß der Übung wiederholt verlegt wurde.

Wir stimmen darin überein, daß die Partei die Absichten rechtsgerichteter und antisozialistischer Elemente durchkreuzen muß. Unsere Partei hat diesbezüglich ... einen Plan ausgearbeitet ... und geht danach vor. Wir können nur dann Erfolg haben, wenn es für uns die Bedingungen gibt, diese Ziele im Verlauf einiger Monate stufenweise zu erreichen.

Wir glauben, daß eine dieser Bedingungen die Vermeidung eines verhängnisvollen Schrittes ist, der einen Machtkonflikt heraufbeschwören könnte.

Der letzte Teil der Antwort bezog sich auf den andauernden Streit über die unausweichliche Konfrontation, die folgen sollte. Die fünf Verfasser des Briefes verlangten *unilaterale* Gespräche – was bedeutete, daß sich die Tschechoslowakei gegenüber allen Fünf gleichzeitig zu verantworten hätte. Die Tschechoslowakei zog vorbereitende *bilaterale* Gespräche vor – also Gespräche von Angesicht zu Angesicht zwischen der Tschechoslowakei und jeder einzelnen Macht.

Jetzt begannen die Mühlen zu mahlen. Am Mittwoch, dem Tag, an dem Prag geantwortet hatte, verlangte Leonid Brežnev ein Treffen zwischen dem tschechoslowakischen Präsidium und dem sowjetischen Politbüro. Das klang gut, weil Brežnev damit bilateralen Gesprächen zustimmte. Wann wollte er die Gespräche abhalten? Am Freitag! Diese auffallende Dringlichkeit war ein schlechtes Zeichen. Und wo? Im slowakischen Košice. Das klang gut, aber vielleicht war es schlecht. Košice liegt kaum 80 Kilometer von der sowjetischen Grenze entfernt. Die angrenzenden Gebiete in der Slowakei wimmelten noch immer von sowjetischen Truppen, die aber abziehen sollten.

Dann wurde Dr. Špaček, einer der vier zuverlässigen Liberalen, auf der Rückfahrt von der Präsidiumssitzung in Brünn frontal von einem amerikanischen Touristen in einem Volkswagen gerammt. Der Amerikaner war vorschriftswidrig in der Gegenrichtung unterwegs gewesen. Špaček erlitt eine Gehirnerschütterung, Schnittwunden im Gesicht und Brustkorbverletzungen. Er würde wieder gesund werden, aber nicht rechtzeitig für das Gipfeltreffen am Freitag in Košice.

Am späten Mittwoch abend flog der sowjetische Botschafter Červonenko mit einer neuen Note Brežnevs von Moskau nach Prag. Als Červonenko das am rechten Moldauufer gelegene Gebäude des Zentralkomitees erreichte, fand er den Großteil des Präsidiums noch in der Sitzung vor, die man schon seit Dienstag nachmittag so gut wie ohne Unterbrechung abhielt; die Prager und die internationale Presse kampierte im Vorzimmer. Als die Journalisten des sowjetischen Botschafters ansichtig wurden, begannen sie ein solches Geschrei, daß das Präsidium hören konnte, daß sich etwas Wichtiges ereignete.

Červonenko wurde hineingeführt. Nach einer halben Stunde kam Josef Smrkovský heraus und sagte zu den Reportern: „Sieg!“

Der Russe eilte nach einer weiteren halben Stunde davon, ohne mit der Presse gesprochen zu haben. Einige Sekunden später kam Dubček aus dem Saal des Präsidiums. Er marschierte auf einen Servierwagen zu, schenkte sich einen Cognac ein, trank ihn aus, schenkte sich noch einen ein, nahm einen Schluck und konnte erst dann sprechen. „Es ist schwer, die Fehler von zwanzig Jahren zu verbessern“, sagte er.

Die Presse erfuhr bald, daß Leonid Brežnev, dem es anscheinend Schwierigkeiten bereitete, seine Angelegenheiten vor seiner Reise in die Slowakei in Ordnung zu bringen, eine versöhnliche Botschaft geschickt hatte, in der er die Auseinandersetzung auf unbestimmte Zeit verschoben hatte. Er säuselte darin, daß der Brief aus Warschau eine Warnung und kein Ultimatum gewesen sei. Er sei in keinem Fall, nochmals, in keinem Fall als Unterstützung des Novotnýismus oder als ein Ruf nach der Rückkehr zu den Verhältnissen der Vergangenheit zu verstehen.

Dubček, dessen Präsidiumssitzung weiterging, nachdem er seinen zweiten Cognac ausgetrunken hatte, wagte am Donnerstag in den frühen Morgenstunden einen kühnen Schritt. In dem Bewußtsein, daß ihm ein tückisches entscheidendes Duell mit den Sowjets noch bevorstand, bat er das Zentralkomitee, ihm das Vertrauen auszusprechen. Zum gegebenen Zeitpunkt wollte er die Russen mit dem Beweis konfrontieren, daß er für die Partei sprach. Er spekulierte auch darauf, daß die vereint hinter ihm stehende Öffentlichkeit die Fronten zwischen Novotnýs Konservativen und Dubčeks Liberalen verhärten würde – und damit Unentschlossene in Dubčeks Lager brächte. Die Sitzung des Zentralkomitees wurde für Freitag anberaumt.

Am Donnerstag abend sprach Dubček im Fernsehen zu seiner Nation. Er war noch immer kein unwiderstehlicher Redner; aber das tschechoslowakische Fernsehen trug insgeheim dazu bei (und das war ein Komplott, auf das Moskau nie hingewiesen hatte!), seine einfachen Beiträge zu dramatisieren und sein Lampenfieber zu beruhigen.

Die Kameras zeigten Dubček in seinem eigenen, nicht gerade neuen Simca bei der Ankunft vor dem Studio. Der Sprecher merkte dazu an, daß Dubček häufig die von der Partei bereitgestellte Limousine mit Chauffeur ablehnte und mit seinem eigenen Auto vorlieb nahm. Mit ihm sei er an einem Wochenende von Bratislava nach Prag gefahren, und das Benzin bezahle er mit seinem eigenen Geld statt mit offiziellen Coupons. „Auf diese Art", sagte der Sprecher, „schafft es Alexander Dubček, weitgehend unbemerkt umherzufahren."

Das Fernsehen ging mit ihm direkt zum Schminkraum, wo ihm die Nation beim Scherzen mit den Kosmetikerinnen zusah. Dann, nachdem er seinen Platz für die formelle Ansprache eingenommen hatte, guckte er nach vorne und begann mit einem freundlichen: „Liebe Freunde, liebe Bürger."

Der Effekt dieser vier Worte war umwerfend. Die ganze Nation brach zu Hause in Tränen aus. In den Gasthäusern, Sportclubs und Hotels waren die Biertrinker – die ihre Krüge gehoben hatten, um auf Dubček zu trinken – so überrascht, daß sie diese fallen ließen und zerschlugen. Denn Dubčeks Gruß war ein ergreifender Bruch mit dem kühlen osteuropäischen Genossentum der letzten zwanzig Jahre, in denen jeder kommunistische Führer mit einem brüsken „Genossen und Bürger" begonnen hatte.

Im Rückblick meinen einige von uns hier in Prag, daß es diese vier ketzerischen Worte waren – *„Liebe Freunde, liebe Bürger"* –, die das Tauwetter in den Beziehungen beendeten und

Brežnev, Ulbricht und Gomulka zu der Überzeugung brachten, daß die Tschechoslowakei nicht länger leben dürfe.

„Wir alle fühlen eine große Verantwortung", sagte Dubček seinem Fernsehpublikum. „Aber wir sind entschlossen, die Politik weiterzuführen, mit der wir nach dem Januar begonnen haben und von der das tschechische und das slowakische Volk wünscht, daß wir sie weiterführen. Die alten Methoden haben wir teuer bezahlt ..."

Dubček war jetzt entspannt genug, um ein signifikantes, fast brechtartiges Wortspiel zu improvisieren: „Unser Volk war mit der vorangegangenen Führung nicht zufrieden. Da wir das Volk nicht austauschen können, müssen wir die Führung austauschen."

Er fuhr fort: „Jetzt, nach vielen Jahren, haben wir in unserem Land eine Atmosphäre, in der jeder öffentlich, ohne Furcht, freimütig und auf würdige Art seine Meinung zum Ausdruck bringen kann. Durch eine offene und ehrliche Politik gewinnt die Partei Schritt für Schritt das stark angeschlagene Vertrauen der Öffentlichkeit wieder. Deswegen erklären wir – frei, ruhig, aber in vollem Bewußtsein für all das, was auf dem Spiel steht –, daß es *keine andere Möglichkeit* gibt, die demokratische und dennoch sozialistische Umgestaltung unseres Lebens zu verwirklichen. ...

Unser Land liegt keilförmig zwischen den sozialistischen Ländern, und wir wollen diesen strategischen Vorposten schützen. Der Sozialismus ist wie unser Augapfel. ...

Wir haben unsere Freunde und Verbündeten nicht verraten. Wir sind unseren Verpflichtungen, die sich aus dem Warschauer Pakt ergeben, pflichtgetreu nachgekommen und werden ihnen auch weiterhin nachkommen. ...

Demokratie ist ein Aufeinanderprallen von Meinungen. Aber Demokratie ist auch gewissenhafte Disziplin. Demokratie verlangt auch von allen Bürgern staatsmännische Weisheit. Unnötiges Dramatisieren von Mißverständnissen und kurzsichtiges Entfesseln von Leidenschaften wäre nicht förderlich.

Als Bürger eines souveränen sozialistischen Landes müssen wir resolut, vernünftig und in dem Bewußtsein unserer großen Verantwortung diesem Land, seinen Bewohnern und der internationalen kommunistischen Bewegung gegenüber handeln. Was wir in diesem kritischen Moment am meisten brauchen, ist die Unterstützung der Parteiführung und der Regierung durch alle Bürger. Mögen Ihre Unterstützung, Ihr Vertrauen, Ihre Umsicht und Ihre Entschlossenheit eine würdige Antwort auf die Herausforderung dieses wichtigen Augenblickes sein. Mögen sie den großen demokratischen Traditionen unseres sozialistischen Heimatlandes entsprechen.

Das ist es, worum ich Sie bitten wollte."

Als seine Ansprache vorüber war, zeigte uns das Fernsehen, wie Dubček auf einem Studiomonitor ein Fußballspiel verfolgte. Wir konnten uns entspannen und er auch. Nach einer Weile verabschiedete sich die Kamera von ihm und konzentrierte sich auf das Fußballspiel. Und wir wußten, daß die tschechoslowakische Sache bei der bevorstehenden Kraftprobe in sicheren und starken Händen war.

Der Aktivist und Dramatiker Pavel Kohout war vom ersten Moment der Übertragung an wie erstarrt. Kohout schrieb später: „Als ich Dubček allein aus dem Auto steigen sah, war das zuviel für mich. Ich konnte es nicht mit ansehen. Ich bin nicht für ein Land mit bewaffneten Leibwächtern, aber ich wollte mich am liebsten selbst anbieten, um ihn für den Rest des Abends zu beschützen."

Statt dessen sollte der stämmige Kohout seine Talente einige Tage später noch besser einsetzen.

Prag war in einem Sommerloch, wie ganz Europa – Ost und West –, und das machte den Tourismus in der Hauptsaison für diejenigen Amerikaner, die Menschen und keine Denkmäler und sich gegenseitig sehen wollten, nicht gerade lohnend. Die eine Hälfte der Bevölkerung trat ihren Urlaub im Juli an, die andere Hälfte würde ihn im August nehmen. Die alltäglichen Dienstleistungen waren wegen Überlastung und Unterbesetzung beeinträchtigt oder zusammengebrochen. Keine Taxis an den Halteständen. Kein Bier in den Geschäften. Unser Zeitungsstand an der Ecke war für vier Wochen geschlossen. Luftpost in die und aus den Staaten, die normalerweise etwa acht Tage unterwegs war, brauchte jetzt vier Wochen. Der Mann, den man am Telefon zu sprechen wünschte, hatte „sein Büro gerade für eine Minute verlassen" und würde nach seiner Rückkehr in einem Monat zurückrufen. Auch in Zeiten des Aufbruchs oder der Unterdrückung gibt es ewige Wahrheiten, und das war die der „Sauregurkenzeit".

Wir bekamen bei unseren wiederholten Ferienaufenthalten keine Russen zu Gesicht. Aber sowohl in der Stadt als auch auf dem Lande gab ich mir besondere Mühe, eine neue Falle zu umgehen – im geheimen errichtete Waffenlager. Deutsche und amerikanische Waffen, einige noch aus der Zeit des Ersten Weltkrieges wurden auf einmal in ländlichen Gebieten „entdeckt", in der Nähe der noch immer nicht aufgelösten sowjetischen Truppenlager. Hier handelte es sich sowohl um neue russische Taktiken, um den Aufenthalt auf tschechischem Territorium zu rechtfertigen, als auch (wie man später erfuhr) um unabhängige ostdeutsche Komplotte zur Auslösung einer Invasion. Eines Nachts träumte ich, daß ich beim Pflücken von Himbeeren über ein Waffenlager stolperte und eine Kamera auslöste, die mich als Beweis für eine ausländische konterrevolutionäre Verschwörung fotografierte. Am nächsten Morgen warnte ich meine Familie davor, irgendwelche merkwürdigen Objekte in den Wäldern zu untersuchen.[27]

Die tschechoslowakische Polizei operierte noch vorsichtiger. Sie trauten sich nicht, die russischen Truppen beim Errichten der Waffenlager zu stellen, denn das hätte zu einem Schußwechsel oder sogar zum Krieg führen können. Und dennoch war es für die Tschechen viel besser, die Entdeckungen vor den Russen zu machen. Mit anderen Worten, die Leiche vor dem Täter zu finden. Dieses verwegene Habeas-Corpus-Spiel verlangte etwas Unternehmungsgeist, aber die Tschechen sind Experten im Abrüsten und kennen ihr Territorium. Meistens machten sie die Russen lächerlich.

In einem Fall bemächtigte sich die tschechische Polizei eines Waffenlagers, ohne es bekanntzugeben. Inzwischen brachte die russische Nachrichtenagentur TASS alle Details über den letzten „Fund", samt den Namen der „Entdecker" aus der Roten Armee. TASS veröffentlichte sogar ein Foto (offensichtlich vor

[27] In der Tat gab es in diesem Juli einen ungewöhnlichen und nicht gelösten Doppelmord im Prokoper Tal bei Prag. Zwei Vierzehnjährige waren um 14.30 Uhr zum Schwimmen gegangen und wurden um 24 Uhr erschossen aufgefunden. Sie waren weder sexuell mißbraucht noch ausgeraubt worden. Es gab Gerüchte über größere Zusammenhänge, die hinter der Tat stünden. Später wurde behauptet, daß die beiden zufällig auf „unbekannte Personen" gestoßen seien, die gerade dabei waren, ein Waffenlager zu errichten.

der Errichtung des Waffenlagers aufgenommen), das die russischen Soldaten zeigte, die ihre „Beute“ zur Schau stellten. Mit Zeitungsausschnitten bewaffnet, besuchten die Polizisten, die die Waffen ausgegraben hatten und sie jetzt unter Verschluß hielten, das russische Zeltlager und unterzogen die verlegenen, mit leeren Händen dastehenden „Helden“ einem kafkaesken Verhör vom feinsten.

Nach einigen solchen Mantel-und-Degen-Episoden konnte Innenminister General Pavel ohne Furcht vor ernsthaftem Widerspruch verkünden: „Es wird allgemein vermutet, daß das Verstecken der Waffen eine Provokation war, die dazu dienen sollte, die Situation in der Tschechoslowakei zu dramatisieren.“

Die Worte von General Pavel waren jedoch nur eine Fußnote. In der letzten Juliwoche teilte sich ein anderer General, Václav Prchlík, die Schlagzeilen mit den sowjetischen Truppen. Letztere waren dabei, „EIN BISSCHEN ABZUZIEHEN“, wie es eine Zeitung ausdrückte. Einige Bataillone zogen über die polnische Grenze, aber es war kein militärisches Geheimnis, daß sie kaum acht Kilometer dahinter ihre Lager wieder aufschlugen. Die übrigen blieben in der Tschechoslowakei.

General Prchlík war der gewissenhafte Armeeoffizier, der Alarm geschlagen und so den Versuch eines Staatsstreiches durch General Šejna vereitelt hatte. Im Frühling belohnte Dubček ihn damit, daß er ihn mit der berüchtigten, dem Zentralkomitee unterstellten Achten Abteilung betraute, der Verbindung der Partei sowohl zum Militär als auch zum Sicherheitsapparat. Er ersetzte den verhaßten Miroslav Mamula, ein Busenfreund von Novotný und Šejna. Prchlíks Anstrengungen waren bisher darauf gerichtet gewesen, das Wirken der Achten Abteilung eher zu neutralisieren als zu verbessern. Es kursierten Gerüchte, daß er sie letztendlich auflösen würde.

In Prag gab General Prchlík eine Pressekonferenz, auf der er gefragt wurde: „Enthält der Warschauer Pakt irgendwelche Bestimmungen, die verbündeten Truppen den Aufenthalt auf unserem Territorium über den ursprünglich unter Friedensbedingungen festgelegten Zeitraum hinaus gestatten?“

Prchlík antwortete entschieden, daß „in jeder Bestimmung des Paktes ausdrücklich betont wird, daß die Aufstellung verbündeter Truppen auf fremdem Territorium eine Übereinkunft *zwischen* – ich wiederhole, *zwischen* – den betroffenen Staaten voraussetzt.“ Er fügte hinzu, daß seiner Meinung nach „die tschechoslowakische Öffentlichkeit, wenn sie auch den Abzug der Truppen fordert, die freundschaftlichen Beziehungen zu unseren Verbündeten nicht unterbrechen möchte. Unsere Freunde sollten jedoch versuchen, die Qualität unserer innenpolitischen Entwicklung zu verstehen."

Um seine Ketzerei noch zu verstärken, ging Prchlík zu einer längeren Kritik an der inneren Arbeitsweise des Warschauer Paktes über. Zuerst sollten alle Mitglieder gleichgestellt werden. Auf dem Papier waren sie es. Aber in der Orwellschen Wirklichkeit war Rußland gleicher als alle anderen zusammen. Das Oberkommando des Warschauer Paktes setzte sich, wie Prchlík enthüllte, ausschließlich aus sowjetischen Marschällen, Generälen und anderen Offizieren zusammen. Mitglieder der Satellitenstaaten wurden lediglich zu Verbindungsoffizieren ernannt. Keiner von ihnen hatte jemals irgendwelche bedeutenden Funktionen oder Titel erhalten. Die Verteidigungsminister der Mitgliedsländer waren zu „Stellvertretern" ihres Oberbefehlshabers Marschall Jakubovskij ernannt worden, der ihnen selten Unterredungen gewährte.

Miloš Forman war für einige Tage aus Paris nach Hause gekommen, und ich sah mir Prchlíks Pressekonferenz mit ihm gemeinsam an. „Der Mann ist viel zu schlau für einen General!" rief Miloš aus.

Aus verschiedenen Gründen hatte die russische Armee den gleichen Eindruck. Ihre Zeitung *Roter Stern* klagte Prchlík der „Verleumdung" und des Verrates von Militärgeheimnissen an und beschuldigte ihn, durch seine „verantwortungslosen Äußerungen" dem imperialistischen Westen in die Hände zu arbeiten. Der *Rote Stern* fügte unheilvoll hinzu: „Die Ereignisse in der Tschechoslowakei greifen schon seit langer Zeit über die nationalen Grenzen dieses Landes hinaus."

Drei Tage nachdem die russische Armee ihn in der Presse attackiert hatte, wurde General Prchlík seines Amtes enthoben.

Das nervöse Präsidium hatte Dubček zu diesem Schritt gezwungen. Aber sogar obwohl er Rußland Knochen zuwarf – nämlich die Prchlíks – beschleunigte Dubček die Liberalisierung. Im Zuge der Entlassung Prchlíks schaffte er zugleich die gesamte Achte Abteilung ab. Dennoch waren die Bewunderer Prchlíks entsetzt. Pavel Kohout schrieb dem General einen offenen Brief:

> Ich mag es überhaupt nicht, wenn ein ehrenwerter Mann einen Verweis erhält, wenn gleichzeitig so viele unehrenhafte Leute übersehen werden. Wenn jemand sich entscheidet, nie wieder ein Bauernopfer zu bringen, dann sollte er auch keinen General opfern.
>
> Vielleicht war es notwendig. Aber es ist schade. Die öffentliche Moral hat zweifellos darunter gelitten.
>
> Ich schreibe Ihnen in der Hoffnung, daß das nie wieder geschieht, und in der Überzeugung, daß ich Ihnen bald wieder in einer anderen wichtigen militärischen Funktion begegnen werde.

Drei verschiedene Prager kommunistische Parteiorganisationen wollten Prchlík sofort als ihren Kandidaten für das Zentralkomitee vorschlagen.

Dubček fühlte sich gut, da seine Rechnung in bezug auf das Vertrauensvotum durch das ZK mit einer einstimmigen Annahme aufgegangen war. Wenn man bedenkt, daß nur vierzig der hundertzehn Mitglieder Liberale waren und der Rest sich aus vierzig steinharten Konservativen auf dem Sprung und dreißig Zentristen zusammensetzte, war das wirklich ein bemerkenswertes Ergebnis. Es hatte keine Enthaltungen bei den Anwesenden gegeben, wenn auch zweiundzwanzig Mitglieder nicht erschienen waren.

„Wenn der Kreml diese Sitzung herausforderte", sagte ein Beobachter, „war es sein größter Fehler, seit er Raketen nach Kuba gesandt hat."

Nicht daß kein Druck angewendet worden wäre, um dieses Ergebnis zu erzielen. Statt der strengen Sicherheitsvorkehrungen, die sonst bei ZK-Sitzungen im Spanischen Saal der Prager Burg getroffen wurden, war die Vorhalle der Öffentlichkeit zugänglich gemacht worden. Ein ständiger Strom von Tschechen war den ganzen Tag über gekommen und hatte Unterstützungsresolutionen überbracht. Liberale Politiker hatten abwechselnd den Spanischen Saal verlassen, um Besucher zu begrüßen. So nah war eine kommunistische Öffentlichkeit noch nirgendwo dem Treffen eines Zentralkomitees gekommen. Tatsächlich wurde der Versuch, eine Live-Übertragung zu machen, im letzten Moment abgelehnt. Das hätte die Donnergötter aus dem Osten, die für die sofortige Wiedereinführung der Zensur waren, beleidigen können.

Das Donnern hatte wieder begonnen, aber Dubček fühlte sich mit dem Vertrauen der Öffentlichkeit bestens gerüstet, welches bilaterale Treffen auch immer bevorstand. Ein anderes „erstes Mal“ in der Geschichte des Kommunismus war vorbereitet worden: die erste Auslandsreise des elf Mann starken sowjetischen Politbüros als eine Einheit. Es würde sich mit dem tschechoslowakischen Präsidium an einem „geheimen Ort“ auf tschechoslowakischem Boden treffen, zweifellos irgendwo zwischen Košice und der sowjetischen Grenze.

Pavel Kohout wollte sicher sein, daß Dubčeks eigenes scheuendes Präsidium ihm auf der Gipfelkonferenz nicht in den Rücken fallen würde. Der Dramatiker verfaßte ein Manifest, das die *Literární Listy* als zweiseitige Sonderausgabe in Form einer Petition veröffentlichte, die dem Präsidium noch rechtzeitig unterschrieben für seine bevorstehende Reise überreicht werden konnte. Kohouts offener Brief an das Präsidium, der ein weit deutlicheres Dokument als die „Zweitausend Worte“ war, begann so:

> *Genossen!* Wir schreiben Euch am Vorabend Eures Treffens mit dem Politbüro des Zentralkomitees der Kommunistischen Partei der Sowjetunion, auf dem Ihr über unser aller Schicksal verhandeln werdet. Wie es schon so oft in der Geschichte der Menschheit geschehen ist, werden über das Leben von Millionen nur einige wenige entscheiden. Das ist schwer, und wir wollen es Euch durch unsere Unterstützung erleichtern …

Nach einem Rückblick auf die „Geschichte der Unterjochung“ seines Landes fuhr Kohout fort:

> Der Augenblick ist gekommen, da unser Land nach Jahrhunderten wieder zur Wiege der Hoffnungen geworden ist – und nicht nur unserer Hoffnungen. Der Augenblick ist gekommen, in dem wir der Welt beweisen können, daß der Sozialismus nicht nur eine Notlösung für unterentwickelte Länder darstellt, sondern die einzig wahre Alternative für die gesamte Zivilisation.
>
> Wir hatten erwartet, daß vor allem das gesamte sozialistische Lager diese Tatsache mit Sympathie begrüßen würde. Statt dessen werden wir des Verrates bezichtigt. Wir erhalten Ultimaten von Genossen, die mit jedem Auftreten mehr und mehr ihre Unkenntnis unserer

> Entwicklung und unserer Situation zeigen. Man wirft uns Verbrechen vor, die wir nicht begangen haben. Absichten werden uns untergeschoben, die wir nie hatten und nicht haben.
>
> Die Bedrohung einer ungerechten Bestrafung schwebt über uns. Und in welcher Weise sie sich auch manifestieren wird, sie wird wie ein Bumerang auch unsere Richter treffen, die unsere Bemühungen vernichten und überall in der Welt auf tragische Weise die Idee des Sozialismus für viele Jahre beflecken.

Kohout führte seine Warnung an das tschechoslowakische Präsidium zum Höhepunkt:

> Genossen, es ist Eure historische Aufgabe, diese Gefahr abzuwenden. Es ist Eure Mission, die Führer der KPdSU zu überzeugen, daß der Erneuerungsprozeß in diesem Land so zu Ende geführt werden muß, wie es den Interessen all unserer Länder und den fortschrittlichen Kräften auf allen Kontinenten entspricht.
>
> Alles, wonach wir streben, kann in diesen vier Worten zusammengefaßt werden: SOZIALISMUS, BÜNDNIS, SOUVERÄNITÄT, FREIHEIT!

Diese vier Worte sind schwer zu übersetzen. Im Tschechischen lauten sie SOCIALISMUS, SPOJENECTVÍ, SUVERENITA, SVOBODA! – ein majestätisch klingender Wohlklang, der im Namen des verehrten Präsidenten gipfelt. Die vier aufwühlenden Worte Kohouts wurden zum Schlachtruf der tschechoslowakischen Revolution.

Das Manifest war an jedes Präsidiumsmitglied persönlich gerichtet, ebenso an die drei Auserwählten, die das Präsidium zu diesem Gipfeltreffen begleiten würden: Bohumil Šimon, der neue Prager liberale Parteichef, der konservative Antonín Kapek, Leiter einer großen Fabrik in Prag und Jozef Lenárt, Novotnýs ehemaliger Ministerpräsident. Kohout ermahnte sie alle, den Russen zu sagen, „daß wir Freiheit, Frieden und Zeit brauchen, um zu würdigeren und besseren Verbündeten als je zuvor zu werden. Kurz gesagt, sprecht im Namen des Volkes, das nicht länger ein leerer Begriff ist, sondern eine neue Kraft, die Geschichte macht.“ Und dann schrieb er an jedes einzelne Mitglied des Präsidiums:

Es ist möglich, daß Ihr nicht in allem gleicher Ansicht seid. Manche von Euch werden, obwohl sie den Januar miterkämpft haben, wegen ihrer Fehler vor dem Januar scharf kritisiert. Das ist das Schicksal von Politikern. Aber die sieben Monate seit dem Januar haben bewiesen, daß niemand die Absicht hat, diese Kritik in Blutrache umzuwandeln. Es wäre tragisch, wenn irgendeiner von Euch persönliche Gefühle vor die Verantwortung stellen würde, die Ihr in diesem Augenblick für 14.361.000 Menschen habt, zu denen auch Ihr selbst gehört.

Verhandelt, erklärt, aber verteidigt einmütig den Weg, den wir eingeschlagen haben und von dem wir lebendig nicht abweichen werden! Stunde für Stunde werden wir in den folgenden Tagen Eure Gespräche mit Spannung verfolgen. Wir werden ungeduldig auf Nachrichten von Euch warten. Wir denken an Euch!

Denkt an uns! Schreibt in unserem Namen eine neue Schicksalsseite in der Geschichte der Tschechoslowakei! Schreibt sie besonnen, aber vor allem tapfer!

Diese einmalige Gelegenheit zu versäumen, wäre unser Unglück und Eure Schande. Wir vertrauen Euch.

Datiert mit „Prag, Freitag, den 26. Juli 1968" und überall verkauft, wo es die *Literární Listy* gab, inspirierte Kohouts Manifest mehr als zwei Millionen Tschechen und Slowaken, ihre Namen (oft auch ihre Adressen) darunter zu setzen – auch wenn sich die russische Armee noch immer in ihrem Land aufhielt.

Vor dem Kinderkaufhaus *Dětský dům* in Prag standen Bürger und Touristen (besonders Ostdeutsche) Tag und Nacht Schlange, um ihre Unterschrift leisten zu können. Das Kaufhaus stellte den Organisatoren seinen Computer zur Verfügung. Er verzeichnete über das Wochenende 85.500 Unterschriften (die Petitionen wogen 16 Kilo und 250 Gramm) allein an diesem Ort.

In einer Mangelwirtschaft stellen sich einige Kunden zuerst an und erst dann Fragen. Eine alte Dame sah die ordentliche Schlange vor dem *Dětský dům*, stellte sich dazu und fragte nach einer Weile: „Wofür stehen wir Schlange?"

„Für die Freiheit", wurde ihr gesagt.

Sie blieb in der Schlange.

An diesem Freitag abend sahen sich Gene und Zdenka Deitch vom Bett aus die Fernsehnachrichten an. Als sie die

Warteschlange sahen, standen sie auf, zogen sich an und gingen zum *Dětský dům*. Dort standen sie trotz eines leichten Regens, bis sie zur Frühstückszeit unterzeichnen konnten. Die ganze Nacht über hielten immer wieder Straßenbahnen an, während die Schaffner und Wagenführer an die Spitze der Warteschlange stürmten, um Kohouts Manifest zu unterschreiben. Wenn sie zurückkehrten, waren die meisten Passagiere ausgestiegen, um sich selbst anzustellen.

Ein Tscheche hänselte einen hinter ihm stehenden Ostdeutschen: „Schauen Sie sich an! Sie fangen hier ganz oben an! Das ist das Problem mit euch Deutschen: ihr macht nie etwas von Grund auf, so wie es die Tschechen machen."

Keine andere Behauptung hätte einen Deutschen wütender machen können. Aber dieser wurde nicht zornig. Er sagte bloß: „Wir haben keinen Ort wie diesen, um damit zu beginnen. Aber was wir hier sehen, das möchten wir auch für uns."

Zwei liberale Mitglieder des Präsidiums, Dr. Kriegel und der Parlamentspräsident Smrkovský, kamen zum *Dětský dům*, um es selbst zu sehen. Smrkovský versicherte den Unterzeichnern der Petition, daß „es keine Kollaborateure unter uns geben wird." Und er sagte ihnen: „Alexander Dubček hat die Meinung der ganzen Nation zum Ausdruck gebracht."

In Böhmen, Mähren und der Slowakei ließen Szenen im Fernsehen wie diese das Eis kafkaesker Entfremdung und provinzieller Abgeschiedenheit, das die Leute für zwei Jahrzehnte von ihren Führern getrennt hatte, schmelzen. Ein Bauer sah einen Stadtbewohner 300 Kilometer entfernt eine Petition unterzeichnen und mit Smrkovský reden, und – *Ježíšmarjá!* – er wollte auch eine Rolle in der Regierung spielen. Dorf- und Kleinstadtbewohner versammelten sich auf den Marktplätzen in den Städten, auf der Suche nach einer Möglichkeit, die Petition zu unterschreiben. Einige, die keine vorfanden, unternahmen eine Fahrt in die nächste Stadt oder eine Nachtfahrt nach Prag und schliefen dann, wenn es nötig war, auf den Bänken oder Fußböden der drei Bahnhöfe. Die Eisenbahnangestellten deckten sie fürsorglich mit Decken, Mänteln und Packleinwänden zu. Es waren Szenen wie aus einem russischen Roman.

An diesem Samstag beendeten (wie es später in der westlichen Presse bekanntgegeben wurde) die Präsidenten Tito von Jugoslawien und Ceaușescu von Rumänien, Osteuropas führende Abweichler, ihre viertägigen geheimen Sitzungen. Sie sandten vertrauliche Mitteilungen an Alexander Dubček, daß sie bereit seien, kurzfristig nach Prag zu fliegen und dort Wache zu halten, um den Sowjets zu zeigen, daß sie es mit weit mehr als einer tschechoslowakischen Splittergruppe zu tun hätten. Dubček dankte ihnen. Er bat sie abrufbereit zu bleiben, aber nicht gerade jetzt zu kommen. Er werde mit dem Bewußtsein, daß er einige Trümpfe im Ärmel habe, in die Gipfelkonferenz gehen.

An diesem Sonntag ging die ganze tschechoslowakische Nation in die Kirche, um für ihre Führer zu beten. Am späten Nachmittag trafen das gesamte Präsidium und Präsident Svoboda (meist mit dem Flugzeug) in Košice ein. Von dort würde sie ein Sonderzug mit „unbekanntem Bestimmungsort" sehr wahrscheinlich nach Čierna nad Tisou (Čierna an der Theiß) bringen. Reporter, die dort gewesen waren, um von den gelegentlichen Truppenabzügen der Sowjets zu berichten, hatten intensive Vorbereitungen für eine Sitzung beobachten können. Als die Polizei begann, sowohl tschechoslowakische als auch ausländische Journalisten aus der Gegend zu befördern, herrschte über Čierna Gewißheit.

Die Strecke von Košice nach Čierna wurde von Oldtimern auf Eisenbahnrädern vor Sabotage oder Provokationen gesichert (sie sahen aus wie der Schienenwagen, mit dem der Kollaborateur im Pelzmantel in dem Film *Streng bewachte Züge* fährt). Die tschechoslowakischen staatlichen Eisenbahnen fahren auf der europäischen Standardspurweite. Die russischen Züge fahren auf einer breiteren Spurweite, die noch die ganze Strecke von der Grenze bis nach Čierna in die Slowakei verläuft, bis zu den Eisen- und Stahlwerken in Košice. Mit dem gesamten Politbüro an Bord diente der russische Zug als Hotel. Er sollte jeden Abend zurückfahren, um die Nacht auf seiner Seite der Grenze zu verbringen. Leonid Brežnev sagte, daß er ein konterrevolutionäres Attentat auf seine Person erwarte.

Eine Menschenmenge hatte sich auf dem Bahnhof in Košice versammelt, um Dubček auf seinem Weg zuzujubeln: „Dubček! Dubček! Wir wollen Dubček!" Der blaue Sonderzug des Präsidiums trug das offizielle Wappen der Tschechoslowakei, den böhmischen Löwen, mit einem roten Stern statt einer Krone geschmückt, und noch immer mit dem Motto „DIE WAHRHEIT SIEGT". Dubček war herausgeputzt und sah eher glänzend als (nach einem Badetag in der Nähe von Bratislava) gebräunt aus. Er lehnte sich aus einem Fenster, um zu lächeln und zu winken.

„Warum haben Sie uns nicht gesagt, daß Sie hierherkommen, um sich mit den Russen zu treffen?" wurde er gefragt.

„Weil ich", antwortete Dubček, „wenn ich jedermann sagen müßte, was ich die ganze Zeit unternehme, nie aus meinem Büro hinauskommen würde. Und abgesehen davon, wenn ich angekündigt hätte, daß ich heute durch Košice komme, hätten mich Ihre Frauen überfallen."

Die Menge brüllte vor Begeisterung. Als der Zug weiterrollte, riefen die Leute: „Lassen Sie uns nicht im Stich. Lassen Sie sich von den Russen nicht unterkriegen."

„Keine Angst", war das letzte, was sie von Dubček hörten, als sein Zug Richtung Gipfel in Fahrt kam.

Čierna ist eine schäbige Stadt, deren einziger Farbfleck ein Geranienbeet in Form eines roten Sternes vor dem einzigen kleinen Hotel ist. Das kommunale Zentrum war das braungedeckte grüne Eisenbahner-Kulturhaus, am Ende der vom Bahnhof kommenden, mit Schlaglöchern übersäten Straße. Hier ging man hin, um Bier und *Slivovice* zu trinken, Filme zu sehen und zu den Klängen der Musikbox zu tanzen. Aber jetzt war das Kulturhaus der Schauplatz für die ungewöhnlichste – und unergiebigste – Gipfelkonferenz in der Geschichte des Marxismus-Leninismus.

Der Zug kam gegen 21 Uhr am Sonntag in Čierna an, und alle 2.500 Einwohner der Stadt waren da. Der Vorsitzende des Nationalkomitees von Čierna hielt eine offizielle Begrüßungsrede. Dubček, Smrkovský und die anderen liefen auf dem Bahnsteig herum, beantworteten Fragen und gaben Autogramme. Dann gingen sie im Zug zu Bett.

Am Montag um 9.30 Uhr fuhr auf dem nächsten Gleis ein grüner Breitspurzug ein. Präsident Svoboda und das gesamte tschechoslowakische Präsidium wartete auf dem Bahnsteig. Leonid Brežnev stieg als erster aus. Er küßte Svoboda herzlich auf den Mund und schüttelte Dubček schroff die Hand. Hinter Brežnev kamen Ministerpräsident Kosygin, Präsident Podgornyj, der Parteiideologe Michail Suslov, A. N. Šelepin, ein aufstrebender Technokrat mit Verbindungen zur Geheimpolizei, und ein halbes Dutzend gesichtsloser Männer, die die Macht im Kreml im Gleichgewicht hielten. Sie und ihre tschechoslowakischen Kollegen gingen in unruhigen Zweier-, Dreier- und Verergruppen zum Kulturhaus, wo es ausgewählten Journalisten gestattet war, während der Eröffnungsansprachen zu fotografieren, um dann aufgefordert zu werden, die Stadt auf der Stelle zu verlassen.

Die Gespräche begannen schlecht (wie man danach erfuhr). Am Montag gab es keinen Meinungsaustausch, nur eine formelle Ansprache nach der anderen, in einer von Generalsekretär Brežnev diktierten Reihenfolge. In seiner eigenen Ansprache stellte er mehr Forderungen als je zuvor. Die von Dubček und Smrkovský zeigten mehr Entschiedenheit als sonst. Aber das erste Anzeichen, wie schlecht die Dinge standen, war die Beanstandung der Anwesenheit von Dr. Kriegel durch den gemäßigten und bisher sanftmütigen Kosygin, der seit Schweden nicht mehr er selbst war.

„Aber warum?" protestierte Kriegel. Er erinnerte die Russen daran, daß er ein rechtmäßiges Mitglied des tschechoslowakischen Präsidiums war ...

Pjotr Šelest, der sowjetische Parteiführer aus der benachbarten Ukraine, sagte zu ihm: „Sie *sind* einfach zu beanstanden; wir müssen nicht erklären, warum!"

Aber Kosygin stieß wütend hervor: „Sagen Sie diesem drekkigen kleinen galizischen Juden, daß er seine Klappe halten soll!"

Dubček war außer sich! Er schlug mit der Faust auf den Tisch und sagte: „Genossen, ihr werdet *uns* nicht wie eure Untergebenen behandeln!"

Dazu soll General Svoboda geseufzt und Dubček zugeflüstert haben: „Du wirst dich daran gewöhnen, Saša. So hat mich Marschall Konev während des Krieges behandelt."[28]

Die Sitzung dauerte bis 22.30 Uhr, unterbrochen nur durch die Mahlzeiten – die jede Delegation in ihrem eigenen Speisewagen einnahm. Im offiziellen Kommuniqué hieß es an diesem

[28]Ich war nicht mit im Raum und auch sonst niemand, den ich gut kenne. Dieser Dialog wurde deswegen zwangsläufig (damals oder später) rekonstruiert, durch Assistenten und gemeinsame Freunde von ein oder zwei Männern, die dabei waren, sowie aus Presseberichten, deren Zuverlässigkeit ich selbst ausgewertet und manchmal in Zweifel gezogen habe. Während dieser ersten slowakischen Gipfelkonferenz war ich entweder in Prag oder auf dem Land in Böhmen, immer mit dem Transistorradio in der Hand.

Abend nur, daß „die Ansichten und Standpunkte beider Seiten ausgetauscht" worden seien. Sogar für einen Amateur in Sachen Kreml ist ein Kommuniqué ohne Adjektive praktisch eine Kriegserklärung.

Der russische Zug ratterte für die Nacht über die Grenze. Am Dienstag um 2.54 Uhr entdeckte ein Fahrdienstleiter einen einsamen Spaziergänger, der auf dem Bahnsteig herumlief. Es war Alexander Dubček. Der Beamte lud ihn in sein Büro ein, wo sich noch andere Eisenbahnbedienstete, die Nachtschicht hatten, einfanden.

„Sie müssen sich etwas Ruhe gönnen, Herr Dubček", sagte einer von ihnen zu ihrem Gast.

„Ich kann nie vor drei einschlafen", sagte Dubček. „Meine gewöhnliche Schlafenszeit ist im Moment von drei bis sieben Uhr morgens." Dann redeten die Versammelten bis 3.30 Uhr über Fußball, und Dubček bestieg wieder den blauen Zug.

Präsident Svoboda leitete die Sitzung am Dienstag mit seiner Ansprache ein. Die Russen setzten auf eine versöhnliche Rede dieses langjährigen Helden der Sowjetunion, die dann von Biľak, Kolder und Švestka benutzt werden konnte, um Dubček und Smrkovský dazu zu bringen, sich der russischen Parteilinie anzunähern, wenn auch noch nicht zu unterwerfen.

Doch statt dessen begann der 72jährige Soldat wie der frechste radikale Student. Er verlangte den sofortigen Abzug der russischen Truppen. „Die tschechoslowakische Souveränität ist unantastbar!" betonte er nachdrücklich. Da dies eine Sache der Ehre sei, sagte er, könne man über diesen Punkt nicht verhandeln.

Svoboda erklärte dann seinen erstarrten Zuhörern, daß er es schon seit langem für notwendig halte, daß die Verbündeten der Russen innerhalb des Oberkommandos des Warschauer Paktes mehr zu sagen haben. An dieser Stelle wußten seine staunenden Zuhörer nicht mehr, ob sie General Svoboda oder General Prchlík zuhörten.

Nachdem diese Bombe geplatzt war, hätte man erwarten können, daß die Russen sich verhärten würden. Dagegen wurden sie entspannter, sogar fügsamer. Brežnev verzichtete auf seine anfängliche Bedingung, daß alle der Reihe nach zu Wort kommen sollten. Von da an entwickelte sich die Diskussion rasch, wenn nicht freundschaftlich. Das Treffen dauerte bis 19.45 Uhr, und dann gab das gemeinsame Kommuniqué bekannt, daß es in einer „Atmosphäre freundschaftlicher Offenheit“ verlaufen sei. Das ließ auf einige Annäherungsbemühungen schließen, aber es war noch zu früh und die Atmosphäre zu kühl, um zu sagen, wie es ausgehen würde. „Heute kein Krieg“, war Jiří Šlitrs Gruß. „Die Situation in Čierna“, sagte Radio Prag an diesem Abend, „ist wie in einem Operationssaal während einer Herztransplantation. Aber dies hier ist viel gefährlicher, da nicht das Leben eines einzelnen, sondern das ganz Europas auf dem Spiel steht.“

Inzwischen bemerkten Reisende in ganz Polen, Ungarn, Ostdeutschland und Rußland Truppenbewegungen in Richtung tschechoslowakische Grenze. Und in Bulgarien, das keine gemeinsame Grenze mit der Tschechoslowakei hat, wiesen die Grenzbeamten einunddreißig tschechoslowakische Delegierte für das neunte Weltjugendfestival in Sofia ab. Vom bulgarischen Jugendverband eingeladen, waren sie über 1.000 Kilometer durch Ungarn und Jugoslawien gewandert, um an der bulgarischen Grenze zu hören, daß sie „zu unordentlich“ seien, um eingelassen zu werden. Die Jugendlichen legten schriftliche Bestätigungen vor, daß saubere Kleidung nach Sofia vorausgeschickt worden war und sie dort erwartete. Dennoch sagten die Behörden, daß sie nicht nach Bulgarien hinein könnten. Die nächste Erklärung lautete, daß sie „personae non gratae“ seien.

Andere tschechische Jugendliche hatten es bereits bis Sofia geschafft, wo sie durch die stillen Straßen Transparente mit Aufschriften wie „LANG LEBE DUBČEK!“, „DUBČEKS POLITIK IST UNSERE EIGENE ANGELEGENHEIT“ und „SOFIA, WACH AUF UND SCHAU DEN TATSACHEN INS AUGE“ trugen. Ihre Pamphlete und sogar ihr leeres Papier waren bereits von den bulgarischen Behörden als „konterrevolutionäre Propaganda“ konfisziert worden. Dennoch hielten die Jugendlichen eine empörte Pressekonferenz ab, zu der sie Einladungen verschickten, die auf haltbarem bulgarischen Toilettenpapier gedruckt waren.

Am Mittwoch morgen erschien Josef Smrkovský in aller Frühe auf dem Bahnsteig und verkündete denen, die ihn begrüßten: „Ich glaube, wir werden aus Čierna noch froheren Mutes wegfahren, als wir hergekommen sind. Seien Sie versichert, daß alles gut gehen wird.“

Mit einem Sieg, einer Niederlage oder unentschieden, Smrkovský erwartete, daß die Gespräche an diesem Tag zu Ende gehen würden. Das tat jeder in Čierna, egal ob Russe oder Tscheche. Drei Tage ernsthafter Diskussionen waren das höchste, was man von den Russen irgendeinem trotzigen Satellitenstaat gegenüber erwarten konnte.

Mittags sah es gut aus. Am späten Morgen hatten Kosygin und Smrkovský gemeinsam einen Spaziergang durch die Straßen Čiernas unternommen. Dabei kamen sie mit einem zehnjährigen Jungen ins Gespräch und nahmen ihn auf ihren Spaziergang mit – beide legten dabei dem verblüfften Kerlchen jovial ihre Hände auf die Schultern. Präsident Svoboda und Podgornyj unternahmen auch einen gemeinsamen Gang.

Leonid Brežnev wurde an diesem Morgen tatsächlich krank, bald nachdem ihn sein eigener Chefideologe Suslov darauf aufmerksam gemacht hatte, daß er wie Walter Ulbricht zu reden begann. Während Brežnev sich in seinen Eisenbahnwaggon zurückgezogen hatte, trieben Šelesť und Šelepin die Attacke auf Dubček voran, indem sie ihn davor warnten, daß „imperialistische Agenten" sein Präsidium unterwandert hätten. „Wenn Sie wirklich denken, daß sich unter unseren Führern imperialistische Agenten befinden, gibt es keinen Grund, diese Gespräche fortzusetzen", sagte Dubček kühl. Es stand auf, und marschierte zu *seinem* Eisenbahnwaggon. Kurz darauf kamen fünf Russen hinterher, um die ganze tschechoslowakische Delegation zum gemeinsamen Mittagessen einzuladen. Es war das erste Mal, daß die beiden Gruppen miteinander aßen. Nach dem Mittagessen hielt es Dubček für angebracht, Brežnev einen Besuch abzustatten, und Brežnev hielt es für angebracht, ihn zu empfangen. Das war gut.

Andererseits wurde ein gemeinsames Bankett für den Abend erst arrangiert – offensichtlich als herzliches Abschiedsfest gedacht – und dann in letzter Minute abgesagt. Das war noch nicht beunruhigend. Nur eine Verzögerung wegen der Formulierung des offiziellen Abschlußkommuniqués. Inzwischen verkündete das tägliche Zwischenkommuniqué, daß der Thriller – dessen Atmosphäre am Mittwoch als „offen und kameradschaftlich" beschrieben worden war – unerwartet noch einen vierten Tag dauern würde.

Am Mittwoch abend hatte man das Gefühl, daß ein guter Wind wehte. Die Truppenbewegungen auf den jenseitigen

Grenzen waren zum Stillstand gekommen. Drei der achtzig russischen Reisegruppen, deren Besuch der Tschechoslowakei abgesagt worden war, kamen plötzlich in Prag an; ihre Stornierungen, sagten sie ČEDOK, seien „widerrufen“ worden. Brežnev genas auf wundersame Weise und nahm wieder an den Gesprächen teil. Während seiner Erkrankung war ein Paket mit drei Briefen im sowjetischen Zug eingetroffen. Alle drei warnten vor den schrecklichen Konsequenzen für den Kommunismus auf der ganzen Welt, falls irgendein sozialistischer Bruderkrieg ausbrechen sollte. Einer stammte von Marschall Tito; einer von Waldeck Rochet, dem Führer der Kommunistischen Partei Frankreichs; einer von Luigi Longo, dem Chef der Kommunistischen Partei Italiens. Rochet und Longo waren für das Akademiemitglied Suslov besonders wichtig; er arbeitete seit Jahren an der Organisation einer Weltkonferenz der Kommunistischen Parteien. Sie sollte am 25. November 1968 in Moskau stattfinden, und er konnte nichts brauchen, was an der Fassade der kommunistischen Einheit kratzte.[29]

So wurde am vierten Tag, am Donnerstag, dem 1. August, ein Abkommen unterzeichnet und die Gespräche von Čierna beendet. Das Schlußkommuniqué umfaßte acht Absätze. In den ersten vier wurde angeführt, wer wo und wann teilgenommen hatte. Die nächsten zwei besagten wenig oder nichts, aber sie waren in der archaischsten kommunistischen Sprache abgefaßt:

> Bei den gemeinsamen Gesprächen fand ein breiter Meinungsaustausch über beide Seiten interessierende Fragen

[29] Ein anderer Brief, unterschrieben von achtzehn Repräsentanten europäischer Kommunistischer Parteien, verlangte ein Ende der sowjetischen Einmischung in die inneren Angelegenheiten der ČSSR. Laut Roger Garaudy, dem marxistischen französischen Philosophen (der später für seine Ketzereien von der Kommunistischen Partei ausgeschlossen wurde), gab Dubček Brežnev in Čierna zu bedenken, daß jegliche Invasion in der Tschechoslowakei von den meisten Kommunistischen Parteien Europas verurteilt werden würde, worauf Brežnev antwortete: „Wer immer das auch wagt, wir haben die Mittel, ihn zu zermalmen.“ Und gemäß einem Zitat von Vasil Biľak in *Le Monde* (von Biľak später in Abrede gestellt) äußerte Dubček ihm gegenüber nicht lange danach: „Brežnev ist senil. Es hat keinen Sinn, mit ihm über irgend etwas zu diskutieren. Die Russen sind nervös, aber ich werde deswegen nicht klein beigeben.“

statt. Beide Seiten tauschten ausführliche Informationen über die Situation in ihren Ländern aus.

Die Gespräche zwischen dem Politbüro ... und dem Präsidium ... wurden in einer Atmosphäre absoluter Offenheit, Aufrichtigkeit und gegenseitigen Verständnisses geführt und waren darauf gerichtet, Wege zur weiteren Entwicklung und Festigung der auf den Prinzipien des Marxismus-Leninismus und des proletarischen Internationalismus beruhenden traditionellen freundschaftlichen Beziehungen zwischen unseren Parteien und Völkern zu finden.

In den beiden letzten Absätzen wurde angekündigt, daß sich die zwei Delegationen am Samstag in Bratislava zu einem weiteren Gespräch mit den Kommunistischen Parteien Bulgariens, Ostdeutschlands, Ungarns und Polens treffen würden. Das Treffen sollte einen Tag dauern.

Dieses kurzfristige Ansetzen einer Gipfelkonferenz in Bratislava bedeutete, daß die Sowjetunion, nachdem sie tatsächlich bilaterale Gespräche mit der Tschechoslowakei geführt hatte, jetzt die anderen Satelliten zusammenrief, um das, auf was man sich auch immer in Čierna geeinigt hatte, abzusegnen. Abgesehen davon, daß das Kommuniqué natürlich auf das, was in Čierna nad Tisou entschieden worden war, überhaupt kein Licht warf.

Dennoch meinte die Prager Gerüchteküche, daß das Abkommen folgendes zu bedeuten schien:

Die russischen Truppen würden in aller gebührenden Eile abziehen. Auch die innere Liberalisierung der Tschechoslowakei werde rasch vorangehen. Aber Angriffe auf Rußland und besonders Karikaturen der russischen Führer in der Prager Presse sollten eingestellt werden. Ähnliche Verhaltensweisen gegenüber den Führern der anderen vier Länder würden allermindestens abgeschwächt werden. Die russische Presse würde im Gegenzug ihre antitschechoslowakischen Polemiken sofort beenden.

Da die Sowjetunion ein Monolith war, konnte sie dem fast augenblicklich nachkommen. Der Begriff „Konterrevolution" verschwand über Nacht aus der *Pravda.* Die verbliebenen Truppen (und sogar der phantasievollste Tscheche war überrascht, wie viele von ihnen tatsächlich da waren) tankten voll und steuerten auf die Grenzen zu.

Als eine knospende Demokratie hatte die ČSSR eine schwierigere Aufgabe. Sofort nach der Rückkehr nach Prag berief

Dubčeks Präsidium für Dienstag abend ein Treffen mit den Herausgebern von *Literární Listy* (als Vertretern des Schriftstellerverbandes) und denen der Hochglanzwochenzeitung *Reportér* (als Vertretern des Journalistenverbandes) ein. Sie wurden gebeten, in bezug auf ihre antisowjetische Haltung leiser zu treten und sich auf tschechoslowakische Zielscheiben zu konzentrieren, ein Kompromiß, von dem Dubček wußte, daß sie ihn solange willig schlucken würden, wie Rußland sich an seinen Teil des Abkommens hielt. In Čierna war herausgekommen, daß besonders die *Literární Listy* im Kreml begierig gelesen wurden. Zwei Karikaturen in dieser Zeitung waren als „scheußliche Beispiele" dafür angeführt worden, wohin Pressefreiheit führen könne. Eine davon zeigte Brežnev als heiligen Florian, den Schutzpatron der Feuerwehr. Er goß Wasser auf ein Haus mit der Aufschrift ČSSR, während ein winziger Dubček protestierte: „Aber es brennt doch gar nicht!" Die andere zeigte Walter Ulbricht mit freiem Oberkörper in einer heroischen Delacroixpose. Der bärtige Diktator schwenkte ein Bajonett und ein Banner mit der Aufschrift „LIBERTÉ, ÉGALITÉ, FREUNDSCHAFT!"

Während sich Dubček und Černík bei den Redakteuren dafür einsetzten, daß sie sich abregten, entbrannte die tschechoslowakische Öffentlichkeit von Wut über den nun ungewohnten Informationsmangel. Nachdem Gerüchte aufgekommen waren, daß man *LL* und *Reportér* einen Maulkorb angelegt hatte, kamen zehntausend Menschen auf dem Altstädter Ring zusammen. Einige von ihnen schrien: „Wir sind verraten worden!"

Die ersten beruhigenden Worte kamen aus Košice in einer Sendung mit Präsident Svoboda: „Im Januar haben wir einen wichtigen Schritt im Leben unseres Landes und unseres Volkes getan ... Wir dürfen den Weg, den wir eingeschlagen haben, nicht verlassen. Wir müssen ihn konsequent weitergehen." Weitere Ermutigung gab es, als Josef Smrkovský auf dem Balkon des Altstädter Rathauses erschien und zu der Menge sprach: „Die Gespräche in Bratislava werden nur etwa einen Tag dauern, so daß Sie am Samstag abend hören können, wozu wir unsere Zustimmung gegeben haben. Und nächste Woche wird die Tschechoslowakei Gelegenheit haben, ihre Freunde zu begrüßen. Präsident Tito und eine rumänische Delegation unter der Führung von Nicolaie Ceaușescu werden kommen.

All dies steht schon fest. Nur der genaue Termin muß noch bestimmt werden."

Jemand rief zu Smrkovský hinauf: „Warum sind Tito und Ceaușescu nicht auch nach Bratislava eingeladen?"

„Weil sie nicht unter den Fünf waren, die den Brief aus Warschau geschickt haben", antwortete Smrkovský, geschickt die Frage umgehend. „Zuerst müssen wir die Angelegenheit mit denen, die in Warschau verhandelt haben, klären. Darin stimmen die rumänischen und jugoslawischen Repräsentanten mit uns überein."

„Wir haben gehört, daß die Pressefreiheit eingeschränkt werden soll."

„Nichts dergleichen", sagte Smrkovský, „also warum stellen Sie solche Fragen?"

„Dann sagen Sie uns, wie es in Čierna war! Sagen Sie uns, was wirklich vor sich ging!"

Smrkovský versuchte sich herauszureden: „Sie können darüber in den morgigen Zeitungen lesen." Aber das war nicht, was seine Zuhörer erwarteten. Ein langsames, durchdringendes, höhnisches Pfeifen erhob sich. Dann übertönte der rauhe Schrei eines Zwischenrufers den Lärm: „Warum können Sie nicht frei sprechen?"

„Ich kann frei sprechen, und Sie auch!" schnauzte Smrkovský zurück.

Sogar nach fast sieben Monaten war es bemerkenswert, daß sich ein solches Hin und Her in einem kommunistischen Land abspielte. Es war jedoch nicht verwunderlich, daß die Menge, nachdem sie einmal einen solchen Dialog erlebt hatte, noch mehr davon wollte. Das Gezanke mit Smrkovský ging weiter, bis der Parlamentspräsident es abbrach: „Hören Sie! Wir selbst haben die Unterzeichner des Warschauer Briefes nach Bratislava eingeladen, damit wir ihnen sorgfältig die Richtung unseres neuen Weges erklären können. Natürlich können wir nichts vorhersagen ... aber ich bin überzeugt, daß diese Gespräche zu einer Verständigung zwischen den verbrüderten Parteien führen werden."

Die Menge mußte ihn verstanden haben, denn „Wir wollen Dubček!" rufend, marschierte sie fast zwei Kilometer bis zum Sitz des Zentralkomitees. Dort erschien Dubček an einem Fenster und bat um Verständnis: „Ich muß mich entschuldigen, ich bereite mich auf die Gespräche in Bratislava vor ... Aber wie

Sie sehen können, sind wir in einer ziemlich optimistischen Stimmung zurückgekehrt."

Der Sprechchor ging in „Lang lebe Dubček!" über und hallte noch lange, nachdem Dubček sich zurückgezogen hatte, durch die Nacht.

Zwischenspiel
Wie ist die Lage in Bratislava?

Die Slowaken neigen zu allen Arten von Übermaß, meistens liebenswürdigen: exzessivem Trinken und Essen (man bestellt in der Slowakei oder im angrenzenden Ungarn am besten nur eine Portion für zwei Personen); gepflegten Schnurrbärten, Verbeugungen und Handküssen; leidenschaftlichen, gefühlvollen Gesten und unendlicher Traurigkeit. Die auf Fiedeln und der Cymbal (ein mit Hämmerchen geschlagenes Seiteninstrument) gespielte süße Zigeunermusik, nach der die Slowaken süchtig sind, kann einen zum Weinen bringen, ohne daß man weiß, worum es geht, oder auch wenn man es weiß. Ich werde jedesmal von der ländlichen Banalität des Themas dieses Volksliedes zu Tränen gerührt:

In der Gegend von Levoča
Ach, dort rauscht ein Wasserfall.
Und möchte ein Mädchen springen,
Kann der Sprung alles zu Ende bringen.

„Unser Sinn für das Tragische ist höher entwickelt als der eurige in Prag“, sagte man mir bald nach meiner Landung in Bratislava, am Morgen des 2. August 1968. „Ebenso wie unser Pessimismus. Die Tschechen lebten für kaum dreihundert Jahre unter deutscher Herrschaft, daher können sie Pläne schmieden und hoffen. Wir aber haben tausend Jahre unter den Ungarn gelebt, daher wissen wir es besser.“

Slowaken sind außerdem überaus patriotisch – was ich bei meinen Gastgebern in Bratislava feststellte (es handelte sich um Freunde eines Prager Freundes, die mich bei sich wohnen ließen, nachdem kein Hotelzimmer aufzutreiben war). Sie bestanden darauf, mich am Flughafen in Bratislava abzuholen und mir die slowakische Hauptstadt zu zeigen, nachdem ich drei Stunden vor Beginn der Ankunft der Teilnehmer der Gipfelkonferenz angekommen war.

„Drei Stunden!" sagte mein Gastgeber, ein Arzt. „Alles, was unter einer Woche liegt, um Bratislava zu besichtigen, ist ein Verbrechen."

„Dann können wir Ihnen ja noch nicht einmal unseren Flughafen zeigen", sagte die Gastgeberin. Aber ich hatte bereits gesehen, daß er aus so einer kleinen Flugzeughalle wie der frühere in Prag bestand. Sie mußte meine Gedanken erraten haben, denn sie fügte hinzu: „Er ist nicht so modern wie der, den ihr jetzt in Prag habt, wie wir hörten, aber er vermittelt dem Reisenden ein anheimelnderes Gefühl."

Dann entführten sie mich mit dem Auto zu einer Besichtigungstour. Sie zeigten mir die Burg von Bratislava (von der sie behaupteten, daß sich daneben die „Prager Burg wie ein Luftschutzbunker ausnehmen" würde, was überhaupt nicht der Fall war) und den St. Martinsdom (von dem sie meinten, daß „St. Veit dagegen wie ein Pfarrhaus wirkt", was auch nicht stimmte, aber er hätte besser abgeschnitten, wenn er statt von einem Schlammsee von Pflastersteinen umgeben gewesen wäre). Unter einem Dutzend ähnlicher Vergleiche war auch eine wackelige Eisenbrücke, die, wie sie zustimmten, „nicht die Karlsbrücke ist. Aber die Moldau ist ja auch nicht die schöne blaue Donau, oder?"

Ich hatte nicht die Kühnheit zu antworten: „Nein, aber die Donau auch nicht", daher nickte ich nur zustimmend und versuchte nicht auf meine Uhr zu schauen, während sie mit mir von einem Wunder zum nächsten rasten. Bratislava (262.000 Einwohner; deutsch Preßburg, ungarisch Pozsony) ist eine malerische alte Donauhafenstadt, am besten mit einem Tragflügelboot auf der Strecke Wien-Budapest zu erreichen; aber jetzt war keine Zeit für Besichtigungen, und ich atmete erst auf, als mich meine ungeheuren Gastgeber fünfzehn Minuten vor Eintreffen der russischen Delegation am Bahnhof absetzten.

Dubček und Svoboda waren da. Sie hatten den Freitag fast ausschließlich damit verbracht, zwischen Flughafen und Bahnhof hin- und herzufahren, um formelle Willkommensgrüße auszusprechen, während rote Teppiche aus- und eingerollt wurden. Die Stimmung am Freitag war jedoch schroff und geschäftsmäßig. Die Zeremonien und Unterzeichnungen waren für Samstag vorgesehen; am Freitag sollten die Begrüßungen und die darauffolgenden Verhandlungen in einer „streng protokollarischen" Sitzung am Abend stattfinden.

Obwohl alle Unterzeichner des Warschauer Ultimatums in Bratislava zusammengerufen worden waren, um ihre Worte zurückzunehmen, war es Brežnev, der verlegen wirkte, während Gomulka und Ulbricht böse aussahen. Es wurde bald bekannt, daß Gomulkas erste Bemerkung auf folgendes hinauslief: Ich weiß nicht, warum dieses Treffen einberufen wurde, wenn man sich doch schon geeinigt hat. Kádár sah erleichtert aus. Todor Živkov blickte mürrisch vor sich hin, aber tat er das nicht immer? Außerdem war das die richtige Pose für dieses „mit allen Riten abgehaltene Staatsbegräbnis des Warschauer Briefes“, wie ein Prager Kommentator es bezeichnete.

Die zweitausend Worte umfassende „Erklärung der kommunistischen Arbeiterparteien der sozialistischen Länder“, die am nächsten Tag erschien, begann mit dem pompösen Satz:

> Ausgehend von der Tatsache, daß die komplizierte internationale Situation, die subversiven Aktionen des Imperialismus gegen den Frieden und die Sicherheit der Völker, gegen die Sache des Sozialismus, einen weiteren Zusammenschluß der Länder des sozialistischen Systems erfordern, sowie in Anbetracht dessen, daß die Entwicklung des Sozialismus neue Aufgaben stellt, für deren Lösung die weitere Vereinigung der Anstrengungen der sozialistischen Staaten notwendig ist, erachteten es die Vertreter der kommunistischen und Arbeiterparteien der sozialistischen Länder für notwendig, diese Konferenz in Bratislava einzuberufen.

Die Sprache war durch und durch die Moskaus, und meist ebenso der schrille Tenor der Tiraden gegen die NATO, den neonazistischen Revanchismus in Westdeutschland, den amerikanischen Militarismus in Vietnam und die „aggressive Politik der herrschenden Kreise Israels“. Der ganze Hymnus des Kremlklageliedes wurde in seiner orthodoxen Fassung wiedergegeben. Die Erklärung war von einem Komitee, dem auch Dubček, Černík, Kosygin und Brežnev angehörten, entworfen worden. Ihr offensichtlicher Zweck war es, Rußlands Ansehen zu wahren, indem man Čierna wie einen russischen Sieg aussehen ließ. Man war sogar übereingekommen, daß Brežnev bei der Unterzeichnung am Samstag Dubček umarmen, ihm einen Bruderkuß geben und seine Hand wie eine Kapitulationsfahne hochreißen sollte, alles für die sowjetischen Ziele zu Hause.

Und Dubček, der hatte, was er wollte, war bereit, Brežnev den Augenblick genießen zu lassen.

Die Truppen zogen ab. Die Polemiken waren eingestellt worden. Die Januarreformen und der Parteitag im September konnten ohne weitere Unterbrechungen über die Bühne gehen. Und der Wortschwall der Erklärung von Bratislava enthielt zwei Absätze, die Dubček und Černík am meisten bedeuteten. Für Dubček gab es die Bestätigung, daß der Sozialismus den spezifischen Bedingungen eines jeden Landes gemäß gestaltet werden müsse, damit er sich dort durchsetzen könne. Für Černík dagegen gab es die Möglichkeit, einen Fuß in die Tür zur westdeutschen Finanzhilfe zu setzen, da die Erklärung zur Kenntnis nahm, daß dort ein paar „positive" Kräfte für den „demokratischen Fortschritt" am Werk seien, die jede kommunistische Nation unterstützen und fördern könne.

Um diese zwei Punkte war am Freitag abend am meisten gefeilscht worden. Andererseits versicherte uns ein tschechoslowakischer Presseberichterstatter: „In dem ganzen Dokument ist weder ein neues Wort noch ein neuer Gedanke enthalten." Aber da irrte er. Viel später stellte sich bei einer nochmaligen genaueren Prüfung heraus, daß es Ulbricht und Gomulka (mit oder ohne Brežnevs stillschweigender Duldung) zu einem bestimmten Zeitpunkt während der Sitzung am Freitag abend unauffällig gelungen war, eine kleine Abänderung in der Liturgie vorzunehmen: *Die übliche Formulierung der „gegenseitigen Nichteinmischung in die inneren Angelegenheiten" eines jeden Staates wurde durch den scheinbar unschuldigen Ausdruck „brüderliche gegenseitige Hilfe" ersetzt.* Die ganze schwache Konstruktion (in Wirklichkeit die einzige Basis) der „Brežnev-Doktrin" von der beschränkten Souveränität, wobei eine Nation der anderen „zur Hilfe kommen kann", wurde somit in Bratislava von cleveren polnischen und deutschen Schneidern auf die Tschechoslowakei zugeschnitten.

Da das Dokument neu gedruckt werden mußte, wurde die Unterzeichnung von Samstag nachmittag auf Samstag abend verlegt. Um sich die Zeit an diesem warmem Samstag nachmittag im Sommer zu vertreiben, spazierten Kosygin und Suslov am Donauufer entlang. Sie unterhielten sich liebenswürdig mit Slowaken und sogar mit westlichen Journalisten. Das gleiche taten Dubček und Brežnev. Dabei wurde Dubček fotografiert, wie er Brežnev die Aussicht auf die Donau zeigte; die Bildunterschrift behauptete dann, daß er ihm den Weg zurück nach Moskau wiese. Die Slowaken, wie meine Gastgeber, waren optimistisch und mehr als nur ein bißchen stolz. Ihre Hauptstadt stand zum ersten Mal, seit Talleyrand 1805 hier den Friedensvertrag von Preßburg nach Napoleons Sieg bei Austerlitz (in der Nähe von Brünn) unterzeichnet hatte, im Mittelpunkt des Weltinteresses. Sie sonnten sich in der Anwesenheit der internationalen Staatsoberhäupter.

Als jedoch Walter Ulbricht in einer Limousine vorbeikam, wurde er von einigen Slowaken und ziemlich vielen ostdeutschen Touristen ausgebuht. Später an diesem Tag, als alle Staatsoberhäupter einen Kranz am russischen Kriegerdenkmal in Bratislava niederlegten, rief ein Slowake: „Dubček, wie läuft es denn so?“ Dubček beugte sich hinter Ulbricht zur Seite und sagte mit vorgehaltener Hand: „Keine Sorge. Wir sind aus dem Schneider!“

Die Deklaration von Bratislava wurde am Samstag um 19.40 Uhr im Spiegelsaal des Alten Rathauses unterzeichnet.

An diesem Abend fand im Alten Rathaus ein Empfang für die Delegierten statt. Mitglieder aller sechs Gruppen erschienen auf dem Balkon, um die Freudenrufe der Menge entgegenzunehmen. Sie rief „Dubček-Svoboda!“ und sogar ein gelegentliches „Lang lebe die Sowjetunion!“ Aber es war Parlamentspräsident Smrkovský, der die Ansprache hielt: „Ich kann euch versichern, wir haben gute Arbeit geleistet. Morgen können wir unser normales Leben wieder aufnehmen. Alles ist normal!“

Die Russen fuhren gegen Mitternacht mit dem Zug nach Hause, und die anderen reisten am Sonntag ab. Dubček hielt eine Radio- und Fernsehansprache, in der er wiederholte, daß der Reformkurs fortgesetzt werden würde, weil „es keine andere Möglichkeit gibt.“ Und der Verteidigungsminister bestätigte die guten Neuigkeiten mit einem einzigen Satz: „Die letzten Einheiten der sowjetischen Armee, die an den Stabsübungen vom 20. bis zum 30. Juni teilgenommen hatten, haben am 3. August das tschechoslowakische Territorium verlassen.“

Der Ivan ging nach Hause, und der „Sozialismus mit menschlichem Antlitz“ stieß einen ungeheuren Seufzer der Erleichterung aus. Aber die tschechoslowakische Revolution sollte nur noch siebzehn Tage zu leben haben.

Kapitel 10

Montag, 5. August – Dienstag, 20. August 1968

Es war eine Sauregurkenzeit wie noch nie zuvor, und jetzt, als die ganze Nation sich strecken und vor sich hinvegetieren konnte, wurde es dennoch nicht wie in anderen Sauregurkenzeiten. Arbeiter in der Merina-Textilfabrik legten eine „Dubček-Sonderschicht“ im Monat ein, um Ota Šik zu helfen die kränkelnde Wirtschaft zu kurieren. Die Opferbereitschaft steigerte sich bis zur Gründung von Dubček-Clubs mit sechzehn Ortsgruppen im ganzen Land und einem Fonds für die Republik, dem die Tschechen und Slowaken ihren Lohn für Überstunden, Kronen, Gold und Silber, das sie über Jahre gehortet hatten, spendeten.

Josef Smrkovský blieb auf dem Posten und arbeitete härter denn je daran, den Millionen, die ihn liebten, ein Gefühl der Sicherheit zu geben und sie zu ermuntern. Er reiste in das im Norden gelegene Industriezentrum Ústí nad Labem (Aussig an der Elbe), um sich drei Stunden den Fragen der Arbeiter zu stellen.

„Glauben Sie, daß es Ihnen gelungen ist, die anderen kommunistischen Delegationen zu überzeugen, daß unser Weg der richtige ist?“ wurde Smrkovský dort gefragt.

„Ich glaube nicht, daß wir sie überzeugen konnten“, antwortete er, „aber wir sind nach Bratislava gegangen, um ihnen auf freundschaftliche Art zu erklären, daß dies unsere Angelegenheit ist, und daß wir ihnen dankbar wären, wenn sie unser Recht respektierten ... Ich höre oft die Frage: War das Ergebnis der Gespräche ein Sieg oder ein Kompromiß? Dann antworte ich: Es ist uns gelungen, zu verteidigen, was wir wollten. Jetzt aber müssen wir die verlorene Zeit nachholen und uns auf den außerordentlichen Parteitag vorbereiten.“

Um den 7. August fuhren Breznev, Kosygin, Podgornyj und die meisten anderen sowjetischen Führer in den Urlaub, in die Ferienorte am Schwarzen Meer und in die Regierungsdatschas an der Moskva. Obwohl zwei der unter den gesichtslosen Männern des Politbüros eher den „Falken" zuzurechnenden Politiker, Kiril T. Mazurov und Andrej P. Kirilenko, als Aufsicht im Kreml zurückgelassen wurden, waren ihre Funktionen und Fähigkeiten die von Hausmeistern, und niemand in Prag machte sich ernsthaft Sorgen deswegen. General Svoboda verbrachte mit Frau und Enkelin einen Kurzurlaub in der Hohen Tatra. Als sie zurückkehrten, wurde berichtet, daß der 72jährige Präsident die Gerlachovka, den höchsten Berg des Landes, bestiegen hatte. Außenminister Jiří Hájek und der stellvertretende Ministerpräsident Ota Šik machten Arbeitsurlaub in Jugoslawien. Alexander Dubček blieb in Prag, um sich auf den Parteitag am 9. September vorzubereiten, aber er schaffte es, ein langes Jagd- und Badewochenende in der Slowakei einzulegen.

(Eine tschechische Zeitung berichtete kurz nach dieser Reise: „Im Treppenhaus und im Salon des Dubčekhauses in Bratislava sind die Wände mit Jagdtrophäen dekoriert, den ausgestopften Köpfen von Hirschen und Rehböcken. Über jeder Trophäe ist ein hölzernes Schild angebracht, auf dem steht, wo und wann diese spezielle Trophäe geschossen wurde und von wem. Es war eine Überraschung festzustellen, daß über den meisten Köpfen der Name von Alexander Dubček stand." Der Reporter mußte nicht auf den Symbolgehalt der nächsten Enthüllung hinweisen: „Auf dem Boden des Salons liegen Fell und ausgestopfter Kopf eines schwarzen russischen Bären.")

Wieder zurück in der Großstadt, war Dubček, der große weiße Jäger der Hohen Tatra, nicht frei von Problemen. Auf einer Präsidiumssitzung versuchte die Achse Biľak-Indra-Kolder-Švestka die Zentristen zu gewinnen, indem sie murrten, daß Dubček sich zu großer persönlicher Popularität erfreue und dieser Personenkult die Autorität der restlichen Mitglieder unterminiere. Biľak erzählte den Leuten zu Hause in der Slowakei, daß „Dubček schon mehr ein Tscheche als ein Slowake geworden" sei. Außerdem war die Aufgabe, verschiedene Resolutionen zu entwerfen, irgendwie ausgerechnet Kolder und Indra anvertraut worden, und sie arbeiteten nur schleppend. Anstatt die Resolutionen vorzubereiten, verfaßten die beiden in Wirklichkeit ein Grundsatzpapier, in dem stand, daß die Kräfte, die die progressive Entwicklung unterstützten, oberflächlich und instabil seien. In der Zwischenzeit entließ Švestka zwei liberale Redakteure aus seiner *Rudé Právo*.

Dubček hatte die Kraft und das Format, seinen hochrangigen Zwischenrufern und Saboteuren, deren Tage an der Macht gezählt schienen, standzuhalten. Aber er sagte seiner Familie, daß er mit ihr in der nächsten Zeit nicht in Urlaub fahren könne. Seine Frau Anna nahm zwei ihrer Söhne mit nach Jugoslawien, während der dritte allein eine Ägyptenreise unternahm. Dubčeks Mutter Pavlina blieb zu Hause und machte Himbeersirup. Der fertige Himbeersirup, den man in den Geschäften kaufen konnte, sei in Ordnung, sagte sie zu einem Besucher, aber genüge nicht ihren persönlichen Ansprüchen. Pavlina Dubčeks 1968er Produktion von Himbeersirup war gerade auf siebzig Flaschen gekommen, aber sie hoffte vor Ende des Sommers die Hundertermarke zu erreichen.

Trotz des Stillhalteabkommens in Sachen antisowjetischer Kritik, das gewissenhaft eingehalten wurde, blieb die tschechoslowakische Presse informativ, vernehmbar und politisch. Als das tschechoslowakische Fernsehen und das Ministerium für Technologie gemeinsam bekanntgaben, daß sie ihre 1966 getroffene Wahl des SECAM-Systems für das Farbfernsehen der siebziger Jahre nochmals überdachten, weil das konkurrierende PAL-System „bessere technische Qualitäten" aufweise, wurde in der Presse nur knapp angemerkt, daß die vorangegangene Entscheidung „im Interesse eines einheitlichen Systems mit den anderen sozialistischen Ländern, im besonderen der Sowjetunion" getroffen worden sei.

Im Sportteil erschien eine Serie mit den Memoiren des tschechischen Tennisstars Jaroslav Drobný (der in England lebte), in denen er schrieb, warum er das Exil gewählt hatte, nachdem er Schwierigkeiten mit seinen Ausreisevisa bekommen und man ihm angedeutet hatte, daß er nächstes Mal vielleicht nicht ins Ausland fahren dürfe. Oberst Emil Zátopek (der einen Posten im Außenministerium in Prag bekleidete) schilderte, wie er unter dem Novotnýregime zu einem Ein-Mann-Marathon gegen ein Team von Staffelläufern gezwungen worden war; seine Niederlage sollte den Kult des Individuums lächerlich machen. Im Unterhaltungsteil erzählte die Sängerin Eva Pilarová (die zusammen mit Šlitr und Suchý in Menzels *Verbrechen im Nachtklub* gespielt hatte) von den Restriktionen und Verfolgungen, die sie erdulden mußte, nachdem ihr Mann in den Westen geflohen war. Und sie wies darauf hin, daß „die Leute, die mir das angetan haben, noch immer im Amt sind."

Jedes Magazin, dessen Kauf sich lohnte, brachte etwas, womit es jemandem zu nahe trat. Der *Reportér* des Journalistenverbandes nahm sich die diplomatische Vertretung der Tschechoslowakei in den Vereinten Nationen vor und stellte sie in groben Zügen als eine Art östlichen Playboyclub dar, der noch immer mit den Überbleibseln der Novontný-Ära besetzt war. Laut *Reportér* übergaben sie Instruktionen aus Prag einfach Moskau, Warschau und Sofia zur weiteren Begutachtung. Beiläufig wies *Reportér* auf „das Feingefühl und die buddhistische Geduld" von UNO-Generalsekretär U Thant in bezug auf die tschechoslowakische Gesandtschaft hin. Einige Ausgaben später gab *Reportér* seinem Bedauern darüber Ausdruck, daß dieser Artikel Berichten zufolge U Thant verärgert hatte. Die Redakteure sagten, daß es ihnen besonders leid täte, weil U Thant am 23. August in Prag als Teilnehmer einer Versammlung in der Karlsuniversität erwartet wurde (im Zusammenhang mit dem Internationalen Jahr der Menschenrechte), und sie wollten nicht, daß die Tschechen als unfreundliche Gastgeber dastünden. Aber sie verteidigten das Recht auf freie Meinungsäußerung für den Autor des Artikels (es handelte sich um ein anonymes, aber gut informiertes „XY", scheinbar Mitglied der UN-Gesandtschaft).

Das Wochenblatt *Student*, das jeden Dienstag erschien und um 8 Uhr morgens schon ausverkauft war, startete eine Serie von „Gesprächen in einem englischen Garten" mit Angehörigen von Radio Free Europe. (Die Tschechoslowakei hatte aufgehört, die Sendungen von RFE zu stören, da die Wiedergeburt der Freiheit „ihnen den Atem verschlagen hatte.") Das erste Interview löste so viel Kritik aus und rief so eine Bestürzung über eine mögliche russische Reaktion hervor, daß die Herausgeber von *Student* zustimmten, den Rest der Serie zu verschieben. Statt dessen setzte sich *Student* für eine Wiederaufnahme der diplomatischen Beziehungen zu Israel und die Abschaffung der blauuniformierten Volksmiliz ein: „Wir fänden es schrecklich, eines Tages aufzuwachen, um in den Straßen die Volksmiliz patrouillieren zu sehen und aus dem Radio zu erfahren, daß Dubček, der Lakai des Imperialismus, ins Gefängnis geworfen wurde."

Das Frauenmagazin *Vlasta* brachte ein Interview mit der Gattin eines hochrangigen kommunistischen Würdenträgers, was vorher noch nie dagewesen war. Kurz vor ihrer Abreise nach Jugoslawien hatte Anna Dubčeková *Vlasta* erlaubt, ihr einen persönlichen Hausbesuch in Bratislava abzustatten. Die faszinierte Öffentlichkeit erfuhr, daß die Dubčeks noch immer keine Haushälterin in ihrem Haus in der Mausstraße hatten, sondern nur ein- bis dreimal in der Woche eine Putzfrau.

„Was ißt Alexander Dubček am liebsten?“ fragte die Dame von *Vlasta* Dubčeks Gattin. Anna Dubčeková beriet sich in der Küche mit ihrer Schwiegermutter Pavlina, die sagte: „Er mag alles.“ Und Anna fügte hinzu: „Er mag sehr gern Kuchen, kleine Kuchen, mit Quark gefüllt, Pflaumenmus oben drauf und vielleicht einer Spur Mohn.“

„Wie nimmt er seinen Kaffee?“ fragte *Vlasta.*

„Er trinkt keinen Kaffee“, antwortete Anna. „Und er raucht nicht. Er mag Milch, Kuchen und das ganze Jahr über heiße Suppe. Immer wenn ich nach Prag komme, mache ich ihm Suppe zum Frühstück.“

„Trinkt er Bier oder Wein?“

„Er mag Weißwein, Rýnský Riesling und Müller-Thurgau“, antwortete seine Frau. So banal der Dialog den Lesern von *Good Housekeeping* oder Hollywood-Klatschkolumnen auch scheinen mochte, im Osten machte er Geschichte. Er löste auch einen Run auf diese beiden Weinsorten aus. Und das Beste von allem war, daß *Vlasta* den Artikel mit dem fesselndsten Foto, das jemals von Alexander Dubček gemacht worden war, illustrierte. Es zeigte den Ersten Sekretär der KPČ beim Turmspringen, so frei wie einen Vogel, gerade so, als ob der Himmel über ihm nie einstürzen könne.

Drei Titanen des Kommunismus kamen während der ersten Hälfte dieses Monats in diplomatischer Mission in die Tschechoslowakei – einer nach dem anderen. Am 9. August hielt Präsident Tito Einzug im Triumph. Er wurde den ganzen Weg vom Flughafen bis zur Burg mit Jubelrufen begrüßt: „Tito – Dub-ček! Tito – Dub-ček!“ Gebräunt, elegant, mit rotblondem Haar und Brille im Alter von 76 Jahren, verkörperte Tito all das, was in der Hoffnung der Tschechoslowakei aus Dubček werden würde – ein nationaler Führer, der sich dem Kreml widersetzte und dessen Nation nicht nur überlebt hatte, sondern gedieh (für kommunistische wirtschaftliche Verhältnisse; Jugoslawien ist keinesfalls eine reiche Nation). Titos Jugoslawien unterstützte Dubčeks Tschechoslowakei voll und ganz.

Tito selbst hatte vor dem Ersten Weltkrieg in einer tschechischen Fabrik gearbeitet. Während seines Aufenthaltes in Prag im August 1968 wurde bekannt, daß Tito im vergangenen April auf einem Besuch in Moskau in Brežnevs Büro gesessen und sich eine Schimpfkanonade über die neuen tschechoslowakischen Führer angehört hatte.

Als Brežnev fertig war, sagte Tito: „Sie kennen die tschechoslowakische Arbeiterklasse nicht. Aber ich schon."

Brežnev ermahnte ihn: „Aber es ist nicht mehr dieselbe tschechoslowakische Arbeiterklasse."

Und Tito antwortete ihm voller Sarkasmus: „Wie können Sie erwarten, daß sie nach zwanzig Jahren unter Ihrem System noch dieselbe geblieben ist?"

Tito ließ im April einen sprachlosen Brežnev zurück. Nun verließ er am 11. August ein ihm zujubelndes Prag.

Walter Ulbricht kam am nächsten Tag nach Karlsbad, und das Wetter dort war nie frostiger gewesen. Etwa tausend Leute warteten am Flughafen, um ihn mit kalten Blicken zu verachten; sie jubelten nur Dubček zu, der mit ihnen gemeinsam wartete. Die beiden Führer schüttelten sich mechanisch die Hände. Es gab keine Umarmungen, keine Bruderküsse, nicht einmal die Küßchen auf beide Wangen, die bei den Kommunisten das Äquivalent für „Meinungsaustausch" sind. Ein tapferes kleines Mädchen in Pionieruniform war dort postiert worden, um Ulbricht den vom Protokoll verlangten Rosenstrauß zu überreichen. Sie war die einzige tschechoslowakische Person, die der spitzbärtige ostdeutsche Patriarch zu küssen schaffte – mit einem nervösen Ruck zur Seite, so daß er ihren Hals traf. In Prag machte der Witz die Runde, daß das arme Mädchen für den Rest ihres Lebens einen Rollkragenpullover würde tragen müssen.

Nachdem Dubček mit dem Autogrammegeben auf dem Flughafen fertig war (niemand wollte eines von Ulbricht), fuhr die offizielle Autokolonne zur Villa Javorina, wo auch Kosygin gewohnt hatte. Während des Fototermins vor Beginn ihrer Gespräche starrten beide Männer eisern in die Kameras, statt sich anzusehen. Mittags nahmen sie ihr Essen voneinander getrennt ein.

Unter all den „Verlierern" von Bratislava hatte der 75jährige Ulbricht am meisten zu verlieren. Sowjetische Truppen hatten ihn länger als jeden anderen kommunistischen Diktator in der

Geschichte an der Macht gehalten, aber jetzt hatte es Moskau öffentlich unterlassen, auf das, was er als eine klar existierende Gefahr betrachtete, zu reagieren. Mit seinen Ostdeutschen, die ihn in Bratislava ausgebuht und in Prag Petitionen unterschrieben hatten, konnte er sich vorstellen, wer als nächstes den Fallout der tschechoslowakischen Revolution zu spüren bekommen würde. Zwischen den Treffen von Bratislava und Karlsbad war er so in Panik, daß er sogar Annäherungsversuche Richtung Bonn machte: er war bereit zu verhandeln. Aber Ulbricht war in solchen Augenblicken am gefährlichsten.

Seine Stimmung beim Treffen mit Dubček wurde als gereizt, wenn nicht aggressiv bezeichnet. Ulbricht sagte, daß *er* die Deklaration von Bratislava als eindeutiges Signal zum Angriff auf die Pressefreiheit gedeutet habe. Außerdem hatte Außenminister Hájek den westdeutschen Spitzenpolitiker Walter Scheel zu einem inoffiziellen Besuch empfangen, was Walter Ulbricht gar nicht paßte. Aber er hatte die Rechnung ohne Dubček gemacht, den die Ereignisse in Prag nicht alarmierten und der Ulbricht zu verstehen gab, daß seine Leute es nicht begrüßten, daß sich dieser selbst nach Karlsbad eingeladen hatte; zu einem Zeitpunkt, wo sie damit beschäftigt waren, so viele wichtige Freunde zu empfangen. Dennoch, bemerkte ein Tscheche auf dem Treffen bissig, „versuchen wir unsere Gäste zu respektieren, wie unerwartet sie auch eintreffen mögen."

Ulbricht gab eine Pressekonferenz, auf der er sagte, daß in seinem Land die Demokratie den Höchststand erreicht habe – womit er andeutete, daß niemand weiter gehen sollte. Und dann flog er am Dienstag, dem 13. August, nach Hause. Erst später erfuhr man, daß er, kaum in Ostberlin gelandet, einen Anruf nach Moskau tätigte. Ulbricht wies in ihm warnend darauf hin, daß Dubček unverbesserlich und nicht bußfertig sei. Die über den Sommer im Kreml verbliebenen Falken hörten genau zu …

Am 15. August kam Nicolaie Ceaușescu nach Prag und sagte unter anderem, daß die kleine Vorkriegsentente (Tschechoslowakei, Rumänien, Jugoslawien) wiederbelebt werden müsse. Der Besuch von Ceaușescu war im wesentlichen eine Wiederholung der Festlichkeiten zu Ehren Titos, nur nicht so fröhlich. Die Tschechen waren ihm für seine Unterstützung in der Julikrise dankbar, aber sie wußten auch, daß er, ungeachtet seiner Widerspenstigkeit der Moskauer Außenpolitik gegenüber, nur überlebte, weil er in seinem Land einen straffen Polizeistaat anführte, der nicht von verderblichen demokratischen Einflüssen bedroht war. Das war vielleicht auch der Grund, warum Dubček den Warnungen Ceauşescus in dieser Woche nur geringen Wert beimaß. Es wurde (viel später) bekannt, daß die Rumänen davor gewarnt hatten, die an sich bewundernswerten Ziele Dubčeks zu schnell anzugehen. Es klang wie das Wunschdenken eines „nervösen Nicolaie".

Ich wollte zu Hause bleiben und die Besuche von Tito und Ceauşescu in Prag im Fernsehen verfolgen. Ich war mehr damit beschäftigt, meine Familie vom Lande nach Hause zu holen. Wir hatten vor, die zweite Augusthälfte in Prag verbringen. Außerdem steckte ich in den letzten Anproben für meinen „Dvořákanzug" – meine erste Maßanfertigung. Der Schneider Dvořák wollte ihn nicht nach sich benannt wissen. Er taufte ihn auf „U-Thant-Anzug" um, weil ich ihn am 23. August für einen Empfang zu Ehren des UN-Generalsekretärs brauchte.

Mein eigener blauer Anzug war ein Meilenstein für mich, ein letztes Lebewohl von den Jungs bei Barney's Ecke Siebente Avenue und Siebzehnte Straße und den geborenen WASP[30]-Verkäufern bei Brooks Brothers, die es fertigbrächten, daß sich sogar John Lindsay[31] wie ein Jude in einem Country Club vorkäme. Mit Herrn Dvořák traf man sich in der Stoffabteilung von Tuzex, um das beste englische Tuch auszusuchen. Zu den Anproben (insgesamt vier) kam er zu einem nach Hause. Der Anzug, den er anfertigte, war der robusteste, vornehmste und praktischste, den zu besitzen ich je das Privileg hatte: zwei Paar Hosen, jede mit ledereingefaßten Taschen; sechs Innentaschen im Jackett; eine Weste, die man mittels Knopf an der Hose befestigen konnte und die den Träger so zusammenhielt, als ob er mit einem bequemen Korsett bekleidet wäre. Die Kosten beliefen sich auf $44 für den Stoff von Tuzex und $65 für die Schneiderarbeit. Aber noch eher gaben mir das handwerkliche Können und der Service das Gefühl, daß ich es nie ganz ertragen würde, wieder nach Hause zu fahren.

Am Freitag nachmittag, dem 16. August, während Herr Dvořák, ein schmächtiger, herrlich gezierter Gentleman der

[30]White Anglo-Saxon Protestant (protestantischer Amerikaner britischer o. nordeuropäischer Abstammung, Anm. d. Übers.)

[31]New Yorker Bürgermeister in den sechziger Jahren, von seiner äußeren Erscheinung her ein typischer WASP-Vertreter (Anm. d. Übers.)

alten Schule, bei der letzten Anprobe um mich herumscharwenzelte, kam ein Brief per Sonderzustellung (*Exprés*). Es war eine Einladung des Außenministeriums zu einem Abschiedsempfang für Ceauşescu für diesen Abend im Czernin-Palais. Alexander Dubček würde natürlich da sein. Ich beschloß hinzugehen, und Herr Dvořák und ich benannten seine Kreation schließlich in „Dubček-Anzug" um.

Es war zu spät, um einen Babysitter aufzutreiben. Valerie schlug mir liebenswürdigerweise vor, unsere Nichte Nancy mitzunehmen – sie würde in zehn Tagen nach Paris und dann nach Boston abreisen und versuchte noch verzweifelt einem Dubček Club beizutreten, bevor ihr unvergeßlicher Sommer zu Ende ging.

Nancy holte ihr Partykleid hervor und einen Schuhkarton für ihre hochhackigen Schuhe (schon auf einem Weg um drei Häuserblocks kann das Prager Kopfsteinpflaster sie ruinieren), und wir machten uns auf den Weg zum Czernin. Auf dem *Pohořelec* dirigierte die Polizei den Verkehr mit fluoreszierenden weißen Armbinden und leuchtenden roten Stöcken. Ich führte Nancy die breiten Treppen des Czernin hinauf und erklärte ihr kurz die Benimmregeln auf offiziellen kommunistischen Empfängen. Inzwischen war ich schon so ein alter Profi auf Prager Partys, daß ich ein Hors d'oeuvre und einen Drink halten, dabei brav Hände schütteln und einen Small Talk führen konnte, ohne den Kern vom letzten Schinken-Kirsch-Häppchen zu verschlucken.

Es gab kein offizielles Begrüßungs- oder Empfangskomitee. Dubček und Ceauşescu waren noch auf der Burg, um dem tschechoslowakisch-rumänischen Freundschaftsvertrag, der noch in diesem Jahr unterzeichnet werden sollte, den letzten Schliff zu geben. Nancy und ich standen im Ballsaal und unterhielten uns mit Kulturminister Galuška und seiner Gattin. Dann machte mir jemand vom Außenministerium Komplimente für meinen neuen Anzug, fragte mich aber, ob ich in Trauer sei. Ich hatte eine schwarze Krawatte umgebunden, weil es meine einzige war, die zu dem Anzug paßte. Wir stimmten alle darin überein, daß es in diesen Tagen keinen Anlaß zum Trauern gäbe.

Endlich, mit fast einer Stunde Verspätung, kamen die Gastgeber und ihre Ehrengäste herein – zuerst Svoboda und dann Dubček mit seinem Tanzbodenschritt, im Gespräch mit dem dunklen und fröhlichen kleineren Ceauşescu. Dubček warf

Galuška und mir im Vorbeigehen ein Lächeln zu (er schien es immer zu mögen, wenn Journalisten mit dem Kulturminister sprachen). Die Türen zum Speisesaal öffneten sich vor ihnen, und kaum waren sie hineingegangen, begann ein wahnsinnig würdevoller Ansturm auf die sieben Buffeträume. Da Nancy und ich nicht hungrig waren, standen wir im ersten Buffetraum und beobachteten Dubček und die Rumänen, wie sie sich mit warmem Braten bedienten. Sie scherzten, schlugen sich auf die Schultern und tranken. Einmal ergingen sie sich sogar in einem plötzlich hervorbrechenden Gesang, der dann verpuffte. Ein anderer Kreis von Militärattachés hatte sich um General Svoboda geschart, und sie und der Präsident erzählten sich gegenseitig Kriegsgeschichten.

Die meisten mischten sich unter die Leute, sprachen miteinander und aßen. Nancy wollte nur eine Weile in der Nähe Dubčeks stehen, und ich blieb bei ihr. Nach einer Weile bemerkten wir jemanden, der dasselbe tat. „Ist das ein Leibwächter?“ fragte Nancy und deutete auf eine massige Person, deren andauerndes Lächeln wie eingefroren schien. „Nein“, sagte ich, „das ist der russische Botschafter.“ Červonenko betrachtete Dubček und die Rumänen fast so nachdenklich oder kühl analysierend, wie er auch die Zitronenschale in seinem Wermut betrachtet haben könnte. Auch Ceaușescu bemerkte Červonenko und drohte ihm mit dem Finger. Niemand forderte ihn auf, sich zu ihnen zu gesellen, was dem russischen Botschafter wahrscheinlich gerade recht war.

Der Empfang ging seinem Ende entgegen, als Nancy und ich um 22.45 Uhr aufbrachen. Wir machten unten in der Garderobe halt, damit Nancy ihre Schuhschachtel abholen und ihre Straßenschuhe wieder anziehen konnte. Als wir bereit waren zu gehen, kamen die offiziellen Gäste des Empfanges an uns vorbei. Meine Nichte und ich standen gleich neben der Eichentür an der Auffahrt wie die Hausherrschaft und beobachteten Dubček, wie er Svoboda und den Rumänen eine gute Nacht wünschte. Letztere sollten am nächsten Tag, dem 17. August, abreisen.

Svobodas und Ceaușescus beflaggte Tatras bogen vom Loreta-Platz links ab und fuhren in Richtung Burg. Dubček und seine Frau, beide schlank und strahlend (Dubček hatte während der Sommerkrise 14 Kilogramm abgenommen) bestiegen einen nicht besonders gekennzeichneten Tatra 603 mit Chauffeur, der langsam nach rechts abbog und Richtung *Pohořelec* fuhr. Als wir den Platz erreichten, konnten wir die Dubčeks bei der Verkehrsinsel sehen, wo sie nochmals nach rechts in die Keplerstraße abbogen. Sie fuhren auf den dreispurigen Boulevard, der hinter der Burg vorbeiführt, und weiter über eine gewundene Straße den Hradschinhügel hinunter, über die Moldau, vorbei an der philosophischen Fakultät zum Hotel ohne Namen.

Das war das letzte Mal, daß ich Dubček als Führer einer freien Tschechoslowakei gesehen habe.

Das meiste, was in den darauffolgenden 96 Stunden geschah, wurde erst Monate oder Wochen danach bekannt. Am nächsten Tag – am Samstag, den 17. August – reiste Dubček auf einen dringenden Anruf von Janos Kádár hin in die Donauhafenstadt Komárno in der Slowakei, wo Franz Lehár geboren wurde. Als Dubčeks einziger Freund unter den fünf Tyrannen beschwor Kádár ihn, den Reformprozeß zu verlangsamen. Es könnte schon zu spät sein, sagte Kádár. Dubček antwortete, daß es von seiner Seite aus tatsächlich schon zu spät sei. Nicht einmal er könne die Wucht der tschechoslowakischen Revolution bremsen.

Die beiden Freunde verließen Komárno am späten Samstag abend mit einem müden Händeschütteln. Dubček kehrte nach Prag zurück, um weiter an den Vorbereitungen für den außerordentlichen XIV. Parteitag zu arbeiten, der in drei Wochen stattfinden sollte. Kádár kehrte nach Budapest zurück, wo er während der schrecklichen Ereignisse von 1956 nach den sowjetischen Panzern an die Macht gekommen war. Er, der schon vor langer Zeit die „Notwendigkeiten" der Macht bedauert und vielleicht sogar bereut hatte, erfuhr von Moskau erst am Sonntag, daß Ungarn am Dienstag in die Tschechoslowakei einmarschieren sollte.

Die Sturmsignale, die Kádár am Wochenende alarmiert hatten, waren in Moskau bereits am Freitag sichtbar gewesen, als das Stillhalteabkommen in bezug auf die Polemiken vom politischen Kolumnisten der *Pravda*, Jurij Žukov, gebrochen wurde. Er gab nur die offizielle Linie wieder:

> Einige Prager Publikationen, die dem Geist der Konferenz von Bratislava entgegenarbeiten, führen in diesen Tagen heftige und verleumderische Attacken auf Bruderparteien

… Eine konsequente und unerschütterliche Erfüllung des Abkommens von Bratislava ist dringend notwendig.

Žukov bezeichnete bestimmte Artikel aus *Reportér* als „arrogant, vulgär und gemein" und machte auf „verdächtige Übereinstimmungen" zwischen Attacken auf das konservative Präsidiumsmitglied Oldřich Švestka aufmerksam, die in *The New York Times* und der Prager *Mladá Fronta Dnes* (*Junge Front Heute*) erschienen waren. In keinem der beiden Fälle zweifelte Žukov die Richtigkeit der Artikel an.

Die Prager Presse machte schon Wochenendpause, als es herauskam, daß Moskau das Stillhalteabkommen in Sachen Kritik gebrochen hatte. Aber Brežnev und Kosygin, die erkannten, daß dies bedeutete, daß die Falken die Kontrolle über ihren Kreml erlangt hatten (möglicherweise mit der Hilfe von Marschall Grečko), eilten zurück nach Moskau – gerade rechtzeitig zu einer am Samstag stattfindenden Abstimmung über eine militärische Intervention in der Tschechoslowakei. Der Aussage der meisten Kremlbeobachter nach stimmte Kosygin mit nein, zusammen mit Suslov, Podgornyj und Gennadij Voronov. Brežnev, dessen einzige Ideologie mittlerweile nur noch Angst ums Überleben sein mußte, stimmte mit den offensichtlichen Gewinnern. Mit einem Ergebnis von 7 zu 4 waren die Würfel gefallen und die Tschechoslowakei dem Untergang geweiht.

Am Samstag begann ein stetiger Strom russischer Maschinen ostdeutsche Landebahnen in der Nähe der tschechoslowakischen Grenze anzufliegen. Aber Ulbricht, Gomulka, Živkov und Kádár wurden erst am nächsten Tag davon in Kenntnis gesetzt, daß auch ihre Länder in den Krieg ziehen würden. Am Sonntag bemerkten Nachrichtenoffiziere der NATO ein ungewöhnlich starkes Aufkommen von Militärmaschinen über Polen, aber das wurde gering bewertet, da Tag der sowjetischen Luftwaffe war und diese Flüge ein Teil der Feierlichkeiten sein konnten. Als dann viele der Maschinen nach Rußland zurückflogen, entspannten sich die westlichen Beobachter. In Wirklichkeit waren die Maschinen, die Soldaten und Panzer zu den Ausgangsstellungen für die Invasion transportiert hatten, nur vorübergehend nach Hause geflogen.

Alois Indras Beamten arbeiteten am Samstag nachmittag in Prag noch spät in seinem Sekretariat, als er sie plötzlich in großer Eile entließ. Eine Büroangestellte hatte ihre Geldbörse vergessen und ging zurück, um sie zu holen. Zu ihrer Überraschung und seiner Bestürzung ertappte sie Indra dabei, wie er höchstpersönlich ein Telex abschickte. Wütend befahl er ihr zu gehen, was sie auch tat, aber nicht ohne (für zukünftige Rückfragen) festgestellt zu haben, daß Indra per Fernschreiben mit Botschafter Červonenko korrespondierte.

Am Dienstag mittag veröffentlichte Victor Louis, ein in England lebender russischer Staatsangehöriger, der mit der Kremlversion der Memoiren Svetljana Allilujevas handelte und daher vermutlich über gute offizielle Kontakte verfügte, in den Londoner *Evening News* einen Artikel unter der Überschrift „RUSSLAND IST BEREIT, DUBČEK ZU ZERQUETSCHEN". Louis schrieb: „Die Flitterwochen zwischen der Sowjetunion und der Tschechoslowakei sind vorbei, und die liberalen Führer in der Tschechoslowakei können in den kommenden Wochen mit härteren Maßnahmen seitens der Russen rechnen." Louis' „Knüller" hatte das perfekte Timing, auch wenn seine Zeitangaben etwas daneben lagen. Die Verdammnis war nur noch Stunden entfernt.

Am Dienstag flog gegen 13 Uhr ein nicht gekennzeichnetes Flugzeug über unser Viertel in Prag und warf Flugblätter ab, die behaupteten, daß Antonín Novotný von einer „Clique" „illegal seines Amtes enthoben wurde" und daher der rechtmäßige Präsident der Tschechoslowakei geblieben sei. Nicht einmal Novotný (der, wie es schien, über die bevorstehenden Ereignisse wirklich nicht informiert war) nahm diesen Streifzug ernst.

Am Dienstag um 14 Uhr versammelte sich in Prag das Parteipräsidium – elf stimmberechtigte Mitglieder, drei Stellvertreter und ein halbes Dutzend Parteisekretäre (einschließlich Alois Indra) – zu seiner regulären wöchentlichen Sitzung. Alexander Dubček wollte den XIV. Parteitag thematisieren. Drahomír Kolder dagegen bestand darauf, über einen vierzehnseitigen Bericht zu sprechen, den er und Indra vorbereitet hatten. Ihre Analyse der Ereignisse in der Tschechoslowakei verlangte das Übergehen der Deklaration von Bratislava, die vor zweieinhalb Wochen unterzeichnet worden war, und die Rückkehr zu den Prinzipien, die ursprünglich im Warschauer Brief von den fünf Brudernationen umrissen worden waren.

Jeder hatte das Kolder-Indra-Konzept gelesen, und Ministerpräsident Černík bemerkte fast nebenbei: „Wissen Sie, das liest sich fast wie Landesverrat." Meine Quellen berichteten, daß der Plan scheinbar von Vasil Biľak verlangte, einen Ruf nach Intervention laut werden zu lassen. Das würde augenblicklich die Reaktion des Warschauer Paktes bewirken, der bereits unterwegs war. Aber Biľak war, vielleicht wegen Černíks Bemerkung, noch verlegener und sprachloser als sonst. Die ganze Ablauf war verpfuscht; Biľak kam kaum zu Wort. Um die Sache für die Verräter noch schlimmer zu machen, bestand Dubček auf der Einhaltung der Tagesordnung, und so ging es zuerst um den XIV. Parteitag.

Ein anderer Verrat, der in Prag im Gange war, lief reibungsloser ab. Um 16 Uhr versammelte Viliam Šalgovič – einer von Biľaks Busenfreunden, stellvertretender Innenminister und Chef der Staatssicherheit – eine Gruppe seiner „engsten ausgewählten Mitarbeiter" und erläuterte ihnen ihre Aufgaben nach der Grenzüberschreitung der Truppen. Einer davon, ein gewisser Oberstleutnant Vaněk, erhielt den Auftrag, „zuverlässige" Männer vor allen wichtigen kapitalistischen Botschaften und denen Jugoslawiens und Rumäniens zu postieren, um die Tschechen daran zu hindern, dort um Asyl zu bitten. Ein anderer, Oberstleutnant Josef Ripl, sollte den tschechoslowakischen Rundfunk davon abhalten, die Reaktion des Präsidiums auf die Okkupation zu übertragen. Oberst Miroslav Eliáš, Kommandeur des Sicherheitsluftgeschwaders des Ministeriums und ehemaliger persönlicher Pilot Novotnýs, und Oberstleutnant Rudolf Stachovský, Chef der Paßkontrolle auf dem Flughafen, waren dazu bestimmt, den uneingeladenen Ankömmlingen auf dem nagelneuen internationalen Flughafen Ruzyně zu helfen.

Um 18 Uhr kehrte Miroslav Sulek, der konservative Generaldirektor der tschechoslowakischen Nachrichtenagentur ČTK, unerwartet von seinem Urlaub in Rußland zurück und gab den (nicht befolgten) Befehl, keine Nachrichten über die Tschechoslowakei ohne seine vorherige Zustimmung ins Ausland zu senden.

Um 20 Uhr versammelten sich Offiziere von Einheiten des Warschauer Paktes in Ostdeutschland, Polen, Ungarn und der sowjetischen Ukraine an den Grenzen und lasen ihren Truppen einen einen Monat alten Brief vor, in dem eine Handvoll Prager Fabrikarbeiter die Sowjetunion um Hilfe beim Aufhalten der konterrevolutionären Entwicklung bat. (Der Brief war schon lange vorher in Prag veröffentlicht und abgestritten worden.) Innerhalb von zwei Stunden waren die Truppen zu achtzehn verschiedenen tschechoslowakischen Grenzübergängen unterwegs.

Gegen 22.30 Uhr nahm eine „Passagiermaschine“, angeblich von Aeroflot, mit dem Tower des Prager Flughafens Ruzyně Funkkontakt auf. Der Pilot sagte – auf russisch! –, daß sein Treibstoff ausginge und bat um Landeerlaubnis. Da man von allen Piloten der kommerziellen Linien annimmt, daß sie mit dem Prager Tower auf englisch kommunizieren, rochen die diensthabenden Fluglotsen Lunte und sagten zu dem russischen Piloten, er solle besser einen nahe liegenden Militärflughafen kontaktieren. Aber wenige Minuten später landeten trotzdem drei schwere Antonov-Transporter. Sie standen einige Minuten auf der Rollbahn, während verschiedene schattenhafte Gestalten zu ihnen hinauseilten. In der Auslandsabfertigungshalle erhoben sich ein Dutzend „Touristen“, die von Oberst Stachovský durchgeschleust worden waren, und schwangen Revolver. Ein anderes Sonderkommando von tschechischen und russischen Zivilisten platzte in den Kontrollraum im Tower und jagte die Fluglotsen hinaus.

Der Flughafendirektor hatte bereits per Funk und Telefon Alarm geschlagen („Wir sind angegriffen worden!“). Jetzt wurden Gas, Strom, Wasser und Heizung abgeschaltet, um die Eindringlinge zu behindern. Aber es war schon viel, viel zu spät.

Das erste Flugzeug erwies sich als mobiles Luftverkehrs-Kontrollzentrum. Aus diesem sprangen wenigstens fünfzig Zivilisten und hasteten zum Flughafengebäude, geleitet von tschechischen Kollaborateuren. Aus der zweiten Maschine kamen 150 Fallschirmjäger mit Stahlhelmen, Tarnanzügen und Maschinengewehren um den Hals. Sie wurden von einem Oberst der Luftlandetruppen angeführt. Aus dem dritten Transporter polterten zwei Panzer eine Rampe hinunter. Im Geschützturm des einen Panzers saß ein Panzerdivisionsgeneral.

Sogar zwei oder drei der verdutzten Flughafenangestellten, die von auf sie gerichteten Waffen umringt waren, kamen der Oberst und der General erschreckend bekannt vor. In den Flutlichtern ihrer Truppen erwiesen sich die beiden Kommandeure als niemand anderes als die beiden russischen „Aeroflot-Delegierten“, die bei der Eröffnungsfeier vor einigen Wochen so schrecklich fehl am Platze gewirkt hatten.

Die Rote Armee brauchte mehr als eine Stunde, um aus dem Flughafen hinauszukommen. Zuerst plünderten die Luftlandetruppen, die den Flughafen absichern hätten sollen, den Duty-free-Shop. Dann löste einer der ersten beiden gelandeten Panzer eine Schießerei aus, als er eine Rampe innerhalb des Flughafengebäudes hinaufrumpelte. Verwirrt durch eine automatisch auseinandergleitende Glastür, die sie empfing, eröffnete die kampfbereite Panzerbesatzung das Feuer. Als die andere Panzerbesatzung ihre Brüder in eine Schlacht verwickelt sah, eröffnete auch sie das Feuer. Zusammen zerschossen sie jede in Sichtweite befindliche Glastür. Innerhalb von dreißig Sekunden war Prags zwei Monate alter internationaler Flughafen in ein Schlachtfeld aus zerbrochenem böhmischen Glas verwandelt worden.

Das verzögerte die Okkupation – aber bald funktionierte der Flughafen als Kommandoposten. Militärmaschinen landeten in Dreißig-Sekunden-Abständen. Sobald sie ihre Truppen und ihre Fracht ausgespuckt hatten, flogen sie wieder ab. Diese gewaltige Luftbrücke würde bis zum Morgengrauen eine ganze Luftlandedivision in Ruzyně absetzen.

Jedoch schon lange vorher setzten sich Panzerkolonnen auf der sechsspurigen Lenin-Autobahn, die vom Flughafen in die Stadt führt, in Bewegung. Sie wurden von Wolga-Autos der sowjetischen Botschaft und Aeroflot sowie von Autos der Geheimpolizei geleitet und von Infanterie und marschierenden Luftlandetruppen flankiert. Sie folgten der Lenin-Autobahn bis auf den Platz der Oktoberrevolution, der nur 800 Meter von unserem Haus entfernt ist. Dort teilten sich die Truppen und schwärmten zu ihren Zielen aus …

VIERTER TEIL

Apokalypse: Auf der Brandstätte

Ich habe eine Schusterwerkstatt auf dem Platz vor dem kaiserlichen Palast. Kaum öffne ich in der Morgendämmerung meinen Laden, sehe ich schon die Eingänge aller hier einlaufenden Gassen von Bewaffneten besetzt. Es sind aber nicht unsere Soldaten, sondern offenbar Nomaden aus dem Norden. Auf eine mir unbegreifliche Weise sind sie bis in die Hauptstadt gedrungen, die doch sehr weit von der Grenze entfernt ist. Jedenfalls sind sie also da; es scheint, daß jeden Morgen mehr werden.

aus: Franz Kafka, *Ein altes Blatt*

Kapitel 11

Dienstag nacht, 20. August – Mittwoch morgen, 21. August 1968

Am Dienstag um 11 Uhr nachts, genau zu der Stunde, als die Geschichte dabei war, mein Projekt veralten zu lassen, beendete ich den Entwurf eines Artikels für *The New York Times*: „Die freie Presse Prags“[32]. Ich wollte ihn in groben Zügen ausarbeiten, damit ich ihn während meines bevorstehenden Interviews mit Zdeněk Hejzlar vom tschechoslowakischen Rundfunk ergänzen konnte. Ich nahm mir ein Glas Milch mit ans Bett, aber war so schläfrig, daß ich es zu trinken vergaß.

Valerie und ich wurden um 4.30 Uhr vom Telefon geweckt. Nach meinem Bademantel tastend, murmelte ich zu Val: „Bitte wach nicht auf. Es ist für mich.“

„Wer ruft um diese Zeit an?“ fragte sie schläfrig.

„Mein Agent“, antwortete ich. „Er sagte, daß er anrufen würde, erinnerst du dich?“ Am Montag war mir telegrafiert worden, daß Leland Hayward, der Produzent von *Sound of Music*, an dem Entwurf und einigen Probeseiten meiner Suchý-&-Šlitr-Adaption interessiert sei. Das Telegramm von meinem Literaturagenten schloß mit: „Wollen Sie einen Theateragenten engagieren oder daß ich Sie vertrete? Ich werde Sie im Laufe der Woche anrufen.“ Jetzt bemerkte ich zu meiner Frau: „In New York ist es erst halb zwölf Uhr nachts.“

Valerie war unbeeindruckt: „Das ist auch in New York nicht gerade eine passende Zeit, um jemanden anzurufen“, und ihre eigene Unmutsäußerung ließ sie hellwach werden.

32Vollkommen überarbeitet, auf den neuesten Stand gebracht und per Fernschreiben von mir abgesandt, wurde dieser Nachruf dort am 8. September 1968 unter dem Titel „The Short, Happy Life of Prague's Free Press“ („Das kurze glückliche Leben der freien Presse Prags“) veröffentlicht.

Inzwischen hatte ich meinen Bademantel mit der Innenseite nach außen angezogen und sagte: „Er wird das Gespräch schon vor einigen Stunden angemeldet haben. Entschuldige, ich sollte rangehen."

Einige Minuten hörte ich das Upper-Bronx-Geschnatter der Vermittlung (die internationalen Leitungen gehen über White Plains), dann etwas Britisch und Deutsch, ehe mein Agent zu hören war, der so knackig wie Salat klang.

„Alan, was wirst du unternehmen?" wollte er wissen.

„Weißt du, du hast bisher so gute Arbeit geleistet, daß ich mit dir weitermachen will. Also was ist jetzt mit Leland Hayward?"

„Kümmere dich nicht um Leland Hayward! Wo ist Deine Familie?"

Erika und Monica schliefen fest, sagte ich ihm, und Valerie sei hellwach. „Aber", fuhr ich fort, „wer auch immer mich bei Leland Hayward vertreten wird, es ist keine Frage, bei der ich meine Familie um Rat fragen werde."

„Guter Gott! Vergiß Leland Hayward!" schrie die Stimme am anderen Ende. Dann dämmerte so etwas wie Verständnis auf seiner Seite. „Du weißt nicht, wovon ich spreche", sagte er. „Um Gottes willen, schau aus dem Fenster! Die Russen sind da! Sie sind auf dem Prager Flughafen gelandet. Russische, polnische und ostdeutsche Soldaten haben die tschechische Grenze überschritten. Sie haben die Tschechoslowakei besetzt ..."

„Aber hör mal", sagte ich. „Ich kann aus dem Fenster sehen, und da sind einige Leute auf der Straße, aber das sind alles Tschechen. Ich weiß, du liest von der *Times* zuerst die Titelseite, aber es gab im Juli eine große Krise, dann große Treffen in Čierna und Bratislava, und jetzt werden sie uns für einige Zeit in Ruhe lassen ..."

„Nein, nein!" insistierte er. „Prag ist eine besetzte Stadt. Radio Prag sendet nicht mehr. Alle Telefone sind tot ..."

„Wenn alle Telefone tot sind", explodierte ich, „WIE ZUM TEUFEL KANN ICH DANN MIT DIR SPRECHEN?"

„Das weiß ich nicht", sagte er stockend. Aber dann sammelte er all seine Überzeugungskraft: „Aber es kam zweimal auf WQXR, und jetzt ist es über WINS zu hören!"[33]

[33]Bei WQXR und WINS handelt es sich um New Yorker Radiostationen (Anm. d. Übers.).

Jetzt begann ich schnell zu sprechen: „Hör mal, du und ich haben diese Art von Panik im Mai durchgemacht, aber ich sollte das Gespräch besser beenden und die Lage überprüfen. Wenn es stimmt, werde ich meine Familie nicht evakuieren, wenn es möglich ist, sie hierzubehalten. Die Tschechen werden den Krieg sehr schnell verlieren, so daß die einzige Gefahr die anfänglichen Straßenkämpfe sind. Und da ist es am besten, sich nicht vom Fleck zu rühren und im Haus zu bleiben. Ich kann jetzt nicht über Leland Hayward nachdenken, wenn ich das im Kopf habe. Also ruf mich morgen abend zurück, aber vielleicht ein bißchen früher, bitte."

„Das werde ich. Sei vorsichtig. Bis bald."

„Auf Wiederhören", sagte ich. „Danke für den Anruf."

Ich legte auf und schob Monicas Bett vom Fenster weg, ohne sie oder Erika zu wecken. Aber meine Frau war jetzt vollkommen munter und unsere Teenager-Nichte Nancy, die auf dem Sofabett im Wohnzimmer kampierte, ebenfalls. Sie zitterte, aber hatte sich unter Kontrolle. „Während du telefoniert hast, Onkel Alan", sagte sie, „habe ich zweiundzwanzig Flugzeuge, die über unser Haus geflogen sind, gezählt. Alle viermotorig. Das erste war ein Jet und ..."

Ich hielt den Atem an. Wir wohnten sehr nahe an der Prager Burg, und es war keinem Flugzeug gestattet, über das Regierungsviertel zu fliegen – außer in Notfällen.

„Sobald ich angezogen bin", sagte ich, „werde ich die Lage erkunden."

Nancy sagte: „Ich komme mit."

Ich muß verstörter gewesen sein, als ich klang, denn ich dachte nicht daran, mit ihr darüber zu diskutieren. Aber ich bemerkte, daß sie ihre Jeans und ihr Camp-Ramah-Sweatshirt mit dem hebräischen Motto „DAS FEUER HAT UNS NICHT VERNICHTET" anzog. Ich war noch genug bei Sinnen, um sie zu warnen, daß diese hebräischen Schriftzeichen eine Provokation darstellen könnten, falls die Russen wirklich gekommen sein sollten. Nancy zog noch einen gelben Regenmantel über.

Diesmal von Nancy begleitet, schlug ich dann denselben Weg ein, den ich am 9. Mai während der „Befreiungsnacht", als ich auch eine Invasion befürchtete, genommen hatte.

Gegen Morgengrauen, am 21. August, standen entlang der Straße vor der tschechoslowakischen Kaserne alle Soldaten in Reih und Glied – aber unbewaffnet – auf der Straße.

„Weißt du", sagte ich zu Nancy, „ich bin hier schon um halb vier Uhr morgens nach Hause gekommen und bin auch schon früh um fünf Uhr morgens aufgestanden, aber ich war noch nie morgens um 4.45 Uhr hier. Also kann das durchaus ihr normaler morgendlicher Appell sein."

„Glaubst du, daß der Wachposten dein Tschechisch versteht?" fragte Nancy zweifelnd.

„Wahrscheinlich", sagte ich, „aber ich werde ihn nicht fragen." Wenn sich die Gerüchte als falsch erweisen würden, hätte mich ihr Verbreiten zu einem dieser „amerikanischen Provokateure" stempeln können, über die die Russen und die Ostdeutschen so hergezogen waren.

Auf unserer Seite der Kaserne warteten vielleicht fünfzig Leute auf die Straßenbahnlinie 8 und fröstelten im Nebel des frühen Morgens. Auf der anderen Seite der Kaserne warteten zweimal so viele auf die Nummer 22, die ins Zentrum zum Wenzelsplatz fuhr. Prag war eine Stadt, in der man früh zu Bett ging und früh aufstand, daher war es nicht besonders verwunderlich, vor 5 Uhr Leute an den Tramhaltestellen warten zu sehen. Eigentlich war es beruhigend zu beobachten, wie die Trams mit den sich darin quetschenden Leuten ankamen und abfuhren.

Wir überquerten die Schienen der Nummer 22 und gingen über den *Pohořelec* (die „Brandstätte"). Wir hielten uns unter den gewölbten Arkaden, die links zum Außenministerium und zur Burg führen. Ich wurde etwas ruhiger, als ich zwei Taxis am Taxistand warten sah. Jede Spur von Normalität war an diesem Morgen willkommen. Auf dem *Pohořelec* jedoch sprachen und diskutierten die Leute über Dubček und Svoboda und verfluchten Ulbricht und Gomulka. Sie taten das seit Wochen, aber es erschien mir merkwürdig, daß sie dabei zu einer Stunde herumstanden, in der jede Extraminute Schlaf wertvoll war.

So wie vorher die Soldaten, wollte ich auch sie nicht mit meinen Überseegerüchten über eine Invasion „provozieren". Nancy und ich gingen schweigend weiter.

Wir waren fast um die Ecke zum Außenministerium gebogen, als wir hinter uns ein dumpfes Grollen hörten, das nicht von einem Gewitter herrührte.

Wir drehten uns gerade rechtzeitig um, um den ersten Panzer aus dem Park hinter dem Strahov-Kloster hervordonnern zu sehen, der dann über eine steile Straßenrampe hinunter auf den *Pohořelec* fuhr.

Er hatte eine düstere olive Farbe und war bemerkenswert klein, aber er bot den widerlichsten Anblick, der mir je begegnet war. Vorne und an der Seite hatte er weiße Streifen aus Farbe oder Klebestreifen – um zu verschleiern, woher er kam (und, wie man mir später sagte, um der Luftunterstützung zu helfen ihre eigenen Truppen zu finden; die Streifen waren phosphoreszierend). Neun weitere Panzer folgten ihm. Sie rollten auf den Platz und blieben in einem Kreis um die Statue des gemarterten Beichtvaters Jan von Nepomuk stehen.

Ich wußte, daß es für schattenhafte Gestalten nicht günstig war, unter Arkaden gesehen zu werden. Nancy und ich traten auf die Straße hinaus, unsere leeren Hände erhoben. Wir machten uns auf den Weg zurück zur Straßenbahnhaltestelle. Dort stand eine Menschenansammlung und beobachtete das Geschehen. Die Gesichter waren starr vor Staunen.

Die Luke des ersten Fahrzeuges öffnete sich, und zum Vorschein kam – langsam, wie ein Geist aus der Flasche – eine Gestalt ganz in Schwarz: schwarzer Helm, schwarze Schutzbrille, schwarzer Kampfanzug und schwarze Handschuhe. Die Apokalypse war gekommen, und die Menschen auf dem *Pohořelec* sahen mit der Hilflosigkeit von Bewohnern eines kleinen Planeten zu, die den ersten Forschungsreisenden vom Mars auf ihrem Territorium landen sehen. In diesem Moment wußten sie, daß ihre Welt nicht länger die ihre sein würde.

Den Luken der anderen Panzer entstiegen Erdlinge mit Maschinengewehren im Anschlag. Einige von ihnen hielten ihre Waffen am Abzug. Es waren sehr junge Erdbewohner, aber die Uniformen mit den hohen Kragen, die sie trugen, ließen sie wie Landser aus dem Ersten Weltkrieg oder davor aussehen. Die Zukunft und die Vergangenheit, vielleicht sogar das zaristische neunzehnte Jahrhundert, waren gleichzeitig mit Wucht in Prag eingefallen.

Es gab noch andere Marsmenschen in Schwarz, aber alle Augen – die *ihren* und die *unseren* – waren auf diesen ersten Marsianer gerichtet. Er war *ihr* Anführer. Er hatte *uns* erobert. Nur zwei weiße Flecken waren auf dieser dunklen, menschenähnlichen Erscheinung in Schwarz zu sehen: ein Stück seines Gesichtes und die Karte in seiner Hand. Und zugleich schien jede Bewegung seines Körpers eine eigene, sehr menschliche Hilflosigkeit auszudrücken. Er starrte auf seine Karte und dann auf die weiß-roten Straßenschilder. Dann wieder auf seine Karte. Dann in jede Straße, die von dem Platz wegführte. Dann wieder auf seine Karte. Dann zu der Menschenmenge hin, als ob er etwas zu uns sagen wollte. Dann wieder auf seine Karte, die er zum genaueren Studium vor sein Gesicht hielt.

Auf dem Platz dämmerte uns, und alle von uns dachten es laut, mit einem kollektiven Geräusch, das, halb schnaubend, halb kichernd, wie ein Ausbruch von Schluckauf klang, daß sich diese Marsmenschen verirrt hatten!

Diese Offenbarung holte alle wieder in die Realität zurück, und sie und wir schienen uns bewußt zu werden, daß der Tag angebrochen war, daß eine 22er Tram auf den Platz gerasselt war und mit einem Klingeln wieder abfuhr und daß eines der Taxis ohne Fahrgäste den Platz verließ. Sonst hatte niemand etwas unternommen, aber jetzt begannen die Menschen inmitten dieser Science-fiction-Halluzination, die durch die Wirklichkeit nicht vertrieben werden konnte, nach Worten und Gesprächen zu suchen.

„Vielleicht kann er nur Kyrillisch lesen“, murmelte ich zu Nancy.

„Woher wissen wir, daß dies nicht Manöver der tschechischen Armee sind?“ wunderte sich Nancy.

Ich sagte ihr, daß die tschechoslowakische Armee nie mit so einem Theater in ein Manöver zieht.

„Aber wenn das Russen sind, warum haben ihre Panzer dann keine roten Sterne?“

Ich beantwortete ihre Frage mit einer Gegenfrage: „Was, denkst du, ist unter diesen Klebestreifen?“

„Ich weiß es nicht, Onkel Alan, aber ich möchte weg von hier!“

Eine Frage würde sehr oft gestellt werden: *Warum haben wir keinen Widerstand geleistet?* Aber wir haben Widerstand geleistet! Einige von uns schüttelten auf dem *Pohořelec* ihre Fäuste gegen die Invasoren; andere kehrten ihnen den Rücken zu. Wieder andere, so wie ich, hielten die Hände hoch wie Opfer vor Banditen, aber auch wir schüttelten unsere Köpfe, als der erste Marsmensch uns bittend anblickte. Mit dem Undenkbaren konfrontiert, leisteten wir Widerstand, indem wir ihm nicht die Richtung zeigten. In der Morgendämmerung, mit den noch brennenden Gaslaternen, wäre es uns nie eingefallen, die Pflastersteine aus dem lieblichen *Pohořelec* im Rokokostil zu reißen und sie nach den Eindringlingen zu werfen; über Nacht war bereits genug unseres Lebens und unserer Träume zerstört worden.

Die Landser hielten die Menge in Schach, indem sie ihre Gewehre und Maschinenpistolen in alle Richtungen schwenkten. Aber sie ließen noch immer Leute vorbei, und Nancy und ich gingen vorsichtig nach Hause.

Dann rumpelten noch siebzehn weitere Panzer, größer als die ersten zehn, auf den Platz.

Ihr Kommandeur, ebenfalls in Schwarz, hatte einen farbigen Touristenstadtplan von Prag dabei und kannte seinen Weg. Er rief dem ersten Kommandeur einige Worte zu, die wir nicht verstehen konnten. Die erste Abteilung setzte sich augenbliklich in flottem Durcheinander die Loretostraße hinunter in Richtung Hradschiner Platz und Haupttor der Burg in Bewegung.[34]

Nancy und ich wollten gerade auf dem schnellsten Weg über die Keplerstraße nach Hause, als der zweite Panzerkommandeur eine Zangengeste machte und damit andeutete, daß seine Panzer die Armeekasernen in der Parlerstraße umstellen sollten.

Gerade in diesem Moment fuhr auch das eine am Taxistand verbliebene Taxi weg, mit einem lauten Start und einem Ruck. Noch schlimmer, es fuhr die Parlerstraße hinunter. Die tschechischen Soldaten waren unbewaffnet angetreten, mit dem Befehl sich zu ergeben, aber es mußte den Anschein haben, als ob das Taxi sie alarmieren wollte.

Nancy und ich wichen vor dem Taxi auf eine Verkehrsinsel an der Kreuzung Kepler- und Parlerstraße aus. Während wir das taten, sprang eine Gestalt in Schwarz vom nächststehenden Panzer herunter. Jetzt sah ich, daß der Marsmensch wenigstens auch schwarze Stiefel trug, und ich konnte hören, wie er auf russisch fluchte. Er suchte in seinem schwarzen Regenmantel herum, aus dem er dann noch einen schwarzen Gegenstand herauszog – eine lange schwarze Pistole. Er zielte auf das fliehende Taxi, das jetzt direkt hinter uns war.

Nancy und ich hatten weder die Zeit noch die Geistesgegenwart uns auf den Boden zu werfen. Wir standen einfach hilflos mit unseren leeren, erhobenen Händen da.

[34]Erst später erfuhr ich, daß die Burg schon einige Stunden früher eingenommen worden war – von Panzern und Fallschirmtruppen. Von einer Limousine der sowjetischen Botschaft angeführt, waren sie vom Flughafen durch das Seitentor der Burg gekommen. Die russischen Soldaten und Panzer auf dem *Pohořelec* waren auf dem Landweg aus Ostdeutschland gekommen.

An seinen Bewegungen konnte ich erkennen, daß es sich bei diesem um keinen jungen Marsmenschen handelte. Er war sehr nervös. Seine rechte Hand zitterte, als er mit der Pistole gegen das wegrasende Taxi herumfuchtelte. Die Waffe war einmal, zweimal auf mich und Nancy gerichtet – alles im Verlaufe einer Sekunde ...

Nachdem wir viermal in seiner Schußlinie gewesen waren, blieben wir verschont. Er festigte sich, indem er mit der linken Hand seinen rechten Ellbogen erfaßte, aber das Taxi war jetzt außer Reichweite. Es war ohne anzuhalten an den Kasernen vorbeigerast. Der Marsmensch in Schwarz zuckte einfach mit den Achseln. Noch immer seine Pistole fest gepackt, kletterte er wieder in seinen Panzer.

Jetzt erst hatte ich Zeit festzustellen, daß noch eine andere Person mit uns auf der Verkehrsinsel ausgesetzt war – eine rundliche Großmutter (*babička*), die mit zwei leeren Milchflaschen in einem Einkaufsnetz aus der anderen Richtung gekommen war. Sie hatte sie gewiß in das Milchgeschäft auf dem *Pohořelec*, das um 5 Uhr öffnete, zurückbringen wollen, um den Pfand erstattet zu bekommen und vielleicht etwas anderes einzukaufen.

Siebzehn Panzer rollten an unserer Verkehrsinsel vorbei – zu beiden Seiten – ohne daß eine Menschenseele zu sehen gewesen wäre, nur die Kanonen wurden geschwenkt, um uns in Schach zu halten, während sie vorbeifuhren. Siebzehnmal holte ich tief Luft und hielt den Atem an und war gespannt, ob wir von Gewehrfeuer niedergemäht oder von Panzerketten niedergewalzt werden würden. Siebzehnmal war die Antwort ein unausgesprochenes „Noch nicht". Aber ich wußte, daß unser Leben in der besetzten Tschechoslowakei von diesem Augenblick an ein nicht enden wollendes russisches Roulette sein würde.

Dann waren die Panzer vorüber, und wir lebten wieder auf. Der ganze Platz stank nach Schmieröl und verbranntem Gummi, aber Nancy und ich taten den tiefsten Atemzug unseres Lebens. Nicht so die Großmutter, deren Gang zur Molkerei unterbrochen worden war. Sie wollte informiert werden.

„Diese Männer in Schwarz?" fragte sie kurzsichtig blinzelnd. „Sind das Feuerwehrleute?"

„Nein", sagte ich freundlich, „das waren Soldaten."

„Aha, Soldaten!" sagte sie, als ob das alles erklären würde.

Dann sagte ich ihr, was für Soldaten. Sie begann zu zittern. Sie ließ ihre Tasche fallen. Dabei zerbrachen die beiden Flaschen, und zum ersten Mal an diesem Morgen zuckten die Leute auf dem Platz zusammen.

„Sind Sie in Ordnung?" erkundigte sich Nancy.

„Wie können Sie so etwas fragen?" stieß die *babička* hervor, „wo ich gerade meine zwei Kronen Pfand verloren habe, weil ihr Kinder mit alten Leuten Späße treibt?"

Wir lehnten sie an einen Pfosten, sagten ihr, daß alles wieder gut werde, und überließen sie ihrem Gejammer. Mehr, vielmehr als nur zwei Milchflaschen war an diesem schlaflosen Morgen zerstört worden.

FÜNFTER TEIL

Abtrünnigkeit:
Die Kriegshunde

„Noch spielen die Jagdhunde im Hof, aber das Wild entgeht ihnen nicht, so sehr es jetzt schon durch die Wälder jagt.“

aus: Franz Kafka, *Aphorismen*

Kapitel 12

Mittwoch, 21. August 1968
von 5.30 Uhr bis 13 Uhr

Nancy und ich machten einen Umweg durch den Park, und zu Hause angekommen, hörten wir Radio Prag verkünden: „Das ist das Unverständlichste, was passieren konnte." Die Kinder schliefen noch, aber meine Frau war am Kaffeemahlen und stellte eine typische Mutterfrage: „Was werden wir den Kindern sagen?"

„Sage ihnen, daß die russischen Soldaten gekommen sind, um bei uns zu leben", sagte ich.

„Und sagen wir, daß wir sie mögen?"

„Nein", sagte ich. „Wir sagen ihnen, daß die Tschechen sie nicht mehr mögen, aber alles, was wir tun könnten, sei auf uns zu achten."

Wir blieben an diesem Morgen im Haus, während sich ein ungehinderter Strom von Sowjetpanzern und offenen Armeelastwagen (mit Soldaten obendrauf – eingepfercht wie Vieh –, die ihre Gewehre im Anschlag hatten und manchmal feuerten) und Jeeps und Gulaschkanonen (mobile Küchen mit rauchenden Schornsteinen) die drei Hauptverkehrsadern, die von unseren Fenstern oder Balkons einzusehen waren, entlangwälzte: die Myslbekstraße, die Keplerstraße und die Allee der Pioniere.

Der unter den gegenwärtigen Umständen sicherste und informativste Beobachtungsposten war zwischen Radio, Fernsehapparat und Telefonhörer, trotzdem wagte ich mich zweimal an diesem Morgen hinaus.

Das erste Mal um 7.45 Uhr, um Milch zu holen. Aber ich traf auf etwa 65 Menschen, meist Großmütter, die in einer Schlange vor dem Milchgeschäft warteten und den vorbeirollenden Panzern ihr Mißfallen ausdrückten. So ging ich erst einmal nach Hause. Wir hatten für einen oder zwei Tage Proviant im Kühlschrank, und ich hätte es fertigbringen können, in der amerikanischen Botschaft mehr zu besorgen. Abgesehen davon, wer konnte in so einer Zeit mehr als einen Tag im voraus planen?

Zwanzig Minuten später polterte ein nicht gekennzeichneter Lastwagen gegen den Strom – sich an der Flut von den in die Stadt vorrückenden Panzern vorbeidrängend. Von dem kleinen LKW war ein Bündel an unserer Ecke heruntergeworfen worden. Vielleicht zwanzig Mann hatten sich um ein Auto mit Radio an der Ecktankstelle versammelt, und einer von ihnen öffnete das Paket. Er begann seinen Inhalt zu verteilen, und als ich meine Nachbarn hinauslaufen sah, um etwas zu bekommen, tat ich das gleiche.

Das Paket enthielt einhundert Kopien einer einseitigen Sonderausgabe der *Rudé Právo* und richtete sich in seiner Schlagzeile „AN DAS GANZE VOLK DER TSCHECHOSLOWAKISCHEN SOZIALISTISCHEN REPUBLIK“. *Rudé Právo* berichtete über die Invasion, ermahnte die Leser, ruhig zu bleiben und Provokationen zu vermeiden, und schrieb weiter, daß das Zentralkomitee zu einem „bedingten Rückzug“ der Truppen auffordere. Es wurde nicht geschrieben, welche Bedingungen das waren. Und auch sonst brachte das Blatt nicht viele Fakten.

Die folgenden Fakten habe ich an diesem Morgen mit Hilfe einiger, wenn auch sehr emotionaler Anrufe zusammengetragen (und später bestätigen lassen):

Am Dienstag, während der Nachtsitzung im Gebäude des Zentralkomitees, schlich sich František Barbírek aus der Slowakei, einer der unschlüssigen Zentristen, aus dem Raum, wann immer das Präsidium sich einer Entscheidung über die Indra-Kolder-Vorlage näherte. Jedermann wußte, warum. Wenn Barbírek mit nein stimmte, würde er zu Hause, wo Vasil Biľak noch immer regierte, Schwierigkeiten haben. Wenn er so wie Biľak mit ja stimmte, würde er auf dem XIV. Parteitag im September Schwierigkeiten haben.

Auch Ministerpräsident Černík verließ den Raum recht häufig. Von einem Vorzimmer aus rief er General Martin Dzúr an, der General Lomský als Verteidigungsminister im Amt gefolgt war. Der Ministerpräsident hatte Berichte empfangen, wonach es an den Grenzen zu Kommunikationsstörungen gekommen war, sowie zu außerplanmäßigen Landungen auf dem Flughafen Ruzyně. Zwanzig Minuten vor Mitternacht, als das Präsidium seit annähernd zehn Stunden ununterbrochen getagt hatte, kam Černík vom Telefon zurück und sah eigentümlich wütend aus. Blässe schien seine strahlende Sommerbräune abgestumpft zu haben. Černík flüsterte Alexander Dubček ein paar Worte zu. Dieser erbebte krampfartig und erhob sich – auf den Konferenztisch gestützt –, um die Debatte mit folgenden Worten zu unterbrechen: „Die Armeen der fünf Parteien haben die Grenzen unserer Republik überschritten und begonnen unser Land zu besetzen."

Ein Mann, der dabei war, erinnerte sich später, daß inmitten der Aufregung, die in dem Raum ausbrach, „Biľak, Kolder und Indra, soweit ich sehen konnte, nicht sehr überrascht schienen. Sie sahen ruhig und ernst aus. Ich glaube, ich kann dasselbe von Švestka behaupten. Tatsächlich würde ich sagen, daß ich einen leisen Ausdruck von Befriedigung auf seinem Gesicht gesehen habe." Ansonsten waren alle Augen auf Alexander Dubček gerichtet, der – nachdem er wieder so etwas wie Ordnung hergestellt hatte – mit immer wieder versagender Stimme herausbrachte: „Das ist eine Tragödie. Ich habe nicht erwartet, daß es dazu kommen würde. Ich hatte keinen Verdacht, sah auch nicht das leiseste Anzeichen, daß solch ein Schritt gegen uns unternommen werden könnte."

Dubček, der bis dahin streng an der Tagesordnung festgehalten hatte, um Kolder daran zu hindern, das Treffen platzen zu lassen, präsentierte jetzt selbst eine Überraschung: einen Brief von Leonid Brežnev, den er am Montag abend erhalten hatte. Dubček hatte geplant, ihn unter dem Tagesordnungspunkt „Neuigkeiten" zu verlesen. Darin warf das sowjetische Zentralkomitee der Kommunistischen Partei der Tschechoslowakei vor, die Übereinkünfte von Čierna und Bratislava zu mißachten. Es wurde behauptet, daß konterrevolutionäre Tendenzen sich wieder geltend zu machen begännen. Der Rest war eine Wiederholung des Warschauer Briefes vom Juli, aber in einem viel schärferen Ton.[35]

[35] Selbst wenn das Präsidium zu Beginn der Dienstagssitzung auf Brežnevs neuerliche Botschaft hin kapituliert hätte, wäre es zu spät gewesen, um die Invasion aufzuhalten. Die Mitteilung lag zeitlich in „verdächtiger Übereinstimmung" (um eine *Pravda*-Phrase zu verwenden) mit der Kolder-Indra-Vorlage und Biľaks verpatztem Warnruf.

Dubček las den Brief Breznevs weiter laut vor. So schroff er war, enthielt er jedoch nicht die leiseste Andeutung, daß eine militärische Intervention in Sicht war. Dubček hatte ihn als Signal für neuerliche Treffen oder vielleicht als letzten Einschüchterungsversuch, um den XIV. Parteitag am 9. September zu verhindern, verstanden. Während er die unerbittlichen Worte herunterlas, warf er ein: „Das ist es, was sie immer sagen, aber sie nehmen keine Rücksicht auf die reale Situation. Schließlich ergreifen wir Maßnahmen." Nachdem er weiter vorgelesen hatte, sagte er dem Präsidium: „Ich erkläre bei meiner Ehre als Kommunist, daß ich keinen Verdacht und keine Hinweise hatte, daß irgend jemand solche Maßnahmen gegen uns ergreifen würde."

Und als er ihn fertiggelesen hatte, formulierte Dubček mit Tränen in den Augen seine berühmte Klage: „Das ist meine persönliche Tragödie. Ich habe Rußland immer geliebt. Ich habe mein ganzes bisheriges Leben der Zusammenarbeit mit der Sowjetunion gewidmet, und sie haben mir das angetan!"

Nachdem er das gesagt hatte, und mitten in den Berichten, nach denen die Panzer jetzt aus zwei Richtungen auf die Stadt zukamen, rief Dubček das Präsidium zur Ordnung und veranlaßte die Ausarbeitung einer Proklamation, die im Radio verlesen werden sollte. Er bemerkte, daß Alois Indra nicht anwesend war, und verlangte mit großem Nachdruck zu wissen, wo er sei.

Indra, der Regierungssekretär, dessen Komplizenschaft bei der Invasion am besten belegt ist, befand sich auf dem Weg zur Prager Burg, mit der triumphierenden Gewißheit, zum nächsten tschechoslowakischen Ministerpräsidenten ernannt zu werden!

In der Burg hatte sich Präsident Svoboda an diesem Abend früh zurückgezogen. Er wurde jedoch gegen Mitternacht mit der Mitteilung geweckt, daß der sowjetische Botschafter in der Burg sei und ihn zu sehen wünsche. Svoboda zog seinen Morgenmantel an und empfing Červonenko. Der russische Gesandte informierte ihn, daß als Antwort auf ein tschechoslowakisches Ersuchen und wegen der verschiedenen Gefährdungen der tschechoslowakischen Sicherheit von innen und von außen fünf der Warschauer-Pakt-Staaten zur Hilfe gekommen seien.

Svoboda entließ Červonenko kühl und rief das Zentralkomitee an, um zu sagen, daß er dorthin käme. Doch noch ehe er sich ankleiden konnte, kam Alois Indra an – den meisten Berichten zufolge in Begleitung Jozef Lenárts, der unter Novotný Ministerpräsident gewesen war. Svoboda empfing sie in seinem Büro. Er saß hinter seinem Schreibtisch, forderte sie aber nicht auf, Platz zu nehmen.

Indra händigte Svoboda eine Liste aus, die die Namen der Kabinettsmitglieder in einer neuen „Revolutionären Arbeiter- und Bauernregierung" trug. Indra selbst sollte Černík als Ministerpräsident ersetzen. Lenárt sollte Smrkovskýs Stuhl als Vorsitzender der Nationalversammlung einnehmen. Kolder sollte Dubčeks Nachfolger als Erster Parteisekretär werden. Der Herausgeber der *Rudé Právo*, Švestka (dessen Name „Zwetschke" bedeutet), sollte einen Kabinettsposten bekommen, genauso wie sein Kollege aus dem Präsidium, Barbírek. Ein slowakischer Journalist namens Bohuslav Chňoupek, der als Korrespondent in Moskau gearbeitet hatte, sollte das Innenministerium von General Pavel übernehmen. Oldřich Pavlovský, der Minister für innere Wirtschaftsangelegenheiten, der Novotnýs Botschafter in Moskau gewesen war, sollte stellvertretender Ministerpräsident werden. Und Karel Hoffmann, zur Zeit Minister des Fernmeldewesens, würde zum Kultur- und Informationsministerium zurückkehren, um es von den demokratischen Methoden Miroslav Galuškas zu befreien. Svoboda dürfe gerne im Amt des Präsidenten verbleiben. Niemand habe die Absicht, betonte Indra, Novotný zurückzuholen.

Der 72jährige Soldat hörte ruhig zu. Dann schrie er nur ein Wort: „*Ven!*" [„Hinaus!"] Seine Besucher zuckten zusammen. Svoboda wiederholte das Wort noch einmal, und beide Besucher gingen weg.[36]

[36]Es gelang Indra erst Anfang 1971, von seinem Status des Jahres 1968 – stellvertretendes Präsidiumsmitglied und dessen Chef-Apparatschik – zur Vollmitgliedschaft im Präsidium zu gelangen. Lenárts Comeback hatte ihn bis zum Ersten Sekretär der Kommunistischen Partei der Slowakei aufsteigen lassen, dem Posten, den Biľak zum Zeitpunkt der Invasion innehatte. Chňoupek arbeitete nach dem August eine Weile im Außenministerium. 1969 wurde er zum Chef des Tschechoslowakischen Rundfunks ernannt, und nachdem er ihn gesäubert hatte, wurde er 1970 als tschechoslowakischer Botschafter nach Moskau gesandt. 1971 wurde Chňoupek zum Außenminister ernannt. Aus Fairneß gegenüber Chňoupek und anderen designierten Kabinettsmitgliedern der „Revolutionären Arbeiter- und Bauernregierung des Genossen Indra" muß gesagt werden, daß nicht alle von ihnen wußten, daß sie auf der Liste standen. Den bekannten Verrätern erging es nicht besser

Als Svoboda den Sitz des Zentralkomitees erreichte, ein ausladendes, niedergedrücktes, kaffeecremefarbenes Bürogebäude am Moldauufer, sprachen einige Speichellecker in der Marmorsäulenvorhalle Drahomír Kolder bereits mit „Genosse Erster Sekretär" an. Kurz nach 1 Uhr früh am Mittwoch hatte das Präsidium die folgende Proklamation gebilligt:

> An das gesamte Volk der ČSSR:
>
> Gestern, am 20. August 1968, etwa um 23 Uhr, überschritten Truppen der Sowjetunion, der Polnischen Volksrepublik, der Deutschen Demokratischen Republik, der Ungarischen Volksrepublik und der Bulgarischen Volksrepublik die Staatsgrenzen der ČSSR. Dies geschah ohne Wissen des Präsidenten der Republik, des Präsidiums der Nationalversammlung, des Präsidiums der Regierung und des Ersten Sekretärs des Zentralkomitees der Kommunistischen Partei. Das Präsidium des Zentralkomitees tagte zu diesem Zeitpunkt und befaßte sich mit den Vorbereitungen des außerordentlichen XIV. Parteitages. Das Präsidium ruft alle Bürger der Republik auf, Ruhe zu bewahren und den vorruckenden Truppen keinen Widerstand zu leisten, da die Verteidigung unserer Staatsgrenzen nunmehr unmöglich ist.
>
> Aus diesem Grunde erhielten weder unsere Armee noch die Sicherheitskräfte noch die Volksmiliz Befehle zur Landesverteidigung. Das Präsidium betrachtet [die Invasion] als Widerspruch zu den Grundprinzipien der Beziehungen zwischen den sozialistischen Staaten und als

(vielleicht sogar schlechter) als anderen Sympathisanten, die sich vor dem 21. August verhältnismäßig oder scheinbar sauber verhalten hatten. Karel Hoffmann wurde abgesetzt und später wieder zum Minister des Fernmeldewesens ernannt, aber höher stieg er in der Nach-August-Ära der Tschechoslowakei nicht auf. Drahomír Kolder blieb dem Sitz der Macht in der Partei nahe, kam ihm aber nicht näher. Im Herbst 1968 stimmte eine überwältigende Mehrheit der Wähler in Kolders Heimatbezirk in einer Petition für seine Abberufung als Abgeordneter der Nationalversammlung. Der beleidigte Kolder setzte bei den offiziellen Stellen durch, daß dieses „Druckmittel" im Namen der „demokratischen Repräsentation" übergangen wurde. Das alles inspirierte ein Unterhaltungsmagazin namens *Dikobraz (Stachelschwein)* zu einer Karikatur des sich beklagenden Kolder: „Was ist das für eine Demokratie, in der die Leute gegen mich stimmen können?"

> eine Verleugnung der Grundnormen des internationalen Rechtes.
>
> Alle führenden Funktionäre der Partei und der Nationalen Front bleiben auf ihren Posten, auf die sie als Vertreter des Volkes ... nach den Gesetzen und Statuten der Tschechoslowakischen Sozialistischen Republik ... gewählt wurden.

Es gab vier Gegenstimmen: Kolder, Biľak, Švestka und Emil Rigo.

Und fast im gleichen Moment erschien Direktor Sulek von ČTK in seinem Büro, mit einem nicht unterzeichneten „offiziellen Kommuniqué", das via Fernschreiber in die ganze Welt gehen sollte:

> Eine Revolutionäre Arbeiter- und Bauernregierung hat in der Tschechoslowakei die Macht übernommen und die befreundeten sowjetischen Streitkräfte um Hilfe für die neue Regierung gebeten, um die Konterrevolution zu unterdrücken.

Zu ihrer ewigen Ehre weigerten sich Suleks eigene ČTK-Angestellten, diese Meldung weiterzuleiten und warfen ihn mit „roher Gewalt" aus dem Gebäude.

Der tschechoslowakische Rundfunk stellte seine Sendetätigkeit immer um 2 Uhr ein; das war also der äußerste Termin, mit dem Dubčeks Präsidium bei der Abfassung seiner offiziellen Proklamation um die Wette lief. Aber Karel Hoffmann, der Minister des Fernmeldewesens, den man noch vor kurzem in Begleitung Indras gesehen hatte, hatte seine Techniker in einer Übertragungsstation außerhalb Prags angewiesen, um Mitternacht abzuschalten, da es für die zwei verbleibenden Stunden keine dringenden Übertragungen mehr gäbe. Hoffmann hatte auch eine Stillegung der Ferngespräche zwischen Prag und den Städten Brünn, Ostrava und Bratislava veranlaßt. Um Hoffmann zu helfen, die Übertragung der Reaktion des Präsidiums zu verhindern, wurden Abteilungen von Šalgovičs Geheimpolizei vor den Gebäuden des Rundfunks und des Fernsehens stationiert.

Trotzdem schaffte es ein Bote, in das Hauptgebäude des Rundfunks einzudringen. Am Mittwoch um 1.50 Uhr meldete der tschechoslowakische Rundfunk: „Gestern, am 20. August

1968, etwa um 23 Uhr –" Einen unvollendeten Satz später verstummten die meisten Radios in Prag. (Nicht einmal diese ersten wenigen Worte drangen dank Hoffmanns frühzeitiger Stillegung der Übertragungsstation in das Hinterland.)

Diejenigen, die zufällig Radio Prag auf der 210-Meter-Wellenlänge empfingen, hörten einen neuen Sprecher. Die Tschechen, die in den fünfziger Jahren verfolgt worden waren, ließ die neue Stimme mit ihrer schlechten Aussprache und den grammatikalischen Fehlern erschauern, denn es war das gleiche veraltete Tschechisch (ein untergegangener mährischer Dialekt), das sowjetischen Beratern und Vernehmungsbeamten (in Moskau) beigebracht wurde. „Persönlichkeiten der Kommunistischen Partei der Tschechoslowakei", begann sie, „haben die Sowjetunion um militärische Hilfe gebeten, da unsere Republik von konterrevolutionären und antisozialistischen Elementen bedroht wurde, die zusammen mit Kräften von außen ..." Bald gesellte sich zu den drei Russen ein echter tschechischer Akzent. Die neue Stimme wurde schnell als die eines alten Novotnýisten erkannt. Die neue Station nannte sich selbst „Radio Vltava". Sie stellte sich später als ein Dresdner Sender heraus. Kaum vernahmen die tschechoslowakischen Hörer den alten Novotný-Mann, war es für sie sofort das „Kollaborationsradio".

Die meisten Mitglieder des Präsidiums gingen auseinander, nachdem die Proklamation zum Radio geschickt worden war. Dubček, Smrkovský, Špaček und Kriegel blieben mit verschiedenen, nicht stimmberechtigten Sekretären und dem Präsidiumskandidaten Bohumil Šimon im Saal, um das Präsidium offiziell bis zum bitteren Ende weitertagen zu lassen. Gegen 2.15 Uhr rief jemand vom Rundfunkgebäude aus das Präsidium an und teilte mit, daß Karel Hoffmann die Übertragungen unterbrochen habe und jede Wiederaufnahme der Sendetätigkeit verbiete. Josef Smrkovský riß den Hörer an sich und schrie mit wütender Verachtung hinein: „Hören Sie nicht auf diesen Hoffmann! Er ist ein Verräter!"

In der Halle warteten einige der Verräter besorgt auf die Ankunft ihrer uniformierten Verstärkungstruppen. Für eine Weile gesellte sich jedoch nur Alois Indra, der von seinem erfolglosen Besuch bei Svoboda zurückgekehrt war, zu ihnen. Andere Verräter hielten es für sicherer, in die sowjetische Botschaft zu gehen und dort zu warten.

Präsident Svoboda hatte nicht lange gezögert. Er, Dubček, Černík und die anderen Loyalen waren übereingekommen, daß das vornehmste Symbol der Souveränität seiner Nation, der Mann, dessen Name Freiheit bedeutet, in der Burg, dem Sitz der Legitimität, bleiben sollte.

In der Annahme, daß die Proklamation des Präsidiums übertragen worden war (das Radio ging erst wieder um 5 Uhr auf Sendung), ging Ministerpräsident Černík davon, um in seinem Amtssitz am anderen Ufer der Moldau eine Notstandssitzung seiner Kabinettsminister einzuberufen. Um 3 Uhr fuhren unter Černíks Fenster gepanzerte Truppentransporter und Spähwagen vor. Männer einer Abteilung der Fallschirmtruppen mit violetten Baretten umstellten, ihre Maschinenpistolen im Anschlag, das Gebäude, während es ein anderer Trupp stürmte und Černík und der Handvoll Minister und Sekretäre befahl, sich mit erhobenen Händen zur Wand zu drehen. Sie wurden durchsucht, und allen, auch Černík, wurden ihre Armbanduhren abgenommen und von den Soldaten angezogen. Dann folgten zwanzig Minuten des Terrors, während die Geiseln die Wand anstarrten und auf ein Ende warteten. Nun stellte sich heraus, daß die Soldaten keine Anweisungen hatten, was sie als nächstes tun sollten.

Dann kam der Befehl, Černík wegzubringen. Als drei Russen den Ministerpräsidenten durch die Tür abführten, läutete ein Telefon, und ein Beamter, der mit einer Waffe in Schach gehalten wurde, griff instinktiv nach dem Hörer und hob ab. „Ministerpräsident Černíks Büro", meldete er sich, während die Russen zusahen.

Der Anrufer war Alexander Dubček, der Černík sprechen wollte.

„Sie können nicht mit ihm sprechen, mein Herr", sagte der Beamte. „Er wird gerade mit erhobenen Händen und einem Bajonett im Rücken abgeführt."

„Also", sagte Dubček, „wir sind noch nicht in einer so schlimmen Situation. Behalten Sie Ruhe und bleiben Sie mit den anderen dort zusammen."

„Danke, mein Herr", sagte der Beamte. Er legte auf und rief dem Ministerpräsidenten, den man zu einem gepanzerten Wagen brachte, nach: „Herr Černík! Herr Dubček sagt, wo er ist, ist es noch nicht so schlimm." Als die Russen bemerkten, daß die tschechoslowakischen Führer direkt vor ihren Nasen noch immer miteinander kommunizierten, rissen sie Černíks Telefon heraus und zerschlugen die Vermittlungszentrale seines Gebäudes. Černík verschwand in dem gepanzerten Wagen.[37]

Im Präsidium wartete Dubček. Zwei oder drei seiner Verbündeten (man sagt, auch Špaček sei darunter gewesen) plädierten dafür, daß die Führung untertauchen oder ins Exil ins Ausland gehen sollte. Aber Dubček bestand darauf, daß ihr Platz in Prag unter ihren Leuten sei. (Špaček stimmte dem zu und blieb.) Čestmír Císař, der kein Mitglied des Präsidiums war und an der Sitzung nicht teilgenommen hatte, kam und beteiligte sich an der Diskussion.

Um 4 Uhr fuhren drei gepanzerte Wagen, die von einer Wolga-Limousine der sowjetischen Botschaft angeführt wurden, beim Zentralkomitee vor. Eine Vorhut der Geheimpolizei stürmte hinein, um die Führung am Verlassen des Gebäudes zu hindern. Einige der Truppen riegelten die Eingänge ab, blieben aber draußen. Sie warteten auf die Panzer, die man jetzt über alle befahrbaren, die Moldau überspannenden Brücken herankriechen sah.[38]

Dem ersten Geheimpolizisten, der das Gebäude des Zentralkomitees betrat, wurde die fragwürdige Auszeichnung zuteil, von Alois Indra auf russische Art umarmt und auf den Mund geküßt zu werden. Dann bat Indra ihn sehr ehrfurchtsvoll, Erfrischungen für die Führer zu beschaffen, die im Namen von Indras „Revolutionärer Arbeiter- und Bauernregierung“ interniert werden sollten.

In der Dunkelheit vor dem Zentralkomitee sammelten sich die Panzer, und die Soldaten gingen mit wenigen Schritten Abstand voneinander in Stellung, all ihre Waffen auf das Gebäude, das das verlorene Präsidium beherbergte, gerichtet. Ein Journalist von *Mladá Fronta* ging auf einen sowjetischen Gewehrlauf zu und sagte verzweifelt zu dem dahinter stehenden Soldaten auf russisch: „Wir sind eure Brüder. Ich bin ein Tsche-

[37] Seine Angestellten wurden an diesem Tag bis 17 Uhr festgehalten.

[38] Im Gegensatz zu dem *Newsweek*-Bericht, wonach „die ersten sowjetischen Panzer über die Karlsbrücke in das Herz der Stadt rumpelten“, wurde die Karlsbrücke, die nur für Fußgänger bestimmt ist, von der Roten Armee an diesem Tage nicht benutzt. Das eine Ende war wegen Renovierungsarbeiten eingerüstet und für Fahrzeuge völlig unpassierbar.

che." Der Kommandeur des Soldaten jagte den Tschechen weg. Der Tscheche ging auf einen anderen Soldaten zu und setzte den Dialog fort: „1945 hießen wir die sowjetischen Soldaten in Prag willkommen." Der Kommandeur rief: „Sprechen Sie mit niemandem!" Der Soldat entsicherte seine Waffe und sagte: „Wir werden schießen." Der Journalist wich zurück.

Einige der Truppen drangen jetzt in das Gebäude ein. Dubček telefonierte gerade, als zwei sowjetische Fallschirmjäger, mit leichten Maschinengewehren bewaffnet, in den Präsidiumsraum stürmten. Sie zerrten ihm das Telefon aus den Händen, rissen das Kabel aus der Wand und stellten Dubček, Smrkovský, Kriegel, Špaček und Šimon für das Durchsuchungsritual auf. (Sie durften vorläufig ihre Uhren behalten.) Dann wurde Císař auf Geheiß eines tschechischen Geheimpolizisten, der lieber vor der Türe stehengeblieben war, als der von ihm verratenen Führung entgegenzutreten, auf die Polizeistation in der Bartolomějska abtransportiert. Die anderen wurden zu Císařs Büros im Gebäude des Zentralkomitees abgeführt und in einem fensterlosen Raum ohne Telefon eingesperrt. Dort wurden ihnen die belegten Brötchen und Kuchen, deren Beschaffung Alois Indra so gnädig veranlaßt hatte, serviert.

Dubček arbeitete an einer Botschaft an alle Bürger Prags, speziell an die Fabrikarbeiter im Industriegebiet Vysočany, und es gelang ihm, sie hinauszuschmuggeln. Er beschwor alle, bei ihrer Arbeit und in den Fabriken zu bleiben, da eine solche Konzentration von Stärke der Hauptstadt Schutz und vielleicht sogar etwas Verhandlungsmacht schaffen könne. In diesen ersten Stunden des Schocks und der Offenbarung wurde über den Charakter des tschechoslowakischen Widerstandes entschieden.

Dubček konnte zwar nicht hinaussehen, mußte aber über das, was im Lichte der Morgendämmerung direkt vor seinem Bürogebäude vor sich ging, informiert gewesen sein. Hunderte von Tschechen hatten sich draußen versammelt und riefen nach ihren legitimen Führern. Zwei junge Männer versuchten das Gebäude zu stürmen. Als sie die Treppen hinaufliefen, schossen die russischen Truppen sie mit einigen kurzen, stakkatoartigen Maschinengewehrsalven nieder. Die beiden starben mit Dubčeks Namen auf den Lippen.

Einige Minuten später stellte sich ein dritter Student einem russischen Panzer entgegen und wurde unter seinen Ketten zermalmt.

Das war alles, was ich über den chronologischen Ablauf der Ereignisse am Mittwoch morgen, den 21. August 1968 ermitteln konnte. Kurz nach 7 Uhr ging das Fernsehen wieder auf Sendung. Es wurde gebeten, Ruhe zu bewahren, aber standhaft zu bleiben: „Unternehmen Sie nichts, dessen Sie sich später schämen müßten." Manchmal konnte man das Bild sehen, aber nichts hören ... manchmal etwas hören, aber nichts sehen ... manchmal beides. Die Telefonnummer 243 865 tauchte auf dem Bildschirm auf. Jemand hatte gesehen, wie Čestmír Císař in einem Auto weggebracht worden war. „Herr Císař, würden Sie bitte diese Nummer anrufen, falls Sie können?"

(Císař konnte natürlich nicht. Er wurde, wie wir einige Tage später erfuhren, im Polizeihauptquartier von Kollaborateuren der tschechischen Geheimpolizei verhört. Sie versuchten ihn zu dem Geständnis zu bringen, daß er und Smrkovský Dubčeks Sturz vorbereitet hätten und planten, die westdeutsche Armee in die Tschechoslowakei zu rufen.)

Um 8.25 Uhr kündigte das Fernsehen an: „Wir ziehen in ein anderes Studio um. Bitte bleiben sie an den Geräten. Wir werden senden, solange wir können."

Inzwischen hatte man auf dem Bildschirm den Schauplatz nach Ostrava verlegt. Dort berichtete ein blonder junger Mann, vor Empörung den Tränen nahe, daß „sich einige unserer Bürger tatsächlich mit den russischen Soldaten unterhalten. Die anderen von uns rufen in den Straßen: ‚*Lang lebe die Freiheit!*' " Dann korrigierte ein älterer Kollege im Rollkragenpullover diesen Eindruck: „Die Menschen in Ostrava sind von ihren Führern aufgefordert worden, den Russen zu erklären, daß wir den Sozialismus *wollen*, aber einen *freien* Sozialismus."

In Brünn erschien ein verstörter, dickbäuchiger Mann im dortigen Fernsehstudio und meldete, er sei „nicht länger der Direktor von Radio Brno. Wir sind gerade besetzt worden." Sein Interviewer erklärte dann, warum dies noch nicht mit dem Fernsehen von Brno geschehen war: „Die Russen haben nach unserem Studio gefragt, und die Menschen von Brno haben sie in falsche Richtungen geschickt."

Aus Brünn kam auch die Nachricht, daß ein Arbeiter, der einem gepanzerten Lastwagen mit der Faust gedroht hatte, erschossen worden war. Die Russen landeten auf dem Brünner Flughafen und eigneten sich Fahrzeuge an – Busse für ihre

Soldaten und Tatras für ihre Obersten und Generäle. Diese Busse und Autos wurden durch Straßensperren zum Halten gebracht und ihre Passagiere mit vorgehaltenen Waffen zum Aussteigen gezwungen. Dann wurden die Fahrer mit Pistolen im Nacken zu Chauffeuren gemacht. „Viele Fahrer der tschechischen Armee wurden auf dieselbe Weise gezwungen, russische Soldaten zu transportieren", ließ das Brünner Fernsehen wissen. „Bedenken Sie, daß sie das nicht verhindern können und es daher nicht freiwillig tun."

Das Fernsehen schaltete zurück nach Prag, wo zwei Kommentatoren über die Ereignisse berichteten. Einer war gerade von seinem Urlaub nahe der ungarischen Grenze nach Prag zurückgekehrt: „Ich habe mit den russischen Soldaten gesprochen. Sie sagen, sie gehorchen ihren Befehlen. Weiter wissen sie nichts. Sie glauben, daß sie das richtige tun, und fragen sich, warum unser Volk Tränen vergießt!"

„Sie werden verlieren", sagte der andere. „Sie werden im Urteil der öffentlichen Weltmeinung verlieren. Sie werden in den Augen aller Menschen verdammt sein. Sie werden nicht sehr lange durchhalten können."

Einige Minuten danach erhielt das Tschechoslowakische Fernsehen ein Telegramm, das den „strengen Befehl" der Besatzungsarmeen enthielt, die Übertragungen einzustellen. Die Fernsehangestellten antworteten auf Sendung: „Wir werden nur Anweisungen unseres legitimen Generaldirektors Herrn Pelikán befolgen." Und Jiří Pelikán war nirgends zu finden – zumindest nicht für die Russen.

(Gleich in den ersten Stunden der Invasion hatte ein Hauptmann der Roten Armee namens Orlov und eine Gruppe von Fallschirmjägern in einem gepanzerten Mannschaftstransporter das Hauptgebäude des Fernsehens auf dem Maxim-Gorkij-Platz lokalisiert. Hauptmann Orlov trommelte einige Minuten an die Tür, bis der Nachtwächter erschien. „Aus dem Weg! Wir besetzen die Fernsehstation", kommandierte Orlov. Der alte Wächter sah ihn mit halb zugekniffenen Augen an und krächzte: „Arbeiten Sie hier?" „Natürlich nicht", antwortete der russische Hauptmann. „Dann können Sie nicht hereinkommen", sagte der Wächter, indem er Orlov die Tür mit erstaunlicher Behendigkeit vor der Nase zuknallte. Orlov versuchte seitdem ständig, mit seiner Kommandostelle wegen weiterer Instruktionen Kontakt aufzunehmen. Aber das Verzögerungsmanöver des alten Mannes hatte dem Tschechoslowakischen Fernsehen bereits einen uneinholbaren Vorsprung verschafft.)

Mehrere Male an diesem Morgen mußte das Fernsehen *beinahe* aufhören zu senden:

8.50 Uhr: „Die Soldaten schießen vor unserem Studio in die Luft. Aber wir machen weiter, solange wir können."

9.40 Uhr: „Das könnten die letzten verbleibenden Minuten sein, in denen wir mit Ihnen in Verbindung sind. Aber Radio Prag sendet immer noch."

9.58 Uhr: „Gerade haben Sie Szenen aus den Straßen des besetzten Prag gesehen. Und hier ist Studio C, der einzige Ort, der noch nicht eingenommen wurde."

Dann las bis 10.30 Uhr eine steif aussehende junge Frau, die eine Quäkerschulmeisterin hätte sein können, Resolutionen von Glasarbeitern und Stahlarbeitern, von Krankenhausangestellten, Patienten und Beschäftigten in den Bädern vor, in denen sie die Invasion anprangerten. Meine eigenen Erinnerungen an das Fernsehen an diesem Morgen (und meine bis heute immer wiederkehrenden Träume von der Invasion) schließen meistens diese unerschütterliche Dame mit ihrer förmlichen Gelassenheit ein. Ich werde nie die bewußt zurückhaltende Deutlichkeit vergessen, mit der sie sagte: „Viele Radiostationen sind eingenommen worden. Sie bringen nur Lügen. Bitte glauben Sie nicht alles, was Sie hören." Oder den flüchtigen Anblick von ihr, wie sie einem Mikrobiologen, der vor die Kamera trat, um die Resolution seiner Fakultät zu verlesen, einige Fussel von der Schulter seines Jacketts putzte.

10.50 Uhr: „Das sind unsere letzten Minuten auf Sendung. Das Fernmeldeamt der Post wird gerade besetzt, und unsere Leitungen werden durchtrennt werden."

11.15 Uhr: „Liebe Freunde, wir haben noch immer die Möglichkeit zu senden."

Einige Minuten vor 12 Uhr mittags wurde der Ton im Fernsehen unterbrochen (man konnte Stimmen auf russisch und auf tschechisch im Kontrollraum diskutieren hören), und eine Schrift wurde eingeblendet: „WIR STELLEN DIE ÜBERTRAGUNG EIN." Dann verschwand das Bild.

Noch bevor Radio Prag Karel Hoffmanns Verrat überwunden hatte und um 5 Uhr wieder auf Sendung gegangen war, waren die Menschen zu seiner Verteidigung losgezogen. Leute, die den

Sendeschluß um 1.50 Uhr gehört hatten, hatten ihre Kleider übergeworfen und waren zu dem siebenstöckigen Rundfunkgebäude in der Vinohradská gelaufen. Diese Hauptverkehrsstraße hatte ein trauriges Jahrzehnt lang den Namen Stalinova getragen. „Es ist wahr! Es ist wahr!" hatte ein Angestellter von einem Balkon des Rundfunkgebäudes heruntergerufen. „Man hat das Senden unterbrochen, aber ihr müßt ganz Prag sagen, daß die Russen einmarschieren." Taxifahrer und Autofahrer sprangen in ihre Wagen, schalteten ihre Scheinwerfer ein und fuhren hupend durch die Stadt, um den Großteil von Prag zu wecken.

(Die Redakteure von *Student* waren in großer Eile am Mittwoch in den frühen Morgenstunden zusammengekommen. Ihre reguläre Wochenausgabe war am Dienstag erschienen. Anstatt zu versuchen, nochmals die Maschinen anzuwerfen, entschlossen sie sich, Paul Revere[39] zu spielen. Sie fuhren zu jedem Studentenwohnheim in Prag und weckten die Schläfer mit den Schreien: „Die Russen kommen! Die Russen sind hier!")

Um 5.15 Uhr, nachdem Radio Prag die Invasion verkündet und das Kommuniqué des Präsidiums verlesen hatte, gab ein Kommentator Dubčeks Appell wieder, mit einer ebenso rauhen Stimme, wie sie Dubček hatte, und mit schmerzlicher Erschütterung: „Herr Dubček bittet darum, daß die Menschen in der Tschechoslowakei wie immer an ihre Arbeitsplätze gehen, denn im Moment ist das das einzige, was wir tun können. Wir sind nicht imstande, unsere Grenzen jetzt zu verteidigen. Leisten Sie *passiven* Widerstand."

Um 5.30 Uhr wiederholte Radio Prag:

„Dies ist eine legale tschechische Rundfunkstation. Hören Sie nicht auf irgendwelche anderen. Einheiten unserer brüderlichen Verbündeten des Warschauer Paktes haben widerrechtlich unsere Grenzen überschritten. Die Nationalversammlung tagt jetzt und wird gegen diese Rechtsverletzung protestieren. Eine illegale Besetzung hat begonnen. Aber alles sollte jetzt friedlich ablaufen, und wir bitten Sie dringend, Ruhe zu bewahren. Leisten Sie keinen physischen Widerstand. Wenn Sie ein fremder Soldat etwas über die Verhältnisse hier fragt, versichern Sie ihm, daß bis jetzt alles friedlich und ruhig verlaufen war."

[39] Paul Revere hatte an der „Boston Tea Party" (1773) teilgenommen; durch seinen Kurierritt vom 18. 4. 1775 warnte er die Patrioten vor der Schlacht von Lexington vor den herannahenden britischen Truppen (Anm. d. Übers.).

Die Hörer wußten, daß der Tschechoslowakische Rundfunk bald die einzige Verbindung zur Außenwelt sein würde, von der sie brutal abgeschnitten worden waren.

Im frühen Morgengrauen strömten sie wieder dorthin. Tausende – manche noch in Pyjama und Bademantel – kamen über den Wenzelsplatz herauf und gingen dann links am Wenzelsdenkmal und Nationalmuseum vorbei zu dem einige Häuserblöcke dahinter liegenden Rundfunkgebäude. Sie riefen: „Radio hurra!" und „Lang lebe die Redefreiheit!" Auf der Vinohradská hielten sie Straßenbahnen an und errichteten daraus mit Hilfe der Passagiere und der Fahrer Barrikaden. Leere Busse, Autos und Lastkraftwagen wurden herbeigeschafft, um dem gleichen Zweck zu dienen. Der erste sowjetische Angriff auf das Radio bei Tagesanbruch war jedoch ein elektronischer. Um 6.30 Uhr meldete Radio Prag: „Wir werden gestört! Wir werden gestört! Versuchen Sie uns auf allen Frequenzen weiterzuhören, wo immer Sie uns finden können." Aber der Störsender, der gleich hinter der ostdeutschen Grenze postiert war, versagte, und nach wenigen Minuten verkündete ein Kolumnist der Zeitschrift *Reportér* die Worte, die das Motto des Untergrundradios, Untergrundfernsehens und der Untergrundpresse werden sollten: *„Jsme s Vámi, buďte s námi!"* (*„Wir sind mit Euch, seid mit uns!"*)

Ein Freund, der beim Tschechoslowakischen Rundfunk arbeitet, erzählte mir einige Wochen später seine Geschichte:

„Am Tag vor der *großen Verbrüderung* – wir dürfen die Worte ‚Invasion' oder ‚Okkupation' nicht länger verwenden, daher greifen wir zu *Verbrüderung* oder zu den *bekannten Augustereignissen* – zeichnete ich meine Sendung auf. Am Mittwoch um sechs Uhr morgens weckte mich mein Sohn auf und sagte: ‚Es tut mit leid, Papa, aber die Russen sind gekommen!' Ich zog mich an und fuhr zur Arbeit. Meine Sendung war so optimistisch, daß sie nicht nur überholt, sondern auch schmerzlich gewesen wäre. Es ist mir nicht einmal in den Sinn gekommen, daß das reguläre Programm geändert worden sein könnte.

Auf dem ganzen Weg entlang der Vinohradská mußte ich sehr aufpassen, nicht von Lastern mit Balken gerammt zu werden, die alle – spontan, da bin ich sicher – zum Radio unterwegs waren, um Barrikaden zu bauen. Ich zeigte meinen Paß vor und wurde durchgelassen. Sobald ich drinnen war, mußte ich mich an die Arbeit machen und Bekanntmachungen und Aufrufe verlesen.

Gegen 7.15 Uhr betraten die ersten russischen Truppen das Gebäude. Sie waren mit ihren gepanzerten Transportern gekommen – made in Czechoslovakia, by Tatra oder Praga, glaube ich – und als sie die Barrikaden erblickten, stiegen sie aus und gingen den Rest des Weges zu Fuß, wobei sie hauptsächlich in die Luft schossen. Wir gingen alle in die Halle, um sie zu besichtigen und blieben dann wirklich wie angewurzelt stehen, denn diese Leute in russischen Uniformen waren keine Russen. *Es waren Mittelasiaten!* Ich bin kein Kommunist, aber so wie viele andere Tschechen hier hegte ich immer eine große Zuneigung zu den Russen und habe immer fest an die slawische Brüderlichkeit geglaubt. Aber bei ihrem Anblick konnte ich sagen, daß dies nicht unsere Brüder waren.

Sie kamen durch die Halle und zogen kleine Kanonen auf metallenen Karren mit Metallrädern ohne Gummi hinter sich her. Es stellte sich heraus, daß es sich um Luftabwehrraketen handelte, die sie auf dem Dach aufstellen wollten. Diese Mongolen mit den veralteten Uniformen und diesen unglaublichen Waffen gaben mir das Gefühl, daß das tschechische Volk in die Geschichte zurückversetzt wurde. Nicht in das neunzehnte Jahrhundert, sondern zurück in die Zeit der Hunnen und Vandalen.

Die nächste Mongolengruppe sollte das Gebäude besetzen. Wie taten sie das? Sie rissen die Türen auf und winkten die Leute drinnen in den Flur hinaus. Einige dieser ‚Russen' sprachen noch nicht einmal russisch. Wenn irgend jemand Einwände machte, nahmen sie ihre Gewehre ab. Jeder kam früher oder später heraus. Dann ging ein Offizier durch die Gänge und schloß alle Türen ab, für die er einen Schlüssel fand. Aber er war sehr ordentlich und ließ die Schlüssel in den Türen. Daher konnten diejenigen von uns, die noch etwas holen wollten, noch einmal hineingehen. Bis die Soldaten blindlings in die Büros zu schießen begannen, weil sie den Raum, von dem aus wir übertrugen, noch nicht gefunden hatten.

Während dieser Vorgänge kam unsere beste Kommentatorin – Věra Štovičková – zur Arbeit. Sie sagte, sie sei eine Putzfrau, und man ließ sie hinein. Sie ging geradewegs zum Mikrofon und auf Sendung.

Sie verbrachten den ganzen Morgen damit, den Senderaum zu suchen. Zu der Zeit, als sie in die leeren Büros hineinschossen, sagte einer meiner Kollegen, der in der Armee als Oberst gedient hatte, zu einem dieser mongolischen Feldwebel: ‚Hören Sie mal, mein guter Mann. So setzt man keine Rundfunkstation außer Gefecht.' Und der Feldwebel spukte auf seine Schuhe und sagte: ‚*Sie* sagen *mir* nicht, wie ich meine Arbeit zu machen habe.'"

Der Rundfunk, wie auch das Fernsehen, war viel länger auf Sendung, als es sogar ihre hartnäckigsten Verteidiger gedacht hatten. Um 7.36 Uhr hörten wir Schießereien vor dem Rundfunkgebäude, eine Frauenstimme, die schrie „Das ist das Ende!" und eine Männerstimme, die ruhig sagte: „Denken Sie daran, was wir Ihnen gesagt haben. Prägen Sie sich unsere letzten Worte gut ein: *Wir sind mit Euch, seid mit uns!*" Aber dann war die Stimme von Radio Prag zur allgemeinen Überraschung bis zum Mittag zu hören, kurz nachdem ein Sprecher aus einem Studio, das als Damentoilette getarnt war, im Sender verkündete: „Draußen wird eine Menge Blut vergossen, und wir wissen nicht, wie lange wir weitermachen können. Hier ist es jetzt zu heiß, aber unsere Köpfe sind wenigstens klar. *Wir sind mit Euch, seid mit uns!*"

Dann, mit einer knapp 120 Sekunden dauernden Sendepause, übergab Radio Prag an Radio Freies Pilsen („Heimat des weltberühmten Pilsener Bieres") und an Radio Freies České Budějovice (Budweis, „Heimat des original Budweiser Bieres"). Verschiedene Leute vom Radio hatten den Morgen damit verbracht, ein legales (die Russen nannten es „heimliches") Sendernetz aufzubauen, das jetzt Interviews mit dem „kleinen Mann auf der Straße" brachte (*„Das ist zu schmutzig! Zu schmutzig, um es anzufassen!");* dringende Appelle (*„Die Tschechoslowakei ruft die Welt!");* ein Protestgedicht von Bibliothekaren; und sogar eine Botschaft an den Besatzungskommandanten, verfaßt von einem „außerordentlichen Kongreß" Pilsener Grundschüler, der auf einem Spielplatz stattgefunden hatte. *(„Wir sind Kinder. Wir wollen frei aufwachsen. Sie haben auch Kinder. Die sind genauso wie wir. Lassen Sie sie nicht alleine ohne ihre Väter.")*

Die Überleitung von Radio Prag zu Radio Freies Pilsen war nicht so reibungslos abgelaufen, wie es während der Sendung geklungen hatte. Die Schlacht um Radio Prag hatte in Vinohrady den ganzen Morgen über getobt. Nachdem die Fußsoldaten mit ihren Luftabwehrkarren das Rundfunkgebäude besetzt hatten, waren sowjetische Panzer angekommen – sie schossen in die Luft und bahnten sich ihren Weg durch die Hindernisse, die man ihnen in den Weg gestellt hatte. Einer der umgeworfenen Prager Busse hatte jedoch einen vollen Benzintank und explodierte.

Die Panzer mußten anhalten. Als sie standen, kletterten Jungen auf sie hinauf, die nicht älter als zwölf oder dreizehn Jahre waren. Sie bohrten münzgroße Löcher in die Reservetanks und stießen brennende Stoff- und Papierknäuel durch die Öffnung. Fünf Panzer fingen Feuer, und einer mußte aufgegeben werden. Alle Insassen flohen, aber das ganze russische Panzerbataillon mußte sich für eine Weile zurückziehen.

Zwei bulgarische Panzer, Teil einer Einheit, die am Wochenende über das Schwarze Meer geschifft worden war, um die Rote Armee zu unterstützen, polterten während dieser Unterbrechung auf den Schauplatz. Einer davon wurde von Tschechen vertrieben, die mit selbstgebastelten Molotowcocktails warfen. Ein bulgarischer Soldat aus dem anderen Panzer jedoch eröffnete mit seinem Maschinengewehr das Feuer. Er schoß erst in die Luft und dann in die Menge auf dem Gehsteig. Dabei tötete er eine Frau und zwei unbewaffnete tschechische Soldaten.

Das Radio bat seine Anhänger sich zu zerstreuen: „Wenn Sie draußen vor dem Gebäude stehenbleiben, könnte es zu einem Massaker kommen." Eine Stunde später kamen die Panzer zurück – angeführt von gepanzerten Transportern, voll besetzt mit sowjetischen Fallschirmjägern. Furchtlos drängten sich Hunderte von Tschechen um die gepanzerten Autos, um mit den Russen zu diskutieren. Aber dann begannen die gepanzerten Wagen sich in den Straßen um das Rundfunkgebäude zu verteilen. Die Fallschirmjäger beharkten das Areal und die Gebäude mit Maschinengewehrfeuer. Ein 23jähriger Student wurde von einem Bajonett erstochen.

Die meisten Tschechen flohen, einige fielen, und zwei Wohnhäuser in der Nähe fingen Feuer. Ein paar Mieter erlitten schwere Brandverletzungen, aber die Russen ließen keine Ambulanzwagen zu ihnen durch.

Auf der Vinohradská, in der Nähe der Schlacht um Radio Prag, hielt der 26jährige Zdeněk Příhoda sein Motorrad an und blieb ruhig wartend sitzen, um einen russischen Lastwagen und zwei gepanzerte Autos vorbeifahren zu lassen. Was dann geschah, erlebte er nicht mehr, denn (wie in seinem Nachruf in der Untergrundausgabe der *Zemědělské noviny* zu lesen war): „Das letzte Fahrzeug fuhr nicht friedlich an ihm vorbei. Der Fahrer hatte sich entschlossen zu töten. Brutal und rücksichtslos erschoß er den jungen Mann, den Bruder zweier Brüder und einer Schwester; den Sohn einer verwitweten Mutter. Vorsätzlich, sagen Augenzeugen ... Er hatte keine Fahne in der Hand. Er verteilte keine Flugblätter. Er unternahm nichts, das den Einsatz einer Maschinenpistole herausforderte ... [Er war] ein anständiger, aufrichtiger junger Mann, der in seinem ganzen Leben niemandem etwas zuleide getan hatte. Er hatte die Kunstgewerbeakademie abgeschlossen. Aber da er einem Leben, das von Antonín Novotný dirigiert wurde, kritisch gegenüberstand, wurde er an der Universität nicht zugelassen. Also zog er den Overall eines Arbeiters an und wurde Mitglied in einer [Bauarbeiter-]Brigade, und das war er noch, als der Tod ihn ereilte."

Die Statistiken sind ungenau, aber mindestens fünf Menschen starben in der Schlacht um Radio Prag. Und bevor die Radioleute endgültig aus dem Gebäude vertrieben wurden, waren fünfundsechzig Menschen in das Krankenhaus in Vinohrady eingeliefert worden, mit „Schußwunden, Rißwunden, Verletzungen, Wunden, die von Granatsplittern und Panzergranaten verursacht worden waren, sehr schweren und tiefen Verletzungen, Bauchschüssen, Halsschüssen, Brustschüssen und komplizierten Knochenbrüchen" (nach Aussage eines der diensthabenden jungen Ärzte, der sagte, daß er gerade seine „Feuertaufe in Kriegschirurgie" durchmache).

Nicht all diese Verwundeten kamen von der Schlacht um das Rundfunkgebäude. Einige wurden vom dem nur einige Straßen entfernten Wenzelsplatz hereingebracht. Ein älteres Paar, das auf dem Wenzelsplatz wohnte, ging hinaus, um nach dem Radiogebäude zu schauen. Als sie an der Wenzelsstatue vorbeikamen, gerieten sie plötzlich in ein Scharmützel, das aus einer Seitenstraße herausgekommen war. Der alte Mann wollte seine Frau mit seinem Regenmantel schützen. Als sich zwei Minuten später der Rauch verzogen hatte, war der vordere Teil seines rechten Fußes abgetrennt, ihre rechte Hüfte gebrochen, und sie war durch Schrapnellsplitter auf beiden Augen erblindet.

Das war ein Beispiel der Gewaltausbrüche auf dem Wenzelsplatz. Sie zogen sich in stärkeren oder schwächeren gefährlichen Wirbeln den ganzen Tag über hin. Die Menschen protestierten, indem sie sich auf die Straßen setzten. Sie flüchteten in die Seitenstraßen oder in die Passagen, wann immer ein Panzer sich näherte, ohne seine Geschwindigkeit zu verlangsamen. Aber oft kamen die Panzer wie aus dem Boden gewachsen, und einmal – aber einmal war genug für zwei Menschenleben – überrollte ein Panzer Mutter und Kind, die den Platz überquerten.

Die Menschen schleuderten ungestraft Matratzen, Mülleimer, Ziegelsteine, Bierkästen und Äste umgefallener Bäume auf die Panzer. Aber zwei Studenten warfen mit Steinen auf einen Panzer, und als Antwort darauf durchlöcherte eine Maschinengewehrsalve ihre Körper.

An diesem Morgen geschah es auch, daß die Antenne eines Panzers an eine Oberleitung stieß. Erschrocken durch die plötzlich auflodernden Flammen, eröffneten die Schützen in fünfzehn Panzern das Feuer auf das Nationalmuseum. Die Menschen, die in der Nähe standen, wurden nicht nur durch die Schüsse, sondern auch durch herunterfallenden Putz verwundet. Und viele waren wie gelähmt durch diesen Affront.

Weil die Tschechen ein Volk sind, dessen Nation auf Kultur gegründet wurde, wußte ich, noch ehe ich es sah, daß ihr pokkennarbiges Nationalmuseum zu einem Denkmal der barbarischen „Verbrüderung" des Jahres 1968 werden würde. Heute, nachdem so vieles andere ausgelöscht worden ist, ist es *das* Denkmal, ein ungeschminkter Zeitzeuge mit Akne, der die Erhabenheit des Wenzelsplatzes krönt.

Zwischenspiel
Graffiti an Prager Mauern

DER RUSSISCHE ZIRKUS IST IN DER STADT! TIERE BITTE NICHT FÜTTERN.

IVAN KOMM HEIM! BORIS GEHT MIT NATAŠA. IN LIEBE, MUTTER.

BREŽNEV! WANN BEGINNST DU „MEIN KAMPF" ZU SCHREIBEN?

IVAN GEH NACH HAUSE! IN MOSKAU FINDET EINE KONTERREVOLUTION STATT.

BREŽNEV! SIE SIND VON DER MENSCHLICHKEIT SO WEIT ENTFERNT WIE WIR VON MOSKAU!

DIE SOWJETUNION IST UNSER VORBILD. BESETZEN WIR MOSKAU!

ZERSTÖRER DER WELT, AUSEINANDER!

ARBEITER DER WELT, VEREINIGT EUCH – ODER WIR BRINGEN EUCH UM!

IVAN KOMM HEIM! NATAŠA HAT SEXPROBLEME. DEIN FREUND NIKOLAJ.

JE GRÖSSER DER PANZER, DESTO KLEINER DAS HIRN.

EIN ELEFANT KANN KEIN STACHELSCHWEIN VERSCHLUCKEN.

IVAN! WIE OFT WIRST DU UNS NOCH BEFREIEN?

BEFREIT UNS NICHT. WIR SOLLTEN EUCH BEFREIEN.

FRÜHER HATTEN WIR FÜNF FREUNDE. JETZT IST DIE GANZE WELT UNSER FREUND.

WIR VERDAMMEN DEN SOWJETISCHEN FASCHISMUS!

BLEIB NÜCHTERN! WODKA MACHT EINEN DIKKEN KOPF.

KRÜMME IHNEN KEIN HAAR, ABER GIB IHNEN AUCH KEINEN TROPFEN WASSER.

WIR RUFEN DR. BARNARD! HILFE!!! DR. BREŽNEV HAT GERADE DAS HERZ EUROPAS IN DEN HINTERN RUSSLANDS VERPFLANZT.

WER HAT EUCH HIERHER EINGELADEN?

GEBT DUBČEK ZURÜCK.

UM TOTE UND VERWUNDETE ZU MELDEN, RUFEN SIE 38-20-45 AN.

UdSSR = SS

UN! SOS!!!

WIR WOLLEN CÍSAŘ ZURÜCK, NICHT DEN ZAREN.

VENI, VIDI, FUGI!

WIR FORDERN EIN GIPFELTREFFEN ZWISCHEN LEONID BREŽNEV UND JOHN F. KENNEDY.

SOGAR HITLER IST BEI TAGESLICHT GEKOMMEN.

DIE DEUTSCHEN WOLLTEN UNS NUR FÜR TAUSEND JAHRE; DIE RUSSEN FÜR IMMER.

WELCHES IST DAS NEUTRALSTE LAND DER WELT? DIE TSCHECHOSLOWAKEI – DENN WIR KÖNNEN UNS NICHT EINMAL IN UNSERE EIGENEN ANGELEGENHEITEN EINMISCHEN.

WELCHES IST DAS SICHERSTE LAND DER WELT? ISRAEL – DENN ES IST VON FEINDEN UMGEBEN.

PROČ? = POČEMU? = POURQUOI? = WHY?

MIT SOLCHEN BRÜDERN WIE EUCH BITTEN WIR MÜTTERCHEN RUSSLAND, EMPFÄNGNISVERHÜTUNG ZU PRAKTIZIEREN.

EINEN TOAST ZUR BEGRÜSSUNG – H_2SO_4!

WIR HABEN UNSERE FREUNDSCHAFT MIT DER SOWJETUNION 20 JAHRE LANG VERTIEFT. JETZT HABEN WIR ENDLICH DEN BODEN ERREICHT.

MAKE LOVE, NOT WAR!

WE SHALL OVERCOME!

Ein Schild, von drei Ostdeutschen getragen: WIR SCHÄMEN UNS, OSTDEUTSCHE ZU SEIN!

HILFE GESUCHT: EIN MARIONETTEN MINISTERPRÄSIDENT, EIN PRÄSIDENT DER NATIONALVERSAMMLUNG, EIN ERSTER SEKRETÄR, EIN VORSITZENDER DER NATIONALEN FRONT. ALS BEWERBER KOMMEN NUR VERRÄTER IN FRAGE. MELDEN SIE SICH BEI DER SOWJETISCHEN BOTSCHAFT.

SOZIALISMUS, JA! OKKUPATION, NEIN!

AUSSTELLUNG DER SOWJETISCHEN MILITÄRMACHT AUF DEM WENZELSPLATZ. EINTRITT FREI; ENDE UNGEWISS.

Kapitel 13

Mittwoch, 21. August 1968
von 13.30 Uhr bis 21.30 Uhr

Nach dem Mittagessen unternahm ich meinen ersten Spaziergang durch das besetzte Prag. Die Militärkonvois rollten noch immer die Allee der Pioniere (die von der ostdeutschen Grenze in der Nähe von Karlsbad in die Stadt führt) entlang, aber die Menschen wagten sich vorsichtig auf die Straße. Um als hilfloser Beobachter der Vergewaltigung Prags nicht behelligt zu werden, entschied ich mich, eine Kamera umzuhängen und einen Führer in die Hand zu nehmen, und *voilà!* schon bahnte sich ein fertiger amerikanischer Tourist seinen Weg durch dick und dünn.

Ich umging die Verkehrsinsel auf dem *Pohořelec*, wo ich im Morgengrauen fast ums Leben gekommen wäre. Jetzt waren keine Panzer auf dem Platz zu sehen, nur die tiefen Spuren und die herausgerissenen Pflastersteine zeugten von den schweren Raupenketten. Aber ein paar Meter weiter unten in der Loretánská stand ein Minipanzer. In seinem Turm befand sich ein russischer Soldat, der Papiere kontrollierte. Wenn er sein Okay gegeben hatte, fuhr der Tank zur Seite, und man konnte bis zum Außenministerium weitergehen. Wenn man von dort noch weiter – Richtung Burg – gehen wollte, mußte man sich bei einem größeren Panzer ausweisen, der am nächsten Checkpoint aufragte. Von der Burg her konnte ich das regelmäßige Dröhnen von Artilleriefeuer hören und ab und zu Handfeuerwaffen.

Vielleicht fünfzig Tschechen hatten sich in der Nähe des Minipanzers versammelt. Sie schrien den Soldaten an, der sie ignorierte. Als ein requirierter Prager Bus russische Soldaten brachte, höhnte, stampfte und pfiff die Menge, bis er den Checkpoint passiert hatte. Einige Studenten winkten mit ihren Busfahrkarten und versuchten einzusteigen.

Der Weg hinunter durch die Nerudagasse, den ich gewählt hatte, war für Fußgänger noch offen. Vom Petřín aus bot sich ein klarer und gleißender Blick über die sich windende Moldau. Aber gleich hinter dem Wenzelsplatz erhoben sich dunkle Rauchwolken über den Wohnhäusern, die in der Schlacht um Radio Prag Feuer gefangen hatten.

Auf dem Weg hinunter wußte ich, daß ich aus einer Entfernung von etwa vierhundert Metern von der rechten Seite des Hügels aus durch ein Zielfernrohr beobachtet wurde. Die Russen befanden sich (laut Radiomeldung) im Aussichtsturm auf dem Petřín, wo wir am Tag der Befreiung mit Sylva gewesen waren. Auf dem halben Weg nach unten wurden links von mir die Gebäude auf dem Hradschiner Platz und die Burg sichtbar. Plötzlich glaubte ich zu sehen, wie sich auf einem dieser altehrwürdigen Palais eine Statue bewegte. Es war ein russischer Soldat, der auf dem Dach patrouillierte.

Leute, die heraufkamen, warnten mich davor, daß die Russen am Fuße des Hügels Kameras, Radios, Stadtpläne, Uhren, Kugelschreiber und Eheringe konfiszierten. Als ich dies hörte, machte ich einen Umweg über einen Hof, eine Treppe und zwei Tunnels und gelangte so zur amerikanischen Botschaft.

Am Empfang, wo ich meine Touristenverkleidung ablegen wollte, wurde ich mit der Realität konfrontiert. Ein älterer Mann aus Florida schüttelte seine weiße Mähne über dem brünetten Haarturm der Empfangsdame.

„Ich habe im voraus für einen fünftägigen Aufenthalt hier bezahlt, Vollpension und Besichtigungstour inklusive, und ich werde hier bei Gott auch fünf Tage bleiben!"

Die junge Frau, eine Tschechin, die Englisch sprach, sagte dennoch: „Die Botschaft empfiehlt Ihnen, jetzt abzureisen, mein Herr, oder sobald wir von tschechischer und russischer Seite sicheres Geleit garantiert bekommen haben."

„Sicheres Geleit wohin?"

„Wahrscheinlich nach Nürnberg."

„Aber ich *war* schon einmal in Nürnberg. Ich habe Gutscheine für alles hier im voraus bezahlt. Heute nachmittag sollte ich den Hradschin besichtigen und im *Veekarky*-Restaurant essen. Hier ist meine Tagesroute ..."

Die Augen der jungen Frau hatten sich mit Tränen gefüllt, aber der alte Sturkopf schaute nur auf seine verdammten Gutscheine, während sie, sich am Schreibtisch festklammernd, sagte: „Die Burg ist geschlossen, Sir. Sie wird von russischen Soldaten bewacht, die Ihre Tagesroute nicht lesen können, Sir. Mein Land ist besetzt worden, Sir, und Ihre Botschaft empfiehlt Ihnen zu Ihrer eigenen Sicherheit, so bald wie möglich abzureisen."

Der Mann sagte, er vermute, daß „der Reisebüroangestellte, der diese blöde Reise gebucht hat, auf der schwarzen Liste aller amerikanischen Botschaften der Welt steht." Ich gab der jungen Frau meine Kamera in Verwahrung und setzte dann meinen Spaziergang fort – dabei benutzte ich meinen Reiseführer als einzige „touristische" Stütze und überlegte, ob ich nicht vielleicht die kriegerischste aller Posen gewählt hatte.

Ein russischer Konvoi fuhr über den Kleinseitner Ring, und ich benötigte fünfzehn Minuten, um den Platz zu überqueren. Noch einen Block weiter, und ich war auf der Karlsbrücke, nach wie vor von Panzern verschont, aber bereits durch Kreide und Graffiti entstellt: „LENIN ERWACHE! BREŽNEV IST VERRÜCKT GEWORDEN!" In frischem Rot und Grün stachen rote Sterne und Hakenkreuze, die ineinander verschlungen waren, ins Auge. Ein Herz, von einem Dolch durchbohrt, trug die Inschrift: „1938 + 30 = 1968". Eine andere Aufschrift setzte die Jahreszahl 1938 und ein Hakenkreuz mit 1968 und einem roten Stern gleich. „ULBRICHT = DIKTATOR = NOVOTNÝ", besagte eine andere. Weiter konnte ich „IVAN GO HOME" in vierzehn verschiedenen Sprachen zählen. Ein im Frühling eingeritztes „CÍSAŘ" war in „BEFREIT CÍSAŘ!" abgeändert worden. Und die barocken Statuen des Heiligen Veit und Wenzel, des Kyrillos und Methodios, Antonius von Padua und Vincent von Ferrara und besonders die des Beichtvaters Jan von Nepomuk blickten mit der stoischen Resignation religiöser Skulpturen von der mittelalterlichen Brücke auf die alte Moldau hinunter.

Am Brückenende in der Altstadt war dem Kaiser des Heiligen Römischen Reiches Karl IV. die tschechoslowakische Flagge in die Hand gesteckt worden.[40] Aber das gesamte rechte

[40] Lange nachdem die Slogans und „Dubček-Svoboda"-Aufschriften abgekratzt, abgewaschen oder auf andere Art entfernt worden waren, um die in Moskau beschlossene „Normalisierung" zu vollziehen, hielt die Statue Karls des IV. die Flagge fest. Erst Anfang 1969 realisierten die Russen, daß das nicht immer so gewesen war.

Moldauufer war von einer endlosen olivgrünen Panzerkolonne überzogen. Russische Soldaten, die ihre Waffen auf den Knien wiegten, während sie auf Befehle warteten, lümmelten sich auf den Panzern herum. Die vorbeikommenden Mädchen beäugten sie sehnsüchtig und den Rest von uns wachsam. Autos konnten nicht vorbei, aber die Leute schon.

Zweimal jedoch sah ich, wie Touristen mit Kameras von Soldaten, die von den Panzern heruntersprangen, angesprochen wurden. In einem Fall nahm ein Soldat die Kamera weg, und als der Eigentümer protestierte, richtete er seine Maschinenpistole auf ihn. In einem anderen Fall kämpfte ein Italiener sogar mit zwei Soldaten. Der Aufruhr lockte ihren Vorgesetzten herbei. Der Offizier beruhigte den Italiener, indem er ihm in Zeichensprache zu verstehen gab, daß er den Streit bereinigen werde. Er inspizierte die Kamera, öffnete sie, nahm den Film heraus, hielt ihn ins Licht, gab den ruinierten Streifen seinem Eigentümer zurück und ging dann selbst mit dem Apparat davon!

Der Italiener setzte sich einfach auf den Bordstein und fing an zu weinen. Es gab nichts, womit ihn die beiden Soldaten, die ihn nun zu trösten versuchten, aufheitern konnten.

Links von der Karlsbrücke, in Richtung Rudolfinum, waren die Soldaten alle dunkle, brütende, verschlossene Georgier; noch ehe man herausgefunden hatte, woher sie kamen, wußte man, daß das Stalins Volk war. Wenn man einen von ihnen etwas fragte, konnte er antworten oder auch nicht, aber in jedem Fall nahm er seine Waffe fester in den Griff. Wenn man an ihren Panzern vorbeiging, konnte man manchmal sehen, wie einer der jüngeren einen beobachtete. Und dann konnte man das Klikken des Entsicherns hören.

Es war kein besonders vielversprechendes Katz-und-Maus-Spiel, deshalb machte ich nach einem kurzen Abstecher nach links kehrt und ging, von der Karlsbrücke aus gesehen, nach rechts. Dieser Weg führte zum Nationaltheater und brachte mich näher an den Wenzelsplatz. Die sechzig, auf diesem ein paar hundert Metern langen Stück Uferstraße postierten Panzer waren mit Ukrainern besetzt, den Nachbarn der Slowaken; einige von ihnen waren sogar bis zur neuen Grenzziehung im Jahre 1945 Tschechoslowaken gewesen. Stramm, blond und von unermüdlicher Fröhlichkeit, hätte man sie glatt für eine auf Tournee befindliche Truppe tanzender Derwische halten können, wären da nicht diese plumpen braunen Uniformen gewesen, die sie wie zu groß geratene Schüler beim Soldatenspielen aussehen ließen.

An dieser Stelle wurde ich Zeuge des *Hydepark*-Wunders. Diese frei herumziehenden Foren hatten sich direkt unter die Truppen gemischt, die gekommen waren, um die Redefreiheit zu zerstören. Der neue *Hydepark* wurde bei jedem zweiten oder dritten Panzer abgehalten. Wo immer die Panzerbesatzung so aussah, als ob sie zuerst bereit sei, Fragen zu beantworten und erst dann zu schießen (und nicht umgekehrt), umringten zwanzig oder dreißig Tschechen den Tank und eröffneten die Debatte. Einige von ihnen predigten. Andere malten verwegen Hakenkreuze und Slogans auf die Panzer. Jeder Panzer, den ich sehen konnte, war bereits mit einem direkten Zitat bzw. einer Variation von Brežnevs Absage an Novotný geschmückt: „Das ist eure Angelegenheit." Jetzt erinnerten die Tschechen die Russen so daran: „DAS IST UNSERE ANGELEGENHEIT."

Und sie fragten: „Warum seid ihr hier?"

Die Antworten der Ukrainer waren unglaublich, aber offensichtlich aufrichtig: „Wir dachten, wir wären bei Manövern. Wir hatten keine Ahnung davon, daß wir nach Prag gehen würden." Einige von ihnen, aus Odessa und von der Schwarzmeerküste, waren noch immer nicht ganz sicher, wo sie waren. Andere hatten noch nie von Dubček gehört. Einige waren davon überzeugt, in „Nazideutschland" zu sein. „Wie kommt es, daß all diese Deutschen Tschechisch und Russisch sprechen?" „Oh, unser Offizier sagt, daß es zwei Dinge gibt, an denen man einen Deutschen erkennt. Sie sind alle sehr gut gekleidet. Und sie sprechen drei oder vier Sprachen."

Als ich das hörte, überlegte ich, ob ich nicht meinen englischsprachigen Reiseführer wegstecken sollte, um für einen guten Deutschen gehalten zu werden, wie all die anderen Tschechen. Aber gerade in diesem Moment wurden mein Buch und ich von einem scharfsichtigeren russischen Unteroffizier entdeckt. Er sprang von seinem Panzer und umarmte mich – zu meiner größten Verwirrung – wie einen alten Freund. Kaum jemand war jemals so glücklich gewesen, mich zu sehen.

„Ich spreche nicht wenig Englisch", informierte er mich. „Diese Augenblick Sie sind der erste Engländer, den ich für immer habe gesehen. Sie sind Engländer? Australier?" Als er bemerkte, daß ich zögerte, wurde ihm klar, daß er einen wertvollen

Fang gemacht hatte. Er trat zurück und sah mich genau an. „Kanadier?"

„Amerikaner", sagte ich schüchtern. „Amerikanischer Tourist."

Er schlug mir auf den Rücken und schüttelte mir die Hand: „Sie sind mein erster Amerikaner. Bis jetzt war ich enttäuscht, weil sie mir viele versprochen hatte."

„Viele Amerikaner?"

„Sie sagen mir, als ich nicht gehen will, daß wir gegen amerikanische Spezialeinheiten und Revanchisten der Deutschen Wehrmacht werden kämpfen. Wenn wir Gefangene nehmen, kann ich Verhöre machen. Aber Sie sind nicht Soldat?"

„Definitiv nicht", sagte ich. „Amerikanischer Tourist. Ich bin schon einmal in Moskau und in Leningrad gewesen, und ich hoffe ..."

„Kommen Sie nach Charkov!" sagte er. „Das ist eine bessere Stadt als Moskau, Leningrad, Kiev und Prag zusammengenommen." Dann zeigte er mir ein Foto, nicht von Charkov, sondern von dem Mädchen, das er dort zurückgelassen hatte. Ich zeigte ihm einen Schnappschuß von „meiner Familie daheim" und ging weg, so schnell ich konnte.

Ich steckte meinen Reiseführer ein und bahnte mir mühsam den Weg durch Dialog für Dialog. Im Vorbeigehen konnte ich an einem Panzer jemanden fragen hören: „Warum seid ihr hier?" Und zwei Panzer weiter konnte ich die russische Antwort an einen anderen Fragesteller aufschnappen: „Wenn wir nicht gekommen wären, hätten die Amerikaner in zwei Tagen die Macht übernommen." Ich ging schneller, aber es war ein fortlaufender Dialog, und man konnte ihn verfolgen, so als ob man am Abend einer Hockeyübertragung eine Wohnstraße entlangspazierte. Im Vorbeigehen stellte ich fest, daß, obwohl sich am Ufer vor Igor Hájeks Fenster massenhaft Panzer befanden, das Büro der *Literární Listy* nicht besetzt zu sein schien. Aber ich entschloß mich, dort lieber nicht vorbeizuschauen.

Am Nationaltheater wandte ich mich nach links in die Nationalstraße und betrat schon wieder eine andere Welt. Die geselligen Ukrainer und die brütenden Georgier hatte ich hinter mir gelassen. Jetzt ging ich zwischen zwei engen Reihen von Asiaten mit leeren Blicken entlang, die in ihren Panzertürmen emporragten wie Spielzeugsamurais, die darauf warten, aufgezogen zu werden. Ich mußte nicht lange nachdenken, um mich daran zu erinnern, daß das Wort *Roboter* in Prag entstanden war. Jetzt waren die Roboter nach Prag gekommen – vielleicht, um die Stadt zu zerstören. Aber diese Roboter hatten keine Ahnung, wo sie waren, und es hätte ihnen nicht gleichgültiger sein können. Sie waren hier, um zu vollstrecken und nicht, um sich umzusehen.

Ein paar Schritte weiter erblickte ich ein Maschinengewehr-Nest und vier Panzer als Absperrung vor dem Viola-Jazz- und Literaturklub. In der Einfahrt des Viola-Klubs standen zwei Minipanzer. Die ganze Viola wimmelte von Truppen. Ein Musiker, den ich kannte, beobachtete sie mit schwacher Belustigung. Er schien nicht so entsetzt wie ich zu sein, und er arbeitete immerhin dort!

„Und das alles nur, um das bißchen *skiffle singing* zu unterdrücken!" bemerkte ich.

„Das ist in Ordnung", murmelte er. „Sie denken, das sei der Schriftstellerverband. Solche dummen Schweine sind das!" (Die Viola befindet sich in der Nationalstraße Nummer 7, der Schriftstellerverband in den Nummern 9 und 11.)

„Warum haben sie das nicht auch bei *Literární Listy* getan?" fragte ich.

„Das weiß niemand", sagte er.

(Die Russen benötigten vier Tage, um herauszufinden, daß die Viola ein Nachtklub war und nicht Goldstückers Kommandozentrale und daß die Cafétische niemals mit der Batterie von Schreibmaschinen hätten beladen gewesen sein können, die jeweils 2.000 staatsgefährdende Worte hervorbringen.)

Schon als ich die schwarzgekleideten, hilflosen Panzerfahrer vom Mars mit veralteten Plänen im Morgengrauen auf dem *Pohořelec* sah und danach mit eigenen Ohren Zeuge der Unfähigkeit der Russen, das Radio abzustellen, wurde, erkannte ich, daß diese Invasion eher ein militärischer Pfusch war als ein „Blitzkrieg, wie er im Buche steht", ein „militärisches Meisterstück" oder ein „glanzvoller strategischer Geniestreich", wie sie sowohl die westliche Presse als auch der NATO-Nachrichtendienst priesen.

Zugegeben, die Russen hatten über Nacht Truppen von einer viertel Million Soldaten in die Tschechoslowakei gebracht – davon die Hälfte mit 2.000 Panzern nach Prag – und es rollten noch immer welche herein.[41] Sie hatten jedoch eine wertvolle

[41]Bei Einbruch der Nacht schätzte das tschechoslowakische Verteidigungsministerium die Zahl der einmarschierten Truppen (einschließlich der Ver-

Stunde verschwendet, als sie ihren Weg in den Prager Flughafen hinein und wieder hinaus erkämpften, wo der Widerstand minimal war und bereitwillige Verräter nur darauf warteten, sie in Empfang zu nehmen.

Immer wenn ich die Truppen aus taktischer Sicht betrachtete, kam mir der Gedanke, daß, wenn es die Russen tatsächlich mit einer richtigen Konterrevolution zu tun gehabt hätten und der Schriftstellerverband, *Literární Listy*, das Radio und das Fernsehen, die Burg und das Außenministerium ihre echten Bollwerke gewesen wären, die Invasion mit Sicherheit wesentlich an Zeit und Boden verloren gehabt hätte. Und die Invasoren wären in echten Schwierigkeiten gewesen.

Bei allem Respekt für Tad Szulc, stimme ich mit dem, was er kurz danach in der *New York Times* schrieb, nicht überein:

> Die unter sowjetischer Flagge geführte Invasion … bot den westlichen Beobachtern zum ersten Mal seit dem Zweiten Weltkrieg die Gelegenheit, die sowjetische Armee in einer Situation von Kampfbereitschaft in großem Ausmaß zu beobachten.
>
> Die Invasion, vor allem die blitzschnelle Besetzung von Prag, war nach dem praktisch einstimmigen Urteil westlicher Beobachter mit militärischer Erfahrung eine brillant und fehlerfrei ausgeführte militärische Operation.

Mit anderen Worten: im Urteil derer, die man überrumpelt hatte und die deswegen geneigt waren, die Fähigkeiten der Halunken, die sie ausgetrickst hatten, zu überschätzen.

Nur das Ausmaß der Invasion und die passive Natur des tschechischen Widerstandes hatten die Sowjets vor schweren Verlusten bewahrt. Aber die zahlenmäßige Überlegenheit reichte aus, um das Licht auszulöschen, das der Prager Frühling für eine Welt, die 1968 so dringend Hoffnung benötigte, angezündet hatte.

Die Invasion hatte funktioniert – aber sie war das Ergebnis eines verhängnisvollen emotionalen Fehlers. Es schien mir damals, daß die verängstigten alten Männer in Moskau, Warschau, Sofia, Budapest und Ostberlin durch ihr Überreagieren im Namen des Weltkommunismus dessen Totenglocke geläutet

stärkung aus Polen, Ungarn, Bulgarien und Ostdeutschland) auf 500.000 Mann; am darauffolgenden Montag auf 650.000.

hatten. Ich dachte mir, daß sie die Möglichkeit, daß chaotische westliche Nationen wie Frankreich oder Italien jemals kommunistisch würden, vertan (oder zumindest verschoben) hatten. Diese Länder (und besonders ihre Kommunistischen Parteien) hatten das Dubček-Experiment beobachtet und waren potentiell anfällig für die Idee eines „Sozialismus mit menschlichem Antlitz". Nach dem 21. August 1968 jedoch konnte kommunistisch wählen mit Landesverrat gleichgesetzt werden. Denn es wäre eine unwiderrufliche Wahl gewesen. Sollte das Land kommunistisch werden und dann so wie die Tschechoslowakei vom Weg abweichen (oder gar versuchen, die Kommunisten wieder *ab*zuwählen, was die Tschechoslowakei niemals auch nur in Erwägung gezogen hatte), dann hatte man seine Landsleute vielleicht dazu verdammt, eines Morgens von Marspanzern auf den Champs-Élysées, Panzern auf der Via Veneto, Panzern auf allen Hauptstraßen geweckt zu werden ...

„Es ist schlimmer als ein Verbrechen; es ist ein Fehler", kommentierte Napoleons Polizeiminister einmal politischen Mord. Seine Worte haben überdauert – und sie können immer noch das Epitaph für die Invasion in die Tschechoslowakei abgeben.

Als ich am 21. August die Nationalstraße entlangging, riefen die Menschen „Dub-ček! Dub-ček!", und die Roboter krampften ihre Finger noch fester um den Abzug, zeigten aber ansonsten keine Spur von Zorn oder Interesse. So wie sie für mich alle gleich aussahen, mußten wir unter ihren Gewehren alle für sie gleich aussehen.

Die Truppen hatten den strengen Befehl, nicht zu fraternisieren. Aber ein schneidiger junger Offizier sprach das hübscheste Mädchen in Sichtweite an, entschuldigte sich für seine geringe Kenntnis des lateinischen Alphabetes und erkundigte sich nach der Aussprache eines Straßennamens, der auf seinen Instruktionen stand. Das Mädchen antwortete nur: „Sollten Sie jemals als Tourist herkommen, werde ich Ihnen meine Stadt zeigen. Aber wenn Sie in einem Panzer kommen, dann will ich nichts mit Ihnen zu tun haben."

Hier auf dem Wenzelsplatz stellten sich alte tschechoslowakische Soldaten an, um ihre Medaillen, die sie sich an der russischen Front verdient hatten, in Abfalleimer zu werfen, die dann einige Stunden später der sowjetischen Botschaft übergeben werden sollten.

(Der tschechoslowakische Arzt, der mit der Behandlung der Angestellten der russischen Botschaft betraut war, verzichtete am 21. August auf seinen Posten und gab höchstpersönlich eine Goldmedaille zurück, die ihm die Russen für lange und treue Dienste überreicht hatten. Er sagte, er könne sich nicht länger um Menschen kümmern, die sein Land niedergemetzelt hätten.)

An diesem Nachmittag marschierten Studenten zwischen den Panzerzügen auf dem Wenzelsplatz. Sie marschierten hinter tschechoslowakischen Flaggen, die mit dem Blut der Märtyrer dieses schrecklichen Tages getränkt waren. Und immer wenn die Panzer kamen, stellten sich die Studenten unter das Reiterstandbild des heiligen Wenzel, vor die eingemeißelte Inschrift: „LASS WEDER UNS NOCH UNSERE NACHKOMMEN UNTERGEHEN." Jemand hatte mit Kreide hinzugefügt: „DUBČEK HURRA!"

Dort, unter der Statue Wenzels, begann man am 21. August eine Mahnwache zu halten. Immer zu zweit wechselten sich die Prager Studenten beim Wachestehen ab. Sie hielten eine weiß-rot-und-blaue tschechoslowakische Flagge und ein schwarzes Banner als Zeichen der nationalen Trauer, während Hunderte von anderen Studenten still, mit gesenkten Köpfen dasaßen. Zwei Wochen lang, Tag und Nacht, weigerten sie sich, auseinanderzugehen oder auch nur zurückzuweichen, wenn die Panzer über ihre Köpfe hinweg feuerten (und mindestens einmal sogar mitten in die Gruppe). Tagsüber streuten sie Blumen und nachts zündeten sie Kerzen an, um ihre Toten zu ehren. Und jede Morgen- und jede Abenddämmerung brachte neue Namen, die zu beklagen waren, neue Helden, derer es zu gedenken galt und neues Blut, um die tschechoslowakische Trikolore zu färben.

Auf meinem Weg nach Hause machte ich einen Umweg, der mich vor meine Bank führte, das Jugendstilgebäude der Živnostenská Banka. Wie alle staatlichen Banken war sie durch russische Panzer abgesperrt. Aber an die Tür hatte ein tschechischer Barde ein Gedicht geklebt, das sowohl auf vergangene wirtschaftliche Katastrophen als auch auf die aktuellen Ereignisse anspielte:

> Um unsere arme Staatsbank zu schützen,
> brauchen wir keine Panzer mit Schützen.

Den Mist da drinnen zu bewachen,
ist ein Job, den wir gern selber machen.
Denn es ist nur Mist, den man uns läßt,
Unsere russischen „Brüder" nahmen den Rest.

Ich überquerte die Hauptstraße, den „Graben" (*Na Příkopě*), die die Neustadt von der Altstadt trennt. Auf der Altstädter Seite sah ich den tschechischen Manager des russischen Restaurants Moskva auf dessen Markise klettern. Ich wartete und schaute zu. Während die Panzer, die vor meiner Bank gestanden hatten, in seine Richtung schwenkten, tauschte der Mann auf der Leiter zwei Buchstaben der Aufschrift aus und nannte das Restaurant in Morava (Mähren) um. Dann kam er unversehrt herunter. Prag hatte ein neues mährisches Restaurant!

Ich betrat die Altstadt durch den Pulverturm. Die „berüchtigten *Hydeparks* vor dem Altstädter Rathaus" hatten ganz oben auf der sowjetischen Abschußliste gestanden. Mit ihrem typischen Hang zur Übertreibung hatte die Rote Armee den wunderschönen Altstädter Ring abgesperrt und mit sechs Flakgeschützen, einem MG-Nest und fünfzehn Panzern geschmückt. Dennoch hatte es jemand fertiggebracht, einen Akt der Barmherzigkeit zu vollbringen, indem er der Statue von Jan Hus die Augen verband.

Das zweihundert Jahre alte Kinsky-Palais auf dem Altstädter Ring, in dem Franz Kafka das Gymnasium besucht hatte, war seit dem Ende des Zweiten Weltkrieges ein Museum. Durch Zufall lautete das Thema der im August 1968 stattfindenden Ausstellung, das auf einem roten Band über der ganzen Breite der Rokokofassade zu lesen war: „20 JAHRE SOWJETISCHE KUNST". Das russische MG-Nest lag im toten Punkt genau darunter, und Fotografen mit Zoom rangelten sich darum, ein Foto von dieser plastischen, unfreiwilligen Selbstkritik zu schießen, die verdeutlichte, was zwei Dekaden Kommunismus der ČSSR gebracht hatten.

Einige Straßen weiter machte der Platz der Roten Armee seinem (russischen) Namen alle Ehre, und das nur deshalb, weil sich dort ein weiteres russisches Ziel befand – die „ruchlose philosophische Fakultät". Sie garantierte äußerste militärische Beachtung. Auf dem Platz der Roten Armee entdeckte ich einen Bus der Linie 134. Ich fragte den Fahrer, ob er heute Passagiere auf seiner regulären Strecke befördere. Als er das bejahte, stieg ich ein, und er händigte mir meine erste Aufstellung der zahlreichen vervielfältigten Zehn Gebote aus, die in Prag zirkulierten:

1. Praktizieren Sie passiven Widerstand bis zur Freilassung unserer Führer, streiken Sie notfalls.
2. Arbeiten Sie nicht mit den Besatzungsmächten zusammen.
3. Sprechen Sie mit den Soldaten russisch, erklären Sie ihnen unsere Wahrheiten, malen Sie Slogans, drucken Sie Flugblätter.
4. Bei Bedrohung allerdings behaupten Sie, daß Sie weder Russisch noch eine andere Sprache verstehen.
5. In Bedrängnis spielen Sie den Dummen.
6. Unterstützen Sie nur das freie Fernsehen und Radio.
7. Versuchen Sie russische Propaganda zu vernichten und ihre Übertragungen zu stören.
8. Unterstützen Sie all unsere fortschrittlichen Führer.
9. Prangeren Sie Kollaborateure und andere schwache Charaktere an.
10. Bereiten Sie sich auf weitere Schritte vor, sollte die Okkupation andauern.

Zu Hause fand ich die Kinder etwas gereizt vor, weil sie im Haus eingesperrt waren. Sie hatten die Panzer vom Fenster aus beobachtet. Erika entschied: „Ich mag die russischen Panzer nicht, weil sie nicht stehenbleiben, damit die Leute über die Straße gehen können." Monica dagegen drängte mich: „Daddy, ich möchte den russischen Soldaten kennenlernen." Für sie war der russische Soldat die lustige, hochfahrende Figur von der *Kleinen Goldenen Schallplatte*, die wir mit hierher gebracht hatten: „Einführung in die Nußknackersuite für Kinder", erzählt von Captain Kangaroo. („Liebliche arabische Prinzessin, du bist so wunderschön, du kannst nicht unglücklich sein. Ich bin nur ein armer russischer Soldat, aber jeder sagt, ich bin ein wunderbarer Freund. Wenn du mich läßt, werde ich gemeinsam mit dir träumen.")

Ich sagte Monica, daß es, leider, noch viel Zeit und genügend Gelegenheit geben werde, um den russischen Soldaten kennenzulernen, aber heute sei nicht der Tag dafür.

Meine Frau und meine Nichte informierten mich kurz darüber, was sie im Fernsehen gesehen und im Radio gehört hatten, während ich draußen gewesen war. Valerie gab mir auch eine

Liste mit Leuten, die ich zurückrufen sollte. Nachdem ich das getan hatte, konnte ich mir folgendes Bild der Ereignisse in der Umgebung des ZK-Gebäudes zusammensetzen:

Kurz nach 9 Uhr hatte sich ein Dutzend tschechischer Geheimpolizisten mit drei Mitgliedern des sowjetischen KGB in der Polizeihauptwache in der Bartoloměјská getroffen. Die Zusammenkunft fand im Büro von Oberstleutnant Bohumil Molnár, dem Chef der Staatssicherheit für die Region Prag, statt.

Císař wurde bereits nebenan von anderen Kollaborateuren verhört. Jetzt befahl Molnár seinen Handlangern, Dubček, Smrkovský, Kriegel und Špaček offiziell in Gewahrsam zu nehmen. Dann bestimmte er für die Verhaftung fünf Wagen – zwei Wolgas, zwei Tatras und einen Škoda.

„Sollen wir Waffen mitnehmen?" fragte jemand.

„Ich denke schon", antwortete Molnár.

Sie fuhren zuerst zur russischen Botschaft auf der anderen Seite der Moldau. Dort stiegen ein älterer russischer Oberst und ein anderer sowjetischer Offizier in die Wolgas. Dann fuhren alle fünf Wagen wieder zurück über den Fluß. Vor dem Zentralkomitee schloß sich ihnen ein sowjetischer Major im Kampfanzug mit einer Maschinenpistole an. Er war der Befehlshaber der Einheit, die das Gebäude besetzt hatte. Er führte sie hinein. In der Halle ging ein Helfer des „Herrn Ersten Sekretärs" Kolder eine ZK-Personenliste für einige KGB-Männer durch. Er markierte, wen man nach Hause schicken oder hereinlassen konnte und wer dagegen „unzuverlässig" war.[42]

Der Major begleitete die Neuankömmlinge zu Zimmer 70 im zweiten Stock, wo ein bürokratisch aussehender Tscheche mit randloser Brille sie kurz informierte. Sich an seine Verräterfreunde wendend, fragte er: „Wer von Ihnen ist ein Held? Wer will zu Dubček hinaufgehen und sagen: ‚Im Namen der Revolutionären Arbeiter- und Bauernregierung des Genossen Indra, Sie sind hiermit verhaftet.'?"

Eine Weile drückten sich alle vor dieser Aufgabe – bis sich schließlich ein tschechischer Geheimpolizist, bekannt als Hoff-

[42]Auf Grund dieser Liste wurde das stellvertretende Präsidiumsmitglied Šimon in dieser Nacht von den Russen weggebracht und fast eine Woche lang in Prag in Haft gehalten.

mann senior, freiwillig für diese Niedertracht meldete und die Formulierung auswendig lernte. Er wurde von zwei Kollegen namens Dubský und Peroutka begleitet. In Císařs Büro wurden Dubček, Smrkovský, Kriegel und Špaček nochmals durchsucht, ihre Uhren durften sie aber noch immer behalten![43]

Dann warteten sie bis zum Nachmittag, bis die Russen mit Handschellen kamen. Ehe sie gefesselt wurden, wurde jeder der Führer in sein Büro gebracht und erhielt die Gelegenheit, alles, was er „auf einer Reise" bei sich haben wollte, mitzunehmen. Josef Smrkovský wurde zu seinem Schreibtisch geführt, wo er den Hammer des Parlamentspräsidenten streichelte. Aber in Erinnerung an seine viereinhalb Jahre in stalinistischen Gefängnissen (wo der Tee ungesüßt serviert wurde), waren alles, was er nahm, drei Stück Zucker von einem Teetablett.

„Ich werde das dort, wo ich hingehe, brauchen", bemerkte Smrkovský. „Ich war dort schon einmal."

Čestmír Císař erging es auf der Polizeistation besser. Er antwortete seinen Vernehmungsbeamten höflich und unverbindlich. Sie versorgten ihn mit Tee und belegten Broten und brachten ihn dann am frühen Nachmittag weg, zum Hotel ohne Namen – „wo Dubček", wie einer hämisch bemerkte, „zu wohnen pflegte." Císař sollte sich dort mit „dem Genossen Indra" treffen, dessen Marionettenregierung noch immer den Odem des Lebens von irgendwoher benötigte, gleichgültig woher, selbst wenn es der schlechte Atem des Verrates an Dubček durch einen Císař sein

43Während Oberst Molnárs Team seine Pläne machte, war seltsamerweise eine andere Gruppe von Männern der Staatssicherheit mit einem KGB-Mann namens Vinokurov zusammengetroffen. Der Russe „erklärte" ihnen die Invasion, wobei er die Behauptungen Breznevs und der Pravda anführte und die Enthüllung, daß Dubček eine „willensschwache Persönlichkeit" sei, die sich mit Feinden des Sozialismus – nämlich Kriegel und Smrkovský – umgeben hatte. Er fügte hinzu, daß Smrkovský ein erklärter „Anarchist" sei. Dann, gegen 9.30 Uhr, machten sich auch Vinokurov und sechs tschechische Geheimpolizisten auf, um Dubček, Smrkovský, Kriegel und Špaček zu verhaften. Auch sie hielten an der sowjetischen Botschaft an, um drei weitere KGB-Männer (einer davon ein hoher Funktionär, der bis 1962 Berater im Prager Innenministerium gewesen war) und eine Militäreskorte von neunzehn Panzern mitzunehmen. Aber als sie beim Zentralkomitee ankamen, war es schon fast 11 Uhr, und ihre schmutzige Arbeit war bereits erledigt worden.

sollte. Niemand, der Císař kannte, machte sich jedoch allzu viele Sorgen darüber, daß er einen solchen Schritt tun könnte, besonders nicht, nachdem sein Ausspruch beim Betreten des Speisesaals im Hotel ohne Namen bekanntgeworden war.

Eskortiert von seinen Häschern von der Geheimpolizei, wurde Císař von einem Kellner aufgehalten, der ihn nicht erkannte und ihn salbungsvoll fragte: „Sind Sie mit einer Gruppe hier, mein Herr?"

Císař soll darauf geantwortet haben: „Nein, aber die Gruppe ist mit mir hier."

Im Speisesaal des Hotels ohne Namen befanden sich auch zwei Dutzend konservative Mitglieder des Zentralkomitees. Nur wenige davon waren Verräter; die anderen waren rechtschaffene Konservative, die Indras Version der Geschichte hören wollten, ehe sie sich entschieden. Man hatte sie den ganzen Nachmittag bis in den Abend hinein auf Indra warten lassen. „Was geht da vor sich?" hatten sie sich wieder und wieder gefragt. Keiner von ihnen wagte es auch nur den Namen dessen, was *nicht* vor sich ging, zu flüstern: „Die Revolutionäre Arbeiter- und Bauernregierung des Genossen Indra".

Nach dem Abendessen unternahmen meine Nichte und ich den zweiten Spaziergang über den *Pohořelec* an diesem Tag. Niemand bedrohte uns diesmal. Als wir zur Loretostraße kamen, stellten wir fest, daß die zwei Panzer abgezogen worden waren. („Die sind jetzt im Außenministerium", sagte uns ein alter Mann, „damit sie es nicht von außen bewachen müssen.") So konnten wir bis zum anderen Ende der Loretánská gehen, wo sie auf den Hradschiner Platz trifft.

Diese trichterförmige Öffnung wurde von acht russischen Soldaten versperrt, die von zwanzig friedfertigen Tschechen bedrängt wurden. Die Soldaten waren bewaffnet, aber sie sahen nicht so aus, als ob sie dazu aufgelegt seien, von den Waffen, die über ihren Schultern hingen, Gebrauch zu machen. Sie rauchten ihre eigenen nordkoreanischen Zigaretten. Es waren junge Burschen, groß, dunkel und ganz ernst. Einige waren ziemlich pickelig. Alle waren sehr hungrig.

„Wir haben nichts gegessen, seit wir Dresden letzte Nacht verlassen haben", sagte einer.

Niemand bot ihm auch nur einen Krümel an. Nur das übliche „Warum seid ihr hier?"

„Wir dachten, ihr hättet eine Konterrevolution“, sagte er lahm.

In der Dunkelheit betrat ein älterer Soldat die Szene, hinter ihm die aufragenden Turmspitzen des St. Veitsdomes und der St. Georgsbasilika wie Geistererscheinungen. Nach allem, was Nancy und ich bis dahin erlebt hatten, hätte es der Mann in Schwarz sein können, der am Morgen auf dem *Pohořelec* seine Waffe auf uns gerichtet hatte – aber jetzt glaube ich es nicht mehr. Er trug eine lange Stange mit einer Vorrichtung daran und war sehr freundlich, fast sanft, als er ein Gaslicht nach dem anderen auf dem Hradschiner Platz anzündete.

„Wer ist das?“ fragte ich einen der Wachposten auf tschechisch. Ein Russe kann Tschechisch verstehen, und ein Tscheche Russisch, wenn man langsam spricht.

„Er ist unser Laternenanzünder“, antwortete der Bursche auf russisch. „Wir haben zwei in unserem Bataillon.“

„Wofür?“ fragte ich.

„Dafür“, antwortete er, indem er in Richtung Burg nickte. „Wir wußten nicht, wofür, aber wir sind seit April in Dresden gedrillt worden, und heute haben wir herausgefunden, warum.“

Dresden, die Stadt des Porzellans an der Elbe, mußte der ideale Trainingsplatz für die Besetzung der Burg gewesen sein, und ich hatte den Eindruck, daß innerhalb der Burg nicht eine Glasscheibe zerbrochen und nicht ein Juwel zerstört werden würde.[43] Es war auch interessant, daß solche sorgfältigen Vorbereitungen schon bald nach dem 22. März in Gang gesetzt worden waren, dem Tag, an dem Novotný sein Amt niedergelegt hatte und Dubček nach Dresden gereist war, um seinen Fall vorzubringen.

Der Laternenanzünder ging mit großem Zartgefühl ans Werk. Und als er genug Licht gemacht hatte, konnten wir sehen, was aus dem ausgedehnten, wunderschön angelegten Hradschiner Platz, auf dem nicht weniger als fünf großartige Palais ein glänzendes Pendant zu dem düsteren Haupttor der Burg bilden, geworden war. Er war jetzt ein Parkplatz für Panzer! Sie waren dort Seite an Seite und Rücken an Rücken über Nacht abgestellt worden. Mehr als hundert von ihnen!

[43] Dieser Eindruck bestätigte sich später, als die Burg von den Russen „freigegeben“ wurde.

Ein gemeinsames schweres Keuchen ging durch die Menge. Ein paar Tschechen fingen an zu weinen. Andere erschauerten, obwohl es eine warme Augustnacht war.

Der alte Soldat, der Laternenanzünder, sah die Reaktion, die seine Bemühungen ausgelöst hatten, und dann, ohne lange nachzudenken, nahm er einfach die Löschvorrichtung seiner Stange und machte die Lampen, die er gerade angezündet hatte, wieder aus. In wenigen Minuten war der Platz wieder in barmherzige Dunkelheit getaucht.

Ich wußte, daß die Tschechen ihm das niemals danken würden, aber ich wollte es tun. „Ich danke ihnen", sagte ich sanft, als er nahe an mir vorbeiging.

Er warf mir einen verzweifelten Blick zu, in dem ich „Die Geschichte wird uns bestrafen" lesen konnte, aber alles, was er sagte, war: „Und dafür vier Monate in Dresden!"

Als Nancy und ich nach Hause kamen, war Radio Prag wie durch ein Wunder wieder auf Sendung („von einem geheimen Ort aus"), und das Tschechische Fernsehen ebenfalls. Es war um Punkt 19 Uhr (auf einem anderen Kanal als sonst) mit den „7-Uhr-Nachrichten" wieder erschienen – mit einigen erschreckenden Filmaufnahmen von den heutigen Unruhen auf und um den Wenzelsplatz, wie meine Frau berichtete. So wurden wir noch immer mit Fakten versorgt, die jedoch alle an der Grenze des Erträglichen waren: Am späten Nachmittag waren Dubček, Smrkovský, Špaček und Kriegel in zwei gepanzerten Transportern aus dem Zentralkomitee weggebracht worden. Tschechen, die sie wegfahren gesehen hatten, sagten, daß Dubček halb bewußtlos ausgesehen habe, eher so, als ob er Drogen oder Injektionen bekommen hätte, keine Prügel. Als die gepanzerten Transporter eine Stunde später auf dem Flughafen in Ruzyně angekommen waren, band man die Männer zu zweit mit Seilen zusammen, die eng um Hals, Beine und Hände gewickelt und auf dem Rücken, in der Nähe des Kreuzes, verknotet wurden. Ministerpräsident Černík, in Handschellen, befand sich bereits auf dem Flughafen. Die fünf Männer wurden mit Gewehrkolbenstößen in eine russische Militärtransportmaschine, deren Propeller sich bereits drehten, getrieben, die sie an „ein unbekanntes Ziel oder unbekannte Ziele" bringen sollte.

Niemand unserer Nachbarn oder Freunde wollte über die Bedeutung dieser Aktion diskutieren. Radio Prag meldete seinen baldigen Sendeschluß: „Wir sind müde und haben wieder eine lange, lange Nacht vor uns.“

Zwischenspiel
Wo wart ihr während der Invasion?

Die Suchýs – Jirka, Běla und der kleine Kubík – waren in einem Kurhotel in Jugoslawien. Als sie am späten Mittwoch morgen zum Frühstück herunterkamen, war ihr Tisch mit Blumen, Schweizer Schokolade und amerikanischen Zigaretten überhäuft.

„Vielen Dank!", sagte Jiří Suchý zur Kellnerin, „aber was ist der Anlaß dafür?"

„Das stammt nicht nur vom gesamten Küchenpersonal", sagte sie feierlich, „sondern auch von allen Hotelgästen."

„Aber warum?" fragte Suchý. „Heute hat niemand Geburtstag."

„Das nicht, es ist aus Sympathie für Ihr unglückliches Land."

So erfuhren die Suchýs, daß ihre Heimat besetzt worden war.

Auf dem Weg zu Sylvas Wohnung wurde Šlitrs Auto auf der Brücke des 1. Mai angehalten und von Soldaten, die rote Fähnchen schwenkten, durchsucht. Einer der Soldaten bemerkte, daß an Sylvas Wange vor Empörung eine Träne hinunterlief.

„Weine nicht, Kleine", sagte er in der gönnerhaften Art des Großen Bruders. „Wir sind nicht hier, um dir weh zu tun!"

„Aber warum seid ihr gekommen?" protestierte Sylva. „Alles war hier ruhig und friedlich."

„Du irrst dich, Kleine. Hier fand eine Konterrevolution statt."

Sylva drohte ihm mit der Faust: „Wie können Sie so etwas sagen? Ich bin hier gewesen, Sie aber nicht! Ich habe alles gesehen, Sie nicht!"

„Eure Führer haben euch etwas Falsches sehen lassen. Aber keine Sorge. Die Konterrevolution wird niedergeworfen werden. Dann kannst du dich wieder deinen persönlichen Angelegenheiten widmen, Kleine, und ich kann zu meiner Familie nach Leningrad zurück."

An diesem Abend wurde das Semafor-Theater, das am zweiten September hätte wiedereröffnen sollen, von seinem eigenen Personal verriegelt. Über die Glastüren hatten sie ein Holzschild gehängt, in das ein Auszug aus einem Suchý-Gedicht geschnitzt war: „DAS THEATER HÖRT AUF, WENN DIE LACHSALVEN VON GEWEHRSALVEN GEDÄMPFT WERDEN."

Suchý hatte angerufen und gesagt, daß er den Urlaub in Jugoslawien beenden und dann vielleicht nach England gehen werde, um dort die weiteren Entwicklungen abzuwarten. Igor Hájek von *Literární Listy*, der sich am 21. August in England auf Urlaub befand, ging mit einem Stipendium der Ford Foundation nach Amerika und kehrte dann nach England zurück, wo er jetzt tschechische Literatur an der Universität von Lancaster lehrt. Ivan Sviták, der „einsame Heckenschütze" von der philosophischen Fakultät, war in Wien auf einer Philosophentagung gewesen. Als er nicht direkt in die Tschechoslowakei zurückkehren konnte, ging er nach New York, um seine Zukunftspläne zu überdenken.

Ein anderer Hájek, Jiří, der Außenminister, flog von Belgrad nach Wien und dann weiter nach New York, um die Invasion vor den Vereinten Nationen als einen „zutiefst beleidigenden und demütigenden ... Einsatz von Gewalt, der in keiner Weise zu rechtfertigen ist" zu verurteilen. Die *Izvestija* rächte sich, indem sie Hájek als einen „Handlanger der finsteren Mächte der Reaktion und der Konterrevolution" ... einen Gestapo-Kollaborateur ... UND als Juden, der seinen Namen von Karpeles auf Hájek geändert habe, anprangerte. Es stellte sich heraus, daß den Russen die Akten von noch ein paar anderen Hájeks vorlagen, aber das beendete nicht die wiederholten Anspielungen der Sowjets auf „Karpeles-Hájek", den berüchtigten jüdischen SS-Mann, der ein kommunistischer Außenminister geworden war. In seiner Widerlegung bemerkte Hájek, daß er kein Jude sei, fügte aber hinzu: „Ich würde mich nicht schämen, wenn dem so wäre. Wir müssen einen Mann nach dem, was er tut, bewerten. Und abgesehen davon hat sich unser Land schon vor einiger Zeit vom Rassismus verabschiedet."

Die Tschechen zu Hause applaudierten Hájeks Worten, auch wenn sie Vorbehalte gegenüber seiner wiederholten Versicherung hatten, daß er nach Beendigung des Kampfes bei den Vereinten Nationen (den er verlor, als Mütterchen Rußland das Veto Nummer 105 im Sicherheitsrat einlegte) heimkehren würde. Aber er tat es.

Zwei echte „Juden in hohen Positionen", die ebenfalls weit oben auf Moskaus Säuberungsliste standen, waren nicht im

Land und kehrten auch nicht zurück. Ota Šik trat direkt von Jugoslawien aus eine Professur an der Universität Basel an, und mit ihm gingen die größten Hoffnungen der Nation auf eine Rettung der Wirtschaft. Eduard Goldstücker nahm eine Stelle als Gastprofessor an der Universität von Sussex an.

Einige der besten tschechoslowakischen Köpfe gingen nach und nach weg, viele in die Unsicherheit des Exils und andere, um vielleicht noch einen Tag zu kämpfen. Zu meiner Überraschung blieb jedoch der Theaterdirektor, unser Nachbar auf dem Land, obwohl er ein Kämpfer war, in Prag.

Am 21. August, um 4 Uhr, hatte ihm ein Freund die unglaubliche Nachricht telefonisch mitgeteilt. František, der in der Innenstadt wohnte, zog sich an, um es mit eigenen Augen zu sehen. Seine Frau Naďa flehte ihn an, nicht zu gehen. Aber ihre kleine Tochter Marianka, die mit der Quakstimme und der Verkäuferseele, tröstete ihre Mutter: „Mami, die Russen sind vielleicht böse, aber nur Bienen können einem weh tun."

Später fragte ich František, warum er nicht nach Wien geflohen sei, so wie er es im Falle einer Besetzung durch die Russen zu tun geschworen hatte.

„Wäre ich im Ausland gewesen, wäre ich sicher nicht zurückgekehrt", sagte er mir. „Aber jetzt, da sie es gewagt haben, damit zu beginnen, während ich hier war, will ich es durchstehen."

Ein anderer Freund und Nachbar hatte einen kleinen Sohn. In der Schule war dem Jungen beigebracht worden, daß die Russen „unsere Befreier" von den Nazis, die seinen Großvater ermordet hatten, seien. Am Morgen des 21. Augustes sah er aus dem Fenster und fragte seinen Vater, der bereits wußte, was geschehen war: „Wer sind diese Soldaten mit den Gewehren?"

„Besatzer", sagte der Vater. „Und du mußt dich von ihnen fernhalten. Sie sind nicht gut."

„Warum bitten wir dann nicht die Russen, sie zu verjagen?"

Eine Dame in Prag rief am Mittwoch, dem 21. August, um 4 Uhr eine Freundin an, um ihr die schlechte Neuigkeit mitzuteilen. Sie verwählte sich, bat den Mann, den sie geweckt hatte, um Verzeihung und sagte ihm, was geschehen war. Der Fremde sagte: „Das ist eine gute Sache."

Ein neuntägiger internationaler Geologenkongreß, zu dem 4.000 Wissenschaftler aus 90 Ländern gekommen waren, hatte am 19. August in Prag begonnen. Einige der Delegierten waren in der Nähe von uns untergebracht. Als sie am Mittwoch morgen erwachten, stellten sie fest, daß das Haus von acht Panzern umstellt war. Es sollte als militärisches Hauptquartier requiriert werden. Die darin befindlichen Geologen wurden aufgefordert zu packen. Viele von ihnen waren Amerikaner, aber einer war Russe. Er war so beschämt, daß er sein Namensschild abnahm und vorgab, nicht dieselbe Sprache zu sprechen wie die Soldaten, die ihn aus dem Gebäude vertrieben.

Peter Rehak, ein gebürtiger, als Kind nach Kanada ausgewanderter Slowake, war der neue Korrespondent der Associated-Press-Agentur in Prag. Als er noch spät im Hotel Alcron arbeitete, nahm er zwei unheilvolle Geräusche wahr: den kreischenden Ton, als Radio Prag zu senden aufhörte, und das ungewohnte Brummen von Flugzeugen im Nachthimmel über der Prager Innenstadt.

Um schnell mehr herauszufinden, folgte Rehak seiner Intuition: Den Saboteuren könnte es nicht gelungen sein, das Lautsprechersystem abzustellen, durch das Bekanntmachungen von allgemeinem Interesse in Restaurants und öffentliche Versammlungsorte übertragen wurden. Dieses Überbleibsel der Ära des Großen Bruders unter Novotný war praktisch nicht stillzulegen.

Die Bars und Restaurants im Alcron hatten schon geschlossen, aber Rehak erinnerte sich, einen solchen Lautsprecher in der auch nachts geöffneten Garage des Hotels gesehen zu haben. Dort hörte er sich die wiederholten Bekanntmachungen an und meldete der westlichen Welt die Neuigkeiten blitzschnell per Telex.[44]

In Washington sagte Staatssekretär Dean Rusk gerade vor dem Komitee der Demokratischen Plattform über Vietnam aus (es war eine Woche vor der Nominierungsversammlung in

[44]Rehak war vom tschechoslowakischen Außenministerium nie die formelle Akkreditierung zuerkannt worden. Als seine befristete Genehmigung im September 1968 ablief, wurde ihm mitgeteilt, daß sie nicht verlängert werden würde. Er hatte sein Geburtsland innerhalb einer Frist von wenigen Stunden zu verlassen.

Chicago), als ihm Rehaks Kurznachricht übergeben wurde. Rusk beendete seine Rede und reichte die Mitteilung dem Kongreßabgeordneten und Vorsitzenden des Komitees Hale Boggs weiter. Er ging mit einem schwachen Lächeln davon und sagte: „Ich glaube, ich sollte nachsehen gehen, was das bedeutet." Boggs verlas die Neuigkeit über ein Mikrofon, und so erfuhr Amerika davon. Ein Beobachter bemerkte sofort: „Die Vietnamfriedenstauben sind soeben über Mitteleuropa abgeschossen worden."

Präsident Johnson wußte bereits davon. Um die Zeit, als der Botschafter Červonenko Präsident Svoboda seinen mitternächtlichen Besuch auf der Prager Burg abstattete, vereinbarten die sowjetischen Botschafter in Washington, Paris und London dringende Termine mit dem Weißen Haus, dem Élysée-Palast und Downing Street 10, wo sie die gleiche unverblümte Nachricht überbringen würden. Präsident Johnson – der am 19. eine offizielle Einladung zu einem Gipfeltreffen in Rußland angenommen hatte – glaubte zuerst, daß Botschafter Anatolij F. Dobrynin kommen wolle, um über eine Neufassung der gemeinsamen Ankündigung, die in Moskau und Washington am 22. verlesen werden sollte, zu diskutieren. Als Dobrynin Johnson statt dessen über die Maßnahme gegen die Tschechoslowakei informierte, machte der Präsident, laut Aussage eines Anwesenden, seine Zusage „eher traurig als wütend" rückgängig.

Harold Wilson kehrte von seinem Urlaub zurück und berief das Unterhaus zu einer dringenden Sitzung ein, der dritten Augustsitzung in seiner siebenhundertjährigen Geschichte.

Charles de Gaulle, der in seinem Haus in Colombey-les-deux-Églises von einem aufgeregten Anruf aus Paris geweckt worden war, lud den Premier und den Außenminister zu einem „Notstandsmittagessen" ein. Später beschuldigte de Gaulle Churchill und Roosevelt, 1945 mit Stalin „um die Einflußsphären gespielt" zu haben.

Papst Paul VI. bereitete sich auf einen Flug nach Bogotá vor. Es war der erste Papstbesuch der Geschichte in einem lateinamerikanischen Land. „Die Weltnachrichten sind nicht gut", sagte er, nachdem die Neuigkeit den Vatikan erreicht hatte. „Was wir längst nicht mehr für möglich gehalten hätten, ist geschehen. Die Fundamente der internationalen Ordnung sind erschüttert." Der Papst erklärte, er würde „augenblicklich bereitwillig" auf seine Reise verzichten, wenn er von irgendeinem Nutzen in dieser Krise sein konnte. Er konnte es nicht sein, also flog er.

U Thant – der einmal zur richtigen Zeit am richtigen Ort hätte sein können – sagte seine geplante Reise nach Prag ab, um sich nicht in die „inneren" Angelegenheiten des Sowjetblocks „einzumischen". „Er wird seine Gründe haben", bemerkte unser Untergrundradio dazu, „aber wir hätten ihn hier sicher sehr gerne gesehen."

Ausgerechnet Shirley Temple Black war auch unter den 1.500 amerikanischen Touristen, die sich in Prag aufhielten, als die Invasion stattfand. Der ehemalige Kinderstar und die zukünftige Kongreßabgeordnete, damals eine schlanke Vierzigjährige, war im Auftrag der Internationalen Föderation der Multiple-Sklerose-Gesellschaft, deren Vizepräsidentin sie war, nach Prag gekommen.

Das Hotel Alcron hatte sie in ein besonders trauriges Zimmer verbannt (mit Ausblick in einen Luftschacht), was sie später als einen Segen bezeichnete, nachdem die Russen begonnen hatten, sich den Weg durch die Štěpánská zum Wenzelsplatz freizuschießen.

Am Ende eines Tages, erfüllt mit „hautnaher Geschichte", in dessen Verlauf sie das Souvenirfoto von Dubček zerrissen und in einer Toilette im Alcron hinuntergespült hatte, wurde sie (mit 400 anderen, darunter Robert Vaughn und das Filmteam von *Die Brücke von Remagen*) in einem von der amerikanischen Botschaft organisierten Autokonvoi nach Westdeutschland evakuiert.

Nachdem sie über den Nordpol geflogen und in San Francisco gelandet war, verkündete Mrs. Black im Fernsehen: „Die Sowjets schießen mit ihren Maschinengewehren in der ganzen Tschechoslowakei herum. Sie tun dies in vielen Fällen, ohne provoziert worden zu sein." Nach weiteren Fragen entlockten ihr die Reporter: „Ich habe keine Verletzten oder Toten gesehen, und ich bin dafür dankbar. Aber ich habe die Schreie und den Krawall gehört."

Die brutale Wahrheit zuerst vor Dean Rusks hastigem Abgang und dann direkt aus dem Mund von Shirley Temple zu erfahren, war mehr, als wenigstens eine sensible Seele zu Hause ertragen konnte. Ein aufgeschlossener Gelehrter aus Chicago schrieb mir einen Brief, der mich ein wenig an meine eigene Reaktion an diesem Morgen auf dem *Pohořelec* erinnerte:

Die Nachricht aus Prag ist beinahe unglaublich. Wir hören sie von Shirley Temple, was ihr einen vollkommen bizarren Science-fiction-Anstrich gibt. Die kleine Miss Marker ist mit einer Zeitmaschine an einem bösen Ort ausgesetzt worden, wo Rechtschaffenheit nur noch bedeutet, „zu sagen, wie es ist." Sie hat die Unschuld einer Achtjährigen, deren Sprache sie nie ganz abgelegt hat, und ihr Puppengesicht hat auch mit vierzig den Ausdruck einer Achtjährigen. Sie verwendet Phrasen, die vor zweiunddreißig Jahren aus ihrem Munde hätten kommen können, oder heute aus dem von Dean Rusk. Wenn man es genau betrachtet, spricht *er* wie der etwas ältere Bruder von Shirley Temple.

Gene McCarthy sagte säuerlich, daß Johnson *über*reagiert habe; ich bin bereit zu wetten, daß du deinen Scheck mit der Überweisung an „Amerikaner im Ausland für McCarthy" zurückgefordert hast.[45] Gene sagt, er hätte erst einmal eine Nacht darüber geschlafen und erst am nächsten Morgen reagiert. Nixon schlug Alarm, blies die Trompeten und rührte die Trommeln – und einen Moment lang glaubte ich, den sonntäglichen Leitartikel in der *Chicago Tribune* zu lesen. In gewisser Hinsicht war es stabilisierend. Den Vogel schoß Kongreßmitglied Gerald Ford ab, der sonst jeden Tag vor dem Frühstück zum Krieg gegen den Kommunismus aufzurufen pflegt. Er sagte „Wir sollten uns nicht in einen kommunistischen Familienstreit hineinziehen lassen", womit er eine Metapher verwendete, die sogar der rechte Flügel der Republikaner verstehen konnte.

Wo ich arbeite, hocken die intellektuellen, international orientierten Typen einfach herum und sprechen von der „traditionellen russischen Expansion nach Süden, also was gibt es sonst Neues?" Und ein anderer bringt es sehr geheimnisvoll und dabei kulinarisch zum Ausdruck: „Der russische Bär mag slowakischen Honig und wird nach Hause gehen, wenn er eine Pfote voll davon hat." Du solltest das noch erleben – damit will ich Dir sagen: „Paß auf Dich auf, Alan."

[45]Der Scheck war leider bereits eingelöst worden.

Kapitel 14

Donnerstag, 22. August – Freitag, 23. August 1968

> 1. Um den Schutz der arbeitenden Bevölkerung sicherzustellen und die Bewohner von Prag vor den Gefahren in Verbindung mit Aktionen von extremistischen und rowdyhaften Elementen zu bewahren, fordere ich alle Bürger dieser Stadt auf, ihre Häuser zwischen 22 Uhr und 5 Uhr nicht zu verlassen …
> 2. Bis auf weiteres sind öffentliche Versammlungen oder ähnliche Aktivitäten mit Wirkung vom 21. August 1968, 24 Uhr an verboten.
>
> – öffentliche Bekanntmachung von Generalleutnant I. Vělicko, Kommandant der Streitkräfte des Warschauer Paktes in Prag und Mittelböhmen

Um halb eins in unserer ersten Nacht mit Ausgangssperre wurden wir von einem uns bis dahin unbekannten Geräusch geweckt: *eh-eh-eh-eh-Bumm!* Noch während ich zum nächsten Fenster raste, hörte ich es wieder. Ich sah vier rote Leuchtraketen im Himmel ihre Spuren ziehen, und dann hörte ich die Explosion einer Granate. *Eh-eh-eh-eh-Bumm!* Die sowjetische Armee hatte ein nächtliches Schießen im besetzten Prag begonnen, ein halbstündiges Ritual, das noch einmal um 2.30 Uhr und danach eine Woche lang zweimal pro Nacht wiederholt wurde. Jede dieser Vorstellungen begann am Aussichtsturm auf dem Petřín, in der Nähe unserer Wohnung. Mit Maschinengewehren feuerten sie in Richtung Strahov-Kloster, die Burg und die Moldau. Von *Klárov* aus, der Straßenbahnhaltestelle am Fuße des Hradschin, antwortete sowjetische Artillerie mit dröhnenden Salven. Aber es war das Maschinengewehrfeuer, das wir über der Straße, in der wir wohnten, sahen. Wir stellten unsere Betten weiter weg vom Fenster, schlossen die Fensterläden und ließen die Rolläden herunter. *Eh-eh-eh-eh-Bumm* wurde unsere *Kleine Nachtmusik*, mit der wir zu leben und die Kinder zu schlafen lernten.

„Übungen" nannte die Rote Armee diesen nächtlichen Terror, durch den der Verputz an noch mehr historischen Gebäuden abbröckelte. „Übungen" waren es, durch die ungefähr fünfzig Prager Zivilisten in dieser ersten Nacht verwundet wurden, ehe wir alle gelernt hatten, vom Sonnenuntergang bis zum Sonnenaufgang zu Hause zu bleiben; selbst dann wurden noch einige in ihren Wohnungen angeschossen. Durch „Übungen" wurde in dieser ersten Nacht der Operationssaal eines Kinderkrankenhauses zerstört und das Hauptgebäude beschädigt. Die Kinder lagen nach Operationen zitternd in den Gängen, bis es so sicher war, daß sie evakuiert werden konnten, während die Rote Armee ihre grausamen „Kriegsspiele" mit jedem Menschenleben in Prag fortsetzte.

Gewalt lauerte überall; und das in einer Stadt, in der man zu jeder Tages- und Nachtstunde durch die Straßen und Parks hatte wandern können. In der Nacht war ein Polizist, der in seinem Streifenwagen gesessen und unvorsichtige Fußgänger darauf aufmerksam gemacht hatte, daß sie von der Straße gehen sollten, von einem vorbeikommenden gepanzerten LKW aus erschossen worden. Ein Panzer durchsiebte ein Lastauto, in dem sich Arbeiter befanden, mit Maschinengewehrfeuer, wobei einem Mann der Kopf weggeschossen wurde und drei weitere Menschen starben. „Um den Schutz der arbeitenden Bevölkerung sicherzustellen ...", hatte General Věličkos Aufruf begonnen.

Erschreckend schnell akzeptiert die menschliche Natur das Inakzeptable! Restaurants, die sonst von 16 bis 24 Uhr geöffnet hatten, servierten jetzt nur noch zwischen 11 und 17.30 Uhr, um es dem Personal zu ermöglichen, vor der Ausgangssperre nach Hause zu kommen. Ab der zweiten oder dritten Nacht der Okkupation stellten wir uns, so wie alle anderen, prosaische Fragen wie „Soll ich den Wecker stellen oder es den Russen überlassen, uns morgen zu wecken?" oder „Wann ist heute abend Ausgangssperre?"

Die russische Armee, die auch hierher gekommen war, um das Recht auf freie Meinungsäußerung abzuschaffen, hatte unabsichtlich eine Medienexplosion mit Madison-Avenue-Ausmaßen ausgelöst. Am Ende der ersten Woche sendeten nicht weniger als zwölf Fernsehkanäle fünf Minuten lang gleichzeitig auf tschechoslowakischem Gebiet, wo es vor der Invasion nur ein Programm gegeben hatte. Entlegene Dörfchen, zu denen das Fernsehen nie vorgedrungen war, wurden plötzlich damit überschüttet, und einige der Übertragungen waren so stark, daß man sie in der Schweiz empfangen und von dort in die restliche Welt senden konnte.

Elf von den zwölf Kanälen bezeichneten sich als „legales Fernsehen", wobei die Rote Armee und Kollaborateure der Geheimpolizei vergeblich nach ihren Sendern fahndeten. Diese Stationen waren selten gleichzeitig auf Sendung. Ihre Sendedauer betrug zwischen zwanzig und fünfzig Minuten. Gewöhnlich blendeten sie ab, ehe sie aufgespürt werden konnten, und kündigten das Ende der Sendung mit Hinweisen auf die Kanalumstellung an. („Schalten Sie jetzt bitte auf Kanal 8 um.") Aber diese konzentrierte Machtdemonstration war dazu gedacht, den zwölften Kanal, das „Kollaborateurenfernsehen" zu beeindrucken, um ihm zu zeigen, gegen was es kämpfen mußte.

Über Kanal 1 bot das Kollaborateurenfernsehen *technisch* gesehen das klarste Bild. Aber da er mit jeder gefilmten Szene aus dem besetzten Land seiner eigenen Sache geschadet hätte, reduzierte sich Kanal 1 selbst auf einen propagandistischen Begleitkommentar zu dem Standfoto eines Prager Gebäudes, das die Blicke der Eindringlinge auf sich zog. Sie hätten kein peinlicheres Bild auswählen können, denn das Gebäude war der Daliborturm, ein Gefängnis mit einer langen Geschichte passiven Widerstandes. Hier hatte der mittelalterliche Ritter Dalibor die Gunst des Volkes gewonnen; durch sein Geigenspiel, das süßer klang als die Versprechungen des Königs, der ihn eingekerkert hatte.

Das Kollaborateurenradio Vltava hatte noch größere Schwierigkeiten. Seine wenig überzeugenden Sendungen verloren auf ganzer Linie, sowohl bei der Zuhörerschaft als auch auf technischem Gebiet. Obwohl es bessere Studioeinrichtungen (in Dresden) hatte und Radio Prag seine Sendungen immer wieder unterbrechen mußte, konnte sich Radio Vltava nicht mit dem nationalen Aufgebot an legalen, aber verborgenen Stationen messen, deren Studios sich in Wohnzimmern, Kellern, Speichern, Gartenlauben, ganz zu schweigen von Autos und LKWs befanden. Einmal ging Radio Prag aus dem Gefängnis in Pankrác wieder auf Sendung. Der Sportler Emil Zátopek hatte sein

Versteck im Penthouse eines nagelneuen zwölfstöckigen Prager Wolkenkratzers, von dem aus er Aufrufe an die Welt über das „Untergrundradio“ sendete. Schließlich fanden die Russen das Gebäude sogar, aber als sie dachten, Zátopeks Sender lokalisiert zu haben, zerschossen sie nur einen Kühlschrank.

„Soldaten, geht nach Hause!“ bat das legale Radio. „Euer Land wird Euch bald nötiger haben, als es das unsere jemals hatte. Versucht Euch an unsere Stelle zu versetzen: Könnt Ihr Euch vorstellen, daß die Chinesen jemals in Euer Heimatland einfallen, um Euch zu beschützen?“

Die Aufrufe an die Weltöffentlichkeit wurden auf tschechisch, slowakisch, russisch, polnisch, deutsch, ungarisch, französisch, italienisch, spanisch und englisch wiederholt. Sie richteten sich an Pfadfinder und Pfadfinderinnen auf der ganzen Welt („Helft uns, bitte!“) und an den 96jährigen Bertrand Russell: „Bitte, Sir, Sie sind einer der wenigen Menschen auf dieser Welt, die darüber nachgedacht hatten, ob die Sowjetunion uns wirklich überfallen würde.“

Es war dem dringenden Aufruf des legalen Radios zu verdanken, daß Prag zu einer anonymen Stadt wurde – und der Rest des Landes folgte diesem Beispiel:

„Wir haben keine Waffen, aber unsere Verachtung ist stärker als Panzer … Sie wissen, wo Sie wohnen. Es ist nicht notwendig, daß die Halunken das auch wissen. Drehen Sie Verkehrsschilder um. Entfernen Sie die Hausnummern. Nehmen Sie die Schilder von öffentlichen Gebäuden ab … Der Briefträger wird Sie finden, aber die Schurken nicht.“

Aus dem Radio erfuhren wir auch, wie es im Hotel ohne Namen am Mittwoch abend und am Donnerstag morgen weitergegangen war:

Am Mittwoch abend fanden sich bei dem gefangenen Císař und den wartenden Konservativen schließlich Biľak, Kolder, Barbírek, eine sowjetische Militäreskorte und Botschafter Červonenko ein! Zum Entsetzen der anwesenden anständigen Konservativen, die sehr gerne glauben wollten, daß sie die richtigen Ansichten für die Tschechoslowakei vertraten, bestanden die Russen darauf, zu bleiben und an den Beratungen teilzunehmen. Überdies hatte niemand eine Antwort auf die Frage der Konservativen, wer von den Tschechen oder Slowaken um „brüderliche Intervention“ durch die fünf Armeen des Warschauer Paktes angesucht hatte.

Die anständigen Konservativen gingen angeekelt aus dem Saal, sobald sie konnten, obwohl die russischen Truppen sie erst am Donnerstag um fünf Uhr, als die nächtliche Ausgangssperre endete, aus der Hotelhalle ließen. Císař, immer noch in Polizeigewahrsam, wurde hinaus in die gefährliche Nacht gebracht.

Die Verräter und ihre Betrogenen blieben und stritten die ganze Nacht. Alles, worauf sie sich einigen konnten, war ein Kommuniqué, das die Aufforderung des Präsidiums, Ruhe und Vernunft zu bewahren, unterstützte (ohne dessen Protest gegen die Verletzung des internationalen Rechtes zu erwähnen) ... versprach, nicht zu den Vor-Januar-Zuständen zurückzukehren ... das Aktionsprogramm lobte ... und die Parteikomitees auf Regional- und Bezirksebene aufforderte, mit den Besatzungsmächten in Verhandlungen zu treten.

Nur drei der anwesenden Männer waren zu dem Risiko bereit, Mitglied in einem neuen Präsidium zu werden: Biľak, Indra und Kolder, deren Namen in der ganzen Stadt unter dem Wort „VERRÄTER!" erschienen. Gegen Morgen wurde das Treffen abgebrochen; mit der Ankündigung, daß Biľak, Indra und Kolder sich vorübergehend den Titel des Ersten Sekretärs teilen würden.

Die Nachricht über diese Troika wurde mit einer derartigen öffentlichen Verachtung aufgenommen, daß man sie nie wieder als Regierungsorgan erwähnte. Červonenkos Bericht nach Moskau fiel demnach wohl kaum günstig aus – so drehte sich irgendwann am Donnerstag der Wind im Kreml, und die Verhandlungen über die Rettung (oder Verlängerung) der Leben von Dubček, Smrkovský, Černík, Špaček und Kriegel begannen. Von Leonid Breznev weiß man, daß er an diesem Tag auf die Prognose aus Prag antwortete: „Also gut, wenn wir keine Marionetten finden, müssen wir die Schnüre eben an den Führern befestigen."

Im besetzten Prag waren die einzigen angesehenen Zeitungen die aus dem Untergrund. Um dem entgegenzuwirken, starteten die Russen aggressive Lieferungen frei Haus. Morgens um sieben wurden die Häuser in unserer Nachbarschaft von Hubschraubern oder (in zwei Fällen) von viermotorigen Bombern umschwirrt, die ihre Ausgaben der *Rudé Právo* scheinbar aus Dachhöhe abwarfen. Einige Minuten später schossen hinter den Maschinen Flammen in die Höhe. Sie rührten nicht von

Abstürzen her, sondern von brennenden *Rudé Právo*-Exemplaren. Dennoch waren die Bäume noch für Wochen mit diesen Ersatzzeitungen verunstaltet.

Ich rettete ein Exemplar, das schnell gelesen war. Die Zeitung bestand aus zwei Seiten, und ich konnte erkennen (an Hand des Druckes und der Druckfehler), daß sie wie Radio Vltava aus Ostdeutschland kam. Sie wies eine Anmerkung des Herausgebers auf. („Nach einer Unterbrechung ... verursacht durch die wohlbekannten Ereignisse, erhalten die Leser der *Rudé Právo* wieder ihre Tageszeitung, das Organ des Zentralkomitees der Kommunistischen Partei der Tschechoslowakei.") Ein Foto zeigte ein Dutzend Russen, die von zwei unbehaglich dreinblickenden tschechischen Zivilisten, die der Fotograf offensichtlich gerade mit Zigaretten versorgt hatte, „willkommen geheißen" wurden.

„Wenn Sie das Bild eine Spalte breiter machen würden, könnten Sie die Gewehre in ihren Rücken sehen", bemerkte einer meiner Nachbarn. „Abgesehen davon scheint mir einer dieser Zivilisten nicht einmal ein Tscheche zu sein."

Die Bildunterschrift jedenfalls behauptete, daß die beiden Männer zu ihren russischen „Befreiern" folgendes sagten:

„Danke, daß ihr gekommen seid. Diese schon seit langem organisierte Clique hat es nicht geschafft, die Seele unseres Volkes zu töten."

„Wenn ihr nicht gekommen wärt, hätten sie eine gefährliche Instabilität zugelassen."

„Unsere Befreier werden dann gehen, wenn die Gefahr des Kapitalismus von unserer Gesellschaft geht."

Gott sei Dank würde gegen Mittag die Untergrund- oder legale *Rudé Právo* von einem vorbeibrausenden Lastwagen abgeworfen werden, so wie es seit Mittwoch mindestens einmal am Tag geschah. Aber diesmal standen kleine Jungen auf Fahrrädern bereit und verteilten die Zeitung innerhalb von fünf Minuten in der ganzen Nachbarschaft. Sie brachte die aktuellsten Resolutionen und scheußlichen Geschichten, war sechs Seiten lang und hatte ein neues Motto: *„Nur diejenige Nation ist frei, die nicht die Freiheit einer anderen Nation verletzt."* – *Karl Marx.* Dieses Blatt (und die Untergrundausgaben anderer Prager Tageszeitungen) waren doch sehr viel lesenswerter als die, die am frühen Morgen vom Himmel gefallen waren:

> Auf dem Kyrillos-und-Methodios-Platz in Karlín war ein siebenjähriger Bub dabei, in russischer Schrift „IVAN GO HOME" auf eine Mauer zu schreiben. Ein russischer Panzer fuhr vorbei und richtete sein Geschütz auf den Jungen. Aber dieser war so stark auf seine kyrillischen Buchstaben konzentriert, daß er den Panzer gar nicht bemerkte. Eine vorbeikommende Mutter, die mit ihrem Kind an die frische Luft gegangen war, erfaßte die Situation und schob ihren Kinderwagen zwischen den Jungen und den Panzer. In ihrer Naivität setzte sie voraus, daß nicht einmal die Russen durch eine Mutter und ihr Baby hindurchschießen würden, um einen Siebenjährigen zu töten. Der Panzer erschoß alle drei.

Es gab auch ein Interview mit unserem Freund Miroslav Galuška, dem Kultur- und Informationsminister:

> *Frage:* Die Welt ist weiterhin daran interessiert zu erfahren, ob irgendein tschechoslowakisches Organ die Sowjetunion tatsächlich um Hilfe gebeten hat.
> *Antwort:* Keine Hilfe – schon gar keine militärische Hilfe wurde von der Sowjetunion oder von einem der anderen Staaten, deren Armeen dieses Land besetzt haben, angefordert. Ich wiederhole es noch einmal: Die Regierung hat die Okkupation der Tschechoslowakei für illegal erklärt.

Jede größere Prager Zeitung brachte täglich eine Untergrundausgabe heraus. Auch die Wochenzeitungen erschienen jetzt täglich, ebenso wie einige Monatszeitschriften einschließlich eines Frauenmagazins.

Literární Listy veröffentlichte die erste von drei „Abschiedsausgaben". In dieser ermahnte sie ihre Leser:

> Laßt es nicht zu, daß die Hoffnungen des tschechoslowakischen Volkes zerstört werden. Sollten wir uns nicht wiedersehen, möchten wir, daß Ihr einander liebt, einander schützt und auf die Wahrheit vertraut ... Bleibt standhaft, bis die Freiheit von denjenigen, denen Ihr Euer Vertrauen geschenkt habt, garantiert werden kann.

LL beendete diesen Artikel mit dem Titel eines bittersüßen Voskovec- und-Werich-Songs, der hier unverändert populär ist: *Ich sehe dich wieder in besseren Zeiten.*

Eines Abends, als ich mich beeilte, um vor der Ausgangssperre nach Hause zu kommen, nahm ich ein Taxi mit einem Fahrer in mittleren Jahren, an dessen Handgelenk eine kleine Kamera befestigt war. „Damit mache ich Schwarzweißaufnahmen", erklärte er. „An meinem anderen Handgelenk trage ich immer eine billige Armbanduhr. Wenn die Russen Autos anhalten, um Uhren, Ringe und Kameras zu konfiszieren, lasse ich meine Armbanduhr aufblitzen, und die schnappen sie sich, ohne auf mein anderes Handgelenk zu achten. Ich habe an einem einzigen Tag schon vier billige Armbanduhren verloren, aber noch nie eine Kamera." Dann zeigte er mir noch zwei andere Kameras unter dem Sitz: „In dieser verwende ich einen 35-Millimeter-Farbfilm und in dieser einen Super-8-Farbfilm. Aber nur, wenn meine Frau dabei ist. Sie sitzt dann hinter dem Steuer, während ich meine Bilder mache. Sie haben schon zweimal auf uns geschossen."

„Sind Sie ein Profifotograf?" fragte ich.

„Nein", sagte er, „ich habe einen ganz anderen Beruf, einen sehr gewöhnlichen. Aber im Moment bin ich nicht nur ein dreifacher Fotograf, sondern auch einer der Herausgeber von *Rudé Právo.*"

„Der guten oder der schlechten?"

Die Antwort war so klar, daß er die Frage ignorierte und sagte: „Ich zeige Ihnen, wie das geht." Er beugte sich hinüber, um das Handschuhfach zu öffnen, das drei unbestimmbare Maschinenteile enthielt. „Als die Russen sich noch unserer Regierung bemächtigten, und ehe sie begonnen hatten, die Zeitungen zu besetzen, wurden diese drei Teile, die sehr knapp und nur hier erhältlich sind, aus allen Druckmaschinen des Landes entfernt. Als die Russen kamen, konnte man ihnen guten Gewissens sagen, daß man die nötigen Teile nicht habe, um irgend etwas für sie zu drucken.

Aber immer wenn die Russen nicht aufpassen oder eine Druckerei noch nicht entdeckt haben, ist alles bereit, und jemand wie ich fährt dorthin. Die Teile werden in die Druckmaschine montiert, die Pressen laufen, und dann werden die Teile wieder herausgenommen und wandern zurück in mein Handschuhfach. Es dauert nicht einmal eine Stunde, und ich glaube, sie haben noch keinen von uns erwischt."

Das war die Alltagsroutine der Invasion: Ausgangssperren, nächtliches Schießen, vom Himmel fallende Ersatz-*Rudé Právos,* heimliche Lieferungen der legalen *Rudé Právo* und anderer tschechoslowakischer Zeitungen, Radio und Fernsehen immer eingeschaltet. Da war auch der tägliche Gestank von Schießpulver, Dieselöl und den Abgasen der Panzer. Abgesehen davon unterschied sich jedoch jeder einzelne Tag von allen bisherigen in jedermanns Leben.

Donnerstag, der 22. August, war der Tag, an dem die Russen einen Panzer auf der Karlsbrücke postierten. Das war ein Affront gegen die Kunst, den man hier im selben Atemzug mit dem Beschuß des Nationalmuseums nennt. Der Grund war, wie die Russen versicherten, ein taktischer: Nachdem sie es nicht geschafft hatten, den Rundfunk und das Fernsehen zum Schweigen zu bringen, „konfiszierten" sie statt dessen Transistorradios und Kameras. Der Panzer auf der Karlsbrücke war bald als „Checkpoint Charlie" bekannt.

Es gab auf jeder Moldaubrücke Straßensperren. Alle Autos und manche Straßenbahnen und Busse wurden angehalten und nach Gedrucktem (einzelnen Exemplaren oder Massenvervielfältigungen) sowie nach Kameras, Transistorradios und Souvenirs durchsucht. Eine Karikatur aus dieser Zeit zeigt einen Basar auf dem Bürgersteig, wo russische Panzerbesatzungen, die als arabische Händler verkleidet sind, auf Teppichen ausgebreitete Transistorradios verkaufen. Und kleine Jungen ärgerten die Eroberer, indem sie Ziegelsteine wie Radios bemalten und, sie an ihre Ohren haltend, damit herumspazierten.

Dieser Donnerstag war auch der Tag, an dem 20.000 Menschen – ein Drittel der Bevölkerung von Gottwaldov (vormals Zlín, die Stadt der Baťa-Schuhindustrie) – die Nationalversammlung in unmißverständlichen Worten aufforderten, ihren Stellvertreter Alois Indra abzuberufen: „Die Bürger von Gottwaldov bedauern, daß Indra jemals einer der ihren war."

Donnerstag war der Tag, an dem Radio Prag mit der Durchsage der Lizenznummern derjenigen Geheimpolizeiautos begann, von denen man annahm, daß sie unterwegs waren, um liberale Politiker, Schriftsteller und Redakteure zu verhaften. Die Hörer malten diese Nummern auf Gehsteige und Mauern. Kleine Jungen liefen mit den Nummern auf ihren Rücken herum. Eines der fraglichen Autos wurde von einem Lastwagenfahrer entdeckt und gegen eine Mauer gerammt. Zwei andere Wagen wurden fälschlich identifiziert, angehalten, umgeworfen und zerstört. Einer gehörte einem Architekten. Das andere Opfer war ironischerweise ein Delegierter des außerordentlichen XIV. Parteitages ...

Ja, so unglaublich es klingt, Donnerstag, der 22. August, war der Tag, an dem der außerordentliche XIV. Parteitag einberufen wurde, achtzehn Tage früher als geplant, um 11.15 Uhr in Prag 9, im Stadtteil Vysočany, dessen Fabrikarbeiter in Dubčeks letzter, hinausgeschmuggelter Botschaft aufgefordert worden waren, an ihren Arbeitsplätzen zu bleiben, um die nationale Einheit zu bewahren. Der Schauplatz war tatsächlich die Prager ČKD-Maschinenfabrik. Der Direktor von ČKD, Antonín Kapek – ein stellvertretendes Präsidiumsmitglied, das in der schicksalhaften Sitzung am Dienstag abend ein gutes Wort für das Indra-Kolder-Papier eingelegt hatte –, fand erst, nachdem der Parteitag vorüber war, heraus, daß er in seinem Gebäude abgehalten worden war.

Am Mittwoch morgen hatte ein Arbeiter damit begonnen, über das umkämpfte Radio Prag einen Aufruf vorzulesen, der die Delegierten aufforderte, JETZT, um jeden Preis, dorthin zu kommen. Und jetzt, während die Kriegshunde[46] ihr Land beschmutzten und die Westmächte dabei hilflos die Hände rangen, drehten die Tschechen noch immer die Uhr nach vorne.

Der Ort für das Treffen war ausgewählt worden, nachdem die Organisatoren von einer der vielen militärischen Fehlkalkulationen der Russen erfahren hatten: Die Truppen hatten den Befehl, keine Fabriken zu besetzen, denn das würde „brüderliche Werktätige“ feindselig stimmen. Über ihr legales Untergrundradio machten die Organisatoren aus dem Versammlungsort kein Geheimnis, in der – sich als richtig erweisenden – Annahme, daß die Russen mit ihrer verschlungenen Denkweise vermuten würden, daß der Kongreß demnach woanders stattfinden sollte. Um die Suchtrupps noch mehr zu verwirren, trafen die örtlichen Organisatoren Vorbereitungen für drei „Schein“-Parteitage, und die Russen verkündeten dreimal, daß es ihnen gelungen sei,

[46]Dieser Ausdruck entstammt einer Rede von Präsident Johnson an die Arbeiter einer Milchwarenfabrik im Südwesten der USA, die sich Ende August auf einer Tagung in San Antonio versammelt hatten: „Ich sage Euch und der ganzen Welt, daß wir nicht zu der Haltung zurückkehren dürfen, die zügellose Aggression akzeptiert ... Deshalb lasse niemand die Kriegshunde los.“ Es handelte sich um eine Warnung an die Adresse der Sowjets, die angedeutet hatten, auch in Rumänien einfallen zu wollen (Anm. übern. aus d. tschech. Übers. „Pražské peřeje“ v. Igor Hájek, d. Übers.).

diese „geheime Versammlung rechter revisionistischer Kräfte, von denen nur 17 Prozent Werktätige und viele von ihnen Unterzeichner der konterrevolutionären ‚Zweitausend Worte' sind", zu vereiteln.

Obwohl vor jedem Eingang von ČKD russische Truppen und Panzer standen, waren die ersten Delegierten bereits am späten Mittwoch nachmittag in die Fabrik gekommen. Sie trugen Arbeitskleidung und Essenspakete und hatten die Ausweise von Nachtschichtarbeitern dabei (die wiederum zu den „Schein"-Parteitagen gesandt worden waren). Andere kamen am Donnerstag zur Tagschicht hinein. Wohlbekannte Personen des öffentlichen Lebens kamen mit der Ambulanz als Patienten, Ärzte, Krankenschwestern und Krankenträger. Unerwartete Ankömmlinge wurden von Sicherheitsbeauftragten der Fabrik in Gewahrsam genommen. Wenn sie sich als echte Delegierte entpuppten, wurden ihnen falsche Ausweise ausgehändigt. Dann geleitete man sie durch ein Labyrinth von Gängen und Treppenhäusern zum Kongreß, der in einer Halle im ältesten Teil der Fabrik abgehalten wurde.

Fast 1.000 der 1.540 Delegierten waren anwesend, als der Parteitag am Dienstag morgen eröffnet wurde, aber nur fünf kamen aus der Slowakei. Im Laufe des Tages trafen immerhin noch fünfzig weitere Slowaken ein, und am Freitag morgen, als der Kongreß beendet wurde, hatte die Gesamtzahl der Delegierten 1.200 überschritten. Eigentlich waren alle Fehlenden Slowaken. An verschiedenen Kontrollpunkten auf dem Weg von der Slowakei nach Prag hatten die Russen Straßensperren aufgestellt. Dort verglichen sie die Ausweise mit einer Liste der Delegierten und hielten diejenigen zurück, deren Namen ähnlich lauteten. Ein Slowake, der es nicht bis zum Parteitag schaffte, war der stellvertretende Ministerpräsident Gustáv Husák. Seine Gruppe war in Břeclav in Mähren von russischen Truppen aufgehalten worden. Politisch gesehen war das einer der besten Schicksalsschläge, die Husák je getroffen hatten ...

Der Vorsitzende des außerordentlichen Parteitages war ein Mann, den man nicht erwartet hätte: Martin Vaculík[47], der als

[47]Martin Vaculík, der einmal gemeinsam mit Leonid Brežnev auf der Titelseite von *Newsweek* abgebildet gewesen war, steht in keinerlei Beziehung zu Ludvik Vaculík, dem Verfasser der „Zweitausend Worte". Beide Vaculíks wurden später aus der Kommunistischen Partei ausgeschlossen.

Prager Parteichef zurückgetreten war, nachdem er im Frühling in einer der „Mea-Culpa-Sendungen" seine Beichte abgelegt hatte. Als in Verruf geratener Konservativer war Vaculík zu Indras Treffen im Hotel ohne Namen eingeladen worden. Aber was er dort sah, gefiel ihm nicht. Sobald man ihm zu gehen erlaubte, machte er sich auf den Weg zur ČKD-Fabrik, um freiwillig auf jede ihm mögliche Weise den Kräften der Freiheit zu dienen. Er nannte sogar die Namen derer, die „sich als offenkundige Kollaborateure erwiesen."

Der Kongreß richtete einen offenen Brief an Alexander Dubček, wo auch immer sich dieser gerade befinden mochte. Er begann so:

> Lieber Genosse Dubček!
>
> Der außerordentliche XIV. Parteitag ... sendet Ihnen die herzlichsten Grüße. Wir danken Ihnen für all die Arbeit, die Sie für die Partei und die Republik geleistet haben. Die wiederholten „Dubček! Dubček!"-Rufe unserer Jugend, die die blutgetränkte Staatsflagge durch Prag trägt, sind Beweis genug, daß Ihr Name zum Symbol für Freiheit, Fortschritt und Souveränität in unserem Land geworden ist. Wir protestieren gegen Ihre gesetzwidrige Verhaftung und [die] der anderen Genossen.

Dann wählten die Delegierten ein neues, 144 Mann starkes Zentralkomitee, das sich hauptsächlich aus Liberalen und vertrauenswürdigen Zentristen zusammensetzte. Diese wiederum wählten ein neues, von Biľak, Kolder, Barbírek und Švestka gesäubertes Präsidium. Sie waren natürlich nicht anwesend. (In Abwesenheit) wiedergewählt wurden u. a. Dubček, Smrkovský, Černík, Špaček und Kriegel. Zwei andere Abwesende, Císař und der Stellvertreter Šimon, wurden zu stimmberechtigten Mitgliedern befördert. Neu in diesem Präsidium waren Šik, Goldstücker, Husák und Hejzlar vom Radio (nicht alle von ihnen waren zugegen). Dubček wurde wieder zum Ersten Sekretär ernannt. Veněk Šilhán, ein Wirtschaftsfachmann, wurde bevollmächtigt, den administrativen Apparat des neuen Präsidiums in Abwesenheit Dubčeks und der meisten seiner Mitglieder zu leiten.

„Unsere dringendste Forderung ist natürlich der Abzug der fremden Truppen", erklärte der XIV. Parteitag. „Falls ... keine

Verhandlungen mit unseren freien, verfassungsmäßigen Parteiführern begonnen werden ... und falls Genosse Dubček keine aktuelle Stellungnahme zu diesem Thema an die Nation abgibt, fordert der Parteitag alle Werktätigen hiermit auf, am Freitag, dem 23. August, um die Mittagszeit in einen einstündigen Proteststreik zu treten. Der Parteitag hat außerdem beschlossen, daß er weitere notwendige Maßnahmen ergreifen wird, wenn man seine Forderungen nicht annimmt."

Obwohl zum Scheitern verurteilt, war der Parteitag weit mehr als eine Trotzgeste. Die russischen Truppen mißachteten schließlich ihre eigenen Vorschriften und stürmten die ČKD-Werke, zwei Stunden nachdem die Delegierten auseinandergegangen waren. Sie bezeichnen den Kongreß noch heute verächtlich als „sogenannten Vysočany-Parteitag", als ob er nie stattgefunden hätte. Denn, obwohl zusammengepfercht in der Ecke einer Fabrik und umstellt von feindlichen Truppen, hatten die Tschechoslowaken erfolgreich eine legitime und repräsentative Führung gewählt, während ihre russischen Unterdrücker und deren willfährige Marionetten unfähig waren, eine Regierung zusammenzustellen, die irgend jemand – eingeschlossen sie selbst! – hätte respektieren können.

Die Probleme der Eindringlinge waren nicht auf Prag beschränkt. In der Innenstadt von Bratislava, am Donauufer, gab es überall Wasser, aber keinen Tropfen zu trinken – wenn man ein russischer Soldat war. Die Panzermannschaften hatten einen Lebensmittelvorrat für drei Tage mitgebracht, in Form eines unappetitlichen, aber nahrhaften Konzentrates, dem man nur Wasser zuzusetzen brauchte. Jedoch immer, wenn sich die Truppen einem Wasserhahn näherten, wurden sie von „wohlwollenden" Slowaken davor gewarnt, da „das Wasser von den Konterrevolutionären vergiftet" worden sei. Das Kommando der Roten Armee in Bratislava sah sich gezwungen, aus dem nahen Ungarn Wasser mit Hubschraubern einzufliegen.

Der vielleicht kleinste der 650.000 ungebetenen Gäste in der Tschechoslowakei war ein zehnjähriger Junge, der in einem Panzer in Bratislava eingefallen war. Sein Vater, ein Witwer, der an den Wochenenden mit einer Reserveeinheit der Armee exerzierte, war am vorangegangenen Wochenende zu verlängertem Dienst bei „Manövern in Ungarn" eingeteilt worden. Da er keine Zeit mehr hatte, seine Angelegenheiten zu ordnen, und niemanden finden konnte, der auf seinen Sohn achtgeben würde, fragte er seinen Panzerkommandeur, ob er diesen mitnehmen dürfe. Der Offizier, der nicht mehr als der Vater über ihre Mission wußte, erlaubte es ihm ...

Kleine Jungen aus Bratislava setzten die russischen Panzer nach Prager Vorbild in Brand. Soldaten, die sogar schon den Befehl „Panzer verlassen!" erhalten hatten, sträubten sich dagegen, aus Angst, gelyncht zu werden. Diejenigen, die sich herauswagten, wurden von russischen Aufschriften demoralisiert: „FÜR DAS, WAS IHR HIER GESEHEN HABT, WIRD MAN EUCH DIREKT NACH SIBIRIEN SCHICKEN."

Die Russen rächten sich natürlich brutal. Vor der Comenius-Universität in Bratislava hatte die fünfjährige Danka Košanová das Pech, neben einem vierzehnjährigen Jungen zu stehen, der seine Faust gegen die Panzer erhob. Beide wurden erschossen. Eine Straße weiter tötete dieselbe Panzergruppe einen siebzehnjährigen Studenten und einen 45jährigen tschechoslowakischen Armeehauptmann.

Ein neunzehnjähriger slowakischer Rekrut auf Urlaub war in seine Garnison in Bratislava zurückbeordert worden. Als er auf dem Bahnhof der Stadt ankam, wurde er mit vorgehaltenem Maschinengewehr von einer sowjetischen Patrouille angehalten. Die Soldaten bewunderten sein nagelneues Sommermilitärhemd. Man befahl ihm, hinter die Bahnhofshalle zu gehen und sein Hemd mit einem russischen Soldaten zu tauschen, der ungefähr so alt und so groß war wie er. Der Soldat gehorchte, fragte aber: „Was soll ich denn jetzt anziehen? Ich kann mich bei meiner Einheit doch nicht im Unterhemd melden." Der russische Soldat sagte, er könne sein altes Hemd haben, aber der Slowake lehnte ab: „Ich kann keine russische Feldbluse tragen. Das wäre Verrat." Der junge Russe dachte einen Moment nach, um ihn dann, weil ihm keine bessere Antwort einfiel, in seinem Unterhemd zu erschießen.

„UNGARN, GEHT NACH HAUSE! HATTET IHR NICHT SCHON SELBST GENUG DAVON?" war auf jeden ungarischen Panzer in Bratislava geschrieben worden. Das Warschauer-Pakt-Kommando hatte all seine ungarischen Streitkräfte in die slowakische Hauptstadt und in die Dörfer entlang der slowakisch-ungarischen Grenze entsandt. Es hatte erwartet, daß die Slowaken – die ja schließlich tausend Jahre lang deren Landsleute gewesen waren – ihre ungarischen Brüder mit offenen Armen willkommen heißen würden. Statt dessen spuckten die Slowaken sogar auf ihre nahen Verwandten.

In der südslowakischen Bergbaustadt Rožňava weigerten sich die Leute, den ungarischen Eindringlingen Essen, Wasser oder Obdach zu gewähren. Schließlich wurde ein Kompromiß geschlossen, wonach die Besatzungsmächte in einer Bergbauschule untergebracht und versorgt werden durften, allerdings unter einer Bedingung: *Von der Dämmerung bis zum Morgen wurden alle ungarischen Soldaten in der Schule eingeschlossen.*

Ostdeutsche Truppen rollten durch das Sudetenland, als ob es wieder 1939 wäre, aber sie verhielten sich überraschend fromm. Sie zielten nur mit ihren Filmkameras auf die Menschen. Jeder, der die Faust gegen die ostdeutsche Armee erhob, wurde gefilmt – vielleicht für Walter Ulbrichts Archive bekannter Konterrevolutionäre.

Polnische Eindringlinge waren am leichtesten zu demoralisieren. Manchmal brauchte es nicht mehr als die Wahrheit, um das zu erreichen. In der Nähe von Šlitrs Landhaus stolperte ein Zug polnischer Soldaten aus den Wäldern und von den Hügeln Ostböhmens. Die Soldaten fragten: „Wo sind wir?"

„Ledeč nad Sázavou", wurde ihnen gesagt.

„Aber was für ein Land ist das?"

„Die Tschechoslowakei."

„Die Tschechoslowakei?!!" riefen sie aus. „Dann gehen wir nach Hause", sagte der älteste von ihnen. Sie verschwanden in den Wäldern, und in Ledeč sah man sie nie wieder.

Demoralisierung funktioniert aber in beide Richtungen. In der historischen Stadt Jičín[48] eröffneten zwei einsame, betrunkene polnische Soldaten das Feuer auf zwei einheimische Pärchen, die auf einer Parkbank schmusten. Sie töteten einen der Jungen, verwundeten eines der Mädchen, ermordeten die Mutter des anderen Jungen und verwundeten seinen Vater, als die beiden herauskamen, um nachzusehen, was vor sich ging; dann töteten sie einen polnischen Soldaten, der das Blutbad beenden wollte, verwundeten einen weiteren polnischen Solda-

[48]Jičín war Sitz des Herzogtums des Grafen Albrecht von Wallenstein (1583–1634), dem in Böhmen geborenen habsburgischen General und Helden von Schillers dramatischer Trilogie. Im Wallenstein-Schloß unterzeichneten Österreich, Preußen und Rußland die Heilige Allianz gegen Napoleon.

ten, einen tschechischen Soldaten und eine Frau in einem vorbeifahrenden Auto. In die langen Annalen der Stadt konnte „Das Jičín-Massaker von 1968" eingetragen werden.

Es war jedoch die Demoralisierung der Roten Armee, die den Kreml am meisten beunruhigte – und die war in Prag am besten zu beobachten. Am Donnerstag auf dem Karlsplatz zeigte ein Junge einem sowjetischen Soldaten eine von Gewehrkugeln durchsiebte Zeitung, die mit Blut und etwas Fleisch beschmiert war: „Das ist eine Erinnerung an meinen besten Freund, und das ist euer Werk. Er wurde gestern getötet." Der Soldat fiel fast in Ohnmacht. Ein ganz junger Soldat daneben sagte: „Ich wünschte, ich könnte diese Uniform einfach ausziehen und den ganzen Weg zu Fuß nach Hause gehen."

Wenn Tschechen ihn als „Mörder" bezeichneten, bestand die Antwort des russischen Durchschnittssoldaten darin zu zeigen, daß aus seiner Waffe nicht geschossen worden war. „Ich habe nicht geschossen", wurde die russische Bitte um Absolution. Viele aber verstanden mehr, und nicht alle konnten mit dem Unterschied zwischen dem, was ihre Führer und dem, was ihre Augen ihnen sagten, leben.

Laut der legalen *Rudé Právo* sah am Donnerstag eine Frau namens Alena jemanden, den sie kannte, in der Nähe des Zentralkomitees auf einem Panzer sitzen: „Kolja, was machst du hier?"

Der Neunzehnjährige in Uniform hatte Mühe, Alena wiederzuerkennen, denn „in der prähistorischen Zeit, als ich die Sowjetunion besuchte, hatte er nie solch ein Entsetzen in meinen Augen gesehen", wie sie sagte. Schließlich erinnerte er sich an sie, und sie fragte wieder: „Kolja, was machst du hier?"

„Wir haben unsere Befehle bekommen. Wir kommen als Freunde."

„Als Freunde? Aber ihr schießt auf uns!"

„Ich habe nicht geschossen."

„Was wird deine Schwester sagen, wenn du nach Hause kommst?"

„Ich habe nicht geschossen. Sie haben uns hierher geschickt." Kolja zeigte Alena, daß er seine gesamte Munition noch hatte.

„Wenn du nicht geschossen hast, haben es andere getan und tun es noch. Deine Leute haben einen zwanzigjährigen Jungen getötet. Ich bin sicher, er hat euch geliebt; wir alle liebten euch."

„Wir haben Befehle bekommen. Uns wurde gesagt, daß hier eine Konterrevolution im Gange ist, daß alles im Chaos versinkt."

„Kolja, wir hatten hier Frieden, bis ihr aufgetaucht seid. Stell dir vor, so viele Soldaten kämen nach Charkov. Würde nicht das gleiche Chaos wie hier ausbrechen?"

„Ich verstehe diese Art von Reden nicht. Ich habe Befehle ..."

„Kolja, die Leute, die dir Befehle gaben, haben dir nicht die Wahrheit gesagt."

„Warum sollten sie uns belügen?" fragte Kolja, aber seine Stimme zitterte.

Alena stand nur da und sah ihn an. Dutzende von Menschen hatten Kolja gefragt „Warum seid ihr gekommen?", und dutzendemal hatte er geantwortet: „Ich habe nicht geschossen." Alena sagte, daß sie die Frage auch mehreren Kameraden von Kolja stellte, „und dann sah ich etwas Schreckliches vor sich gehen. Kolja richtete seine Waffe auf sich, drückte ab und schoß sich ins Herz." Kolja würde nie wieder sagen „Ich habe nicht geschossen".

Koljas Selbstmord war der erste eines Russen, von dem wir hörten. Bald erfuhren wir von mindestens vier weiteren in Prag (alle offiziell, wenn überhaupt, als „Unfall beim Waffenreinigen" beschrieben) sowie von Dutzenden von Nervenzusammenbrüchen. Man konnte das, was passierte, sogar an den gleichmütigen Gesichtern, die einen von den Panzern aus beobachteten, ablesen. Sie waren zu ihrer „Verbrüderung" mit drei Militärkapellen gekommen. Sie waren in der Erwartung gekommen, wie 1945 als Befreier empfangen und *geliebt* zu werden! Jetzt waren sie demoralisiert. Und hungrig. Sie waren mit Vorräten für nur drei Tage gekommen; danach sollten die, die sie willkommen geheißen hatten, und die „Revolutionäre Arbeiter- und Bauernregierung des Genossen Indra" für sie sorgen. Die Lage begann sich noch mehr zuzuspitzen. Um ihre Feldküchen zu heizen, brachen russische Truppen in die Bibliothek der Karlsuniversität ein und stahlen Bücher als Brennmaterial. Die jüngeren Soldaten begannen durch die Straßen zu stolzieren und hielten dabei ihre Waffen am Abzug.

Ein russischer Soldat namens Semjonovič starb. Es war kein Selbstmord. Sein Selbstladegewehr, das er über der Schulter hängen hatte, ging los und schoß ihm durch den Rücken. Er hätte überleben können, aber seine Waffenbrüder reagierten mit solcher Panik, daß sie ihn vollends mit Schüssen durchlöcherten.

Zu Hause drängte mich Monica, sie mit einem russischen Soldaten bekannt zu machen. Am Donnerstag nachmittag sagte ich ihr, daß wir uns vielleicht am Wochenende die Burgaufseher-und-Laternenanzünder-Brigade für einige Minuten anschauen gehen könnten. Aber Donnerstag nacht folgte die Rote Armee auf einmal Lenin („Im Kampf um eine Stadt richtet sich letztendlich alles nach der moralischen Überlegenheit") und befahl, die Einheiten auszuwechseln. Härtere Ersatzmänner wurden in die Stadt gebracht, und einige der anfälligeren Divisionen wurden abgezogen. Niemand hatte das angekündigt; es geschah einfach, und ich mußte Monica ihren Ausflug absagen. Immerhin konnte man sich fast darüber freuen, daß der tschechoslowakische Anstand den russischen Kampfgeist so stark geschwächt hatte und 14 Millionen „Konterrevolutionäre" den mächtigen Legionen im ganzen Land zahlenmäßig und geistig überlegen waren.

Am Donnerstag abend entschied Präsident Svoboda, daß er in Prag alle Verhandlungsmöglichkeiten in bezug auf die Freilassung von Dubček und den anderen gefangenen Führern ausgeschöpft hatte. Er verständigte Černíks übriggebliebene Kabinettsmitglieder, daß er bereit sei, nach Moskau zu fahren, um zu verhandeln. Sie bestimmten General Dzúr (den Verteidigungsminister) und den stellvertretenden Ministerpräsidenten Husák (der gerade aus seiner Haft in Mähren befreit worden war) dazu, ihn zu begleiten. Die Nationale Front brachte noch einen Nichtkommunisten in diese Gruppe, den Justizminister Bohuslav Kučera, Chef der Sozialistischen Partei.

Die Nationalversammlung entsandte niemanden ausdrücklich (wobei die meisten Reiseteilnehmer auch Abgeordnete waren), legten Svoboda aber nahe, „unter keinen Umständen das Territorium der Republik" zu verlassen.

Der Präsident aber war entschlossen zu gehen – und reihte in die Delegation noch seinen Sekretär, Adjutanten und Schwiegersohn Milan Klusák, ehemaliger tschechoslowakischer UN-Botschafter, ein. Dann meldete er Červonenko, daß er nach Moskau fahren wolle. Der sowjetische Botschafter sagte, daß er sich erkundigen werde, ob die Reise „sicher", das hieß „möglich", sei.

Am späten Abend wollte „eine Gruppe von Genossen aus dem Zentralkomitee" Svoboda in der Burg einen Besuch abstatten. Svoboda war damit einverstanden, sie zu empfangen. Aber der Präsident litt an Bluthochdruck, und als er sah, daß sich die „Gruppe“ aus Biľak und Kolder zusammensetzte, bestand er auf der Anwesenheit seines Arztes.

Biľak und Kolder informierten Svoboda offensichtlich darüber, daß Červonenko die Reise ablehnen werde, wenn die Zusammensetzung der Teilnehmer nicht durch drei ihrer Leute ausgeglichen würde. Nach Streitigkeiten und Verhandlungen, die bis in die frühen Morgenstunden andauerten, wurden Biľak, Indra und das konservative Präsidiumsmitglied Jan Piller[49] auch auf die Liste gesetzt. Am Freitag um 8.45 Uhr sprach Svoboda über ein Telefon in der Burg (mittels eines geheimen Radiosenders) zur Nation. Er rief zu „Ruhe und Zurückhaltung“ auf und versprach das Verbleiben „auf dem Weg der demokratischen Entwicklung unseres sozialistischen Heimatlandes im Sinne der Plenarsitzung des Zentralkomitees vom Januar. Wir rechnen damit, heute abend zurückzukehren ...“

„Svoboda hat uns verraten!“ jammerte der Nachbar, mit dem ich diese Sendung anhörte. „Mir war die Nähe dieses Kerls zu den Russen immer verdächtig.“

„Geben Sie nicht zu früh auf“, sagte ich. „Alte Männer möchten in Ehren sterben.“

Um 9.30 Uhr startete eine Sondermaschine mit zehn Passagieren von Prag nach Moskau. Svobodas Frau hatte seinem Sekretär aufgetragen, ihm zu sagen, „dort nichts zu essen oder zu trinken“ und „auf Drogen achtzugeben.“

Einige Minuten vor Freitag mittag – dem Beginn der vom außerordentlichen XIV. Parteitag ausgerufenen Arbeitsniederlegung, bildeten sechzig junge Männer, die sich unter den Armen eingehakt hatten, am oberen Ende des Wenzelsplatzes eine Kette. Sie formten eine Art Rechen, der vom verunstalteten Nationalmuseum aus den Platz hinunterfegte. „Weg von den Straßen!“ riefen sie. „Räumt den Platz!“ Hinter und vor ihnen leerte sich alles.

Die russischen Soldaten, die den Platz säumten, wurden nervös. Sie suchten die Dächer der Jugendstilhäuser nach Heckenschützen ab. Einige von ihnen kletterten in ihre Panzer und schlossen die Luken. Die Geschütztürme schwenkten dahin

[49] Piller wurde 1970 der mächtige Chef aller Gewerkschaften in der Tschechoslowakei.

und dorthin – aber es gab keine Ziele, auf die man schießen konnte.

Dann, genau zur Mittagsstunde, wurde die Stadt von einer Lärmexplosion erfüllt. Sirenen heulten. Autos hupten. Fabriksirenen ertönten. Kirchenglocken läuteten. Und die Russen waren in Panik. Sie schossen in die Luft. Sie schossen auf die Gebäude. Sie schossen aufeinander. Sie schossen auf Müll, Papiere und Plakate, die durch Windstöße bewegt wurden. Aber zwischen 12 und 13 Uhr waren sie mit ihren Panzern, ihren Gewehren und ihrem Gewissen ganz allein.

Punkt ein Uhr tauchte der menschliche Rechen wieder auf, diesmal am Fuße des Platzes – und jung und alt, Männer und Frauen strömten hinauf zur Wenzelsstatue und riefen die Namen, in die die Nachkommen des guten Fürsten ihr Vertrauen gesetzt hatten: „Dub-ček! Svo-bo-da! Svo-bo-da! Dub-ček!" Dieses eine Mal waren die Russen froh, eine Menschenmenge zu sehen.

In unserem Viertel fand in der Proteststunde ein Kinderkreuzzug statt. Monica und Erika gesellten sich zu ihren Spielkameraden in den Gärten hinter unserem Haus, und von 12 bis 13 Uhr klingelten sie mit den Glocken ihrer Dreiräder.

Zwischenspiel
TASS und Schwejk erzählen, wie es wirklich war

Die sowjetische Nachrichtenagentur TASS schrieb:

„Am 21. August haben sich illegale Radiostationen und die Presse in den Wahnsinn verstiegen, diejenigen der führenden Mitglieder des Zentralkomitees, die dem Leninismus treu geblieben sind, zu attackieren … In Prag wurden Plakate mit einem Galgen aufgehängt, als Drohung gegen … den Genossen Vasil Biľak. Feindselige Elemente, die mit allen Mitteln versuchen, die Situation zu verschlimmern, begehen schwere Verbrechen. So inhaftierten sie Oldřich Švestka, den Chefredakteur der *Rudé Právo*, der zufällig auch ein Mitglied des Präsidiums ist, und brachten eine Sonderausgabe dieser Zeitung heraus, in der sie die Sowjetunion und andere sozialistische Länder angriffen. Genosse Švestka wurde von sowjetischen Truppen aus der Haft befreit … [50]

Illegale Radiostationen und Publikationen verbreiten Fälschungen der gemeinsten Art. Gewisse Beamte helfen ihnen direkt dabei … Unter ihnen ist Čestmír Císař, der seinen Verrat am Leninismus durch eine Reihe von öffentlichen Erklärungen bewiesen hat. Da ist Ota Šik, dessen revisionistische Ansichten auf dem Gebiet der Wirtschaft ebenfalls wohlbekannt sind. Jetzt arbeitet er im Ausland hart als einer der Leiter der rechten Kräfte. Da ist Eduard Goldstücker, der in den vergangenen Monaten in der Tschechoslowakei und im Ausland viele antisozialistische Stellungnahmen abgegeben hat … Ota Šik [und] Jiří Hájek, der geflohene Außenminister … haben angekündigt, daß sie Regierungsfunktionen ‚außerhalb des tschechoslowakischen Territoriums' ausüben wollen, wozu sie eigentlich von niemandem bevollmächtigt wurden."

[50] In Wirklichkeit war Švestka aus dem *Rudé Právo*-Gebäude von Mitarbeitern, die das Gefühl hatten, von ihrem Herausgeber verraten worden zu sein, ausgesperrt worden.

Ein Untergrundflugblatt, das in Prag verteilt wurde, beschrieb es so:

„‚Die Technik, Frau Müller, ist ein großer Segen für die Menschheit', seufzte Josef Schwejk seiner Vermieterin gegenüber und massierte dabei seine schmerzenden Füße. ‚Nehmen Sie zum Beispiel das Radio. Ich spazierte durch ganz Prag, und dann schaltete ich Radio Vltava ein und erkannte, daß mein Herumgehen vollkommen umsonst war, denn ich hatte die wichtigsten Ereignisse in Prag verpaßt. Nur von Radio Vltava erfuhr ich, basierend auf zuverlässigen Berichten aus Moskau – und jetzt zitiere ich wortwörtlich, Frau Müller –, daß *man in ganz Prag sehen kann, wie sich Soldaten und Offiziere der alliierten Mächte mit der Bevölkerung verbrüdern, wie sie unzählige Fragen beantworten, wie sie dem Volk helfen, die politische Situation zu beurteilen, und wie sie das edle Ziel, das die Truppen hier erreichen wollen, erläutern.* Das ist es, was sie gesagt haben, Frau Müller, und ich muß Ihnen sagen, hätte ich nicht das Mittel zum Einreiben an den Händen, würde ich die Tränen von meinen Wangen wegwischen, so gerührt bin ich …'"

Im Ersten Weltkrieg überlistet der brave Soldat Schwejk[51] seine Vorgesetzten mit einer Art gefügiger Unterwürfigkeit, die an Sabotage grenzt.

> „Hör zu, Schwejk … Paß jetzt ganz genau auf, was ich dir sage. Verstehst du genau, was ich sage? Rede dich später nicht damit heraus, daß es im Telefon ein summendes Geräusch gab. Also, hänge den Hörer auf und –"
>
> Es entstand eine Pause. Dann läutete das Telefon wieder. Schwejk hob den Hörer ab und wurde mit einer Flut von Schimpfwörtern überschüttet:
>
> „Du verfluchter, blöder, dickköpfiger, miserabler Tölpel, du verdammter Esel, du Rüpel, du Stinktier, du Rowdy, was zur Hölle führst du im Schilde? Warum hast du das Gespräch unterbrochen?"
>
> „Bitte melden zu dürfen, mein Herr, Sie sagten, ich soll den Hörer aufhängen."

[51] Der vierteilige Roman *Der brave Soldat Schwejk* (1920–23) ist ein Werk des Prager Satirikers und Anarchisten Jaroslav Hašek (1883–1923) [die deutsche Übertragung der folgenden Zitate a. d. Tsch. stammen von d. Übers.].

Auch seine „Feinde“ sind nicht gegen das schwejkische Gemüt gefeit. Auf ihrem Transport als Gefangene versetzen Schwejk und ein anderer Soldat den sie bewachenden Unteroffizier in einen Zustand äußersten Gehorsams:

> „... gemäß den Vorschriften vom 21. November 1879 müssen Militärgefangene in einem Wagen mit Gitterfenstern befördert werden. Also, die Gitterfenster haben wir bekommen. Aber die Vorschriften besagen weiter, daß der Wagen mit einem Trinkwasserbehälter ausgestattet sein muß. Sie haben diesen Teil der Verordnung nicht ausgeführt. Und übrigens, wissen Sie vielleicht zufällig, wo die Verpflegung ausgegeben wird? Sie wissen es nicht? Das habe ich mir gedacht. Sie taugen ganz einfach nicht für Ihre Arbeit ...
>
> Sie sehen, Herr Unteroffizier, es ist kein Spaß, Gefangene wie uns zu eskortieren. Sie müssen sich um uns kümmern, wie es sich gehört. Wir sind keine gewöhnlichen Soldaten, die sich selbst durchschlagen können. Uns hat man alles zu bringen. Das steht so in den Verordnungen, und die haben eingehalten zu werden, was wird sonst aus Recht und Ordnung?“

Ich denke, das Wesen des Schwejkischen liegt in der Fähigkeit, wiederholte Vergewaltigung zu erdulden, bis man schließlich den Vergewaltiger verdirbt. Hitler erkannte das Schwejkische als eine Bedrohung, als er sagte: „Je mehr die Tschechen sich einschränken, desto gefährlicher werden sie!“ Hitlers „Reichsprotektor“ für Böhmen und Mähren, Reinhard Heydrich, beschrieb „die tschechische Rasse“ als „das Schilf, das sich biegen, aber nicht brechen läßt.“ Inzwischen machte Schwejk weiterhin Termine für „nach dem Krieg um sechs Uhr“ aus.

Unter dem Kommunismus war Schwejk in den Ruhestand geschickt, aber nicht ruhiggestellt worden. Ein Schwejkwitz aus den fünfziger Jahren geht so:

Präsident Novotný will wissen, was die Werktätigen tatsächlich über ihn denken. Getarnt mit Arbeitsanzug, Ölkanne, Mütze und Arbeitskittel, geht er in eine Fabrik und fragt die Arbeiter: „Was denkt ihr über unseren Herrn Novotný?“ Einige sagen „Kein Kommentar, Herr Präsident“; andere zucken die Achseln oder sagen „Wer ist das?“ Schließlich kommt Novotný zu dem braven Genossen Schwejk und stellte ihm seine Frage. Schwejk heißt ihn zu schweigen, legt seinen Finger an die

Lippen und flüstert: „Kommen Sie mit." Er führt ihn über mehrere Treppen und Gänge, versichert sich, daß ihnen niemand folgt und bringt ihn schließlich in einen Kesselraum. Dort verriegelt Schwejk die Tür und stellt den Kessel auf volle Touren, um sicher zu sein, daß man sie nicht abhören kann. Erst dann vertraut Schwejk ihm an: „Um die Wahrheit zu sagen, ich mag ihn."

Die Russen fingen gerade an, zu Schwejks Zielscheibe zu werden, als der Prager Historiker Zdeněk Mahler schrieb:

> Die Wahlmöglichkeiten, die dem [tschechischen] Volk angeboten wurden, waren selten so einfach wie in einem Märchen gewesen, nämlich zwischen Gut und Böse. Hier war es die Wahl zwischen dem größeren und dem kleineren Übel – und nur deswegen konnte man hier von Moral sprechen. Diese Nation neigt nicht zu einem Messias-Komplex. Mit einem Besen hinter einem Panzer herzugehen, entspricht nicht unserer Vorstellung von wahrer Courage. Nicht zufällig ist Schwejk hier und nirgendwo anders entstanden; als ein Charakter, der sich mit großem Humor über die große Tragödie erhebt – nicht um diese zwei Dinge gleichzustellen, sondern um die Extreme zu symbolisieren. Manchmal ist es leichter, für etwas zu sterben als dafür zu leben.

Und alle Fragen über Leben und Tod – von Dubček, Smrkovský, Ingenieur Černík, Dr. Kriegel und sogar von Josef Schwejk und der tschechoslowakischen Nation – wurden jetzt im Kreml entschieden.

Kapitel 15

Freitag, 23. August – Dienstag, 27. August 1968

Ludvík Svobodas Ankunft in Moskau wurde mit allen Feinheiten eines Mafiabegräbnisses inszeniert – finanziert von den Mördern und ausgeführt vielleicht von Kafka als Leichenbestatter. Der besiegte Held wurde auf dem Flughafen Vnukovo mit 21 Salutschüssen begrüßt. Er wurde mit Blumen beschenkt und von Brežnev, Kosygin und Podgornyj auf beide Wangen geküßt. Sie fuhren mit ihm in einem offenen Wagen auf einer von Moskauern gesäumten Straße in die Stadt. Diese hatten den Freitag nachmittag frei bekommen, um das „glückliche Wiedersehen“ zu feiern.[52]

Der alte Soldat starrte wie versteinert vor sich hin. Kaum befand er sich innerhalb der Kremlmauern, machte er klar, daß er keine weiteren Zeremonien wünsche und nicht mit seinen Gastgebern sprechen werde, bevor er seine Führer wiederhatte.

Mir wurde gesagt, daß Brežnev darauf schonungslos antwortete: „Nein, Sie haben keine Führer, und deswegen werden wir heute miteinander sprechen müssen. Dubček und Černík haben ihre Verbrechen gestanden und sind zurückgetreten.“

„Das glaube ich nicht“, soll Svoboda geantwortet haben. Brežnev war wütend. Ohne Regierung, sagte er, wäre das einzige, was man mit der Tschechoslowakei machen könne, sie abzuschaffen (so wie die Nazis es getan hatten). Die Slowakei würde die 17. „Republik“ der UdSSR und die „rückständigen“

[52]Zwei Tage zuvor hatten die Moskauer bemerkt, daß etwas in der Luft lag, als die Pravda, die üblicherweise um 7 Uhr in den Verkauf ging, die Kioske nicht vor 11 Uhr erreichte. Sie enthielt nur die kurze Mitteilung, daß ungenannte Prager Führungspersönlichkeiten die Armeen des Warschauer Paktes in ihr Land „eingeladen“ hätten.

Gebiete Böhmens und Mährens in ein Protektorat umgewandelt werden. Der tschechoslowakische Staat stand am Rande des Unterganges.

Svoboda brach nicht zusammen. Er trug seine sowjetischen Medaillen. Jetzt nahm er sie ab und legte sie auf den Tisch. (Einer der verschiedenen widersprüchlichen Berichte behauptete sogar, daß er eine Pistole hervorzog.) „Ich bin ein alter Mann", sagte er auf russisch. „Ich habe viel Blut und Krieg gesehen. Mein ganzes Leben habe ich gesehen, wie Blut vergossen wurde. Ich bin bereit zu sterben. Wenn Sie meine Kollegen nicht hereinbringen, werde ich mich umbringen, und Sie werden erklären müssen, warum ein Held der Sowjetunion unter ihrer Aufsicht umgekommen ist."

Seine Zuhörer hatten sich alle schon mit anderen Heucheleien aus der Affäre gezogen und schon andere Helden der Sowjetunion verleugnet. Trotzdem waren sie immer noch mittelmäßige Männer und schreckten in diesem Moment vor der Herausforderung zurück – und jetzt senkte Svoboda seine Stimme.

„Es gibt zwei Lösungen", fuhr er leise fort, „eine politische oder eine blutige. Ich möchte keine blutige Lösung." Aber er teilte ihnen mit, daß er für den Fall, daß ihm etwas zustoßen sollte oder seine Führungsspitze nicht zurückkehren würde, einen Befehl hinterlassen hatte, der die Menschen erreichen und befolgt werden würde – den Befehl, *die Kommunistische Partei der Tschechoslowakei aufzulösen.*

Die Russen hatten in einer Stärke von einer halben Million reagiert, um eine imaginäre Konterrevolution zu unterdrücken. Jetzt war das Schreckgespenst des Unvorstellbaren, des Undenkbaren, des Unaussprechlichen vor ihnen aufgetaucht, mit der imposanten Gestalt und den gemessenen Tönen des weißhaarigen Präsidenten der Tschechoslowakischen Sozialistischen Republik.

Svoboda kämpfte, mit dem gleichen Risiko wie auf jedem anderen Schlachtfeld, für das nackte Überleben seiner Nation und den Fortbestand einer verfassungsmäßigen Regierung. Und mit wem mußte er es aufnehmen? Ein Tschechoslowake, der sich mit im Raum befand, formulierte es so: „Wir waren schockiert darüber, daß wir es nicht mit politischen Dogmatikern, sondern mit zynischen Gangstern zu tun hatten. Die Russen sagten uns, daß es sie nicht kümmere, wer der Führer der Tschechoslowakei sei – die wichtigen Überlegungen seien militärischer und strategischer Art."

Die russischen Führer wußten bereits, daß ihre Okkupation gelungen war, aber nicht funktionierte. Sie teilten ihren Gästen Zimmer im Kreml zu, und beide Seiten schliefen in dieser Freitagnacht unruhig. Die tschechoslowakischen Besucher waren voneinander isoliert, sowie von allen Neuigkeiten über die Entwicklungen in ihrem Heimatland. Inzwischen gab Svobodas Frau in Prag einem Freund von der Untergrund-*Mladá Fronta*, der sie angerufen hatte, ein Interview.

„Fürchten Sie sich?" fragte der Journalist.

„Ja", sagte Irena Svobodová . „Aber ich glaube nicht, daß er irgendeinem Druck nachgeben wird ... Ich kenne ihn lange genug. Er ist ein Mann von extrem gutem Charakter. Ich vertraue ihm. Und ich weiß, wie tief betroffen er von dieser Attacke der Sowjets und ihrer Alliierten auf unsere Republik war."

„Glauben Sie, daß er nach Moskau gegangen ist, weil er einen günstigen Ausgang erwartet, oder einfach nur, um nichts unversucht gelassen zu haben?"

„Er kennt sie seit seinen Erfahrungen in Rußland während des Zweiten Weltkrieges gut. Ehe er zum Helden der Sowjetunion ernannt wurde, hatte man ihn vor ein Troika-Gericht gestellt, was gewöhnlich die Todesstrafe bedeutete. Er ist da herausgekommen, weil er dabei geblieben ist, ihnen die Wahrheit über sich zu sagen, denn er gestand nicht, so sehr sie ihn auch bedrängten, ein antisowjetischer Agent zu sein. Er ließ sich von ihnen nicht einschüchtern. Er stand es durch, und am Ende gewann er ihre Achtung. Ich bin sicher, daß er jetzt nicht leichter bereit ist, Kompromisse einzugehen. Er wird keinem Druck nachgeben."

Freitag nacht war die einzige wirkliche Neuigkeit, daß Čestmír Císař aus der Haft im Prager Polizeihauptquartier entkommen war. Wohlgesinnte Geheimpolizisten brachten ihn in ein Versteck auf dem Land, aber nicht ehe er das geheime Radio angerufen hatte, um mit seiner unverkennbaren, sanften Stimme folgendes zu verkünden: „Hier ist Čestmír Císař. Ich bin wieder frei und sende dem Volk der Tschechoslowakei einen kämpferischen Gruß. Ich werde mich dem neuen Zentralkomitee so schnell wie möglich anschließen. *Wir sind mit Euch, seid mit uns!*"

Am Freitag abend hielten 15.000 Tschechen entlang der Straße vom Flughafen Ruzyně zur Burg Wache. Sie warteten auf die Rückkehr ihres Präsidenten. Mehr als vier Stunden standen sie dort, bis die Russen lange nach Beginn der Ausgangssperre zu schießen begannen und die Polizei die Leute anflehte, nach Hause zu gehen. Es war nicht angekündigt worden, daß die Delegation ihren Aufenthalt in Moskau verlängern werde.

Im Kreml setzte Svoboda alles auf die Rückkehr von Dubček, Smrkovský, Černík, Kriegel und Špaček. Und dabei wußte er nicht einmal, ob irgendeiner der fünf noch lebte.

(Sowohl Pessimisten als auch Optimisten in Prag nahmen Císařs Flucht irgendwie als Zeichen dafür, daß Dubček und die anderen gefangenen Führer noch immer irgendwo am Leben waren. Aber die Delegierten in Moskau waren nicht einmal über die Neuigkeit, daß Císař frei war, informiert.)

Am Samstag morgen teilten die Gastgeber im Kreml ihren Gästen mit, daß sie einige Stunden warten müßten, bis Dubček und die anderen dorthin gebracht würden. Die Besucher trauten ihren Ohren und den Worten der Russen kaum. Aber wenn es stimmte, dann war Svobodas Spiel aufgegangen, und vielleicht konnte der alte General seine Männer noch retten.

(Ungefähr um die gleiche Zeit erhielt der Warschauer-Pakt-Kommandant in Bratislava, der sowjetische Oberst Kavaljov, einen unerwarteten Besuch – Pavlina Dubčeková . „Ich bin die Mutter von Alexander Dubček. Was haben Sie mit ihm gemacht?“ fragte sie geradeheraus. Der Oberst blickte sie erstaunt an und antwortete: „Wir verhandeln mit ihm.“)

Was mit Dubček, Černík, Smrkovský, Kriegel und Špaček nach ihrer Abreise von Ruzyně in Ketten geschehen war, konnte erst Tage danach Stück für Stück rekonstruiert werden, aber es ist meine beste Chronik:

Mittwoch nacht saßen die fünf Führer auf dem Boden einer alternden Transportmaschine ohne Druckausgleich, die in geringer Höhe flog. Während des neunzigminütigen Fluges wurden sie um ihre verbliebenen Armbanduhren erleichtert (Černík hatte man seine am Morgen weggenommen). Wie ihnen zumute war, beschrieb Josef Smrkovský später so: „Wir wurden so isoliert gehalten, daß wir keine Zeitvorstellung mehr hatten. Wir wußten nicht, wieviel Zeit verstrichen oder welcher Tag überhaupt war.“

Das Flugzeug landete auf einem Militärflughafen mitten in der Slowakei. Die Gefangenen wurden, jeder in einem schwer bewachten gepanzerten Wagen, zu einer Scheune außerhalb des Kurortes Silač gefahren, wo man seit dem 13. Jahrhundert Kreislaufstörungen behandelt. Dort wurden sie beschimpft, mißhandelt und sogar mit Ketten geschlagen. Kriegel, der Diabetiker war, wurde das Insulin versagt. Smrkovský und Černík sagten später praktisch mit den gleichen Worten über diese Tortur, daß sie mehrere Male gefürchtet hätten, daß es mit ihrem Leben zu Ende ginge. Es gibt sogar Gerüchte über eine Bestrahlung Dubčeks und Smrkovskýs mit radioaktivem Kobalt, entweder in Silač oder später in Rußland.[53]

Irgendwann am Donnerstag wurden die Gefangenen auf dem Landweg zu einer einsamen Berghütte in der Nähe der karpatischen Stadt Mukačevo in der Ukraine gebracht – in ein Gebiet, das von 1919 bis 1938 zur Tschechoslowakei gehört hatte. (Es wurde 1945 an die Sowjetunion abgetreten.) Hier schien es zunächst sicher, daß die fünf Gefangenen exekutiert werden würden, sobald die „Arbeiter- und Bauernregierung des Genossen Indra" in Prag ausgerufen werden konnte.[54] Als sich die fünf Gefangenen darüber beklagten, daß sie nichts zu essen

53Bei Smrkovský wurde später in Hüfte und Wirbelsäule Krebs diagnostiziert, aber ich erinnere mich auch, wie einer seiner Mitarbeiter im Frühling 1968 gesagt hatte: „Er ist ein sehr kranker Mann, aber er scheint es nicht zu wissen." Deswegen habe ich mich weiterhin mit meinem Urteil zurückgehalten. In der streng kontrollierten und zensierten tschechischen Presse der Zeit nach der Invasion habe ich nur einmal eine Anspielung auf diese Möglichkeit gesehen – als die Rudé Právo am 12. Februar 1970 ein Interview mit Emil Rigo abdruckte, einem der vier Präsidiumsmitglieder, die am Morgen des 21. Augustes 1968 gegen die Erklärung, die die Invasion als einen illegalen Akt verurteilte, gestimmt hatten. Rigo bemerkte darin beiläufig: „Als sie [die Führer] von den Gesprächen aus Moskau zurückkehrten, gab es Gerüchte, daß man sie hatte hungern lassen, mit Krebs infizierte und ähnlichen Unsinn." Smrkovský starb am 15. Januar 1974 an Knochenkrebs.

54Das Beharren der Sowjets auf solch einer formalen „Legalität" hat eine Parallele. Ein vergleichbarer, wenn auch nicht identischer Zeitplan wurde 1956 bei der Entführung des ungarischen Premierministers Imre Nagy und der Ernennung von János Kádárs Gegenregierung befolgt.

und keine frische Kleidung angeboten bekommen hatten, sagte man ihnen, daß sie diese Dinge auch nicht mehr bräuchten.

Doch am Freitag morgen wurden sie plötzlich in die ukrainische Stadt Lvov gebracht (die ehemalige Hauptstadt der galizischen Heimat Dr. Kriegels, die 1945 von Polen an Rußland abgetreten worden war). Hier wurden sie am Leben erhalten, allerdings in einer Ungewißheit, die ihre Entführer mit ihnen zu teilen schienen. Mehrere Male hieß es, sie würden zurück nach Mukačevo gehen; schließlich wurden sie in der Nacht von Freitag auf Samstag jedoch geweckt, und man sagte ihnen, daß sie ihr Leben in Lvov beenden würden.

Am frühen Samstag morgen wurden sie allerdings in ein Flugzeug verfrachtet, und man sagte ihnen, sie seien unterwegs nach Moskau, was sie wohl kaum geglaubt haben. Auf dem Flug wurden ihnen jedoch die Handschellen abgenommen, und man erlaubte ihnen sogar, sich in einem Waschbecken zu waschen. Als das Flugzeug auf einem Militärflughafen in der Nähe von Moskau landete, verwundert es sie, daß ihre Entführer sich nicht bemühten, ihnen die Handschellen wieder anzulegen.

Statt dessen wurden sie von Offizieren der Armee begrüßt, die ihnen Mäntel aushändigten, die ihre zerrissene Kleidung verbergen sollten. In der heißen Augustsonne wurden die fünf Verdammten zu Čajka-Limousinen mit Chauffeuren geleitet. Sie wurden nur von Polizisten in Zivilkleidung bewacht, eine Behandlung, die den Führern einer kommunistischen Partei beinahe würdig war. Die Čajkas rasten nach Moskau hinein, durch ein Seitentor auf die Märchentürme des Kremls zu. Und dort, sieh da, erwartete sie das gesamte sowjetische Politbüro, ihr eigener Präsident Svoboda, ihr Verteidigungs- und ihr Justizminister, der stellvertretende Ministerpräsident Husák und die verfluchten Verräter Biľak und Indra, die sie und ihr Land in den Untergang getrieben hatten. Es war mehr, viel mehr, als Dubčeks, Smrkovskýs oder sonst jemandes Verstand erfassen konnte. Nur Dostojevskij, der begnadigt wurde, als er bereits vor dem Exekutionskommando stand, hätte diese Szene begreifen können.

„Ich bin vollkommen überzeugt davon", sagte Oldřich Černík, als er erfuhr, was sich ereignet hatte, „daß Präsident Svoboda mein Leben gerettet hat."

Gustáv Husák meldete nach Prag, daß Dubček und die anderen im Kreml seien ... daß sie verhandelten ... und daß man erwarte, daß sie ihre Machtbefugnisse in Kürze wiedererhalten würden.

In Wirklichkeit hatte Brežnev Dubček und Smrkovský zu verstehen gegeben, daß sie nur „Beobachter" seien, und jedesmal wenn sie etwas sagen wollten, wurde ihnen befohlen, „den Mund zu halten." Černík wurde offensichtlich ein gewisses Mitspracherecht bei den Verhandlungen eingeräumt. Ob Špaček oder Kriegel mitreden durften (oder ob etwa der Diabetiker Kriegel überhaupt dazu in der Lage war) ist nicht bekannt, aber zu bezweifeln. Dubček war sowieso zu niedergeschmettert, um viel zu sagen.

(Fünf Tage später berichtete Smrkovský dem tschechoslowakischen Volk bitter: „Unsere ‚Gespräche' in Moskau waren außergewöhnlich. Sie wissen, daß wir nicht alle auf einmal dorthin kamen, und Sie kennen auch die Umstände, unter denen einige von uns dorthin gelangten und ‚verhandelten' ... Unsere Verbindung mit der Heimat wurde eingeschränkt. Zuerst hatten wir wenig Informationen – praktisch gar keine ... Wir prallten hart und wiederholt aufeinander, sowohl mit unseren ‚Partnern' als auch untereinander, aber wir nutzten jedes uns zur Verfügung stehende Argument.")

Nachdem er die eindeutigsten Liberalen im Raum zum Schweigen gebracht hatte, warnte Brežnev die gesamte Delegation: „Wenn Sie weiterhin auf ihren Irrtümern beharren, werden Sie eine ganze Generation ihres Volkes verlieren."

Am Wochenende brachte Supraphon eine Langspielplatte mit einer Aufnahme des außerordentlichen XIV. Parteitages vom Donnerstag heraus.

Am Wochenende unterschrieben zehn berüchtigte Persönlichkeiten aus Ostravas Unterwelt folgende Resolution:

> WIR, Straftäter, die in der Stadt Ostrava Vergehen verübt haben, erklären und versprechen hiermit, daß wir während der kritischen Situation in unserem Land keine kriminellen Aktivitäten unternehmen oder planen werden, um die Kräfte der öffentlichen Sicherheit von den Schwierigkeiten mit uns zu befreien. Wir, die wir sogar in unserem eigenen Land allein sind, finden es absurd, das Diktat der Warschauer Verräterarmeen zu akzeptieren, in

> einer solchen nicht zu tolerierenden Situation, in der unsere verfassungsgemäße Führung im Gefängnis ist, und Kriminelle in fremden Uniformen in unseren Straßen patrouillieren ... Diese unsere Resolution übergeben wir dem Chef der Öffentlichen Sicherheit in Ostrava, mit dem Ersuchen um gefällige Kenntnisnahme.

Am Wochenende erreichte die Demoralisierung bei den Russen einen gefährlichen Tiefpunkt. Ein vertrauenswürdiger Tscheche, der sich beim Pilzesuchen nicht vom Krieg stören lassen wollte, war am Sonntag in den Wäldern in der Nähe Prags unterwegs. Als er eine russische Einheit näherkommen sah, versteckte er sich. Zuerst kam eine Gruppe mit Spaten. Hinter ihnen kamen fünfzig gefesselte Männer, eindeutig als russische Soldaten zu erkennen, obwohl man ihnen die Uniformen abgenommen hatte. Sie wurden von einem Erschießungskommando und einem befehlshabenden Offizier begleitet.

Die Totengräber arbeiteten mit großer Sorgfalt und hoben etwa sechzig Zentimeter der Grasnarbe ab. Die gefesselten Soldaten wurden in kleinen Gruppen exekutiert, mit einer einzigen Gewehrsalve für jede. Dann wurden die Grasnarbe und das Unterholz wieder an ihren Platz gebracht. Der Zeuge traute sich erst lange nach Einbruch der Dunkelheit wegzugehen.

Weniger Sorgfalt bei der Beerdigung ihrer Toten legten die Russen, die České Budějovice besetzt hatten, an den Tag. Kurz nachdem sie von einem Waldlager in eine beschlagnahmte Garnison der tschechoslowakischen Armee gezogen waren, gingen Ortsansässige den Wald dekontaminieren und fanden zwölf russische Opfer eines Erschießungskommandos, die in Zeltplanen eingewickelt waren.

In Mähren biwakierten russische Panzermannschaften auf den Feldern und hatten den Befehl, auf den Panzern zu schlafen, die oft kochend heiß waren. Zwei von ihnen, die statt dessen das hohe Gras daneben für ihr Nickerchen wählten, wachten nie mehr auf. Ein paar Offiziere hatten sie entdeckt und ihnen ihre Gewehre an den Kopf gehalten ...

Andere Russen starben, weil sie ihre Feldration in Büchsen mit selbstgepflückten giftigen Pilzen ergänzt hatten. Alles in allem kamen aber nicht mehr als ein paar hundert russische Soldaten auf tschechoslowakischem Boden um – auch wenn man gegenüber der sowjetischen Öffentlichkeit Schätzungen bis zu 25.000 abgab. Und jedesmal, wenn eine Mutter in Kiev oder Charkov darüber verständigt wurde, daß ihr Sohn „bei der Niederschlagung der Konterrevolution in der Tschechoslowakei gestorben" sei, müssen es auch einige hundert ihrer Nachbarn geglaubt haben.

Dennoch gab es auch Russen, die zu Hause nicht untätig waren. Der Dichter Jevgenij Jevtušenko schickte ein Telegramm an Breźnev und Kosygin. Darin klagte er:

> ICH WEISS NICHT, WIE ICH SCHLAFEN SOLL. ICH WEISS NICHT, WIE ICH WEITERLEBEN SOLL. ALLES WAS ICH WEISS IST, DASS ICH DIE MORALISCHE VERPFLICHTUNG HABE, IHNEN GEGENÜBER MEINE GEFÜHLE, DIE MICH ÜBERWÄLTIGEN, ZUM AUSDRUCK ZU BRINGEN. ICH BIN ZUTIEFST DAVON ÜBERZEUGT, DASS UNSER EINSATZ IN DER TSCHECHOSLOWAKEI EIN TRAGISCHER FEHLER UND EIN HARTER SCHLAG FÜR DIE SOWJETISCH-TSCHECHOSLOWAKISCHE FREUNDSCHAFT UND DIE KOMMUNISTISCHE WELTBEWEGUNG IST.[55]

Dann, am Sonntag mittag, während die tschechoslowakischen und die sowjetischen Führer im Kreml tagten, setzten sich fünf Männer und zwei Frauen auf den Roten Platz und entfalteten Transparente, auf denen stand: „HÄNDE WEG VON DER TSCHECHOSLOWAKEI!", „SCHANDE ÜBER DIE BESATZER!" und „FREIHEIT FÜR DUBČEK!"

Unter den Protestierenden befanden sich der Enkel des ehemaligen Außenministers Maksim Litvinov, der die Grundlagen der sowjetischen Außenpolitik geschaffen hatte, die Frau des inhaftierten Schriftstellers Julij Daniel, die Dichterin Natalija Gorbanevskaja und der prominente Kunstkritiker Viktor Feinberg.

„Fast augenblicklich", berichtete Natalija Gorbanevskaja kurz darauf, „ertönten an allen Ecken des Platzes Signal-Pfiffe, und Agenten des KGB in Zivil liefen auf uns zu. Sie brüllten: ‚Das sind alles Juden.' und ‚Schlagt sie!' Sie rissen uns die Transparente aus den Händen und schlugen Viktor Feinberg

[55]Jevtušenko erhielt darauf keine andere Antwort als die plötzliche einwöchige Absetzung seines Stückes *Bratsk Wasserkraftwerk* vom Spielplan eines Moskauer Theaters.

ins Gesicht, bis Blut floß und er einige seiner Zähne verloren hatte. Pavel Litvinov wurde mit einem schweren Stock ins Gesicht geschlagen. Sie brüllten: ‚Haut ab von hier, ihr Abschaum!' Wir blieben sitzen."

Alle wurden verhaftet und offiziell als Kriminelle, Trinker und liederliche, asoziale Parasiten angeklagt. Nur Frau Gorbanevskaja wurde vorübergehend freigelassen, weil sie ihren dreijährigen Sohn bei sich hatte.[56]

Dubček und seine Führungsmannschaft wurden so erfolgreich von der Außenwelt (und sogar voreinander) abgeschirmt, daß sie über die Demonstration auf dem Roten Platz direkt vor den Kremlmauern nichts erfuhren. Sie wußten auch nichts davon, daß die Nationalversammlung in Prag einmütig einem Brief an Präsident Svoboda in Moskau zugestimmt hatte, in dem ihm mitgeteilt wurde, daß das Parlament und die Regierung noch immer funktionierten und daß man das ‚legitime neue Zentralkomitee und Präsidium', das vom außerordentlichen XIV. Parteitag gewählt worden war, voll unterstützen werde. Man beschwor ihn:

> Verehrter Genosse Präsident! In Kenntnis des Umstandes, daß kein schriftlicher Bericht die Atmosphäre in den Städten ausführlich schildern kann und daß, nach den

[56] Nachdem sie an Stalins 90. Geburtstag wieder demonstriert hatte, wurde Frau Gorbanevskaja in ein spezielles psychiatrisches Krankenhaus des KGB für die, die verrückt genug waren, eine andere Meinung zu haben, eingewiesen. Die anderen, die mit ihr gemeinsam am 25. August 1968 auf dem Roten Platz gewesen waren, wurden der „Verleumdung des sowjetischen Volkes" für schuldig befunden. Sie erhielten Strafen von zwei und drei Jahren Gefängnis bis zu vier und fünf Jahren Verbannung nach Sibirien. „Aber meine Genossen und ich", schrieb die Dichterin in einem Brief an die ausländischen Korrespondenten in Moskau, „sind glücklich, daß wir – wenn auch nur kurz – den Schleier der schamlosen Lügen und des feigen Schweigens zerreißen und dadurch zeigen konnten, daß nicht alle Bürger unseres Landes der Gewalttätigkeit zustimmen, die im Namen des sowjetischen Volkes ausgeübt wurde." Ein anderer der Demonstranten, der 23jährige Student Vadim Delone, sagte zu den Richtern, die ihn ins Gefängnis schickten: „Drei Minuten lang habe ich mich auf dem Roten Platz frei gefühlt. Dafür nehme ich gerne Ihre drei Jahre in Kauf." Doch später machte er in einem sibirischen Arbeitslager einen Selbstmordversuch. Er wurde nach zwei Jahren entlassen.

> TASS-Berichten zu schließen, die sowjetischen Organe über ziemlich verzerrte und keine objektiven Informationen verfügen, halten wir es für eine wichtige Vorbedingung für Ihre weiteren Verhandlungen, daß sie vollständiger und genauer über den wirklichen Stand der Dinge unterrichtet sind.
>
> Deswegen haben wir diese für Sie bestimmten Informationen einer speziellen Beratergruppe anvertraut, die sich aus Vertretern des Zentralkomitees, der Nationalversammlung und der Regierung zusammensetzt und deren Anwesenheit in Moskau Sie dringendst anfordern könnten.
>
> Wir bitten Sie auch, den Vorschlag, Ihre Verhandlungen vorübergehend zu unterbrechen in Erwägung zu ziehen ... und zusammen mit den Genossen Dubček, Smrkovský und Černík nach Prag zurückzukehren. Sie könnten die kurze Unterbrechung dafür nutzen, sich mit der Situation besser vertraut zu machen und sich mit den entsprechenden Organen zu beraten.[57]

Der Sitz der Prager Nationalversammlung, wo das Parlament seit Mittwoch ununterbrochen tagte, war jetzt die Zuflucht des offiziellen Widerstandes. Sie hatte einen ungewöhnlichen Verteidiger.

General Lomský, der seines Amtes enthobene Verteidigungsminister und Freund Šejnas, hatte sein Mandat in der Nationalversammlung noch beibehalten. Und es war der ab und an seine Uniform mit den sowjetischen Medaillen tragende Lomský, der auf den Maxim-Gorkij-Platz in Prag hinausging und die Russen daran hinderte, in das Gebäude einzudringen. In dem fließenden Russisch, das er während der Kriegsjahre in Moskau gelernt hatte, deutete Lomský dunkel an, daß sich darin Verstärkungstruppen befänden.

Ein anderer General, Innenminister Josef Pavel, hatte am Mittwoch versucht, in sein eigenes Ministerium hineinzukom-

[57]Dieser Brief trägt drei Unterschriften: von Vertretern der Nationalversammlung, des Zentralkomitees und der Regierung. Die dritte Unterschrift, die von Lubomír Štrougal, damals stellvertretender Ministerpräsident, ist die interessanteste, wenn man sie im Lichte seines spektakulären Aufstieges in der Zeit nach der Invasion betrachtet. Er wurde zum harten Gegner des „sogenannten Vysočany-Parteitages“ und anderer „negativistischer“ Aktionen im August in Prag.

men; aber er war von den russischen Soldaten, die den Eingang bewachten, weggeschickt worden. Das stellte sich als glückliches Mißgeschick heraus, denn im Gebäude warteten Verräter, um ihn zu verhaften. Einer von ihnen, Oberst Vaněk, vermutete laut: „Pavel, der Clown, muß sich in irgendeinem Keller verstecken!"

Pavel, der zum Objekt einer breit angelegten sowjetischen Menschenjagd wurde, ging in den Untergrund, schaffte es aber, mit den verbliebenen Kabinettsmitgliedern in Kontakt zu bleiben. Nachdem Radio Moskau behauptet hatte, daß Pavel in den Westen geflohen sei, gab er dem Prager Untergrundradio am Sonntag ein Interview.

„Wie Sie sehen, bin ich kein Gespenst", sagte Pavel zu seinem Interviewer fröhlich. „Ich sitze hier mit Ihnen in Prag. Wir schauen auf die Straße hinaus, auf der die Prager Bürger spazierengehen. Dort vorne sehen Sie Boten, die mir Meldungen bringen, die hier ausgewertet werden. Die Boten gehen wieder, um meine Anweisungen entweder schriftlich oder per Telefon weiterzugeben. Wie Sie sehen, kann ich von hier aus nicht telefonieren. Ich möchte Ihnen sagen, daß dies nicht der einzige Ort ist, an dem ich arbeite. Ich habe mehrere Arbeitsplätze wie diesen, und ich wechsle von einem zum anderen."

Pavel wies dann darauf hin, daß praktisch alle uniformierten Polizisten im Land, vom Verkehrspolizisten bis zur Grenzwache, loyal zu ihrem Chef und ihrem Volk stünden:

„Ich bin sehr zufrieden mit ihnen. Eine etwas kompliziertere Situation herrscht bei der Staatssicherheit, die angesteckt wurde. Einige ihrer Angehörigen scheinen an ungesetzlichen Aktivitäten teilgenommen zu haben. Die Leute sollten hier vorsichtig sein."

Am Sonntag abend um 21.45 Uhr erhielt die tschechoslowakische Regierung die folgende rätselhafte Botschaft an das tschechoslowakische Volk aus Moskau, die sie weitergab:

> Liebe Mitbürger!
>
> Wir senden Euch herzliche Grüße im Namen der gesamten Delegation. Die Verhandlungen sind heute fortgesetzt worden und werden bis in die Nacht hinein andauern. Wir wissen, daß Ihr an uns denkt. Und wir denken an Euch. Wir schätzen Eure Ruhe und Besonnenheit, die für uns hier eine große Hilfe sind. Wir bitten Euch, sie beizubehalten.

Noch einmal viele Grüße, und wir denken an Euch alle zu Hause.

Eure

SVOBODA, DUBČEK, ČERNÍK, SMRKOVSKÝ

und die anderen.

Da wußten wir alle, daß irgendeine Lösung nahe war, aber wir wußten nicht, welche. Noch hatten wir zu diesem Zeitpunkt keine Ahnung, welche brutale Bedingungen gestellt worden waren oder bei welcher der zum Schweigen gebrachte Dubček am vehementesten seinen Kopf geschüttelt hatte: die Nichtigkeitserklärung des „sogenannten XIV. Parteitages".

Sein Freund Gustáv Husák war der Mann, der Alexander Dubček in Moskau davon überzeugte, daß dem Parteitag die legale Anerkennung abzusprechen sei, da es den Russen gelungen war, so viele der slowakischen Genossen (darunter Dubček und Husák selbst) an der Teilnahme zu hindern. Husák verzichtete auf sein Amt als Parteitagsvorsitzender, und Dubček folgte seinem Beispiel.

Das war das erste Mal, daß Husák den slowakischen Nationalismus einsetzte, um Dubčeks Traum eines „Sozialismus mit menschlichem Antlitz" zu zersetzen. Die Kremlführung bemerkte Husáks Geschicklichkeit und begann an Ort und Stelle, langsam einen Keil zwischen diese beiden ganz besonderen, aber sehr verschiedenen slowakischen Politiker zu treiben. In diesem Augenblick in Moskau müssen sich die Lebenswege von Alexander Dubček und Gustáv Husák getrennt haben.

In Prag traf sich in dieser Nacht der sowjetische Botschafter mit einigen Mitgliedern des loyalen Kabinetts von Ministerpräsident Černík. Červonenko versprach, daß die Truppen des Warschauer Paktes, im Hinblick auf die „günstigen" Entwicklungen in den Moskauer Gesprächen, mit der tschechoslowakischen Regierung enger zusammenarbeiten würden, um die Auswirkungen der Okkupation zu erleichtern.

Minuten später schossen sowjetische Truppen von dem beim Platz *Klárov* postierten Panzer aus auf drei der Kabinettsmitglieder, die in einem offiziellen Wagen den Hradschin hinunterfuhren. Die Minister für Verkehr, Bergbau und Schwerindustrie blieben unverletzt. Der Offizier der Roten Armee, der sie anhielt, erklärte ihnen ungerührt, daß sich seine Männer gegen Schüsse, die aus dem Wagen der Minister abgefeuert worden seien, hatten verteidigen müssen. Aufgefordert, das Auto nach irgendwelchen Waffen zu durchsuchen, zuckte der Offizier die Achseln und sagte: „In Ordnung, diesmal lassen wir Sie fahren."

Die Regierung meldete einen formellen Protest an, aber das Volk sagte nur, wie schon oft in den vergangenen fünf Tagen: „So viel bedeutet ein russisches Versprechen."

Das Feuer auf die Minister signalisierte den Beginn einer wilden Periode voller Terror und Emotionen, die zwei Nächte und einen Tag andauerte. Es drohten die letzten gemeinsamen Stunden der amerikanischen Familie Levy in Prag zu werden. Oder noch schlimmer, die ersten Schüsse eines dritten Weltkrieges ...

Am Montag, in den frühen Morgenstunden, fing das Dach der amerikanischen Botschaft Feuer, nicht durch sowjetische Maschinengewehre, sondern durch Überhitzung eines Ofens im Dachgeschoß, in dem bereits seit zwei Tagen ununterbrochen geheime Schriftstücke verbrannt wurden.

Die Flammen gerieten für neunzig Minuten außer Kontrolle. Die Prager Feuerwehr konnte wegen der sowjetischen Ausgangssperre nicht eingreifen. Aber die Marinegarde, die Botschaftsangestellten (von denen viele in ihren Büros schliefen) und die anwesenden amerikanischen Journalisten schafften es, sie zu ersticken. Als ihnen das gelungen war, waren Dach und Dachgeschoß jedoch nur noch Schutt und Asche ... die Vermittlungszentrale direkt darunter ernsthaft beschädigt ... der darin befindliche Fernschreiber voller Wasser und (für einen ganzen Tag) unbrauchbar ... und Tad Szulc, der gerade ein Telex absendete, als das Unglück passierte, hatte einen gebrochenen Fuß.

Einige gepanzerte russische Lastwagen wollten wegen des Feuers eingreifen, fuhren aber weg, als die Amerikaner ihnen sagten, daß ihre Hilfe nicht benötigt werde. Im Morgengrauen flog ein sowjetischer Hubschrauber einige Male über die Botschaft hinweg, um den Schaden zu untersuchen.

Einer von Tad Szulcs Dolmetschern teilte mir diese Neuigkeit per Telefon mit, und gleich nach dem Frühstück ging ich hinunter, um zu sehen, ob ich Tad irgendwie behilflich sein konnte. Ich kam gerade rechtzeitig, um die Belagerung der US-Botschaft mitzuerleben.

Die letzten Funken waren gelöscht worden, und alle wollten gerade beginnen sich zu entspannen, als drei sehr junge russische Soldaten das Grundstück betraten. Mit ihren Maschinenpistolen durchschritten sie den Hof, gingen durch die botschaftseigenen Gärten zur Orangerie – einer Art Aussichtspavillon, von Obstbäumen umgeben und fast 400 Meter innerhalb des Botschaftsterritoriums gelegen. Dort kletterten sie über einen Zaun und begannen Äpfel zu pflücken.

Zwei Angehörige der Marinegarde in Zivil gingen zur Orangerie hinaus. Die Russen nickten ihnen zu und pflückten weiter Äpfel. Die Marineleute kletterten auf die Orangerie, und dort hißten sie mit einer Iwo Jima würdigen Gebärde die amerikanische Flagge. Dann verkündete der ranghöchste von ihnen, Sergeant Bob Gattis, den Russen, die das Gelände unbefugt betreten hatten: „Jungs, das sind amerikanische Äpfel."

Einer der Russen sagte: „*Ne ponimaju.*" („Ich verstehe nicht."), und alle drei pflückten weiter.

Der politische Referent der Botschaft kam heraus und forderte sie in fließendem Russisch auf zu gehen.

„Wir haben unsere Befehle", antwortete einer von ihnen.

Der Diplomat bestand weiter darauf. Die Soldaten blieben stur. Doch schließlich sammelten sie ihre Äpfel zusammen und gingen.

Fünfzehn Minuten später donnerten zwei gepanzerte Spähwagen und ein gepanzerter Mannschaftstransporter mit zwanzig Mann die Straße *Tržiště* hinauf. Der Mannschaftstransporter fuhr bis knapp vor die amerikanische Botschaft, hielt an und zielte mit einer kleinen Kanone direkt in den Eingang des Gebäudes.

Die Russen blockierten auf diese Weise genau zehn Minuten die Botschaft. Ihr befehlshabender Offizier sagte, daß sie dort seien, um „Ordnung zu schaffen". Dann zogen sie sich zurück, aber für einige Tage hatten sie etwa 25 Meter weiter unten auf der Straße immer einen oder zwei gepanzerte Lastwagen postiert.

Botschafter Jacob Beam fuhr in seinem Cadillac weg, um einen formellen Protest anzumelden – aber das war in Prag zwecklos.[58] Inzwischen war es für die von uns, die in der Botschaft wieder aufatmen konnten, nicht allzu schwer sich vorzustellen, daß der Dritte Weltkrieg durch einen so trivialen

[58]Die sowjetische Botschaft verwies ihn an das Okkupationshauptquartier des Warschauer Paktes, und das Warschauer-Pakt-Hauptquartier verwies ihn an die sowjetische Botschaft. Schließlich wurde der Protest in Washington eingereicht, und dort entschuldigten sich die Russen auch formell.

Vorfall wie der nachgegebenen Versuchung dreier hungriger russischer Soldaten in einem Garten mit saftigen amerikanischen Äpfeln ausbrechen könnte. War es nicht auch mit der Erbsünde so gewesen?

Eine Station nach der amerikanischen Botschaft war die Straßenbahnhaltestelle am *Klárov* von zwei Panzern flankiert. Unsere Putzfrau Paní B. wartete dort in aller Gemütsruhe auf die Linie 22, die sie vier Stationen weiter zur Arbeit in unserer Wohnung bringen sollte. Sie hatte noch nicht lange gewartet, als sie eine Tram Nummer 22 näherkommen sah.

In dieser Straßenbahn befand sich Marie Charousková, eine 25jährige, schlanke Mutter eines achtzehn Monate alten Mädchens. Marie Charousková war auf dem Weg zur Fakultät für Maschinenbau, um den letzten Teil ihrer Diplomarbeit abzuliefern.

So wie Paní B. und viele von uns in Prag (auch Ausländer) hatte Marie Charousková eine kleine tschechoslowakische Trikolore mit einer winzigen schwarzen Schleife darüber angeheftet. Aber als sie aus der Straßenbahn stieg, fiel diese einem Panzersoldaten, der auf der Straße stand, ins Auge, und er sagte: „Nehmen Sie das ab!"

Marie Charousková lächelte nett und sagte: „Aber warum?"

Von einem Panzer aus schoß ein Maschinengewehrschütze sie tot.

Paní B. erzählte meiner Frau, was als nächstes geschah: „Ein vorbeikommendes Auto hielt an. Der Fahrer öffnete die Tür, und zwei Männer, die gerade aus der Straßenbahn gestiegen waren, legten das arme Mädchen hinein. Sie sagten, sie würden sie ins Krankenhaus bringen. Aber ich konnte erkennen, daß sie bereits tot war."

Paní B. stieg in dieselbe Straßenbahn und kam fünfzehn Minuten später in unserer Wohnung an, etwas außer Atem, zitternd und unter Schock stehend, aber sie war noch überraschend gut in der Lage, alles klar erzählen zu können.

„Ist Ihnen bewußt, daß Sie wegen derselben Sache hätten erschossen werden können?" fragte meine Frau, auf Paní B.s Trikolore zeigend.

„Ich hätte sie nicht abgenommen", antwortete Frau B. fest. „Und wenn ich sie abgenommen hätte? Ich hätte nur ihre Aufmerksamkeit darauf gelenkt, oder?"

„Wie konnten Sie sich noch hierher schleppen, nachdem Sie etwas Derartiges gesehen haben?" wollte meine Frau wissen.

„Sehen Sie mal", sagte Paní B., und ihre Stimme hörte auf zu zittern. „Die Panzer stehen seit fünf Tagen und fünf Nächten direkt vor unserem Haus. Um mich für Milch oder etwas anderes anzustellen, muß ich auch zwischen ihnen durchgehen. Also gehen wir so wenig wie möglich hin und her. Bin ich einmal draußen, dann bleibe ich so lange wie möglich weg. Und bin ich einmal im Haus, dann bleibe ich im Haus."

Nach der Belagerung der US-Botschaft und nachdem man auf Marie Charousková geschossen hatte[59], steigerte sich meine Sorge um die Sicherheit meiner Familie. Als wir alle den anfänglichen Schock überwunden hatten, dachte ich, daß das Schlimmste vorbei sei und daß für Inhaber amerikanischer Pässe, die sich in Zurückhaltung übten, kaum eine physische Gefahr bestünde. Aber niemand hatte nach Marie Charouskovás Ausweispapieren oder ihrer Staatsangehörigkeit gefragt, ehe man sie erschoß. Der amerikanische Paß? Was bedeutete er in einer Stadt des wahllosen Schießens und des plötzlichen Todes? Nur nicht in seine Weste greifen, um ihn herauszunehmen, denn ein russischer Soldat hätte denken können, man gehöre zu einer Spezialeinheit, und einen in Selbstverteidigung erschossen.

Am Montag nachmittag kam die Meldung aus Moskau, daß irgendeine Art von Übereinkunft erreicht worden war. Ein Kommentator des Untergrundradios beschrieb sie, ohne die Details zu kennen, so: „Ein Kompromiß natürlich, ein fauler Kompromiß, aber ein friedlicher, der Frieden des Grabes."

Die Führer sollten innerhalb eines Tages heimkehren. Als sofortiger Beweis des guten Willens sollte ein nicht spezifizierter Teil der russischen Truppen noch am selben Abend aus Prag abziehen. Alle Straßen Prags und alle Autobahnen, die aus Prag wegführten, sollten ab 18 Uhr für den Verkehr gesperrt sein; für Fußgänger galt die Ausgangssperre ab 22 Uhr, das bedeutete 20 Uhr Prager Ortszeit. Weiter wurde angekündigt: „Im Falle von Übertretungen werden die Kräfte des Warschauer

[59]Marie Charousková, die ins Petřín-Krankenhaus „tot eingeliefert" wurde, erhielt posthum das Diplom der Fakultät für Maschinenbau.

Paktes scharfe Maßnahmen ergreifen. Der Gebrauch von Schußwaffen kann dabei nicht ausgeschlossen werden."

An diesem Nachmittag begann die Tschechoslowakei formell ihren offiziellen Protest bei den Vereinten Nationen zurückzuziehen. Und das Okkupationskommando verkündete noch eine von vielen „weiteren Bedingungen":

> Vertreter des Oberkommandos der in der Hauptstadt der Republik stationierten ausländischen Truppen haben den tschechoslowakischen Behörden angekündigt, daß die Kampfeinheiten nur unter der Voraussetzung, daß die Slogans, Aufschriften und Plakate in der Hauptstadt entfernt werden, diese verlassen werden.

Trotz all der unheilvollen Konsequenzen herrschte in Prag während einiger Stunden eine Art von falscher Freude, vielleicht weil die Bürger Auftrieb für die bevorstehende Zerreißprobe brauchten. Die Menschen machten sich daran, die Slogans zu übertünchen, und hofften entgegen jeder Vernunft, daß vielleicht die einzigen freien Meinungsäußerungen, die ausgelöscht werden müßten, die der letzten Woche seien; und die würde sowieso niemand jemals vergessen. Auf einem schrecklich steilen Dach in unserer Nachbarschaft sah ich einen Schornsteinfeger von fröhlichen Kindern umringt. Sie beschmierten sich mit seinem Ruß, das sollte Glück bringen. Im Zentrum umschwärmten die Studenten plötzlich die verwirrten sowjetischen Panzermannschaften und drängten ihnen Zigaretten auf. Auf dem Wenzelsplatz händigte eine Blondine mit rotbemalten Zehennägeln einem russischen Fallschirmjäger eine Visitenkarte mit ihrem Namen und den Worten „Unsere Freiheit wird triumphieren" aus.

„Sie sollten Ihren Namen nicht auf Sachen wie diese setzen", warnte sie der Soldat mit einem freundlichen Lachen. „Sie könnten Schwierigkeiten bekommen."

„Aber unsere Freiheit *wird* triumphieren", versicherte ihm das Mädchen glücklich.

Ich war überhaupt nicht optimistisch, aber es war sicher gut, einige der Panzer abziehen zu sehen. Am Montag, pünktlich um 18 Uhr, rumpelten die zum Rückzug bestimmten Panzer die Myslbekstraße, die Keplerstraße und die Allee der Pioniere hinauf. Wir alle beobachteten sie durch die Schlitze der heruntergelassenen Jalousien von unserem Schlafzimmer aus. Eine Weile halfen mir die Kinder, die Panzer zu zählen.

„Heißt das, daß ich den russischen Soldaten nicht treffen werde?“ fragte mich Monica.

„Wenn wir irgendwann einmal Moskau besuchen“, versprach ich ihr, „bin ich sicher, daß du ihn treffen wirst. Er ist dort viel netter zu Kindern als hier.“

Um 19.30 Uhr brachten wir die Kinder in ihrem Zimmer zu Bett, und Valerie und ich beobachteten die vorbeifahrenden Panzer weiter von unserem eigenen Fenster aus. Auf einer Parkbank schräg gegenüber taten eine Handvoll Rentner und Großmütter das gleiche. Jeden Tag und jeden Abend saßen sie dort draußen bis zum Beginn der Ausgangssperre um 20 Uhr. Dabei empörten sie sich über die Streiche der Russen wie das ganze Jahr über das Aussehen und das Betragen der vorbeigehenden Tschechen: „Was sich die heutige Jugend alles erlaubt!“ Die Männer erzählten sich auch Kriegsgeschichten. Jeder dieser alten Menschen durchlebte hier nur ein weiteres Kapitel der schrecklichen tschechoslowakischen Geschichte.

Zehn Minuten vor Beginn der Ausgangssperre blieb der 117. Panzer, den ich gezählt hatte, abrupt an unserer Ecke stehen. Von unserem Beobachtungsposten am Fenster aus bekamen Valerie und ich einen schockierenden Eindruck davon, wie sehr die freie Meinungsäußerung in der Tschechoslowakei die Russen aufgebracht haben mußte.

Aus dem Turm sprangen ein Offizier und zwei Soldaten und schwangen drohend ihre Karabiner. Der Offizier bellte ein Kommando und bewegte sich auf die alten Leute auf der Bank zu. Diese kamen den Soldaten mit erhobenen Händen entgegen.

Die beiden einfachen Soldaten stürzten hinter sie und setzten den alten Männern ihre Waffen in den Nacken. Sie gingen mit den Leuten über die Straße zu dem Zeitungsstand an der Ecke, direkt gegenüber von unserem Fenster. Der Kiosk war seit der Invasionsnacht geschlossen geblieben. Aber die Jungen, die die Untergrundpresse auslieferten, hatten dort Exemplare von jeder Ausgabe angebracht, für diejenigen, die zu Hause keine Zeitung erhalten hatten. Unser rustikal aussehender hölzerner Zeitungsstand war so, mit Zeitungen bepflastert und mit Slogans bemalt, zu einem der aussagekräftigsten schwarzen Bretter der Stadt geworden.

Mit vorgehaltenen Waffen mußten die alten Leute den Stand von dem Papier befreien, es in kleine Stücke reißen und dann auf dem Haufen herumtrampeln. Einer der Soldaten wollte scherzhaft einen sehr alten Mann einige der Papierstreifen zerkauen lassen. Aber der alte Kauz zeigte auf seinen zahnlosen Kiefer, und der Offizier gab seinen Männern zu verstehen, daß sie sich ernsthaft benehmen sollten. Ein oder zwei Minuten später warf er ein brennendes Streichholz auf den Haufen mit dem zerrissenen Zeitungspapier.

Die alten Leute standen da und beobachteten, wie es brannte, während die drei Russen wieder in ihren Panzer kletterten. Nachdem sie in die Luft geschossen hatten, fuhren sie davon.

Als wir am frühen Dienstag morgen durch die Straßen wanderten, waren wir begeistert, die Flagge des Präsidenten wieder über der Burg wehen und seine Burgwache mit den blauen Mützen wieder ihren Wachdienst verrichten zu sehen. Die russischen Legionen waren von der Burg abgezogen worden, aber sie waren nicht alle weg. Wenn man durch die Zäune und Büsche zur Militärakademie hinüberspähte, konnte man hingekauerte russische Wachen sehen, die die tschechischen Wachen beobachteten.

Die Panzer vom *Klárov*, wo auf die drei Minister geschossen worden war und man Marie Charousková ermordet hatte, waren weg. Die einzige massive Machtdemonstration, an der wir vorbeikamen, war das sowjetische Panzerdenkmal beim Spielplatz am Újezd. Ein blankgeputzter, rotgesternter Panzer, der erste, der 1945 zur Befreiung nach Prag gekommen war, stand hier auf seinem Postament. Aber am 27. August 1968 war er von acht, mit weißen Streifen versehenen olivbraunen Panzern umringt, in denen grimmige, wachsame Soldaten dieses häßlichste aller Symbole vor dem erbittertsten aller Völker schützten.

Ich erlebte ein für mich neues Prag, wo man über die Schulter schaute, wenn man irgend *etwas*, und seine Schritte beschleunigte, wenn man irgend *jemanden* hinter sich hörte. (In der nächsten Woche hatte man gelernt, wie man am Geräusch eines Fahrzeuges erkennt, ob es ein russisches oder ein tschechisches war, ein Zivil- oder ein Militärwagen, ein Panzer, ein Mannschaftstransporter, ein Jeep oder eine Gulaschkanone.) Ich wanderte allein durch die Stadt. In der amerikanischen

Botschaft fragte ich nach der Kamera, die ich am Nachmittag der Invasion dort abgegeben hatte. Aber ich entschied mich, sie noch ein paar Tage dort zu lassen, nachdem ich immer noch zwei Wagenladungen Russen in gepanzerten Fahrzeugen am Ende der Straße unserer leicht angekohlten Botschaft gesehen hatte. „Wir werden heute durch eine der wenigen öffentlichen sowjetischen Stärkedemonstrationen der Stadt geehrt", bemerkte ein Attaché mir gegenüber.

Ich schlenderte über die Karlsbrücke (die wieder panzerfrei war), und auf dem Wenzelsplatz sah ich vor der Verlagszentrale der sozialistischen Partei keine Russen postiert. *Zítřek* und verschiedene andere Zeitschriften hatten hier ihre Büros. Ich dachte, ich könne hineingehen und nach Sylva forschen. Aber als ich mich dem Eingang näherte, entdeckte ich, daß das Gebäude noch immer besetzt war. Ein russischer Panzer und ein Dutzend Soldaten waren irgendwie auf einen kleinen Innenhof, auf dem man nur mit Bedenken einen Volkswagen abgestellt hätte, gezwängt worden.

Auf meinen Spaziergängen hatte ich alles, was es an kleinen Neuigkeiten und Klatsch gab, aufgeschnappt. Das Moskauer Abkommen war am Montag abend unterzeichnet worden, allerdings nicht von Kriegel (der es einfach ablehnte) und beinahe auch nicht von Dubček (der sich im letzten Moment sträubte, aber von Svoboda, und, wie einige sagten, Smrkovský zur Seite genommen wurde, weil sie sicher waren, daß die Russen sich, sollten sie Dubčeks *podpis* nicht auf die punktierte Linie bekommen, entscheiden würden, die tschechoslowakische Nation zu zerstückeln und zu vernichten). Als dann die schmutzige Arbeit getan war, schmissen die Russen für ihre niedergeschlagenen tschechoslowakischen Brüder eine verschwenderische, eintönige, festliche Party. Am niedergeschlagensten war Alois Indra, der – als man ihm sagte, daß er ohne höhere Weihen in Gesellschaft der Männer, die er verraten hatte, heimkehren müsse – eine Herzattacke erlitt, die ihn für einen weiteren Monat in Moskau zurückhielt.

Als die Gruppe am frühen Dienstag morgen auf dem Moskauer Flughafen abgeliefert wurde, war noch ein anderes Mitglied nicht unter ihnen. „Wo ist Kriegel?" fragte Svoboda. Einer der Russen informierte den Präsidenten: „Er wird Ihnen zu einem späteren Zeitpunkt folgen." Die gesamte Gruppe (einschließlich eines ziemlich perplexen Vasil Biľak) traten in einen zwei Stunden andauernden Sitzstreik. „Ohne Kriegel gehen wir nicht zurück“, sagte Svoboda zu den Russen. „Wenn ihr ihn nicht zu uns bringt, dann könnt ihr uns genausogut dorthin bringen, wo ihr ihn habt.“

Kriegel war noch immer im Kreml, wo er mit erhobenen Händen und zur Wand gedreht mindestens drei Stunden gestanden hatte. Mit Pistolen in Schach gehalten, erwartete „dieser schmutzige kleine galizische Jude“, wie Herr Kosygin ihn nannte, bereits das zweite Mal innerhalb einer Woche sein Ende, diesmal sicher verdammt wegen seiner Ketzerei und Courage, als er das Moskauer Abkommen nicht unterzeichnete. Aber statt dessen wurde er zum Flughafen geschafft. Erst dann bestieg die Delegation die sowjetische Transportmaschine für den dreistündigen Flug nach Prag. Wieder auf heimatlichem Boden, waren Josef Smrkovskýs erste bezeugten Worte: „Ja, wir sind alle zurückgekommen, einschließlich Kriegel.“

Zeugen, die auf dem Prager Flughafen gewesen waren, sagten, daß Dubček grau, kraftlos und wie am Rande eines Nervenzusammenbruches gewirkt habe. Er hatte eine tiefe, klaffende Wunde auf der Stirn, und sein Haar war jetzt wie bei Häftlingen ganz kurz geschnitten. Wie ein schüchterner Junge, der in der Nachbarschaft in eine Schlägerei verwickelt worden war, zeigte er seiner Familie sowohl die zerfetzten Überreste des Hemdes, das er eine Woche vorher bei der Arbeit getragen hatte, als auch die Narben auf seinem Rücken. Dann zog er sich vor allen zurück, aber man versprach, daß er im Laufe des Tages zur Nation sprechen werde.

Smrkovský war in sein Büro auf dem Maxim-Gorkij-Platz gefahren. Auf der Fahrt dorthin erkannten ihn Autofahrer und hupten glücklich. Ein Busfahrer wich von seiner Route ab, um Smrkovskýs Auto in die Stadt zu folgen. Vor dem Sitz der Nationalversammlung wurde Smrkovský von einer fahnenschwenkenden Menge begrüßt. „Sprich zu uns! Sprich zu uns!“ riefen sie, aber der Parlamentsvorsitzende senkte den Blick, neigte den Kopf und bahnte sich seinen Weg in das Gebäude. Später erschien er oben an einem Fenster und winkte der Menge mit fest ineinandergedrückten Händen zu. Dann ging der Vorsitzende und eröffnete die Nachricht seinem Parlament, worauf die Sitzung ohne weitere Diskussion geschlossen wurde.

„Wir liegen direkt im Herzen Europas“, sagte der müde Smrkovský an einer Stelle, „und das Herz ist der empfindlichste

Punkt eines jeden Organismus. Aber anders als das menschliche Herz können wir nicht transplantiert werden, sondern müssen schlagen, wo die Geschichte uns hingestellt hat."

Später an diesem Morgen fuhr ein Tatra 603 mit Chauffeur an der Straßenbahnhaltestelle *Klárov* vor. Der Limousine entstieg František Kriegel. Er kniete nieder und küßte den Gehsteig, wo Marie Charousková gestorben war. Ein guter Freund Kriegels kam zufällig vorbei und grüßte ihn, als er sich aufrichtete. Aber Kriegel stand, wie der Freund sagte, „unter Schock und erkannte überhaupt niemanden wieder."

Premierminister Černík hielt eine Dienstbesprechung mit den höheren Angestellten der Zeitungen und öffentlichen Medien ab, in der er die zu erwartende Zensur umriß. Berichte (mit variierenden Einzelheiten in *The New York Times*, der Londoner *Times* und *The Guardian* abgedruckt), daß Černík in dieser Sitzung den besten Köpfen empfohlen habe, „das Land zu verlassen, solange man noch kann", wurden später dementiert, aber es ist eine Tatsache, daß solche menschlichen Zielscheiben wie Pelikán vom Fernsehen, Hejzlar vom Radio und A. J. Liehm von den *Literární Listy* in großer Eile ins Ausland geschickt wurden.[60]

Es war bereits Dienstag nachmittag, die Menschen in der Tschechoslowakei wußten noch immer nicht, welches Schicksal für sie in Moskau bestimmt worden war, und sie begannen das Schlimmste zu befürchten. Eine Dame, der ich auf dem Wenzelsplatz begegnete, sagte: „Es kann nur eine von zwei Möglichkeiten eintreten. Entweder werden sie uns jetzt ermorden, oder sie werden uns später ermorden."

Mobile Lautsprecher näherten sich dem Platz, während wir sprachen. Es hieß, daß Svoboda und dann Dubček in einigen Stunden über das legale oder Untergrundradio auf Sendung gehen würden, um möglichst viele Leute zu erreichen. Černík und Smrkovský sollten in den nächsten Tagen sprechen.

Am Dienstag um 14.40 Uhr wurde das offizielle sowjetisch-tschechoslowakische Kommuniqué verlesen. Es dauerte acht

60 Pelikán wurde zum tschechoslowakischen Kulturattaché in Rom ernannt, Hejzlar zum Kulturattaché in Wien, Liehm zum Repräsentanten des tschechoslowakischen Filmexports in Paris. Sie erhielten 1969 im Westen Asyl, nachdem sie von ihren Posten abberufen worden waren, um in Prag angeklagt zu werden.

Minuten. Die ersten vier Minuten bestanden in der Verlesung der Namen der Anwesenden auf beiden Seiten. Die zweite Hälfte führte ein häßliches neues Wort in das tschechoslowakische Vokabular ein:

> Eine Übereinkunft wurde bezüglich der Maßnahmen getroffen, die auf eine rasche *Normalisierung* der Situation hinzielen ...

Und eine Minute später, im Zusammenhang mit dem verbrecherischen „vorübergehenden Einmarsch auf tschechoslowakisches Territorium":

> Eine Übereinkunft wurde bezüglich der Bedingungen des Abzugs dieser Truppen getroffen ... die abhängig sind von der *Normalisierung* der Situation ...

Und zum Schluß natürlich: „Die Verhandlungen verliefen in einer Atmosphäre der Offenherzigkeit, Kameradschaftlichkeit und Freundschaft."

Als es vorüber war, wußten der Mann auf der Straße und ich so wenig wie zuvor. Auf das Kommuniqué folgte die Sendung von Präsident Svoboda live aus der Burg. Die Stimme klang fest, der Tonfall war warm, aber nun lag der Informationsgehalt praktisch bei Null.

Als Dubček sprach, wußte ich, daß der große Traum wirklich zu Ende war. Seine leicht gedämpfte Stimme war belegt. Die Worte waren von ihm, aber in einer teilnahmslosen Monotonie heruntergesagt und allmählich von tiefen Atemzügen, langen Seufzern und unterdrückten Tränen unterbrochen. An einer Stelle bat er seine „lieben Mitbürger" um „eine kurze Unterbrechung, ehe ich meine Ansprache beende; ich glaube, Sie wissen, warum." Einige meinten, er sei in Ohnmacht gefallen; andere, daß ihm der Arzt an seiner Seite eine Injektion gegeben habe, damit er fortfahren konnte.

Als er sagte, daß „wir was geschehen ist und was wir durchgemacht haben, den Terror, vergessen sollten" und „eine Situation wie diese nicht die Zeit für freie mündliche und schriftliche Meinungsäußerung" sei, glaubte man, nie einen Mann gehört zu haben, der von dem, was er von sich gab, weniger überzeugt war. Und doch gab es einen Augenblick, in dem er einen schmerzlichen Seufzer ausstieß und sagte: „Es gab keine andere Möglichkeit."

Als Dubček fertig war, spielte Radio Freies Prag die Hussitenhymne aus dem 15. Jahrhundert, die Jan Žižkas Legionen gesungen hatten, als sie in die Schlacht zogen. Wir hörten nur die Musik, nicht die Worte, die drei wiederkehrende Themen behandeln: „Fürchte dich nicht vor deinen Feinden ... Macht ist nicht alles ... Die Wahrheit wird siegen." Auch wenn man sich vorstellte, diese Themen durch die bewegende Musik erahnen zu können, mußte man trotzdem vorher wissen, was man hörte, um die Botschaft würdigen zu können.

Damit wurde das freie Radio, obwohl im Widerstand, diskret, und in der finsteren, traumlosen Nacht, die über die Tschechoslowakei gekommen war, legte sich der schwärzeste Schleier über die Lippen der freien Meinungsäußerung. „Wir werden nicht lügen", versprach Radio Freies Prag, als seine Rückkehr zum normalen Sendebetrieb nahte. „Wir werden vielleicht nicht die Wahrheit senden können, aber wir werden nicht lügen."

Sofort danach stellten die *Literární Listy* ihr Erscheinen ein, mit folgender Begründung: „Die *Literární Listy* werden nur dann publizieren, wenn es möglich ist, seine persönliche Überzeugung und sein Gewissen einzubringen. Wir wollen uns nicht an der Politik der gefilterten Wahrheiten beteiligen." Und dann verabschiedeten sich die *LL* mit einem Code, den wir alle verstanden: „Wir waren mit Euch. Wir sind mit Euch. Seid mit uns."

SECHSTER TEIL

Vergeltung: Winter im August

Der Reisende überlegte: Es ist immer bedenklich, in fremde Verhältnisse entscheidend einzugreifen. Er war weder Bürger der Strafkolonie noch Bürger des Staates, dem sie angehörte. Wenn er diese Exekution verurteilen, oder gar hintertreiben wollte, konnte man ihm sagen: Du bist ein Fremder, sei still. Darauf hätte er nichts zu erwidern, sondern nur hinzufügen können, daß er sich in diesem Falle selbst nicht begreife, denn er reise nur mit der Absicht zu sehen und keineswegs etwa, um fremde Gerichtsverfassungen zu ändern. Nun lagen aber hier die Dinge allerdings sehr verführerisch. Die Ungerechtigkeit des Verfahrens und die Unmenschlichkeit der Exekution waren nicht zu verleugnen.

aus: Franz Kafka, *In der Strafkolonie*

Zwischenspiel
Die Kinder Wenzels

Mittwoch nachmittag, am 21. August 1968, richtete ein junger Mann einen Brief „an alle Studenten der Welt“:

> Während ich das schreibe, sind in einem großen Park unter meinen Fenstern sowjetische Panzer stationiert. Ihre Geschützrohre sind auf ein Regierungsgebäude gerichtet, das mit einer riesigen Aufschrift geschmückt ist: „Für Sozialismus und Frieden.“ Ich erinnere mich, diesen Slogan immer wieder gehört zu haben, seit ich imstande war, die Bedeutung der Dinge um mich herum zu verstehen. Aber erst während der letzten sieben Monate erhielt dieser Wahlspruch langsam seine eigentliche Bedeutung. Sieben Monate lang wurde mein Land von Männern geführt, die beweisen wollten, wahrscheinlich zum ersten Mal in der Geschichte der Menschheit, daß Sozialismus und Demokratie Seite an Seite existieren können.
>
> Niemand weiß, wo diese Männer jetzt sind. Ich weiß nicht, ob ich sie jemals wieder sehen oder hören werde. Es gibt vieles, was ich nicht weiß …
>
> Ich weiß nicht, ob ich mein Studium beenden kann oder jemals wieder meine Freunde im Ausland sehen werde. Ich könnte so immer weitermachen, aber irgendwie scheint alles seinen ursprünglichen Wert zu verlieren. Um 3 Uhr öffnete ich heute morgen die Augen und sah eine Welt, die sich von der, in der ich sechs Stunden vorher schlafen gegangen war, vollkommen unterschied.
>
> Ihr werdet vielleicht denken, daß sich das tschechische Volk feige verhielt, weil es nicht kämpfte. Aber man kann Panzern nicht mit leeren Händen gegenübertreten … Wir sind vielleicht physisch gebrochen, aber nicht moralisch. Deswegen schreibe ich dies. Die einzige Möglichkeit, wie Ihr uns helfen könnt, ist: Vergeßt die Tschechoslowakei nicht. Bitte unterstützt unseren passiven Widerstand,

> indem ihr den Druck der öffentlichen Meinung weltweit verstärkt. Denkt an die Tschechoslowakei, auch wenn dieses Land aufhört eine Nachrichtensensation zu sein.

Am Wochenende veröffentlichte der *Student* diesen Brief in einer Untergrund-Sonderausgabe.

Nachdem ich Dubčeks traurige Ansprache am Dienstag, dem 27. August, gehört hatte, trotzte ich der verhängten Ausgangssperre und ging auf den Wenzelsplatz hinunter, wo sich Tausende von jungen Menschen verärgert versammelten. Ich war sicher, daß ich einen Bekannten sehen würde, und unter dem Reiterstandbild des Heiligen Wenzel traf ich den Verfasser dieses ausdrucksvollen Briefes.

Sein Name war Václav. Er war der spindeldürre neunzehnjährige Sohn eines Mannes, der direkt unter Dubček arbeitete. Ich hatte Václav seit März, als er und seine Eltern uns zum Cocktail besuchten und wir gemeinsam Goldstücker im Fernsehen verfolgten, nicht mehr gesehen.

Ich gratulierte ihm zu seinem Brief und wünschte ihm ein besseres Schicksal als den Märtyrertod. Aber beim Anblick der Statue über uns konnte ich nicht anders und bemerkte, daß sein Name „Václav" die tschechische Form von „Wenceslas" sei.

Václav korrigierte mich stolz: „Umgekehrt, Wenceslas ist eure englische Form von Václav."

Der heilige Wenzel war ein mutiger, friedliebender Regent, der 929 n. Chr. ermordet wurde. Wenzel machte nicht nur die Lehren des Christentums in seinem Land Böhmen zum Gesetz, sondern er praktizierte auch, was ihm von den griechischen Missionaren, die die Liturgie in slawischer Sprache hielten, gepredigt wurde.

Als sich ein ganzes Herzogtum in Rebellion gegen ihn erhob, forderte Fürst Wenzel dessen Oberhaupt zum Zweikampf heraus, um das Leben der anderen zu schonen. Und überzeugt davon, daß der Krieg mehr koste als er einbringe, erkaufte Wenzel den Frieden für seine kleine Nation, indem er sich verpflichtete, den benachbarten deutschen Kriegern eine jährliche Abgabe von 120 Ochsen und 500 Mark zu bezahlen.

Obwohl der Frieden Wohlstand brachte, kam Wenzels Philosophie seinem kriegerischen jüngeren Bruder Boleslav schmachvoll vor. Und so erstach er, der zu seiner Zeit Jung Boleslav der Grausame genannt wurde, den Fürsten Wenzel auf dem Weg zum Hochamt. Jung Boleslav weigerte sich dann, die jährliche Abgabe an den deutschen König Heinrich I. zu entrichten. Statt dessen verwendete Boleslav das Geld, um eine Armee aufzustellen, die so gut und lange kämpfte, daß die Deutschen nach vielen Jahren auf ihren Anspruch verzichten mußten. Aber sowohl Deutschland als auch Böhmen waren durch den Krieg verwüstet und ruiniert worden. Noch vor Ende des zehnten Jahrhunderts wurde der weitblickende Wenzel heiliggesprochen.

Mehr als tausend Jahre nach Wenzels Tod wählte die Rote Armee einen Ort aus, um die 5.000 Mann starken Truppen, die unter den Bedingungen des in Moskau ausgehandelten Abkommens aus Prag abgezogen worden waren, unterzubringen. Der wichtigste Vorzug dieser Gemeinde bestand darin, daß sie bereits über einen militärischen Stützpunkt verfügte (von dem man 5.000 tschechische und slowakische Soldaten vertreiben konnte), und sie lag nur eine Stunde Panzerfahrt von Prag entfernt. Der Name der Stadt (Einwohner: 25.600), die die Marschälle Grečko und Jakubovskij mit ihrem gewohnten Sinn für das Symbolträchtige auserkoren hatten, ist Böhmens einziges Andenken an Wenzels verräterischen jüngeren Bruder: Mladá Boleslav („Jung Boleslav“).[61]

Unter dem bekanntesten Denkmal des heiligen Wenzel sagte sein Namensvetter Václav am 27. August 1968 zu mir:

„Wir alle hier waren, sind und werden immer die Kinder Wenzels sein. Wir sind bereit zu sterben, um die Sache, an die wir glauben, zu verteidigen, aber wenn sie nicht mehr existiert, werden wir weiterleben, um weiterzukämpfen.“

„Aber warum dann das?“ fragte ich und zeigte auf junge Männer und Frauen, die Kerzen angezündet hatten und ein Transparent entrollten, auf dem stand „LIEBER TOT SEIN ALS AUF UNSEREN KNIEN WEITERLEBEN!“

„Weil wir niemals die Kinder des Kommunismus waren; weil wir nicht länger die Kinder Dubčeks sind“, begann Václav verbittert, „und weil nur die Nationalversammlung sich nicht in

[61]Die ganze Stadt Milovice (Einwohner: 4.500), ebenfalls eine Stunde Panzerfahrt von Prag entfernt, wurde zu einer Garnison für weitere 25.000 Mann der sowjetischen Truppen gemacht.

Verruf gebracht hat – bis jetzt! Deswegen werden wir zu ihrem Gebäude ziehen und versuchen, sie auf dem richtigen Kurs zu halten."

Während wir darauf warteten, daß sie losmarschierten, fragte ich Václav: „Was denkt dein Vater über die Ereignisse?"

„Sie haben ihn gestern gerade wieder in das Gebäude des Zentralkomitees hineingelassen, und er war überrascht, niemand anderen an seinem Schreibtisch sitzen zu sehen. Er sagt, daß alle anderen Dubček-Leute, die zurückgekommen sind, ständig wiederholen: ‚Wir müssen zusammenhalten und dürfen keinen Rückfall in die fünfziger Jahre zulassen.' Aber mein Vater sagt ihnen, daß sie sich keine Sorgen machen sollen. Er sagt: ‚Wir fallen nicht zurück in die fünfziger Jahre. Wir sitzen in einem Expreßzug zurück in die Vierziger, zu einer militärischen Besetzung durch den sowjetischen Faschismus, auch wenn ihr nur die Marionetten tanzen sehen werdet.'"

„Dann will dein Vater aufhören?" staunte ich.

„Nein", sagte Václav, „er sagt, daß man, nur weil man weiß, wie das Ende aussehen wird, nichts tun darf, um das Ende zu beschleunigen oder es für die Russen leichter zu machen. Er ist Dubček gegenüber loyal, also wird er so lange bleiben, wie Dubček bleibt."

„Findest du das in Ordnung?" fragte ich Václav.

„Das weiß ich noch nicht. Ich weiß, daß das die Lehre ist, die er und seine Generation scheinbar aus den Ereignissen von 1948 gezogen haben, als alle nichtkommunistischen Minister außer Jan Masaryk zurücktraten und die Machtübernahme für Gottwald zu einer todsicheren Sache machten."

„Glaubst du, daß das die Lehre ist, die eure Generation daraus gezogen hat?"

„Ich weiß es wirklich nicht genau", sagte er, als das Kommando zum Abmarsch gegeben wurde. „Vielleicht möchte meine Generation keine neuen Lehren ziehen. Vielleicht möchten wir der Welt ein oder zwei Lehren erteilen."

Ich begleitete Václav in der Lichterprozession von der Wenzelsstatue zu den Parlamentsbüros auf dem etwa einen halben Kilometer entfernten Maxim-Gorkij-Platz. Zu dem Zeitpunkt war die Menge auf gut 3.000 Menschen angewachsen.

Als niemand im Parlament auf ihre Rufe antwortete, kletterte einer von Václavs Kameraden einen Laternenpfahl hinauf und rief in eines der oberen Fenster hinein: „Wir fordern Sie auf, dem Moskauer Abkommen nicht zuzustimmen! Unsere Unterhändler waren keine freien Männer! Sie waren Gefangene!"

Ein Beamter kam heraus und warnte sie: „Leistet euch keine Provokationen, oder die Panzer werden euch töten."

„Zum Teufel mit den Panzern!" schrie einer der Studenten. „Wenn wir genügend sind, werden sie nicht schießen!"

Noch ehe jemand diese gefährliche Logik austesten konnte, erschien Alois Poldeňák, ein junger und populärer Parlamentsabgeordneter mit Hornbrille am Fenster und sagte in ein Megaphon: „Das Parlament akzeptiert das in Moskau ausgearbeitete Abkommen nicht, weil es einer Kapitulation vor der Aggression gleichkommt. Wir werden niemals akzeptieren, was man unserer Freiheit und Souveränität angetan hat, glaubt mir das! Wir werden nicht zu Kreuze kriechen. Aber jetzt müßt ihr leise nach Hause gehen."

Die Menge buhte, und jemand schrie: „Laßt die Russen leise nach Hause gehen!"

Schließlich löste sie sich auf, und das Parlament hielt Poledňáks Versprechen ein, indem es eine Resolution erließ, die die Okkupation als „illegal" verurteilte und auf „der Festsetzung und konsequenten Einhaltung genauer Fristen für den schnellstmöglichen Abzug der fremden Truppen aus unserem Land" bestand.[62] Das war nur ein weiteres letztes Atemholen. Der Prager Frühling lag im Sterben, aber noch hatten die Kinder Wenzels Möglichkeiten auf Lager, um die Welt daran zu erinnern, was verlorengegangen war.

[62] 1969 wurde Poledňák von seinem Posten als Abgeordneter der Nationalversammlung entfernt, ebenso von dem als König der tschechoslowakischen Filmindustrie. Das war eine administrative Tätigkeit gewesen, in der er viele Monate vor dem Prager Frühling einer freieren Meinungsäußerung die Tore der Barrandovstudios geöffnet und dadurch ein kreatives Klima geschaffen hatte, das die westliche Welt dann als „tschechoslowakische Filmrenaissance" bezeichnete. 1970 wurde Poledňák inhaftiert, weil ihm „widerrechtliche Aneignung von Staatskapital" auf seinem Posten beim Film zur Last gelegt wurde. 1971 wurde er wegen „umstürzlerischer Betätigung" zu zwei Jahren Gefängnis verurteilt.

Kapitel 16

Mittwoch, 4. September – Dienstag, 24. September 1968

> In Prag (und vielleicht auch in anderen Städten) sind Flugblätter an Wände geklebt und anderweitig in Umlauf gebracht worden, die angeblich den Text des Moskauer Abkommens wiedergeben. Die tschechoslowakische Nachrichtenagentur ist autorisiert worden zu erklären, daß der Text dieser fabrizierten Flugblätter nicht mit dem Inhalt des Moskauer Abkommens übereinstimmt. Dessen tatsächlicher Gehalt wurde der Öffentlichkeit in dem Kommuniqué auf der Sitzung des Zentralkomitees der Kommunistischen Partei der Tschechoslowakei am 31. August, in den vorangegangenen Ansprachen von Präsident Svoboda, dem Ersten Sekretär … Dubček, Ministerpräsident Černík und Josef Smrkovský, dem Vorsitzenden der Nationalversammlung, sowie in dem Kommuniqué über die Ergebnisse der Moskauer Gespräche vom 26. August, das in Moskau unterzeichnet wurde, bekanntgegeben. Die fabrizierten Flugblätter enthalten einen falschen, aufhetzenden Text, der auf das Verursachen von Unruhe und Ärger in der Bevölkerung ausgerichtet ist.
>
> – offizielle Verlautbarung: 4. September 1968

Die Prager Gerüchteküche hatte ihre alte Aufgabe vom legalen Radio, Fernsehen und der legalen Presse wieder zurückbekommen. Aber die Gerüchteküche bestand nicht mehr aus dünnen, zwischen den Tischen im Chinarestaurant oder im Café Slavia gespannten Fäden. Sie war jetzt ein ausladendes und dreistes Massenmedium, das plötzlich in der ganzen Stadt auftauchte, mit allem, was an Wahrheiten und Gerüchten aufgelesen werden konnte. Und weil jetzt fast jedermann zur Gerüchteküche zählte, waren ihre Quellen und Mittel gewaltiger denn je. Ihre Zuverlässigkeit war groß, was mehr war, als man über die offiziellen Kommuniqués sagen konnte. Die oben zitierte Verlautbarung sagte zum Beispiel nichts darüber aus, wer die Nachrichtenagentur ČTK autorisiert hatte, die Gerüchteküche zu denunzieren. Wir wußten, daß Ministerpräsident Černík sofort nach seiner Rückkehr den ČTK-Direktor Sulek, der eine Revolutionäre Arbeiter- und Bauernregierung via Fernschreiber ausrufen wollte, entlassen hatte. Aber wir wußten noch nichts über die Integrität seines Nachfolgers.[63]

Die einzige wirkliche Information, die man den verschiedenen Reden über das, was in Moskau vor sich gegangen war, entnehmen konnte, bestand in der tiefen Besorgnis, mit der sie gehalten wurden. Über Einzelheiten erfuhr man, wenn überhaupt, nur wenig.

Tatsache war, daß praktisch alle Einzelheiten, die die Gerüchteküche „fabrizierte", von den nachfolgenden Ereignissen bestätigt wurden.

Die Gerüchteküche wußte, daß das „Moskauer Diktat" (so wurde es in Prag germanisierend umbenannt, um an jenes vor dreißig Jahren in München zu erinnern) fünfzehn Grundbedingungen enthielt. Einige waren bereits bekannt: die Ungültigkeitserklärung des außerordentlichen XIV. Parteitages und die Zurückziehung des Protestes bei den Vereinten Nationen. Andere stellten Treuegelübde dar: abgelegt von der Tschechoslowakei gegenüber dem weltweiten kommunistischen Lager und insbesondere gegenüber dem sowjetischen Modell ... von Rußland gegenüber dem Geist der Januar-, März- und Maisitzungen des Zentralkomitees in Prag (obwohl das der Geist war, den die Truppen zu unterwerfen gekommen waren) ... und von beiden Seiten gegenüber den Abkommen von Čierna und Bratislava! Es wurde auch bestimmt, daß die Tschechoslowakei keine eigenständige Linie in der Auslandspolitik verfolgen sollte.

Paragraph 4 des Moskauer Diktates lautete:

[63]Sie reichte zumindest bei ihm aus, um einige Monate später selbst gefeuert zu werden. Sein Sohn, ein Student, wurde Ende 1969 als „Trotzkist" inhaftiert.

> Priorität hat die Kontrolle über die Massenmedien, die ganz der Sache des Sozialismus zu dienen haben. Es wurde vereinbart, daß die Massenmedien antisozialistische Äußerungen einstellen werden und daß den Aktivitäten von Gruppen, die antisozialistische Aktionen befürworten, ein Ende bereitet wird …

Damit endete die Existenz von KAN und K 231.

Andere Paragraphen untersagten den Gebrauch der Wörter „Okkupation" und „Invasion". (Das Diktat selbst gebrauchte dafür die Bezeichnung „rechtzeitige und effektive Maßnahmen", eine Phrase, die von der zensierten tschechischen Presse gemeinsam mit „brüderliche Hilfe" und „Augustbeistand" aufgriffen wurde.) Die Anwesenheit oder die Aufenthaltsorte der Roten Armee waren nur im vorteilhaftesten und genehmigten Zusammenhang zu erwähnen.[64] Und es durfte keine Kritik am Moskauer Diktat selbst geübt werden. Um die „sowjetisch-tschechoslowakische Freundschaft abzusichern", war man übereingekommen, daß „alle Kontakte zwischen den Führern beider Nationen nach dem 20. August 1968 einschließlich der gegenwärtigen Gespräche als streng geheim zu gelten haben."

Einige Versionen des Moskauer Diktates zählten drei weitere Klauseln auf:

> … Jede Unruhe in der Tschechoslowakei wird künftig als Zeugnis der Untauglichkeit der tschechoslowakischen Führung gelten (und in der Folge ihre Absetzung begründen).
>
> … Von den Sicherheitsorganen wird ein Verzeichnis der konterrevolutionären Kräfte sowie eine Namenliste derer, die diesen geholfen haben, geführt werden.

64Erst Ende 1969 umging die tschechische Presse diese Vorschrift, indem sie ungewöhnlich gründliche, umfangreiche und herausgestellte Berichte über die versuchte Vergewaltigung einer Schalterangestellten der Eisenbahn durch einen „ausländischen Besucher" veröffentlichte. In den Darstellungen wurde nachdrücklich darauf hingewiesen, daß die Vollziehung der Tat vereitelt wurde durch A) den Widerstand des Opfers, B) das Erscheinen von Arbeitskollegen, die sie retteten, und C) durch die Schwierigkeiten, auf die der Täter bei seinem Versuch stieß, da beide, er und das Opfer, Uniformen trugen.

> … Jeglicher Widerstand wird mit roher Gewalt gebrochen werden.

Die tschechoslowakische Führung „verpflichtete sich, die Aktivitäten jener Mitglieder der Regierung zu überprüfen, die im Ausland gewesen sind und im Namen der tschechoslowakischen Regierung über innere und äußere Angelegenheiten gesprochen haben." Dies zielte auf die Reisen des Außenministers Hájek und des stellvertretenden Ministerpräsidenten Šik ab.

Das Moskauer Diktat bestimmte auch, daß „es eine Kontrolle im Innenministerium und neue Maßnahmen, um seine Führung zu stärken" geben werde. Ende August wurde General Pavel auf den Hradschin zitiert, wo er sein Rücktrittsgesuch als Innenminister einreichen sollte. Beim Herausgehen blieb er einen Augenblick in der einbrechenden Dunkelheit des zweiten Burghofs stehen. Ich sah das eine Woche später in einer Wochenschau, und der Text des Kommentators dazu war einfach: „Pavel. Wieder ein Wanderer im Garten."[65]

Keiner soll behaupten, daß das Moskauer Diktat die Tatsache, daß 1968 das Internationale Jahr der Menschenrechte war, ignoriert hätte:

> Die tschechoslowakische Führung wird nicht zulassen, daß jene Parteifunktionäre, die für den Sozialismus sowie für freundschaftliche Beziehungen mit der Sowjetunion eingetreten sind und beständig gegen antikommunistische Elemente gekämpft haben, ihrer Ämter enthoben oder mit Repressalien bedroht werden.

Was hieß, daß Indra und Bil'ak das Recht hatten, nicht wegen Landesverrats verfolgt zu werden.

Da war noch die Frage, wie viele Truppen wie lange bleiben würden, und das Moskauer Diktat enthielt nichts, was nach einer Antwort aussah:

> Das Kommando der alliierten Truppen und die tschechoslowakische Armee werden umgehend Fragen erörtern, die

[65] Pavel lebte ruhig außerhalb Prags und kümmerte sich um die Erdbeeren in seinem Garten. Dabei machte er sich keine Gedanken über das Gerücht, daß er wegen Landesverrates angeklagt werden würde. Er starb am 9. April 1973 im Bett.

den Abzug und die Bewegungen von Militäreinheiten aus Städten und Dörfern, in denen örtliche Autoritäten die öffentliche Ordnung sichern können, betreffen.

Über die Anzahl der betreffenden Truppen, ihre Organisation und ihre Aufstellung wird mit der tschechoslowakischen Armeeführung diskutiert werden.

Es gab einen flüchtigen Hinweis darauf, daß die Truppen erst nach der „Konsolidierung" der Situation ein für allemal abziehen würden. Aber viel mehr Aufmerksamkeit wurde der „Versorgung und medizinischen Betreuung der Truppen" gewidmet, über die es ein detailliertes Abkommen „mit dem Verteidigungs- und dem Außenministerium" geben sollte. „Wichtige strittige Fragen werden auf Regierungsebene gelöst werden."

In der letzten ihrer geheimen Ausgaben zitierte die katholische Tageszeitung *Demokratie des Volkes* die Aussage eine hohen Regierungsbeamten: „Man sagt uns, daß die fremden Truppen abziehen werden, wenn die Situation wieder normal ist. Aber sie wird nicht normal werden, solange die Truppen nicht abgezogen sind. Das ist ein Teufelskreis, aus dem keine Seite einen Weg heraus finden kann." Die Überschrift des Artikels lautete: „NORMALISIERUNG? KAFKA LEBT!"

Das Moskauer Diktat enthielt auch eine vage Passage über Reparationen. Aber während die Tschechen und Slowaken noch ihre Opfer zählten und eine Bestandsaufnahme ihrer Schäden machten, legten die Armeen des Warschauer Paktes der Tschechoslowakei eine nicht spezifizierte Rechnung über 50 Millionen Dollar Okkupationskosten vor. Dann versicherten sie den Tschechoslowaken, daß sich die Spesenkonten gegenseitig aufheben würden, falls sie im Gegenzug eine Rechnung über die gleiche Summe vorlegen sollten, und dann hätte die ganze „brüderliche Hilfe" niemanden auch nur eine Kopeke gekostet.[66]

Ich kann eine Geschichte über Reparationen erzählen, die jemanden betrifft, den ich kenne: einen alten Bauern, den wir

[66]Die Materialschäden bei den Tschechen und Slowaken waren auf 25 Millionen Dollar geschätzt worden, ganz zu schweigen von den 77 Toten und 1.000 Verwundeten.

während unseres Sommeraufenthaltes an der Sázava kennengelernt hatten. Nachdem das Moskauer Diktat unterzeichnet worden war, biwakierte ein sowjetisches Bataillon, das aus Prag abgezogen worden war, auf seinen umliegenden Feldern. Der Bauer hielt sich fern, aber eines Tages erschienen ein paar russische Soldaten und sagten zu ihm: „Wir sind hungrig. Wir nehmen eines von deinen Schweinen." Der Bauer machte Einwände, bis die Russen ihre Karabiner auf ihn richteten. Er ließ sie das Schwein nehmen, bat sie aber, dafür zu bezahlen. Wieder wurden die Waffen auf ihn gerichtet.

Der Bauer sagte nichts mehr dazu, bis er am Abend vom Feld heimkam und seiner Frau mitteilte, daß sie jetzt ein Schwein weniger hätten.

„Das können sie nicht mit uns machen!" beharrte seine Frau. „Gemäß dem Moskauer Abkommen müssen wir das bezahlt bekommen. Du mußt nach Benešov zu ihrem Kommandanten fahren."

Am nächsten Morgen zog der Bauer seinen besten Anzug an und fuhr in die Stadt. Ein russischer Offizier hörte sich seine Geschichte an und fragte dann: „Würden Sie diese beiden Soldaten wiedererkennen?"

Der Bauer sagte, daß er das würde. Der Offizier brachte ihn zum nächsten Verband der Einheit in der Nähe seines Hofes. Der Bauer ging durch die Reihen, und als er die beiden Schuldigen, die steif nebeneinander standen, entdeckte, identifizierte er sie.

Der Offizier zog seine Pistole und tötete die beiden Soldaten mit zwei Kopfschüssen.

Der Bauer fiel in Ohnmacht. Als er wieder zu Bewußtsein kam, protestierte er gegenüber dem Offizier: „Was haben Sie getan? Ich wollte doch nur von ihnen, daß sie mir mein Schwein bezahlen!"

„Machen Sie sich nichts daraus", sagte der russische Offizier. „Jetzt haben sie bezahlt."

An diesem Abend erlitt der Bauer zu Hause eine Herzattakke, und ich hörte diese Geschichte, als ich mich einmal zufällig nach seinem Befinden erkundigte.

Das tschechoslowakische Fernsehen nahm seine „normale Sendetätigkeit" am 4. September wieder auf. Die Zensur verlangte, daß die routinemäßige Meldung über Eduard Goldstückers Ausreise nach Sussex mit dem Angriff durch die Moskauer

Literaturnaja Gazeta gekoppelt wurde. Diese bezeichnete ihn als einen „Liberalen mit vielen Gesichtern" und als einen Kriminellen, der systematisch den Weg für die „Konterrevolution" geebnet habe. Die russische Tirade wurde von einem Ansager leidenschaftslos und angeekelt verlesen, während die Kamera den Worten einen Kontrapunkt entgegensetzte, indem sie sie mit einem Rückblick auf das Fernsehen, das Goldstücker uns lieben gelehrt hatte, illustrierte: Filmausschnitte, die Goldstücker zeigten, der zur Menge spricht, Goldstücker, der mit Studenten diskutiert, Goldstücker, der Kafka verteidigt und Goldstücker, der Vorher-Nachher-Fotos zeigt. Dann gab es Zeitlupenaufnahmen von Goldstücker im Kampf um die Meinungsfreiheit und schließlich Standbilder und Nahaufnahmen dieses unrasierten, sympathischen, leidenden Gesichtes, das bedauerlicherweise nicht mehr unter uns war.

Jeden Abend klangen die Nachrichtensendungen mehr nach den Zusammenfassungen der Winter-Baseballereignisse – mit dem Unterschied, daß die Spiele für das heimische Team nie vorteilhaft verliefen. Dubček bestand auf einer symbolischen Zahlung für jedes Opfer, das er brachte. Deshalb wurde, nachdem Hejzlar und Pelikán von Radio und Fernsehen abgezogen worden waren, Švestka als Herausgeber der *Rudé Právo* durch den Mann ersetzt, der noch vierzehn Tage vorher die geheime *Rudé Právo* veröffentlicht hatte. Als Dr. Hájek schließlich im Außenministerium abgelöst wurde, koppelte man seine formelle Rücktrittserklärung mit der Bekanntgabe, daß „Präsident Svoboda auf Vorschlag der Regierung auch Herrn Karel Hoffmann von seinem Amt als Leiter der Zentralbehörde für das Fernmeldewesen abberufen" habe.[67]

Dem Minister für Kultur und Information, Galuška, wurde die Hälfte seine Titels entzogen, was unter den herrschenden Umständen für ihn akzeptabel war, da das Wort „Information" jetzt gleichbedeutend war mit „Zensur".

Anfang September wurde Čestmír Císař vom Sekretariat der Kommunistischen Partei „völlig freigestellt", um sich ganz seinem anderen Posten widmen zu können: dem des Vorsitzenden des tschechischen Nationalrates, einer Organisation, die – im Rahmen der ČSSR – auf eine Föderalisierung hinarbeitete,

67 Hoffmann erhielt 1969 seinen Posten zurück.

oder auf zwei getrennte, aber gleichwertige Regierungen in den böhmischen Ländern und der Slowakei. Das war oberflächlich betrachtet ein Machtverlust für ihn, aber die Föderation sollte an Neujahr realisiert werden. *Wenn* die Föderalisierung durchgeführt würde und *wenn* die geplanten nachfolgenden Wahlen nicht verboten werden würden, konnte Císařs Interimsrolle weitreichenden Einfluß bringen. Der listige Císař (oder seine Berater) setzte auf beide „Wenns" und verlängerte dadurch sein Funktionärsleben.

Der gepeinigte Dr. Kriegel wurde aus dem Präsidium ausgeschlossen, aber auch Švestka, Kolder, Rigo und Barbírek (letzterer wurde zum stellvertretenden Mitglied degradiert).

Dr. Kriegel verlor auch seinen Posten als Vorsitzender der Nationalen Front, aber behielt seine Sitze in der Nationalversammlung und im Zentralkomitee. Seine politische Zukunft war jedoch so deutlich begrenzt, daß er wieder voll als Arzt zu praktizieren begann.

Špaček behielt seinen Sitz im Präsidium. Šimon, ein anderer liberaler Prager Parteiführer, wurde vom stellvertretenden Mitglied zum Vollmitglied des Präsidiums befördert. Biľak und der konservative Piller behielten ihre Sitze, aber Biľak wurde als Chef der Kommunistischen Partei der Slowakei abgelöst. Sein Nachfolger war Gustáv Husák. Zu diesem Zeitpunkt erschien das wie ein Sieg der Liberalen.

Während einer zweitägigen Sitzung des Zentralkomitees am Wochenende nach der Rückkehr der Führung aus Moskau wurden sowohl das Zentralkomitee als auch das Präsidium erweitert. Das Präsidium wurde von elf auf einundzwanzig Mitglieder aufgestockt – unter den Neuen waren Husák und Präsident Svoboda, außerdem einige Liberale, Zentristen und Unbekannte. Das 110 Mann starke Zentralkomitee hatte 87 neue Mitglieder „cooptiert" – *alle* waren Delegierte des außerordentlichen (und jetzt illegalen) Parteitages und deswegen vermutlich Liberale.

Auf dieser Sitzung des Zentralkomitees übte Dubček eine Selbstkritik folgender Art: „Wir haben die strategischen Interessen unserer Alliierten nicht in Betracht gezogen. Wir haben den *wahren* Sachverhalt nicht gesehen. Wir begannen unser Vertrauen in die Art, wie die sowjetischen Führer Probleme lösen, in Frage zu stellen. Auf diese Weise wurde auch das Vertrauen der Sowjetunion in unsere Parteiführung vermindert.

Die wichtigste jetzt vor uns liegende Aufgabe ist es, diesen Mangel an Vertrauen in uns wieder zu beseitigen." Aber den Prager Frühling widerrief er nicht, und er würde ihn nicht verwerfen.

Die Russen, das war jetzt klar, hatten auf die „Salamitaktik" gesetzt. Sie würden von der tschechoslowakischen Revolution Stück für Stück wegschnippeln, bis nichts mehr übrig sein würde außer der Pelle und vielleicht der Haut der Führer, die (wie die Russen hofften) dann schon lange die Achtung der Öffentlichkeit verloren hätten. Und Dubček würde dieses verlorene Spiel spielen, so lange er konnte, aber auch so langsam er konnte.

Am Nachmittag des 12. September kam Sylva vorbei, um uns eine Ente zu braten. „Arbeitest du immer noch als Journalistin?" fragte ich sie jedesmal, wenn wir uns trafen. Die Antwort war jedesmal ja, aber diesmal klang sie nachdrücklicher als sonst. Das Debüt von *Zítřek* war um einen Monat verschoben worden, die Zeitung sollte aber Anfang Oktober erscheinen. *Zítřek* hatte die Lizenz *vor* der Invasion erhalten – und niemand hatte sie zurückgezogen.

Während eines frühen Abendessens schalteten wir den Fernseher ein und sahen noch den letzten Teil einer Sonderaufführung, mit der die Konzerttätigkeit nach der Invasion wieder aufgenommen wurde. Auf dem Programm stand, was sonst, Smetanas *Mein Vaterland*, gespielt von der Tschechischen Philharmonie.

Die beiden letzten Sätze von *Mein Vaterland*, „Tábor" und „Blaník", basieren auf einer majestätischen Hussitenhymne, „Ihr Kämpfer Gottes". Es ist eine Melodie, die immer wieder durch die mit Mauern umgebene Festung von Tábor schallte. Aber Smetana brachte sie auch mit dem heiligen Berg von Blaník in Verbindung. Dort sollen die geschlagenen Hussiten in tiefem Schlummer auf die Zeit warten, in der sie wieder gerufen werden, um ihrem Land zu Hilfe zu kommen. Langsam verwandelt sich die Hymne in einen Marsch und dann zum gewaltigen Triumph der Auferstehung der tschechischen Nation.

Die Kamera, die sich sonst bei Fernsehübertragungen von Konzerten üblicherweise auf den Dirigenten und die Musiker konzentriert, schenkte Karel Ančerl und seinem Orchester nicht viel Beachtung. Statt dessen wanderte sie durch den Smetanasaal und griff die Gesichter von Zuschauern, die gerade in Tränen ausbrachen, heraus. Sylva und ich sahen starke Männer weinen … einen jungen Burschen, der sich mit Anzug und Krawatte offensichtlich unwohl fühlte, wie er seinen Finger in den Kragen steckte, um sich Platz zum Atmen zu verschaffen, und dann in ersticktes Schluchzen ausbrach … eine altjüngferliche Dame, die nach Witwenart weinte … und andere, die heftig um ihre Selbstbeherrschung kämpften und die auf der Suche nach Beistand die Arme ihrer Nachbarn drückten.

Es war mehr als Fernsehen. Alles war erfüllt von Musik und Gefühlen, und natürlich weinten auch Sylva und ich. Als es vorüber war, sahen wir unsere eigene Dankbarkeit in den Gesichtern der Konzertbesucher. Wir zu Hause begannen auch zu applaudieren, als ob wir Ančerl und Smetana dafür danken wollten, daß sie dem tschechoslowakischen Volk diesen letzten Rest von freier Meinungsäußerung gewährt hatten: ein tüchtiges Weinen.

Die Gegenleistung für General Pavels Rauswurf als Innenminister stellte sich als die Entlassung seines verräterischen Stellvertreters Šalgovič heraus. Diese beiden Ereignisse wurden in den Nachrichten nicht in Zusammenhang gebracht, aber der Bericht über die Absetzung des letzteren führte auch aus, daß er aus dem Land, das er verraten hatte, geflohen war und daß der Staatsanwalt gegen ihn Anklage erheben werde, sollte er jemals zurückkehren. Die Prager Gerüchteküche wußte, daß sich Šalgovič in Dresden aufhielt, um „Beweismittel" für zukünftige Prozesse vorzubereiten. Sie würden drei verschiedene „staatsfeindliche Spionagezentren" betreffen: „die Journalisten, die Ökonomen und die Juden".

„Ich bin nicht im geringsten besorgt", sagte mir ein jüdischer Wirtschaftsfachmann, der sich ein bißchen mit Journalismus beschäftigte. „Šalgovič würde es nicht wagen, sich in diesem Land zu zeigen, und angenommen er würde, dann wäre er derjenige, der sich in Gefahr befände – nicht ich. Aber sollten Sie jemals erfahren, daß er wieder in der Tschechoslowakei ist und sich zurück an die Macht schleicht, würde es Ihnen etwas ausmachen, mich anzurufen?"

Um die Wirtschaft in Gang zu halten, wurde die Brünner Handelsmesse, die für die erste Septemberwoche geplant gewesen war, mit nur einwöchiger Verspätung eröffnet. Die offizielle Einladung würde mir als Paß für sicheres Geleit und als Ausrede dienen, um auf dem Weg einen Blick auf die „Normalisierung“ in der Provinz zu werfen. Zusammen mit einem amerikanischen Journalisten, der bei Avis-Pragocar einen Ford Cortina gemietet hatte, unternahm ich die sechsstündige Fahrt nach Brünn.

Auf einem Feld direkt bei Havlíčkův Brod kamen wir in den unerwarteten Genuß einer sowjetischen Waffenschau. Wir fuhren auf fünfzig russische Soldaten zu, die ihre Maschinenpistolen auf die Straße gerichtet hatten, dabei aber in die Luft zielten. Wir fuhren langsamer, um zu sehen, was sie bewachten. Es stellte sich heraus, daß es sich um fünfzig weitere russische Soldaten, die auf dem Feld urinierten, handelte. Auf das Kommando eines Offiziers hin knüpften die Männer im Feld ihre Hosen zu und hoben ihre Maschinenpistolen auf, während die anderen fünfzig ihre Waffen aufschichteten, um dann ihrerseits den Acker zu bewässern.

„Kein Wunder“, sagte mein Kollege, „daß TASS sie als ‚Entlastungsarmeen‘ bezeichnet.“

Bei der Eröffnungszeremonie in Brünn wurden die Außenhandelsminister (oder die höchstrangigen Vertreter) jeder teilnehmenden Nation vorgestellt. Für die russischen, polnischen, ungarischen, ostdeutschen und bulgarischen Repräsentanten gab es keinen Applaus (aber auch keine Buhrufe). Es gab lauten Applaus für die britischen, französischen und besonders für die rumänischen und jugoslawischen Delegierten. Wie die Böhmen in Prag wußten sich auch die Mähren in Brünn diskret, aber deutlich auszudrücken.

Ich persönlich bekam einen russischen Begleiter. Als ich mich im Pressequartier im Hotel Družba in der Leninstraße anmeldete, wurde ich gefragt, ob es mir etwas ausmachen würde, das Zimmer mit einem anderen Journalisten zu teilen. Mein Zimmergenosse stellte sich als ein freundlicher, pausbäckiger, etwa dreißigjähriger Russe in einem grauen Flanellanzug heraus. Er arbeite für die Novosti-Nachrichtenagentur, sagte er und gab mir seine Visitenkarte. Er sprach ein exzellentes Englisch und sagte gleich, daß er hoffe, seine Gegenwart werde mir nicht unangenehm sein.

„Überhaupt nicht“, sagte ich. „Vielleicht haben uns die Mähren zusammengelegt, weil sie wollen, daß die Großmächte die tschechoslowakische Frage ein für allemal klären.“

Er lachte, aber etwas später bat er mich um einen Gefallen. „Ich komme direkt aus Moskau hierher“, sagte er. „Also muß mir jemand sagen, was wahr ist und was nicht. Hat hier eine Konterrevolution stattgefunden?“

„Nicht vor dem 21. August“, antwortete ich.

„Diese K231? Waren die von Nazis infiltriert?“

„Ich vermute, daß sich vielleicht ein oder zwei eingeschlichen haben. Jeder, der einmal im Gefängnis saß, wäre gern ein politischer Gefangener gewesen. Aber die meisten dieser Leute, ich würde sagen fast alle von ihnen, waren Menschen, die in den fünfziger Jahren vom Staat eine schlechte Behandlung erfahren hatten. Egal was der Staat ihnen jetzt gab, er konnte ihnen das, was sie verloren hatten, nicht zurückgeben.“

„Und meine zwei Kollegen, Zavarikin und Nepomnjaščij, die verbrannt sind, nachdem ihr Pressehubschrauber abgeschossen wurde. Wer hat sie getötet?“

„Die Russen sagen, daß ihr Hubschrauber abgeschossen wurde. Die Tschechen sagen, daß der Hubschrauber in der Luft explodiert sei und abstürzte. Ich neige dazu, den Tschechen zu glauben ...“

„Und ich neige dazu, den Russen zu glauben“, sagte er. „Ich habe beide Männer gekannt.“

Er stellte mir mindestens noch fünfzig weitere Fragen – über KAN, *Literární Listy*, Ivan Sviták, General Prchlík, über alles! – und ich antwortete, so gut ich konnte. Später gingen wir in das Brünner Hotel International etwas trinken. Dort gab eine gute Rockband in Rollkragenpullis mit einer ausgezeichneten Sängerin, die eine Hose aus Leopardenfell trug, ein bemerkenswertes „Yellow Submarine“ zum besten. Alle Arten von Geschäftsleuten tanzten schwerfällig mit Mädchen, mit denen sie nicht verheiratet waren. Am anderen Ende des Saales gab US-Botschafter Beam eine üppige Party.

Wir redeten noch viel mehr, und in den frühen Morgenstunden, direkt vor dem Schlafengehen, dankte er mir und sagte: „Die meisten unserer Leute zu Hause wissen nichts über diese Sachen.“

Ich sagte: „Ich hoffe, Sie glauben mir.“

„Das tue ich. Und ich werde Ihnen immer noch glauben, wenn ich gehe. Aber ich denke, daß ich nach zwei oder drei Tagen unter meinen Kollegen wieder zu glauben beginnen werde, daß meine Freunde in dem Hubschrauber von Tschechen abgeschossen wurden. Also, verzeihen Sie mir das. Und ich werde nichts von dem, was Sie gesagt haben, vergessen. Ich werde versuchen, die Ereignisse hier nach diesen Wahrheiten zu beurteilen." Er wollte schon gute Nacht sagen, aber dann unterbrach er sich dabei: „Wissen Sie, ich beginne am meisten solche Menschen wie meine Freunde und mich, die reisen, zu bemitleiden. Die anderen Leute kennen die Wahrheit nicht, und es ist ziemlich leicht, mit Lügen zu leben, wenn sie in sich halbwegs logisch sind. Aber wir müssen zwischen der Wahrheit und den Lügen hin- und herpendeln."

„Das muß eine schreckliche Reise sein", sagte ich, „und deswegen tut es mir für die Tschechen so leid. Sie haben gerade die Rückfahrt angetreten."

Er sah mich mit einem traurigen Blick an, der nicht dem eines Menschen, sondern dem eines Tieres in einer Falle glich. Aber da er ein Mensch war, hielt er meinem Blick fast gebieterisch stand, und es schien, als wollte er, daß ich diesen Ausdruck im Gedächtnis behalte ...

Wenige Monate später reiste ein mit mir befreundeter, vertrauenswürdiger tschechischer Journalist geschäftlich nach Moskau. Ich nahm mir die Freiheit, ihm ein Empfehlungsschreiben mitzugeben. Mein Freund sollte zufällig zu Beginn seines Aufenthaltes das Büro von Novosti besuchen. Dort fragte er nach meinem russischen Kollegen aus Brünn. Die Redakteure hatten noch nie von ihm gehört.

Die erste Reaktion meines tschechischen Freundes war: „Oh je! Er ist nach Sibirien geschickt worden, weil er Alan zugehört hat!" Er fragte nicht weiter nach dem armen Kerl, aber einer seiner eigenen Freunde bei Novosti bat darum, den Namen und die Telefonnummer sehen zu dürfen.

„Verfolge den Fall nicht weiter", warnte der Novosti-Angestellte meinen tschechischen Freund. „Das ist eine KGB-Nummer. Wir haben keine Kontrolle oder Informationen darüber, wer Presse- oder Visitenkarten von uns bekommt. Er muß in Brünn gewesen sein, um Material für Dossiers zusammenzutragen."

Zwischenspiel
Das Comenius-Lied

Das Geschenk, das Jirka Šlitr Monica zu ihrem fünften Geburtstag machte, war, wie er es nannte, „eine Konterrevolution mit 45 Umdrehungen pro Minute“[68], eine Supraphon-Schallplatte auf tschechisch, mit einer erschütternd sentimentalen Ballade, die so ging:

> Möge in diesem Land Frieden sein;
> Mögen Bosheit, Neid, Furcht und Streit verschwinden;
> Möge die Lenkung deiner Angelegenheiten wieder in
> deine Hände zurückgelegt werden, oh tschechisches Volk!

Es war ein ungewöhnlicher Text, aber er wurde – entstanden in der Hitze der Augustinvasion – zum alles beherrschenden Hit in der Tschechoslowakei. Es war aus noch einem anderen Grund ein ungewöhnliches Geschenk, da der Song weder von Šlitr noch von Suchý stammte und tatsächlich ihr walzerartiges „Pink Rose“ von der Spitze der Charts verdrängte.

Der Titel des neuen Favoriten war „Martas Gebet“, zu Ehren seiner Interpretin Marta Kubišová, 26. Sie war die drittpopulärste Sängerin des Landes (hinter Eva Pilarová und Helena Vondráčková), bis sie ihr „Gebet“ herausbrachte. Nicht nur, daß sie über Nacht zur Nummer eins aufstieg, sie wurde auch eine Nationalheldin und eine Zielscheibe für die Männer der russischen Kulturpolizei, die ausdrücklich gekommen waren, um die Intellektuellen zu „normalisieren“. Sie konnten jedoch wenig unternehmen, um ein Lied zu verbieten, das alle auf den Lippen hatten.

Der Texter von „Martas Gebet“ war der ungewöhnlichste aller Konterrevolutionäre: Jan Amos Komenský (1592–1670), wohlbekannt als der Pädagoge Comenius, der „Völkerlehrer“.

[68]Im englischen Originaltext heißt es: „a 45-counter-revolutions-per-minute“ (Anm. d. Übers.).

Geboren in Mähren und seit fast 300 Jahren tot, schrieb Comenius diese Worte nach 1620, als der Sieg der Habsburger in der Schlacht auf dem Weißen Berg direkt vor den Toren Prags die böhmischen Länder zu drei Jahrhunderten deutscher Herrschaft verdammte. Seine Zeile über die „Lenkung deiner Angelegenheiten“ ist auch in den Sockel des Denkmales für Jan Hus auf dem Altstädter Ring eingemeißelt.

Šlitrs Anteilnahme an dem Erfolg von Comenius und Kubišová rührte jedoch von reiner Begeisterung her. Der Zensurapparat lief so langsam und mit einer solchen Konzentration auf die Presse an, daß es einige Zeit dauern würde, ehe man Theater und Film belästigen würde.

Anfangs, mit der Schließung des Semafor und den Gerüchten, daß den Unterzeichnern der „Zweitausend Worte“ Verfolgungen drohten, war Šlitr seiner Villa ferngeblieben. Er verkroch sich in einem Dachgeschoß, das er irgendwo auf dem Wenzelsplatz gemietet hatte, und malte dort in solcher Einsamkeit, daß nicht einmal Sylva die Adresse seines Ateliers kannte.

Aber im September lud Präsident Svoboda Šlitr und mehrere andere prominente Künstler auf die Prager Burg ein. Šlitr spielte auf dem Klavier des Präsidenten Debussy, Chačaturjan und Šlitr (eine Ballade mit dem Titel *Himmlische Liebe* [*Láska nebeská*]) für den weißhaarigen Helden. Und Svoboda nutzte die Gelegenheit, um in staatsmännischer Manier seine Gäste daran zu erinnern, daß ihr Anteil am Leben der Tschechoslowakei sowohl Unterstützung als auch Trost bedeute.

Und so begann die beste Zeit in Jirka Šlitrs Karriere. Er kam aus der Burg und vermittelte seinen Freunden aus der Welt der Künstler und Intellektuellen das Gefühl, die Verpflichtung zu haben, im Land zu bleiben und weiterzumachen. Zu Jiří Menzel sagte er: „Wir haben Glück, daß uns noch ein paar Monate bleiben, in denen wir bei den Menschen den Sinn für die Freiheit stärken können.“ Und ohne Suchýs Entscheidung in England abzuwarten, kündigte er an, daß das Semafor am 25. September 1968 mit „irgendeinem Programm“ wiedereröffnen werde.

Eines Tages aßen Šlitr und ich in der Innenstadt mit der Frau eines prominenten Dichters zu Mittag. Sie deutete an, daß ihr Mann überlege, das Land zu verlassen.

Šlitr erstickte beinahe an dem Cheeseburger, den er gerade im Munde hatte. Dann sagte dieser höfliche, kultivierte Mann mit einer Härte, die ich noch nie bei ihm gehört hatte: „Er soll nicht einmal daran denken. Er soll noch nicht einmal eine längere Reise unternehmen. Und Sie müssen ihm das sagen!“

„Wie soll man einem Dichter überhaupt etwas sagen?“

Šlitr ließ sich nicht entmutigen: „Er muß sich klarmachen, daß er jemand ist, der die Leute zum Lachen und zum Nachdenken bringt und der Ansehen genießt. Wir leben in schlechten Zeiten, und es spendet Tausenden von Menschen Trost, wenn sie wissen, daß er hier unter ihnen ist.“

So hätte er auch über sich selbst sprechen können.

Kapitel 17

Mittwoch, 25. September – Donnerstag, 21. November 1968

September und Oktober waren eine bittersüße Zeit, in der man als Einwohner Prags zu Bett ging und oft mit der Feststellung aufwachte, daß das Leben nicht schlechter – vielleicht sogar etwas besser! – war als früher. Es ist wahr, man griff nach jedem Strohhalm, aber bis jetzt war es noch nicht schwer, sich zu sagen: „Im August haben wir den Tiefpunkt erreicht, also kann es jetzt nur noch aufwärts gehen" … oder „Es wird besser" … oder manchmal sogar „Weißt du, ich denke, wir könnten vielleicht gewinnen!" Das Überleben an sich war schon ein Sieg.

Die Fünftagewoche wurde eingeführt. Der erste tschechische Roséwein der Geschichte kam auf den Markt, Grazie aus Mähren. Die Straßenbahnlinie 8 hatte jetzt zwei Waggons statt des einen überfüllten. Und am 25. September eröffnete das Semafor-Theater mit *Der Teufel von Vinohrady* (*Ďábel z Vinohrad*) unter der Regie von Jiří Menzel, mit Jiří Šlitr in der Hauptrolle. Das war eine Wiederaufnahme eines Menzel-Šlitr-Erfolges von 1966, zur Hälfte eine One-man-Show (im ersten Akt trat Šlitr solo auf, im zweiten kamen zwei Sängerinnen dazu), der mit aktuellen sarkastischen Bemerkungen aufgefrischt worden war. Šlitr entschuldigte sich für die etwas schwache Beleuchtung und lieferte dabei zugleich eine Zustandsbeschreibung der Wirtschaftslage, die zu einem oft zitierten Ausspruch wurde: „Wir haben zehn Scheinwerfer – neun sind aus dem Westen und einer ist aus dem Osten. Der aus dem Osten funktioniert nicht. Trotzdem mögen wir den aus dem Osten."

Der zweite Akt von *Der Teufel von Vinohrady* wurde am Eröffnungsabend vom Auftritt eines echten Überraschungsgastes überstrahlt: Jiří Suchý, der am Nachmittag aus England wiedergekommen war. Als Suchý auf die Bühne stolzierte, spielte das Orchester S&Šs flotten und spöttischen *Calypso eines glücklichen*

Landes („wo die Menschen nicht arbeiten und im voraus bezahlt werden"). 45 Minuten lang wurden die Künstler immer wieder herausgerufen und mußten Zugaben spielen. Darunter waren einige „alte Anti-Kriegs-, Anti-Nazi-Protestsongs" von Voskovec und Werich. Abschließend wurde Šlitrs Persiflage von „Oh my Darling Clementine" auf russisch gesungen.

Nach der Premierenparty in dem im Keller gelegenen Semafor-Klub nahmen Valerie und ich ein Taxi nach Hause. Vor der Einfahrt zum Letnátunnel wurde unser Taxi von einem russischen Panzer geschnitten und von drei bewaffneten Männern im Turm in Schach gehalten. Sie wollten lediglich ihr Recht auf Vorfahrt (die sie nicht hatten) geltend machen, und unser Taxi ergab sich bereitwillig. Aber das Gefühl der Erniedrigung und die Empörung erfüllte uns auf dem ganzen Heimweg.

„Die sollten eigentlich nicht mehr hier sein!" beschwerte sich Valerie. Die russischen Panzertruppen waren zwar aus den Parkanlagen und Straßen Prags abgezogen worden, obwohl geschlossene Jeeps weiter ihre regulären nächtlichen Patrouillen durchführten. Aber ein kleines Panzerkontingent und ein paar Dutzend Wachposten waren auf dem Kastulusplatz (*Haštalské náměstí*) abseits der Touristenrouten in der Altstadt, immer zu sehen. Dort war das Hotel Haštala der Kategorie C („in unserem Buch gehört es jetzt in die Kategorie Z-minus", versicherte mir ein Führer von ČEDOK) in eine sowjetische Kommandozentrale für den Bezirk Prag 1 umfunktioniert worden.

„Sie sind wahrscheinlich vom *Haštalské* auf Nachtstreife", sagte unser Taxifahrer, während er dem Panzer seine Ellbogenfreiheit einräumte.

Der Kastulusplatz war nie ein Zielort, sondern so ein Platz, den man auf dem Weg irgendwo anders hin überquerte; deswegen verursachte der plötzliche Anblick von russischen Panzern, die in der Düsterkeit der mittelalterlichen Altstadt aufragten, einen doppelten und immer wiederkehrenden Schock. Als Kosygin im Frühherbst zu einer Zeremonie nach Prag kam, während der Černík ein erniedrigendes „Abkommen über die zeitweilige Stationierung sowjetischer Truppen in der Tschechoslowakischen Sozialistischen Republik" unterzeichnete[69], wurde der Kastulusplatz dazu ausersehen, die einzige greif-

[69]„Einige der Kontingente [geschätzte 75.000 bis 100.000 Mann], die am 21. August 1968 in das Land gekommen sind, werden für einen unbe-

bare Erinnerung an die Anwesenheit einer Okkupationsarmee darzustellen. Es waren nie mehr als ein halbes Dutzend großer gepanzerter Fahrzeuge zu sehen, aber die reichten schon aus, um den 21. August wieder lebendig werden zu lassen. Sie waren auch eine deutliche Erinnerung daran, daß Tausende von Männern und Hunderte von Panzern in Milovice und Mladá Boleslav auf Abruf bereitstanden.

Das Hotel Haštala war ein häßliches Symbol, aber seine benachbarten Einwohner in der Altstadt verkrafteten das mühelos. Ich hörte einmal zufällig, wie einer von ihnen einem verirrten Passanten den Weg erklärte: „Gehen Sie über den Platz, links an den Soldaten vorbei; biegen Sie dann an der nächsten Ecke links ab, und dann spucken Sie aus."

Ende September 1968 gedachte die Nationalversammlung der Tschechoslowakei des 30. Jahrestages des Münchner Abkommens mit folgender Proklamation:

> Alle, die am Münchner Abkommen irgendwie beteiligt gewesen waren, wurden später schwer heimgesucht. München ging auch als bitterer Beweis für das niedrige Niveau der internationalen Moral in die Geschichte ein; einer Moral, die es zuließ, daß ein kleiner verbündeter Staat und sein Volk der Macht eines brutalen Nachbarn geopfert wurde.

Rudé Právo führte dazu an, daß die Geschichte kleiner Nationen „verschiedene Scheidewege" aufweise, an denen über ihr Schicksal und sogar ihre Existenz von mächtigeren Nationen entschieden wird. Und *Mladá Fronta* wagte zu bemerken,

stimmten Zeitraum auf tschechoslowakischem Territorium verbleiben, um den Schutz der Länder der kommunistischen Gemeinschaft vor den wachsenden revanchistischen Bestrebungen westdeutscher militaristischer Kräfte zu garantieren." In dem Abkommen wurden keine weiteren Gründe angeführt. Ironischerweise wurde außerdem festgelegt, daß die Grenzen zum Westen ganz unter dem direkten Schutz durch die tschechoslowakischen Truppen verbleiben sollten. Im Oktober wurde das Abkommen von der tschechoslowakischen Nationalversammlung ratifiziert, wobei es nur vier Abgeordnete wagten, dagegen zu stimmen. Einer von ihnen war Dr. František Kriegel.

daß die gegenwärtige Lage „ziemlich an die vor dreißig Jahren erinnert, aber der Rest der Welt konzentriert sich vielleicht lieber auf die Olympiade 1968." Bald wurden Verurteilungen des „Münchner Abkommens" zu verhüllten Meinungsäußerungen über das „Moskauer Diktat".

Nach und nach kehrten sowjetische „Berater" in die Paß- und Visastellen sowie in die wichtigsten Ministerien zurück, wo sie seit den späten fünfziger oder frühen sechziger Jahren nicht mehr gesehen worden waren. „Unsere Kindermädchen" nannten die Tschechen diese ernsten Fremden, die ihnen über die Schultern schauten, ihre Telefonate abhörten und ihnen immer wieder sagten: „So machen *wir* das." Ein tschechischer Beamter teilte mir im Vertrauen mit, daß ich an vierter Stelle auf einer Liste ausländischer Journalisten stünde, deren Telefonleitungen angezapft werden sollten. Später sagte er mir, daß sich das Abhören verzögern werde, da die Russen nicht bereit seien, die Anlage, die die Tschechen während des Prager Frühlings abgeschaltet, aber nicht abmontiert hatten, zu benutzen.

„Der KGB", sagte er, „bestand darauf, seine eigene Anlage aus Rußland mitzubringen, weil sie bei uns in nichts Vertrauen haben. Es dauerte über einen Monat, sie hierher zu bringen, und als sie da war, stellte sich heraus, daß es sich um eine primitive Schaltzentrale handelte, mit der nicht mehr als dreißig Telefone in ganz Prag überwacht werden können!"

Es gab so viele verschiedene Listen von Leitungen, die angezapft werden sollten, daß für den vierten Platz unter den Top Thirty der imperialistischen Propagandisten nichts mehr frei war. Die sowjetische Schaltzentrale wurde schleunigst dazu eingesetzt, verschiedene hohe Beamte, Botschaften und einheimische Talente zu belauschen. Aber weitere Anlagen waren in Moskau angefordert worden, also machten meine Frau und ich unsere Telefongespräche kurz und kompromißlos – dabei wurde uns plötzlich klar, daß wir das immer getan hatten, sogar während des Prager Frühlings.

Die Ereignisse, die mit den Feierlichkeiten zum fünfzigsten Jahrestag der Tschechoslowakei am Montag, dem 28. Oktober 1968, begannen, markierten das Ende unserer bittersüßen Phase des vorsichtigen Optimismus. Sie hatte nur wenige Wochen angedauert.

Am Wochenende vor dem Feiertag wurden die böhmischen Kronjuwelen für die Öffentlichkeit ausgestellt, was nur etwa alle zehn Jahre stattfindet. Die Prager nutzten die Möglichkeit, um sich in ihrem Glauben an diese Symbole der tschechischen Souveränität zu bestärken. Auch wir standen einen halben Tag lang Schlange, um dann feierlich an der einfach, aber atemberaubend ausgestellten, aus dem vierzehnten Jahrhundert stammenden Krone Karls IV. vorüberzuziehen. Sie lag auf einem roten Kissen und war flankiert von Zepter und Reichsapfel.

In einer formellen Zeremonie im Spanischen Saal der Burg leierte Dubček am Montag mit einem vielsagenden Mangel an Überzeugung einen Sermon herunter, in dem er vor den vergangenen, gegenwärtigen und zukünftigen Gefahren des deutschen Revanchismus warnte. Draußen drückten sich Tausende von Tschechen gegen die Burgtore und riefen „Russen, geht nach Hause!", „Wir wollen Freiheit" und „Masaryk! Masaryk!" Die Polizisten, die die Demonstranten zurückdrängten, sympathisierten mit ihnen und waren höflich. Aber die Leute wußten jetzt, daß ihre Führung nicht länger mit den Massen in Verbindung stand.

An diesem Nachmittag gab es Krawalle vor der sowjetischen Botschaft und dem Hotel Haštala. Studenten schrien „Nieder mit Brežnev!" und „Lang lebe Dubček!" Sie verbrannten Exemplare der *Pravda* und verhöhnten die russischen Wachen. Wie zu erwarten, kam ein russischer Oberst aus dem Hotel. Er befahl vier seiner Soldaten, einen westdeutschen Studenten zu verhaften, der Fotos von den russischen Panzern machte. Aber die Prager Polizei riß den russischen Soldaten den Deutschen buchstäblich aus den Armen, brachte ihn in Sicherheit, kontrollierte seine Papiere und entließ ihn dann.

An diesem Abend buhten 8.000 Menschen Botschafter Červonenko und den stellvertretenden sowjetischen Außenminister Vasilij Kuznecov[70] vor dem Nationaltheater aus, als sie dort zu einer Galavorstellung von Smetanas *Libuše* erschienen. Nachdem die Polizei die beiden Russen hineingeleitet hatte, weigerten sich zwei Tschechen, ihre Logenplätze zu verlassen, um ihnen Platz zu machen. Červonenko und Kuznecov gingen

[70]Kuznecov, der nach Prag gesandt worden war, um die Normalisierung zu überwachen, wurde von den Tschechen „unser Protektor" genannt, in Anspielung auf Gauleiter Heydrichs Titel während der Naziokkupation.

steifbeinig zurück zu ihrer Čajka und kamen früher als erwartet wieder nach Hause in die russische Botschaft.

Der Winter setzte 1968 in Prag ungewöhnlich früh ein, mit Schneegestöber im Oktober und Tiefschnee im November. „Was erwartet ihr?“ sagten die Leute. „Wir sind jetzt eine russische Kolonie, also haben wir einen russischen Winter.“ Und an den kalten Tagen, die den „Festlichkeiten“ anläßlich des 28. Oktobers folgten, kamen wir in eine Phase der Dauerkrise, in der sich immer wieder kleine Triumphe und große Niederlagen vor uns abzeichneten. Es war eine Zeit, in der die Uhren rückwärts gingen. Man ging abends zu Bett und erwachte Monate oder sogar Jahre früher.

Josef Smrkovský sprach gegenüber einer Versammlung von Jurastudenten eine dringende Warnung aus: „Ich bitte euch, keine Demonstration zu veranstalten ... Wenn eine stattfände, wäre es überraschend, wenn Panzer auftauchten? Wenn ihr demonstriert, könnte es uns allen leid tun ... Die Nation ist nicht dazu da, um Heldentaten zu vollbringen und zu sterben.“

Eine Studentin erkundigte sich nach den Bestimmungen im „Vertrag über die zeitweilige Stationierung sowjetischer Truppen“, und Smrkovský antwortete vage, daß es definitive Limits gäbe.

„Die haben sie bereits überschritten!“ rief jemand.

Fast alle lachten, nur Smrkovský nicht. „Ich weiß, warum Sie lachen“, sagte er zu den Studenten. „Sie glauben, daß jedes Abkommen untergraben werden kann oder nicht eingehalten werden muß. Ja, es ist wahr, daß jedes Jahr Hunderte von Abkommen verletzt werden. Aber selbst wenn, wir dürfen die humanistische Idee, nach der Abkommen zwischen Nationen unterzeichnet und geachtet werden, nicht aufgeben.“

Smrkovskýs Warnung kam zur rechten Zeit, denn der November war ein Monat mit Gedenktagen, deren Symbolwert dem Volk nicht entgehen würde. Der erste war der 7. November, der offizielle 55. Jahrestag der bolschewistischen Revolution.

Es wurde verlangt, an allen öffentlichen Gebäuden sowjetische Flaggen zu hissen. Aber am Vorabend des Feiertages wurden in Bratislava alle roten Fahnen von herumziehenden Banden von Jugendlichen heruntergerissen und angezündet. Das Ballett des Slowakischen Nationaltheaters tanzte gerade Čajkovskijs *Romeo und Julia*, als 4.000 Studenten draußen auf dem Platz erschienen und forderten, eine riesige sowjetische Flagge von dem Gebäude zu entfernen.

Eine Kompanie von Platzanweisern tat ihnen den Gefallen. Die offizielle Erklärung lautete, ob man es glaubt oder nicht, daß „die Vorstellung nicht gestört werden" durfte.

In Prag sperrten Polizei, Volksmiliz und Armee die Umgebung des Nationaltheaters weiträumig ab, um einen ähnlichen Vorfall während der Vorstellung von *Schwanensee* zu verhindern. Doch auch so wurden anderswo in der Stadt Fahnen verbrannt. Auf einer der Haupteinkaufsstraßen in der Innenstadt umringte eine Menschenmenge ein sowjetisches Patrouillenfahrzeug, schlug mit Fäusten darauf ein und bespuckte es, bis ein sowjetischer Offizier vom Rücksitz aufsprang und in die Luft schoß.

Noch ehe der Feiertag zu Ende ging, waren allein in Prag 167 Personen verhaftet worden. Zum ersten Mal seit dem Strahov-Aufstand vor einem Jahr und einer Woche setzte die Polizei Tränengas und Gummiknüppel ein, um die Massen ihrer eigenen Landsleute auseinanderzutreiben. Die verhafteten Tschechen wurden nach einigen Stunden wieder freigelassen, und man erhob keine Anklagen gegen sie.

Neun westliche Journalisten, darunter der Korrespondent einer amerikanischen Nachrichtenagentur, wurden wegen „Mißbrauchs ihrer Touristenvisa", „Berichterstattung über [sowjetische] Truppenbewegungen" und Darstellung der Unruhen „in einem ungünstigen Licht" des Landes verwiesen.

Das widerlichste Spektakel dieses Tages ereignete sich jedoch auf dem Olschaner Friedhof, wo sowohl Franz Kafka als auch der Unbekannte sowjetische Soldat begraben sind. Zum Grab des letzteren gingen Dubček und Černík, um einen Kranz niederzulegen – in Begleitung russischer Diplomaten und Generäle. Und dort rächte sich zum ersten Mal die stalinistische Vergangenheit der Tschechoslowakei. Etwa 500 ehemalige Parteifunktionäre – Hausmeisterinnen, Blockwarte und eine Auswahl von Herumtreibern und Nichtstuern, die in den fünfziger Jahren an der Macht gewesen waren – hatte man als Publikum antreten lassen. Sie begannen zu brüllen: „Lang lebe die Rote Armee!" und gaben einen inbrünstigen Vortrag der *Internationalen* zum besten. Dem sprachlosen Dubček zitterten die Lippen vor Empörung. Aber als geborener Kommunist schaffte er es schließlich, die Worte zu formen, auch wenn er keinen Ton hervorbrachte.

Als Dubček später den Friedhof verließ, erhoben die alten Narren die Fäuste gegen ihn und schimpften, als er an ihnen vorbeiging. Seine Lippen waren aufeinandergepreßt, bis er sich zu einem traurigen Lächeln zwang, das nur ihre Lächerlichkeit hervorhob.

In dieser Zeit fragte ich Václavs Vater, wie es seinem Vorgesetzten Dubček gehe. Er antwortete:

„Es ist erstaunlich. Er ist mehr er selbst denn je. Er spricht nicht über seine Erlebnisse in Rußland; und immer wenn er über die russische Führung, ihre Absichten oder ihre Politik spricht, klingt er viel weniger ironisch als wir anderen.

Ich habe dafür nur eine Erklärung. Er konnte nur auf eine Weise weitermachen, die für ein menschliches Wesen zu ertragen ist. Wenn man die ersten 46 Jahre seines Lebens damit verbracht hat, die Russen zu lieben und danach eine Woche absoluten Terrors in ihrem Land erlebt, dann streicht man diese Woche aus seinem Gedächtnis und versucht im Lichte der vorangegangenen 46 Jahre zu leben."

„Ist das leicht für ihn?" wunderte ich mich.

Václavs Vater sagte: „Das ist es, wenn einem Mann keine andere Wahl geblieben ist."

Am 12. November sagte Dubček den Studenten, daß ihre Demonstrationen „der Normalisierung und unseren innersten Interessen sowohl auf nationaler wie auf internationaler Ebene geschadet" hätten. Er warnte sie davor, daß jeglicher öffentlicher Aufmarsch mit Gewalt aufgehalten werden würde.

Am 13. November verkündete Gustáv Husák in seiner Eigenschaft als Ministerpräsident ein allgemeines Demonstrationsverbot.

Husáks Stern war sichtlich im Aufgehen begriffen und wurde immer röter, obwohl der Aufbau seiner Person durch die Sowjets mit relativer Zurückhaltung betrieben wurde. Aber immer wenn der sowjetische *Gauleiter* Kuznecov seine offiziellen Runden bei der tschechoslowakischen Führung machte, wurden seine Gespräche mit Dubček als „Meinungsaustausch", mit Svoboda als „offen und kameradschaftlich" und mit Husák als „warm und freundlich" beschrieben. Während die polnische Presse Dubček als „launisch … emotional … naiv" bezeichnete, pries sie Husák dafür, daß er das Moskauer Abkommen „eine aufrichtige Übereinkunft zwischen aufrichtigen Menschen" genannt hatte.

Husák beteuerte immer wieder, daß er nicht die Absicht habe, Dubček in den Rücken zu fallen: „Wir haben zwar nicht in bezug auf alle Einzelheiten dieselben Ansichten, aber wir suchen gemeinsam nach einer Lösung, und wir hoffen, sie bald zu finden."

Das Zentralkomitee verabschiedete eine Resolution, in der es dem Aktionsprogramm, den Reformen nach dem Januar und besonders der Sowjetunion gegenüber die Treue zu halten versprach. Sie kritisierte auch die übermäßige Eile, mit der die Januarreformen erlassen worden waren. Der größte Teil dieser „Novemberresolution" enthielt die Ansichten, die Gustáv Husák während seiner Rede in der Sitzung des Zentralkomitees formuliert hatte. „Als Regierungspartei", klagte Husák, „war eines unserer Beine abgeschnitten, und das andere hatte eine Art Thrombose." Das amputierte Glied, erklärte er, sei der Geheimpolizeiapparat gewesen; das erkrankte die Presse. Und er gab beiden Leiden die Schuld an der „Verantwortungslosigkeit der Partei".

Von diesem Moment an machten alle Parteiproklamationen die Dinge noch verworrener, indem sie „dem Geist der Januarpolitik, der Maideklarationen und der Novemberresolution" Tribut zollten. Es war, als ob man Utopia nach den Idealen von Adam, Eva und der Schlange errichten wollte.

Das Präsidium, das vor zweieinhalb Monaten auf 21 Mann erweitert worden war, blieb bei dieser Größe. Aber jetzt wurde die Macht in einem sogenannten „Inneren Präsidium" von acht Mitgliedern konzentriert, die die politische Linie so darlegen sollten, daß der Rest des Präsidiums sie (vermutlich) genehmigen würde.

Dubček sollte der nominelle Vorsitzende des Inneren Präsidiums werden. Auch Smrkovský war einer der acht Auserwählten. Aber der dritte zuverlässige Liberale, Špaček, wurde einfach unter die restlichen dreißig geworfen. Die Salami wurde immer dünner geschnitten.

Die wahre Stärke des Inneren Präsidiums lag jetzt bei den einzigen drei Mitgliedern, mit denen die Russen sich abgaben: dem zunehmend „realistischen" und anpassungsfähigen Černík ... dem ambitionierten Husák ... und dem 44jährigen Lubomír Štrougal, einer etwas kraftlos wirkenden grauen Eminenz. Für Novotný war er einst orthodox genug gewesen, um ihn im Alter von 35 Jahren zum Landwirtschaftsminister und mit 37 Jahren zu seinem Innenminister zu machen. Aber er hatte Novotnýs Vertrauen gerade zu dem für seine Karriere richtigen Zeitpunkt, nämlich 1967, verloren. In einer hitzigen Debatte, auf der Novotný ihn einen Frauenhelden schimpfte, gewann Štrougal neue Bewunderer mit seiner coolen Antwort: „Es stimmt, diese Hände haben schon viele Frauenhintern gehalten. Aber an ihnen klebt kein Blut wie an den Ihren."

Štrougal, ein Apparatschik par excellence, startete in der Dubček-Ära als stellvertretender Ministerpräsident. Und jetzt wurde er als zukünftiger Chef der Kommunistischen Partei in den böhmischen Ländern gehandelt, nachdem mit dem Neujahrstag die Föderation in Kraft treten sollte.

Es gab noch eine andere Entwicklung, die vom „Geist ... der Novemberresolution" ausging. Mit Wirksamkeit vom Ende des Monats an untersagte die Tschechoslowakei alle Reisen in den Westen, die „nicht mit den Staatsinteressen in Einklang stehen" und erklärte alle „dauerhaften Ausreisevisa" für ungültig.

Der 17. November war der offizielle Tag der Studenten, zum Gedenken an dieses Datum im Jahre 1939, als es zu einer spontanen Trauerkundgebung anläßlich des Begräbnisses des von den Nazibesatzern ermordeten Studenten Jan Opletal kam. Adolf Hitler übte für den Ausbruch Vergeltung, indem er die tschechischen Universitäten schloß, tausend Studenten in Konzentrationslager deportierte und neun ihrer Anführer in Prag öffentlich hinrichten ließ.

Der 17. November 1968 war ein verschneiter Sonntag. Er begann mit einer feierlichen Messe in der St. Nikolauskirche, wo sich junge Leute in jede der barocken Winkel und Nischen zwängten. Viele hielten sich dabei an den Händen. Eine Busladung Polizisten saß diskret draußen auf dem gepflasterten alten Platz – bereit einzugreifen, sollte es Probleme geben. Andere Polizeibusse parkten überall dort, wo während des Prager Frühlings *Hydeparks* entstanden waren.

Russische Panzer in Milovice und Mladá Boleslav hatten „Alarmstufe eins". Spezialeinheiten der sowjetischen Infanterie waren während der Nacht in die Höfe der Prager Polizeistationen verlagert worden. Viel beunruhigender war jedoch, daß

Panzer der tschechoslowakischen Armee in den Außenbezirken der Stadt standen – bereit, gegen ihre eigenen Leute eingesetzt zu werden.

Trotz des vom stellvertretenden Ministerpräsidenten Husák verkündeten Verbotes öffentlicher Kundgebungen veranstaltete der Verband der Studenten in Böhmen und Mähren an diesem Sonntag abend einen „kurzen" Marsch auf dem Wenzelsplatz. Der Verband war im Mai gegründet worden, unter anderem von Jiří Müller und Luboš Holeček, jenen jungen Männern, die Novotný einmal dadurch zum Schweigen gebracht hatte, daß er sie in die Armee einzog. Mehrere tausend Studenten marschierten den Platz hinauf, verweilten kurz – gerade lange genug, um ihren Anführern zuzuhören, die von den Treppen des mit Einschußlöchern übersäten Nationalmuseums verkündeten: „Da Märsche wie diese verboten worden sind, werden wir uns von den Straßen fernhalten und statt dessen unsere Fakultäten von Montag morgen an drei Tage lang besetzen. Wir können die Zerstörung der Januarreformen nicht akzeptieren."

Dann gingen sie auseinander. In dieser Nacht wurden ihre zehn Forderungen an alle Wände in Prag geklebt. Ihr Programm enthielt die Aufhebung der „vorläufigen Pressezensur", die im August wieder eingeführt worden war; Versammlungs- und Reisefreiheit; Freiheit von Kultur, Literatur und Wissenschaft; die Garantie des persönlichen und rechtlichen Schutzes des einzelnen; die Entfernung von Beamten, die „das Vertrauen des Volkes verloren haben ... Diejenigen, die die Politik des Landes leiten – sowohl die Außen- als auch die Innenpolitik – dürfen nichts unternehmen, was im Widerspruch zur Menschenrechtsdeklaration der Vereinten Nationen steht."

Das waren absolut rationale Forderungen in einer absolut irrationalen Situation.

Am Montag morgen kamen die Prager Studenten mit Koffern, Verpflegung und Luftmatratzen in ihre Seminarräume ... und blieben in der Universität. Das taten auch ihre Dozenten und sogar einige ihrer Rektoren und Dekane. Prominente Schriftsteller und Wissenschaftler hielten für sie Vorlesungen und blieben bei ihnen. Tagsüber machten Šlitr und Suchý und andere populäre Unterhaltungskünstler ihre Runden in den Hochschulen, um vor den Studenten aufzutreten. Abends erschien in jedem Theater des Landes, kurz bevor der Vorhang aufging, ein Student auf der Bühne und verlas die zehn Forderungen. Und so begann jede Vorstellung mit einem donnernden Applaus.

Anders als die militärische Okkupation im August war die Okkupation der Studenten im November eine Art inspirierendes Zeltlagertreffen, auf dem die Teilnehmer miteinander sprachen, sangen und nochmals ihren Glauben an das, wofür Alexander Dubček gestanden hatte, beteuerten, während der kämpfende Dubček selbst die Studenten vor den „schwersten möglichen Konsequenzen" warnte. Die jungen Männer und Mädchen spielten auch eine für die sanftmütigen Tschechen neuartige Musik: „Haßlieder der Studenten". Das gängigste sang man zu den Klängen von *John Brown's Body.* Darin wurden eine Reihe von Schurken aus der jüngsten tschechischen Geschichte begraben, immer einer pro Vers. Und wenn alle Kandidaten sicher *„in ihren Gräbern vermoderten"*, wurde die letzte Zeile geknurrt: *„Und wir werden das Paradies haben!"*

Um Provokateure draußen zu halten und Behauptungen, daß Agitatoren von außen verantwortlich seien, vorzubeugen, sperrten die Streikführer alle außer den eingeladenen Gästen aus den Universitäten aus: „Wir können während dieses Streiks keine Journalisten, weder tschechische noch ausländische, in unsere Fakultäten lassen. Bitte seien Sie nicht böse. Es könnte unserer Sache schaden."

Vor dem verbarrikadierten Eingang jedoch sprach einer der Führer mit Karl E. Meyer von der *Washington Post,* der aus London gekommen war, um über den Streik zu berichten:

„Natürlich schreien wir nicht und lassen auch nicht [alle] unsere Haare auffallend lang wachsen, und wir verwenden keine unanständigen Worte. Leute, die fragen, warum wir uns so sehr von den radikalen westlichen Studenten unterscheiden, scheinen, entschuldigen Sie, ein bißchen dumm zu sein.

Wir sind ein besetztes Land: muß ich Sie daran erinnern? Wir wissen, wenn wir einen Fehler machen, bezahlt das ganze Land dafür, nicht nur wir ...

Und hier – bitte betonen Sie diesen Aspekt – kämpfen wir nicht gegen das Establishment. Im Gegenteil, wir kämpfen um das, worum die ganze Nation, einschließlich der Regierung, kämpft – um das Recht, unser eigenes Land selbst zu führen."

„Glaubst du", fragte ich Václav, „es wird bald wieder einen Streik geben?"

„Oh nein“, sagte er. „Sie müssen bedenken, daß wir Studenten sind. Wir machen niemals zweimal dasselbe.“

Ein anderer Streikender war der 22jährige Jan Palach, in jenem Jahr geboren, in dem der Kommunismus in sein Land kam. Er war ein Jünger der Studentenführer Holeček und Müller (und stand besonders Holeček sehr nahe). Aber Jan Palach selbst (seine Freunde nannten ihn „Honza“) war nicht zum Führer geschaffen.

Unter dem Augustschock hatte der schüchterne schlanke Bursche auf seinen Instinkt gehört und war nach Westdeutschland ausgerissen. Aber er war nach Prag zurückgekehrt, weil er sich sonst nirgendwo zu Hause fühlen konnte. Im November nahm er ruhig am Sit-in in der philosophischen Fakultät teil. Und so wie es hier vorgesehen war, hörte er zu und dachte nach.

Zwischenspiel
Hallo, Josef Schwejk!

In diesem Herbst wurde endlich die Fußgängerunterführung unterhalb des Wenzelsplatzes eröffnet – mit Geschäften, Verkaufsständen und den ersten Rolltreppen in Prag. Kurz vor der Fertigstellung Ende August war die Decke unter dem Gewicht der sowjetischen Panzer, die den Platz hinaufrasten, eingebrochen. Jetzt war sie so gut wie neu; glänzend, gläsern und, wie der Flughafen, einer derjenigen Orte in Prag, die nicht nach Prag aussahen. Aber sie blieb nicht lange schick und makellos. Ein oder zwei Tage nach der Eröffnung ging ein russischer Schaufensterbummler mitten durch eine der Glasfronten der Geschäfte.

Der Russe (ein Zivilist) wurde behandelt, das Schaufenster jedoch durch einen hölzernen Zaun ersetzt. In den Nachrichtenbeiträgen wurde erklärt, daß es sechs Monate dauern werde, bis man eine neue Scheibe bekäme. (Für das berühmte böhmische Glas hatte der Export Vorrang gegenüber dem heimischen Bedarf.) Angeregt durch dieses Ereignis, entstand buchstäblich ein Untergrund-*Hydepark*. Der Behelfszaun wurde über Nacht mit spöttischen Slogans wie „ER KAM, SAH UND GING DURCH DAS GLAS!“ beklebt, bemalt und beschrieben.

Als die Behörden feststellten, daß sie bald eine Revolte erleben würden, beschafften sie eine neue Glasscheibe innerhalb von sechs Tagen anstatt von sechs Monaten. Aber die Geschichte endet hier noch nicht. Einige Wochen später und ein paar hundert Meter weiter wurde eine Ausstellung der Märchenbilder und -skulpturen Jiří Trnkas eröffnet. An der Glasfront der Galerie war ein Schild befestigt, auf dem „VORSICHT! GLAS!“ zu lesen war, aber nur auf russisch.

Kapitel 18

Sonntag, 24. November 1968 – Freitag, 24. Januar 1969

Ende November 1968 veranstaltete das Außenministerium für die ausländische Presse eine dreitägige Reise nach Ostrava. Wir sollten die „normalisierte" Bergbaustadt (Einwohner: 252.000), das „eiserne Herz Mährens", die nur wenige Kilometer von der polnischen Grenze entfernt ist, besichtigen.

Der luxuriöse Europabus des Ministeriums war nur zur Hälfte besetzt, und so hatte ich zwei Sitze für mich allein. Die Reise würde sechs bis acht Stunden dauern, und ich wollte es mir gemütlich machen.

Ungefähr nach neunzig Minuten, irgendwo außerhalb Prags, sprang eine schlanke Gestalt in einer braunen Lederjacke von einem der vorderen Sitze auf und schrie in einem vom mittleren Westen beeinflußten Englisch: „Haltet den Bus an! In meiner Wohnung wird ein Feuer ausbrechen!"

Der Busfahrer fuhr so schnell er konnte zur Seite und hielt an. Ein Beamter des Außenministeriums sagte mit ziemlich gezwungener Höflichkeit auf russisch: „Ich spreche Ihre Sprache, Herr Bolšakov. Was ist denn passiert?"

„Ich habe mein neues elektrisches Bügeleisen in der Steckdose gelassen", sagte der junge Russe. „Wir müssen sofort nach Prag zurück."

„Wir haben hier Telefone. Ich schlage vor, wir rufen von der nächsten Stadt aus in Prag an", sagte der Beamte. Es dauerte 45 Minuten, bis man zu einem anderen Russen in Prag durchkam, aber dieser versprach, sich zu beeilen und den Stecker von Bolšakovs Bügeleisen herauszuziehen.

Während wir warteten, schaute ich mir Bolšakov genauer an. Er war ungefähr 25 Jahre alt und auf eine farblose, lümmelhafte Art gutaussehend. Mit seiner im linken Mundwinkel hängenden Zigarette erschien er mir wie ein junger Punk, der versucht ein junger Belmondo als junger Bogart zu sein. Der junge Bolšakov, so erfuhr ich, war von der *Komsomolskaja Pravda*, dem Organ des sowjetischen kommunistischen Jugendverbandes.

Nach drei Stunden Fahrt machten wir im Gasthaus einer Kleinstadt Rast und nahmen belegte Brötchen, Bier und Kaffee zu uns. Drei Kilometer weiter sprang Bolšakov wieder auf, diesmal hinten im Bus. „Wir müssen zurückfahren!" verkündete er. „Ich habe mein kanadisches Feuerzeug auf dem Tisch in diesem verdammten Restaurant vergessen."

Also fuhren wir zurück, um sein Feuerzeug zu holen. Es war ein Ronson.[71]

Als Bolšakov diesmal wieder in den Bus einstieg, ließ er sich auf den freien Sitz neben mir fallen. Wir stellten uns gegenseitig nicht vor. Er wußte genau, wer ich war und auch sonst einiges mehr über mich als ich über ihn.

(Damals ahnte ich noch nichts von den KGB-Beziehungen meines Zimmerkollegen in Brünn. Aber verschiedene Bemerkungen Bolšakovs zeigten später, daß er wußte, daß ich mit „Forman, Menzel und anderen jüdischen Filmregisseuren" befreundet war. Ich machte mir nicht die Mühe, ihm zu sagen, daß Menzel kein Jude und Forman nur Halbjude ist.)

„Also das ist eine Erleichterung", sagte er und zündete sich mit dem eben geretteten Feuerzeug eine Gauloise an. Dann wandte er sich mir zu und sagte entwaffnend: „Wissen Sie, ich sehe nicht nur so aus wie ein Verlierer, ich *bin* ein Verlierer."

Jeder Mensch, der in einer Fremdsprache ein Wortspiel zustande bringt, kann sich erst einmal meiner Bewunderung sicher sein. So antwortete ich im Plauderton: „Wenn ich verliere, dann verliere ich dreimal hintereinander. Also, was werden Sie als nächstes verlieren?"

„Zum Teufel. Ich hoffe, nicht meine neuen tschechoslowakischen Schuhe", sagte er und hob seine Füße, um mir seine neueste Erwerbung aus dem Haus der Schuhe auf dem Wenzelsplatz zu zeigen. „Ich muß zugeben, daß unsere sowjetischen Schuhe nicht die besten sind. Die Schuhe waren der Grund, warum ich

[71] Später behauptete Bolšakov gegenüber einem anderen Journalisten, daß er nie in den USA gewesen sei, aber er habe „alles, was ich davon sehen wollte" von der anderen Seite der Niagarafälle aus gesehen.

diesen Auftrag angenommen habe. Glauben Sie mir, ich bin nicht hier, weil ich die Tschechen besonders mag."

Er war dabei, meine Sympathie zu verlieren, aber er fuhr fort: „Ich meine, in diesem Land ist es sehr hart, ein Russe zu sein. Die Leute wollen nicht mit einem reden. Die Leute wollen einen nicht einladen. Manche Verkäufer in den Läden wollen einem nicht einmal etwas verkaufen."

Ich entgegnete ruhig: „Meine Freunde sagen mir, es sei auch sehr hart, ein Tscheche in einer russischen Kolonie zu sein."

Er drehte sich zu mir und blickte mich anklagend an: „Um Gottes willen! Sie reden wie einer von denen."

„Ich lebe hier seit 1967", sagte ich, „von daher habe ich 1968 genauso miterlebt wie die Tschechen."

„Ich weiß, ich weiß", sagte Bolšakov beschwichtigend. „Und ich versuche, unabhängig von meinen Gefühlen, objektiv zu sein. Ich versuche jeden Tag mit mindestens drei Konterrevolutionären zu sprechen."

Ich begann zu hoffen, daß er mich als einen davon abhaken werde, um seine Quote irgendwo anders zu erfüllen. Ich war nie zuvor einem jungen Stalinisten begegnet. Tatsächlich war mir nie der Gedanke gekommen, daß es in der Generation unter Vierzig derartige Bestien geben könnte. Ich wollte ihn loswerden – da die Unterhaltung sonst eine gefährliche Wendung hätte nehmen können.

Aber ich wurde nicht verschont. „Ich werde Ihnen sagen, was die Tschechen sind", redete Bolšakov weiter. „Sie sind Flagellanten!"

Er hatte die Gabe, mich zu überraschen. „Entschuldigung", sagte ich. „Mein Englisch ist nicht so gut wie Ihres. Hat das Wort, das Sie eben verwendet haben, nicht etwas mit peitschen zu tun?"

Bolšakov krempelte sich einen Hemdsärmel hoch, um mir eine anschauliche Definition zu geben. „Sie und ich bluten, wenn wir einen Kratzer am Arm abbekommen, und lassen die Wunde dann trocknen. Richtig? Aber die Tschechen nicht. Die sind Flagellanten! Die schlagen auf den Schnitt und schlagen, bis er wieder blutet und eitert und es eine Vergiftung gibt." Er war jetzt von seiner eigenen Vorführung so mitgerissen, daß er die Geste des Schlagens immer und immer wieder mit einer so scharfen Armbewegung ausführte, daß man sie schon hören konnte.

„Was zum Teufel meinen Sie?" wunderte ich mich.

„Ich spreche über das Nationalmuseum!" erwiderte er barsch. „Ich muß an diesem Schandfleck jeden Morgen auf meinem Weg zur Arbeit vorbeigehen und ihn ansehen."

Ich hätte gerne gesagt „Wer hat denn darauf geschossen?", aber alles, was ich sagte, war: „Ihre Experten, unsere Experten und die tschechischen Experten, alle sagen, daß man es nicht reparieren kann, wissen Sie. Es hat etwas mit der Steinsorte zu tun."

Bolšakov hob wieder seine Füße und sagte: „Ein Volk, das geschickt genug ist, um solche Schuhe anzufertigen, kann sicher auch ein Museum wieder herrichten."

Darauf konnte ich nichts erwidern. Aber er faselte in seinem tadellosen westpennsylvanischen Dialekt weiter über die „dekadenten Tschechen" und „euren KAN" und „euren K231". Also machte ich das einzige, was man tun kann, wenn man in einem Bus einem langweiligen Schwätzer in die Hände geraten ist. Ich kippte den Sitz zurück, schloß meine Augen und nickte ein.

Nach etwa fünfzehn Minuten schaukelte der Bus ein bißchen, und ich wachte halb auf. Jemand sprach mit mir, oder eher zu mir. Ich öffnete ein Auge, gerade lange genug, um zu sehen, daß es immer noch Bolšakov war („Belästigung mit einem unmenschlichen Antlitz", dachte ich später), und fiel für weitere 45 Minuten zurück in mein Koma.

Ich erwachte und stellte fest, daß er noch immer auf mich einredete. Während ich mich über die Unwirklichkeit dieses Monologes wunderte, nahmen meine Ohren die letzten Worte Bolšakovs wahr: „Ich werde Ihnen sagen, wie dekadent die Tschechen sind! Wissen Sie, was die machen? Sie – machen – Modefotos – auf dem jüdischen Friedhof!"

Ich blaffte im Halbschlaf zurück: „Also, ich bin Jude, und es stört mich nicht. Warum zur Hölle sollte es Sie dann stören?"

Da hörte ich ein Klicken, und einen Moment dachte ich, daß wegen meiner Worte auf mich geschossen worden sei. Und tatsächlich hatte man das getan – aber nur mit einer Kamera.

Meine Augen öffneten sich weit, um den Hinterhalt zu erkennen. Eine Nikon war schräg gegenüber von mir hinter einem Sitz aufgehängt worden. Während ich schlief, hatte man die anderen Sitze so eingestellt, daß die Kamera mich direkt ins Visier bekam. Ein russischer Fotograf kniete noch immer auf dem Sitz, an dessen Rückseite die Kamera befestigt war. Während Bolšakov mich dazu angestachelt hatte, wie ein imperialistischer Drache Feuer zu speien, hatte der Kameramann einfach geknipst. Jetzt war die Arbeit des Fotografen erledigt. Er grinste stolz und machte mir gegenüber eine eindeutige Geste, die in jeder Sprache bedeutet: „Das wird prima!"

Ich erwiderte sein Lächeln nicht, aber ich sagte zu Bolšakov so ruhig ich konnte: „Ich vermute, daß mein Foto morgen in der *Komsomolskaja Pravda* erscheint."

„Irgendwann vielleicht schon", sagte er und richtete seine Aufmerksamkeit auf etwas anderes.

Mir war vor Wut und Angst die Kehle zugeschnürt, und ich sagte kein weiteres Wort mehr zu ihm. Nach einer Weile wechselte Bolšakov den Platz und begann die Dame von *L'Humanité* in die Zange zu nehmen. Sie wurde mit ihm viel besser fertig als ich. („Sie sind in Rußland gewesen, gnädige Frau? Gibt es überhaupt irgendeinen wesentlichen Unterschied zwischen unserem und Ihrem Champagner?" „Ja, unserer verdirbt nicht auf der Reise.") In Ostrava war Bolšakov laufend damit beschäftigt, Beamten provokative Fragen zu stellen und subversive Meinungsäußerungen an schwarzen Brettern abzuschreiben. Er versuchte nicht mehr mit mir zu sprechen. Aber um nicht nochmals sechs Stunden mit ihm im Bus zu riskieren, besorgte ich mir für Dienstag abend ein Flugticket zurück nach Prag.

Auch die Prager waren dem russischen Journalismus ausgeliefert – und zwar in Form der *Zprávy* (*Nachrichten*), einer vierseitigen tschechischsprachigen Version der *Pravda*, die wöchentlich erschien. Die *Zprávy* wurden in Ostdeutschland gedruckt, in Prag von sowjetischen Panzerfahrzeugen ausgeliefert und von aufdringlichen Soldaten mit Maschinenpistolen verteilt. Sie verursachten ein größeres Abfallproblem.

An einem bitterkalten Nachmittag sah ich an der Ecke vor der Hauptpost ein sowjetisches Panzerfahrzeug, aus dem ein russischer Soldat mit 500 Exemplaren von *Zprávy* ausstieg, die er zu verteilen begann. Es war klar, daß er den Befehl hatte, die Ecke erst dann zu verlassen, wenn er alle 500 Exemplare losgeworden war.

Die ersten drei Dutzend, die er verteilte, wurden wütend auf den Gehsteig geschmissen. Dann kam ein älterer, ordnungsliebender tschechischer Herr des Weges und sagte auf russisch: „Warum gibst du nicht alle mir, mein Sohn?"

„Nur eine", antwortete der russische Soldat.

„Hör mal, mein Junge", sagte der alte Mann. „Du siehst, was mit ihnen passiert. Du und ich, wir haben ein gemeinsames Interesse. Ich will die Straßen nicht mit Zeitungen verunstaltet sehen, und du willst nicht noch eine Stunde an dieser eisigen Ecke stehen, bis du alle verteilt hast." An dieser Stelle konnte ich einen Funken von Interesse im unbeweglichen Gesicht des Soldaten wahrnehmen. Der alte Mann fuhr fort: „Also, wenn du mir die Zeitungen gibst, habe ich da einen Freund mit einem Auto. Wir bringen sie zur Moldau und entsorgen sie dort, ohne daß es jemand merkt. Dann kannst du auf deine Stube zurück, oder du gehst in der freien Zeit, die du dadurch gewonnen hast, Schuhe kaufen, oder vielleicht lassen sie dich in ein Kino, wenn du vorher dein Gewehr an der Garderobe abgibst."

Die verführerisch klingende Vision des alten Mannes hatte einen benommenen Tagträumerausdruck auf dem Gesicht des Soldaten hervorgerufen. Aber mit seinem „Gewehr an der Garderobe abgeben" hatte er es zu weit getrieben, und das brachte den Soldaten wieder in die Wirklichkeit zurück.

Er drückte dem alten Mann eine *Zprávy* in die Hand und wiederholte: „Nur eine."

Kuznecov beendete seinen dreimonatigen Aufenthalt in Prag Ende November und gab die Führung seines Protektorates zurück an Botschafter Červonenko. Kurz bevor Kuznecov ging, brachte Dubček eine harsche persönliche Beschwerde über die Verleumdungen in *Zprávy* vor, und Kuznecov entgegnete: „Wenn sich *Rudé Právo* wie die *Zprávy* lesen würde, dann bestände keine Notwendigkeit, die *Zprávy* zu veröffentlichen."

Am ersten Wochenende im Dezember wurden Dubček, Černík, Svoboda, Husák und Štrougal zu einer geheimen Sitzung mit Breznev nach Kiev bestellt. Anders als im Juli folgten sie diesmal eilends dem Ruf. Breznev, der an diesem Wochenende meistens das Wort führte, war in guter Stimmung. Er begrüßte jeden Besucher mit einem „doppelten Chruščev", d. h. mit einer Bärenumarmung und Küssen auf beide Wangen. Der Verlauf der Gespräche war nicht dazu angetan, seine gute Laune zu beeinträchtigen. Dubček und Černík hielten formelle Reden. Dann ergriff Štrougal das Wort, um einige Punkte, die Dubček dargelegt hatte, zu erörtern. Zum ersten Mal waren Gespräche zwischen den Tschechoslowaken und den Russen kürzer als vorgesehen. Es blieb sogar noch Zeit für eine zweistündige Wildschweinjagd.

Das Treffen in Kiev wurde erst, nachdem die Delegation wieder in Prag war, bekanntgegeben. Und die Leute waren außer sich!

Denn erstens war die Präsidentenflagge mit der Inschrift „DIE WAHRHEIT SIEGT" das ganze Wochenende, während Svoboda sich in Kiev aufhielt, gehißt gewesen, eigentlich ein Zeichen dafür, daß sich der Präsident auf der Burg aufhält. Es handelte sich um eine unbedeutende Täuschung, aber es war schon lange her, daß ein Präsident das Volk in dieser symbolischen Kleinigkeit angelogen hatte; selbst Novotný hatte das nicht getan.

Dann ließ Josef Smrkovský, der nicht nach Kiev eingeladen worden war, wissen, daß dies für ihn ein Beispiel für eine „Politik hinter verschlossenen Türen" sei, die er auf das äußerste hasse. Kurz nachdem er das vor einer Ansammlung von Journalisten ausgesprochen hatte, erfuhr Smrkovský, was der umstrittenste Punkt auf der Kiever Tagesordnung gewesen war: Die Russen bestanden auf seiner Absetzung.

Smrkovský lehnte es ab, sein Amt niederzulegen. Er sagte der Presse, daß er nicht wegen eines angeblich schlechten Gesundheitszustandes oder irgendeiner anderen Entschuldigung abtreten werde. Er hatte sich erst zehn Tage zuvor einer ärztlichen Untersuchung unterzogen und sagte dazu: „Ich war selbst überrascht, wie gesund ich bin ... Ich glaube, ich habe nicht das Recht, die Front, die ich Anfang dieses Jahres mit aufgebaut habe, zu verlassen. Unsere Zeit – also, dies ist ein Kampf, an dem sich Millionen von Menschen beteiligt haben. Soll ich sie jetzt verraten?"

Meine „dauerhafte Akkreditierung" und unsere Aufenthaltsgenehmigung würden beide Ende des Jahres ablaufen. Meine Akkreditierung konnte jederzeit *nach* dem 15. Dezember, einem Sonntag, verlängert werden; die Verlängerung unserer Aufenthaltsgenehmigung, die von der Erneuerung meiner Akkreditierung abhängig war, mußte zwei Wochen *vor* ihrem Ablaufdatum, dem 17. Dezember, beantragt werden. So hatte ich, falls es zu Schwierigkeiten kommen sollte, kaum 24 Stunden Spielraum. Deswegen vereinbarte ich für Montag, den 16. Dezember um 10 Uhr einen Termin mit dem zuständigen Beamten des Außenministeriums. Das war zufällig der Tag, an dem das Ministerium Tad Szulc von der *New York Times* auswies. Man hatte ihm 48 Stunden Zeit gegeben, um seine Akkreditierungsbewilligung zurückzugeben und das Land zu verlassen. Als Tad mich später anrief, um sich zu verabschieden, berichtete er mir: „Sie sagen, ich hätte Militärspionage betrieben."

Meine eigene Bewilligung wurde unterschrieben und mir von einem untergeordneten Beamten ausgehändigt. Ich sah, daß sie nur für sechs Monate verlängert worden war, also bis zum 30. Juni 1969. Ich fragte, warum.

Er blickte gen Himmel (oder war es auf ein über uns befindliches Mikrofon?) und sagte mit einem Stöhnen: „Alles darf heutzutage nur zur Hälfte getan werden. Das ist unsere neue Politik. Sie können Ihre Verlängerung genauso leicht alle sechs Monate statt jedes Jahr bekommen. Glauben Sie mir, Herr Levy, die Lage könnte viel schlimmer sein."

Als ich meine Bewilligung zur Ausländerpolizei hinunterbrachte, sah ich, daß dort immer noch dieselben freundlichen Leute arbeiteten. Sie verlängerten meine Aufenthaltsbewilligung um sechs Monate, meiner Akkreditierungsdauer entsprechend. Aber sie verkürzten auch die Gültigkeit meines „dauerhaften Ausreisevisums" von 180 auf 90 Tage. Ich fragte nach dem Grund.

„Wir möchten einen besseren Überblick über unsere Ausländer bekommen", sagte der zuständige Beamte. „Aber Sie können sich nicht beklagen. Wir Tschechen sind viel schlechter dran."

Alan Tillier von *Newsweek*, ein britischer Staatsbürger, war der nächste, der gehen mußte. Er hatte seine Akkreditierung noch gar nicht bekommen, aber wartete gerade auf die Beendigung des Verfahrens. Am Donnerstag vor Weihnachten hielt sich Tillier gerade in seinem Zimmer im Alcron auf, als mehrere Männer in braunen Lederjacken an seine Tür klopften und ihn auf die Polizeistation brachten. Dort lasen sie ihm (zuerst auf tschechisch und dann auf englisch) ein Gesetz über die Weitergabe von Staatsgeheimnissen aus der Novotný-Ära vor, beschuldigten ihn, es übertreten zu haben, stempelten seine Visumspapiere mit „UNGÜLTIG" ab und gaben ihm fünf Stunden Zeit, um zur österreichischen Grenze zu gelangen.

Während der Weihnachtsfeier des Außenministeriums am späteren Nachmittag überbrachte der *Times*-Mann im Alcron die Nachricht von Tilliers Ausweisung. Die Beamten des

Außenministeriums, auch die beiden, die die Ausweisung von Szulc veranlaßt hatten, waren wirklich schockiert. Der Innenminister hatte sie vorher nicht darüber informiert.

Und so gab es jetzt zwei Regierungsorgane, die für die Ausweisung von Journalisten zuständig waren. Nach Neujahr sollten es vier werden. Die Föderation würde der Tschechoslowakei drei relativ unabhängige Innenministerien bescheren: eines für die föderative Republik, eines für die böhmischen Länder und eines für die Slowakei. Daneben würde es noch ein nicht besonders unabhängiges Außenministerium geben. Und, wie anzunehmen war, den KGB.

Während sich Tillier bereits auf dem Weg zur Grenze befand, lautete die alle auf der Cocktailparty im Czernin-Palais beschäftigende Frage: „Warum sind er und Szulc hinausgeworfen worden?" Die Ausweisung von Szulc durch das Außenministerium ging eindeutig auf die Russen zurück, aber die Beamten, die sie durchführten, wußten wirklich nicht, warum diese schmutzige Tat verfügt worden war. Tilliers Ausreise macht die Gründe klarer:

Kurz nach der Invasion hatten die Russen in praktisch jeder existierenden Schriftsprache vier Millionen Exemplare eines 192seitigen Buches mit dem Titel *Zu den Ereignissen in der Tschechoslowakei* herausgegeben: ein Kompendium von *Pravda*-Wahrheiten, anderen Verleumdungen und gefälschten Fotografien. Der Untertitel lautete „Tatsachen, Dokumente, Presse- und Augenzeugenberichte", und als Herausgeber wurde eine „Pressegruppe sowjetischer Journalisten" angeführt. Das Werk wurde schnell als „Das Weißbuch" bekannt.[72]

Dann veröffentlichte das Institut für Geschichte der Tschechoslowakischen Akademie der Wissenschaften im Herbst in aller Stille (und nur zu Studienzwecken für Mitglieder und Studenten) ein sorgfältig dokumentiertes, 494seitiges „Schwarzbuch" mit dem Titel *Sieben Tage in Prag*, das genau beschrieb, wie und von wem das Land verraten worden war. Das „Schwarzbuch" wurde in den Prager Massenmedien vage erwähnt, aber

[72] „Das Weißbuch" ist ein klassisches Beispiel für eine der wenigen Übereinstimmungen im russischen und ostdeutschen Journalismus: das völlige Vertrauen in westliche Quellen und ihr häufiges (entstellendes) Zitieren. Offensichtlich wissen sowohl die Redakteure als auch die Leser, daß der eigenen Presse in bezug auf politische Informationen nicht zu trauen ist.

niemals zitiert. Die Redakteure waren davor gewarnt worden, daß die Reaktion der Russen auf irgendwelche Auszüge daraus verhängnisvoll ausfallen könnte. Gustáv Husák ließ bereits finstere Bemerkungen über die Finanzierung von Forschungen und Veröffentlichungen fallen ...

Zwei amerikanische Zeitschriften druckten wesentliche Auszüge aus dem „Schwarzbuch" in New York ab: *Newsweek* und *The New York Times.*

Valeries Eltern kamen aus Amerika angereist, um mit uns unser zweites Weihnachten in Prag zu verbringen. Es war ein freudiges Ereignis, abgesehen von den zeitbedingten Widrigkeiten und Monicas Mumpserkrankung. Am Heiligabend machte unser Arzt die Runde, um fünf von den sieben zum Abendessen anwesenden Gästen (einschließlich dreier begehrter Junggesellen), die noch nie Mumps gehabt hatten, zu impfen.

Zwei Fasane, das Geschenk eines Jägers, hatten draußen vor der Speisekammer gehangen, um unter den wachsamen Augen von Paní B. richtig zu reifen. Am 23. Dezember erklärte sie sie für genügend abgehangen, worauf sie vier Stunden mit einer der mörderischsten Rupfarbeiten, deren Zeugen zu sein wir je das Pech hatten, verbrachte. Als sie fertig war, waren die Fasane sauber und gerupft – und gerade groß genug, um zwei Leute satt zu bekommen, schwerlich jedoch dreizehn. Kurz bevor die Geschäfte über die Feiertage schlossen, konnte noch ein Truthahn aufgetrieben werden.

Kinderlose Nachbarn hatten aus dem Böhmerwald einen Weihnachtsbaum mitgebracht, schmückten ihn in ihrer Wohnung mit silbernen Christbaumkugeln, Figuren aus Kinderliedern (Geige spielende Katzen usw.) und Pfefferminz-Zuckerstangen, die Valeries Eltern gestiftet hatten. Am Weihnachtsabend schmuggelten sie ihn dann in unser Wohnzimmer. Die Kinder wurden in den dunklen Raum geführt, der dann plötzlich von den Lichtern eines bis an die Decke reichenden Baumes, der sich über einem Berg von Geschenken erhob, erleuchtet wurde. Als Erika ihren Mund wieder zugeklappt hatte, verkündete sie: „Nach Daddy, Opa, Dubček und Svoboda habe ich Santa Claus am liebsten."

Am 27. Dezember 1968 erschien in der Moskauer *Komsomolskaja Pravda* ein Artikel von V. Bolšakov unter der Überschrift

„WIE MAN ES MACHT". Es handelte sich um einen langen Angriff auf Jiří Menzel (der seinen Erfolg „der aktiven Unterstützung zionistischer Organisationen" verdanke), Jan Němec (ein „Überläufer in den Westen", obwohl er sich zu dieser Zeit in der Tschechoslowakei aufhielt) und Miloš Forman, der über die Feiertage zu Hause war und mir eine Übersetzung des Artikels von ČTK mitgebracht hatte:

> Miloš Forman ist jung, so wie viele Regisseure, die beim tschechoslowakischen Film heute den Ton angeben. Sein Ruhm, obgleich groß, kam erst vor kurzem auf ... Sein pathologischer Haß gegenüber einfachen Leuten ... ist zielbewußt. Er prangert nicht die Mittelklasse an – die unersättlichen und gefräßigen Spießer. Mit seiner Kamera hat er ein scharfes Auge auf die tschechoslowakische Arbeiterklasse, die er nur als Bande stumpfer und gieriger Untiere darstellt. Man kann Formans Filme als eine lebendige, illustrierte Ausgabe des konterrevolutionären Programmes „Das Manifest der zweitausend Worte" bezeichnen ...

Und dann deckte Sonderermittlungsbeamter Bolšakov nach bester Bogart-Belmondo-Tradition die *eigentliche* Verschwörung auf:

> Es war kein Zufall, daß diese jungen Regisseure in den USA mit Ruhm und Dollars umschmeichelt wurden. Und es war auch kein besonderer Zufall, daß die amerikanische Wochenzeitung *Time* in ihrer ersten Dezemberausgabe zu den wesentlichen Verdiensten von Formans *Feuerwehrball* die Tatsache zählt, daß die Besucher des Balles „Funktionäre der Kommunistischen Partei" seien.
>
> Ich habe in Prag zufällig den Korrespondenten vom *Life*-Magazin, Aaron Levi, getroffen. Wir kamen ins Gespräch, und es stellte sich heraus, daß Levi, dessen antisowjetische Einstellung selbstverständlich ist, nur in die Tschechoslowakei gekommen ist, um mit Forman zusammenzuarbeiten. Im Augenblick schreibt er an einem Drehbuch für dessen nächsten Film. Tatsächlich war es Levi, der Formans „Meisterwerke" für den Westen „entdeckte", und es ist seinen Aktivitäten zuzuschreiben, daß den Filmen von Forman, Menzel und Němec so eine weitreichende Publicity in den Vereinigten Staaten zukam.

Die bloße Tatsache, daß solche Filme in einem sozialistischen Land gemacht werden konnten, war ein hoher Trumpf in den Händen professioneller Antikommunisten und Antisowjets jeglicher Couleur.

Es war eine spannende Lektüre. Die ansonsten mundtot gemachte tschechische Presse stürzte sich in ihrer Gesamtheit auf die Gelegenheit, diese stalinistische Propaganda abdrucken zu können. Die Schlagzeile einer Zeitung lautete: „WAS SIE ÜBER UNS SCHREIBEN". Wir alle wurden um einen Kommentar gebeten. Forman übernahm es, darauf hinzuweisen, daß „sein Name Alan Levy und nicht Aaron Levi ist." Der Redakteur, der mich um einen Kommentar gebeten hatte, befragte mich zu meiner Meinung über „die klar antisemitische Version Ihres Namens".

„Oh, ich bin sicher, so war es gar nicht gemeint", sagte ich freundlich. „Herr Bolšakov muß bei einem japanischen Privatlehrer Englisch gelernt haben, deswegen wurde aus Alan Levy Aaron Levi."

Ich betrachtete die Sache von der lustigen Seite. Aber ich erinnere mich, daß ich, als Miloš mir den Artikel von Bolšakov vorzulesen begann, immer wieder zum Fenster hinüberging, um nachzusehen, ob ich schon beschattet würde. Denn der Terror tat seine Wirkung. Bis dahin hatte ich meine Arbeit unauffällig und mit einer den Umständen entsprechenden Gelassenheit getan. Aber jetzt war ich herausgehoben worden, gekennzeichnet und gebrandmarkt mit dem gelben Stern von Aaron Levi, dem antisowjetischen Dybbuk[73], der die heile Welt des tschechischen Arbeiter- und Bauernkinos besudelt hatte. Im besten Falle würde es jetzt für mich schwerer werden, unbemerkt zu arbeiten, zwischen diesen Menschen, Hügeln, Steinen und Düften, die ich so sehr liebte, daß ich kaum ohne sie leben konnte ...

Der Verband der tschechoslowakischen Filmjournalisten gab einen formellen Protest gegen Bolšakovs „verleumderischen, beleidigenden und unqualifizierten" Angriff auf uns alle heraus. Und ich habe den Verdacht, daß es die offizielle Natur dieses Protestes war, die meine Haut in Prag rettete. Denn in den zwei

[73]In der jüdischen Folklore die Seele eines Toten, die vom Körper eines Lebenden Besitz ergreift (Anm. d. Übers.).

Wochen zwischen Aaron Levis Debüt in der *Komsomolskaja Pravda* und dem gegen Moskau gerichteten Protest der Journalisten behandelten mich die Beamten, mit denen ich zu tun hatte, wie eine heiße Kartoffel. Die eisige Kälte am anderen Ende der Telefonleitung war nicht zu überhören. Seit dieser Zeit brach mein zwischenmenschlicher Kontakt zu ihnen zum größten Teil ab.[74]

Das war mit unseren Freunden außerhalb der Ämter anders. „Gratulation, du hast es den Russen ganz schön gegeben!" war ihre allgemeine Reaktion. So wie sich einige Schriftsteller danach sehnen, in Boston verboten zu werden, sollen ausländische Korrespondenten von irgendeiner Art von Angriff in der *Pravda* träumen. Vielleicht ist es ein wunderbar dramatischer Abgang, wenn man bereit ist zu gehen und einen sein Chef irgendwo besser einsetzen kann. Aber es ist kein Spaß, wenn man nicht weiß, wo man sonst hingehen soll, und wenn man allein auf sich gestellt in einem Land lebt, das von Zehntausenden von bewaffneten *Pravda*-Lesern militärisch besetzt worden ist.

Zwischen Weihnachten und Neujahr wurde die Entfernung Smrkovskýs von der Macht zum Ziel eines persönlichen Kreuzzuges Gustáv Husáks. Und Husáks Waffe war wieder einmal die Sache des slowakischen Nationalismus, für die er einmal eingesperrt worden war. Die Föderation sollte am 1. Januar in Kraft treten. Verfassungsgemäß sollte die neue Bundesversammlung vom Vorsitzenden der alten Nationalversammlung, Smrkovský, geleitet werden; bis zu den nächsten allgemeinen Wahlen, die die Russen längere Zeit nicht zulassen würden. Aber Husák wies darauf hin, daß der Präsident (Svoboda) ein Tscheche sei, „den wir alle respektieren und anerkennen", und auch der Ministerpräsident (Černík) sei ein Tscheche, „der volle Unterstützung hat", deswegen solle die dritte hohe Staatsfunktion mit einem Slowaken besetzt werden.

74 Wegen einer Dokumentation über 1968, mit dem Titel *Oratorium für Prag*, durfte Jan Němec nicht mehr in der Tschechoslowakei arbeiten, aber sechs Jahre später wurde ihm erlaubt, nach Frankreich auszureisen. Miloš Forman zog das Schicksal in den Westen. Er ist jetzt Bürger der Vereinigten Staaten, wo er *Taking Off* (1971), den mit vielen Oskars ausgezeichneten Film *Einer flog über das Kuckucksnest* (1975) und die Filmversion von *Hair* (1979) drehte.

Eine vereinigende Kraft wurde in ein trennendes Manöver verwandelt. Die Föderation kam in Mißkredit, noch ehe sie überhaupt in Kraft getreten war. Der Vorschlag ergab weder für die Tschechen noch für die meisten Slowaken einen Sinn. War nicht Dubček ein Slowake? Ja, aber Husák hatte Parteiposten, sogar den Sitz der größten Macht, in dieser Beziehung willkürlich außer acht gelassen.

Petitionen, Proteste und Streikdrohungen kamen aus dem ganzen Land herein. Husáks kleine Villa in der Nähe von Bratislava wurde von wütenden Arbeitern mit Steinen beworfen. Es tauchten Portraits von Smrkovský mit der slowakischen Aufschrift „DIE SLOWAKEN SIND MIT IHNEN!" auf.

Zu Silvester sprach Smrkovský, dessen Status immer noch zweifelhaft war, den folgenden schmerzlichen Toast auf die tschechischen und slowakischen Länder wenige Minuten vor Mitternacht über das Radio aus:

„Nur wenige Minuten trennen uns vom Ende dieses Jahres, eines dieser für uns verhängnisvollen Jahre, die mit einer Acht enden[75]; ein Jahr, das genug Freude, Hoffnung und Sorgen für die nächsten Jahre gebracht hat. Im Augenblick können wir kaum beurteilen, was für ein Jahr es wirklich war. Aber eines wissen wir sicher: In diesen unvergeßlichen 366 Tagen haben wir eine Menge gelernt. Es war eine großartige Schule."

Zum kommenden Jahr 1969 übergehend, sagte Smrkovský:

„Ein weiser Mann hat geschrieben, daß Vertrauen vorausgesetzte Sicherheit ist. Und wenn unter uns ein solches Vertrauen entstanden ist, dann nur auf Grund der unvergeßlichen Sicherheiten, die sich durch diesen unvergeßlichen Januar 1968 aufgetan haben.

Deshalb wünsche ich Euch allen, Tschechen und Slowaken und all den anderen – und verzeiht mir die Unbescheidenheit: auch mir –, daß der Kalender sich nicht ändern möge; auf daß das nächste Jahr im Januar beginne, im Geiste des besten, was wir zusammen geschaffen haben ... Das ist es, woran ich denke, wenn ich mein Glas mit unserem Weine erhebe."

[75]Die tschechoslowakische Republik hatte 1918 ihre Geburtsstunde; 1938 wurde sie in München zerstückelt; 1948 wurde sie kommunistisch und 1968 wiedergeboren und unterdrückt.

Wir waren wieder bei den Deitchs, wie am 31. Dezember 1967, als wir unseren Babysitter und unsere Wohnung gefunden hatten.

Silvester in Mladá Boleslav: Standort der Škoda-Autowerke und jetzt auch der V. I. Lenin-Kaserne der Roten Armee. Jeder fünfte Passant auf den Straßen Mladá Boleslavs ist jetzt ein russischer Soldat. Bewaffnete Truppen patrouillieren paarweise auf den Gehsteigen. In Mladá Boleslav ist die Okkupation sichtbar und real.

In den Geschäften geben die Russen ihre frisch gedruckten Kronen aus, als ob es Besatzungsgeld sei. *„Ich mag diese Schuhe. Ich werde 200 Paar davon nehmen.“* „Welche Größe, Towarischtsch?“ *„In allen Größen. Es wird nicht schwierig sein, sie zu verkaufen, wenn ich nach Hause komme.“* ... *„Dreihundert Röcke für die Mädchen, die ich zurückgelassen habe.“* Schon lange vor Weihnachten sind die Geschäfte in Mladá Boleslav leer.

Ist es dann ein Wunder, daß am Silvesterabend ein paar Dutzend Feiernde vor ihrem Klub ein Schild aufhängen, auf dem steht „RUSSEN SIND NICHT GELADEN“? Haben sie kein Recht, an einem Abend einmal auszubrechen? Man läßt sie in Ruhe, bis sie in den frühen Morgenstunden des Jahres 1969 beginnen aufzubrechen. Als sie die Treppen herunterkommen, wird das erste Dutzend der Gäste verhaftet und zur V. I. Lenin-Kaserne gebracht, wo man sie den ganzen Neujahrstag festhält und ihnen die Köpfe rasiert. Die anderen bleiben weitere 22 Stunden auf ihrem Fest und verkriechen sich ängstlich.

Während der ganzen Nacht des 3. Januar 1969 erstrahlte die Prager Burg im Lichterglanz und wurde von Geheimpolizei umschlichen. Dubček hatte eine dringende Präsidiumssitzung einberufen, als Antwort auf ein Ultimatum Breznevs: Der Rausschmiß Smrkovskýs, der bereits seit einem Monat überfällig war, solle auf der Stelle vollzogen werden. Ihn durch einen Slowaken zu ersetzen, sei eine gute Idee, aber der Slowake solle der ehemalige Ministerpräsident Jozef Lenárt sein. Andernfalls müßte die Tschechoslowakei mit Konsequenzen rechnen ...

Das ganze Wochenende rumpelten sowjetische Truppen und Panzer in der Umgebung Prags und verschiedener anderer Städte herum. Sie hielten den Verkehr auf, stellten Straßenblokkaden auf und schossen in die Luft, und das alles, um den Anhängern Smrkovskýs, derer es massenhaft gab, „Flagge zu zeigen".

Am Samstag, dem 4. Januar 1969, gab das Präsidium eine ernste Ermahnung an die Menschen heraus: „Die Gesellschaft kann nicht weiterleben und weiterfunktionieren, wenn sie sich im ständigen Kampf mit Widersprüchen und Spannungen am Rande einer politischen Krise befindet, in der unbedeutende Probleme zu tragischen Konflikten führen können." Es versicherte auch: „Vermutungen über den Versuch, Herrn Smrkovský von den Partei- und Staatsgeschäften sowie aus dem politischen Leben auszuschließen, entbehren jeglicher Grundlage."

Und nachdem es diese verruchte Absicht bestritten hatte, machte sich das Präsidium daran, sie auszuführen. Smrkovský jedoch war unnachgiebig. Er bestand auf seinem verfassungsmäßigen Amtsanspruch. Er müßte schreiend von seinem Stuhl weggezerrt werden; besonders, deutete er an, wenn er durch so ein Gespenst des Novotnýismus wie Lenárt verdrängt werden sollte.

Irgendwann an diesem Wochenende rief ein erschöpfter Dubček bei Brežnev an und sagte ihm, daß Smrkovský vielleicht degradiert, aber niemals entlassen werden könne. Und Lenárt könne unmöglich an seiner Stelle eingesetzt werden.

Alle am Ende von Dubčeks Leitung hielten den Atem an. Und einen Augenblick später seufzte Brežnev und gab nach. Seine Botschaft war: Entfernt Smrkovský irgendwie aus seinem Amt, auf welchem Wege auch immer.

Darauf schlug Husák seinen eigenen Mann – einen nichtssagenden slowakischen Bürokraten – für diesen Posten vor, aber Smrkovský widersetzte sich der Idee, und das Präsidium konnte sich nicht auf Husáks Slowaken einigen.

Smrkovský wußte, daß er hoch pokerte, und schließlich opferte er sich. Er werde eine Stufe hinuntersteigen, wenn sein eigener slowakischer Freund Petr Colotka, ein liberaler ehemaliger stellvertretender Ministerpräsident, zum Vorsitzenden der neuen Bundesversammlung ernannt würde. Auch für das Präsidium war dies tatsächlich ein „Ausweg". Colotka wurde Vorsitzender und Smrkovský sowohl sein erster Stellvertreter als auch Vorsitzender einer der beiden Versammlungen des neuen Parlaments.

Die Prager hatten Husák bis Ende August bewundert und ihn danach gehaßt, aber sie hatten nie wirklich viel von diesem Mann gesehen. Dieser speziellen Informationslücke wurde am Freitag abend nach dem Smrkovskýkompromiß für immer abgeholfen. Das tschechoslowakische Fernsehen brachte uns für mehr als eine halbe Stunde in den Genuß einer aufstachelnden Rede von Husák, die er auf einem Treffen mit den Leitern einer slowakischen Fabrik gehalten hatte.

Noch immer gekränkt von seinem Rückschlag im Präsidium, lieferte Husák eine armschwingende, demagogische Vorstellung, wie ich sie niemals zuvor und auch seither nie wieder in der Tschechoslowakei gesehen habe.[76]

„Es gibt Leute in Prag, die uns das Messer an die Gurgel setzen. Sie sagen, sie seien für Dubček und Svoboda, Svo-bo-daah und Duub-ček [an dieser Stelle äffte Husák die affektierte tschechische Aussprache des Slowakischen nach], aber wofür sind sie wirklich? Sie verlangen Streiks! Wozu wäre jetzt ein Streik gut? Er würde der Wirtschaft schaden. Er würde den Arbeitern schaden ...

Gewisse Leute sprechen heute über eine Politik ‚hinter verschlossenen Türen'. Trifft das auf kollektive Diskussionen unter gewählten Partei- und Regierungsmitgliedern zu? Oder bedeutet das nicht eher private Treffen kleiner Gruppen von Menschen, die – ohne irgendein Mandat von der Partei oder der Öffentlichkeit – heimlich in ihren Wohnungen zusammenkommen, um sich provokative Aktionen auszudenken, Kampagnen zu starten und das Volk durch die Massenmedien zu beeinflussen?"

Husák hatte praktisch nichts Gutes über den Frühling im Januar 1968 zu sagen. In dieser Zeit „gab es andere Kräfte, die formal am Kommunismus festhielten, aber tatsächlich oppositionelle Kräfte waren ... die destruktive Aktivitäten propagierten ...

[76]Husák hat seither seinen Vortragsstil etwas gedämpft, aber er bleibt der einzige ranghohe tschechoslowakische Führer, der ohne Notizen zu seinen Zuhörern spricht. Auf dem Höhepunkt läßt er sich wiederholt zu abgedroschenen Ausdrücken hinreißen (zum Beispiel „Wilder Westen" für Amerika), wiehert über seine eigenen Witze und schlüpft, wie die meisten orthodoxen Kommunistenführer, in die Rolle des Cheerleaders, indem er seinen eigenen Worten applaudiert.

Einige Leute bei den Massenmedien sind ehrenwert, einige haben ihre Macht mißbraucht, und einige haben Aktionen gegen unseren Staat in Gang gesetzt. Es gibt Maßnahmen, die ergriffen werden müssen ...

Die Journalisten sagen, daß Beamte kritisiert werden sollten und daß es notwendig sei, die Führung zu kontrollieren. Aber ich frage, wer kontrolliert die Journalisten? Sie halten sich selbst für die Eigentümer der Massenkommunikationsmittel. Es wird etwas unternommen werden müssen, um sie zu kontrollieren."

Und so ging es weiter. Als die Rede beendet war, holte ein Tscheche, mit dem ich die Sendung gemeinsam angesehen hatte, tief Luft und sagte: „Das ist für Husák politisch gesehen das Ende. Die Menschen hier sind zu kultiviert für so einen Mann."

Ministerpräsident Černík behauptete am folgenden Mittwoch in einem Fernsehinterview: „Wir können zweifellos sagen, daß sich die Situation in unserem Land jetzt beruhigt hat."

Am nächsten Tag, Donnerstag, den 16. Januar 1969, nachmittags um 15 Uhr, stand Jan Palach auf den Treppen des durch Einschüsse verunstalteten Nationalmuseums, warf einen sehnsuchtsvollen Blick auf die Statue des heiligen Wenzel, legte seinen Mantel ab und steckte eine Nachricht daran, stellte seine Aktentasche (mit der gleichen Nachricht) am Rande des Brunnens vor dem Museum ab, übergoß sich mit dem Inhalt eines Benzinkanisters und zündete ein Streichholz an.

Ein Fahrdienstleiter an der Straßenbahnhaltestelle neben der Wenzelsstatue sah jemanden auf sich zukommen, der „von Kopf bis Fuß brannte." Der Fahrdienstleiter riß seinen eigenen Mantel herunter, noch bevor die lodernde Fackel, zu der Jan Palach geworden war, schrie: „Werfen Sie Ihren Mantel über mich!" Danach wankte Palach und fiel hin. Der Fahrdienstleiter konnte die Flammen mit seinem Mantel ersticken. Zwei Minuten später kam ein Ambulanzwagen, und der Aufseher begleitete Palach. „Ich – habe es – selbst – getan", keuchte Palach unterwegs. Er hatte nach Aussage des Krankenhauses „höchstgradige Verbrennungen von 85% der Körperoberfläche" erlitten, und sein Zustand wurde als „sehr ernst" bezeichnet.

Der Inhalt von Palachs Nachricht wurde in der Tschechoslowakei nie offiziell veröffentlicht, aber überall in Prag wurden in dieser Nacht Kopien an die Wände geklebt. Sie war unterschrieben mit „Fackel Nr.1" und begann so:

> Im Hinblick auf die Tatsache, daß unser Land am Rande der Hoffnungslosigkeit steht, haben wir uns entschlossen, auf folgende Art unseren Protest auszudrücken und die Menschen aufzurütteln:
>
> Unsere Gruppe setzt sich aus Freiwilligen zusammen, die bereit sind, sich für unsere Sache selbst zu verbrennen. Ich hatte die Ehre, das erste Los zu ziehen, und ich habe das Recht gewonnen, den ersten Brief zu schreiben und die erste Fackel zu entzünden.

Die Nachricht warnte davor, daß, wenn die Zensur nicht sofort aufgehoben und *Zprávy* nicht verboten werde, „weitere Fackeln in Flammen aufgehen werden."

Palachs Tat schockierte die tschechische Nation wie nichts anderes seit August. Selbstverbrennung war ein östlicher Ritus, der sich von den buddhistischen Tempeln bereits bis zu den Toren der Vereinten Nationen und des Pentagons ausgebreitet hatte. Aber wer hätte sich einen mitteleuropäischen Studenten vorstellen können, der sich selbst verbrannte? Und noch dazu einen Tschechen, mit dem Instinkt seines Volkes zum Überleben und Durchhalten.

Jan Palach lag vier Tage lang im Sterben – besucht nur von Ärzten, Krankenschwestern, seiner Familie und einem Kommilitonen, der auf Palachs Bitte eingelassen wurde: der Streikführer und einstmals von Novotný einberufene Lubomír Holeček. Und Holeček deutete an, daß er wisse, wer Fackel Nummer 2 sein werde.

Am vorletzten Tag seines Lebens sagte Palach einem der behandelnden Ärzte: „Es war meine Pflicht es zu tun, und es wird noch andere geben." Der Arzt sagte, Palachs Verstand sei „klar und logisch" gewesen. „Er sieht sich selbst als einen zweiten Jan Hus, als den zweiten Tschechen unserer Geschichte, der für die Wahrheit brannte. Jan Hus ließ sich für sie verbrennen, und Jan Palach dachte, es sei seine Pflicht, dasselbe zu tun. Jan sagt, daß er es nicht bereut."

Am Sonntag darauf weinte die Nachrichtensprecherin im Fernsehen, als sie die kurze Meldung verlas: „Jan Palach starb friedlich. Sein Körper konnte der Belastung durch die Verbrennungen nicht standhalten."

Im Radio verlas Holeček die Worte, die Palach ihm drei Stunden vor seinem Tod diktiert hatte:

„Meine Tat hat ihren Zweck erfüllt, aber laßt es niemand anderen tun … Laßt die Lebenden ihre Anstrengungen im Kampf machen. Ich sage auf Wiedersehen. Vielleicht sehen wir uns wieder."

Am nächsten Nachmittag kamen 200.000 Menschen – ein Fünftel der Bevölkerung Prags – auf dem Wenzelsplatz zusammen, um dort, wo Jan Palach gefallen war, Kränze niederzulegen. Sie gingen unter einer Totenmaske Palachs vorbei, die – mit schwarzem Kreppapier umwickelt – auf sein Vermächtnis hinunterblickte. Angeführt von Studenten und jungen tschechischen Soldaten mit Trauerfahnen, bildeten sie dann eine geordnete Prozession und gingen durch die Straßen der Altstadt zur philosophischen Fakultät auf dem Platz der Roten Armee, der augenblicklich in Jan-Palach-Platz umbenannt wurde.

Am Freitag, dem 24. Januar 1969, heulten zu Mittag die Sirenen, und dann wurden fünf Schweigeminuten zu Ehren Jan Palachs abgehalten. Leute blieben stehen. Soldaten und Polizisten salutierten. Männer entblößten ihre Köpfe im Wind. Straßenbahnen, Busse und Taxis hielten an. Die ganze Stadt erstarrte wie in der Szene in *Dornröschen,* als es sich in den Finger sticht und der Zauber wirkt. Dann, um 12.05 Uhr, erwachte die Stadt wieder zum Leben.

Den ganzen Nachmittag und die ganze Nacht war der Sarg Jan Palachs im Hof des ältesten Gebäudes der Karlsuniversität, des Karolinums, feierlich aufgebahrt. Aus einem der oberen Fenster erklangen Trauermusiken von Bach und Dvořák, die von prominenten Organisten in zweistündlichem Wechsel gespielt wurden. Der Sarg lag unter einer Statue von Jan Hus, umgeben von einer riesigen Blumenmenge. Eine Ehrenwache aus Professoren in mittelalterlichen Satin- und Samtroben ging in dem Wald von Kränzen fast unter. Draußen bewegte sich die drei Kilometer lange Schlange der Trauernden langsam durch die gewundenen, kopfsteingepflasterten Straßen der Prager Altstadt. Es war kalt und feucht, aber wir fröstelten aus mehr als einem Grund während unseres vierstündigen Wartens in der Schlange. „In was für einem Land leben wir!" rief der Mann hinter mir aus. „Wo das einzige Licht für die Zukunft der brennende Körper eines jungen Mannes ist!"

Zwischenspiel
Auf Wiedersehen, Josef Schwejk!

Nach dem Tode Jan Palachs druckte *Reportér*, das Wochenblatt des Journalistenverbandes, folgenden Nachruf ab:

> Auf Wiedersehen Josef Schwejk!
> Nein, das sage nicht ich zu Dir, noch sagt es die Generation, die sich an Dich und an die vergangenen fünfzig Jahre dieser Republik erinnert. Ich sage es nicht, denn ohne Dich hätten wir das, was wir durchlebt haben, kaum ausgehalten. In der Tat ... die Nation, die unter den schützenden Fittichen von Josef Schwejk Zuflucht gefunden hatte, konnte niemals vernichtet werden. So ist das, wortwörtlich. Wir alle wußten, wie man es macht, trotz all dieses Herumkommandierens, all dieser Zwangsteilnahmen an Zusammenkünften, all dieser albernen Paraden, Resolutionen und „Plansollerfüllungen". Wir konnten über den Pseudoidealismus lachen, der in unsere Köpfe hineingeschüttet wurde, und wir haben ihn als willkommenen Sparringspartner für unsere Verhältnisse akzeptiert ...
> Diese Haltung brach in unseren letzten, tragischen Tagen plötzlich zusammen. Es ist etwas passiert, das nicht zum Charakter unseres jahrhundertealten Widerstandes paßt. Etwas aus der alten Antike, aus der griechischen Tragödie hat uns alle angeweht. Plötzlich hat der Tod eines Studenten den gordischen Knoten der tschechischen Nation durchgehauen. Nein, das ist keine Übertreibung! Der Schalter wurde für unsere Generation buchstäblich ausgedreht, die, obwohl sie sich an etwas erinnert, seine Bedeutung nicht verstehen kann und jetzt nur noch mit dem Hut in der Hand dasteht.

Und so wiederholte der Verfasser M. A. Tesař: „Auf Wiedersehen, Josef Schwejk. Die kommende Generation hat dich sicher aufgegeben. Wie werden ihre Perspektiven sein? Wie wird ihr Schicksal sein? Wie wird ihr Ende sein?"

Kapitel 19

Samstag, 25. Januar – Donnerstag, 7. April 1969

Das Begräbnis Jan Palachs war, wie das John F. Kennedys oder Rudolph Valentinos, eines dieser Ereignisse, die man nie mehr vergißt, wenn man dabei war. Ich benutzte meinen Presseausweis, um in den Hof des Karolinums zu kommen. Palachs Mutter war dort, eine untersetzte, aber adrette Frau in Schwarz mit einem dünnen Schleier. Sie wurde von ihrem älteren Sohn und seiner Frau begleitet. Jene war eine hübsches Mädchen, auch in Schwarz und sehr blaß, mit einer vom Weinen geröteten Nase. Die Mutter strich mit der Hand über den hellen Eichensarg und sagte: „Mein geliebter Sohn, mein Sohn, was hast du getan? Er war mein Lieblingssohn." Und in einem Ton, in dem vielleicht auch Dubček am 20. August gesprochen hatte, fuhr sie fort: „Ich hätte niemals geglaubt, daß so etwas passieren könnte."

Die Ansprache wurde von Dr. Oldřich Starý[77], Rektor der Karlsuniversität, gehalten: „Jan Palachs heroischer und tragischer Tod ist der Ausdruck eines reinen Herzens und des höchsten Grades der Liebe zu Land, Freiheit und Demokratie. Diese Fackel wird alle Leute, die guten Willens sind, dazu bewegen weiterzumachen … auf dem Weg zur Errichtung eines menschlichen, demokratischen, unverzerrten Sozialismus in unserem Land … Jan Palach brachte auf dem Altar seiner Heimat das größte mögliche Opfer dar. Es wird Tschechen, Slowaken und

[77]Dr. Starý beantragte später in den USA Asyl, während er sich dort im Rahmen eines Stipendiums der Ford Foundation aufhielt. Als er im September 1969 in der Nähe der Columbia-Universität spazierenging, wurde er von drei Männern überfallen. Zwei von ihnen wurden gefaßt, der dritte entkam jedoch mit Starýs Aktentasche, die wichtige Papiere enthielt.

Millionen von Menschen anderswo in Erinnerung bleiben." Und der Dekan der philosophischen Fakultät fügte die folgenden Worte hinzu: „Laßt uns hier geloben, daß wir alles dafür tun werden, daß solche Opfer nicht länger notwendig sind."

Als die Zeremonie vorüber war, läuteten die Glocken von 150 Kirchen in Prag, die Orgel spielte Dvořák, und der Sarg wurde in einen schlichten schwarzen Leichenwagen geschoben. Eine Kolonne schwarzer Wolga-Taxis war für die Familie bereitgestellt worden, aber die Mutter sagte: „Ich kann noch gehen", und das machten dann auch alle anderen. Die leeren schwarzen Taxis vor der Prozession riefen einen eigentümlichen Eindruck hervor, wie reiterlose Rösser.

Hinter den Taxis gingen drei Studenten, die eine riesige tschechoslowakische Flagge trugen und dafür kämpften, sie in dem Wind und dem unaufhörlichen Regen ausgebreitet zu halten, während sie durch die kopfsteingepflasterten Straßen knöcheltief im schmutzigen Wasser wateten. Ihnen folgte der gesamte Lehrkörper der Karlsuniversität und andere akademische Persönlichkeiten in ihren mittelalterlichen roten, schwarzen und goldenen Roben. Unter ihnen befanden sich der Erziehungsminister und der ehemalige Außenminister Jiří Hájek.

Dann kamen reihenweise Studenten, die Blumen trugen; darauf eine Gruppe von Studenten – Mädchen und junge Männer –, die sich wie israelische Horatänzer an den Händen hielten und ein Hufeisen bildeten, um die Zuschauer daran zu hindern, zum Sarg durchzubrechen. Gleich hinter ihnen kam der Leichenwagen, der in würdevoller Einsamkeit langsam dahinfuhr. Ihm folgte eine Blaskapelle der ČKD-Werke, die Trauermärsche spielte. Dann kam die Mutter mit Sohn, Schwiegertochter und Verwandten. Und dann Tausende von Studenten hinter einer langen schwarzen Fahne.

Die Prozession überquerte den alten Obstmarkt, wo seit Monaten keine Spur von Orangen und Grapefruits zu sehen gewesen war, bog beim Pulverturm nach links in die Zeltnergasse (*Celetná*) und ging vorbei an einer alten Münzanstalt, dem aus den frühen Tagen des Kubismus stammenden „Haus zur Schwarzen Mutter Gottes" und dem Gasthaus U Supa (Zum Geier) mit seinem Medaillon von Sokrates an der Fassade, bis sie auf den Altstädter Ring kam.

Eine halbe Million Menschen wartete auf dem Platz. Sie machten gerade für den schmalen Durchgang Platz, den die

Studenten (die während der Veranstaltungen am Freitag und Samstag die Organisation und den Ordnungsdienst übernahmen) für die Prozession freihielten. Auf dem Balkon des Kinský-Palais, in dem Kafka die Schule besucht hatte, spielten Posaunisten Trauerfanfaren. Die Glocken der Tein-Kirche läuteten. Auf dem Rathausturm sang ein Chor eine Hussitenhymne. Das einzige Geräusch, das ich nicht lokalisieren konnte, war ein weinerliches, schniefendes Echo, das wie entferntes Grollen von Kanonen klang. Aber als ich mich umblickte und Tausende – besonders alte – vor Schmerz verzerrte Gesichter sah, wurde mir klar, was ich gehört hatte. Erst später, als ich mir das Gesicht waschen ging, sah ich, daß auch ich geweint hatte.

Die Prozession bewegte sich die *Pařížská* hinunter, auf das verlassene Stalinmonument zu, schwenkte dann aber nach links in das Ghetto und ging um den alten jüdischen Friedhof herum, bevor sie auf dem neuen Jan-Palach-Platz (ehemals Platz der Roten Armee) zum Stehen kam. Dort spielte die ČKD-Kapelle die Nationalhymne. Dann bestiegen die Mutter und die trauernde Familie ihre schwarzen Taxis. Sie und der Leichenwagen fuhren hinaus zum Olschaner Friedhof, wo Jan Palach nicht weit von Franz Kafkas Grab und dem des Unbekannten sowjetischen Soldaten zur letzten Ruhe gebettet wurde.

Und wir anderen standen mit der tschechoslowakischen Flagge auf dem Jan-Palach-Platz vor der philosophischen Fakultät und dem Rudolfinum. Über der Moldau, auf dem Hradschin, war die Burg noch zu sehen, aber vollkommen grau im nebeligen Dunkel. Und ich weiß, ich werde immer die rote Nase der Schwägerin und die traurige Burg vor mir sehen, wenn ich an das Begräbnis von Jan Palach denke.

Sylva veröffentlichte ihre Gedanken zu Jan Palach ein paar Wochen später im *Zítřek*, unter der Überschrift: „DIE STIMME DES MENSCHEN IST DIE STIMME GOTTES, ABER WANN?"

> Alles, was für uns Wert hat – die Wahrheit, die menschliche Würde, die Notwendigkeit, ein wirkliches Leben zu führen – hat durch diese schreckliche Tat einen neuen Sinn bekommen.

Aber Sylva ging der Jan-Palach-Platz, auf dem jetzt die offiziell aussehenden Straßenschilder der Studenten entfernt wurden, nicht aus dem Sinn. Er erhielt wieder seinen alten Namen: Platz der Roten Armee.

Sylva machte ihren Runden in der Rathausbürokratie, um nach dem Grund zu fragen. Die offizielle Begründung war, daß der neue Name die Touristen mit alten Stadtplänen „desorientiere". Aber waren nicht Touristen und Einheimische bereits dadurch desorientiert, daß es in Prag zwei Plätze der Roten Armee an verschiedenen Stellen der Stadt gab? Und riefen nicht die Straßenbahnschaffner die Haltestelle als „Jan-Palach-Platz" aus?

Sylvas Kreuzzug war zum Scheitern verurteilt, aber ihre Interviews waren aufschlußreich.

Einer der Beamten fragte Sylva: „Erinnern Sie sich nicht an das Chaos in den fünfziger Jahren [als die Straßennamen stalinisiert wurden]? Wie würde Prag aussehen, wenn jeder eine Straße nach seinem Großvater benannt haben wollte?"

„Aber dies ist ein besonderer Fall, und wir leben in einer sehr außergewöhnlichen Zeit!" rief Sylva aus.

„Was ist an dieser Zeit außergewöhnlich?" fragte er höflich lächelnd, aber in einem Ton, der anklingen ließ, daß sie lieber die Finger von dem Ganzen lassen solle. „Sehen Sie sich an", fuhr er fort, „Sie haben einen hübschen Pullover an und Stiefel, die Ihnen bis an die Knie reichen."

Sylva ging hinaus, so schnell sie konnte, veröffentlichte aber den Dialog im *Zítřek*.

Die Russen beobachteten den nationalen Schmerz, der durch den Tod Palachs ausgelöst worden war, halb schweigend, auch wenn die TASS seine Tat als „antisozialistische Provokation" bezeichnete. Von Dubček war in dieser Zeit fast nichts zu hören, aber es wurde bekannt, daß er wegen Palachs Tod einen Nervenzusammenbruch erlitten hatte und vierzehn Tage ans Bett gefesselt war. Genau in dem Moment, als Richard Nixon feierlich als 37. Präsident der Vereinigten Staaten eingesetzt wurde, trat ein anderer Präsident, der 73jährige Ludvík Svoboda, im tschechoslowakischen Fernsehen auf, um den 20jährigen Märtyrer als „einen Mann von reinem Charakter mit reinen Absichten" zu loben; aber auch, um davor zu warnen, daß „ein Funken ein großes Feuer auslösen kann, das viele Opfer fordern könnte." Svoboda fuhr fort:

„Als Soldat weiß ich die Selbstverleugnung und den persönlichen Mut Jan Palachs zu schätzen. Als Präsident und Bürger der Republik jedoch kann ich die Tatsache nicht verhehlen, daß ich dieser Methode, politische Standpunkte auszudrücken, nicht zustimme.

Ich habe gerade die schockierende Nachricht erhalten, daß noch ein junger Mann in Pilsen versucht hat, Jan Palachs Tat zu wiederholen."

Die Nation wand sich in Furcht und Entsetzen. Es machte keinen Unterschied, daß die menschliche Fackel in Pilsen (die eine Woche später starb) ein 25jähriger Brauereiarbeiter mit Scheidungs- und Alkoholproblemen war. Er war ein Mensch, und der auslösende Faktor war der gleiche. Ehe eine Woche vorüber war, hatten sich vier weitere Tschechoslowaken angezündet – darunter ein verurteilter Dieb an einem Katafalk zu Ehren Palachs in Brünn. Eine 18jährige Prager Studentin, Blanka Nacházelová, hatte sich mit Gas vergiftet. Sie hinterließ eine Nachricht, in der sie schrieb, daß sie „aus denselben Gründen wie Jan Palach, aber ohne seinen Mut" gehandelt habe.

Auf den Treppen des Budapester Nationalmuseums zündete sich ein 18jähriger ungarischer Student an und starb. Ähnliche Versuche gab es auch in Österreich, Jugoslawien und Argentinien. In ganz Westeuropa marschierten Tausende von Studenten zu den sowjetischen Botschaften und Handelsniederlassungen, um wegen Jan Palach zu protestieren. U Thant übermittelte sein offizielles Beileid. Ohne Jan Palachs Selbstmord richtig zu verzeihen, verglich der Vatikan ihn mit den Opfern der frühen christlichen Märtyrer und sagte, daß solche Proteste die Dankbarkeit der Welt verdienten. Papst Paul VI., der die Gläubigen auf dem Petersplatz zum Gebet für die Tschechoslowakei und ihr Volk aufrief, sagte: „Wir können die tragische Form nicht gutheißen, die sie zur Erreichung [ihrer] Ziele gewählt haben, aber wir können die Werte hochhalten, die Selbstaufopferung und Liebe zu den Nächsten zu dieser höchsten Prüfung führen."

Im Nationaltheater ersetzte Arthur Millers *Hexenjagd* (die hier *Feuerprobe* heißt) *Die verkaufte Braut* sowie alle Komödien und Ballettvorstellungen, die in dieser Woche auf dem Programm standen. Und Arthur Miller kam bald danach selbst nach Prag. Er hörte, wie jemand Palachs Akt als „überindividuelle Geste" anprangerte. Miller entgegnete scharf:

„Palachs Tod war wie ein Kunstwerk. Menschen, und oft auch die Gesellschaft, erheben Protest gegen ein großes Kunstwerk, weil es sie zwingt, Vergleiche anzustellen – bei denen sie sich unbedeutender fühlen, wenn sie nicht zu Größe, Freiheit und Wahrheit neigen. Es provoziert sie und stellt sie vor so große Erwartungen, daß es sie beschämt ... Ein Held ist ein Mensch, der von anderen geopfert wird, und deswegen erkennen sie ihn nicht an. Ein Held beleuchtet die Wahrheit, deswegen ist er dem Feuer und der Aufopferung ausgesetzt."

Millers Rede wurde in *Listy* abgedruckt. Er verwendete Metaphern, die jeder Tscheche und Slowake verstehen konnte – obwohl ihre Führer versuchten es nicht zu tun.

Die Zeit nach Jan Palachs Beerdigung war im großen und ganzen eine Periode der Niedergeschlagenheit, in der jeder ein ungutes Gefühl im Bauch hatte. Die Menschen fanden es schwieriger, ihre Arbeit zu tun oder ihren Geschäften nachzugehen. Sie standen nur herum und warteten darauf, daß irgend etwas passieren oder daß Fackel Nummer 2 in Flammen aufgehen würde.

Es war auch die Zeit, in der sich die Art des offiziellen Gangstertums, die hier in den späten vierziger und fünfziger Jahren (nicht immer unter einheimischer Schirmherrschaft) praktiziert worden war, wieder am Rande dieser geplagten Gesellschaft geltend machte. Ein liberaler Beamter in Ostrava wurde eines Nachts in seinem Heim überfallen und terrorisiert. Ein Prager Fernsehkommentator wurde wegen einer möglichen Verletzung der Paßvorschriften endlos verhört. Einige bedeutende Prager Intellektuelle hatten plötzlich das Gefühl (auch wenn sie es noch nicht beweisen konnten), verfolgt oder abgehört zu werden. In der Provinz verschwand eine Handvoll Menschen auf dem Weg zur Polizeistation.

Anfang Februar 1969 brachte die Presse eine kurze Mitteilung:

> Herr Vítězslav Kadlčák, alias Major Chlumský, der angeblich eine Kampagne rund um den Tod von Herrn Jan Masaryk in Gang gebracht hatte, in der er erklärte, daß dieser ermordet worden sei, steht jetzt beim Bezirksgericht in Prag 1 unter Anklage und wird der Verleumdung und Verunglimpfung der Republik und ihrer Vertreter beschuldigt.

Für meine Polizeireporter-Nase für offizielle Vertuschungen schien es von Bedeutung, daß von all den Angriffen und Gegenangriffen, die über Jan Masaryks Grab 1968 ausgetragen worden waren, der von Chlumský als erster für Vergeltungsmaßnahmen ausgesucht wurde. Er war bereits am 8. September 1968 verhaftet worden.

Als ich zum Gericht hinunterging, war der Fall Chlumský auf den 20. Februar vertagt worden. Die Richterschaft war noch nicht völlig gesäubert worden, und der Magistrat war interessiert genug, Major Chlumský Zeit zu geben, um einige Beweisstücke aufzutreiben, von denen er sagte, daß sie seinen Standpunkt untermauerten. Er behauptete, daß er unter anderen Dokumenten die Protokolle von einem in Klement Gottwalds Haus sofort nach Masaryks Tod abgehaltenen geheimen Treffen besitze. Unter den laut Chlumský damals Anwesenden waren Gottwalds Schwiegersohn Alexej Čepička[78] und Stalins Abgesandter Valerian Zorin. Chlumský zufolge eröffnete Gottwald das Treffen mit den Worten: „Endlich sind wir diesen Krüppel los, und es ist Selbstmord. Wir müssen uns keine Sorgen um Unruhen im Volk machen ... Jetzt müssen wir darauf achten, daß dieser Clementis[79] seinen Mund hält. Er sagt Dummheiten, und er heult wie ein Baby. Wir müssen ihn davon abhalten, auf der Beerdigung zu quatschen ..."

Am 18. Februar um 5.50 Uhr kehrte Chlumský aus einem Versteck in Nordböhmen nach Prag zurück. Vorsichtig fuhr er in der Nähe der gotischen Stadt Louny mit seinem alten Škoda dahin und mußte dann an einem Eisenbahnübergang anhalten. Er bemerkte in einem beträchtlichen Abstand hinter sich einen neuen Moskwitsch, der plötzlich bremste und etwas ins Schleudern kam.

Gleich nach dem Bahnübergang verlangsamte Chlumský den Wagen und schwenkte zur Seite, um einem schwarzen

[78]Gegen Čepička war wegen seiner Rolle in einem versuchten Bombenattentat auf Masaryk und zwei andere Minister im Jahre 1947 ermittelt worden. 1948 wurde er der erste kommunistische Justizminister. Immer noch am Leben, war er es, der zwei Jahrzehnte später Klage gegen Chlumský erhob.

[79]Der stellvertretende Außenminister, der 1952 mit Rudolf Slánský gehängt wurde.

Wolga auszuweichen, der auf seiner Straßenseite mit eingeschaltetem Licht parkte. Als er an ihm vorbeifuhr, hörte er ein pfeifendes Geräusch und dann das Klirren von Glas, mit dem das Fenster rechts von ihm zersplitterte.

„Mein erster Gedanke war", sagte er später, „daß mein Wagen den anderen gestreift hatte. Dann fing mein Kopf an zu schmerzen. Ich griff mit der Hand neben mein rechtes Ohr und fühlte etwas Klebriges. Ich wollte anhalten, aber da sah ich ein anderes Auto – den Moskwitsch – schnell an mich herankommen und begriff, was vor sich ging.

Ich drückte das Gaspedal hinunter, aber das andere Auto war schneller und kam immer näher. Ich wußte, daß einige hundert Meter weiter eine Porzellanfabrik kommen würde, und ich hoffte, daß dort Leute seien, die mir helfen konnten. Aber wir waren noch vor einem Bauernhof, als der Moskwitsch schon neben mir fuhr. Ich bin kein Katholik, aber ich sage Ihnen, ich habe gebetet."

In seiner Verzweiflung, sagte Major Chlumský, habe er sich entschieden, einen letzten Vorstoß zu machen und mit seinem alten Škoda den Moskwitsch zu rammen. Er lehnte sich zurück, um sich für den Aufprall abzustützen, doch als er das tat, kippte der Fahrersitz um, und Chlumský wurde in den hinteren Teil seines Wagens geschleudert. Sein Škoda kam von der Straße ab und überschlug sich in einer Schneewehe. Während er das Bewußtsein verlor, hörte er Schüsse …

Als er im Krankenhaus von Louny erwachte, galt seine erste Frage einer braunen Aktentasche, die er neben sich im Auto gehabt habe. Aber weder die Polizei noch der Lastwagenfahrer, der sie gerufen hatte, wußten etwas darüber. Fast im selben Augenblick meldete die fünfzig Kilometer entfernte Prager Polizei, daß Major Chlumský „einen Autounfall" erlitten habe. Später behaupteten sie, daß er den Unfall entweder vorgetäuscht oder inszeniert habe, um die Aufmerksamkeit von den fehlenden Beweisen abzulenken, die seine Aussagen unterstützen sollten.

Der Chefchirurg in Louny sagte zu eintreffenden Reportern, daß Chlumský bei seiner Einlieferung „unter einem schwerem Schock" gestanden habe und „bewegungsunfähig" gewesen sei. „Es war absolut unmöglich für ihn, diesen Zustand zu simulieren, vor allem das unkontrollierte Zittern … Ich persönlich denke, daß [ihn] das Umkippen des Sitzes gerettet hat: die erste

Kugel ging durch seine Mütze und streifte seinen Schädel, während die anderen nur seinen Mantel und seinen Schal durchdrangen. Nach dem Urteil des Polizeichirurgen, den man aus Ústí nad Labem hatte kommen lassen, rührte eine weitere Verletzung am linken Ohr auch von einer Kugel her. Ich kann mir nicht vorstellen, daß irgend jemand wissentlich das Risiko, einen solchen Unfall vorzutäuschen, auf sich nimmt oder sich auf diese Weise anschießen läßt ..."

Die Polizei in Louny wollte die Reporter Chlumskýs Auto nicht besichtigen lassen. Am bezeichnendsten in dieser zwielichtigen, quasioffiziellen Ermittlung, mit der Chlumský diskreditiert werden sollte, waren jedoch die Erfahrungen der katholischen Zeitung *Lidové demokracie* (*Demokratie des Volkes*). Wenige Minuten nach der Schießerei erfuhr ein Redakteur in ihrem Prager Büro davon. Er rief das Krankenhaus in Louny an, wo ein Arzt ihm die Verletzungen Chlumskýs zu beschreiben begann. Plötzlich brach die Verbindung ab. Der Redakteur rief noch einmal an. Diesmal erfuhr er, daß alle Telefonverbindungen nach Louny unterbrochen seien und daß ihre Wiederherstellung 24 Stunden dauern werde.

Der Redakteur ließ sich nicht entmutigen und ging aus dem Büro der Zeitung, dessen Telefone, wie man wußte, abgehört wurden, in die nahe gelegene Wohnung eines Freundes. Von dort rief er eine private Nummer in Louny an und kam sofort durch.

Chlumský genas wieder, aber sein Prozeß wurde auf unbestimmte Zeit vertagt – bis seinen Klägern eine entgegenkommendere Richterschaft und eine wohlwollendere Presse garantiert werden konnte. So tat er seine letzte öffentliche Äußerung vom Krankenhausbett in Louny aus:

„Sie machen jetzt so einen Tumult um meine Dokumente. Also, die waren nie von einer derartigen Wichtigkeit, daß aus der Tschechoslowakei ein zweites Chicago werden mußte. Und in der heutigen Tschechoslowakei, seit dem letzten August, haben sie keinen besonderen Wert mehr."

In dieser düsteren Zeit, in der auf Chlumský geschossen worden war, gab es auch gezielte Anstrengungen, Palachs Selbstmord und ähnliche Ereignisse in den Schmutz zu ziehen. So trat ein Mitglied des Zentralkomitees namens Vilém Nový mit der „Enthüllung" an die Öffentlichkeit, daß Palach 1968, während seines Aufenthaltes in Westdeutschland, mit einer flüssigen Form von „kaltem Feuer", wie es von indischen Fakiren und Feuerschluckern im Zirkus für ihre täglichen Zaubervorstellungen verwendet wird, (unter imperialistischer Schirmherrschaft) experimentiert habe. Laut Nový ging Palach mit der Vorstellung zum Wenzelsplatz, daß er wohl Feuer fangen, aber keine ernsten Verbrennungen erleiden und daß dieses Wunder als göttliche Bekräftigung seiner Forderungen interpretiert werden würde. Aber im letzten Augenblick hätten Palachs Studienkollegen und Mitverschwörer das „kalte Feuer" ohne sein Wissen durch normales Benzin ersetzt.

In ähnlicher Weise verfaßte das angepaßteste der drei Innenministerien jetzt den ersten vollständigen Text des Abschiedsbriefes jenes Mädchens, das sich „aus denselben Gründen wie Jan Palach" mit Gas vergiftet hatte. Diese Version ließ darauf schließen, daß sie gezwungen worden war, sich das Leben zu nehmen:

> Meine Lieben! Wenn Ihr diesen Brief lest, werde ich nichts mehr von ihm wissen. Glaubt mir, das, was ich getan habe, geschah nicht aus Überzeugung. Ich mußte es tun. Ich hatte nicht die schreckliche Courage von Jan Palach. Darum sterbe ich auf diese Art. Es ist viel leichter für mich, aber es ist grausam; ich möchte so gerne leben. Wenn um Punkt 8.30 Uhr ein schwarzer Mercedes dreimal hupt, werde ich die Rolläden herunterlassen und den Gashahn öffnen. Ich will nicht, aber ich muß. Bitte vergebt mir, vergebt mir. Ich weiß keinen anderen Ausweg mehr. Das ist besser als Säure im Gesicht. Lebt wohl und vergebt mir,
>
> BLANKA

Palachs Abschiedsbrief war nicht veröffentlicht worden. Dieser schon. Und obwohl er in tschechischer Sprache verfaßt worden war, konnte sein plumper Stil ohne Zweifel nur aus einem einzigen Genre dieser Welt stammen: der ostdeutschen Detektivgeschichte.

„Kaltes Feuer, Fakire und ein schwarzer Mercedes! Das ist alles ein bißchen zuviel für unseren Geschmack", bemerkte dazu die Gewerkschaftszeitung *Práce* (*Arbeit*). Dann schloß sie mit Bezug auf Hitlers politischen Brandstiftertrick von 1933: „Hoffen wir, daß wir keinen Reichstagsbrand erleben werden."

Die Wertung einer meiner Freunde war noch lakonischer: „Das riecht, als ob die Šalgovičs aus Dresden heimkehrten."

Er meinte das bildlich, aber es kam (einen Monat nach dieser Sache) heraus, daß der Verräter von Prag tatsächlich heimgekehrt war, diesmal in sein Geburtsland, die Slowakei. Er war sogar für die Leitung eines Kongresses der Antifaschistischen Slowakischen Kämpfer vorgeschlagen worden, der Gesellschaft ehemaliger Partisanen des Zweiten Weltkrieges, unter denen sich Šalgovič anerkanntermaßen einer ausgezeichneten Reputation erfreute. Doch ein Professor aus Bratislava hatte sich erhoben, um Šalgovič dafür zur Rede zu stellen, daß er in seinem Lebenslauf die Tatsache unterschlagen hatte, daß er „am 20. August 1968 um 16 Uhr, also sieben Stunden vor dem Einmarsch der Truppen und zu einem Zeitpunkt, als weder der Präsident der Republik noch der Ministerpräsident noch der Erste Sekretär … etwas wußten, Befehle an seine engsten ausgewählten Mitarbeiter erließ, die besagten, was sie zu tun hatten, wenn die Truppen die Grenzen überschreiten würden."

Als Antwort brachte Šalgovič vor, daß er seinen Männern nur befohlen hatte, den Truppen aus den fünf Ländern keinen Widerstand zu leisten, weil er es nicht übers Herz gebracht hätte, auf die zu schießen, mit denen er Seite an Seite gegen den Faschismus gekämpft hatte.

„Das ist billige Selbstüberschätzung", war die Meinung des Professors, der auf all die Fragen hinwies, die Šalgovič umgangen hatte. Und der Kongreß lehnte Šalgovič mit 211 zu 206 Stimmen, bei 120 Enthaltungen, ab. Aber es war doch ein Schock, daß bereits 206 Menschen in der Tschechoslowakei bereit waren, für Šalgovič zu stimmen.

Ich rief meinen jüdischen Freund, den Wirtschaftsfachmann mit journalistischen Neigungen, an, so wie ich es versprochen hatte, falls Šalgovič jemals zurückkehren sollte. Mein Freund befand sich „für unbestimmte Zeit außer Landes".

Am 25. Februar 1969, dem 21. Jahrestag der kommunistischen Machtübernahme und genau einen Monat nach Jan Palachs Begräbnis, kam ein anderer junger Mann als menschliche Fackel aus einem Kesselraum (wo er sich mit Reinigungsmittel übergossen hatte) heraus auf den Wenzelsplatz. Ein Prager Polizeimajor versuchte die Flammen zu löschen. Der Major mußte ins Krankenhaus und schwebte zwei Tage in Lebensgefahr; der junge Mann war bei seiner Einlieferung bereits tot. Ein Abschiedsbrief, den man in der Nähe fand, wies ihn als den 18jährigen Jan Zajíc aus, Maschinenbaustudent aus Nordmähren. Er hatte ihn mit „Fackel Nummer 2" unterschrieben.

Diesmal konnte die Polizei seinen Abschiedsbrief bereits „in Übereinstimmung mit den geltenden tschechoslowakischen Normen" geheimhalten. Die Presse brachte nur einen routinemäßigen Nachruf in drei Absätzen. Aber Jan Zajíc hatte einen separaten Brief an seine Familie geschickt – und der wurde von seinen Kommilitonen veröffentlicht:

> Liebe Mutter, Vater, Bruder und Schwester!
>
> Wenn Ihr diesen Brief lest, werde ich tot, oder beinahe tot sein. Ich weiß, welchen Schmerz ich Euch durch meine Tat verursache, aber bitte seid nicht böse. Unglücklicherweise weiß ich, daß ich nicht allein auf dieser Welt bin – ich mache das nicht, weil ich mit dem Leben unzufrieden bin, sondern weil ich das Leben eben zu sehr liebe. Vielleicht kann ich es durch meine Tat für Euch besser machen. Ich kenne den Sinn des Lebens, und ich kenne seinen höchsten Wert. Aber ich will zuviel für Euch, für alle, und darum muß ich soviel bezahlen.
>
> Verliert nach meiner Tat nicht den Mut. Laßt Jaček [seinen Bruder] mehr lernen, damit er mich rächen kann, und dasselbe gilt für Martička [seine Schwester]. Seid nie mit einer Ungerechtigkeit einverstanden, egal, worum es geht. Mein Tod verpflichtet Euch dazu.
>
> Es tut mit leid, daß ich Euch nicht noch einmal sehen konnte, und alle, die ich so sehr geliebt habe. Verzeiht mir, daß ich so oft mit Euch nicht einer Meinung war. Ich sende Jačeks Foto an ihn zurück. Ich habe ihn sehr geliebt und geachtet – nicht nur ihn, sondern Euch alle. Erlaubt ihnen nicht, mich für verrückt zu erklären. Grüßt die Jungs, den Fluß und die Wälder von mir.

Er schloß mit den Worten „Lebt wohl und vergebt mir."

Im Postskript bat Jan Zajíc darum, in Prag begraben zu werden, damit seine Tat „in den Augen der Welt" festgehalten werde. Sein Wunsch wurde nicht erfüllt; weder die Obrigkeit noch die Menschen von Prag waren für ein weiteres Begräbnis wie das Jan Palachs bereit. Aber Tausende kamen zu Jan Zajícs Beerdigung in seine Heimatstadt. Dieses Begräbnis wurde jedoch von der Roten Armee beobachtet und beaufsichtigt.

Während der Prozession auf einer eisigen Straße kam eines der langsam fahrenden Autos etwas ins Schleudern. Aus Furcht, das Auto käme auf ihn zu, eröffnete ein russischer Soldat das Feuer und schoß einer Insassin durch Leber und Gedärme.

Ich weiß nicht, ob die Frau überlebt hat, denn *Zítřek*, der zwei von Sylvas Kollegen auf Zajícs Begräbnis geschickt hatte und einen Bericht über den Zwischenfall abdruckte, erhielt eine strenge Ermahnung von den Zensoren, das Thema fallenzulassen. Aber *Zítřek* hielt die Umstände, die Jan Zajíc dazu bewogen hatten, sich das Leben zu nehmen, für die Nachwelt fest. In der Svoboda-Straße, direkt gegenüber von der Schule und dem Wohnheim des Jungen, hatte die Rote Armee die tschechoslowakische Armee aus einer Kaserne vertrieben, ein Schild mit der Aufschrift „WIR STEHEN IM DIENSTE DES VOLKES" heruntergerissen und es durch eines mit dem Spruch „LANG LEBE DIE SOWJETISCH-TSCHECHISCHE FREUNDSCHAFT" ersetzt. Während einer winterlichen „Kohlenmisere", als die ganze Stadt vor Kälte zitterte, hatte Jan Zajíc die Russen dabei beobachtet, wie sie Tonnen von Kohle abluden, die aus der Sowjetunion für ihren Eigenbedarf hierherverfrachtet worden war. Und er sagte zu einem Mitschüler: „Ich lebe gerne, aber ich werde nie mit denen hier zusammenleben können."

Fast ausschließlich dank dieser Reportage im *Zítřek* erhielt Jan Zajíc einen Platz im Pantheon der tschechischen Märtyrer mit dem Namen Jan (Johann): Johann von Luxemburg, böhmischer König (Vater Karls IV.), der in der Schlacht bei Crécy 1346 umkam, sein Roß in das Kampfgewühl treibend, obwohl er bereits blind war ... der Beichtvater Jan von Nepomuk (1393), der Ketzer Jan Hus (1415) und sein einäugiger General Jan Žižka (1424) ... der Student Jan Opletal (1939) ... der Staatsmann Jan Masaryk (1948) ... und jetzt, 1969, Jan Palach und Jan Zajíc.

Ein anderer Jan, Jan Amos Komenský, alias Comenius, der 1670 im Exil starb, verhalf Marta Kubišová Anfang 1969 zum Sieg bei dem im Fernsehen übertragenen Gesangswettbewerb *Goldene Nachtigall (Zlatý Slavík)* mit seinem Text zu „Martas Gebet". Wir sahen Herrn und Frau Dubček in der vordersten Reihe sitzen. Später sahen wir Fotos von Dubček, auf denen er Kubišová hinter der Bühne mit einem Kuß gratuliert und mit ihr und einer anderen Sängerin anstößt. Später in dieser seltsamen grauen Periode von 1969, als der KGB seinen Griff auf den Polizeiapparat wiederzuerlangen und zu festigen schien, schoß jemand Marta Kubišová ins Fenster. Dann stellte sich heraus, daß es sich nicht um einen politischen Mordversuch, sondern um die Tat ihres eifersüchtigen Freundes, des Regisseurs Jan Němec, gehandelt hatte.

Němec hatte mit dem Dramatiker Václav Havel zusammen an einem Drehbuch (*Das Memorandum*) gearbeitet. Als sie Gerüchte darüber hörten, daß die Russen von den Tschechen dadurch eine Verschärfung der Zensur verlangten, daß sie in den Zeitungsredaktionen *Vor*zensoren einsetzen sollten (statt den Redakteur *nach* der Veröffentlichung zur Rede zu stellen – wie es damals noch gehandhabt wurde), sandten Němec und Havel ein Telegramm an Präsident Svoboda, in dem sie ihn dringlichst beschworen, dieser Forderung nicht nachzugeben.

Sie erhielten keine Antwort. Sie konnten nicht einmal feststellen, ob ihre Botschaft den Präsidenten überhaupt erreicht hatte. Nach einer geraumen Zeit überbrachten sie der Prager Presse Kopien davon. Die Redakteure dankten ihnen für die Unterstützung und entschuldigten sich dafür, daß sie solche kämpferischen Worte nicht mehr zu drucken wagten. Ungefähr zu dieser Zeit stellte sich bei Havel und Němec das unbestimmte Gefühl ein, daß sie überwacht wurden.

Havel lud einen mit ihm verwandten Elektriker ein, der eine Deckenlampe in seinem Arbeitszimmer installieren und sich dabei ein bißchen umsehen sollte. Der Verwandte entdeckte ein sonderbares Loch in der Decke. Mit einem langen Schraubenzieher zog er ein außerordentlich empfindliches Miniaturmikrofon und mindestens einen Meter Kabel heraus.

Havel rief auf der Stelle die nächste Polizeistation an, und nach wiederholten Versuchen wurde ihm gesagt, daß ein Polizist in Kürze vorbeikäme und er die „Beweisstücke sicherstellen“ solle – was sein Verwandter bereits tat, indem er Mikrofon und Kabel an seine Trittleiter band.

In dem Moment, als Havel den Hörer auflegte, hörte man aus dem Loch in der Decke ein Geräusch, und es begann Verputz zu regnen. Mit einem kräftigen Ruck wurde das Kabel von der Leiter weg nach oben gerissen. Das Mikrofon fiel allerdings auf Havels Schreibtisch, wo seine Frau dann Wache stand, während er die Polizei anrief und sein Verwandter aus der Wohnung hinaus und die Treppe hinauflief.

Als der Verwandte sich einen Schlüssel für den Dachboden verschafft hatte, fand er dort nichts als ein Loch im Boden und ein Spachtelmesser vor. Ein Nachbar mit einer Kamera erbot sich, alle Beweise zu fotografieren. Die Havels baten eine Anzahl von Redakteuren und Schriftstellerfreunden als Zeugen und zur moralischen Unterstützung zu sich.

Als über eine Stunde später ein Beamter in Zivil auftauchte, erklärte dieser den Anwesenden, daß er nicht berechtigt sei, eine Anzeige aufzunehmen, sondern nur, das Mikrofon sicherzustellen. Er war aber nicht bereit, Havel eine Übergabebestätigung für das Mikrofon auszustellen. Havel weigerte sich, ihm das Mikrofon auszuhändigen. Der Zivilbeamte rief im Polizeipräsidium an, und nach einer weiteren Stunde kamen zwei uniformierte Streifenbeamte, die es ebenfalls ablehnten, eine Anzeige aufzunehmen oder eine Bestätigung auszustellen. Nachdem sie vergebens versucht hatten, Havel zu überzeugen „ein guter Kerl zu sein und kein Aufheben zu machen“, erklärten sie ihm, daß es nicht ihre Aufgabe sei, derartige Vorkommnisse zu untersuchen. Als Havel fragte, bei *wem* die Ermittlungskompetenz läge, sagten sie, daß sie das nicht wüßten, und gingen.

Später veröffentlichte Havel seine Version dieses Abenteuers mit Bildern in *Listy*. Aber er wußte, daß er nicht das letzte Wort behalten würde …

Am Freitag, dem 21. März 1969, gab es abends etwas zum Jubeln! Bei den Weltmeisterschaften im Eishockey in Stockholm schlug die Tschechoslowakei Rußland mit 2:0, während ganz Europa zusah. Man konnte die Massen im Stadion „Dub-ček! Dub-ček!“ rufen hören. Um Mitternacht verließen Tausende von Tschechen ihre Plätze vor den Fernsehern und zogen über den Wenzelsplatz. Sie schwangen ihre Flagge, riefen das Ergebnis im Sprechchor und schrieben „2:0“ über die mit „BESUCHT LENINGRAD“-Plakaten ausgestatteten Fenster der russischen Fluggesellschaft Aeroflot.

Sie wollten auch die Wenzelsstatue stürmen, aber die Listigkeit des stellvertretenden Ministerpräsidenten Štrougal, dessen Stern fast so schnell wie der Husáks im Osten aufging, machte ihnen einen Strich durch die Rechnung. Nach zahlreichen Sit-ins und Kerzenfeiern zu Ehren Palachs hatte Štrougal das Monument über Nacht (im tiefsten Winter) mit einer Gartenlandschaft aus undurchdringlichen Büschen, Hecken und üppigen stacheligen Pflanzen umgeben. Seit dem 21. März wurde dieser großartige, vielzackige Gegenangriff „Štrougal-Park" genannt.

Die Hockeyfans nahmen den Štrougal-Park gutmütig hin, gingen weg und riefen „Wartet nur bis nächste Woche!" Das taten auch ein paar russische Zivilisten, die zufällig auf dem Platz waren und auf sportliche Art und Weise verspottet wurden. Denn jedes Team spielt zweimal gegeneinander, und das Retourspiel zwischen der Tschechoslowakei und Rußland sollte am Freitag, dem 28. März, stattfinden.

Die Tschechoslowakei gewann wieder, mit 4:3. Und diesmal erschütterte der Jubel, der in jedem Haus ausbrach, im wahrsten Sinne des Wortes die Stadt. In meiner Nachbarschaft stürmten Tausende von Studenten und Hunderte von tschechoslowakischen Soldaten aus ihren Studentenheimen und Kasernen und liefen ins Zentrum, um zu feiern. Hunderttausende von Tschechen liefen auf dem Wenzelsplatz zusammen, wo der Štrougal-Park wie ein Zauberwald verschwand. Die Zahlen „4:3" prangten auf dem Sockel der Statue und überall auf dem Platz. Und die Geschäftsstelle von Aeroflot wurde von Jugendlichen auseinandergenommen, die auf den Flugzeugmodellen herumtrampelten und die Einrichtung, Reiseposter und Leninbilder in einem Freudenfeuer auf dem Gehsteig verbrannten. Einige Polizisten standen grinsend dabei und ließen die Gewalt mehr als eine Stunde um sich greifen, bis einer von ihnen leicht verletzt wurde. Daraufhin erschienen fünf Busladungen eines mit Helmen ausgerüsteten Sonderkommandos, um die Massen mit Tränengas und Schlagstöcken auseinanderzutreiben.

Am nächsten Tag traten die Minister der böhmischen Länder zusammen, und ihre Regierung gab eine ziemlich strenge, aber verständnisvolle „Stellungnahme zu den Ausschreitungen von Freitag nacht" heraus. Der Aufstand war letztendlich nicht wilder oder zerstörerischer gewesen als irgendwelche College-Wochenenden in den Staaten, und viel kürzer. Aber der neue tschechische Innenminister und Hardliner Josef Grösser war mit der Reaktion der Regierung nicht einverstanden und veröffentlichte daher am Montag eine eigene Stellungnahme. Darin führte er die Attackierung der V. I. Lenin-Kaserne in Mladá Boleslav, die Freitag nacht mit Steinen beworfen worden war, Angriffe auf verschiedene andere sowjetische Garnisonen und das Anzünden eines sowjetischen Armeefahrzeugs in Ústí nad Labem an. Er wies auch darauf hin, daß er diese Ausschreitungen nicht für spontane Störaktionen halte.

Gleichzeitig zog die Moskauer *Pravda* über „im voraus geplante, organisierte nationalistische Kundgebungen“ her und nahm Josef Smrkovský ins Visier. Dieser hatte am Freitag bis spät am Abend gearbeitet und war auf der Heimfahrt in einem Dienstwagen zufällig in den Krawallen auf dem Wenzelsplatz eingeschlossen gewesen.

Als dann Marschall Grečko und der Vize-Außenminister Vladimir Semjonov unangemeldet in Prag eintrafen, war klar, daß sie als Zuchtmeister gekommen waren.

Sie führten einen Brief des sowjetischen Politbüros mit sich, in dem davor gewarnt wurde, daß die Panzer wieder Alarmstufe eins hätten und die Ordnung wiederherstellen würden, sollte die Führung es nicht tun.

In seiner ersten Unterredung mit Präsident Svoboda begann Marschall Grečko schonungslos:

„Wir haben alle den *Schwejk* gelesen, und das ist alles, was bis jetzt hier passiert ist. Jetzt wollen wir ein paar handfeste Resultate.“

Die Karten im Präsidium waren jetzt so gemischt, daß es Smrkovský gegenüber prompt eine öffentliche Rüge wegen Teilnahme an der „antisowjetischen Hysterie“ aussprach. Dubček ging ins Fernsehen, um die Nation davor zu warnen, daß „wir wegen dieser Vorkommnisse wieder einen hohen politischen Preis zahlen werden. Ich möchte, daß Ihnen bewußt wird, daß der Zeitraum, den wir für die Normalisierung zur Verfügung haben, nicht unbegrenzt ist.“

Das war noch nicht genug. Grečko teilte Svoboda mit, daß weitere Truppen von 20.000 Mann bereits ins Land gebracht worden seien. Die Rote Armee stünde bereit, um die wichtigsten Städte zu besetzen, falls, wie Grečko es ausdrückte, die schwarzen Schafe nicht aus der Partei, der Regierung und dem Lande hinausgeworfen werden würden.

Verschiedene Hardliner und ehemalige Novotnýisten, besonders einige Armeegeneräle, besuchten Marschall Grečko in seiner Villa, die sich in der Nähe unserer Wohnung befand. Aus Angst vor einem Militärputsch, unterstützt von sowjetischen Panzern, unternahm Präsident Svoboda eine energische „Inspektionsreise“ zu Armeestützpunkten in Böhmen, Mähren und der Slowakei ...

Noch während sich Grečko in der Stadt aufhielt, brachte *Zítřek* mit schlechtem Timing auf der Titelseite ein Foto des Hockey-Freudenfeuers von Freitag nacht und darunter eine Schwejkische „ODE AN DIE FREUDE" von Vladimír Škutina:

> Wer immer in dieser Nacht zufällig auf die Straße kam, konnte, ohne Übertreibung, den Spaß und die Heiterkeit des Karnevals von Rio und/oder Havanna verstehen.
>
> Niemand hatte es organisiert. Niemand hatte dazu aufgerufen. Niemand leitete das Programm. Auch die Konterrevolution nicht. Das Volk warf einfach die Hände in die Luft und verband sich untereinander. Es herrschte Freude, nicht nur wegen unserer Hockeyspieler, sondern weil wir auch ein bißchen stolz auf uns selbst waren.
>
> Wir mußten uns gegenseitig zeigen, daß wir das Handtuch noch nicht geworfen haben. Daß wir, soweit es Gefühle, Stolz und Hoffnungen betrifft, immer noch Optimisten sind. Daß wir für einen moralischen Sieg und Fair play keine Gewehre benötigen. Im Gegenteil, wenn der Feind keine Waffe hat, dann geht es mit ihm bergab ...

Und das war das Ende von *Zítřek*. Die Ausgabe wurde beschlagnahmt. Die Wochenzeitung wurde verboten. Und Sylva hatte keinen Job mehr.

Svobodas „Rundfahrt" brachte wieder Disziplin in die Truppen. Aber irgendwo auf seiner Reise verlor der alte Soldat die Kampflust. Beeindruckt von der „ruhigen Atmosphäre" in der Slowakei Gustáv Husáks, kehrte Svoboda nach Prag zurück und tat sich mit den „Realisten" im Zentralkomitee zusammen.

Am Donnerstag, dem 17. April 1969, trat das Zentralkomitee im Spanischen Saal der Prager Burg zusammen. Alexander Dubček ersuchte darum, von seinem Posten als Erster Sekretär entbunden und durch Gustáv Husák ersetzt zu werden. Dem Gesuch wurde stattgegeben.

Das 21 Mann starke Präsidium wurde auf elf Mitglieder zurückgestutzt. Dubček und Černík behielten für die noch verbleibende Zeit ihre Sitze. Aber Smrkovský und Špaček schieden aus.

Um die Öffentlichkeit zu beruhigen, wurde Dubček zum Vorsitzenden der Bundesversammlung ernannt und erhielt so den Posten, den Smrkovskýs slowakischer Freund Colotka jetzt nach drei Monaten abgab. Die Reise nach Jerusalem war voll im Gange, und sie fand am Abgrund statt.[80]

Husáks Antrittsrede war charakteristisch für ihn, schonungslos und freimütig. Das war kein Mann, der vorgab (oder sich selbst vormachte), daß alles bereits perfekt war und nur noch perfekter gemacht werden konnte. Er war auf die Wellenlänge der Öffentlichkeit eingestellt. Er wußte, was die Leute dachten und wollten und worum sie sich sorgten. Aber er entstellte alles und jedes für seine eigenen Zwecke:

„Ich weiß, die Leute werden sagen: ‚Jetzt kommt eine neue Novotný-Ära!' Aber wir *müssen* die Partei disziplinieren. Wir *müssen* Kommunisten, die gegen die Parteipolitik sind, zur Rechenschaft ziehen ... Alles hat seine Grenzen, auch unsere Toleranz. Wir erwarten eine breite Beteiligung der Massen, eines jeden Bürgers dabei, unsere Politik zu schaffen, zu realisieren und zu kontrollieren. Wir weichen von keinem einzigen der grundlegenden Prinzipien unserer Politik nach dem Januar ab. Aber wir müssen wissen, was zu tun ist, und wann. Verhaltet Euch ruhig. Bewahrt den Frieden. Unterstützt unseren Kurs."

Und die Menschen, die dessen, wohin ihr Widerstand sie geführt hatte, überdrüssig waren, stöhnten nur, nahmen es aber, bereits auf dem Boden liegend, hin. Kaum jemand wollte noch darüber sprechen, aber die Wahrheit war, daß die Freiheit sich als eine schwere Zerreißprobe herausgestellt hatte. Zur Zeit schien es leichter, ohne sie zu leben.

80Am selben Tag feierte Nikita Chruščev seinen 75. Geburtstag, in der Abgeschiedenheit, die eine solche Unperson verdient hat; und einer von Marschall Grečkos Vorgängern, Georgij Žukov, veröffentlichte Memoiren, in denen Stalin als tatkräftiger Führer, weiser Diplomat und höflicher Mensch rehabilitiert wurde.

Zwischenspiel
Am Strand und in der Höhle

Auch ich nahm die Neuigkeiten auf dem Boden liegend zur Kenntnis, auf einem extradicken Badetuch, das über einige schroffe Steine in einer felsigen Bucht in Jugoslawien ausgebreitet war. Ebenfalls enttäuscht und müde von der Politik, war ich mit meiner Familie – eine Woche vor Dubčeks Sturz – zu einem zehntägigen Frühlingsurlaub auf die abgelegene dalmatinische Insel Hvar geflohen. Ich kletterte, spielte, schwamm und sonnte mich und machte um den einzigen Kiosk, der manchmal Zeitungen vom Festland bekam, einen großen Bogen.

Aber wenn die Leute hören, daß man aus der Tschechoslowakei kommt, kann man sich nicht von der Politik fernhalten. Das Hotel gab uns ungefragt einen Preisnachlaß, unserer Herkunft wegen. Fast jeder Einheimische, den wir kennenlernten, zeigte uns den Revolver, den er in seiner Schreibtischschublade verwahrte, nur für den Fall, daß die Russen auch hierherkämen. Fast jeder sagte auch, daß er Lebensmittelvorräte und Munition in einer Höhle, die er kannte, versteckt habe.

Da wir Tschechisch konnten, war es uns möglich, mit den Leuten zu sprechen: sie verstanden unser Tschechisch, und wir enträtselten ihr Serbokroatisch. Ein Mann, der am Kai arbeitete, sagte zu uns: „Die Tschechoslowakei ist *kaput*. Aber hier wäre es eine andere, blutigere Geschichte, und das wissen die Russen."

Wahrscheinlich hatte er recht. Am 21. August hatte Marschall Tito eine Mobilisierung und eine genaue Inspektion der Verteidigungsanlagen angeordnet. Dabei kam heraus, daß Jugoslawien zwischen der ungarischen Grenze (der logischen Stelle für einen Einmarsch) und der Hauptstadt Belgrad insgesamt von zwei Zollbeamten und zwei Milizangehörigen beschützt wurde. Auch wenn es Verteidigungsanlagen gab, konnte die Rote Armee innerhalb von sechs Stunden in Zagreb sein, und in weiteren sechs Stunden an der Adriaküste. Dies führte zu einer breitangelegten Umbildung von Titos militärischem

Oberkommando. Eine Anzahl Generäle, die als dicke Freunde der Russen bekannt waren, wurden in Pension geschickt.

Ich hörte all dem respektvoll zu und war auch der Meinung, daß es einen anderen, blutigeren und zweifellos längeren Kampf geben würde, sollte so etwas in Jugoslawien geschehen; das Resultat jedoch wäre dasselbe.

Kapitel 20

Montag, 21. April – Mittwoch, 30. Juli 1969

Václavs Vater hatte die Arbeit für Dubček unter einer Bedingung angenommen: Seine Vorgesetzten sollten ihm im voraus ein unterschriebenes, aber nicht datiertes Schreiben mit der Bestätigung seines Rücktritts geben. Sonst kann man nicht einfach aus dem Zentralkomitee ausscheiden. Man muß die Erlaubnis zum Rücktritt erhalten.

Nur Minuten nachdem er sich von Dubček verabschiedet hatte, begann Václavs Vater seinen Schreibtisch aufzuräumen. Er schrieb auch ein Rücktrittsdatum in seinen Brief. Das Datum, das er eintrug, lag in sicherem zeitlichen Abstand zu Dubčeks Sturz.

Als Husák vorbeikam, um seinen neuen Amtssitz zu besichtigen und die Angestellten zu begrüßen, versuchte Václavs Vater Begrüßung und Abschied zu verbinden, indem er Husák gleich seine Rücktrittsbestätigung überreichte.

Husák durchschaute den Trick und sagte das auch. Die beiden Männer stritten einige Minuten über die Gültigkeit des Dokumentes, und die Szene begann sich zu verschärfen, bis sich Husák plötzlich unterbrach und sagte: „Warum reden wir überhaupt darüber? Ich hätte Sie sowieso gefeuert."

Von Kopf bis Fuß Realist, nahm Husák daher den Rücktritt an.

Bald darauf fuhr Husák nach Moskau, um seine Belohnung zu fordern. Man wußte, daß er zwei Wünsche vortragen würde: 1.) einen Kredit in harter Währung oder in Goldrubeln, um die Wirtschaft am Laufen zu halten, und 2.) die Abschaffung von *Zprávy*. Er kam ohne Kredit zurück und nur mit der Zusicherung, daß die Herausgabe von *Zprávy* bald eingestellt werde.

Dies war einmal ein Versprechen, das Rußland einhielt. Wenige Wochen danach kündigte der Redaktionsvorstand der Zentraleinheit der auf tschechoslowakischem Territorium vorübergehend stationierten sowjetischen Truppen an, daß die neueste Nummer von *Zprávy* die Abschiedsausgabe sei. Es wurde keine Begründung genannt, aber alle erinnerten sich an Kuznecovs Bemerkung gegenüber Dubček: „Wenn sich *Rudé Právo* wie *Zprávy* liest, wird es nicht mehr notwendig sein, *Zprávy* herauszugeben."

Nach den Säuberungen in den Redaktionen, die jetzt jede Zeitung betrafen, las sich *Rudé Právo* wie *Zprávy* oder vielleicht sogar wie Bolšakov. Da gab es Artikel mit folgenden Schlagzeilen: „WIE *ZÍTŘEK* EINE PSYCHOSE FABRIZIERTE" und „ICH KLAGE DAS MENSCHLICHE ANTLITZ AN" (dieser Beitrag stammte von Emanuel Famíra, dem stalinistischen Portraitmaler). Und bald las sich *Rudé Právo* so:

> DIE SÖHNE WIE DIE VÄTER
>
> Sowjetische Truppen helfen uns, die Unantastbarkeit unserer westlichen Grenzen, die gleichzeitig auch die Grenzen der ganzen sozialistischen Welt sind, zu sichern ...
>
> Als sie kamen, wurden sie nicht so wie ihre Väter [1945] willkommen geheißen. Die rechtsgerichteten Politiker und die antisozialistischen Kräfte in den Massenmedien konnten einen beträchtlichen Teil der Bevölkerung erfolgreich verwirren: „Sie sind Besatzer, die gekommen sind, um uns zu versklaven und uns der Freiheit zu berauben", sagten sie. Aber selbst diese Lüge hat kurze Beine. Die sowjetischen Truppen sind jetzt elf Monate hier. Die Emotionen haben sich beruhigt, bis auf die Tatsache, daß verschiedene „Kämpfer für Freiheit und Menschlichkeit" mit allen möglichen Mitteln versuchen, den antisowjetischen Haß in diesem Land aufrechtzuerhalten. Aber mehr und mehr Menschen kommen zu der Einsicht, daß sie betrogen wurden. Diejenigen, die mit den sowjetischen Streitkräften in Kontakt kommen, sehen, wie sie wirklich sind, und haben keinen Zweifel daran, daß sie nicht gekommen sind, um den Sozialismus zu ersticken oder uns der Freiheit zu berauben, sondern aus dem genau entgegengesetzten Grund: um uns zu helfen, den Sozialismus und die Freiheit zu verteidigen.

Listy, Reportér und andere „schädliche Publikationen" wurden auf die gleiche Weise wie *Zítřek* eingestellt, ebenso *Studentské Listy*, ein kurzlebiger Nachfolger von *Student*, der nach dem August verschwunden war. Der böhmisch-mährische Studentenverband von Holeček und Müller wurde ebenfalls aufgelöst. Und sogar die Zeitschrift *Mateřídouška* (*Mutterseele*), für Leser von fünf bis acht Jahren, wurde für ihre Veröffentlichung des Gedichtes *Die Räuber* gerügt. Es beschrieb mittelalterliche Wegelagerer, die aus den Steppen kommen und primitives Schuhwerk tragen. *Rudé Právo* bemerkte dazu: „Unter der Herrschaft der Habsburger und während der Nazibesatzung haben die Leute in diesem Land gelernt ... zwischen den Zeilen zu lesen."

Die Neuschreibung der Geschichte kam voll in Gang. An Gottwalds berühmten Ausspruch „MIT DER SOWJETUNION AUF EWIG" wurden die Worte „UND NIEMALS ANDERS!" angehängt. Das Präsidium gab ein öffentliches Entschuldigungsschreiben an Biľak, Barbírek, Kolder, Piller, Rigo, Švestka, Lenárt, Indra und andere führende Persönlichkeiten heraus, „die der Kollaboration und des Verrates bezichtigt wurden ... auf Grund unhaltbarer Behauptungen und Erfindungen."

Wie ungezogene Schuljungen wurden jetzt Hunderte von Organisationen im ganzen Land genötigt, Tausende von Entschuldigungsschreiben an die Indras und Kolders zu richten, die sie 1968 „verleumdet" hatten. Sie entschuldigten sich auch für ihre „Desorientierung im August" sowie für „rechtsorientierte und antisowjetische Tendenzen". Die besten Stunden des tschechoslowakischen Rundfunks wurden jetzt als „die bekannte Augusthysterie des Radios" bezeichnet.

Um Demonstrationen oder Vergleichen mit dem letzten Jahr vorzubeugen, gab es am 1. Mai 1969 keine Parade in Prag. Auch Moskaus Militärparade am 1. Mai wurde, vielleicht wegen Rußlands Schwierigkeiten mit der Tschechoslowakei, für 1969 abgesagt.

In diesem Frühling in Prag gab die Kontroll- und Revisionskommission der Partei – normalerweise für Säuberungen und nicht für Rehabilitierungen zuständig – ein offizielles Kommuniqué heraus:

> Die Kommission erörterte einen Bericht über die Untersuchungsergebnisse bezüglich der Aktivitäten von Viliam Šalgovič ... der im Zusammenhang mit den Augustereignissen beschuldigt wurde.

> Die Beschuldigungen wurden lang und breit von den Massenmedien veröffentlicht, ohne irgendeine Überprüfung der Fakten; dies führte zu einer Atmosphäre der gegen seine Person gerichteten Hysterie und zur Verleumdung seiner Person und seiner Familie.
>
> Ausgehend von einem Bericht des Innenministeriums und seinen Schlußfolgerungen und von den Untersuchungen der Kommission, weist die ... Kommission alle Anschuldigungen gegen Viliam Šalgovič zurück, da sein Verhalten in einer so schwierigen Periode mit den Gesetzen der Republik in Einklang stand, und drückt ihm das volle Vertrauen aus.

Šalgovič wurde zum tschechoslowakischen Militärattaché in Budapest und später zum Chef des Parteisäuberungsapparates in der Slowakei ernannt. Später in diesem Jahr, an Šalgovičs fünfzigstem Geburtstag, verlieh ihm Präsident Svoboda den Orden der Arbeit, für „außergewöhnliche Verdienste bei der Verteidigung des Sozialismus" (er überreichte ihn aber nicht persönlich).

Oberst Eliáš, der den Flughafen verraten hatte, wurde zum Chef der tschechoslowakischen Fluggesellschaft ernannt, und Oberst Vaněk, der das Innenministerium verraten hatte, wurde die Leitung der Paß- und Visabehörden übertragen. Es lag ein deutlicher Geruch nach Gilbert und Sullivan in der Luft.

Am 22. Mai 1969 brachten Suchý und Šlitr eine neue Musikrevue mit dem Titel *Jonáš & Dr. Matratze* heraus. Der „Vorhang" für den ersten Akt fiel, als S&Š eine Brechtsche Ballade über die fünfziger Jahre in Prag sangen. Zwei Beamte in der Ziviluniform der Geheimpolizei (ein grauer oder schwarzer Anzug und eine schwarze Melone, die man auch in Räumen nicht abnimmt) kamen auf die Bühne und verdeckten die beiden Stars, indem sie vor jeden von ihnen einen riesigen Blumentopf mit einem Weihnachtsbaum aufstellten. Unterbrechung! Dieses erschreckende, aber auch amüsante Aktfinale war S&Šs Beitrag sowohl zur Zensur als auch zum Štrougal-Park.

Auf der Sitzung des Zentralkomitees im Mai verkündete Gustáv Husák den endgültigen Ausschluß von František Kriegel und Ota Šik (die noch immer auf der Mitgliederliste erschienen) sowie von anderen, „die nicht überzeugt werden können, die an nichtmarxistischen Standpunkten festhalten. Von ihnen müssen wir uns verabschieden."

Šik war nicht da, um sich zu verteidigen, aber Kriegel war anwesend und nahm kein Blatt vor den Mund. „Die heutige Versammlung", begann der alte radikale jüdische Doktor ruhig, „soll den Ausschluß verschiedener Genossen aus dem Zentralkomitee erörtern, und ich bin unter ihnen. Und das deshalb, weil ich gegen den Vertrag über die vorübergehende Stationierung sowjetischer Truppen auf dem Territorium unserer Republik gestimmt habe. Dadurch habe ich gegen die Parteidisziplin verstoßen."

Kriegel wies darauf hin, daß viele der Mitglieder, die jetzt über ihn zu Gericht saßen, direkt und unmittelbar sowohl dafür verantwortlich waren, „daß Dutzende unschuldiger Menschen ein unwürdiger Tod aus der Hand des Henkers traf und daß Zehntausende zu vielen Jahren Folter und Gefängnis verurteilt wurden", als auch für „die verschleppte Wirtschaftskrise, die uns in die gegenwärtige Situation gebracht hat und die nicht dadurch, daß man die Ursachen den letzten paar Monaten andreht, gelöst werden kann."

Es war bereits eine offizielle Kampagne im Gange, die die wirtschaftlichen Leiden ihrem abwesenden Doktor, Ota Šik, anlastete. Kriegel wies auf einen früheren Handelsminister und Protegé Novotnýs hin, der gerade Šik beschuldigt hatte, und sagte: „Ich war verblüfft über sein schlechtes Gedächtnis. Glaubt er, daß er zwanzig Jahre ‚ministert' hat … ohne an der Verantwortung für die Krise beteiligt zu sein?"

Er wies noch auf andere Anwesende hin und nannte sie beim Namen, einschließlich Jozef Lenárt. Und in jedem Fall fragte Kriegel: „Hat er keine Verantwortung?"

Kriegel fuhr fort: „Das alles der Postjanuar-Zeit anzulasten, ist ein zu durchsichtiges Manöver. Es gibt Versuche, die Verantwortung auf andere Leute abzuschieben, aber das kann nicht gelingen. Ich habe zu wenig Zeit, um über große Probleme zu sprechen, aber jeder weiß, worüber ich spreche. Natürlich werden harte Sanktionen gegen die Gegner des Vertrages über die vorübergehende Truppenstationierung gefordert. Es ist auch bekannt, daß ich meine Unterschrift unter das sogenannte Moskauer Abkommen verweigert habe. Ich habe sie verweigert, weil ich in ihm ein Dokument sah, das unserer Republik vollkommen die Hände band. Ich habe sie deswegen verweigert, weil alles in einer Atmosphäre der militärischen Okkupation vor sich ging, ohne das Zugeständnis einer Beratung mit konstitutionellen Körperschaften und im Widerspruch zu den Gefühlen der Menschen in diesem Land …

Dem Vertrag fehlt besonders die Grundlage eines normalen Abkommens: nämlich, daß es freiwillig unterzeichnet wird. Der Vertrag wurde in einer Atmosphäre machtpolitischen Zwanges unterschrieben … Er wurde in der Gegenwart Hunderter von fremden Truppen und eines riesigen militärtechnischen Arsenals unterzeichnet. Der Vertrag wurde nicht mit einer Feder, sondern mit den Mündungen von Kanonen und Maschinengewehren unterschrieben."

Manchmal – wenn man sich von dem ständigen Getrommel von *Rudé Právo*, der Monotonie in Radio und Fernsehen und den vielen offiziellen Verlautbarungen des Husák-Regimes schon halb bewußtlos vor Langeweile fühlte – begann man sich zu fragen, ob der Prager Frühling und die Augustinvasion nicht vielleicht Halluzinationen gewesen waren. Aber eine Stimme wie die Kriegels hatte die Wirkung einer Leuchtkugel im Dunkeln.

Irgend jemand hatte auf „die sogenannten Augustereignisse" Bezug genommen. Da fragte Kriegel wütend: „Will jemand sagen, daß der August 1968 am Ende überhaupt kein Ereignis war?"

Kriegel kam wieder zurück auf seine bevorstehende Absetzung und schloß mit den Worten:

„Ich halte sie für ungerechtfertigt. Das Ziel ist durchschaubar und ist weiter als nur auf meine Person ausgerichtet. Es ist bekannt, daß die jüngsten Entwicklungen … einen weitreichenden Wiederherstellungsprozeß bedeuten und das Bemühen, den August zu legalisieren …

Das Tempo wird immer schneller und wird zu dem Punkt führen, an dem die Partei vom Volk und die Führung von den Parteimitgliedern isoliert ist, so daß sie sich von einer moralisch und politisch führenden Kraft zu einer fast reinen Machtorganisation entwickeln wird … Die Geschichte der letzten zwanzig Jahre ist reich an Warnungen vor tragischen Erfahrungen."

Der Text von Kriegels Rede wurde verheimlicht, aber Büroangestellte im ganzen Land vervielfältigten ihn und setzten ihn in Umlauf, trotz strenger offizieller Warnungen vor der „Verbreitung illegaler Flugblätter". Und Kriegel wurde wegen seiner „Aufsässigkeit" augenblicklich nicht nur aus dem Zentralkomitee, sondern auch aus der Kommunistischen Partei ausgeschlossen.

Es war erst ein Jahr seit jener Sitzung vergangen, in der Antonín Novotný eine geringere Parteistrafe für seine Sünden erhalten hatte.

Das gesamte Stadtpräsidium der Kommunistischen Partei Prags, einschließlich seines Führers Bohumil Šimon, trat lieber zurück, als Husáks harten Kurs umzusetzen. Josef Špaček wurde aus der Brünner Parteiführung ausgeschlossen. Parteimitglieder, die die „Zweitausende Worte" unterzeichnet hatten, wurden hinausgeworfen – und verloren oft auch ihre Arbeitsplätze, die mit der Partei nichts zu tun hatten. Der freimütige General Prchlík, der von seinem Parteiposten sogar schon vor der Invasion entfernt worden war, wurde aus der Armee entlassen. Er hatte den Befehl, sich im Gefängnis in Pankrác zu täglichen Verhören zu melden, die zur Vorbereitung auf ein Kriegsgericht wegen Landesverrats dienen sollten.[81]

Oberst Emil Zátopek, der beliebteste Sportler des Landes, wurde seines Ranges enthoben, aus der Armee ausgestoßen, aus der Partei ausgeschlossen und bekam alle bezahlten und unbezahlten Trainerstellen gekündigt. In diesem Frühling ging die weltberühmte Unperson zu einem Sportereignis, zu dem sich auch Ministerpräsident Černík angekündigt hatte. Viele der 40.000 Fans buhten Černík gründlich aus und jubelten um so lauter, als sie Zátopek auch unter den Zuschauern entdeckten. Nach einigen Monaten fand Zátopek eine Anstellung als Fahrer eines Sprinklerwagens des Prager Gesundheitsmagistrates – aber er wurde entlassen, nachdem Fußgänger, die ihn erkannten und grüßten, einen Fall von „Bedrohung der öffentlichen Ordnung" dargestellt hatten.[82]

[81] 1971 wurde Prchlík wegen „Behinderung und Gefährdung der Tätigkeit staatlicher Organe" durch seine 1968 abgehaltene Pressekonferenz zu drei Jahren Gefängnis verurteilt.

[82] 1971 tat Zátopek Abbitte, indem er *Rudé Právo* gegenüber sagte, daß es ihm jetzt leid tue, „daß ich einer dieser Wilden gewesen bin, die wirklich Öl in das Feuer gegossen haben, das sich zu einem für die sozialistische Welt bedrohlichen Feuer hätte ausbreiten können."

Eugen Löbl, ein Bankier aus Bratislava, der zusammen mit Goldstücker während des Slánskýprozesses im Gefängnis gewesen war, verließ das Land für immer. Löbl wurde Dozent an der Universität von Southern Illinois und dann Lehrer in Vassar. Er wurde wegen „mit der gegenwärtigen Politik des Zentralkomitees sowie mit den Grundprinzipien der Partei und des Marxismus-Leninismus unvereinbaren Verhaltens im Ausland" aus der Kommunistischen Partei ausgeschlossen.

Kamil Winter, ehemaliger Redakteur bei den tschechoslowakischen Fernsehnachrichten, beantragte in London Asyl und erklärte:

„Ich bin seit dem 20. August, 23 Uhr, davon überzeugt, daß man es dem tschechoslowakischen Volk hätte erlauben sollen, die Waffen gegen die fremden Invasoren zu erheben, egal, was dabei herausgekommen wäre ... Seit dem 26. August 1968 bin ich davon überzeugt, daß sich die tschechoslowakische Führung hätte weigern sollen, das Moskauer Diktat zu unterschreiben. Seit dem 27. August 1968 bin ich davon überzeugt, daß diese Führung, nachdem sie gezwungen worden war, es zu unterschreiben, nach ihrer Rückkehr nach Prag geschlossen zurücktreten hätte sollen."

Löbl, Winter, Šik und Goldstücker waren die öffentlich bekannten „Abtrünnigen", aber es gab jetzt auch um die 90.000 bis 100.000 weniger bekannte Emigranten im Westen. Während es die „Klasse von 1948" in Schwärmen in die Vereinigten Staaten und nach England gezogen hatte, strebte die „Klasse von 1968" Richtung Kanada, Schweiz, Westdeutschland, Australien und Vereinigte Staaten (in zahlenmäßig abnehmender Reihenfolge). Ein guter Teil durchlief oder durchlitt auch die überfüllten österreichischen Flüchtlingslager.

Das waren fast alles Leute, auf deren Fähigkeiten die schwache Wirtschaft in der Heimat kaum verzichten konnte. Deshalb bot Präsident Svoboda jedem Flüchtling, der vor dem 15. September zurückkehren würde, eine Amnestie an (keine Strafverfolgung für die Sünde der illegalen Ausreise und des illegalen Aufenthaltes im Ausland, aber weiterhin strenge Verantwortlichkeit für alle anderen Sünden). Die Nachrichten aber, die aus der Tschechoslowakei in den Westen durchsickerten, waren nicht von der „Schade, daß du nicht hier bist"-Art:

... In der Nähe von Karlsbad verweigerte ein tschechischer Soldat einem betrunkenen russischen Offizier den Gehorsam. Der Offizier erschoß ihn. Ein anderer tschechischer Soldat erschoß den Offizier und feuerte auf verschiedene weitere russische Soldaten. Die Russen schossen zurück. Wenige Stunden später fuhren tschechische Soldaten zu einem Exerzierplatz der Russen und überrollten sie mit einem gepanzerten Wagen. Die Schätzungen der Anzahl der Opfer in und um Karlsbad lagen zwischen 20 und 32 Toten und beinahe 100 Verletzten.

... Ende Juli 1969 begannen die Verhaftungen; sie trafen zuerst „Provokateure ... die [anläßlich des Jahrestages der Invasion am 21. August] Aufruhr und sonstigen Ärger erregen wollen." Die erste Strafverfolgung richtete sich gegen einen 25jährigen Theaterangestellten aus Ostrava. Ihm wurde „Aufwiegelung" zur Last gelegt, und er wurde monatelang wegen „anhängiger strafrechtlicher Untersuchung" in Haft gehalten. Der Schriftsteller Ota Filip aus Ostrava wurde zu achtzehn Monaten Gefängnis verurteilt, wegen der „Begehung von Straftaten" in „Feindseligkeit gegenüber dem tschechoslowakischen, sozialistischen System". Die gegen ihn vorgebrachten Beweise machten deutlich, daß seine abgesandte Post über einen längeren Zeitraum geöffnet, wieder verschlossen und dann an den Empfänger weitergeleitet worden war. Es war keine Überraschung, als bald darauf der neue Parteichef für Ostrava und Nordmähren vorgestellt wurde. Es war Miroslav Mamula, Novotnýs und Šejnas diskreditierter Busenfreund, der Vorgänger General Prchlíks als Leiter des Parteisäuberungsapparates.

In Prag ging der Herausgeber eines Kulturmagazins für acht Monate ins Gefängnis, weil er vor der ostdeutschen Botschaft Beschimpfungen geschrien hatte – oder, wie die mit einem Maulkorb versehene ČTK es nannte, auf Grund von „Beleidigungen, die in keiner Beziehung zur Herausgabe seiner Zeitschrift standen."

Die Verhaftungen waren überraschend spärlich, aber die Gerüchte über noch bevorstehende (und die schrillen Warnungen des Regimes vor Demonstrationen unter imperialistischer Führung am 21. August) erzeugten neue Ängste – und einige Witze, so wie diesen Dialog im Gefängnis:

„Zu wieviel Jahren sind Sie verurteilt worden?"

„Zu acht."

„Was haben Sie getan?"

„Nichts."

„Da muß ein Fehler unterlaufen sein. Für nichts bekommt man zwölf Jahre."

Im Juli fand ein Treffen der „Leser von *Rudé Právo* und *Tribuna*" statt, von dem berichtet wurde, daß

> reichlich Kritik an der ehemaligen Führungsspitze der Partei geübt wurde ... Viele Teilnehmer waren der Meinung, daß es falsch sei, die Last der Berichtigung von Fehlern Gustáv Husák tragen zu lassen, aber auch, daß die Genossen Dubček, Smrkovský, Císař und andere offen über die vergangene Periode sprechen sollten. Das ist auch deswegen wichtig, weil es, wenn bestimmte Umstände nicht geklärt werden, schwierig sein wird, der allgemeinen öffentlichen Meinung, nach der „die Russen an allem schuld" seien, beizukommen.

Dubček und Smrkovský äußerten sich dazu nicht, aber Čestmír Císař, noch immer Vorsitzender des Tschechischen Nationalrates, gab eine Pressekonferenz, in der er alle ideologischen Hürden nahm, indem er geschickt auf „die komplexe politische Situation, die Sie alle kennen" ... „bisher gültige gesetzliche Normen" ... und „ehemalige Regierungskreise" hinwies. Ohne Dubček auch nur einmal direkt zu kritisieren, schloß sich Císař dennoch dem harten Kurs Husáks an. Er sprach zwar mit einer trockenen, akademischen Distanziertheit und vielleicht sogar mit einer Spur von Augenzwinkern, aber seine Worte waren Wasser auf den Mühlen von *Izvestija.* Ich mußte nur meine Augen schließen, und schon würde ich den alten Císař zwar nicht sehen, aber so sanft wie immer schnurren hören:

„Deshalb mußten die Parteivertreter, obwohl sie es nicht wollten, administrative Maßnahmen gegen die Presse ergreifen, um die Krise in diesem Land zu lösen. Wir betrachten diese nur als vorübergehend, da die Tschechoslowakei ein Land mit einer langen Tradition der Redefreiheit ist.

Ich glaube nicht, daß es das Ende der Redefreiheit bedeutet – wie manche denken. Aber diese Redefreiheit ... hat ihre Grenzen.

Wir sollten alle unseren politischen Kater ausschlafen und eines Morgens mit einem klaren Kopf, der gesunden Menschenverstand mit sich bringt, erwachen."

Sogar unter den gefallenen Helden des Frühlings im Januar war ein Riß entstanden. Einige Wochen vor Císařs Pressekonferenz saß ich in der Prager Premiere von *Timon von Athen* zufällig neben ihm. Einige Reihen hinter uns saß František Kriegel. Während der Pause und der nachfolgenden Premierenfeier schnitten sie sich.

Am selben Tag, an dem ich mir Císařs Wiegenlied angehört hatte, fuhr ich mit meiner Frau in einem Taxi unterhalb des Letnáhügels entlang. Auf den leeren Sockel der Stalinstatue hatte jemand in riesigen weißen Buchstaben „DUBČEK!“ geschrieben. (Es wurde am nächsten Tag entfernt.)

„Wessen Statue wird Ihrer Meinung nach dort eines Tages stehen?“ fragte der Fahrer. „Ich glaube, die von Stalin.“

Vielleicht aber auch die Statue von Karl Marx, dessen Aussage, daß die Ökonomie alles ist, über das Schicksal der Tschechoslowakei entscheiden konnte. Zusammen mit einem generellen Unbehagen in diesem Sommer erzeugte die Aufgabe von Šiks Reformen und die Rückkehr zu veralteten Methoden eine weitverbreitete Lethargie, die die Sauregurkenzeit überdauerte:

... Man bekommt kein Taxi, und wenn, ist der Fahrpreis jetzt um dreißig bis fünfzig Prozent höher als zuvor. Die privaten Taxifahrer, die ihre Existenz Šik zu verdanken haben, werden durch die Neuorganisation ihrer Kooperativen und solche (gegen sie zielende) Neuregelungen wie die Vorschrift, daß alle Taxis viertürig sein müssen, aus dem Geschäft gedrängt. Inzwischen ist der städtische Taxidienst wieder unterbesetzt, überarbeitet, unzuverlässig und unrentabel.

... Das Mädchen, das einem sein Flugticket ausstellt, schaut auf die Uhr, sieht, daß es Zeit zum Mittagessen ist, geht davon, ohne ein Wort zu sagen, läßt das halbausgestellte Ticket auf dem Schreibtisch liegen und einen mit offenem Mund am Schalter stehen.

... Die Vermittlung für Ferngespräche und die Auskunft antworten am Wochenende einfach nicht – und es scheint, daß sich ihre Wochenenden jetzt für das ganze Jahr von Donnerstag mittag bis Montag mittag ausgeweitet haben. 1969 beschwerte sich Ministerpräsident Černík darüber, daß die ganze Nation nur dreieinhalb Tage in der Woche arbeite.

Niemand, aber wirklich niemand kümmerte sich mehr um seine Arbeit, außer jenen, die an ihrem Job hingen oder im Zuge der Säuberungen den von jemand anderem bekommen wollten. 1969 sagten einem leitende Industrieangestellte im Vertrauen, daß kein Wirtschaftszweig mehr als 35 Prozent des Plansolls erfülle, und die Nachrichten bestätigten das, sogar in der kontrollierten Presse:

FLEISCH- UND EIERMANGEL

In der Tschechoslowakei ist ein großer Mangel an Fleisch und Eiern zu spüren. Die Situation ist um so schlimmer, als keine Eierimporte zugesichert worden sind und die Schweine nicht vor Ende dieses Jahres schlachtreif sein werden. Führende Vertreter der Großeinkaufsorganisationen weisen darauf hin, daß der Markt hauptsächlich im dritten Quartal des Jahres 1969 mit importiertem Schweinefleisch versorgt sein wird.

Das Defizit bei der Versorgung mit Eiern schätzte man auf 100 Millionen im Vergleich zu sonst. Und die Tschechoslowakei, das Geburtsland des Prager Schinkens und jeder Menge einzigartiger und wunderbarer Würste, mußte nun auf Mütterchen Rußlands Wohlwollen und sein Schweinefleisch vertrauen – und nicht kostenlos. Die pfiffigen kleinen Witze, die solche Knappheiten begleiten, kamen wieder:

Frage: Was ist 45 Meter lang und ißt nur Kartoffeln?

Antwort: Die Warteschlange vor der Metzgerei.

Die Wohnungsstatistiken für 1969 waren noch erschreckender. *Rudé Právo* berichtete im Juli, daß „Prag jetzt 90.000 Wohnungssuchende hat … 6000 Wohnungen werden jährlich in Prag gebaut. In der ersten Hälfte dieses Jahres sind lediglich 54 Wohnungen fertiggestellt worden."

SIEBTER TEIL

Nachruf:
Von damals bis heute

Und als nun nach Beendigung der Arbeit im Stall der Kutscher quer über den Hof ging in seinem langsamen schaukelnden Gang, das große Tor zumachte, dann zurückkam, alles langsam und förmlich nur in Betrachtung seiner eigenen Spur im Schnee, dann sich im Stall einschloß und nun auch alles elektrische Licht verlöschte – wem hätte es leuchten sollen? – und nur noch oben der Spalt in der Holzgalerie hell blieb und den irrenden Blick ein wenig festhielt, da schien es K. als habe man nun alle Verbindung mit ihm abgebrochen und als sei er nun freilich freier als jemals und könne hier auf dem ihm sonst verbotenen Ort warten solange er wolle und habe sich diese Freiheit erkämpft wie kaum ein anderer es könnte und niemand dürfe ihn anrühren oder vertreiben, ja kaum ansprechen, aber – diese Überzeugung war zumindest ebenso stark – als gäbe es gleichzeitig nichts Sinnloseres, nichts Verzweifelteres als diese Freiheit, diese Warten, diese Unverletzlichkeit.

aus: Franz Kafka, *Das Schloß*

Kapitel 21

Mittwoch, 20. August 1969 – Dienstag, 15. Dezember 1970

Die lange vorausgesehenen und oft angekündigten „konterrevolutionären" Krawalle, die das Husák-Regime in jeder Rede versprochen hatte, begannen am 19. August, zwei Tage vor dem offiziellen Jahrestag des „Eintritts befreundeter Truppen". Am 20. August ging ich bei Einbruch der Dämmerung ins Zentrum, um zu sehen, wer dort war.

Beim Altstädter Rathaus kamen mir Leute entgegen, die sich wegen des Tränengases die Nasen zuhielten und ihre Augen mit Taschentüchern tupften. Eine Straße vom Fuße des Wenzelsplatzes entfernt, stand ich bei ein paar hundert Tschechen, die die „Schlachten" auf dem Platz ruhig beobachteten.

Es war ein sehr einseitiger Kampf. Tausende von Menschen versammelten sich gerade und riefen „Duub-ček! Duub-ček!" oder „Husák Rusák" (eine herabsetzende Art, um auszudrücken „Husák ist ein Russe!"). Und alle zwei oder drei Minuten attackierte sie die Polizei mit Tränengasbomben und Wasserwerfern – von gepanzerten Militärlastwagen aus, auf die (mit weißen Buchstaben) „Staatssicherheitsdienst" geschrieben worden war. Die Menge zog sich in die Passagen parallel zum Wenzelsplatz zurück, erschien dann wieder und rief „Ge-sta-po!"

Die Menschen in dem Haufen, in dem ich stand, nahmen den Schrei auf – doch ich hielt als Ausländer den Mund. Dann attackierte uns die Polizei, und wir liefen durch die gewundenen Straßen der Altstadt. Ein paar Leute (darunter eine alte Dame) hoben die Tränengasbomben auf und warfen sie zurück in die gepanzerten Wagen, wo sie explodierten. Alle jubelten, und die Polizei (mit weißen Helmen) zog sich zurück und sammelte sich zum nächsten Ansturm.

Ich suchte Zuflucht unter einem Vorsprung des Tyl-Theaters, in dem *Don Giovanni* 1787 uraufgeführt worden war. Aber an diesem Abend war nichts heilig, und als eine Tränengasbombe an dem Vorsprung abprallte und ein paar Schritte von mir entfernt explodierte, begann ich mit dem übrigen Mob zu laufen.

Ich sage „Mob", auch wenn es eine Menge anständiger Leute war: junge Paare, die sogar beim Rennen Händchen hielten, Männer und Frauen mittleren Alters, die auch ohne Tränengas weinten, und einige ziemlich hochgestellte Bürger, die ich schon bei würdevolleren Anlässen getroffen hatte.

Als ich mich den Platz hinauf zwischen den Angreifern hindurchkämpfte, traf ich Jiří Suchý. Ich tauschte mit ihm eine halbe Stunde die Neuigkeiten des Sommers aus – obwohl unsere Unterhaltung acht- oder neunmal durch Tränengas- oder Wasserwerfereinsätze unterbrochen wurde. Suchý läuft sehr schnell – und bei jedem Polizeiangriff rannte ich wie ein Wilder, nur um gegen Suchý zu rempeln, der schon wieder stand, um die Szene zu überblicken. Dann setzten wir unser Gespräch fort.

Es war beinahe wie ein abendliches Volksfest – so ging es wahrscheinlich beim jährlichen Bullenrennen in Pamplona zu. Mit dem Unterschied, daß die Amateur-Toreadors auf dem Wenzelsplatz „Duub-ček!" und „Ge-sta-po!" brüllten. Und die Bullen waren jetzt ihre Landsleute, nicht die Russen. Tschechische Polizei und tschechische Truppen (und sogar, wie einige behaupten, tschechische Gefängnisaufseher) waren losgelassen worden, um Tschechen mit Tränengas und Wasserwerfern durch die Straßen Prags zu jagen. Die Straßen waren naß, obwohl es nicht regnete.

Tschechische Panzer kamen gegen 22 Uhr in die Stadt, und man begann scharf zu schießen. Zwei Menschen starben, und 350 wurden in dem darauffolgenden Kampf verhaftet. Aber ich ging einige Straßen weiter, wohin die Tramrouten verlegt worden waren. Auf der Heimfahrt sah ich vergitterte Busse, die Leute ins Gefängnis abtransportierten.

Der nächste Tag, der eigentliche Jahrestag, war zum Tag des stillen Protestes erklärt worden: keine Restaurant-, Kino- oder Theaterbesuche, keine Straßenbahnfahrten usw. Ich ging mit Tausenden von Menschen zu Fuß ins Zentrum zur Arbeit, wobei einige von ihnen zehn bis zwölf Kilometer von ihrer Arbeitsstelle entfernt wohnten. Die Straßenbahnen waren leer, nur einige wenige alte Leute und gelegentlich eine jüngere Person saßen darinnen. (Ich weiß von einer Ehe, die an diesem Tag anfing in die Brüche zu gehen, weil *sie* zu Fuß zur Arbeit lief, während *er* fuhr.) Die Luft auf dem Wenzelsplatz war noch von Tränengas erfüllt. In den Straßen patrouillierten Polizisten, Soldaten, Volksmiliz und Männer in Partisanenuniformen aus dem Zweiten Weltkrieg – blaugraue Knickerbocker, Hosenträger und Stiefel, dazu Gewehre und rote Armbinden, um zu zeigen, daß sie diesmal Autoritäten waren und keine Aufständischen.

Der Abend verlief ähnlich wie der vorangegangene – nur daß ich diesmal Václav, alias Wenzel, traf. Er weinte.

„Hast du Tränengas abbekommen?" fragte ich.

„Ja und nein", antwortete Václav. „Das Gas ist ja noch erträglich, aber wissen Sie, was mich weinen läßt? Einige meiner Freunde sind eingezogen worden ..."

„Als Strafe?" fragte ich.

„Nein, im Rahmen der Wehrpflicht. Und ich habe gerade zwei von ihnen getroffen. Dieselben, die vor einem Jahr Molotowcocktails in russische Panzer geworfen haben, werfen heute Tränengasbomben auf ihre eigenen Leute."

Und Václav begann wieder zu heulen.

Das grausige Spektakel, in dem Tschechen gegen Tschechen kämpften, diente Husáks Regime als Rechtfertigung für „Notstandsgesetze", nach denen es ohne weiteres möglich war, einen Studenten, einen Lehrer, einen Redakteur oder sonst jemanden, der protestierte, zu verhaften, zu entlassen oder sogar aus Prag zu verbannen. Und das war es, was dem tschechoslowakischen Widerstand schließlich das Genick brach. Aber Husáks Name stand nicht auf der Proklamation, die die letzte legale Spur des „Sozialismus mit menschlichem Antlitz" tilgte. Es war ein Staatsdokument, kein Parteidokument – daher trug es die Unterschriften des Präsidenten, des Ministerpräsidenten und des Parlamentsvorsitzenden: Svoboda, Černík und Dubček.

Als Václav in diesem Herbst wieder in die Universität zurückkam, hatte seine Fakultät einen neuen Rektor und einige neue Lehrer. (Václav hat kürzlich seinen ehemaligen Musikprofessor getroffen, der jetzt Straßenbahnschaffner ist.) Einige Kurse in Geschichte, Philosophie und insbesondere Soziologie waren gestrichen worden. Ebenso die obligatorischen Marxismus-Leninismus-Vorlesungen, nicht etwa wegen irgendeiner Desillusionierung, sondern weil die Obrigkeit ganz sicher gehen wollte, daß nur die „richtigen Leute" *ihre* Religion unterrichteten.

Unter dem neuen Erziehungsminister, dem dritten seit der Invasion, handelte es sich in der Tat um eine Art Religion. Denn dieser war jemand Besonderes: Jaromír Hrbek, Genetiker aus der Schule Lysenkos und überzeugter Atheist (als Professor war er dafür bekannt, daß er die Examen auf Sonntag legte), der behauptete: „Der wissenschaftliche Sozialismus, der Marxismus-Leninismus, ist eine Weltanschauung, die so richtig, so kristallklar, so edel, undogmatisch und weiterentwickelbar ist, daß ihr Programm wirklich wie ein Gedicht in Prosa formuliert werden kann."

Dr. Hrbek begann das Studienjahr 1969/70 damit, daß er verkündete, daß der Eintritt der sowjetischen Truppen im August 1968 „notwendig war; er war keine Aggression, er war kein Verrat, er war keine Besetzung." Noch ehe das Studienjahr vorüberging, wurden allein in den böhmischen Ländern „Maßnahmen" (die von Verweisen bis zu Entlassungen reichten) gegen zwölf Prozent der „mehr als 20.000 führenden Erziehungsarbeiter" aus „politisch-fachlichen Gründen" ergriffen. In den böhmischen Ländern wurden 82 Studenten aus politischen Gründen exmatrikuliert, 415 erhielten andere Strafen, und gegen 45 Vertreter der Studentenbewegung wurde immer noch ermittelt.

Im vergangenen Jahr hatte Václav die Genehmigung der Fakultät erhalten, ein anspruchsvolles Literaturprojekt durchzuführen: eine detaillierte Studie über George Orwell. Aber jetzt, in den Tagen Hrbeks, mußte Václav feststellen, daß die Bücher von Orwell wieder fast vollständig von den Regalen der Universitätsbibliothek verschwunden waren (ein Band mit Essays war übriggeblieben). Bald danach wurde Václav mitgeteilt, daß sein „Arbeitspensum um die Hälfte gekürzt" werden würde. Sechs seiner zwölf Kapitel (darunter das über *Farm der Tiere*, *1984* und *Hommage an Katalonien*) wurden aus seinem Entwurf gestrichen, weil „ihr Gegenstand jetzt tabu" sei.

Vacláv empfand das nicht als gute Nachricht. Den ganzen Herbst und Winter über schuftete er weiter, um alle zwölf Kapitel vorzubereiten. Im Frühling 1970 konfrontierte er seine beiden sympathischsten Professoren damit, daß unter ihrer Obhut eine kleine Kulturrevolution vor sich ging. Die Professoren waren verständnisvoll, aber besorgt. Sie luden Václav zu sich nach Hause ein und versuchten es ihm auszureden. Und als das nicht gelang, kamen sie auf eine „sehr tschechische" Lösung: Václav schrieb seine Arbeit über Orwell auf englisch, was die „unsympathischen" Professoren seiner Fakultät nicht lesen konnten. Er schrieb sechs doppelt so lange Kapitel anstelle von zwölf einfachen, aber ungekürzt und mit allem, was er geplant hatte, abgesehen von der Bibliographie am Ende.

In den beinahe drei Jahren, die ich ihn kannte, war Václav sehr ordentlich geworden und wirkte fast steif. An Stelle seiner knalligen Rollkragenpullis trug er jetzt konservative Krawatten; die vorgeschriebene Sonnenbrille hatte einem rahmenlosen Kneifer Platz gemacht. Er sagte zu mir:

„Ich kleide mich jetzt so, wie ein netter junger Mann nach Meinung seiner spießigen Eltern aussehen sollte und jede Mutter sich den idealen Schwiegersohn vorstellt. Auf diese Weise sehen sie vielleicht nicht, wie gefährlich ich bin. Die Mode der Freiheit bedeutet mir nichts mehr; eher die Freiheit selbst. Und damit beschäftigen sich jetzt viele von uns, mit dem vorsichtigen, aber konstanten Abtasten und Sondieren, um zu sehen, wie weit wir uns sicher in Richtung Freiheit zurückbewegen können."

Die Diskussion über den Tod Jan Masaryks im Jahre 1948, die 1968 wieder aufgenommen worden war, wurde gegen Ende des Jahres 1969 offiziell abgeschlossen. Der Bericht darüber begann so:

> Masaryk war nicht imstande gewesen, mit dem verleumderischen und mißbilligenden Standpunkt der westlichen Presse fertigzuwerden, die seine positive Haltung gegenüber den Ereignissen von 1948 und seine Bereitschaft, die Zusammenarbeit mit der Regierung Klement Gottwalds fortzusetzen, kritisierte.

Nachdem er „Masaryks feste Gewohnheit, mit gekreuzten Beinen auf dem Fensterbrett zu sitzen" erwähnt hatte, schloß der Bericht mit einem auf Selbstmord oder Unfall lautenden Urteil:

> Zweifellos saß Masaryk in dieser Nacht vom 9. auf den 10. März 1948 auf dem Fensterbrett und versuchte auf diese Art seine Schlaflosigkeit zu bekämpfen. Hier ver-

> stärkte sich seine depressive Stimmung und führte schließlich zu dem plötzlichen Entschluß, aus dem Fenster zu springen. Oder Masaryk könnte – im Fall der anderen möglichen Version – infolge physischer Erschöpfung das Gleichgewicht oder die Orientierung auf dem Fensterbrett verloren haben und hinausgefallen sein. Beide Versionen können die bekannten Spuren erklären, und keiner der Beweise spricht gegen sie.

Major Chlumský wurde in einer anderthalbstündigen Fernsehdokumentation „entlarvt" und *danach* vor Gericht gestellt. Er wurde für schuldig befunden und zu 26 Monaten Gefängnis verurteilt.

Von den „Männern des Januar" 1968 verblieben nur zwei alte Soldaten auf ihren Posten: General Svoboda, der teilnahmslos die Liquidation des Prager Frühlings leitete,[83] und Verteidigungsminister Dzúr, der aktiv mit der Zentralgruppe der Sowjettruppen (die Phrase „vorübergehend stationiert" wird jetzt meist weggelassen) zusammenarbeitete.

Čestmír Císařs Balanceakt brachte ihn beinahe ebenso weit wie den aufrichtigen Dr. Kriegel – aber erst ein Jahr später. 1970 trat Císař aus dem Tschechischen Nationalrat aus und wurde aus der Kommunistischen Partei ausgeschlossen. Er arbeitete bald als Beamter in der staatlichen Denkmalschutzkommission in unserer Nachbarschaft auf dem *Pohořelec*. Hin und wieder sehe ich ihn dort in der Gegend.

Kriegel wurde mit 62 Jahren in Pension geschickt, es wurde ihm verboten, als Arzt zu praktizieren. Er blieb jedoch weiterhin ein unverwüstlicher Premierenbesucher des Semafor und einiger anderer Prager Theater.

[83] Svoboda klammerte sich bis zum 29. Mai 1975 an die Präsidentschaft, als der ambitionierte Husák schließlich ein Gesetz durchbrachte, das den kränklichen 79jährigen General auf Grund seines schlechten Gesundheitszustandes seines Amtes enthob. Svoboda starb am 20. September 1979, im Alter von 83 Jahren. So gelang es Husák, der geholfen hatte, Novotný (ebenfalls verstorben) aus seinem Amt zu verdrängen, indem er forderte, daß kein Mann beide Hüte, den des Präsidenten der Republik und den des Ersten Sekretärs der herrschenden Partei tragen solle, beide Hüte selbst aufzusetzen – und darüber hinaus die Titel Kommandeur der Arbeitermiliz, Vorsitzender des Verteidigungsrates und Vorsitzender der Nationalen Front der politischen Parteien zu führen.

Ministerpräsident Černík wurde im Januar 1970 zum Minister für Technik und Investitionsentwicklung zurückgestuft, und Lubomír Štrougal wurde Ministerpräsident. Fünf Monate später schied Černík gänzlich aus der Regierung aus und wurde, während sein Verhalten im Jahre 1968 bewertet wurde, vorübergehend aus der Kommunistischen Partei ausgeschlossen. Im Dezember 1970 wurde Černík ganz aus der Partei ausgeschlossen.

Alexander Dubčeks Abstieg war sowohl allmählicher als auch spektakulärer. Einen Monat nach seiner Unterzeichnung der „Notstandsgesetze" wurde er aus dem Präsidium entlassen. Nicht einmal einen weiteren Monat danach, Mitte Oktober 1969, verlor Dubček seinen Posten als Vorsitzender der Bundesversammlung. In diesem Dezember wurde er zum tschechoslowakischen Botschafter in der Türkei ernannt, aber es dauerte fast einen Monat, bis man ihn nach Ankara gehen ließ – nicht bevor er auch aus dem Zentralkomitee austrat. Als er vom Flughafen Ruzyně abflog, überreichte ihm eine Stewardeß der tschechoslowakischen Fluggesellschaft einen Blumenstrauß; später wurde sie deswegen gefeuert. Bei seiner Zwischenlandung in Istanbul wurde er von einer Menge von Bewunderern überfallen und mußte sich bis zum Weiterflug nach Ankara auf der Herrentoilette verstecken. In Ankara galt sein erster diplomatischer Anruf dem sowjetischen Botschafter.

Im Mai wurde er unter dem Vorwand, daß seine Mutter krank sei, nach Hause gerufen. Er kehrte niemals in die Türkei zurück. Im Juni wurde er seines Amtes als Botschafter enthoben und aus der Kommunistischen Partei ausgeschlossen. Während ich dies hier schreibe, lebt er zurückgezogen in seinem kleinen Haus in der Mausstraße in Bratislava, kümmert sich um den Garten, streicht den Zaun oder geht ab und zu für die Familie einkaufen.[84] Wenn ihn Freunde oder Nachbarn treffen, halten sie die Begegnung kurz, zu seinem und ihrem Be-

84 Für einige Jahre durfte Dubček in Bratislava als Chef der Fahrbereitschaft der regionalen Forstadministration arbeiten. In dieser Zeit trug er die grüne Uniform eines Forstangestellten auf seiner Straßenbahnfahrt zur Arbeit. Später wurde er auf einen weniger sichtbaren und weniger verantwortungsvollen Schreibtischposten in der Anpflanzungsabteilung versetzt. Ein paar holländische Journalisten, die eines Tages im August Dubčeks Haus in der Mausstraße besuchen wollten, fanden es von drei Soldaten mit Maschinenpistolen bewacht vor. Also erwarteten sie ihn vor seinem Büro, wo ihnen ein nervöser Dubček sagte: „Sie müssen weggehen. Ich gehe ein

sten. Wenn ihn gelegentlich ein Fremder grüßt oder ihm sogar applaudiert, zieht er sich so schnell er kann zurück. Er verhält sich vorsichtig, aber in einer Sache ist er fest geblieben: in seiner Ablehnung, für die Reformen von 1968 Abbitte zu leisten.

So überlebt Dubčeks Heldenimage sowohl innerhalb als auch außerhalb der Tschechoslowakei. Nach den Augustkrawallen von 1969 denunzierte ihn Černík, der sagte, daß er seine Kollegen in den Verhandlungen mit den fünf Mächten im Sommer 1968 irregeführt habe. Im Herbst 1969 warf Svoboda Dubček öffentlich „Unbeständigkeit und fehlende Treue gegenüber den Prinzipien des Leninismus“ vor, stellte aber privat klar, daß Dubček, welche Fehler er auch immer habe, ein ehrenhafter Mann sei; und er erklärte, daß es, solange er Präsident sei, keinen politischen Prozeß gegen Dubček geben werde. Husák sagte, daß Dubček von allen Posten in der Partei ausgeschlossen worden sei, weil er sie „in der relativ kurzen Zeit, in der er ihr vorstand, zu einer bis dahin noch nie dagewesenen Aufspaltung geführt hat.“ Und *Rudé Právo* bezeichnete Dubček als „prinzipienlos, zu kompromißbereit, feige ... schwach und heuchlerisch ... Die Legende von Alexander Dubček wurde über mehrere Monate bewußt von einem großen Apparat reaktionärer Kräfte geschaffen.“

Die Legende sollte jedoch Bestand haben. Da sie sie nicht zerstören konnten, versuchten Dubčeks Feinde sie statt dessen in den Dreck zu ziehen. Sie brachten ein „Foto“ in Umlauf, das einen nackten Dubček dabei zeigte, wie er mit einer nackten Marta Kubišová im Bett Zärtlichkeiten austauscht. (Offen-

schreckliches Risiko ein. Ich habe Sie nie gesehen.“ Sie hatten gerade Zeit für ein paar kurze Fragen. Ob er verfolgt werde? „Ich bin kein freier Mensch, das wissen Sie. Ich lebe in einem Gefängnis ohne Mauern.“ Ob er je wieder eine politische Rolle in der Tschechoslowakei spielen werde? „Nie wieder in meinem Leben.“ Ende November 1975 brach der 54jährige Dubček in einer überfüllten Straßenbahn zusammen; es hieß, es sei entweder ein Nervenzusammenbruch oder ein leichter Herzanfall gewesen. Ein Geheimpolizist, der ihn beschattet hatte, kam den Passagieren, die Dubček zu einem Arzt brachten, nicht zu Hilfe. Aber dort versuchte der Polizist, sich Einlaß in das Untersuchungszimmer zu verschaffen. Der wütende Dubček wies ihn darauf hin, daß sogar die Häftlinge im Gefängnis mit dem Arzt allein gelassen werden. Zum ersten Mal beschämt, zog sich der Polizist zurück.

sichtlich handelte es sich um eine „Komposition“ in McCarthy-Manier; das Originalfoto mit denselben Körpern, aber anderen Gesichtern war vorher in einem dänischen Pornomagazin erschienen.) Sie behaupteten auch, daß Jan Němec in Marta Kubišovás Fenster geschossen hatte, weil sich Dubček gerade bei ihr aufhielt.

Der Popsänger und Schauspieler Václav Neckář (der den Helden in *Streng bewachte Züge* gespielt hatte) stattete der Polizei einen höflichen Besuch ab, um herauszufinden, warum Marta Kubišová ein gemeinsamer Konzertauftritt mit ihm verboten worden war. Auf dem Polizeirevier zeigte man ihm die „Aufnahme“ und fragte ihn: „Finden Sie nicht auch, daß diese Dame hier wie Kubišová aussieht?“

„Also“, sagte Neckář, „ich war zwar schon einmal in ihrer Garderobe, aber ich habe sie noch nie nackt gesehen.“

„Aber es *könnte* Kubišová sein, oder?“ fragte der Beamte hartnäckig.

„Nein, könnte sie nicht. Denn sie ist ein sehr puritanisches Mädchen und würde so etwas nie tun.“

„Trotzdem, schauen Sie sich das Bild an, es sieht schon nach ihr aus, oder?“

Neckář atmete tief durch und sagte: „Wie gesagt, ich habe Fräulein Kubišová noch nie nackt gesehen. Aber ich habe einmal ihre aufgehängte Unterwäsche gesehen. Fräulein Kubišová trägt BHs der Größe eins, während das Mädchen auf diesem Bild hier mindestens Größe drei bräuchte, falls sie überhaupt Büstenhalter trägt.“

Die bronzene Gedenktafel an Jan Palachs Grab auf dem Olschaner Friedhof ist entfernt worden. Ein Miniatur-Štrougal-Park um das kleine Denkmal an der Stelle, wo Marie Charousková beim Verlassen der Straßenbahn erschossen wurde, wird immer wieder errichtet und weggeräumt. Obwohl wir diese beiden jungen Leute nicht gekannt haben, trifft uns ihr Schicksal, wie jeden in Prag, ganz persönlich.

Und es gibt noch einen anderen Trauerfall, der uns sehr persönlich betrifft – an dem aber auch jeder in Prag Anteil nimmt: 1969, einen Tag nach Weihnachten, starb Jiří Šlitr unter höchst mysteriösen Umständen in seinem Atelier auf dem Wenzelsplatz, mit 45 Jahren. Und es war unsere gemeinsame Freundin Sylva, die nicht nur seine, sondern noch eine weitere Leiche fand …

In diesem Herbst waren alle Leute vom Theater stark unter Druck gesetzt worden. Sie sollten Selbstkritiken oder Versprechen unterschreiben, in denen sie erklärten, daß das Theater für sie vor allem eine verläßliche Waffe des Sozialismus sei, die sie entsprechend einsetzen würden. Unterzeichner der „Zweitausend Worte" wurden dazu gedrängt, Abbitte zu leisten. Unter denen, die dazu gezwungen wurden, befand sich ein gemeinsamer Freund von Šlitr und mir.

„Das mit František ist wirklich schlimm, oder?" sagte Šlitr bei unserem Abendessen am Erntedankfest.

„Er hat mir gar nichts davon erzählt", sagte ich, „aber wir sind immer noch gute Freunde."

„Er ist für mich auch immer noch ein guter Freund", sagte Šlitr. „Ob als Schauspieler oder als Direktor, wenn er nicht unterschreibt, wird er vielleicht seine Arbeit verlieren und nicht wissen, wo er hingehen soll. Suchý und ich haben Glück. Wenn es damit bei uns anfängt, werden wir nicht unterzeichnen: wir werden nicht mehr auftreten. Das wäre für uns beide schrecklich – aber wir können wenigstens von unseren Tantiemen leben und zu Hause bleiben und schreiben ..."

„Falls wir gehen müssen", wandte er sich von den anderen Gästen zu mir, „mußt du uns viele amerikanische Ideen für Lieder, Auftritte und vielleicht für Kinderbücher liefern."

Nach den zwei Jahren der zwar von Unterbrechungen begleiteten, aber immer guten Zusammenarbeit mit Šlitr wußte ich schon, daß unsere Show nicht das einzige gemeinsame Unternehmen bleiben würde. Aber ich war glücklich, dies auch aus seinem Munde zu hören. Alles, was wir zusammen machten, war so verlockend und lohnend, daß ich mein ganzes Leben mit ihm zusammenarbeiten wollte.

Suchý, der wie ich acht Jahre jünger als Šlitr war, hatte ebenfalls das Gefühl, daß Šlitr uns alle überleben würde. Und auch Šlitr selbst war sich natürlich dessen sicher. Als ihn 1967 eine Prager Zeitschrift fragte, ob er jemals aufhören werde, mit Suchý zusammenzuarbeiten, antwortete er: „Erst wenn einer von uns allein vom Krematorium nach Hause zurückkehrt, werde ich gezwungen sein, nach einem neuen Partner Ausschau zu halten."

Zum letzten Mal sah ich Šlitr am Montag, dem 22. Dezember 1969, Prags kältestem Tag seit Menschengedenken. An diesem Morgen zeigte das Thermometer 28 Grad unter Null, und ich sah, wie das Hochzeitsbukett einer Braut auf dem Weg vom Auto zur Kirche braun vor Kälte wurde. Šlitr war an diesem Nachmittag vorbeigekommen, da wir ein bißchen arbeiten und Weihnachtsgeschenke austauschen (aber noch nicht öffnen) wollten. Sylva sollte um 17.30 Uhr zum Cocktail und zum Abendessen zu uns kommen, aber Šlitr hatte seiner Mutter versprochen, um 18 Uhr zum Abendbrot zu Hause zu sein. Trotzdem entschied er sich, noch auf Sylva, die nicht gleich kam, zu warten. Er nahm noch einen Martini an („ich muß zwar noch fahren, aber es ist Weihnachten, und es ist kalt, und der Martini ist importiert"), lehnte aber unsere Einladung zum Abendessen höflich ab („meine Mutter ist schon dabei, das Paprikasch zuzubereiten").

Das allgemeine Weihnachtskochen hatte schon begonnen, und das Gas kam außergewöhnlich schwach aus der Leitung. Ebenso der Strom. Während wir sprachen, erlebte unser Stadtteil seinen dritten Stromausfall. Als Sylva gegen 19 Uhr erschien, waren wir gerade auf der Suche nach Kerzen. Sie hatte ihre Wohnung rechtzeitig verlassen, dann aber kein Taxi bekommen; daraufhin war sie in eine Straßenbahn gestiegen, die auf dem Hradschin wegen des Stromausfalls stehenblieb; schließlich ging sie die letzten anderthalb Kilometer zu unserem Haus zu Fuß.

Šlitr und ich setzten Sylva abwechselnd ein Glas mit Cognac an ihre erfrorenen Lippen. Nachdem sie aufgetaut war, ihren Mantel aber noch nicht ausgezogen hatte, zog ihr Šlitr seinen noch über und sagte zu ihr: „Ich wollte fragen: Hast du immer noch vor, in den Ferien in die Berge zu fahren?"

„Nein, mein Vater hat Grippe", antwortete Sylva, „also werde ich die ganze Zeit von Weihnachten bis Neujahr hierbleiben."

Jirka, der in den Ferien auch zu Hause bleiben wollte, sagte: „Dann werden wir viel zusammensein."

Darauf antwortete Sylva leise und gequält auf tschechisch: „Nein, werden wir nicht! Jirka, ich bitte dich."

Man muß die Tschechen kennen, um zu wissen, daß so ein Wortwechsel ihre Art eines wütenden Ehestreits ist. Sowohl die Wohnungsnot und die dadurch fehlende Privatsphäre als auch die Erinnerung an die fünfziger Jahre, als man auf jedes Wort achtgeben mußte, haben dazu geführt, daß sie selten ihre Stimme erheben oder mit vernehmbarer Leidenschaft sprechen. Statt dessen senden sie sich gegenseitig subtile Signale zu.

Sylva war gerade dabei, ihre eigene Identität zu behaupten, unabhängig von Šlitr.

Sylva aß am Weihnachtsabend mit ihren Eltern, Šlitr mit seinen. Aber der Tag nach Weihnachten ist hier auch ein Feiertag, der Stephanstag. Sylva ging am 26. Dezember zu den Šlitrs, um mit Jirka, seinen Eltern und der Familie seiner Schwester, die aus Nordböhmen für einen Tag zu Besuch gekommen war, zu Abend zu essen. Es sollte schon um 17.30 Uhr gegessen werden, damit die Besucher rechtzeitig ihre Heimfahrt antreten konnten.

Šlitr brach um 14 Uhr mit den Worten auf, daß er ein „kurzes Treffen“ in seinem Atelier und dann um 16 Uhr einen Termin mit seinem Arrangeur habe; er versprach aber, um 17 Uhr wieder zu Hause zu sein. Als der Arrangeur um 17.30 Uhr anrief und sagte, daß Jirka bis jetzt nicht erschienen sei, rief Sylva ein paar Freunde an, um zu fragen, ob sie ihn nicht gesehen hätten. Dann fuhren sie und Šlitrs Schwager in dessen Auto los, um ihn zu suchen.

Der Schwager, ein Maschinenbauingenieur, war einer der drei oder vier Menschen, die schon einmal in Šlitrs Atelier gewesen waren. Vor einem Jahr hatte er dort die Gasheizung in Ordnung gebracht. Er erinnerte sich daran, wo das Atelier lag, und er und Sylva sahen im Schatten der Wenzelsstatue Šlitrs roten westdeutschen BMW-Sportwagen auf dem (jetzt in den Ferien) halbleeren Wenzelsplatz stehen. Aber Šlitr reagierte weder auf ihr Klingeln am Hauseingang noch auf ihr verzweifeltes Klopfen an die Ateliertür im dritten Stock. Ein Hausbewohner sagte ihnen, daß er Šlitr zwar hinein-, aber nicht hinausgehen gesehen habe.

Sylva und der Schwager gingen auf das Polizeirevier in der Krakovská. Ein Beamter erklärte ihnen: „Jedes Jahr verschwinden Hunderte von Menschen zwischen Weihnachten und Neujahr. Wenn wir nach jedem einzelnen suchen würden, hätten wir nicht mehr genügend Personal für unsere restliche Arbeit ... Und wenn es jemanden wie Herrn Šlitr betrifft, also, seien Sie nicht böse, aber Sie wissen, daß die Leute sagen werden, daß es ein politischer Akt sei, wenn wir seine Tür aufbrechen.“

Es war sinnlos, mit ihm zu diskutieren. Schließlich nahm sie jedoch ein anderer Polizist zur Seite und sagte: „Hören Sie mal, letztes Jahr habe ich zu jemandem das gleiche gesagt, und ein Mädchen starb, weil wir nicht hingegangen sind. Ich bin jetzt nicht im Dienst, also helfe ich Ihnen. Aber wenn Herr Šlitr deswegen Ärger macht, ist das Ihre Sache."

Gegen 22 Uhr brachen sie die Tür mit einem Instrument auf, das aussah wie ein Wagenheber. Der Polizist, der nicht im Dienst war, sah als erster hinein.

„Es ist Gas", sagte er, „und da sind zwei drin. Das andere ist ein Mädchen."

Soviel war sicher: Šlitr und das Mädchen waren durch Gas umgekommen, das aus einem Miniherd mit zwei Feuerstellen ausgeströmt war – ohne daß auf ihm etwas gekocht worden wäre. Heizen hätten sie auch mit dem Gasradiator können, der unbenutzt und funktionstüchtig daneben stand. Der Gasdruck war in dem Gebäude zu keiner Zeit an diesem Tage schwach gewesen – es handelte sich nicht in erster Linie um ein Wohnhaus. Es war unwahrscheinlich, daß dort jemand gekocht hatte. (Der Gasdruck war an diesem Tag in der ganzen Stadt in Ordnung, da die meisten Leute Reste aßen.)

Die beiden Menschen auf der Ateliercouch hatten nicht viele Kleider an. Šlitr hatte versucht, sich an einem Beistelltischchen hochzuziehen, aber die Tischdecke war hinuntergeglitten und hatte sich um seine Hand gewickelt. Das Mädchen sah aus, als ob es friedlich geschlafen hätte.

Es handelte sich um eine rothaarige 18jährige Studentin. Sie hatte einen Doppelnamen, denn ihre Eltern waren geschieden und ihre Mutter hatte wieder geheiratet, worauf das Mädchen deren neuen Namen an den alten anfügte.

Die weiteren Informationen waren etwas genauer: Einträge in Šlitrs Tagebuch zeigten, daß ihre Affäre seit zwei oder drei Monaten im Gange war. Das Mädchen hatte vor kurzem zwei Mitstudentinnen erzählt, daß sie mit Šlitr Streit habe, weil er nicht bereit sei, sich mit ihr in der Öffentlichkeit zu zeigen. Sie hatte angedeutet, daß sie mit ihm deswegen vor Weihnachten noch einmal sprechen wolle. Wenn er immer noch nein sagen würde, werde die ganze Welt zu Neujahr wissen, daß sie zusammen seien.

(Ironischerweise nannte sogar der einzige Nachruf, der die Anwesenheit einer „Freundin" erwähnte – der in der *Rudé Právo* –, noch nicht einmal ihren Namen.)

In der Nähe der Leichen waren zwei Flaschen eines billigen tschechischen Cognacs gefunden worden. Um diese Einzelheit rankten sich viele Theorien – und sie ist vielleicht die merkwürdigste von allen. Šlitrs Geschmack neigte zu Importware; Pilsener Bier war das einzige tschechische Getränk, das er zu sich nahm. Und wenn er fuhr, trank er selten auch nur ein Glas Schnaps. Die Polizei wollte Šlitrs Eltern keine Auskunft darüber geben, ob der Alkohol- oder Sedativgehalt in den Körpern ungewöhnlich hoch gewesen war. Aber die Familie erfuhr, daß es mehr als nur eine Autopsie gab. Sie ist überzeugt davon, daß das Mädchen seinem Drink ein Betäubungsmittel beimischte und dann den Gashahn aufdrehte. Sylva und ich glauben das auch.

Sylva brauchte bemerkenswert wenig Trost. „Mir geht es gut", sagte sie ein paar Tage später. „Als der Polizist sagte, daß jemand bei Jirka sei, also, da habe ich mich etwas besser gefühlt, einfach weil er nicht allein war, als ihm diese schlimme Sache passierte. Ansonsten habe ich nichts gefühlt. Es hatte nichts mit irgend etwas zu tun, was ich ihm gesagt oder nicht gesagt habe. Es war seine Angelegenheit."

Die Polizei bezeichnete Šlitrs Tod als einen „Gasunfall". Die Nachrichtenagentur *United Press International*, die Šlitr vor allem als Unterzeichner der „Zweitausend Worte" sah, schrieb, daß es sich wahrscheinlich um Selbstmord handelte. In Westdeutschland, wo einige seiner Lieder populär waren, schrieb die Presse, daß er „zu Tode gehetzt" worden sei, weil er keine Abbitte leisten wollte.

Am sichersten und tragischsten war, daß Šlitr nicht mehr lebte, und die tschechoslowakische Öffentlichkeit war so persönlich betroffen wie wir. „Er war der Mensch, der uns in den schlimmsten Zeiten zum Lachen – und Nachdenken! – gebracht hat", stand immer wieder in den Beileidsbriefen, die die vielen fremden Leute an seine Familie oder an das Semafor schickten.

Als der Verfasser der „Zweitausend Worte", Ludvík Vaculík[85], die Nachricht empfing, fabrizierte er auf seiner Schreibmaschine eine weitere Proklamation:

> Jiří Šlitr ist gestorben? Im ersten Moment möchte man die Nachricht nicht glauben. Aber je schlechter die Nachrichten heutzutage sind, desto wahrscheinlicher sind sie auch. Also ist es wahr: Šlitr ist tot. Ich habe das Gefühl, daß etwas außergewöhnlich Schlimmes geschehen ist. War-

[85]Vaculík stand gerade ein Prozeß wegen staatsfeindlicher Aktivitäten bevor.

> um er, wo es doch so viele böse Menschen auf der Welt gibt? ... Ein Teil Prags ist in der Versenkung verschwunden.

Vaculík war verbittert, sarkastisch und zweideutig:

> ... niemand Inkompetentes kann uns Šlitr durch irgend etwas ersetzen, auch wenn er Selbstmord begangen hat, und das befriedigt mich irgendwie. Keine Maßnahme, keine Resolution, keine Entscheidung kann jemals den eintönigen Lärm von Maschinen dazu bringen, auch nur einen Ton solcher Musik zu produzieren, wie sie Herr Jiří Šlitr komponiert hat. Deshalb fordere ich mich anläßlich seines Todes auch noch einmal selbst heraus.

Am 27. Dezember 1969, dem Morgen nach Šlitrs Tod, wurde Ludvík Vaculíks Proklamation an die Tür des Semafor-Theaters geklebt. Ein oder zwei Tage später kamen einige Geheimpolizisten in das Büro des Semafor und forderten einen Angestellten dazu auf, die Huldigung an Šlitr zu entfernen, da sie „Menschenaufläufe" verursache. Das Theater kam der Bitte nach.[86]

(Nicht lange danach wurde Suchý gezwungen, seinen Posten als künstlerischer Leiter des Semafor aufzugeben, da es uneinsichtigen Unterzeichnern von Vaculíks „Zweitausend Worten" nicht länger gestattet war, führende Positionen zu besetzen. Suchý durfte jedoch seine „niedrigeren" Funktionen als Autor und Star beibehalten.)

Šlitr, ein ausgebildeter Jurist, hinterließ keinen letzten Willen. Am Neujahrstag 1970 erfuhren seine trauernden Eltern, warum. Jemand rief bei ihnen an und sagte, daß es „ein Andenken an Ihren Sohn" gäbe, das sie sehen sollten. Dann bekamen sie Besuch: von einem älteren Anwalt; seiner Frau, Notarin; ihrer 35jährigen Tochter (eine erfolgreiche, aber kaum bekannte Drehbuchschreiberin, die unter anderem die Bücher für die Filme *Hvězda* (*Star*) und *Hledá se tatínek* (*Papa gesucht*) verfaßt hatte); und ihrem unehelichen Kind, einem pausbäckigen vierjährigen Mädchen mit dem breiten, schmallippigen Mund der Šlitrs. Nach einer Alimentenbestätigung, die Jiří

86 Šlitrs Begleiter beim Weintrinken, der Puppenspieler Trnka, überlebte ihn nur um fünf Tage. Trnka lag schon auf dem Sterbebett, als die Tragödie passierte, aber seine Ärzte erlaubten seiner Familie nicht, ihm von Šlitr zu erzählen.

Šlitr nach der Geburt unterschrieben hatte, war er der Vater des kleinen Mädchens.

In Ermangelung irgendeines anderen Dokumentes wurde das Kind (und seine Vormunde) zum Alleinerben von Šlitrs Vermögen und seiner Immobilien eingesetzt. Šlitrs eigener Anwalt bestätigte, daß er Jirka damals, als er das Papier unterzeichnete, gedrängt hatte, ein Testament aufzusetzen. Aber jedes Testament hätte das Kind berücksichtigen müssen – und Šlitr wollte zu Lebzeiten seiner Eltern so wenig wie möglich über die Affäre bekanntwerden lassen. Er war vollkommen davon überzeugt, daß er noch am Leben sein werde, wenn sein Kind volljährig würde und damit auf eigenen Füßen stände.

Šlitrs alte, leidende Eltern hatten keine Kraft mehr zu kämpfen. („Überlebe niemals deine Kinder, Alan", sagte seine Mutter, Pavla, zu mir.) Sie erkannten den Anspruch ihrer Enkelin an und machten sich daran, die Villa, die ihr Sohn für ihren Lebensabend gedacht hatte, zu räumen.

Prag war in diesem Winter wie eine Stadt zu Kriegszeiten, mit weiteren Krisen in der Gas- und Stromversorgung (im Januar 1970 gab es einen totalen Stromausfall, der dem von 1965 in New York glich, nur daß er nicht eine Nacht, sondern drei Nächte dauerte); wegen einer Grippeepidemie wurden die Schulen für zwei Wochen geschlossen; und immer mehr Produkte wurden zu Mangelware, ohne daß man es überhaupt noch ankündigte; es war ein täglicher Überlebenskampf. Mein Weihnachtsgeschenk von Šlitr – eine humoristische Zeichnung aus seiner Ausstellung mit erotischer Kunst vom Herbst 1969, die eine Frau darstellte – konnte man einrahmen, aber nur ohne Glas. Es war weder böhmisches noch sonstiges Glas erhältlich.

Während die Kommunistische Partei und die Regierung gegen die unsichere wirtschaftliche Situation anzugehen versuchte, indem sie Ministerpräsident Černík durch Štrougal ersetzte, sahen Šlitrs Hinterbliebene, daß die alltäglichen Widrigkeiten in der Tschechoslowakei auch nach dem Tode nicht aufhörten. Aufgrund von Todesfällen im Rahmen der Grippeepidemie, Knappheit von Särgen und Brennstoffmangel mußte man beim Krematorium in Strašnice bereits einen Monat im voraus buchen. Dank seiner Popularität wurde Šlitr jedoch bereits am 6. Januar 1970, elf Tage nach seinem Tod, eine Bestattung gewährt.

Dieser Prager Ort des letzten Abschieds war an jenem Nachmittag mit Menschen überfüllt. Mehr als 1200 Trauernde drängten sich in die moderne, antiseptische und auf ewig kalte Halle, und Tausende standen draußen und zitterten. Sogar eine gewöhnliche Bestattung ist dort ein sehr dramatisches Ereignis. Ein Vorhang geht auf, und auf der Bühne erscheint der Sarg, der auf einem riesigen Katafalk sehr verloren wirkt. Blumen trennen die Trauernden vom Podium; in Šlitrs Fall gab es genug Kränze, um die gesamte Berliner Mauer zu schmücken. Nach einer von der Kanzel gehaltenen Rede (Suchý: „Wenn ein Mensch die ihm zugemessene Zeit ausgefüllt und glücklich durchlebt hat ... sollte es keinen Anlaß zur Trauer geben") spielt die Orgel auf der Empore einen letzten Choral.

Bei Šlitrs Zeremonie wurde die Orgel durch eine Trompete und ein Schlagzeug verstärkt. Sie spielten zwei Kompositionen. Die erste, aus *Jonáš*, war ein Antikriegslied von S&Š, das zu einer nostalgischen Hymne auf den Prager Frühling und nun auf Šlitr geworden war: *Jó, to jsem ještě žil* (*Ja, da habe ich noch gelebt*). Die zweite Melodie, die Šlitrs Bedürfnis, ein großer Fisch in einem großen Teich zu werden, symbolisierte, war Leonard Bernsteins *Tonight.*

Als die Musik gerade den Teil spielte, zu dem der Text von Stephen Sondheim lautet: „Today the world was just an address / A place for me to live in", begann sich der aufgebahrte Sarg nach hinten zu bewegen. Im Hintergrund der Krematoriumsbühne öffneten sich die Flügel einer Tür. Dann schloß sie sich zu den letzten Takten von Bernstein („Good night, good night ...") hinter Jirka Šlitr für immer.

Einer von denen, die ihm die letzte Ehre erwiesen, war der etwas gebeugt gehende Josef Smrkovský mit seinem Bürstenschnitt. Abgesetzt, gebrandmarkt und mit 58 Jahren gezwungen, sich von der Politik zurückzuziehen, ging er nun am Stock. (Später in diesem Jahr erfuhren wir, daß er Knochenkrebs hatte.) Einige Jugendliche in der Menge fingen an zu rufen „Smr-kovský! Smr-kovský!" Die Polizei kam leise, aber entschlossen herein, um einer Demonstration vorzubeugen und zu verhindern, daß der Tod von Jirka Šlitr weiter politisiert wurde.

Denn der Tod von Jirka Šlitr war nicht politisch. Auch ein Mann, der einen heroischen Standpunkt einnimmt und an ihm festhält, kann genug Zeit haben, um sich sein Privatleben zu vermasseln. Er muß für die Menschen – besonders die Frauen –, die ihn liebten und dachten, daß sie ihn kennen würden, nicht unbedingt ein Held gewesen sein.

Ungeachtet aller Politik, auch der, in der jetzt alles nur noch Fassade ist, geht das Leben und Sterben weiter. Das Ende von Jirka Šlitr war entweder ein Verbrechen oder ein Unfall aus Leidenschaft, denn auch die Leidenschaft existiert weiter – sogar hier, wo so viel Liebe und so viele Emotionen eingesetzt, verbraucht und in schicksalhafter Weise verraten wurden.

Als Jiří Šlitr starb, fragten uns unsere tschechischen Freunde und Nachbarn besorgt, ob wir weiter bleiben wollten, nun, wo einer der ursprünglichen Anlässe für mich herzukommen nicht mehr existierte. Und ich sagte: „Wir haben jetzt, wo wir einen eigenen Geist in den Mauern der Stadt haben, um so mehr Grund zu bleiben."

Sie waren froh, denn jeder Tag, an dem meine Familie und ich unter ihnen sind, bedeutet für sie ein wenig Hoffnung (und auch Risiko). Natürlich bin ich, wenn ich nicht an meiner Schreibmaschine sitze, genauso hilflos wie sie – aber erst einmal sind wir hier, und wir möchten unbedingt bleiben.

Es ist wieder einmal eine Woche vor Weihnachten, und ich weiß wirklich nicht, wo ich den Weihnachtstag verbringen werde. Vor vier Tagen, während ich meine Mutter auf dem Flughafen Ruzyně zu ihrem Abflug nach New York begleitete, gingen der Geheimpolizei 65 Seiten dieses Manuskriptes, einschließlich eines Kapitels über die letzten Augusttage 1968, in eine geschickt gestellte Falle.

Im Westen gibt es gesicherte, unveröffentlichte Kopien, aber dort möchte ich nicht unbedingt sein. Auf jeden Fall liegt die Angelegenheit jetzt nicht mehr in meinen Händen. Nachdem sich die üblichen Nachforschungen in der amerikanischen Botschaft und im tschechoslowakischen Außenministerium als ergebnislos erwiesen haben, bleibt nichts anderes übrig als zu warten und, in meinem Fall, zu arbeiten. Ich möchte mein Buch unbedingt hier in Prag beenden, wo sich alles zugetragen hat. Außerdem nimmst nicht du Kontakt mit der Geheimpolizei auf, sondern sie mit dir.

Es sieht nicht besonders gut aus, aber unser leckendes Ruderboot hat uns immerhin bis hierher gebracht; und daher, tschechisches Volk, biete ich mich als Unterpfand für deine Hoffnungen an.

Prag, am 15. Dezember 1970 um 12.15 Uhr[87]

[87]Am 12. Januar 1971 wurde der Autor nach einem dreistündigen Verhör durch den Chef der Prager Geheimpolizei aus der ČSSR ausgewiesen. Ihm und seiner gesamten Familie wurden 48 Stunden Zeit gegeben, um das Land zu verlassen; ihre Wohnung wurde von der Polizei versiegelt. Der Zug, mit dem die amerikanische Familie Levy abgeschoben wurde, passierte die österreichische Grenze am 15. Januar 1971 um 6.30 Uhr.

Was geschah mit ...?

SYLVA Daníčková war Heldin und Historikerin für dieses Buch. Neben meiner Frau war sie die einzige Person in Prag, die die komplette Version in Manuskriptform las (obwohl auch die Geheimpolizei 65 Seiten davon las). Sie hatte bei **Ivan Sviták** Geschichte an der Karlsuniversität studiert und kontrollierte alle Fakten und Details auf ihre Richtigkeit. Als ich ihr anbot, ihren Namen im Buch zu verändern, lehnte sie ab und sagte: „Wenn ich dafür, daß ich dir helfe, ins Gefängnis gehen werde, dann möchte ich unter meinem eigenen Namen gehen. Aber verschwende nicht deinen wertvollen Platz für den Namen Daníčková. Außerdem wird hier jeder wissen, wer Sylva ist."

Die Geheimpolizei wußte es. Nachdem die frühere Version dieses Buches 1972 in New York veröffentlicht worden war, wurde Sylva aus einem Job entlassen, den sie im Rahmen der französischen Ausgabe der Zeitschrift *Tschechoslowakisches Leben* angenommen hatte. Als Exemplare der ersten tschechischen Ausgabe – die 1975 vom Exilverlag 68 Publishers Toronto veröffentlicht wurde – auf die andere Seite des Eisernen Vorhangs gelangten, nahmen das die staatlichen Behörden sogar noch ernster. Sylva wurde für eine bedrohliche fünfstündige Fahrt entlang des Prager Hafengebietes in einen Tatra-Wagen verfrachtet. Während dieser Tortur wurde sie sowohl körperlich mißhandelt als auch dazu gedrängt, sich durch eine Zusammenarbeit mit ihren Peinigern „freizukaufen". Sie weigerte sich, aber danach und nach mehreren weiteren Besuchen von ihnen fühlte sie sich gezwungen, Protokolle zu unterschreiben, die sie ihr vorlegten. Sie mußte unterschreiben, daß sie nicht mißhandelt wurde und nichts über ihr Verhör erzählen werde.

Ihre Unterschriften reichten der Geheimpolizei aus, um ihren Namen auf eine Liste mit 142.000 „Agenten" und „Kollaborateuren" zu setzen, die später einer rechtsgerichteten Publikation „zugespielt" wurde, die sie 1992 veröffentlichte. In einer Kolumne über Prager Profile in der *Prague Post* (Wochenausgabe vom 30. Juni bis 6. Juli 1992) sprach ich mich gegen die fortlaufende Hexenjagd aus, die falsche Informationen im Namen der Aufklärung verbreitete: „Weder beginnend noch endend mit Sylva, befinden sich einige der besten Leute in diesem Teil der Welt auf der einen oder anderen Liste, die kürzlich zum Vorschein gekommen ist. ... Wenn es so weiter geht, wird es noch dazu kommen, daß man verdächtig ist, wenn man *nicht* auf irgendeiner Liste steht. Ich weiß, daß, wenn Sylva eine Hexe ist, ich ein Zauberer sein möchte."

Auf den Ruhestand zugehend, arbeitet Sylva Daníčková als Herausgeberin von Publikationen der Tschechischen Akademie der Wissenschaften.

GENE DEITCH, der mit einem Oskar ausgezeichnete Trickfilmer (*Munro*), blieb mit seiner Frau Zdenka in Prag und schrieb vor kurzem ein lebendiges Erinnerungsbuch über seine fast vierzig Jahre als „der älteste Amerikaner", der dort lebt: *For the love of Prague* (auf englisch veröffentlicht von Pragma, Prag 1997).

ALEXANDER DUBČEK tauchte nach Jahren der Dunkelheit in der Samtenen Revolution vom November 1989 auf einem Prager Balkon zusammen mit dem Dissidenten Václav Havel auf. Obwohl man ihm das Zeug zum Präsidenten nachsagte, wurde Dubček statt dessen wieder auf seinen Posten als Parlamentspräsident gesetzt, die höchste Stellung außerhalb der Partei, die er in seiner vorangegangen politischen Laufbahn innegehabt hatte. Als Mitglied der slowakischen Reformbewegung Öffentlichkeit gegen Gewalt gewählt, wurde er später Sozialdemokrat. Er war Vorsitzender des Parlaments bis zu seiner Auflösung nach den Wahlen im Juni 1992, die das Ende der Tschechoslowakei bedeuteten. Obwohl man von ihm als vom mutmaßlichen ersten Präsidenten des neuen slowakischen Staates, der sich Anfang 1993 abspaltete, sprach, erlebte er die nationale Teilung, die er bekämpft hatte, nicht mehr.

Am 1. September 1992 geriet ein BMW, der ihn von Brünn nach Prag mit überhöhter Geschwindigkeit (eine Schätzung sprach von 200 Stundenkilometern) brachte, außer Kontrolle, kam von der Autobahn ab, durchbrach eine Leitplanke, überschlug sich und rutschte noch dreißig Meter weiter, bevor er zum Stehen kam. Dubček, der sich die Wirbelsäule und einige Rippen brach, verließ das Prager Krankenhaus nicht mehr lebend. Er starb am 7. November 1992 an Herz-, Nieren- und Lungenversagen.

Ich traf ihn während unseres zweiten Lebens in Prag dreimal. Er erinnerte sich nicht an mich, aber es freute ihn, von unseren gemeinsamen Erfahrungen zu hören und dieses Buch auf tschechisch zu lesen.

EDUARD GOLDSTÜCKER ging von der Universität im englischen Sussex in Pension und kehrte nach der Revolution von 1989 nach Prag zurück, um in der Nähe seiner Enkel zu sein. Von all den Reformern des Prager Frühlings war er derjenige, der am meisten geschmäht wurde, „einmal ein Kommunist, immer ein Kommunist" und „ein Teil einer Splittergruppe, die 1968 einen Kampf innerhalb der Partei begonnen hatte, der uns allen zwanzig Jahre Unglück gebracht hat" zu sein. Ein körperlicher Angriff auf ihn während einer Fernsehdiskussion über die fünfziger Jahre löste eine Welle von Abscheu gegen die rechtsgerichtete Sündenbocksuche in den neunziger Jahren aus. Weit über achtzig, lebt Goldstücker ruhig und weise in einem Gartenbezirk von Prag.

JIŘÍ SUCHÝ verlor nicht nur seinen Partner Šlitr Ende der sechziger Jahre, sondern auch seine junge Frau Běla, die in den siebziger Jahren an Krebs starb. Er hielt das Semafor-Theater dennoch durch die grauen Jahrzehnte der „Normalisierung" nach der Invasion hindurch offen und lebendig. Damit überlebte er die Schurken, die er verspottet hatte. Aber mit dem Einzug des Kapitalismus und dem großen Geld für Immobilien in bester Lage verlor das Semafor seinen Mietvertrag für das Gebäude am Wenzelsplatz und fand schließlich, nach sporadischen Gastengagements am Komödientheater und anderen Veranstaltungsorten, ein neues Zuhause im kleinen Saal des Musiktheaters des Operettenhauses in Karlín neben dem Prager Hauptbusbahnhof.

IVAN SVITÁK, der einsame Heckenschütze, stand an 37. Stelle der Verhaftungsliste der Roten Armee, als sie im August 1968 in Prag einmarschierte. Er war aber nicht in der Nähe, um diese Ehre anzunehmen. Nachdem er an einem Philosophiekongreß in Wien teilgenommen hatte, fuhr er Richtung Westen, um eine planmäßige Vorlesung an der Georgetown-Universität in Washington zu halten. In den Staaten wurde er vom Brzezinski-Institut an der Columbia-Universität als Gastgelehrter eingeladen. Während seiner zwei Jahre in New York veröffentlichte er zwei Bücher auf englisch, *Man in his World* (Dell) und *The Czechoslovak Experiment 1968–69* (Columbia University Press). Dann ging er noch weiter in den Westen – er erhielt eine Festanstellung als Professor für Philosophie an der California State University in Chico. In den achtziger Jahren wurde ihm die US-Staatsbürgerschaft zuerkannt.

Nachdem er pensioniert worden war, kehrte er im März 1990 nach Prag zurück. Mitte 1992 wurde er von seiner Heimat Nordmähren als Kandidat des Linken Blocks (einer Koalition, die die Kommunisten einschloß) ohne Parteizugehörigkeit in das tschechoslowakische Parlament gewählt. Mit der bevorstehenden Teilung der Nation verlor das Parlament jedoch seine Funktion.

Mit 67 bekam der dünne Philosoph innere Blutungen, nachdem sich die Tschechoslowakei aufgespalten hatte und sein Mandat damit zerfiel. 1993 wurde er dreimal ins Krankenhaus eingeliefert, verlor 28 Kilo und sah mehr denn je wie Don Quichotte aus. Er starb 1994 an einer Herzkrankheit.

Der Student **VÁCLAV** war in Wirklichkeit **Oldřich Černý**, der direkt nach der Samtenen Revolution erster nationaler Sicherheitsberater des tschechoslowakischen Präsidenten Havel wurde. Während Havels nächster Amtszeit als Präsident – der amputierten Tschechischen Republik – war Olda Černý Havels Chef-„Spitzel", der mit streng geheimen Angelegenheiten zu tun hatte und einige der ungelösten geheimnisvollen Kriminalfälle des Kommunismus wie den Tod von Charles Jordan 1967 untersuchte. (Černý bezweifelt, daß es sich dabei um ein schmutziges Spiel gehandelt hat.)

Eines Morgens Anfang des Jahres 1971, gegen Ende meines ersten Lebens in der Tschechoslowakei, rief mich Černý an und fing an: „Alan, hier ist Olda Černý und ich –" Inzwischen wurde ich so intensiv überwacht, daß man meine Telefonabhörer auf der Leitung atmen hören konnte, also sagte ich: „Du hast gerade einen großen Fehler gemacht. Jetzt geh schnell aus der Leitung." Das tat er, aber der Anruf wurde vorschriftsmäßig registriert.

Mehrere Monate nachdem ich verhört, ausgewiesen und abgeschoben worden war, stattete die Geheimpolizei Černý einen Besuch ab und behielt ihn über Nacht in ihrem Hauptquartier.

In dieser Zeit schlugen sie ihn ins Gesicht, bis sich zwei seiner Vorderzähne lockerten. Sie sagten ihm, daß dies eine Warnung davor sei, „sich niemals mit westlichen Spionen einzulassen" und ließen ihn dann gehen.

Das Leben ging für Černý unter der „Normalisierung" normal weiter. Um 1977 arbeitete er als Übersetzer für den Kinderbuchverlag Albatros, als er ein Angebot erhielt, das er kaum ablehnen konnte: als Kulturattaché der tschechoslowakischen Gesandtschaft bei den Vereinten Nationen in New York zu arbeiten. Nach mehreren Gesprächen im Kultur- und im Außenministerium war er bereit anzunehmen, aber dann wurde er über eine weitere Dimension seiner Tätigkeit informiert: herauszufinden, welche tschechischen Schriftsteller in Kontakt mit dem amerikanischen Autor Philip Roth standen, der Anthologien verbotener osteuropäischer Literatur zusammenstellte, und ausfindig zu machen, wie Havel, Ludvík Vaculík und andere Dissidenten ihre Schriften zu Zdeňa und Josef Škvorecký beim Verlag 68 Publishers Toronto schmuggelten.

Černý lehnte den Job ab. Am nächsten Tag wurde er von Albatros entlassen.

Unsere erste Wiederbegegnung fand in einem Kleinseitner Lokal in den frühen neunziger Jahren statt. Als mir Olga seine beiden losen Zähne entgegenwackelte, weinte ich und entschuldigte mich für den Schmerz, den ich ihm verursacht hatte. Er legte seinen Arm um mich und tröstete mich: „Nein, ich muß Ihnen danken. Wenn ich nicht 1971 diese beiden Tage auf dem Polizeirevier verbracht hätte, hätte ich vielleicht das Angebot angenommen, nach New York zu gehen. Aber dank Ihnen konnte ich erkennen, daß diese Männer in Anzügen bei den Ministerien sich nicht von den Schlägern, die mich auf dem Polizeirevier verprügelt hatten, unterschieden. ... Außerdem habe ich meiner Meinung nach auch noch in bezug auf etwas anderes Glück gehabt. Als ich Sie angerufen habe, war ich Soldat kurz vor meiner Entlassung, und ich habe von einem Armeestützpunkt aus telefoniert. Als sie mich dafür verhafteten, daß ich mit Ihnen telefoniert habe, war ich nicht mehr in der Armee, und sie verfolgten nicht, von wo aus ich angerufen hatte. Wenn sie das getan hätten, wäre ich vielleicht wegen Landesverrat vors Kriegsgericht gestellt worden."

EPILOG

Auferstehung: Den unmöglichen Traum leben

Die meisten unserer Wiedervereinigungen fanden auf die gleiche Art und Weise statt. Wir vier saßen wartend an einem Tisch eines Restaurants, und dann erschien eine fünfte Person. Die Augen des neuen Gesichtes – das für uns sowohl neu als auch wohlbekannt war – betrachteten uns mit einer Mischung aus Zweifel und Wiedererkennen; und bald darauf saßen wir fünf zusammen, hielten uns mehrere Minuten einfach nur an den Händen und weinten leise, bevor wir eine Unterhaltung fortsetzten, die vor beinahe zwanzig Jahren von der Geheimpolizei unterbrochen worden war.

„Ihr seid beide älter als ich damals, als ich euch das letzte Mal gesehen habe", sagte die 41jährige Verlegerin Kateřina Vinšová – die Tochter unseres ehemaligen Hausarztes, die als Teenager der Aushilfsbabysitter für unsere Töchter gewesen war – zu Monica Levy, 26, und Erika Levy, 25. „Und ich habe Kinder, die jetzt älter sind, als ihr damals wart", fuhr sie fort und wendete sich auf einmal anklagend an Erika: „Und du warst früher blond!"

Daraufhin fingen wir fünf an zu lachen. Unsere Tränen aus Kummer über die vielen verlorenen Jahre vertrieb die Freude über die zurückerhaltene Freiheit, die uns wieder zusammengebracht hatte. Die Szene wiederholte sich jeden Tag auf jede Art mit unterschiedlicher Besetzung; am Flughafen Ruzyně, am Hauptbahnhof (der immer noch versucht seine Vorkriegsbenennung nach Woodrow Wilson wiederzuerlangen), am Masaryk-Bahnhof (der vierzig Jahre lang Prag-Mitte hieß) und an verschiedenen Hauseingängen in der ganzen ČSFR.

Die amerikanische Familie Levy ging am 4. Juli 1990 für einen Monat zurück nach Prag. Meine Frau Valerie und ich, 58, lebten und arbeiteten seit unserer Ausweisung und Abschiebung während einer kalten Winternacht des Jahres 1971, mit der meine Sünde dafür bestraft wurde, daß ich die Wahrheit erzählt hatte, in Wien. Val war aus der sowjetisch besetzten ČSSR hinausgeworfen worden, weil sie meine Aktivitäten (das Verfassen des vorliegenden Buches) nicht den Behörden gemeldet hatte; die damals sechsjährige Erika und die siebenjährige Monica dafür, daß sie „auf dem Spielplatz Freundschaften gepflegt" hatten, „um Informationen für ihren berüchtigten Vater zu sammeln." (Wie alle Eltern dachten wir immer, daß wir bemerkenswerte Kinder haben; nun war uns dies offiziell bestätigt worden.) Neunzehneinhalb Jahre später kamen Erika aus San Francisco und Monica aus Frankreich, um die Stätten ihrer Kindheit zu besuchen; in einer Stadt, von der zumindest ihre Eltern dachten, daß sie sie nie mehr in ihrem Leben wiedersehen würden.

Der Dank dafür, daß dieser unmögliche Traum Wirklichkeit wurde, gebührt Michail Gorbačev, der den sowjetischen Griff auf Osteuropa gelockert hat; er gebührt Václav Havel, dem eingesperrten Dramatiker, der in dem ereignisreichen Jahr 1989 vom Gefangenen aus Gewissensgründen zum Präsidenten der Tschechoslowakei wurde; und er gebührt Tausenden von Studenten und tapferen Prager Bürgern, die sich im November jenes Jahres der kommunistischen Repression und den Schlagstöcken der Polizei auf dem Wenzelsplatz entgegenstellten und der Welt zuriefen: „Wir sind nicht so wie sie!"

Unsere Rückkehr mußte verschoben werden, bis die Visapflicht für Amerikaner im Mai 1990 aufgehoben wurde und man mir mündlich versicherte, daß eine 5.615jährige Haftstrafe, die ich in sorgenfreier Abwesenheit in Wien angetreten hatte, durch eine Generalamnestie, die von Präsident Havel zum neuen Jahr erlassen worden war, aufgehoben sei (noch nicht einmal jetzt, wo die Zeit der Meinungsfreiheit anbrach, wollte man mir dies schriftlich geben).

Die Folgen von Havels Großzügigkeit wurden für uns sichtbar, als wir an Prags Ex-Woodrow-Wilson-Bahnhof ausstiegen. Es war kaum ein Münztelefon zu sehen, und die wenigen, die es gab, funktionierten nicht. Die Amnestie, die vor mehr als sechs Monaten erlassen worden war, galt nicht nur für politische Gefangene, sondern auch für Kriminelle – und sie hatte keine Rückfahrkarte nach Hause eingeschlossen.

Es war also nicht überraschend, daß jedes Münztelefon im Umkreis von zehn Kilometern eines Gefängnisses umgehend geplündert wurde. Und die Telecombeamten – immer noch Kommunisten mit Habsburger-Mentalität – reagierten, wie vorherzusehen war: Um weiteren Vandalismus zu verhindern, entfernten sie die meisten der funktionierenden Münztelefone des Landes, bevor die Diebe sie ausrauben konnten.

Diese Seiten haben mir nicht nur eine Zukunft mit 56 Jahrhunderten im Gefängnis eingebracht, sondern meiner Familie und mir auch eine etwas eher zu bewältigende Einladung eines Lesers, der uns bei sich wohnen ließ, während er in den Ferien war. Seine Erdgeschoßwohnung in einem Zweifamilienhaus hinter der Prager Burg befand sich auf der entgegengesetzten Seite des Parkbezirks, in dem wir von 1967 bis 1971 gelebt hatten. An unserem ersten Abend nach fast zwanzig Jahren gingen wir zu unserer ehemaligen Adresse in der Hládkov-Straße und erfuhren vom Hausmeister, daß unsere Wohnung jetzt der offizielle Sitz des kubanischen Kulturattachés war.

Dann spazierten wir den Burgberg hinunter auf die Kleinseite, wo wir mit dem Teufel zu Abend aßen – im Restaurant U Čerta (Beim Teufel) am unteren Ende der Nerudagasse.

Nach dem Essen schlenderten wir an der bombastischen Fassade der St. Nikolauskirche vorbei, bogen nach links ab, gingen durch einige Straßen und begannen dann, den unmöglichen Traum zu realisieren. Zum ersten Mal gingen wir auf eine statuengeschmückte Karlsbrücke, die nicht durch Baugerüste entstellt war, wie während unserer ganzen vier Jahre hier, und auf der man nicht durch Polizisten (in Zivil oder in Uniform) behindert wurde, die anrückten, sobald drei oder mehr Menschen zusammenstanden. Es war eine Offenbarung.

Als wir über die wirbelnde Moldau gingen, kam hinter uns allmählich die beleuchtete Prager Burg zum Vorschein, wie eine riesige Projektion auf dem Nachthimmel. Vom sgraffitogeschmückten Schwarzenberg-Palais bis zum Weißen Turm am Ende des Goldenen Gäßchens leuchtete über mehr als einen halben Kilometer flutlichtüberströmte Erhabenheit – nicht mehr die unheilvolle und finstere Zitadelle stalinistischer Macht – wie ein Wunder, das auf der Spitze des Hradschinberges Wirklichkeit geworden war.

Die Karlsbrücke, die wir so zum ersten Mal sahen, war offen, fröhlich, angefüllt mit jungen Menschen, die sangen und zusammenkamen, und erwärmt vom Treibhauseffekt lächelnder Gesichter. Einige Amerikaner spielten Lieder aus den Sechzigern – *We Shall Overcome* und *Let It Be* waren unter den Hymnen – und verteilten sogar fotokopierte Texte, aber die Jugendlichen konnten sie alle auswendig und steckten sie nur als Andenken ein. *Hier* sang niemand, daß Freiheit nur ein anderes Wort dafür ist, daß man nichts mehr zu verlieren hat.

Auf der Brücke und auf dem Altstädter Ring einige Straßen weiter waren sie alle zusammengekommen, um zu feiern: peruanische Panflötenspieler; Hare-Krishna-Anhänger; eine schwedische Marschkapelle mit einem Steptanzensemble, Matrosenanzügen und einer feurigen Sängerin, die großen Beifall erntete, als sie *All Of Me* auf tschechisch zum besten gab; die *M-Separate and Caramella Square Dancers of Prague*; andere Tschechen, die Country-Musik auf Waschbrettern und Kazoos spielten; und slowakische, ungarische, polnische und sogar russische Folkloregruppen in Kostümen. Die meisten dieser Talente von außerhalb waren auf eigene Kosten gekommen, da es auf der ganzen Welt in der Luft lag, daß Prag dieses Jahr der Ort war, an dem man sein mußte.

Auch wir vier fühlten das. Während sonst viele Erinnerungen erst im eigenen Kopf gedeihen, übertraf dieses lebendige, vibrierende Prag all unsere Vorstellungen und Erwartungen. Es war hinreißend!

In unserer zweiten oder dritten Nacht begann ich auf tschechisch zu träumen und Pläne dafür zu schmieden, wieder in Prag zu wohnen. Über Nacht bedeuteten fast zwanzig zum größten Teil gute Jahre in Wien nicht mehr, daß ich dort zwanzig weitere verbringen wollte. Gegen Ende unseres Aufenthaltes in jenem Juli erkundigte ich mich nach Wohnungsmöglichkeiten. Als wir im Oktober wiederkamen, schauten wir uns sechs von ihnen an, und ich wählte die richtige für uns aus.

Da ich hier zur Zeit der stürmischen Pläne und gewaltsamen Zerstörung des Prager Frühlings von 1968 gelebt hatte, wollte ich bei den Geburtsschmerzen der Demokratie dabeisein und helfen. Als ich mich auch abseits von der Brücke und den größten Plätzen der Stadt umsah, entdeckte ich die Kopfsteinpflaster voller junger amerikanischer, britischer und kanadischer Freiwilliger, die in der ersten Blüte der Samtenen Revolution gekommen waren, um Englisch zu unterrichten. Organisiert und ermöglicht wurde dies durch die *Charta '77–New York*[88]

[88] Sie wurde von Wendy Luers, der Frau eines ehemaligen amerikanischen Botschafters in Prag, im Namen des Dissidentenmanifestes gegründet.

und die Gesellschaft *Education for Democracy*[89]. Außerdem gab es Franzosen, Deutsche und Schweden, die auf eigene Faust hierhergekommen waren; die meisten über Universitäten oder Mundpropaganda.

Kirsten Keppel, eine der ersten fünfzig amerikanischen Freiwilligen, erinnerte sich: „Direkt nachdem sie von uns im Radio gehört hatten, kamen fünfhundert tschechische Schüler aus dem ganzen Land, wovon einige bei irgendwelchen Cousinen fünften Grades in Prag wohnten, nur um Englisch zu lernen. Und wir selbst lebten in Familien, die noch nie jemanden aus dem Westen gesehen hatten und die sich ihrer relativ armseligen Einrichtungen nicht schämten, weil sie nicht wußten, wie wir wohnten."

Kirsten Keppel, die 1990 das College in Middlebury abgeschlossen hatte, sagte, daß sie nicht hier sei, um den amerikanischen Lebensstil zu verbreiten: „Wir sind nicht gekommen, um zu lehren, sondern um zu lernen und teilzuhaben. Keiner von uns hatte jemals Englisch als Fremdsprache unterrichtet, und keiner wußte, wie man das anstellen mußte. Wir telefonierten ständig miteinander und trafen uns übernächtigt in den Cafés auf der Kleinseite, um Sätze mit Präpositionen und Partizipien durchzugehen. Und unsere Schüler machten uns zu Pragkennern, indem sie uns nicht nur auf die Aufenthaltsorte von Dvořák, Kafka und Faust aufmerksam machten, sondern auch auf die tödliche Umweltverschmutzung."[90]

(In einem von sieben Anhöhen umgebenen Kessel gelegen, lebte die Prager Innenstadt nun unter einem braunen Smogschleier, den die Jahrzehnte kommunistischer Industrialisierung und Vernachlässigung mit sich gebracht hatten. Die Behörden fingen erst einige Jahre später an das Problem anzugehen, indem sie die Schwefel- und Braunkohleemissionen beschränkten, wobei die extrem ansteigende Zahl der Privatautos den Effekt ihrer Bemühungen wieder aufhob oder sogar zunichte machte.)

Viele der US-Exporte von 1990 kehrten wieder nach Hause zurück. Aber andere blieben und warteten auf das Ende einer

[89]Eine Bewegung, die in Toronto gegründet wurde und sich nach Mobile (Alabama) und London ausgebreitet hatte.

[90]aus: "Whose Country Is It, Anyway? … Round Two" von Kirsten Keppel, *The Prague Post*, 29. Oktober–4. November 1991, S. 4.

scheinbar endlosen Rezession, die graduierte Geisteswissenschaftler auf der Suche nach Arbeit in ihrer Heimat besonders hart traf. Von den Freunden und Verwandten, die kamen, um zu sehen, warum sie blieben, gefiel einigen, was sie sahen, und sie quartierten sich bei ihnen ein oder kamen so schnell wie möglich wieder.

Manchmal sah es so aus, als ob sich zwei Drittel von Santa Barbara oder ein Drittel von Sacramento in Prag aufhielten, und das zu jeder Jahreszeit. Die Menschen, die im Laufe vieler Generationen auf der Suche nach etwas Besserem Richtung Westen gegangen waren, konnten nur noch nach Osten gehen – neben Hawaii in den Fernen Osten oder, in die scheinbar entgegengesetzte Richtung, nach Osteuropa. Im Gefolge der Freiwilligen kamen Möchtegernkünstler und -schriftsteller, Talente und verlorene Seelen auf der Suche nach sich selbst, aber auch Abenteurer, Geschäftemacher und andere Spekulanten, die sich auf den fahrenden Zug einer entfesselten Wirtschaft schwingen wollten, mit der es nach einer Schocktherapie nur bergauf gehen konnte.

Nachdem ich neunzehn Jahre im Ausland gelebt hatte, wurde ich nach meiner Rückkehr oft gefragt: „Hat es sich hier sehr verändert?“ Am Anfang war meine Antwort immer höflich gewesen: „Nein, nicht sehr, aber die Leute sind glücklicher.“ Aber als ich dieselbe Frage ein oder zwei Jahre später gestellt bekam, erwiderte ich: „Zwischen 1971 und 1990 nicht sehr, aber viel mehr zwischen 1990 und 1992“ – und die Veränderungen scheinen mit jedem Jahr rasanter zu werden.

Inzwischen wimmelte die Stadt von Zehntausenden von jungen Amerikanern, die hier Wurzeln schlagen wollten. Sie lösten ihre Sprach- und Behördenprobleme, indem sie Beziehungen mit Einheimischen eingingen; so ergab sich eine phantastische Synergie: Die Erfindungsgabe und das Improvisationstalent der Tschechen wurden durch die „No Problem“-Spontanität und den Ehrgeiz der Amerikaner angespornt. („Laßt uns das Rad erfinden“, „laßt uns einen Klassiker schreiben.“) Sie eröffneten Pizzerien und Pianobars, McDonald’s und mexikanische Restaurants; sie belebten die Küchen des prächtigen Repräsentationshauses im Jugendstil (*Obecní dům*) neu und führten den Bagel, die tschechische Nouvelle cuisine und kalifornische Gerichte in Prag ein; sie kombinierten Buchläden mit Cafés, riefen Laien- und Berufstheater ins Leben und verbanden die computergestützte Qualitätskontrolle des 21. Jahrhunderts mit der Lautenbaukunst des 16. Jahrhunderts, wobei sie von den Meistern, die sie unterrichteten, lernten. Und sie publizierten.

So kam es, daß mich an einem Sommernachmittag des Jahres 1991, sechs Monate vor meinem sechzigsten Geburtstag, zwei junge Amerikaner – einen kannte ich flüchtig, und beide waren 1968 geboren, was ich als ein Zeichen auffaßte – auf dem Altstädter Ring ansprachen und mich um einen Rat für die Gründung einer englischsprachigen Wochenzeitung baten.

„Wir sind ausreichend finanziert, um das erste Jahr über die Runden zu kommen, und hier in Prag gibt es genug Talente, die bereit sind, für uns zu arbeiten", erklärte mir Lisa Frankenberg voller Optimismus.

Aber Kent Hawryluk fügte etwas vorsichtiger hinzu: „Wir könnten am 1. Oktober loslegen, wenn uns nicht noch eine Sache fehlen würde. Um eine Zeitung aus der Taufe zu heben, brauchen wir einen erfahrenen Chefredakteur: eine ältere Person, so in den Dreißigern, vielleicht ..."

Ich stellte ein paar Fragen über das Gehalt und die Bedingungen. Dann sagte ich: „Wissen Sie, wenn Sie das Gehalt (in tschechischen Kronen) um fünfzig Prozent erhöhen könnten und eine Beteiligung am Gewinn, falls der sich ergeben sollte, einschlössen, wäre ich Ihr erster Bewerber."

Ich hatte keine Erfahrungen als Chefredakteur oder in irgendeiner leitenden Position, aber ich wußte, daß ich Prag etwas beizutragen hatte. So kam ich zu dem Job, für den ich, wie sich herausstellte, nach 31 Jahren als freier Autor mein ganzes Leben geprobt hatte: Mitbegründer und Chefredakteur der *Prague Post.* Und so kamen die ersten Worte in unserer ersten Ausgabe in jenem Herbst aus meinem tiefstem Herzen:

> Wir leben in der *Left Bank* der Neunziger. Für einige von uns ist Prag die *Second Chance City*; für andere Neuland, in dem alles und jedes möglich ist, in dem aber oft nichts funktioniert. Das Gestern ist lange vorbei, das Heute ist verschwommen, und wer weiß schon, was morgen kommt; aber irgendwie weiß jeder von uns hier, daß wir an einem geschichtsträchtigen Ort in einer geschichtsträchtigen Zeit leben. Zukünftige Historiker werden

unseren Weg aufzeichnen – und ich glaube, daß sie bereits unter uns sind –, aber auch sie werden die praktischen Grundlagen des Lebensgefühls im befreiten Prag der letzten Dekade des 20. Jahrhunderts kennen müssen.

So stellte ich unter dem Motto *Die Welt, in der wir leben und die Welt um uns herum* unsere zwölfseitige großformatige Zeitung vor, deren 7.000 Exemplare innerhalb von drei Stunden aus den Kiosken verschwunden waren. Als wir umhergingen und fragten, wer denn in diesen unerwarteten Mengen gekauft habe, antworteten die Verkäufer mit vor Staunen aufgerissenen Augen: „Fünfzig Prozent Tschechen." Da der Preis für unser Blatt den einer tschechischen Tageszeitung um das Zehnfache überstieg, war dies ein Phänomen, mit dem wir nicht zu rechnen gewagt hatten. Heute lassen wir mehr als doppelt so viele Exemplare als am Anfang drucken und können uns 48.000 Leser in der Woche rühmen (auch wenn man die vielen Abonnenten im Ausland hinzuzählt, besteht immer noch 31 Prozent unserer Leserschaft aus Tschechen und Slowaken), und unsere Ausgaben haben einen Umfang von 32 bis 56 Seiten.

Mit sechzig fand ich mich immer noch aktiv gestaltend, in einer Situation, die sich immer noch ständig veränderte, wo jeder Tag einen neuen Anfang bedeutete, und ich hatte nicht zu unrecht das Gefühl, daß ich ein Teil des gegenwärtigen Bildes war. In unseren ersten vier Monaten beobachtete ich diese Welten von einem überfüllten Einraum-, später Zweiraumbüro aus, 111 Stufen über einer Ecke des Altstädter Rings. Ich fühlte mich ein wenig wie der Lokalreporter in einem Western, aber jetzt war es schon fünf Minuten nach zwölf Uhr mittags, der Showdown war vorüber, und der Kehraus hatte begonnen.

Bald verlegten wir unser Hauptquartier von den zwei Räumen am Altstädter Ring in zwei Bürosuiten im Gebäude der Kommunistischen Partei in der Nähe des Wenzelsplatzes (eine natürliche Partie, da *sie* schrumpften, während *wir* expandierten) und schließlich (ein echter Kulturschock) in das gesamte Stockwerk des YMCA im Herzen der Stadt, unsere gegenwärtige Adresse.

Hier in Absurdistan, wie wir und unsere tschechischen Freunde dieses vergangene Land mit der Mischung aus kommunistischer Nüchternheit, bourgeoiser Üppigkeit und bedingungsloser Leidenschaft nannten, verlief immer noch die Grenze zum Wilden Osten, erfüllt mit dem, was einer unserer kanadischen Mitarbeiter so bezeichnete: „Unternehmungsgeist und Spannung, der Beginn eines Stilbewußtseins, eine rauhe neue Welt; Prag ist durch und durch verheißungsvoll. Überall um mich herum, eine Stadt hat eine zweite Chance erhalten.“

Prag, im Januar 1998